DIREITO
DA ARTE

GLADSTON MAMEDE
MARCÍLIO TOSCANO FRANCA FILHO
OTAVIO LUIZ RODRIGUES JUNIOR
(Organizadores)

Direito da Arte

Adriana Caldas do Rego Freitas Dabus Maluf
Alysson Leandro Mascaro
Arnaldo Sampaio de Moraes Godoy
Carlos Alberto Dabus Maluf
Edson Alvisi Neves
Erik Jayme
Gladston Mamede
Gustavo Ferraz de Campos Mônaco
Hildebrando Pontes
Hugo de Brito Machado Segundo
Ibsen Noronha
João Grandino Rodas
Leonardo Correia Lima Macedo
Leonardo Martins
Leonardo Netto Parentoni
Lucas Lixinski
Marcílio Toscano Franca Filho
Marisa Machado da Silva
Miguel Gontijo
Newton de Lucca
Otavio Luiz Rodrigues Junior
Pedro Augustin Adamy
Reinaldo Couto
Silmara Juny de Abreu Chinellato
Sílvio de Salvo Venosa

Prefácio do Ministro Mauro Campbell

SÃO PAULO
EDITORA ATLAS S.A. – 2015

© 2014 by Editora Atlas S.A.

Capa: Leonardo Hermano
Ilustração da capa: Tempestade de triângulo – Alexandre Mancini – painel
de azulejos executado em Belo Horizonte – MG
Ilustrações do miolo: Miguel Gontijo
Composição: Formato Serviços de Editoração Ltda.

Dados Internacionais de Catalogação na Publicação (CIP)
(Câmara Brasileira do Livro, SP, Brasil)

Direito da arte / Gladston Mamede, Marcílio Toscano Franca Filho,
Otavio Luiz Rodrigues Junior (organizadores).
– – São Paulo: Atlas, 2015.

Vários autores.
Bibliografia.
ISBN 978-85-224-9156-8
ISBN 978-85-224-9157-5 (PDF)

1. Direito da arte 2. Direito e arte I. Mamede, Gladston. II. Franca
Filho, Marcílio Toscano. III. Rodrigues Junior, Otavio Luiz.

14-06216
CDU-347.78.03

Índice para catálogo sistemático:

1. Direito da arte   347.78.03

TODOS OS DIREITOS RESERVADOS – É proibida a reprodução total
ou parcial, de qualquer forma ou por qualquer meio. A violação dos
direitos de autor (Lei nº 9.610/98) é crime estabelecido pelo artigo 184
do Código Penal.

Depósito legal na Biblioteca Nacional conforme Lei nº 10.994,
de 14 de dezembro de 2004.

Impresso no Brasil/*Printed in Brazil*

Editora Atlas S.A.
Rua Conselheiro Nébias, 1384
Campos Elísios
01203 904 São Paulo SP
011 3357 9144
atlas.com.br

Sumário

Sobre os autores, vii
Nota dos organizadores, xi
A note from the organizers, xvii
Prefácio (Ministro Mauro Campbell), xxiii

Parte 1 – Fundamentos do Direito da Arte

1. Sobre a Formação de Minha Coleção de Arte (*Erik Jayme*, tradução de *Pedro Augustin Adamy*), 3
2. Uma Introdução ao Direito da Arte (*Gladston Mamede e Otavio Luiz Rodrigues Junior*), 8
3. Sobre Direito e Arte (*Alysson Leandro Mascaro*), 17

Parte 2 – Direito da Arte e Liberdades Comunicativas

4. Direito Constitucional à Expressão Artística (*Leonardo Martins*), 29
5. Considerações sobre Direito, Arte e Religião (*Ibsen Noronha*), 87

Parte 3 – Direito da Arte, Direito Administrativo e Direito Tributário

6. O Belo e a Burocracia: a Aquisição de Obras de Arte pela Administração Pública (*Marcílio Toscano Franca Filho*), 117

7   Transferência de Acervos: Coleções Privadas e sua Transmissão a Instituições Públicas (*João Grandino Rodas* e *Gustavo Ferraz de Campos Mônaco*), 146

8   Contribuição ao Estudo dos Marcos Regulatórios dos Museus (*Arnaldo Sampaio de Moraes Godoy*), 155

9   Tributação da Arte (*Hugo de Brito Machado Segundo*), 176

10   Patrimônio Cultural Artístico (*Reinaldo Couto*), 189

Parte 4 – Direito da Arte e Direito Internacional

11   Direito Internacional da Arte e do Patrimônio Cultural: Estratégias de Exclusão e Inclusão (*Lucas Lixinski*), 209

12   Objetos de Arte no Comércio Internacional (*Leonardo Correia Lima Macedo*), 241

Parte 5 – Direito da Arte e Direito Privado

13   O Regime Jurídico dos Criadores de Obras de Artes Plásticas e os seus Titulares (*Hildebrando Pontes*), 271

14   Requisitos Fundamentais para a Proteção Autoral de Obras Literárias, Artísticas e Científicas. Peculiaridades da Obra de Artes Plásticas (*Silmara Juny de Abreu Chinellato*), 295

15   Aquisição e Propriedade de Obras de Arte (*Carlos Alberto Dabus Maluf* e *Adriana Caldas do Rego Freitas Dabus Maluf*), 325

16   Obrigações de Fazer e a Obra sob Encomenda (*Sílvio de Salvo Venosa*), 365

17   Arte em Crise: Breves notas sobre o Regime Jurídico Aplicável às Obras de Arte na Recuperação Judicial de Empresas e na Falência (*Newton de Lucca* e *Leonardo Netto Parentoni*), 378

18   Leilões de Arte e Leiloeiros (*Gladston Mamede*), 410

19   Perícia Judicial em Obra de Arte (*Edson Alvisi Neves* e *Marisa Machado da Silva*), 433

Sobre os Autores

ADRIANA CALDAS DO REGO FREITAS DABUS MALUF: Mestre e Doutora em Direito Civil pela Faculdade de Direito da Universidade de São Paulo (USP). Professora Doutora de Direito Civil e Biodireito do Centro Universitário UniFMU. Advogada.

ALYSSON LEANDRO MASCARO: Professor da Faculdade de Direito da Universidade de São Paulo (Largo São Francisco – USP) e da Universidade Presbiteriana Mackenzie. Doutor e Livre-docente em Filosofia e Teoria Geral do Direito pela USP. Advogado e parecerista em São Paulo. Autor, dentre outros, de *Filosofia do direito* e *Introdução ao estudo do Direito* (Editora Atlas).

ARNALDO SAMPAIO DE MORAES GODOY: Livre-docente em Teoria Geral do Estado pela Faculdade de Direito da Universidade de São Paulo (USP). Pós-doutor em Teoria Literária pela Universidade de Brasília-UnB. Doutor e Mestre em Filosofia do Direito e do Estado pela Pontifícia Universidade Católica de São Paulo (PUC-SP). Consultor-Geral da União.

CARLOS ALBERTO DABUS MALUF: Mestre, Doutor e Livre-docente em Direito Civil pela Faculdade de Direito da Universidade de São Paulo (USP). Professor Titular em Direito Civil da USP. Conselheiro do Instituto dos Advogados de São Paulo – IASP. Advogado.

EDSON ALVISI NEVES: Professor titular e diretor da Faculdade de Direito da Universidade Federal Fluminense. Advogado.

ERIK JAYME: Professor Catedrático da Faculdade de Direito da Universidade de Heidelberg.

GLADSTON MAMEDE: Doutor em Direito – Universidade Federal de Minas Gerais. Membro do Instituto Histórico e Geográfico de Minas Gerais.

GUSTAVO FERRAZ DE CAMPOS MÔNACO: Doutor e Livre-docente pela Faculdade de Direito da Universidade de São Paulo – USP. Mestre pela Faculdade de Direito da Universidade de Coimbra. Professor Associado do Departamento de Direito Internacional e Comparado da FD-USP. Procurador-Geral da USP.

HILDEBRANDO PONTES: Mestre em Direito de Empresa pela FDMC. Membro da Associação Brasileira de Direito Autoral (Vice-Presidente). Membro do Instituto dos Advogados de Minas Gerais. Professor de Propriedade Intelectual.

HUGO DE BRITO MACHADO SEGUNDO: Bacharel em Direito pela Universidade Federal do Ceará – UFC (2000). Mestre em Direito (área de concentração: ordem jurídica constitucional) pela UFC (2004). Doutor em Direito Constitucional pela Universidade de Fortaleza – UNIFOR (2009). Professor Adjunto da Faculdade de Direito da UFC. Coordenador do Programa de Pós-Graduação (Mestrado/Doutorado) da Faculdade de Direito da UFC. Membro do Instituto Cearense de Estudos Tributários – ICET. *Visiting scholar* da *Wirtschaftsuniversität*, Viena, Áustria.

IBSEN NORONHA: graduado em Direito pela Universidade de Brasília (1993). Mestre em Direito pela Faculdade de Direito da Universidade de Coimbra (FDCU) (2004). Doutorando em Direito pela FDCU. Atualmente leciona na FDCU na Secção de Ciências Jurídico-Históricas.

JOÃO GRANDINO RODAS: ex-Reitor da USP; Professor Titular de Direito Internacional Privado; Desembargador Federal aposentado; antigo Consultor jurídico do Ministério das Relações Exteriores; antigo Presidente do Conselho Administrativo de Defesa Econômica (CADE).

LEONARDO CORREIA LIMA MACEDO: Auditor-fiscal da Receita Federal do Brasil (afastado para servir em organismo internacional), *PhD fellow* da Universidade de Maastricht, Faculdade de Direito. As opiniões expressas são de total responsabilidade do autor e não são necessariamente dos locais onde trabalha.

LEONARDO MARTINS: Bacharel em Direito pela Universidade de São Paulo (USP). Mestre (LL.M.) e Doutor (*Doctor iuris – Dr. iur.*) em Direito Constitucional pela Humboldt--Universität zu Berlin – Alemanha; pós-doutorado pelo Hans-Bredow-Institut para a Pesquisa da Comunicação Social da Univ. de Hamburg e pelo Erich Pommer Institut – Economia e Direito da Comunicação Social da Univ. de Potsdam (*fellow* da Fundação Alexander von Humboldt) e, novamente, pela Humboldt-Universität zu Berlin. Professor da Universidade Federal do Rio Grande do Norte (UFRN). Foi Professor Visitante da Humboldt-Universität zu Berlin (2001-2012). Diretor do Instituto Brasileiro de Estudos Constitucionais (IBEC). Autor e coautor de diversos artigos, ensaios e obras monográficas na área do Direito Constitucional brasileiro e comparado, com destaque para as obras: *Teoria geral dos direitos fundamentais* (em coautoria com Dimitri Dimoulis, 1. ed., 2007, 4. ed., 2012), ganhadora do *50º Prêmio Jabuti de Literatura* na categoria "Melhor Livro de Direito" (2008); *Liberdade e Estado constitucional: leitura jurídico-dogmática de uma complexa relação a partir da teoria liberal dos direitos fundamentais* (2012); *Direito processual constitucional alemão* (2011) e *Cinquenta anos de Jurisprudência do Tribunal Constitucional Federal Alemão* (2005).

LEONARDO NETTO PARENTONI: Doutor em Direito Comercial pela Faculdade de Direito da Universidade de São Paulo – USP. Mestre em Direito Empresarial pela Universidade Federal de Minas Gerais. Especialista em Direito Processual Civil pela Universidade de Brasília – UnB. Ex-membro de Grupos de Trabalho do CNJ e do CJF. Procurador Federal. Professor.

LUCAS LIXINSKI: *Lecturer* na *University of New South Wales – Faculty of Law* (Sydney, Austrália). Doutor em Direito (PhD) – Instituto Universitário Europeu (Florença, Itália). LL.M. em *International Human Rights Law – Central European University* (Budapeste, Hungria). Bacharel em Ciências Jurídicas e Sociais, Universidade Federal do Rio Grande do Sul (Porto Alegre, Brasil).

MARCÍLIO TOSCANO FRANCA FILHO: Professor do quadro permanente do Programa de Pós-Graduação em Direito (Mestrado e Doutorado) do Centro de Ciências Jurídicas da Universidade Federal da Paraíba (UFPB) e Subprocurador-Geral do Ministério Público junto ao Tribunal de Contas do Estado da Paraíba. Pós-doutor (Instituto Universitário Europeu, Florença, 2008, Calouste Gulbenkian (*Post-Doctoral Fellow*), Doutor (Universidade de Coimbra, 2006, bolsista FCT) e Mestre (UFPB, 1999) em Direito. Membro da *International Association of Constitutional Law* e diretor do ramo brasileiro da *International Law Association*. Foi aluno (*Gasthörer*) da Universidade Livre de Berlim (Alemanha), estagiário-visitante do Tribunal de Justiça das Comunidades Europeias (Luxemburgo), consultor jurídico (*Legal Advisor*) da Missão da ONU em Timor-Leste (UNOTIL) e do Banco Mundial (PFMCBP/Timor). Membro da lista de peritos do UNDP *Democratic Governance Rosterof Experts in Anti-Corruption* (PNUD/ONU). Autor de *A cegueira da justiça: diálogo iconográfico entre arte e direito* (Ed. Fabris), finalista do Prêmio Jabuti 2011.

MARISA MACHADO DA SILVA: Mestranda em Direito pela Universidade Federal Fluminense. Advogada.

MIGUEL GONTIJO: Artista plástico, tendo realizado diversas exposições pelo país. Entre suas premiações destaca-se o Prêmio Mário Pedrosa de melhor artista plástico contemporâneo, outorgado pela Associação Brasileira de Críticos de Arte – ABCA em 2010.

NEWTON DE LUCCA: Mestre, Doutor, Livre-docente, Adjunto e ProfessorTitular pela Faculdade de Direito da Universidade de São Paulo, onde leciona nos cursos de graduação e pós-graduação. Professor do Corpo Permanente da Pós-graduação *Stricto Sensu* da UNINOVE. Presidente do TRF da 3ª Região – biênio 2012/2014. Membro da Academia Paulista de Magistrados. Membro da Academia Paulista de Direito. Presidente da Comissão de Proteção ao Consumidor no âmbito do comércio eletrônico do Ministério da Justiça. Vice-Presidente do *Instituto Latino-americano de Derecho Privado*.

OTAVIO LUIZ RODRIGUES JUNIOR: Professor Doutor de Direito Civil da Faculdade de Direito (Largo São Francisco) da Universidade de São Paulo (USP).

PEDRO AUGUSTIN ADAMY: Doutorando em Direito pela *Ruprecht-Karls-Universität Heidelberg* (2009-2013). Mestre em Direito pela Universidade Federal do Rio Grande do Sul

(UFRGS). Bacharel em Direito pela Pontifícia Universidade Católica do Rio Grande do Sul (PUCRS), onde atualmente é professor nos cursos de graduação e especialização.

REINALDO COUTO: Professor Auxiliar de Direito Administrativo da Universidade do Estado da Bahia (UNEB). Mestre em Direito Privado e Econômico (Universidade Federal da Bahia – UFBA). Advogado da União. Secretário do Centro de Estudos Judiciários do Conselho da Justiça Federal.

SILMARA JUNY DE ABREU CHINELLATO: Professora Titular da Faculdade de Direito da Universidade de São Paulo. Regente das disciplinas Direito Civil e Direito de Autor na Graduação e na Pós-graduação da Faculdade de Direito da Universidade de São Paulo. Titular, Livre-docente e Doutora pela Faculdade de Direito da Universidade de São Paulo. Presidente da Comissão de Propriedade Intelectual do Instituto dos Advogados de São Paulo (IASP). Membro da Comissão de Direito Autoral e da Comissão de Direito do Entretenimento da OAB-SP. Membro do Conselho Consultivo da Associação Brasileira de Direito Autoral (ABDA). Membro do Instituto Interamericano de Direito Autoral (IIDA). Membro da Associação Portuguesa de Direito Intelectual (APDI).

SÍLVIO DE SALVO VENOSA: Juiz aposentando do Primeiro Tribunal de Alçada Civil de São Paulo. Foi professor em várias faculdades de Direito no Estado de São Paulo. Professor convidado e palestrante em instituições docentes e profissionais em todo o País. Membro da Academia Paulista de Magistrados.

Nota dos Organizadores

Gladston Mamede
Marcílio Toscano Franca Filho
Otavio Luiz Rodrigues Junior

No filme *Arca Russa* (2002), do cineasta Aleksandr Sokurov, o museu Hermitage é o cenário e a personagem principal de um roteiro que narra a História da Rússia por meio de suas obras de arte e da evolução arquitetônica de seus prédios, atingidos pela ação dos czares, das guerras e do domínio comunista. Repositório do maior tesouro cultural da Rússia, o Hermitage é a "arca", numa alusão bíblica a Noé e à tentativa de salvar a humanidade da destruição causada pelo dilúvio. A película, ela mesma uma obra-prima da sétima arte, foi filmada em uma única tomada, sem interrupções. Com isso, o espectador sente-se dentro do Hermitage, percorrendo suas alas e seus salões, como se fosse ele mesmo parte do espetáculo. Ao final, quando se encerra o último grande baile imperial da monarquia Romanov, os convidados saem entristecidos, como que pressentindo a chegada do dilúvio. De uma janela, o marquês de Custine, que conduz a narrativa, observa as águas subirem e a "arca russa" seguirá seu destino, que é a preservação de suas obras ou, no sentido mais simbólico, da civilização que elas encerram e protegem.

Se a Arte e a História caminham em paralelo, servindo a primeira como conteúdo involuntário para a segunda, é também vulgar nos dias atuais a identificação de relações muito íntimas entre a Arte e a Pedagogia, a Arte e a Sociologia, para além dos já clássicos vínculos entre a Arte e a Antropologia. Essa "arca da civilização", a despeito de ser uma das mais antigas companheiras da espécie humana, como o demonstram as artes rupestres do Paleolítico Superior, do Vale do rio Côa à Serra da Capivara, só ganhou realmente um estatuto autônomo na (ou para a) Filosofia com a obra de Georg Wilhelm Friedrich Hegel, embora sejam também inegáveis as contribuições de Friedrich Wilhelm Joseph Ritter [*cavaleiro*] von Schelling, seu companheiro de idealismo, para essa transformação categorial da Arte.

As relações entre o Direito e a Arte não foram ainda suficientemente exploradas. É bem verdade que há algumas importantes contribuições sobre Direito e Literatura, Direito e Cinema ou Direito e Cultura.

Sobre *Direito e Literatura*, em 2002, Arnaldo Sampaio de Moraes Godoy publicou a inovadora obra sobre o tema, com o título **Direito e literatura**: anatomia de um desencanto: desilusão jurídica em Monteiro Lobato (Curitiba: Juruá, 2002). Lenio Luiz Streck e André Karam Trindade organizaram o livro **Direito e literatura**: da realidade da ficção à ficção da realidade (São Paulo: Atlas, 2013), que se constitui em um importante marco nessa área. Luís Carlos Cancelier de Olivo, da Universidade Federal de Santa Catarina, é responsável por seminários e publicações permanentes sobre Direito e Literatura.

O *Direito e Cinema* tem merecido crescente atenção na última década, com a publicação de alguns artigos sobre essas interessantes relações.

Música e Direito foi objeto de um rico e inovador estudo de Mônica Sette Lopes, da Universidade Federal de Minas Gerais, publicado em 2006.

Sobre *Direito e Cultura*, há um espectro mais amplo de trabalhos estampados em revistas e livros no Brasil, desenvolvidos por autores como Washington Peluso Albino de Souza, José Jerônimo Moscardo de Souza, Francisco Humberto Cunha Filho e Flavia Piovesan. Esses textos enfocam desde o Pacto Internacional sobre Direitos Econômicos, Sociais e Culturais (1966) até a seção constitucional dedicada à Cultura (arts. 215-216, CF/1988). A dignidade dos chamados *direitos culturais* foi muito dilatada pós-1988, no que se retomou, suportado em novas bases, o estudo de antigos e conhecidos instrumentos jurídico-administrativos como o Tombamento e a Desapropriação.

A Arte, tomada em sentido específico, não encontrou idêntica expressão jurídica. No Brasil, não há um *Kunstrecht*, um Direito da Arte, com estatuto epistemológico, objeto e uma dogmática próprios, embora autores como Bruno Amaro Lacerda, da Universidade Federal de Juiz de Fora, já tenham dedicado alguns escritos a obras de arte com temática jurídica.

Inspirados nessa lacuna, os Organizadores, cada um deles com maior ou menor ligação com o Direito da Arte, decidiram estruturar um livro que desse forma a esse "novo" Direito no Brasil.[1] A tanto, inspiraram-se em publicações estrangeiras clássicas e contemporâneas, das quais foram extraídas a estrutura e a disposição de matérias.[2] Uma pessoa e sua obra

---

[1] O organizador Marcílio Toscano Franca Filho publicou **A cegueira da justiça**: diálogo iconográfico entre arte e direito (Porto Alegre: Sergio Antonio Fabris, 2010), que foi finalista do Prêmio Jabuti 2011.

[2] ODENDAHL, Kerstin; WEBER, Peter Johannes (Hrsg). **Kulturgüterschutz. Kuntsrecht. Kulturrecht**: Festschrift für Kurt Siehr zum 75. Geburtstag aus dem Kreise des Doktoranden- und Habilitandenseminars "Kunst und Recht". Schriften zum Kunst-und Kulturrecht. Baden – Baden – Zürich – St.Gallen – Wien: Nomos, 2010; EBLING, Klaus; SCHULZE, Marcel. **Kunstrecht:** Zivilrecht. Steuerrecht. 2. Auflage. München: Beck, 2012; DEMARSIN, Bert; SCHRAGE, Eltjo J. H.; TILLEMAN, Bernard; VERBEKE, Alain (Ed.). **Art & law**. Brugge: Die Keure, 2008; DUBOFF, Leonard D.; BURR, Sherri; MURRAY, Michael D. **Art law**: cases and materials. New York: Aspen, 2010; LE-

foram, de modo invulgar, um modelo e um paradigma para o livro **Direito da Arte**, que ora é apresentado à comunidade jurídica de língua portuguesa: Erik Jayme, catedrático de *Ruprecht-Karls-Universität Heidelberg* (Alemanha), muito conhecido no Brasil graças a seus estudos em Direito Comparado e Direito Internacional, tendo na pessoa de Cláudia Lima Marques, da Universidade Federal do Rio Grande do Sul, sua grande divulgadora no País.

Erik Jayme não só é um dos maiores nomes do Direito da Arte no mundo, como também é dono de uma grande coleção de obras de arte, a respeito da qual ele escreveu o capítulo que inaugura este livro. É uma honra para os Organizadores e para os demais autores ter a contribuição de Erik Jayme neste livro, em uma corretíssima tradução de Pedro Augustin Adamy, doutorando em *Ruprecht-Karls-Universität Heidelberg*.

Direito da Arte é dividido em 19 capítulos, inseridos em 5 partes, cada uma delas com enfoque nos pontos centrais da disciplina:

1) *Fundamentos do Direito da Arte*: com o capítulo de Erik Jayme (*Sobre a formação de minha coleção de arte*), além dos textos propedêuticos de Gladston Mamede e Otavio Luiz Rodrigues Junior, e de Alysson Mascaro.

2) *Direito da Arte e Liberdades Comunicativas*. Tomando-se por base o conceito desenvolvido na dogmática alemã das "liberdades comunicativas", a segunda parte ocupa-se dos delicados problemas da expressão artística e a liberdade de pensamento e de religião, com capítulos de autoria de Leonardo Martins e Ibsen Noronha.

3) *Direito da Arte, Direito Administrativo e Direito Tributário*. As correlações do Direito da Arte com a Administração, em suas duas principais vertentes, constituem-se em tópico obrigatório nas principais obras sobre a matéria no Direito Estrangeiro e no Direito Comparado. Não se poderiam ignorar esses vínculos e, por essa razão, Marcílio Toscano Franca Filho; João Grandino Rodas e Gustavo Ferraz de Campos Mônaco; Arnaldo Sampaio de Moraes Godoy; Hugo de Brito Machado Segundo e Reinaldo Couto escreveram sobre o papel do Estado-Administração na tutela da Arte, a transferência de acervos privados para instituições públicas, o marco regulatório dos museus, a tributação da Arte e o clássico problema da proteção ao patrimônio cultural, mas sob a óptica específica dos bens artísticos.

4) *Direito da Arte e Direito Internacional*. Nos Direitos Estrangeiro e Comparado, a proteção ao patrimônio artístico e as transações desses objetos no plano internacional possuem uma centralidade sem paralelo no Brasil. As guerras e os saques de coleções de arte, além dos negócios de grande monta entre colecionadores internacionais, explicam a relevância desses temas. Com a maior inserção brasileira em um mundo globalizado, é cada vez mais importante o exame dessas questões, muito bem abordadas por Lucas Lixinski e Leonardo Correia Lima Macedo.

RNER, Ralph E.; DEGUERGUE, Maryse (Dir.). **L'art et le droit**. Paris: Publications de la Sorbonne, 2010; BRESLER, Judith. **Art law:** the guide for collectors, investors, dealers, and artists. New York: Practising Law Institute, 1989.

5) *Direito da Arte e Direito Privado*. O Direito da Arte e o Direito Privado são indissociáveis. A comercialização das obras de arte, a proteção dos criadores, os direitos autorais, a situação das empresas em regime de recuperação ou de falência, os leilões e as perícias são temas analisados na última parte do livro, com a contribuição diferenciada de Hildebrando Pontes; Silmara Juny de Abreu Chinellato; Carlos Alberto Dabus Maluf e Adriana Caldas do Rego Freitas Dabus Maluf; Sílvio de Salvo Venosa; Newton de Lucca e Leonardo Netto Parentoni; Gladston Mamede; Edson Alvisi e Marisa Machado da Silva.

A quem interessa este livro?

Um público muito significativo de escultores, pintores, curadores, *marchands*, leiloeiros, museólogos e todos quantos trabalham profissionalmente com a Arte podem ser inscritos no rol de destinatários desta obra, que foi escrita, com maior ou menor êxito nesse propósito, com o objetivo de dialogar com essas pessoas, que mantêm a Arte em sua dinâmica quotidiana. Os Organizadores e os Autores pretenderam abrir as portas do Direito para que esse grupo encontre algumas respostas a seus problemas jurídicos.

Seria, no entanto, um despropósito ou uma mistificação negar que este livro também se volta para os professores e estudantes (de Direito e de Artes), advogados, delegados, auditores-fiscais, promotores, juízes, demais membros de carreiras de Estado. Há um crescente interesse, seja no âmbito consultivo, seja no contencioso, por questões envolvendo a Arte e seus conflitos jurídicos, potenciais ou efetivos. A especificidade das normas aplicáveis e a diversidade de áreas envolvidas no Direito da Arte tornam indispensável uma obra com este objeto e foi também para esse público que os Organizadores e os Autores também se orientaram.

Há, por derradeiro, uma ambição acadêmica: estimular o desenvolvimento nas universidades brasileiras, não apenas nos cursos de Direito ou de Arte, de uma disciplina intitulada "Direito da Arte". Arte e Civilização confundem-se. O Direito, posto que sempre associado, de modo preconceituoso, à defesa do *status quo*, é o instrumento que permite aos artistas a aquisição e o gozo de seus direitos; que confere segurança jurídica aos negócios envolvendo suas obras; que delimita a soberania dos Estados sobre a criação e a propriedade das obras de arte, ora impedindo que os mais fortes se apropriem da produção de Estados periféricos, ora defendendo a liberdade de expressão artística.

Parafraseando Ernst Hans Gombrich, autor do clássico contemporâneo **A História da Arte** (Tradução de Álvaro Cabral. 16. ed. Rio de Janeiro: LTC, 2000. p. 625-626), sempre haverá reviravoltas de gosto na Arte, "não menos do que reviravoltas de moda no vestuário ou na decoração". Tanto é assim que "muitos dos antigos mestres a quem admiramos e, na verdade, muitos estilos do passado não conseguiram ser apreciados por críticos de grande saber e perspicácia naquelas gerações anteriores". Se "nenhum crítico e nenhum historiador podem ser inteiramente desapaixonados", não se pode concluir, porém, que "os valores artísticos são absolutamente relativos".

A *destruição* e a *decadência* das civilizações são quase sempre acompanhadas da decadência e da destruição (precisamente nessa ordem invertida) das Artes. Retomando-se a metáfora da "arca russa", que tem no centro o museu Hermitage como guardião dos valores culturais (e civilizatórios) de um povo, é também necessário que o Direito reivindique seu papel de relevância na conservação desses valores, que, muita vez, se consubstanciam na expressão artística. E a defesa da Arte não pode ser encarada, assim como esses valores, como algo absolutamente relativo.

O **Direito da Arte**, por seus Organizadores e Autores, faz o convite ao ilustre leitor: junte-se a este projeto.

Belo Horizonte, João Pessoa e São Paulo, inverno de 2014.

Gladston Mamede
Marcílio Toscano Franca Filho
Otavio Luiz Rodrigues Junior
Organizadores

A Note from the Organizers[1]

Gladston Mamede
Marcílio Toscano Franca Filho
Otavio Luiz Rodrigues Junior

    The Russian State Hermitage Museum is both the stage and main character of *Russian Ark* (2002), film directed by Aleksandr Sokurov. The movie tells Russia's History through its works of art and the architectural evolution of its buildings, subject to the action of tsars, wars and communist domination. Repository of Russia's biggest cultural treasure, the Hermitage Museum is the "ark", in one biblical allusion to Noah and his attempt to save humankind from the destruction caused by worldwide flood. A seventh-art masterpiece in itself, the film used the sequence shot, which makes viewers feel as if they were inside the museum, walking down its wings and halls, as if they themselves were part of the show. At the end, when the last imperial grand ball of the Romanov monarchy ends, guests leave saddened as if they foresee the flood to come. From a window, the Marquis de Custine, who conducts the narrative, observes the waters rise and the "Russian ark" will follow its course of preservation of its works of art or, more symbolically, of the civilization they represent and protect.

    If Art and History walk side by side, the first serving as involuntary content to the second, it is common these days to identify the close relationships between Art and Pedagogy, Art and Sociology, besides the classic bonds between Art and Anthropology. This "ark of civilization", in spite of being one of the oldest companions of humankind – as cave paintings of the Upper Paleolithic, from the Côa River Valley to the Serra da Capivara, show –, only really gained an autonomous statute in (or for) Philosophy with the work of Georg Wilhelm Friedrich Hegel. Nevertheless, the contributions of his partner

---

[1] English translation by Caio Martino, Universidade Federal da Paraíba. Revised by Marcílio Toscano Franca Filho, Otavio Luiz Rodrigues Junior e Gladston Mamede.

in Idealism, Friedrich Wilhelm Joseph Ritter [*knight*] von Schelling, for the change of Art as a category are undeniable.

The relationship between Law and Art has not yet been sufficiently explored. It is true, though, that there have been important contributions on Law and Literature, Law and Cinema or Law and Culture.

In 2002, Arnaldo Sampaio de Moraes Godoy published an innovative work on *Law and Literature*, entitled **Direito e literatura**: anatomia de um desencanto: desilusão jurídica em Monteiro Lobato [*Law and Literature: anatomy of disenchantment: legal delusion in Monteiro Lobato*] (Curitiba: Juruá, 2002). Lenio Luiz Streck and André Karam Trindade organized the book **Direito e literatura**: da realidade da ficção à ficção da realidade [*Law and literature: from reality of fiction to the fiction of reality*] (São Paulo: Atlas, 2013), which is one important milestone in this field. Luís Carlos Cancelier de Olivo, from Universidade Federal de Santa Catarina, is responsible for constant seminars and publications on Law and Literature.

Law and Cinema has deserved growing attention in the last decade, with the publication of some articles on such interesting relationship.

Music and Law was the object of a rich and innovative work by Mônica Sette Lopes, of Universidade Federal de Minas Gerais, published in 2006.

On *Law and Culture*, there is a broader spectrum of works published in Brazilian journals and books, developed by authors such as Washington Peluso Albino de Souza, José Jerônimo Moscardo de Souza, Francisco Humberto Cunha Filho and Flavia Piovesan. These texts focus from the International Covenant on Economic, Social and Cultural Rights (1966) to the Brazilian Constitution's section dedicated to Culture (articles 215-216, Federal Constitution/1988). Dignity of the so-called *cultural rights* was much amplified after 1988, as the study of old and well-known legal-administrative instruments such as National Trusts and Expropriations was resumed, upon new bases.

Taken in specific meaning, Art has not met an identical expression in law. In Brazil, there is no *Kunstrecht*, Art Law, with epistemological statute and its own object and legal theory; however, authors such as Bruno Amaro Lacerda, from Universidade Federal de Juiz de Fora, have dedicated some writings to works of art from a legal perspective.

Inspired by this gap, the Organizers, each one more or less related to Art Law, have decided to put together a book so as to shape this "new" Law in Brazil.[2] For this, they have found inspiration in foreign classic and contemporary publications, whose structure and display of issues was duplicated.[3] A person and his work were, in one unusual way,

---

[2] The Organizer Marcílio Toscano Franca Filho published **A cegueira da justiça**: diálogo iconográfico entre arte e direito [***The blindness of justice***: iconographic dialog between Art and Law] (Porto Alegre: Sergio Antonio Fabris, 2010), which was a finalist of Prêmio Jabuti (Book Award) in 2011.

[3] ODENDAHL, Kerstin; WEBER, Peter Johannes (Hrsg). **Kulturgüterschutz. Kuntsrecht. Kulturrecht**: Festschrift für Kurt Siehr zum 75. Geburtstag aus dem Kreise des Doktoranden- und Habilitandenseminars "Kunst und Recht". Schriften zum Kunst-und Kulturrecht. Baden – Baden – Zü-

a model and a paradigm for the book **Art Law**, which we hereby present to the juridical Portuguese-speaking community: Erik Jayme, full professor of *Ruprecht-Karls-Universität Heidelberg* (Germany), prominent in Brazil due to his studies in Comparative Law and International Law, who has been much publicized in the country by Cláudia Lima Marques, from Universidade Federal do Rio Grande do Sul.

Not only is Erik Jayme one of the biggest names in Art Law in the world but he also owns a huge collection of works of art, about which he wrote the opening chapter to this book. It is an honor for the Organizers and for the other authors to have the contribution of Erik Jayme in this book, masterly translated by Pedro Augustin Adamy, doctoral candidate at *Ruprecht-Karls-Universität Heidelberg*.

Art Law is divided into 19 chapters, inserted into 5 sections, each one focusing central points of the discipline:

1) *Fundamentals of Art Law:* including the chapter by Erik Jayme (*On the formation of my art collection*), as well as propedeutic texts by Gladston Mamede and Otavio Luiz Rodrigues Junior, and by Alysson Mascaro.

2) *Art Law and Communicative Liberties.* Based on the concept developed in the German legal theory of "communicative liberties", the second part discusses sensitive problems of artistic expression and the freedom of thought and religion, with chapters by Leonardo Martins and Ibsen Noronha.

3) *Art Law, Administrative Law and Tax Law.* The correlations of Art Law with Administration, in its two main branches, constitute mandatory topic in the main works on the subject in Foreign Law and Comparative Law. These bonds could not be ignored, and for this reason, Marcílio Toscano Franca Filho; João Grandino Rosas and Gustavo Ferraz de Campos Mônaco; Arnaldo Sampaio de Moraes Godoy; Hugo de Brito Machado Segundo and Reinaldo Couto have written on the role of State-Administration in Art's tutelage, the transfer of private collections to public institutions, the regulatory framework of museums, tax incidence on Art and the classic issue of cultural heritage protection, through the specific lens of artistic goods.

4) *Art Law and International Law.* In Foreign and Comparative Law, the protection of artistic heritage and the commerce of these objects in international level are central points in Brazil, unmatched anywhere else. Wars and the plundering of art collections, as well as high-price commerce between international collectors, explain the relevance of such themes. As Brazil penetrates the globalized world, it is more and more important to examine these questions, addressed by Lucas Lixinski and Leonardo Correia Lima Macedo.

---

rich – St.Gallen – Wien: Nomos, 2010; EBLING, Klaus; SCHULZE, Marcel. **Kunstrecht:** Zivilrecht. Steuerrecht. 2. Auflage. München: Beck, 2012; DEMARSIN, Bert; SCHRAGE, Eltjo J. H.; TILLEMAN, Bernard; VERBEKE, Alain (Ed.). **Art & law**. Brugge: Die Keure, 2008; DUBOFF, Leonard D.; BURR, Sherri; MURRAY, Michael D. **Art law**: cases and materials. New York: Aspen, 2010; LERNER, Ralph E.; DEGUERGUE, Maryse (Dir.). **L'art et le droit**. Paris: Publications de la Sorbonne, 2010; BRESLER, Judith. **Art law**: the guide for collectors, investors, dealers, and artists. New York: Practising Law Institute, 1989.

5) *Art Law and Private Law.* Art Law and Private Law are inseparable. The commerce involving works of art, copyright, the situation of companies in bankruptcy or judicial reorganization, auctions and investigation are analyzed in the last section of the book, with the special contribution of Hildebrando Pontes; Silmara Juny de Abreu Chinellato; Carlos Alberto Dabus Maluf and Adriana Caldas do Rego Freitas Dabus Maluf; Sílvio de Salvo Venosa; Newton de Lucca and Leonardo Netto Parentoni; Gladston Mamede; Edson Alvisi and Marisa Machado da Silva.

Who is this book for?

A very significant audience made of sculptors, painters, curators, art dealers, auctioneers, museologists and all those whose professional work involves Art could profit from this book, which was written, more or less successfully, with the objective of discussing with these people, who have Art in their daily practice. The Organizers and Authors intend to open the doors to Law so this substantial group can find some answers to their legal problems.

However, it would be preposterous, or perhaps mystification, to deny that this book is also directed to professors and students (of Law and of Arts), lawyers, police commissioners, inspectors, district attorneys, judges, other members of State-related careers. There is growing interest, both in the consulting and contentious levels, for questions involving Art and its legal conflicts; be they potential or real. The specificity of applicable norms and the diversity of the areas involved in Art Law make a book with this object indispensible. Thus, the Organizers and Authors also write to this audience.

Last, this book embodies an academic ambition: to promote development in Brazil's universities, not only in the Faculties of Law or Art, of a discipline called "Art Law". Art and Civilization mix together. Law is often mistakenly seen as a tool that helps preserve the *status quo* whereas, as a matter of fact, it is the instrument that allows artists to guarantee and enjoy their rights; that provides juridical security to businesses involving their work; that sets the limits to the States' sovereignty over creation and the property of works of art, at times preventing the stronger side to take over the product of peripheral States, at other times defending the liberty of artistic expression.

Paraphrasing Ernst Hans Gombrich, author of the contemporary classic **A História da Arte** [*"The Story of Art"*] (Translated into Portuguese by Álvaro Cabral. 16 ed. Rio de Janeiro: LTC, 2000. pages 625-626), taste in Art will always overturn, "not less than fashion overturns in clothing or decoration". It is so that "many of the old masters who we admire and, as a matter of fact, many styles of the past could not be appreciated by critics of great knowledge and sagacity in those generations". If "no critic and no historian can be entirely dispassionate", one cannot conclude, however, that "artistic values are absolutely relative".

Destruction and *decadence* of civilizations are almost always followed by decadence and destruction (precisely in this reverse order) of the Arts. Back to the "Russian ark" metaphor, whose center lies in the State Hermitage museum as the guardian of cultural (and civilizing) values of a people, it is also necessary that Law vindicate its relevant role in the preservation of such values, which, very often, consubstantiate in artistic expression. The defense of Art, as well as these values, cannot be faced as something absolutely relative.

Art Law, through its Organizers and Authors, invites the distinguished reader to join this project.

Belo Horizonte, João Pessoa and São Paulo, winter of 2014.

Gladston Mamede
Marcílio Toscano Franca Filho
Otavio Luiz Rodrigues Junior
Organizers

Prefácio

O título que identifica a obra organizada pelos professores Gladston Mamede, Marcílio Toscano Franca Filho e Otávio Luiz Rodrigues Júnior é revelador do quão grandioso é o objetivo a que se propuseram na consecução do livro.

Ladeados por juristas de notória capacidade intelectual e de incessante atividade de pesquisa científica, os ilustres professores Gladston Mamede, Marcílio Toscano Franca Filho e Otavio Luiz Rodrigues Junior lograram organizar *O Direito da Arte* como uma obra que se não tem o condão de esgotar sumariamente o assunto – impossível até mesmo em razão da infindável aptidão humana para o desenvolvimento intelectual perene –, ao menos apresenta uma miríade de abordagens sobre tão peculiar tema.

Devo esclarecer que na ocasião em que recebi dos coordenadores o irrecusável convite para apresentar a obra literária que pensavam ainda lançar, de súbito o primeiro impacto foi quanto ao privilégio que me estavam a conceder, decerto sem saber o tamanho do compromisso que estavam legando a pessoa cujas palavras costumam ser as mais breves possíveis.

Ao mesmo tempo, por conhecer desde logo que a temática abordaria conceitos como **direito** e **arte**, veio à minha mente – como creio, aliás, ocorreria com qualquer pessoa que se debruce um pouco sobre o estudo do direito – o Digesto do Imperador Justiniano, a famosíssima corporificação de textos clássicos de diversos jurisconsultos romanos, dentre eles, por certo, Celso, a quem devemos a noção de que o *Direito é a arte do bom e do justo* ("jus est ars boni et aequi").

Ponderei, portanto, que o objetivo do livro fosse o estudo desse novo objeto que envolve a atualidade do direito, é dizer, o de (re)aproximar-se cada vez mais da ética e da justiça como conteúdos que necessariamente dialogam com a segurança jurídica, sem nenhuma preponderância para qualquer dos lados, ao contrário do que aprendemos nós em um ensino eminentemente positivista que predominava há não tanto tempo assim.

Pois bem, enquanto os coordenadores desta obra dedicavam-se a ela e ao magistério, e eu à judicatura, a ideia do livro começou a tomar corpo até que, para a minha grata surpresa, quando finalmente recebi a sua versão derradeira, pude verificar o quanto minha impressão inicial, embora não fosse por completo equivocada, não havia considerado a vastíssima possibilidade de incursão sobre o tema.

Esse me parece, aliás, o grande mérito do livro, sem desconsiderar, é claro, a robustez de quem dele participou.

A obra é muito bem organizada em cinco subtemas distintos os quais iniciam com a propedêutica do direito da arte e perpassam ainda pela sua interseção com as liberdades comunicativas e suas expressões constitucionais e com o seu aspecto administrativo-tributário, situando-o ainda no plano internacional e também no âmbito das relações privadas.

Assim, tem-se de início uma visão do que é efetivamente a arte e da sua relação com a formação sociocultural do cidadão, pondo-se em relevo a experiência concreta do jurista Erik Jayme, que além de professor catedrático da Faculdade de Direito da Universidade de Heidelberg, aliou a esse fato a circunstância de também ser um exímio colecionador e apreciador de obras artísticas, em seguida dedicando-se, tanto no decorrer do mesmo capítulo quanto no consequente, à explicitação dos fundamentos metafísicos do direito e da arte e, ainda, desta como forma de expressão da liberdade de pensamento.

Os aspectos mais cotidianos dessa relação, aos quais não se atribuem somenos importância, são examinados nos títulos seguintes, salientando-se preliminarmente em quais medidas ocorre essa relação para com o estado, aqui sendo relevante atribuir especial relevo à sua caracterização como patrimônio cultural cuja proteção é almejada em nossa ordem constitucional e igualmente no plano internacional, um bom exemplo de *obra de arte* de interesse mundial sendo a própria *cidade* de Brasília, onde tenho residência e desempenho minhas funções públicas, nela notando-se a influência de Lúcio Costa, de Oscar Niemeyer, de Roberto Burle Marx e de Athos Bulcão, para citar apenas alguns dos expoentes que contribuíram há mais de cinquenta anos para a construção desta que é a única cidade do mundo construída no Século XX a obter o *status* de Patrimônio Histórico Cultural da Humanidade pela UNESCO.

Do público para o privado, o que se nota sob tal ângulo é a dissecação dos pormenores sobre em que medida se dá a criação do objeto artístico, como se protegem o seu autor e o titular adquirente, o livro chegando ao requinte de examinar os efeitos das leis de regência quanto, por exemplo, àquelas obras que circunstancialmente componham o acervo patrimonial de sociedade empresária em processo de recuperação judicial ou, pior, em estado falimentar.

A impressão obtida com a leitura d'*O Direito da Arte* é que se trata verdadeiramente de um compêndio minucioso sobre a matéria, possivelmente pouco restando para ser tratado em outras obras jurídicas acerca da temática, assim por que é irrecusável o convite feito pelos organizadores em nota prefacial para que se nos juntemos a esse projeto.

Brasília, setembro de 2014.

Mauro Campbell Marques
Ministro do Superior Tribunal de Justiça

Parte 1

Fundamentos do Direito da Arte

1

Sobre a Formação de Minha Coleção de Arte[1]

Erik Jayme[2]

Sumário: I. Expressionismo alemão – modernos e arte dos anos 1920. II. Arte contemporânea italiana. III. Desenhos à mão do Barroco. IV. Arte do Século XIX. V. Darmstadt e a arte do fim do século. VI. Rainer Fetting e os pós-modernos.

Coleções de arte privadas apenas raramente obtêm uma coerência interna em função de aquisições racionalmente orientadas. Sua lógica decorre muito mais da mitologia particular do colecionador, suas preferências crescentes e suas experiências pessoais.

I EXPRESSIONISMO ALEMÃO – MODERNOS E ARTE DOS ANOS 1920

Decisivos foram principalmente os meus pais. Meu pai, professor de química da celulose na Universidade Técnica de Darmstadt, tinha como *hobby* a pintura de aquarelas. Ele havia frequentado uma escola de pintura. A junção líquida das cores e sua aplicação em esboços a lápis feitos rapidamente o ocupavam principalmente como problemas técnicos. Ele assumiu a cátedra em 1936, depois de retornar de uma estadia de 12 anos no Cana-

---

[1] Capítulo contido em: JAYME, Erik; JÖCKLE, Clemens (Hrsg.). **Von Feuerbach bis Fetting** – Bilder einer Privatsammlung. Lindenberg: Kunstverlag Josef Finke, 2002, 88 p. Tradução de Pedro Augustin Adamy.

[2] Professor Catedrático da Faculdade de Direito da Universidade de Heidelberg.

dá – onde nasci, em 1934, na cidade de Montreal. A primeira pintura, que ele comprou na Alemanha, foi uma do novo objetivismo, uma natureza morta de Posch, o ganhador do *Bücherpreis* de pintura. Meu pai fizera amizade com o pintor Heinrich (Heini) Heuser, que havia imigrado para o Canadá; dessa forma chegaram as primeiras aquarelas expressionistas na coleção.

Após a Segunda Guerra Mundial meus pais adquiriram principalmente quadros do expressionismo alemão. Depois da morte de minha mãe (1995), minhas duas irmãs e eu dividimos a coleção de arte de nossos pais. A mim couberam obras de Otto Dix, Hölzel, Ophey, Schmidt-Rottluff, Rohlfs e Carl Hofer. Mais tarde aumentei ligeiramente essa parte da coleção. Da herança de meus pais, recebi também uma pintura pós-impressionista de Maximilien Luce.

II ARTE CONTEMPORÂNEA ITALIANA

Em meu próprio começo, colecionei quadros da pintura abstrata italiana do pós-guerra. Havia feito um ano de estudos junto à Universidade de Pavia e lá escrito minha tese de doutorado. A língua e a arte italianas acompanharam minha vida. Adquiria as peças da coleção primordialmente na Frankfurter Westend-Galerie, que representava a tendência, "Forma Uno". Assim, resultaram obras de Dorazio, Perilli, Santomaso e Corpora em minha coleção. Convenci meus pais a comprar uma luminosa pintura de Bruno Cassinari (1957), que retratava um abacaxi em pedaços em prismas azuis fluidos e pendentes. A pintura era tão conhecida à época que uma editora parisiense a havia transformado em cartão-postal. Entrou em minha coleção mais tarde como um presente de minha mãe, fizera amizade com dois pintores italianos, Oscar Piatella da Úmbria e o sensível milanês Paolo Iacchetti (complexo de 10 pinturas), no qual a informalidade tardia se dissolveu num fluxo de cores, que com o tempo foi dominado com linhas pelo artista.

Uma grande pintura de Moronti – usando areia como material e lembranças do *Action Painting* americano – completava essa parcela da coleção, que foi aumentada principalmente durante meus anos em Munique (1974-1983) (aquisição do quadro, "Porto" de Enrico della Torre em 1982) e continuamente complementada.

III DESENHOS À MÃO DO BARROCO

Depois da aceitação do chamado para ser professor em Heidelberg (1983), minha imagem do mundo se modificou. Na antiga capital da *kurzpfälzischen* me dediquei novamente à História. Eu havia estudado história da arte junto a Harald Keller em Frankfurt am Main e junto a Hans Sedlmayr em Munique, até finalmente me decidir pela carreira jurídica. Uma tese sobre a pintura veneziana "Terra ferma", que havia começado em Frankfurt, permaneceu um *non finito*. Em Heidelberg comecei a colecionar *Handzeichnungen* sob influência da galeria Auktionhauses Winterberg Handzeichnungen, em especial do barroco italiano.

Depois de tudo possuo quase 50 *Handzeichnungen* de pintores italianos, dentre elas uma assinada (Crosato), e com ênfase em diferentes Escolas: Bolonha (Guercino, Gaetano, Gandolfi), Roma (Algardi, Baciccio), Veneza (além de Crosato, ainda Molinari e Marcola), bem como Nápoles e sul da Itália (Corrado, Giacquinto, Francesco de Mura). Minha especial predileção era para o pintor e decorador triestino Giuseppe Bernardino Bison, cuja obra me foi apresentada pelos amigos Fabio Padovini e Rossella Fabiani durante as muitas estadias em Trieste. A afortunada aquisição da "*Madonna mit Heiligen*" de Bison concedeu uma medida própria a essa parcela da coleção. A seção das gravuras e aquarelas foi expandida com obras do séc. XIX (Kobell, Knaus, Schwind, Willroider).

Desenhos têm a sua própria magia. Alguns são apenas rascunhos, outros esboços de ideias, ou estudos semiacabados para pinturas posteriores. Outros, entretanto, são repetições e lembranças. Nesse meio se encontra o desenho como obra acabada em si, uma forma de eternidade improvisada.

IV ARTE DO SÉCULO XIX

1. Anselm Feuerbach

No período de Heidelberg, identifiquei-me com a grande Tradição, isto é, com Feuerbach e Trübner. Meu amor por Feuerbach tem muitas motivações. Em primeiro lugar, havia a pintura clássica como um certo destino, então o anseio pela Itália, e depois sua natureza complexa. As pinturas de Feuerbach têm diferentes camadas de significados. As experiências francesas de seus anos parisienses e o mundo artístico antiquizante de seu mestre Thomas Couture são mais fortes do que a definição por demais facilitadora do "Deutsch-Römer" deixa entrever. Isso vale também para a maneira de pintar. Na coleção estão a "Maria Stuart", de Feuerbach, e o "Cardeal orando", de Isabey, dispostas lado a lado. A decomposição dos contornos na pintura, o jogo de luz e sombra sobre uma encenação arranjada de forma teatral, tudo isso mostra a influência de Delacroix e leva, então, à influência de Rubens, da qual Feuerbach mais tarde se distanciaria, mas para a qual voltaria em ocasiões. Em realidade, Couture e seu olhar francês fracionado sobre a Itália permanecem sempre presentes em Feuerbach. A imagem da Itália de Feuerbach, no entanto, é mais serena (Endímion, flautista) e com menos densidade nos significados do que muitos de seus *Italienfahrer* contemporâneos e posteriores. Distante dele ficavam a "Simpatia com a morte" (como Pfitzner se manifestou sobre sua "Palestrina")[3] ou mesmo os excessos genoveses de outros artistas nórdicos (Nietzsche, Schreker).

---

[3] Veja-se MANN, Thomas. **Betracht eines Unpolitischen**. Deutsche Buch-Gemeinschaft o.J., p. 415 e seguintes.

Feuerbach desejava a "obra-prima" (*Meisterwerk*).[4] Como ele não a podia alcançar, ele colocou o anseio por tal ideal absoluto como ponto central da sua arte. Esse sentimento fundamental mostra-se também em suas obras menos importantes, das quais eu tive a felicidade de adquirir algumas.

2. Wilhelm Trübner e a pintura "pura"

Aqui entra a pintura "pura".[5] Na Coleção estão três obras de Wilhelm Trübner, uma das quais da coleção Georg Schäfer, adquirida por meio de Winterberg. As duas Escolas, a "Deutsch-Römer" e a "Leiblschule", foram complementadas. Uma obra importante de Franz Lippisch ("Candida mit der Plakette im Rom gemalt") mostra a influência de Feuerbach e Böcklin. Devem ser mencionados ainda dois quadros opostos de Albert Lang: uma paisagem "pura" e um fauno inspirado em Böcklin.

3. França

Tenho uma relação bastante especial com a França. A família de meu pai pertence aos huguenotes que vinham do sul da França. A pintura de luzes francesa tem para mim um elemento de *Déjà vu*. A cintilante paisagem impressionista de Maximilien Luce foi uma de minhas pinturas preferidas durante a infância. O quadro com girassóis de Oskar Moll, devedor da "École *Matisse*", provém da coleção de meus pais. Depois foram acrescidas obras da Escola de Barbizon (Diaz de la Peña), juntamente com quadros de seu sucessor alemão (Paul Weber). A aquisição da "Kardinalmesse" de Eugène Isabey fortaleceu essa parcela da Coleção, que foi enriquecida com gravuras (Odilon Redon) e desenhos.

V   DARMSTADT E A ARTE DO FIM DO SÉCULO

Cresci em Darmstadt, por assim dizer, sob a sombra da colônia artística (*Künstlerkolonie*). Lá frequentei o Ginásio Ludwig-Georg, a mesma escola que havia visto Ludwig von Hofmann e Stefan Georg como seus alunos.[6] E esta cidade, antiga capital do Grão-Ducado de Hessen, me deixou marcas indeléveis. Apenas depois, quando a casa de meus pais foi vendida, é que comecei a colecionar obras de artistas de Darmstadt, principalmente daqueles do fim do século.

---

[4] Sobre esse conceito-chave na arte do século XIX veja-se BELTING, Hans. Meisterwerk, In: SELG, A.; WIELAND, R. **Die Welt der Enzyklopädie (Diderot und d'Alembert)**. Frankfurt am Main, 2001, p. 253 e seguintes.

[5] Sobre isso, compare-se RUHMER, Eberhard. **Der Leibl-Kreis und die Reine Malerei**, Rosenheim, 1984.

[6] Veja-se a nota preliminar à carta de Friedrich Gundolfs a Ludwig von Hofmann (Darmstadt, 26.12.1905). In: HELBIG Lothar; BOCK, Claus Victor. **Gundolf Briefe**: Neus Folfe. Amsterdam: Castrum Peregrini Presse, 1965. p. 30.

Meu pai contava que os dois principais acontecimentos artísticos de sua juventude haviam sido a "Tannhäuser" de Wagner e a "Gestade der Vergessenheit" (Costa do Esquecimento) de Bracht. De Bracht já havia – até então – adquirido cinco telas a óleo, dentre elas "Waldtal am Abend" (Vale da floresta à noite), talvez o quadro mais perfeito de minha coleção, e uma das poucas litografias. Havia uma área especial com oito pinturas de Hans Christiansen, o primeiro da colônia artística de Darmstadt que foi chamado para o Mathildehöhe. Nos últimos anos, a paixão de colecionador se concentrou no artista – nascido em Darmstadt – Ludwig von Hofmann, a cujo mundo mágico arcádio-mediterrâneo eu estava especialmente vinculado. Foi a amizade com Peter Hüssy e Ingo Starz, do Arquivo Ludwig von Hofmann de Zurique, que me mostrou a importância destes protagonistas do final do século.

VI RAINER FETTING E OS PÓS-MODERNOS

Movimentos e tendências intelectuais e modas artísticas mudam rapidamente. Algumas vezes vive-se lado a lado com tais movimentos, e então encontra-se em consonância com o tempo. Os pós-modernos, com seu retorno à memória dos clássicos e uma nova liberdade dos sentimentos individuais, vieram ao meu encontro. Em 1997 fui eleito para a presidência do *Institut de Droit Internationale*, por essa razão, deveria organizar o Congresso Mundial de Direito Internacional em Berlin (1999). Por meio ano morei na antiga e nova capital alemã. Meu olhar se voltou para os "Novos selvagens" berlinenses e entre eles, acima dos outros, Rainer Fetting. Aqui estava o objeto em toda a sua corporeidade de volta à pintura. Entusiasmava-me a liberdade de um sentimento de vida, no qual o clássico ainda tinha o seu espaço. O "Desmond" de Fetting fazia a ligação com o "Torso vom Belvedere"; o seu "Havelschausse" capturava a paisagem como *habitat*.

2

Uma Introdução ao Direito da Arte

Gladston Mamede[1]
Otavio Luiz Rodrigues Junior[2]

A relação entre a Arte e o Direito é mais próxima do que se pode imaginar. Basta recordar o jurista romano Celso, a afirmar que o Direito é a arte do bom e do justo: *ius est ars boni et aequi*. Arte (*ars*), na afirmativa, toma-se menos por sua conotação moderna, intimamente ligada à ideia – se não com ela identificada – de criatividade: o artista, em nossos dias, precisa apenas ser criativo, podendo mesmo legar a construção, a materialização de sua arte – a obra, na qualidade de fazer (*poiesis*) – a outrem. Criar, em nossos dias, tem a marca da idealidade: o artista pensa e não precisa, obrigatoriamente, manejar; uma solução que agradaria muito aos antigos, gregos e romanos, ou mesmo aos portugueses do período colonial, diante de uma certa aversão ao trabalho manual. A arte, em nossos dias, permite isso: artistas que apenas concebem e, então, veem as obras construídas por suas oficinas.

Mas não é à criatividade que Celso remete o Direito, embora não pareça razoável excluí-la de tudo. *Ars*, na máxima latina, toma-se por sua acepção clássica, na qual prevalece a ideia de técnica, a superar – e muito – a importância da criatividade. Mais do que o arroubo criativo de quem faz ou destrói,[3] o Direito se expressa artisticamente por seu fazer (por sua *poiesis*), no ato de *colher* o fato, natural ou humano, e dar-lhe uma expressão jurídica.

---

[1] Doutor em Direito – Universidade Federal de Minas Gerais. Membro do Instituto Histórico e Geográfico de Minas Gerais.

[2] Professor Doutor de Direito Civil da Faculdade de Direito (Largo São Francisco) da Universidade de São Paulo (USP).

[3] A destruição, como expressão estética, é um assunto da mais elevada importância, embora muitos a desprezem. Manifesta-se tanto na reação artística, a exemplo do dadaísmo, como pela eliminação

É claro que se pode argumentar que a doutrina do Direito é uma expressão de técnica hipotética, sem trabalhar sobre o áspero material dos fatos concretos, historicamente dados. Não há como negá-lo: o doutrinador tem, na teoria, o conforto da hipótese, ao passo que o jurista que trabalha sobre o litígio (o advogado, o parecerista, o promotor ou o juiz) assume o encargo da vida, do real. Mas também no trato com as hipóteses se pode – e se deve – fazer *arte jurídica*. Aliás, a falta dessa arte jurídica faz com que a doutrina se empobreça e, consequentemente, a própria concreção jurídica revele uma miserabilidade lastimável.

Compreende-se, por tais caminhos, a identificação do Direito como expressão de uma *arte política*, uma técnica social, tida no âmbito da *pólis*, isto é, da comunidade e, enfim, do Estado. Abre-se um enfoque estético do agir jurisdicional, considerado em sentido estrito, identificando-se com a atuação judiciária, ou em sentido largo, a abranger todo e qualquer *dizer do Direito* (*iurisdictio*), seja apurado em concreto – sobre fatos pretensamente havidos e, então, submetidos à avaliação dos que operam com o Direito –, seja apurado em abstrato, o que é próprio dos esforços teóricos. Dessa forma, é possível explorar o *agir jurídico* por sua qualidade de expressão e compreensão estéticas: o jurista, o bom jurista, é – e pode e deve ser – um *artista* que trabalha com os fatos, com os conflitos, incrustando-lhes normas e princípios jurídicos para, assim, ter por obra uma solução boa, equânime, justa.

O mais fascinante nessa proposição são as referências estéticas propostas por Celso: *bonnus* e *aequi*, ou seja, o bem (e, via de consequência, o bom: o substantivo e o adjetivo) e a justiça (o justo, compreendido por sua relação direta com a equidade, com o equilíbrio, a afastar uma busca *geometrizada* das relações humanas). A inclusão da justiça como material dessa técnica, dessa arte, humaniza a atuação do jurista, afastando-o da automação: é indispensável conhecer – e bem – a técnica, as normas, os princípios e o modo de atuar do Direito; mas é igualmente indispensável permitir que as discussões ecoem na consciência e no coração. Há uma necessidade de justiça no agir jurídico. E justiça tomada pelo equilíbrio, sabendo dar a cada um o que é seu (*suum cuique tribuendi*), como afirmado pelo mesmo Celso. Ora, mais do que a técnica e a criatividade do ser justo e equânime, essa habilidade de dar a cada um o que é seu, é indispensável afirmar uma virtude correspondente, emparelhando a estética do bom e do justo (e equilibrado) com a virtude daqueles que se mostram aptos a essa – ou hábeis nessa – arte. Virtude, friso, e não virtuosismo (a *areté* sofística): o suave jeito ponderado dos que fazem o mundo melhor.

Como se só não bastasse, a proposição de uma estética jurídica nos remete às relações entre o belo e o justo, como apontado por Mário Moacir Porto, compreendidos – não sem algum exagero – como "binômio eterno e meta finais de todas as aspirações humanas", a permitir-lhe dizer que "o Direito é essencialmente uma obra de arte", submetendo-se à

---

artística: o desprezo que conduz à simples eliminação da obra artística, à sua demolição, não raro como resultado de um arroubo arrogante: supor-se superior àquela expressão para, enfim, afastar a importância de sua preservação. O Direito, aliás, vive esse fenômeno em constância, em muitos casos para a desgraça da sociedade. E, também no Direito, é comum que a eliminação do parâmetro antigo seja apenas uma manifestação de ignorância arrogante.

"chamada lei do belo jurídico".[4] Exagero, porque o ser humano está submetido a aspirações mais concretas e próximas, nem sempre atentas à contemplação dos mais elevados valores do espírito e sua exteriorização sobre a realidade social. A lei, o ato administrativo e a sentença – e mesmo as análises doutrinárias, por que não? – nem sempre são justos e, mais, comumente não respeitam a *lei do belo jurídico*. Desprezam-na, desconsideram-na. O Direito positivado pela norma, pelo ato administrativo ou pela decisão judicial, infelizmente, pode identificar-se com a marreta que destrói, com o fogo que queima, com o horror; pode ser – e habitualmente é – uma simples expressão de poder, uma afirmação da prevalência individual – ou de certo grupo – sobre outrem, um autobeneficiar-se.[5]

É preciso uma evolução de espírito, um refinamento de caráter, para se abandonar a utilização do Direito como mera expressão do poder para, então, conseguir exercitá-lo como uma busca pelo justo e, destarte, pelo belo. *No fim dos cálculos*, vê-se, chega-se a uma equação assustadoramente platônica: a Justiça é uma *eidos*, uma *ideia eterna*, cuja compreensão absoluta é privilégio divino. Aos seres humanos cumpre o esforço dialético constante de afastar os enganos e buscar compreendê-la adequadamente, embora atrelados à inexorabilidade do erro, que é próprio da humanidade (*errare humanum est*). Se errar é humano, humano é errar. Mas não só; humano (no sentido *nobre* da palavra) é lembrar-se, sempre, que se erra, e se esforçar para não errar, bem como preocupar-se com seus erros possíveis e suas consequências: quantas monstruosidades poderiam ter sido evitadas se calculássemos a mera possibilidade de estarmos errados. Talvez não sejamos julgados – aceitando um foro transcendente, com seu ônus de fé – pelo resultado, mas pelo esforço, pela boa vontade, por sermos ou tentarmos ser compreensivos: a maleabilidade de espírito dos que compreendem que o mistério divino se espraia sobre a realidade, independentemente de qualquer religião e suas dogmáticas, e que é necessário candura para se fazer Direito.

É preciso duvidar da pretensão a uma verdade e aceitar a possibilidade da existência de verdades que se colocam no diálogo da sociedade. Poderia alguém perguntar se a verdade não é um valor humano e que, em contraste, é um mal em si a inverdade, como tal compreendidos o erro, a confusão, a mentira, a falsidade, a omissão do verdadeiro, e todas as demais *figuras* que traduzem um desrespeito, maior ou menor, à verdade. Indubitavelmente, a verdade é um bem humano. Quem duvidaria? Basta lembrar que a verdade é uma pilastra sobre a qual se sustenta a confiança. E a confiança, sabemos todos nós, é o piso necessário das relações amistosas (as amizades, a família, os negócios, amores e tantas outras). Portanto, se falta a verdade (no todo ou em uma parte), como se sustentaria a própria relação?

---

[4] Os fundamentos estéticos do Direito. **Revista Forense**, Rio de Janeiro, v. 203, ano 60, p. 371, jul./set. 1963. Segundo o autor, "No plano do Direito, o Justo se constata através da satisfatória adequação da regra às realidades humanas, do mesmo modo que no território da Estética o belo se revela na eleição da forma que forneça a medida do Justo na interpretação da natureza."

[5] Conferir MAMEDE, Gladston. **Semiologia do direito**: tópicos para um debate referenciado pela animalidade e pela cultura. 2. ed. Porto Alegre: Síntese, 2000.

O problema é que, a partir dessa premissa correta, partem hordas na defesa intransigente da *Verdade*, aquela na qual creem e que, por ser um bem supremo, justifica a eliminação dos que dela discordam, o que nos traz o cheiro da morte e do horror. A verdade é *um* e não *o* bem. A vida é construída pela atenção e respeito a diversos bens e não me parece ser tranquilo hierarquizá-los: o que vale mais, perguntaria: a verdade, ou a justiça, ou a vida, ou a compreensão, ou a bondade, ou a compaixão, entre outros? Não raro, os valores humanos conflitam-se. É-lhes implícita a necessidade da ponderação, do juízo humano que sabe dar-lhes vida, equilibrá-los, não com a sapiência (a *epistéme*) dos doutos, mas com a sabedoria (*phronesis*) dos sábios. É preciso prudência para ser justo; compreender, com o coração, os atos humanos.

Muitos de nós, seres humanos, se sentem confortáveis com essas viseiras que se colocam nas mulas, para que só vejam à sua frente. Muitos de nós não ouvem e não querem ouvir para além das suas próprias verdades (sim! Há muitas verdades) e a tudo interpretaram como sendo uma confirmação do que querem ouvir, ou, se assim não for, como mentira. Mas *a pior mentira é aquela que contamos para nós mesmos*.

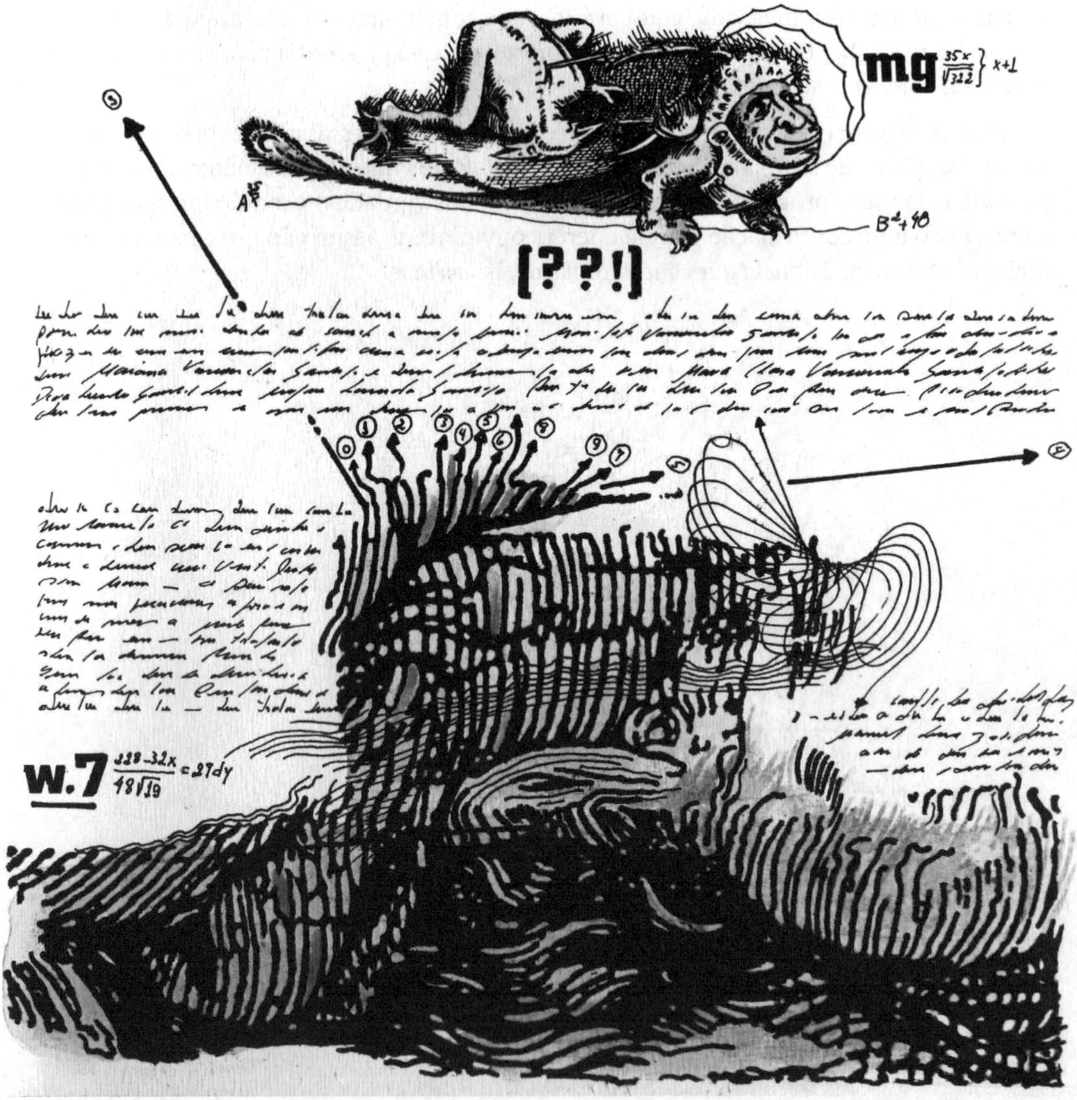
mg
[??!]
w.7

Uma Introdução ao Direito da Arte 13

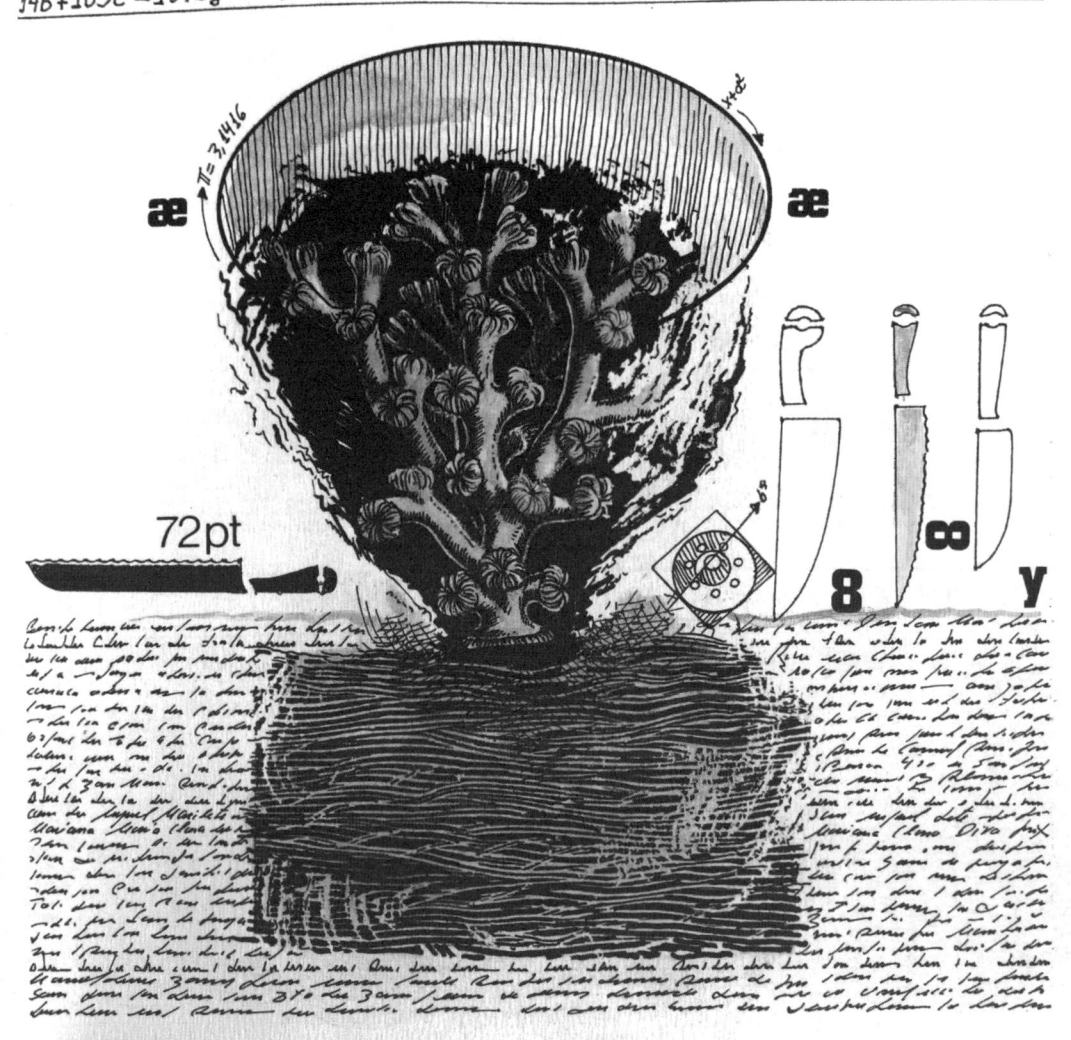

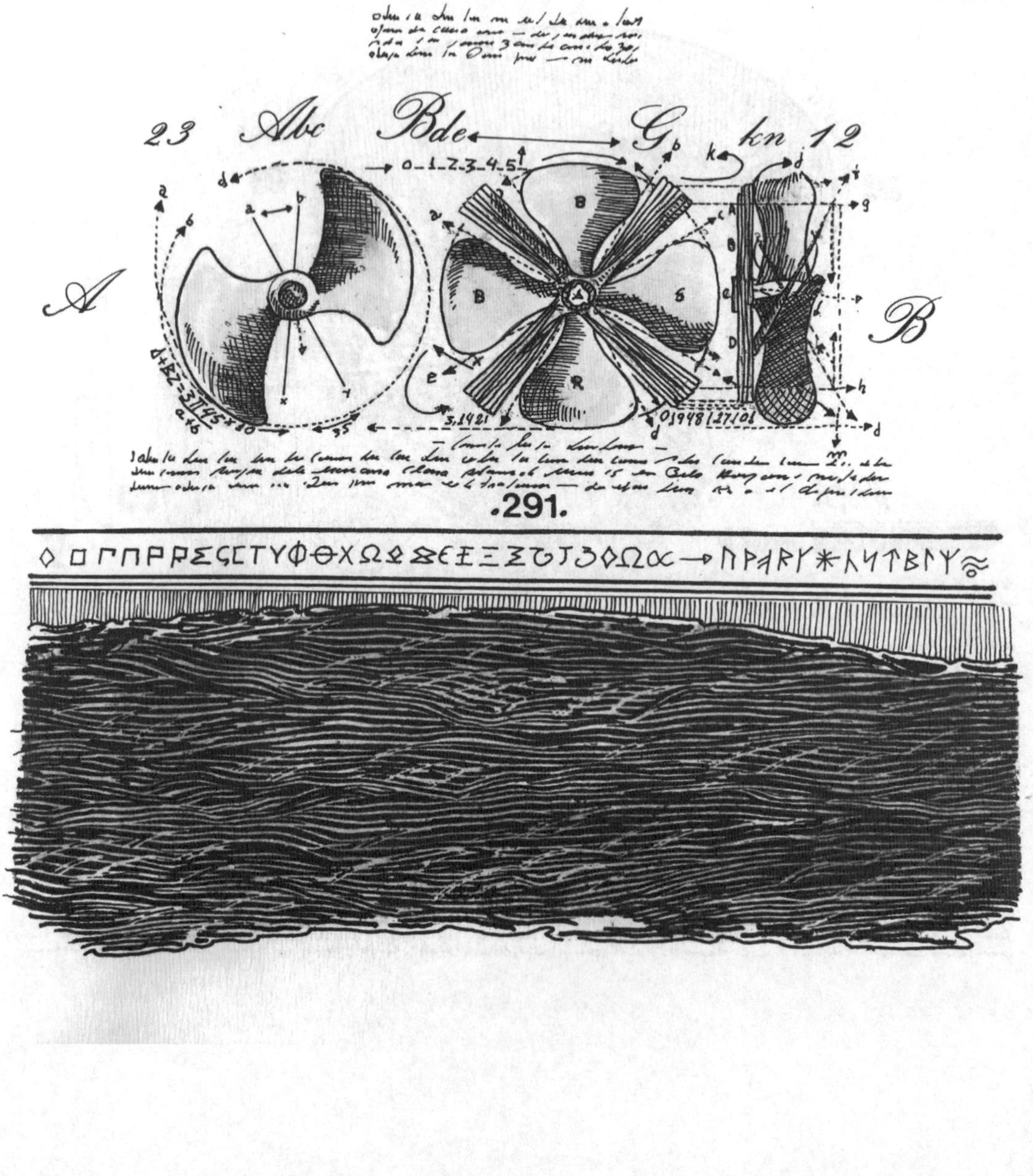
23
Abc
Bde
G
kn 12
A
B
0_1_2_3_4_5
3,1421
0,1948/27/08
.291.

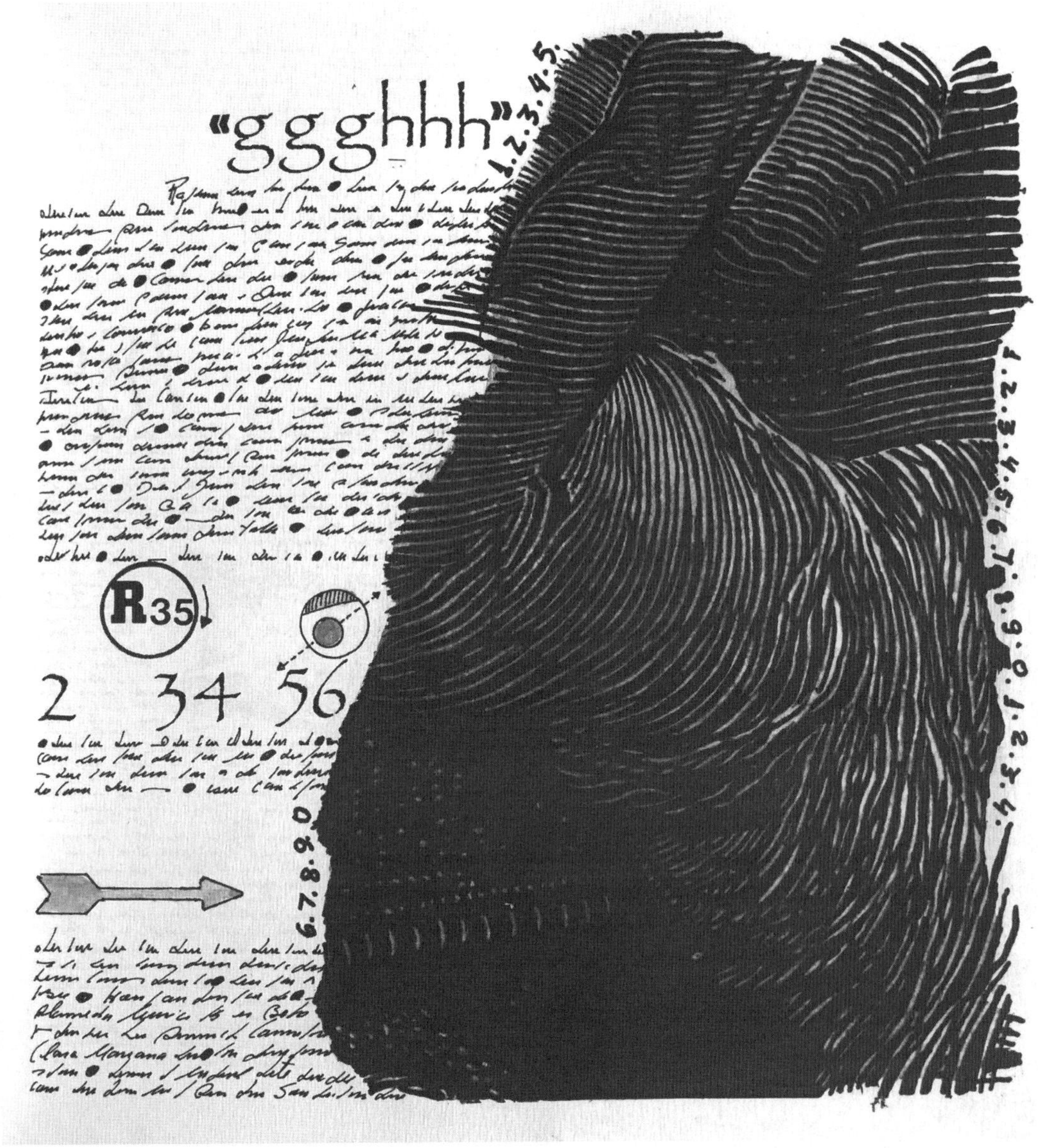
"ggghhh"
1.2.3.4.5.
R35
2 34 56
6.7.8.9.0.
1.2.3.4.5.6.7.8.9.0.1.2.3.4.

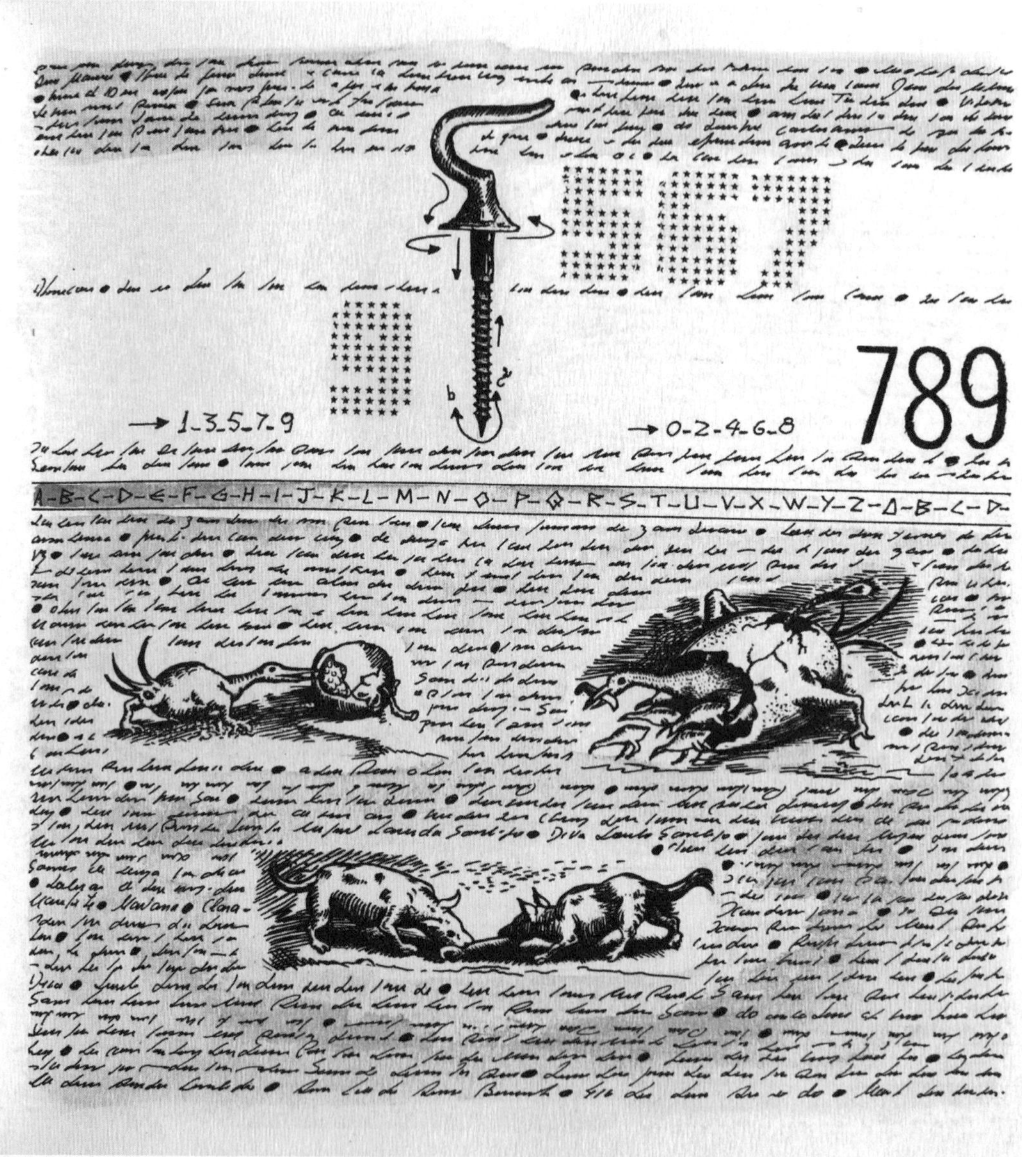
→ 1-3-5-7-9
→ 0-2-4-6-8
789
A-B-C-D-E-F-G-H-I-J-K-L-M-N-O-P-Q-R-S-T-U-V-X-W-Y-Z-A-B-C-D-

3

Sobre Direito e Arte

Alysson Leandro Mascaro[1]

Sumário: 1. Direito, arte e sociedade. 2. Direito, arte e técnica jurídica. 3. Arte e justiça.

O belo, o aprazível, o agradável esteticamente, o ético, todos esses juízos são, a princípio, estranhos ao direito contemporâneo. Não é o direito que dá os atributos de qualidade intrínsecos à arte. Por isso, aos olhares dos iniciantes ou leigos, a relação entre direito e arte parece ser um vínculo de mera exterioridade: o direito, por suas próprias razões, dá apenas a proteção dos direitos do autor da obra de arte e daquele que venha a adquiri-la, ou seja, o proprietário de seus direitos patrimoniais. Ocorre que, além dessa relação de exterioridade, há uma íntima e recôndita conexão entre direito e arte: das mesmas estruturas sociais advêm a forma jurídica e a forma pela qual a arte é tomada historicamente.

A própria noção de arte, nas sociedades contemporâneas, está imediatamente ligada à sua constituição jurídica. Se por arte se compreende o novo, criativo, seminal, o direito dá o reconhecimento da originalidade. Se, por um acaso, a arte se apresenta como cópia ou como produção a partir de uma referência já dada, é por meio do direito que se dará a proporção dos créditos devidos ao original e ao derivado. Mas, acima de tudo, a unidade da obra de arte é dada por meio de instrumentos jurídicos. Se é verdade que a arte se

---

[1] Professor da Faculdade de Direito da Universidade de São Paulo (Largo São Francisco) e da Universidade Presbiteriana Mackenzie. Doutor e Livre-docente em Filosofia e Teoria Geral do Direito pela USP. Advogado e parecerista em São Paulo. Autor, dentre outros, de *Filosofia do direito* e *Introdução ao estudo do direito* (Editora Atlas).

singulariza por meio de uma hermenêutica do objeto artístico com o mundo, este objeto artístico é individualizado a partir de parâmetros advindos de técnicas jurídicas.

Um ouvinte leigo, ao se recordar agradavelmente de uma ocasião em que escutou uma música que o emocionou em um disco, associa um complexo de informações às suas sensações estéticas: o disco de vinil ou digital, a capa, a ilustração da capa, a posição da música na ordem do disco, o artista cuja voz sobressai na sonoridade ali imprimida. Mas qual é a unidade com a qual se trabalha? A música isoladamente? O disco? O seu autor? O cantor? A referência da unidade da obra de arte pode ser variável de acordo com a posição hermenêutica daquele que com ela se relaciona. Se os ouvintes dizem gostar do disco ou da música ou do cantor, trabalham com referências variadas a respeito das unidades da arte. Mas, juridicamente, as unidades não são dependentes de variáveis subjetivas; elas já estarão formalmente dadas: a posição e a proporção de direitos dos autores, músicos e cantores em face da obra gravada; a arte da capa; os direitos da empresa gravadora etc. A unidade da obra de arte tem relação imediata com os sujeitos de direito que são seus possuidores. Há um vínculo necessário entre arte e direitos subjetivos.

O direito não vem apenas coroar um dado artístico que lhe é externo; ele vem, acima de tudo, também constituir o que se pode entender por objeto da arte. Em primeiro lugar, é verdade, por desbastar o dado bruto da arte em múltiplos direitos subjetivos correspondentes. Mas, acima de tudo, por revestir ou erigir a própria condição de bem artístico. Nas sociedades contemporâneas, justamente nas quais há tal relação direta entre direito e arte, isso se deve ao fato de que a arte é constituída como mercadoria, e, para que isso aconteça, ela necessariamente se realiza com a intermediação da forma jurídica.

Assim sendo, o entendimento da relação entre direito e arte há de se fazer tanto com um mergulho nas estruturas da própria vida social, nas quais ambos os fenômenos deitam raízes, quanto com o entendimento das específicas relações entre esses dois fenômenos. Direito e arte devem ser analisados, primeiramente, como momentos de uma totalidade social, que é maior que ambos e que é formadora – e também em certa medida formada – por eles. Depois de tal situação geral, poder-se-á analisar o liame específico entre direito e arte, como modo de entender a conformação da arte pelos instrumentos da técnica jurídica.

Deve-se tomar a relação entre direito e arte em três instâncias. Na primeira delas, ambas advêm de uma raiz histórico-social comum. Direito e arte são configurados, nas sociedades capitalistas contemporâneas, como formas atravessadas pela mesma lógica da mercadoria. Além disso, na segunda das instâncias de relação, a arte é atravessada pela forma jurídica. E, ainda mais, num terceiro nível de relações, há que se perguntar a respeito da possibilidade da forma artística atravessar o direito e, mais especificamente, a justiça.

1 DIREITO, ARTE E SOCIEDADE

Historicamente, a identidade do objeto artístico varia de acordo com os tipos de sociedades estabelecidas, pois a própria noção de arte deriva de relações e expectativas sociais específicas. Há um marco histórico fundamental para o tipo de identificação a respeito da atual constituição da arte: o surgimento das relações sociais capitalistas. Pode-se dizer que há, de um lado, várias noções de arte típicas de sociedades pré-capitalistas e, de outro lado, uma forma capitalista de identificação, reconhecimento e tratamento da arte.

Em sociedades pré-capitalistas, a relação entre o artista e a obra se caracteriza por apresentar múltiplas razões constituintes. De um lado, desde as pinturas rupestres, há a tentativa de preservação da memória, dos sentimentos, da história vivida. A arte, assim, é pensada como um projetar-se para além do artista, em favor da importância do próprio registro a que se almeja. De outro lado, muitas noções de arte se perdem em razão do motivo da sua realização ou da sua entrega. Em muitas situações, a religião, na limitação de modelos de representação artística, torna a relação entre o artista e a obra funcional a seus propósitos. Em tantas outras ocasiões, é somente a tentativa de expressão estética o motor da empresa artística. A razão interna da obra é variável. Ela pode ser uma mera exteriorização de um horizonte de mundo compulsório, como a religião, ou mesmo ser uma afronta estética ao estabelecido. Mas, acima disso, a própria natureza da relação de produção do artista com a obra determina o seu caráter múltiplo e variável nas sociedades pré-capitalistas.

Em sociedades sem as amarras típicas do capitalismo, a sorte do artista e do objeto artístico varia de tal modo que, virtualmente, todas as relações entre ambos e entre ambos e a sociedade são possíveis. Há, num extremo, os objetos artísticos que são de posse imediata de seu produtor, não operando redes de circulação social. Uma pintura ou um enfeite que se carregam com os próprios produtores ou com seu grupo entram em tal categoria. Há, noutro extremo, a produção toda ela alheada ao artista. Desde escravos artistas até formas medievais de manifestação religiosa, a arte pode se revelar como um objeto que adere à vontade do senhorio, tornando seu produtor totalmente exterior à sorte do produto.

A sociedade capitalista altera profundamente a relação entre o produtor e o objeto de arte. A subjetivação jurídica do artista é seu elemento central de constituição. Nas relações sociais capitalistas, os vínculos se estabelecem na base da troca de mercadorias. Assim, as formas tradicionais de constrangimento vão paulatinamente diminuindo em favor da afirmação jurídica da liberdade do artista. Não se há de pensar, na dinâmica do capitalismo, na figura do escravo artista, tampouco do servo constrangido à produção da arte. O artista se individualiza juridicamente, respaldado em direitos subjetivos, e a sua produção entra em circulação com os demais da sociedade por meio de artifícios estipulados de modo contratual.

Justamente na liberdade formal e na isonomia dos sujeitos de direito residem as chaves da contradição fundante da relação contemporânea entre artista e arte. O artista não pode ser constrangido extrajuridicamente à produção do bem. Sua arte advém da disposição livre de sua vontade íntima. Mas, ao mesmo tempo, a inserção do artista na lógica da produção da vida social se faz por meio de um constrangimento estrutural, advindo da despossessão dos capitais suficientes à sua sobrevivência. Mergulhado numa sociedade de trocas mercantis, o artista orienta a sua produção como mercadoria. Sua finalidade é o mercado. Se não o é como mote do artista, será ao menos como forma necessária no desaguadouro da relação da obra com a sociedade.

Nas sociedades capitalistas, numa ponta, a forma de sujeito de direito torna o artista livre subjetivamente para a produção do objeto artístico. E, noutra ponta, o artista é livre e igual ao comprador de seu produto. Juridicamente, o produtor da arte não pode ser constrangido pela força a empreender a arte desejada por meio de coerção. Mas, justamente para sua inserção no tecido social de uma sociedade mercantilizada, o artista é livre para produzir a arte que queira, e livre e igual ao comprador da arte para a este poder vendê-la. A arte passa a ser conectada a uma rede estrutural de coerção à forma de sua circulação na sociedade, a mercadoria.

As categorias jurídicas identificam o artista como duplamente proprietário de sua arte, conferindo-lhe liberdade de empreendimento artístico e autonomia da vontade para a disposição mercantil do seu objeto produzido. É por isso então que se pode dizer que, nas sociedades capitalistas, a obra de arte passa por uma transformação qualitativa. No passado, ela podia ter múltiplos sentidos, sendo desde um objeto casual de expressão de sentimentos até um objeto produzido na total coação orientada a um fim. No capitalismo, a obra de arte, tendo por razões subjetivas de seu empreendimento pelo artista todas as possíveis causas, tem, no entanto, uma forma inexorável de relação existencial com o mundo: a obra de arte é reconhecida socialmente necessariamente sob a forma de mercadoria.

Arranjos típicos de sociedades pré-capitalistas são reordenados a partir das demandas sociais capitalistas. O velho mecenato, se antes servia à satisfação da glória dos senhores, passa a envolver, no capitalismo, a possibilidade de acesso contratual mais facilitado ao entesouramento patrimonial da obra de arte produzida. As velhas formas de cooperação técnica entre artistas passam a se configurar, no presente, como empresa, reconfigurando os estatutos da produção artística de tal modo que revelam até mesmo problemas jurídicos trabalhistas dos agentes envolvidos em tal produção.

Se o sujeito de direito e a mercadoria são o núcleo tanto do direito quanto da arte no capitalismo, além disso, o produto artístico se insere numa vasta rede de relações sociais, nas quais se levantam interesses, poderes, satisfações, gozos, vaidades, glórias, símbolos, disputas ideológicas. No capitalismo, sendo a arte constituída como essa unidade fundamental, econômica e jurídica, que é a mercadoria, ela é valiosa tanto como produto trocável no mercado quanto como por suas múltiplas funções sociais de poder.

A arte serve à constituição das subjetividades e de seus horizontes. Ela não só tem por função abstrair a sociedade da realidade concreta, num sentido diversionista, como também tem um sentido de constituição daquilo que se possa pensar, desejar, contestar, repudiar, sacralizar, afastar. O uso da arte, assim sendo, é um dos instrumentos fundamentais do poder na sociedade: tanto turba quanto, acima disso, erige a ideologia da sociedade.

As lutas entre classes, grupos e indivíduos configuram estágios específicos da arte como fenômeno social. As relações da arte com o Estado, a política, a religião, a educação, os aparatos de repressão e os meios de comunicação de massa são íntimas, explosivas e contraditórias. Assim sendo, se o núcleo formal da arte no capitalismo se apresenta como relação constituída por mercadorias, direitos subjetivos e sujeitos de direito (como o artista e o comprador da obra), a sua manifestação no tecido social geral se dá como indústria cultural. Nesse grande complexo da produção, da circulação e da utilização ideológica e política da arte, há que se pensar na constituição estrutural de subjetividades consumidoras da arte, que são as mesmas que reproduzem a dinâmica da vida social capitalista, dóceis para determinadas relações, indóceis a outras, transformadoras, conservadoras ou reacionárias de acordo com as circunstâncias históricas e as questões sociais envolvidas.

A indústria cultural, ao se instituir como sistema geral de produção dos arcabouços culturais e artísticos da sociedade, reproduzindo também uma grande máquina da valorização da economia capitalista, revela que a arte não é um elemento neutro e passivo à espera de apreciação por indivíduos cujos gostos são autônomos e livres. A liberdade jurídica e a especialidade de gostos de cada indivíduo escondem as amplas redes sociais estruturais nas quais o indivíduo, para além de ser disputado livremente nas inclinações, é constituído socialmente nos seus gostos e na sua própria noção de individualidade. A própria valorização do valor opera, na arte, como uma indústria de criação de necessidades, gerando gostos, bradando o valioso e o desejado e os seus opostos, valendo-se dos instrumentos de propaganda, canalizando apostas de recompensa econômica da arte pelos meios de comunicação de massa.

Tal maquinário complexo e sistemático de constituição das necessidades culturais tem ligação direta e necessária com os aparelhos ideológicos de Estado. A subjetividade dos povos é erigida a partir de noções culturais e artísticas alimentadas como esteio comum ou natural das gentes. A nação, o povo, o folclore, o pendor natural, as inclinações dos gostos, o belo, todos os monumentos da identidade dos povos e dos indivíduos passam por um grande maquinário de indústria cultural, cujos procedimentos de constituição e submissão andam de par com os procedimentos de domínio econômico e político.

A noção do valor estético, nas sociedades capitalistas, não advém da qualidade intrínseca do objeto de arte. Ela é permeada por uma infinita rede de relações sociais de poder. A indústria cultural, ao constituir os gostos, rege o parâmetro de apreciação do valioso da arte. Assim sendo, não são os caracteres de novo ou tradicional, bem-acabado ou primitivo, conservador ou radicalmente contestador que dão o valor à arte. Tudo pode ser absorvido pela dinâmica da reprodução do mercado e dos processos táticos e técnicos do poder.

Nem o sistema geral de circulação social e consumo da arte pode ser pensado como arena alheada do mundo, como também nem o artista opera em liberdade plena em face dos constrangimentos sociais. Seu entendimento de mundo e estético, seus métodos, a posse de seus materiais de trabalho, sua razão de produção e seus fins artísticos são todos advindos de uma rede de relações sociais que é complexa. De um arco que vai do louvor, passando pela constatação, até chegar à contestação aberta da ordem existente, a arte, por modos variados, é expressão das possibilidades sociais.

O direito possui relação íntima com a arte tanto porque opera a técnica que a torna mercadoria e a faz circular no mercado, garantindo a propriedade, mas também porque tal produção e circulação são elementos fulcrais nas redes do poder. Se a arte é uma manifestação haurida das estruturas do mundo, ela de algum modo espelha as contradições e injustiças da sociedade, da economia, da cultura e do poder. Contraditoriamente, tais dinâmicas de reflexo do mundo contribuem tanto para que o mundo se entenda como tal, reafirmando-se, como também servem como espelho que leve o horror do mundo a, mirando-se, transformar-se.

2 DIREITO, ARTE E TÉCNICA JURÍDICA

Possuindo uma ligação intrínseca pelo tipo de vínculos sociais que os produzem, direito e arte se interpenetram tecnicamente a partir de ferramentas como a mercadoria, o direito subjetivo e o poder do Estado. São inúmeras as possíveis relações e implicações jurídicas referentes à arte. Em termos de teoria geral do direito, o tema da arte se delineia a partir de quatro grandes horizontes de situações jurídicas:

a) produção da arte;

b) propriedade da arte;

c) circulação da arte;

d) regulação da arte.

Identificada nas sociedades capitalistas como mercadoria, a arte é um produto. Sua manifestação fenomênica advém de intervenções criadoras dos agentes sobre matérias ou a partir de ideias. Mesmo a ausência de intervenção direta nos materiais naturais pode representar um agir artístico, dado um uso seu especial pelo artista. A ideia tem papel central nessa valorização do que não tinha tal valor. Para muitas artes consideradas canônicas ou tradicionais, a criação do artista é atribuída à obra de seu gênio. Sendo os artistas agentes individualmente identificados, é tido por indissolúvel o vínculo de gênio e deliberação e agir subjetivo entre a obra de arte e o seu criador.

Mas, na multiplicidade das relações sociais capitalistas, a produção artística cada vez menos é obra individual de gênio. Ela envolve preparações, estudos, formação, assessoria, atuação coletiva de artistas em diferentes ou semelhantes especializações, de tal sorte que se torna difícil a sua atribuição única ao gênio isolado, havendo, daí, a possibilidade de desbastar, na multiplicidade de agentes, os seus respectivos direitos subjetivos advindos da criação.

A técnica jurídica relacionada à produção da arte constitui-se na atribuição de direitos subjetivos aos seus respectivos criadores. Trata-se de um núcleo cada vez mais complexo de distribuição de direitos e garantias a múltiplos sujeitos de direito. Nesse nível de tratamento jurídico da arte, de modo geral os sistemas jurídicos preveem aos artistas o resguardado de seus direitos mais profundos, ligados diretamente ao afazer artístico. Os direitos de autor, em tais situações, são direitos da personalidade. Envolvem a proteção daquilo que é original na própria ação artística. Com isso, terceiros não podem alterar o mérito da arte e de sua produção. Tais direitos de personalidade são resguardados pela técnica jurídica como direitos subjetivos inalienáveis.

No entanto, a arte só é identificada, nas sociedades capitalistas, a partir de sua específica característica de mercadoria. Ela pode ser disposta, de vários modos, à circulação mercantil. Se assim o é, a técnica jurídica contemporânea destaca os direitos relacionados à produção da arte daqueles relacionados à aquisição dessa mesma arte. O objeto artístico se separa de seu produtor, sendo transacionável a terceiros de acordo com as formas previstas juridicamente.

Os direitos que advêm da circulação da obra de arte podem ser múltiplos, como múltiplas são as possibilidades dessa circulação. Um pintor pode vender o objeto que contém sua arte, o quadro. O músico pode gravar uma produção sonora em meio que a reproduza. Uma editora pode imprimir exemplares do texto de um escritor. Em todas as relações jurídicas possíveis na circulação da produção artística, há transações envolvendo direitos subjetivos. O artista transfere seus direitos de propriedade em relação à obra criada. Assim sendo, o direito faz com que terceiros possam ser os sujeitos adquirentes dos direitos patrimoniais da arte.

Como são direitos subjetivos relacionados à obra de arte que se encontram em circulação, a técnica do Direito contemporâneo distingue aquele núcleo que é próprio do autor daquele outro que pode ser transacionável. Ao primeiro núcleo, o direito da personalidade, é vedada sua circulação. Ao segundo núcleo – a posse de direitos subjetivos que envolvem a disposição inclusive econômica da obra –, por meio dos negócios e atos jurídicos, a circulação se revela como meio de transferência e aquisição da obra. A nomenclatura técnica tradicional costuma distinguir os direitos de autor como direitos morais de autor e direitos patrimoniais de autor. Estes últimos são aqueles passíveis de transação.

Se há uma distinção entre os direitos subjetivos adquiridos pelos autores no processo de criação das obras e os direitos subjetivos adquiridos no processo de circulação das obras, este último campo abre então uma série de instrumentos jurídicos que a ele se liga. Os contratos envolvendo a circulação e a aquisição dos direitos subjetivos patrimoniais da obra de arte são múltiplos. Desde a compra e venda até a locação, passando por modalidades como o leilão, chegando a temas registrais e tributários, a circulação da arte é estruturada por variados mecanismos jurídicos.

Mas o tratamento jurídico da arte não envolve apenas a relação atômica e fragmentada das partes em transação de direitos subjetivos relacionados à obra de arte. O Estado é elemento ativo na intermediação das redes de relações que envolvem a arte. Além dos direitos subjetivos, há uma série de garantias, poderes e deveres relacionados ao tema. É possível pensar, assim, em estipulações que envolvem a garantia da criação artística, sua liberdade em relação aos poderes públicos, à religião e outras ideologias constituídas. Institutos eminentemente de direito político, como a censura, envolvem o tema da arte. Nesse nível, também se veem questões como a da publicidade das obras e dos seus meios, o seu tombamento, o seu afastamento da esfera do mercado, o tratamento tributário específico, a sua distinção ou similitude em relação a direitos subjetivos similares, como a propriedade industrial, ou mesmo questões como os direitos sociais do trabalhador artista. Como reguladores, o Estado e o direito se apresentam na função de normatizadores jurídicos da arte.

A arte não é só um dado bruto à disposição de posterior regulação jurídica. Ela é pensada, nas sociedades capitalistas, justamente a partir da sua característica específica de mercadoria, tramada numa rede de relações sociais entre produtores e proprietários do produto artístico. Se o novo ou mesmo o extrajurídico se tornam arte, isto se dá, na dinâmica das sociedades contemporâneas, a partir da identificação de tais situações, fatos, objetos ou bens, materiais e imateriais, por meio das ferramentas jurídicas que são a forma necessária de reprodução das formas mercantis.

3 ARTE E JUSTIÇA

Se a relação de direito e arte se dá como a penetração da forma jurídica na arte, pode-se vislumbrar também uma relação de sentido reverso: a penetração da forma artística no direito. Neste caso, mais propriamente, caberia falar a respeito de duas possíveis relações: a da forma artística com o direito e a da forma artística com o justo.

No primeiro dos dois planos, a própria constituição do direito como instrumentalidade técnica limita a penetração da forma artística em seus atos e procedimentos. Por mais que se possa reconhecer a argumentação jurídica em linguagem diversa da tradicional – arrazoados jurídicos na forma de poesia ou oratória de júri, por exemplo –, o campo do desenrolar da vida jurídica e judicial conforma a prática à técnica.

De outra dimensão é a relação da forma da arte com a justiça. Neste campo, desdobram-se as dimensões, inclusive transformadoras do justo, na medida da esperança, do pleito e da ação por aquilo que ainda não é. A indagação fundamental da arte, interpelando o direito e a sociedade presentes, diz respeito à estetização de uma manifestação que o espelho da realidade presente não permite: em face de um mundo injusto, o justo.

A arte se afirma socialmente como constituinte de arcabouços de valores e pensamentos, permitindo a expansão dos sonhos e desejos, inspiradora de percepções inovadoras e distintas a respeito da realidade social. Neste sentido, ela pode ser crítica, na medida em que denuncia a tragédia daquilo que passa por despercebido ou normal na atualidade. Além disso, pode ser antecipadora dos melhores sonhos por um mundo transformado.

Nas sociedades capitalistas, a indústria cultural tem mecanismos estruturais para absorver inclusive a contestação artística aberta – tudo se torna mercadoria e adentra as teias da circulação mercantil. Por isso, o potencial da arte como transformador da sociedade é uma constatação e também uma indagação: a crítica ao dado e a antecipação do novo poderão transbordar da estética para as estruturas sociais? Como as lutas transformadoras se articulam e se reelaboram a partir de uma estética crítica do justo?

Embebidas em direito, técnica e burocracias, as sociedades capitalistas tratam o justo apenas como a exata reprodução social de seu tempo. O capital é seu limite mínimo e máximo. A arte, certamente, pode romper com essa associação. A partir daí, o justo há de ser maior que o jurídico e a dignidade humana será maior que as instituições normativas manejadas pelo jurista. Libertário, socialista, fraterno e amoroso, o mundo justo conhecerá outra estética. A arte poderá se antecipar para conduzir tal transição? O injusto dos nossos dias, a estética do horror, da exploração e da desigualdade travestidos em direitos, serão superados pelo justo que ainda não há?

Quando a arte falar o justo, eis então a esperança. Se assim o for, pelas mãos de Atena, a coruja de Minerva voará na alvorada.

Parte 2

Direito da Arte e Liberdades Comunicativas

4

Direito Constitucional à Expressão Artística[1]

Leonardo Martins[2]

---

[1] O presente capítulo foi composto no contexto do grupo de pesquisa "Constituição Federal e sua Concretização pela Jurisdição Constitucional", dirigido pelo autor junto à Universidade Federal do Rio Grande do Norte (UFRN). O autor agradece aos seus assistentes acadêmicos, membros do referido grupo de pesquisa, nomeadamente, à sua orientanda mestranda e estagiária-docente, *Ana Claudia Aguiar*, e ao graduando *Jonathan Ben C. Josuá*, pelos muito competentes auxílios na revisão do texto (*Ana Claudia Aguiar*) e, especialmente, pelas trabalhosas adaptações das notas de rodapé e do elenco das fontes bibliográficas (sob tópico "7.") ao padrão ABNT convencionado pelos organizadores (*Ana Claudia Aguiar* e *Jonathan Ben C. Josuá*). No mais, expressem-se os mais sinceros agradecimentos aos organizadores da obra pelo muito honroso convite e pela grande generosidade e paciência demonstradas em face do atraso na entrega do manuscrito.

[2] Bacharel em Direito pela Universidade de São Paulo (USP). Mestre (LL.M.) e Doutor (*doctor iuris – Dr. iur.*) em Direito Constitucional pela Humboldt-Universität zu Berlin, Alemanha; pós-doutorado pelo Hans-Bredow-Institut para a Pesquisa da Comunicação Social da Univ. de Hamburg e pelo Erich Pommer Institut – Economia e Direito da Comunicação Social da Univ. de Potsdam (*fellow* da Fundação Alexander von Humboldt) e, novamente, pela Humboldt-Universität zu Berlin; Professor da Universidade Federal do Rio Grande do Norte (UFRN). Foi Professor Visitante da *Humboldt-Universität zu Berlin* (2001-2012). Diretor do Instituto Brasileiro de Estudos Constitucionais (IBEC). Autor e coautor de diversos artigos, ensaios e obras monográficas na área do Direito constitucional brasileiro e comparado, com destaque para as obras: **Teoria geral dos direitos fundamentais** (em coautoria com Dimitri Dimoulis, 1ª ed. 2007, 4. ed., 2012), ganhadora do *50º Prêmio Jabuti de Literatura* na categoria "Melhor Livro de Direito" (2008); **Liberdade e Estado constitucional: leitura jurídico-dogmática de uma complexa relação a partir da teoria liberal dos direitos fundamentais** (2012); **Direito processual constitucional alemão** (2011) e **Cinquenta anos de jurisprudência do Tribunal Constitucional Federal Alemão** (2005).

Sumário: 1. Objeto e aplicabilidade do direito constitucional à expressão artística – 2. Expressão artística e sua liberdade tal qual garantida pela Constituição Federal brasileira (art. 5º, IX, da CF). 2.1 Prelúdio perspectivista e metodológico: liberdade artística entre proibição ao Estado de definir arte e autoentendimento do artista. 2.2 Conteúdo, alcance e titularidade da liberdade artística (área de proteção). 2.2.1 Precisão do objeto da proteção constitucional como parâmetro do controle de constitucionalidade: o conceito de arte. 2.2.2 Alcance específico da liberdade artística (área de proteção material ou objetiva). 2.2.3 Titularidade do direito fundamental à liberdade artística (área de proteção subjetiva). 2.2.4 Problema da concorrência entre a liberdade artística e outras liberdades. 2.3 Efeitos da proteção constitucional da liberdade e o problema da delimitação da área de proteção normativa em face de bens jurídicos conflitantes. 3. Intervenções estatais e limites constitucionais do direito fundamental à liberdade artística. 4. Justificação constitucional da aplicação dos limites constitucionais à liberdade artística: critério para a elaboração de leis compatíveis com a Constituição e sua correta aplicação. 5. Análise de obras artísticas em face dos conflitos normativos mais recorrentes na práxis: o que pode a lei determinar, como devem os órgãos estatais competentes interpretá-la e com que sistema de garantias e restrições podem os artistas contar? 5.1 Anonimato, obras apócrifas e de autoria indeterminada; 5.2 Obras de conteúdo satírico, humorístico, controvertido e/ou difamante. 5.3 Obras de caráter obsceno, pornográfico, ofensivo aos bons costumes, à moral e à ordem pública. 5.4 Exercício da liberdade artística em (potencial) conflito com o mandamento constitucional da proteção da infância e juventude. 5.5 Obras ligadas a problemas de gênero ou de conteúdo ofensivo a determinado gênero ou sexualidade. 5.6 Obras artísticas e incitação ao ódio às minorias e apologéticas do racismo. 5.7 Obras de arte e símbolos nacionais. 5.8 Arte e direito ao corpo ou à disposição da própria vida: o corpo como objeto da arte. Mutilação e suicídio na expressão artística. 6. *Coda*: o futuro da arte e da proteção constitucional de sua liberdade no Brasil. Referências bibliográficas.

Pode alguém praticar o cada vez mais reconhecido gênero artístico do *grafite*, quando a suposta obra artística atingir a propriedade de outrem? Pode uma *performance* interromper o tráfego na Avenida Paulista? Pode o *caricaturista* apresentar em sua caricatura uma cena na qual o caricaturado mantém relações sexuais com animais?[3] Pode o *artista plástico* apresentar uma colagem, na qual se urina sobre a bandeira nacional?[4] Pode-se

---

[3] Cf. BVerfGE 75, 369 (*Strauß-Karikatur*). Para todas as citações de decisões do TCF alemão e dispositivos constitucionais da *Grundgesetz* (Constituição alemã em vigor, promulgada em 1949) seguiremos o padrão alemão de citação. Vide a respeito MARTINS, Leonardo. **Direito processual constitucional alemão**. São Paulo: Atlas, 2011, p. XI et seq. No que tange à decisão alcunhada no original "*Strauß-Karikatur*", trata-se do julgamento de uma reclamação constitucional de um editor de revista contra uma decisão condenatória por crime de injúria do ex-chefe de governo do Estado alemão da Baviera, Dr. h.c. Franz Josef Strauß, um dos políticos conservadores mais relevantes na história da República Federal da Alemanha, tendo chegado perto de ser chanceler (chefe do Governo Federal).

[4] Cf. BVerfGE 81, 278 (*Bundesflagge*).

cantar o hino nacional substituindo o texto original por um texto satírico?[5] Pode-se estuprar de verdade numa *peça de teatro*?[6] Pode-se praticar o racismo no *cinema*?

Tais questões revelam quão difíceis podem se revelar as empreitadas como as assumidas no presente capítulo. Elas podem ser respondidas de diversas maneiras, dependendo de qual critério para aferição da verdade ou para falsear reconhecimentos tidos por verdadeiros seja trazido à pauta.

A seguir, será apresentado esse critério e afirmada sua relevância prática (1.). Em um segundo momento, devem ser abordados três aspectos fundamentais da teoria geral do Direito constitucional à expressão artística, quais sejam, o alcance da proteção do direito fundamental à livre expressão da atividade artística, tal qual garantido no art. 5º, IX, da CF (2.), os limites constitucionais da liberdade artística (3.) que podem ser, uma vez atendidos certos critérios, aplicados de maneira justificada constitucionalmente ou, pelo contrário, em caso de inobservância dos aludidos critérios, implicar violação da Constituição (4.). Vencida essa fase, a atenção se volta a problemas concretos com o estudo de casos específicos (5.), seguida por um *coda* que tem o condão não só de fechar uma partitura musical, como também um ensaio como o presente que, sob uma determinada perspectiva, não deixa de ser arte (6.).

1 OBJETO E APLICABILIDADE DO DIREITO CONSTITUCIONAL À EXPRESSÃO ARTÍSTICA

A escolha do título do presente capítulo não é casual. Ela denota com exatidão seu objeto. Trata-se do direito fundamental definido pelo constituinte brasileiro no art. 5º, IX, da CF, segundo o qual o "exercício da atividade artística" deve ser "livre". Como primeira aproximação à escolha terminológica do constituinte, pode-se dizer que a *liberdade subjetiva* do "exercício da atividade artística" equivale à *liberdade enquanto bem jurídico-constitucional objetivo* (direito constitucional) *da* "expressão artística". Igualmente correto é entender que esta abrange aquela. Entendido em seu contexto (sistema) normativo, o Direito constitucional à expressão artística é um direito fundamental à liberdade artística que engloba as mencionadas dimensões jurídico-subjetiva e jurídico-objetiva.[7]

---

[5] Cf. BVerfGE 81, 298 (*Nationalhymne*).

[6] Cf. com mais referências jurisprudenciais e doutrinárias: ARNAULD, Andreas von. Freiheit der Kunst. In: ISENSEE, Josef; KIRCHHOF, Paul (org.). **Handbuch des Staatsrechts der Bundesrepublik Deutschland**. 3. ed. Heidelberg: C. F. Müller, 2009. v. 7, Freiheitsrechte. p. 1138; PERNICE, Ingolf. Kommentar zum Art. 5 III GG (Kunst). In: DREIER, Horst. **Grundgesetz**. Kommentar. 2. ed. Tübingen: Mohr Siebeck, 2004, p. 707.

[7] Sobre essa bidimensionalidade, cf. com mais referências DIMOULIS, Dimitri; MARTINS, Leonardo. **Teoria geral dos direitos fundamentais**. 4. ed. revista, atualizada e ampliada. São Paulo: Atlas, 2012. p. 109-122.

Enquanto direito fundamental, também a liberdade artística encontra-se nos fundamentos da organização política do Estado por força da simples escolha do constituinte de protegê-la, autorrestringindo suas competências em face do exercício daquela liberdade por seu titular. Com sua fundamentalidade formal,[8] a liberdade em pauta dispensa apreciações axiológicas legitimadoras, pois sua consequência é a obrigatória declaração vinculante da nulidade[9] de qualquer ato estatal em sentido amplo, incluindo, em primeira linha, leis ordinárias aprovadas pelo Legislativo, que sejam incompatíveis com o comando normativo que dela deriva. De resto, também omissões estatais e, indiretamente, até mesmo os atos de particulares podem ser questionados em face do parâmetro constitucional da liberdade artística e, eventualmente, podem ser também declarados inconstitucionais.[10]

Assim, compreendido o objeto da presente exposição como parâmetro normativo supremo (regra para aferição da constitucionalidade de regras), resta claro seu campo de atuação. Como direito público-subjetivo,[11] o direito fundamental à liberdade artística do art. 5º, IX implica deveres de não intervenção estatal, destinados aos órgãos dos três poderes em prol do "livre exercício da atividade artística". Em sua dimensão jurídico-objetiva, o direito constitucional em pauta cria ao legislador e aos administradores públicos, no âmbito de suas discricionariedades tais quais firmadas na legislação ordinária, alguns deveres de atuação protetora e de fomento.[12] No mais, da dimensão jurídico-objetiva derivam para a Administração Pública, mas, sobretudo, para o Judiciário, no momento de solução das lides que se lhes forem apresentadas, deveres de interpretação e aplicação do

---

[8] Vide, a respeito: Dimoulis e Martins, op. cit., p. 40 s.

[9] Essa regra tradicional da declaração de nulidade de ato estatal declarado inconstitucional pelo órgão jurisdicional competente para o controle normativo abstrato foi bastante relativizada após a promulgação das leis federais 9.968/99 e 9.982/99, de forte inspiração no direito processual constitucional germânico (a respeito: MARTINS, 2011, op. cit., p. 94-101), que trouxeram a possibilidade de se "modular os efeitos da coisa julgada" e, no controle incidental e/ou concreto, ainda só vincula as partes envolvidas no processo originário, a despeito de infundadas manifestações pela chamada "transcendência dos motivos determinantes". Nada obstante, a suavização dos efeitos da coisa julgada por parte do Tribunal competente para descartar norma que considere inconstitucional ou de tais efeitos alcançarem, no controle normativo concreto, somente as partes envolvidas no processo no qual se verificou a inconstitucionalidade, permanece, pelo menos, o reconhecimento de sua inconstitucionalidade.

[10] Vide abaixo, sob 2.3.

[11] Vide Dimoulis e Martins, op. cit., p. 40-45.

[12] Cf., por muitos, apenas Arnauld, op. cit., p. 1147-1153 e Pernice, 2004, op. cit., p. 711-713; HUSTER, Stephan. **Die ethische Neutralität des Staates**: eine liberale Interpretation der Verfassung. Tübingen: Mohr Siebeck, 2002, p. 447-457, ao investigar a legitimidade do fomento estatal da arte em vista do dever do Estado de neutralidade ética, apresentou as teorias social-democrática (consecução dos pressupostos reais da liberdade: *status positivus*) e a interpretação institucional e culturalista do direito fundamental (liberdade artística como "bem cultural"). Sobre esta última, cf., sobretudo, HÄBERLE, Peter. Vom Kulturstaat zum Kulturverfassungsrecht. In: HÄBERLE, Peter (Org.). **Kulturstaatlichkeit und Kulturverfassungsrecht**. Darmstadt: Wissenschaftliche Buchgesellschaft, 1982.

chamado direito infraconstitucional condizentes com o comando axiológico constitucional, isto é, que as atividades estatais de interpretar e aplicar, à luz do direito fundamental à liberdade artística, aquelas normas do direito infraconstitucional consideradas em si, abstratamente falando, sejam compatíveis com a Constituição.[13]

2 EXPRESSÃO ARTÍSTICA E SUA LIBERDADE TAL QUAL GARANTIDA PELA CONSTITUIÇÃO FEDERAL BRASILEIRA (ART. 5º, IX, DA CF)

2.1 Prelúdio perspectivista e metodológico: liberdade artística entre proibição ao Estado de definir arte e autoentendimento do artista

Os exemplos trazidos à guisa de introdução já demonstram quão árdua pode se revelar a tarefa de tornar conceitos tão abstratos e genéricos, tais como "atividade artística" ou simplesmente "arte" e seu qualificativo "livre", passíveis de serem aplicados pelo Judiciário.

O que é arte? Não há como escapar desse quase constrangedor questionamento, ainda que o constituinte tenha escolhido um teor mais procedimental, segundo o qual livre deva ser a "atividade", e, portanto, centrada no sujeito que se dedica à liberdade "artística". O constituinte alemão, por exemplo, valeu-se de um teor muito mais objetivista ao definir no art. 5, III, 1 da *Grundgesetz* (Constituição alemã) que "a arte e a ciência, a pesquisa e o ensino são livres".[14] Nem por isso, a ciência jurídico-constitucional alemã e a jurisprudência do Tribunal Constitucional Federal alemão deixaram de, respectivamente, investigar e interpretar a liberdade artística como direito público-subjetivo, derivando comportamentos dos titulares do direito que, em princípio, não podem ser impedidos ou sancionados pelo Estado do muito parcimonioso dispositivo constitucional, segundo o qual, "a

---

[13]   Todavia, também no Brasil, só os órgãos do Poder Judiciário têm a competência para deixar de aplicar norma que entendam ser incompatível com qualquer norma constitucional, incluindo a aqui tratada norma do art. 5º, IX, da CF, por ter adotado o sistema difuso ou "universal" (cf. DIMOULIS, Dimitri; LUNARDI, Soraya Gasparetto. **Curso de processo constitucional**. São Paulo: Atlas, 2011, p. 77) de controle normativo de constitucionalidade. A Administração Pública está vinculada à lei, isto é, a todas as normas, mesmo àquelas supostamente inconstitucionais enquanto não forem declaradas como tais pela instância judicial competente para a declaração com efeitos *erga omnes*. Porém, a Administração deve interpretar uma norma questionável em face da liberdade artística de maneira a chegar a uma interpretação, que orientada pela liberdade artística, torne desnecessária a declaração de inconstitucionalidade em abstrato da norma. Também o uso de qualquer discricionariedade administrativa deve levar em consideração os parâmetros derivados do direito fundamental. Cf. MARTINS, Leonardo. **Liberdade e Estado constitucional**: leitura jurídico-dogmática de uma complexa relação a partir da teoria liberal dos direitos fundamentais. São Paulo: Atlas, 2012. p. 97-100.

[14]   No sentido é claro de: "devem ser" livres, como salientou MÜLLER, Friedrich. **Freiheit der Kunst als Problem der Grundrechtsdogmatik**. Berlin: Duncker & Humblot, 1969. p. 100.

arte" [é] "livre".[15] Assim, também o art. 5º, IX, da CF não impede, principalmente tendo em vista as normas esparsas do título da ordem social pertinentes a atividade e processos artísticos,[16] que se investigue a dimensão jurídico-objetiva da norma.

---

[15] Cf., entre outros, com acentos teóricos ora mais liberais, ora mais social-democráticos, institucionalista ou principiológico: BEISEL, Daniel. **Die Kunstfreiheitgarantie des Grundgesetzes und ihre strafrechtlichen Grenzen**. Heildelberg: Decker, 1997; BLECKMANN, Albert. **Staatsrecht II – Die Grundrechte**. Köln et al.: Heymanns, 1989; DENNINGER, Erhard. Freiheit der Kunst. In: ISENSEE, Josef; KIRCHHOF, Paul (Org.). **Handbuch des Staatsrechts der Bundesrepublik Deutschland**. Heidelberg: C. F. Müller, 1989, v. 6, Freiheitsrechte; GERSDORF, Humbertus. Der praktische Fall – Öffentliches Recht: Das subventionierte avantgardistische Theater. **Juristische Schulung – JuS**, v. 35, 1994, p. 955 et seq.; GRIMM, Dieter. Kulturauftrag im staatlichen Gemeinwesen. **Veröffentlichungen der Vereinigung der Deutschen Staatsrechtslehrer – VVDStRL**, v. 42, 1984, p. 46-82; HÄBERLE, Peter. Die Freiheit der Kunst im Verfassungsstaat. **Archiv des öffentlichen Rechts – AöR**, v. 105, 1985, p. 577-619; HÄBERLE, Peter. Die Freiheit der Kunst in kulturwissenschaftlicher und rechtsvergleichender Sicht. In: BERKA, Walter; HÄBERLE, Peter; HEUER, Carl-Heinz; LERCHE, Peter (Org.). **Kunst und Recht in In- und Ausland**, 1994, p. 37-87; HECKEL, Martin. **Staat, Kirche, Kunst**: Rechtsfragen kirchlicher Kulturdenkmäler. Tübinben: Mohr Siebeck, 1968; HEMPEL, Heinrich. **Die Freiheit der Kunst**: Eine Darstellung des schweizerischen, deutschen und amerikanischen Rechts. Zürich: Schulthess Polygraph, 1991; HENSCHEL, Johann Friedrich. **Die Kunstfreiheit als Grundrecht**. Stuttgart et al.: Boorberg, 1993; HEUER, Carl Heinz. Die Kunst im Steuerrecht. Das Steuerrecht als Mittler, Garant und Störer der Kunstfreiheit. In: BERKA, Walter; HÄBERLE, Peter; HEUER, Carl-Heinz; LERCHE, Peter (Org.). **Kunst und Recht in In- und Ausland**. Heidelberg: C. F. Müller, 1994, p. 89-119; HEUER, Carl-Heinz. **Die Besteuerung der Kunst:** Eine verfassungs- und steuerrechtliche Untersuchung zur Definition, Eigenständigkeit und Förderung der Kunst im Steuerrecht. Köln: Deubner, 1983; HÖFLING, Wolfram. Zur hoheitlichen Kunstförderung: Grundrechtliche Direktiven für den, "neutralen Kulturstaat". **Die Öffentliche Verwaltung – DöV**, v. 37. 1985, p. 387-396, p. 387 et seq.; HUFEN, Friedhelm. **Die Freiheit der Kunst in staatlichen Institutionen**. Baden-Baden: Nomos, 1982; Huster, op. cit., p. 436-504; KNIES, Wolfgang. **Schranken der Kunstfreiheit als Verfassungsrechtliches Problem**. München: Beck, 1967; LERCHE, Peter. Ausgewählte Fragen der Kunstfreiheit nach deutschem Verfassungsrecht. In: BERKA, Walter; HÄBERLE, Peter; HEUER, Carl-Heinz; LERCHE, Peter (Org.). **Kunst und Recht in In- und Ausland**. Heidelberg: C. F. Müller, 1994. p. 1-18; LÜBBE-WOLFF, Gertrude. **Die Grundrechte als Eingriffsabwehrrechte**: Struktur und Reichweite der Eingriffsdogmatik im Bereich staatlicher Leistungen. Baden-Baden: Nomos, 1988, p. 301 s.; MÜLLER, op. cit.; SCHNEIDER, Bernhard. **Die Freiheit der Baukunst**. Gehalt und Reichweite der Kunstfreiheit des Art. 5 Abs 3 im öffentlichen Baurecht. Berlin: Duncker und Humblot, 2002; WECK, Bernhard. **Verfassungsrechtliche Legitimationsprobleme öffentlicher Kunstförderung aus wirklichkeitswissenschaftlicher Perspektive**. Berlin: Duncker & Humblot, 2001; e WÜRKNER, Joachim. **Das Bundesverfassungsgericht und die Freiheit der Kunst**. München: Franz Vahlen, 1994.

[16] Enquanto a ciência jurídico-constitucional frequentemente trata da liberdade artística quando muito como uma das espécies da liberdade de expressão em geral, o constituinte teria "pulverizado" a liberdade de expressão por "diversos incisos do art. 5º". Se sequer a dimensão jurídico-subjetiva foi dogmaticamente trabalhada, muito menos a dimensão jurídico-objetiva. Cf., com mais referências doutrinárias: TAVARES, André Ramos. **Curso de direito constitucional**. 6. ed. São Paulo: Saraiva, 2008, p. 577-586; MENDES, Gilmar Ferreira et al. **Curso de direito constitucional**. 2. ed.

Esforços hermenêuticos em torno do conceito de arte são, destarte, inarredáveis. Não há como proteger um direito sem defini-lo. Um conceito de arte condizente com a norma do art. 5º, IX, da CF pressupõe a aplicação das seguintes premissas teóricas e metodológicas:

Antes de tudo, a outorga[17] da liberdade artística acarreta um aparente dilema: é vedado ao Estado, sendo ao mesmo tempo o destinatário (quem se obriga a observar o imperativo deôntico da norma) e o garantidor do Direito, ter o poder de definir peremptoriamente o objeto da tutela, caso contrário o risco de se subverter o sentido essencial da norma poderia restar comprometido.[18] Muito facilmente poderia se chegar a uma definição de arte que excluísse expressões artísticas inconvenientes ao Estado que, a despeito de seu dever de neutralidade ética,[19] faticamente pode favorecer "poderes sociais" hegemônicos.[20] Por outro lado, basear-se tão somente no sempre relevante autoentendimento do titular do direito é temerário, porque, em não havendo clareza quanto ao objeto de um direito, este não pode ser efetivamente protegido,[21] principalmente porque, na falta de contornos minimamente precisos do que faça parte da área de proteção normativa, a liberdade artística acaba transformando-se em liberdade geral de ação.[22] Por isso, o referido dilema de como proteger sem definir taxativamente pode ser ainda mais arrefecido quando se

---

São Paulo: Saraiva, 2008. p. 365 s.; AGRA, Walber de Moura. **Curso de direito constitucional**. 2. ed. Rio de Janeiro: Forense, 2007, p. 141 s.; ARAÚJO, Luiz Alberto David; NUNES JR., Vidal Serrano. **Curso de direito constitucional**. 12. ed. São Paulo: Saraiva, 2008, p. 143 s.; BULOS, Uadi Lammêgo. **Curso de direito constitucional**. 2. ed. São Paulo: Saraiva, 2008. p. 439 s. e CHIMENTI, Ricardo Cunha et al. **Curso de direito constitucional**. 5. ed. São Paulo: Saraiva, 2008. p. 83. Sobre a bidimensionalidade dos direitos fundamentais em geral, vide o paradigmático trabalho de DREIER, Horst. **Dimensionen der Grundrechte:** Von der Wertordnungsjudikatur zu den objektiv-rechtlichen Grundrechtsgehalten. Hannover: Hennies & Zinkeisen, 1993.

[17] "Outorga" em termos jusfundamentais significa "entrega" de uma prerrogativa, qual seja, uma reserva de liberdade ao titular do direito fundamental pelo mecanismo do regramento reflexivo, uma vez que o titular do poder constituinte originário, em já sendo Estado, tem como destinatários os seus próprios órgãos. Sobre os pressupostos teóricos desse vocábulo jurídico-dogmático, vide Martins, op. cit., p. 30-34.

[18] O sentido essencial é o de garantir a autonomia da arte, do subsistema social arte em face de diretrizes estatais. Falou-se, como ainda se verá abaixo no texto, em "Estado-árbitro da arte" (cf. PERNICE, op. cit., p. 704).

[19] Cf., em geral: Huster, op. cit.

[20] Com a exclusão de novas modalidades de arte, com as chamadas *street arts*, precipuamente o grafite, *stickers, poster-bombs e flash mob*.

[21] Não se pode proteger o que não se conhece bem, esse é o reconhecimento geral na literatura especializada. Cf., por exemplo, com mais referências: PERNICE, op. cit., p. 696 e ARNAULD, op. cit., p. 116-118.

[22] Cujos limites são muito mais abrangentes, uma vez que o Art. 2 I GG determinou, entre outros, o limite da não violação de toda a ordem jurídico-constitucional, cf. a respeito: CORNILS, Matthias. Allgemeine Handlungsfreiheit. In: ISENSEE, Josef; KIRCHHOF, Paul (Org.). **Handbuch des Staatsrechts**. 3. ed. Heidelberg: C. F. Müller, 2009. v. 7, Freiheitsrechte. p. 1199-1201.

busca fixar o autoentendimento do titular do direito (no caso: do suposto artista) como critério de avaliação.[23]

O aparente dilema pode ser dissipado quando se parte da teoria liberal dos direitos fundamentais com seu método específico de interpretação e aferição da correção de decisões judiciais.[24] Segundo a teoria liberal, independentemente do autoentendimento do titular, cabe ao Estado, em última instância ao órgão responsável pela "guarda da Constituição", definir o conceito central da tutela, "arte", sem incorrer no risco de subverter o sentido básico do direito fundamental enquanto autorrestrição estatal, tendo em vista a verificação de intervenções estatais e o questionamento da justificação constitucional da eventual imposição de limites, com base no princípio distributivo.[25] Segundo este, são os órgãos estatais quem detêm o ônus argumentativo de justificar suas intervenções na liberdade, e não, ao contrário, o titular do direito quem teria o dever de justificar o seu exercício. Tal distribuição do ônus/não ônus argumentativo é disciplinada metodologicamente pela aplicação do critério da proporcionalidade, que se desdobra, portanto, em método de satisfação do princípio distributivo. É a teoria liberal que informa a dogmática jurídica aplicada aos complexos casos aludidos introdutoriamente e que se traduz pelos passos de exame sequencialmente concatenados da: análise da área de proteção do direito fundamental; verificação de uma intervenção estatal naquela; e da perscrutação da possível

---

[23] Vide, todavia, Häberle, op. cit., p. 598 s., defendendo uma "decisão partilhada". ARNAULD, op. cit., p. 1129 s., que enfrentou pontualmente a questão apresentando uma clara resposta, depois de trabalhar com as várias perspectivas (dos especialistas e críticos, por exemplo), argumenta: "Pode por si só a afirmação de estar fazendo arte acionar a proteção do Art. 5 III 1 GG? Segundo a concepção aqui colocada, não é o caso, porque a visão subjetiva do indivíduo não tem o condão de transmitir o reconhecimento social. O art. 5 III 1 GG não protege o livre desenvolvimento da personalidade em si [protegida pelo art. 2 I GG, n. autor]; no caso o artista frustrado pode se valer do art. 2 I GG. O art. 5 III 1 GG protege a liberdade enquanto atora em certo campo [contexto] social, no campo [portanto] da arte. Se o indivíduo nesse caso é ator ou não, decidirá o *métier* segundo suas próprias regras". A mesma questão, se em geral o autoentendimento pode valer como critério jurídico, já havia sido levantada, em termos gerais e monograficamente, por MORLOK, Martin. **Selbstverständnis als Rechtskriterium**. Tübingen: Mohr Siebeck, 1993. p. 448 s. Para o campo da arte, o agora citado autor (MORLOK, ibidem, p. 89) declina que "a arte vive na cena artística [*Kunstszene*] e em verdade só pode ser descrita e compreendida a partir dela" (cf. novamente ARNAULD, ibid., nota rod. 119).

[24] Ver em geral: MARTINS, op. cit., p. 7-43. HUSTER, op. cit., p. 437-441, ao distinguir o dilema no campo das intervenções estatais do mais complexo campo do fomento à arte pelo Estado, aponta justamente a muitas vezes afirmada abertura do conceito de arte como elemento que indicaria, segundo a opinião majoritária, uma "neutralidade *estética* do Estado" [grifo do autor], quando o problema, segundo sua conclusão (ibid., p. 457-464), seria garantir a neutralidade ética do Estado junto às políticas de fomento e não a *estética*. Ainda sobre as consequências dogmáticas do trabalho com o conceito cada vez mais aberto, vide BEISEL, op. cit., p. 49 et seq. e PALM, Wolfgang. Öffentliche Kunstförderung zwischen Kunstfreiheitsgarantie und Kulturstaat. Berlin: Duncker & Humblot, 1998, p. 35 et seq.

[25] Concebido originalmente por SCHMITT, Carl. **Verfassungslehre**. München: Duncker und Humblot, 1928. p. 126 s.

justificação da intervenção a partir da aplicação dos limites constitucionais reflexamente delimitados pela liberdade original e, depois, do exame da proporcionalidade entre meios e propósitos perseguidos pelo Estado em sua intervenção.[26]

2.2 Conteúdo, alcance e titularidade da liberdade artística (área de proteção)

O primeiro dos três mencionados passos para o exame de qualquer caso envolvendo potencial violação da liberdade artística é o exame da área de proteção do direito fundamental tutelado pelo art. 5º, IX, da CF.[27]

O art. 5º, IX, da CF assegura, entre outros direitos, que "é livre a expressão da atividade [...] artística [...] independentemente de censura ou licença". Tal dispositivo não vem acompanhado de uma limitação constitucional clara, como no caso da liberdade de expressão do pensamento do inciso IV, junto ao qual o inciso V tacitamente institui uma reserva legal[28] pela expressão "é assegurado", pois o direito de resposta proporcional ao agravo, a indenização por dano moral etc. devem ser fixados por lei.[29]

Com relação à censura ou licença, valem aqui as mesmas informações e argumentos que valem para a liberdade de expressão do pensamento: só a censura prévia é, em princípio, vedada enquanto limite dos limites.[30] De difícil esclarecimento restam a definição da área de proteção e o significado dogmático da ausência de uma clara limitação constitucional.[31] Nem mesmo nos dispositivos relativos à comunicação social (art. 220 ss. CF) encontra-se uma limitação específica da atividade artística, ao contrário do que ocorreu com as outras liberdades tuteladas pelo inciso IX, tal como a liberdade de atividade de comunicação, que abrange, além das liberdades dos chamados *new media*, a liberdade de imprensa e a liberdade de radiodifusão.

A ausência de uma limitação específica agrava ainda mais o problema central do estudo do direito fundamental em pauta, pois deixa sem resposta prévia alguns dos principais questionamentos do comportamento individual ou coletivo tutelado, como aqueles adu-

---

[26] Para aprofundamento, vide MARTINS, op. cit., p. 120-155 e, principalmente, DIMOULIS e MARTINS, op. cit., p. 123-167 e 168-220.

[27] Sobre o conceito, vide DIMOULIS e MARTINS, 2012 op. cit., p. 147-156.

[28] Sobre o conceito, vide DIMOULIS e MARTINS, 2012, ibidem, p. 147-156.

[29] Trata-se da necessária aplicação da chamada teoria substancial, também chamada "teoria da essencialidade" (*Wesentlichkeitslehre*), segundo a qual, quando houver uma reserva legal, cujo uso pelo Estado possa acarretar sérios gravames ao direito fundamental restringido, os parâmetros fundamentais da autorização de intervenção devem ser fixados pela legislação ordinária e não pela Administração Pública por seus atos normativos infralegais. Vide a respeito: MARTINS, op. cit., p. 169 e 303.

[30] Vide a respeito MARTINS, 2012, ibidem, p. 216, 230, 256 e 268-276.

[31] Em geral, esses problemas foram discutidos por DIMOULIS e MARTINS, op. cit., p. 156-157.

zidos na introdução do presente capítulo.[32] O que é que, segundo o dispositivo constitucional, deva ser livre de intervenções estatais exige uma resposta ao problema da definição do que seja arte, de quando e de quem exerce o direito à livre expressão da atividade artística. Somente depois de, ao menos, ser encaminhada a solução do problema da área de proteção do direito, poderemos, em um segundo momento, enveredar-nos a buscar o significado constitucional da verificada ausência de expressa limitação.

2.2.1 PRECISÃO DO OBJETO DA PROTEÇÃO CONSTITUCIONAL COMO PARÂMETRO DO CONTROLE DE CONSTITUCIONALIDADE: O CONCEITO DE ARTE

Como não há como proteger um direito fundamental sem definir o objeto de sua proteção, Cortes constitucionais dos Estados constitucionais mais desenvolvidos do mundo ocidental empenham-se na difícil tarefa, sem se valerem, todavia, de critérios estéticos que são vedados *per se* e por força da norma definidora do direito fundamental à liberdade artística. Isso porque a criação e aplicação de um critério estético pelas autoridades, a começar pelo legislador ordinário, implicaria uma subversão apriorística do sentido (*telos*) da norma constitucional. Com efeito, são justamente tais autoridades os destinatários da norma constitucional e, como tais, obrigados por ela a uma determinada conduta. Ignorá-lo seria *mutatis mutandis* como conceder ao destinatário da norma penal que tipificou o estelionato como crime (art. 171 CPB) o poder de, autonomamente, definir o que seja estelionato.

Paradigmático nesse sentido é o esforço do Tribunal Constitucional Federal alemão desde sua decisão alcunhada "Mephisto", de 27 de fevereiro de 1971. Nela, o TCF alemão apresentou as duas primeiras definições a seguir esposadas. Em meados da década de 1980, outro caso, daquela vez envolvendo controle de constitucionalidade do sancionamento de uma caricatura, enseajaria a apresentação do terceiro conceito de arte abaixo, o conceito "aberto", semanticamente bastante frutífero até hoje, como também se verá a seguir. Nada obstante todos os esforços da literatura jurídica especializada e da jurisprudência do TCF alemãs, não lograram chegar a uma definição geral válida.[33] Se por força de tutelas jusfundamentais da liberdade artística não é terminantemente proibido ao Estado definir o que seja arte para tornar o direito fundamental judicializável, vedada é a possibilidade de todo órgão estatal, inclusive os titulares da função jurisdicional-constitucional do Estado, de ser um árbitro de assuntos artístico-estéticos. O conceito deve ser ao menos neutro axiologicamente.[34]

---

[32] A pedra fundamental do edifício jurídico-dogmático da liberdade artística é, como identificado há décadas por Müller, op. cit., p. 56-63, justamente essa ausência de reserva legal.

[33] PIEROTH, Bodo; SCHLINK, Bernhard. **Staatsrecht II – Grundrechte**. Baden-Baden: Nomos, 2011, p. 159.

[34] Cf. Pernice, op. cit., p. 704. Exceção com resevas deve ser feita na política de fomento, orientada que deve ser pela dimensão jurídico-objetiva da liberdade artística. O dever de neutralidade ética do

2.2.1.1 Definição material

Segundo a definição material, corresponderia à "essência da atividade artística [...] a formação criativa livre, na qual impressões, experiências e vivências do artista seriam trazidas à observação imediata por meio de uma linguagem formal específica".[35] Essa definição foi, com razão, também alcunhada de idealista, pois baseada na subjetividade do momento criativo, correspondentemente à idealizada imagem do gênio do séc. XIX ("estética de gênio").[36] O conceito material "conecta-se à força criativa do artista e procura explicar nela a diferença entre arte e natureza".[37] O fundamental aspecto da *criação* também é encontrado em outro direito fundamental outorgado sem ressalvas ou limites (reserva legal), que é a liberdade científica.[38] Porém, ao contrário daquela, a liberdade artística não depende da objetividade, mas, sim, da subjetividade das experiências individuais no processo de comunicação "arte" que engloba a subjetividade do recipiente ou destinatário da arte. Mas essa comunicação não é essencial ao conceito material ou idealista de arte. Como o TCF alemão, na citada decisão *Mephisto* constatou, a arte residiria na manifestação da "expressão mais imediata da personalidade individual do artista".[39]

O conceito material de arte é insuficiente, sobretudo quando se pensa em tendências da arte contemporânea focadas na racionalização da criação, exposição e de todo o processo comunicativo artístico e de um tratamento cada vez mais rebuscado dos materiais e das técnicas.[40] Durante quase todo o séc. XX, muitos artistas questionaram seu papel, sua função na chamada sociedade pós-moderna, distanciando-se do aspecto da subjetividade ou, pelo menos, minimizando-o conscientemente.[41]

2.2.1.2 Definição formal

Partindo de um conceito formal de arte, a "essência de uma obra de arte" poderia ser atribuída a um determinado tipo ou espécie de arte (pintura, escultura, teatro, dança cinema, música, poesia, prosa, artes plásticas etc.).[42] Trata-se de um conceito pautado na

---

Estado se reveste aqui da criação de comissões avaliadoras dotadas de membros com competência técnica e pluralista do ponto de vista ideológico ou político-partidário. No mais, fundamentando uma competência de revisão judicial limitada, no entanto, pelas mesmas razões da vedação geral de dirigismo estatal, cf. Arnauld, op. cit., p. 1148.

[35] Cf. BVerfGE 30, 173 (188 s.).
[36] Cf. MICHAEL, Lothar; MORLOK, Martin. **Grundrechte**. 2. ed. Baden-Baden: Nomos, 2010, p. 139.
[37] Cf. Michael e Morlok, ibidem, p. 139.
[38] Ibidem.
[39] Cf. BVerfGE 30, 173 (189).
[40] Cf. Michael e Morlok: MICHAEL, Lothar; MORLOK, Martin. **Grundrechte**. 2. ed. Baden-Baden: Nomos, 2010, p. 139.
[41] Ibidem.
[42] Cf. Müller, op. cit., p. 42-44.

crítica à ideologia que encerra a grande vantagem de ao menos facilitar uma aproximação a um conceito praticável de arte,[43] abarcando os casos nada ou menos problemáticos.[44]

Embora alguns autores ressaltem que as espécies tradicionais de arte possam ser complementadas por novas formas e espécies de arte (exemplos: caricatura, sátira, *happening* e *performance*), tem-se apresentado[45] em face do uso do conceito formal de arte a relevante objeção, segundo a qual tentativas de categorizar a arte podem ficar aquém do seu desenvolvimento histórico, pois característico da atividade artística é também o rompimento de fronteiras temáticas, semânticas e estéticas.[46] Todavia, deve ser questionado se novas e polêmicas formas artísticas (*avant-garde*) poderiam ou não encontrar respaldo nos parâmetros da tradição ou história global da arte, ainda que seu escopo seja frequentemente o rompimento das fronteiras tradicionais.[47] Friedrich Müller constatou,[48] em sua paradigmática obra monográfica a respeito da liberdade artística, o problema a partir de um amplo debate com teorias jusfundamentais aplicadas à liberdade artística que, ora enxergam na liberdade artística, em primeira linha, um instituto jurídico, ressaltando, destarte, o caráter jurídico-objetivo em detrimento do caráter jurídico-subjetivo da liberdade com sua abrangência dos comportamentos individuais pertinentes à produção e divulgação da obra artística, ora consideram-na um mero subcaso da liberdade de manifestação do pensamento com a problemática consequência da indevida transposição dos limites previstos, na *Grundgesetz* alemã, para a liberdade de expressão, também para a liberdade artística. Müller conclui, valendo-se de sua peculiar terminologia, que o âmbito ou área normativa (*Normbereich*) da liberdade em pauta não contém tais gradações, sendo caracterizada por uma unidade e inseparabilidade dos elementos que a compõem.

Uma vez assegurado que o conceito formal não induza ao equívoco de entender a liberdade artística como sendo essencialmente um instituto ou elemento integrante do suposto instituto matriz "liberdade de comunicação", ele pode servir de primeiro norte ao operador jurídico-constitucional. As espécies tradicionais de arte configuram, destarte, um rol exemplificativo e não taxativo. A busca pelo titular do direito fundamental à liberdade artística pelo rompimento de fronteiras formais é comportamento pelo menos *prima facie* protegido pela norma do art. 5, IX, da CF. Seu caráter ou sua dimensão jurídico-objetiva pode complementá-lo, mas não relativizá-lo. As hipóteses de restrição do direito fundamental em pauta não podem ser procuradas nos chamados limites imanentes

---

[43] Assim: Pernice, op. cit., p. 697.
[44] Cf. Michael e Morlok, op. cit., p. 139.
[45] Cf. Michael e Morlok, ibidem, p. 139 s.
[46] O que se observa junto a novos tipos de arte como caricatura, grafite, sátira, *happening*, *performance*, instalações técnicas etc. A crítica à definição formal logrou convencer praticamente toda a literatura especializada com maior ou menor acento: Arnauld, op. cit., p. 1121; Pernice, op. cit., p. 697 e 701; e, novamente, Morlok e Michael, op. cit., p. 139 s.
[47] Cf. Arnauld, op. cit., p. 1225-1228.
[48] Vide Müller, op. cit., p. 35-48 e 67-70.

ao próprio direito fundamental, tão tenazmente defendidos pelos adeptos de uma teoria institucionalista dos direitos fundamentais.[49]

2.2.1.3 Conceito aberto

Segundo o conceito aberto de arte, reconhece-se "como característica peculiar de uma expressão artística ser possível, por causa do caráter multifacetário do seu conteúdo expressivo, depreender da sua manifestação significados sempre novos e mais amplos, pela via do prosseguimento da interpretação, de tal sorte que ocorra uma transmissão em vários níveis e praticamente ininterrupta da informação".[50] Segundo o conceito aberto, arte seria, portanto, tudo o que puder ser interpretado de diversas formas, resultando em uma riqueza ou pluralidade de significados. Por isso, não é sem razão que alguns autores preferem chamar tal conceito de "conceito de arte orientado semanticamente (*bedeutungsorientierter Kunstbegriff*)".[51] Arte como processo de comunicação está no seu cerne e deve seu lastro teórico e metodológico à semiótica.[52] A obra artística é entendida como meio ("significante") em um processo aberto de comunicação, dependente da intersubjetividade dos comunicantes e, por isso mesmo, essencialmente diferente da obra científica.

Porém, também o conceito aberto de arte tem suas aporias. Sua aplicação pode implicar risco de reducionismo hermenêutico incompatível com a tutela constitucional da liberdade artística. Para se diferenciar a ambiguidade típica da obra artística da manifestação de simples opiniões ambíguas, busca-se ajuda na necessária presença de um momento estético-sensorial,[53] o que, todavia, deve ser relativizado, pois principalmente a literatura trivial e despretensiosa poderia ser, por essa via de interpretação, indevidamente excluída da tutela constitucional da liberdade artística. O critério da ambiguidade também falha em face da avaliação da dita arte engajada[54] que em regra não é ambígua, mas, pelo contrário, pretende provocar com a exatidão de seu significado.[55]

2.2.1.4 Aplicação conjunta dos três conceitos

Em persistindo as dúvidas ou eventuais contradições no resultado da aplicação dos conceitos acima, poder-se-ia *ad hoc* solicitar o *parecer de um especialista* no tipo de arte

---

[49] Para maiores referências a respeito da teoria institucionalista e aprofundamento da crítica, vide Martins, op. cit., p. 15-25.

[50] Cf. BVerfGE 67, 213 (226 s.).

[51] Cf. Michael e Morlok, op. cit., p. 140.

[52] Cf. nesse sentido: MAHRENHOLZ, Ernst Gottfried. Freiheit der Kunst. In: BENDA, Ernst et al. (Org.). **Handbuch des Verfassungsrechts**. Berlin e New York: De Gruyter, 1994. p. 1289-1338.

[53] Vide Michael e Morlok, op. cit., p. 140, com mais referências bibliográficas.

[54] Cf. ibidem.

[55] Cf. BVerfGE 67, 213 (227 s.).

específico. No entanto, chegar a uma definição inequívoca de arte tem sido tarefa considerada, cada vez mais e mesmo pelos especialistas, como inexequível.[56] Nada obstante, permanece o já aludido entendimento de que o direito fundamental à livre expressão da atividade artística encerra uma proibição de definição da arte pelo Estado. Isso significa, na prática, que, durante todo o processo de comunicação social "arte", fica vedada a todo órgão e autoridade estatais a imposição de suas ideias sobre o que viria a ser "boa" arte ou, ainda, o que seria arte em geral.[57] Improcedente é também vincular a tutela a *seu exercício repetido ou recorrente*, ou seja, restringi-la àqueles que se entendem por ou que, objetivamente, são considerados artistas profissionais.[58] O teor do art. 5º, IX, CF não faz tal restrição. Assim, todo aquele que realizar pela primeira e talvez única vez uma atividade artística, sendo brasileiro ou estrangeiro residente (art. 5º, *caput*, da CF), será titular desse direito fundamental, podendo impô-lo judicialmente.

Em face da referida pluralidade conceitual sobre a arte e das dúvidas reinantes, sua definição deve permanecer em princípio aberta, resolvendo-se o problema da fixação do alcance da área de proteção com a análise do contexto no qual se praticou aquilo que o indivíduo titular do direito fundamental entenda ser arte. Por isso, o primeiro fator relevante é que o titular em potencial acredite que esteja fazendo arte, que ele parta, portanto, de uma *motivação artística*, sendo que *critérios de qualidade são absolutamente proibidos*.[59] Toda expressão artística que cair na área de proteção será protegida pelo direito fundamental ora estudado.

---

[56] Segundo a apurada análise de Arnauld, op. cit., p. 1124, fazendo referência à filosofia da arte e à filologia de Wittgenstein: "Na analítica filosofia da arte, essa aporia do conceito de arte é apresentada como prova da indefinibilidade da arte. Não existem características necessárias, porém sim típicas, que nos permitam dizer em alusão a Wittgenstein: 'Isto, e coisas semelhantes, se chama arte'."

[57] A história do direito fundamental demonstra a procedência dessa tese. Justamente em face do dilema existente entre a necessidade de se definir arte e a vedação ao Estado de defini-la pode haver um enfraquecimento político da liberdade artística, por assim dizer. Trata-se de um direito fundamental, historicamente frágil, e facilmente atacável por correntes ideológicas conservadoras que buscam, na teoria dos limites aos direitos fundamentais, ignorar o fato do constituinte ter outorgado o direito fundamental sem reserva, transportando limites alheios à tutela. Nesse contexto, muito pouco profícua é a objetivação da liberdade artística como bem jurídico-cultural. Sobre a história do direito fundamental em pauta: Pernice, op. cit., p. 687 s.

[58] Cf. Pieroth e Schlink, op. cit., p. 160.

[59] Pelo menos enquanto direito de *status negativus* (direito de resistência contra intervenção estatal), uma avaliação da qualidade da obra artística com vistas à exclusão da arte considerada ruim é absolutamente vedada. O reconhecimento por terceiros (*experts*) pode ser trazido à pauta para verificar que um dado objeto é arte ou não. Cf. o debate diferenciado em Isensee sobre a competência de definição dos direitos de liberdade: ISENSEE, Josef. **Wer definiert die Freiheitsrechte?**: Selbstverständnis der Grundrechtsträger und Grundrechtsauslegung des Staates. Heidelberg: C. F. Müller, 1980. Indispensável é o critério qualitativo para a realização da política de fomento derivada da dimensão jurídico-objetiva do direito fundamental à liberdade artística. Todavia, mesmo em face de uma política de fomento da arte, a liberdade artística pode ser reconstruída, jurídico-subjetivamente,

A literatura jurídico-constitucional alemã especializada,[60] em diálogo constante com os casos decididos pelo Tribunal Constitucional Federal,[61] tem também optado por uma aplicação combinada dos três conceitos acima expostos e os completado com o igualmente discutível critério do reconhecimento por terceiros, precipuamente os *experts* e críticos de arte, e até dos recipientes do processo comunicativo "arte", que também atendem pelo nome de "consumidores".[62]

2.2.2 ALCANCE ESPECÍFICO DA LIBERDADE ARTÍSTICA (ÁREA DE PROTEÇÃO MATERIAL OU OBJETIVA)

Para se definir o alcance da proteção que será essencial para a investigação das possíveis intervenções e suas respectivas intensidades, distingue-se entre a **área da criação** da obra (*Werkbereich*) e a **área da exposição e efeito** da obra (*Wirkbereich*). Ambas as áreas são protegidas, sendo que intervenções que recaírem na área de criação da obra são, em geral,[63] consideradas mais intensas do que as intervenções que atingirem somente um determinado efeito. Por exemplo, uma lei que proíba toda e qualquer produção teatral pornográfica atingiria a **área de criação** da obra consubstanciada na peça teatral. Outra lei que limite a apresentação da obra a certos teatros estaria atingindo somente a exposição e o efeito da obra, o mesmo ocorrendo com as limitações impostas à divulgação (publicidade) da obra.

O reconhecimento do binômio "criação", de um lado, e "exposição" ou "efeito", de outro, não deve induzir ao equívoco de se pensar que haveria uma diferença estrutural entre elas, o que redundaria em uma incorreta diferenciação jurídico-dogmática entre forma e conteúdo.[64] Pensando nas funções sociais da arte, a diferença é relevante quando se pensa que o choque do exercício do direito fundamental dar-se-á mais frequentemente na área da exposição do que no momento da criação. Nada obstante, não se pode partir de uma prevalência hierárquica da área de criação em face da área do efeito da obra de arte.

Tais dificuldades podem ser mais bem enfrentadas quando se analisa cada uma das duas áreas separadamente.

---

como direito de resistência contra tratamentos desiguais irracionais e, jurídico-objetivamente, com a garantia pelo Estado da composição pluralista e competente dos grêmios avaliadores de propostas.

[60] Cf., com mais referências: Pieroth e Schlink, op. cit., p. 160.

[61] O TCF alemão reconheceu, em sua segunda grande decisão sobre a liberdade artística, na chamada decisão *Anachronistischer Zug* (cf. BVerfGE 67, 213 [228 et seq.]), a "impossibilidade de definir arte genericamente", acrescentando ao seu conceito material apresentado na decisão *Mephisto* os conceitos formal e aberto ora tratados.

[62] Cf. Arnauld, op. cit., p. 1133 s. Referência à opinião contrária dominante: Pieroth e Schlink, op. cit., p. 161.

[63] Mas não se trata de uma regra absoluta (daí ser muito consciente e não aleatória a relativização no texto).

[64] Cf. Arnauld, op. cit., p. 1137 s.

2.2.2.1 ÁREA DA OBRA DE ARTE

Já na citada decisão *Mephisto*,[65] o TCF alemão, com base na dogmática do direito fundamental à liberdade artística desenvolvida por Friedrich Müller, vislumbrou a possibilidade de afetação da liberdade artística tanto no que tange à produção de seus efeitos e impactos sociais, por assim dizer em seu âmbito ou área de efeito (*Wirkbereich*), quanto na ora tratada área da criação/produção da obra de arte (*Werkbereich*).[66] Superada a questão da hierarquização entre as duas áreas, considerada como foi improcedente, tem-se, todavia, que se reconhecer, para a maioria dos casos, a lógica precedência cronológica da área criação/produção da obra, quando elas não se confundirem, como ocorre no caso das *performances* artísticas no espaço público[67] e das obras de arte "permanentes", como no caso da arquitetura que depende da visualização pelo público não só no momento de sua comunicação (divulgação, reprodução etc.) e assim na área do efeito, mas também para sua realização em si, como "fator material específico"[68] pertinente à essência da obra e, portanto, à área da criação/produção da obra.

Porém, essa "unidade insolúvel" entre criação e efeito pertinente à área de proteção normativa do art. 5, IX, da CF, em razão do significado comunicativo da arte,[69] não impede que a identificação das típicas condutas e fatos que fazem parte do momento (área) da

---

[65] BVerfGE 30, 173.

[66] Cf. Müller, op. cit., p. 97-103.

[67] Também chamadas de obras ambientais. Cf., por exemplo, a famosa obra "*Reichstag* embrulhado" do casal de artistas *Christo* e *Jeanne Claude*, ele de origem búlgara e ela marroquina. Após muita discussão no parlamento alemão, que estava de mudança da antiga capital Bonn para a capital da Alemanha reunificada, Berlin, que terminou com uma votação apertada no parlamento (292 votos favoráveis *versus* 223 votos contrários), foi autorizada a cobertura daquela histórica edificação com um tecido feito de material reciclável e "pintado" com pó de alumínio, criando o efeito de a edificação estar coberta por uma grande túnica branca. Interessante como a aprovação do projeto foi submetida a um debate, ou melhor, um embate entre uma corrente nacionalista conservadora e uma corrente progressista cosmopolita interessada em sinalizar para o mundo uma mudança radical nos valores da nova Alemanha reunificada; mais aberta para o mundo e para as novas formas ousadas de arte. A obra, que havia sido planejada pelo casal desde 1971, foi autorizada somente em 1994, tendo sido concluída com a cobertura completa do *Reichstag* no dia 23 de junho de 1995, permanecendo para visualização de deslumbrados berlinenses e turistas por apenas duas semanas. Segundo definição dos próprios artistas, "Ninguém pode comprar esse projeto, ninguém pode possuí-lo, ninguém pode comercializar, ninguém pode cobrar entrada para vê-lo – nem mesmo a nós essas obras pertencem. Nossa obra trata de liberdade e a liberdade é a inimiga do direito de posse e posse é sinônimo de duração. Por isso que a obra não pode durar" (cf. BAAL-TESHUVA, 2001, p. 82). Cf. também o analítico artigo a respeito publicado na Wikipédia em alemão (infelizmente ainda não disponível no vernáculo): <http://de.wikipedia.org/wiki/Verh%C3%BCllter_Reichstag#cite_note-baalB-4>. Acesso em: 4/3/2013.

[68] Müller, 1969, op. cit., p. 101.

[69] Cf. Pernice, op. cit., p. 700, com referências à já citada obra fundamental de Müller e às decisões *Mephisto* (BVerfGE 30, 173 [189]) e *Anachronistischer Zug* (BVerfGE 67, 213 [224]).

criação revele, primeiro, que as potenciais colisões com outros bens jurídicos relevantes e, por vezes, com "dignidade constitucional" são, numericamente, inferiores quando comparadas àquelas latentes na área do efeito[70] e, segundo, que como já aludido, a intensidade de uma intervenção estatal nessa parte da área de proteção seja, em regra, superior quando comparada à intensidade de intervenções estatais que recaiam tão somente na área do efeito da obra artística.

O rol a seguir das condutas pertinentes à área de criação não é taxativo, mas já tem o condão de, exemplificadamente, comprovar a procedência da asserção:

a) já a preparação/planejamento, o ensaio e a aquisição de materiais, independentemente da espécie artística, fazem parte da área da criação. Isso porque qualquer medida estatal imperativa que imposta por ato jurídico, intencional e diretamente ou não,[71] impeça os supostos artistas, titulares do direito fundamental em pauta, de, por exemplo, ter acesso a materiais acessórios essenciais ou mesmo, principalmente, a matérias-primas, pode ter o condão de abortar a obra artística mesmo antes de sua criação ou pelo menos postergar ou diminuir a qualidade pretendida pelo titular do direito fundamental;

b) o processo de criação da obra em si, pouco importando sua espécie, que é o núcleo da área de criação;

c) a livre escolha pelo titular da forma e todas as questões estéticas na configuração da obra;

d) a livre escolha pelo titular da presença ou não de um elemento político-ideológico na composição de sua obra. A chamada arte "engajada" faz parte privilegiada desse contexto, na medida em que ela é, de um lado, permitida e, por vezes, até bem-vinda. Porém, sua escolha pelo artista não pode implicar nem inferioridade nem superioridade em face de obras artísticas não engajadas; e

e) muito próximo do elemento acima está a livre escolha pelo titular de conteúdos ou propósitos da obra. Não se exclui *a priori* a escolha por um determinado conteúdo ou propósito, pelo menos até o limite da legalidade. Por isso que obras que tenham o condão de se chocar contra "morais e costumes (ainda)

---

[70] Todavia, em alguns contextos ("materiais proibidos da arte"), como asseverou Arnauld (op. cit., p. 1138), deve ser relativizado o que o TCF alemão sedimentou ao criar uma espécie de "teoria de degraus", da qual se valeu para julgar a dosagem de intervenção na área de proteção da liberdade artística, com os seguintes dizeres: "a criação da obra propriamente dita [...] é, em regra, por causa da natureza da matéria, menos propícia a afetar direitos de terceiro ou outros bens jurídicos relevantes do que a transmissão da obra de arte" (cf. BVerfGE 77, 240 [253 s.] – *Herrnburger Bericht*). Supostas ou reais criações artísticas que impliquem lesão corporal, homicídio, cárcere privado, violência sexual, entre outros, continuam sendo condutas típicas, culpáveis e antijurídicas do ponto de vista penal e, mesmo praticadas em nome da arte, continuam proibidas.

[71] Sobre os pressupostos conceituais da intervenção estatal que sofreu significativa evolução do séc. XIX para cá, vide Dimoulis e Martins, op. cit., p. 134-141.

vigentes", tais como a pornografia e as obras aparentemente ofensivas ao decoro, fazem parte da área de proteção e, em princípio, devem ser protegidas *prima facie*, gozando de uma presunção de prevalência em contexto específico a ser abaixo apresentado. Espécies artísticas contemporâneas, como a sátira e a caricatura, só puderam se desenvolver depois desse reconhecimento.[72]

2.2.2.2 ÁREA DO EFEITO DA OBRA DE ARTE

Como se afirmou, a área criação/produção da obra não configura toda a área de proteção do art. 5º, IX, da CF, nem mesmo o que se convencionou chamar de núcleo essencial. Trata-se de uma diferenciação semântica que justamente visa à conscientização por parte do operador do Direito de estar diante de um direito comunicacional de natureza bastante peculiar. É claro que cabe ao artista, fazendo parte de sua liberdade, decidir se quer ou não tornar pública sua obra, divulgando-a. Nem mesmo o conteúdo jurídico-objetivo do direito fundamental em pauta poderia servir aqui para obrigá-lo a tornar pública sua obra. Por outro lado, é no momento comunicacional da liberdade analisada que ela alcança seu pleno desdobramento. A "outra face da moeda" é que a área de efeito é "o setor em que arte pode cair de fato em conflito com interesses [jurídicos, constitucionais] contrapostos".[73]

Assim, fazem parte da área do efeito todas as condutas dos titulares e todos os fatos atinentes à apresentação, divulgação e reprodução (em massa) da obra de arte. Ela compreende "a indispensável função de intermediação entre os artistas e o público",[74] o que representa um critério para filtrar alguns tipos aleatórios de divulgação.[75] A seguir, apresenta-se um rol que, a exemplo do rol apresentado acima para a área de criação, é também apenas exemplificativo:

   a) a exposição, apresentação ou publicação e comercialização das obras, ainda que haja dissidência em face da última mencionada;

   b) em decorrência da pertinência da comercialização, a área do efeito e, destarte, de proteção normativa do art. 5º, IX, da CF, engloba também toda propaganda e/ou comunicação publicitária, abrangendo, inclusive, desde que essencial à divulgação de *recente* criação artística, a venda de artigos de *merchandising*; e

   c) proteção do contexto ou entorno urbano para o caso já aludido da proteção do efeito da obra de arte arquitetônica.

---

[72] Cf. Pieroth e Schlink, 2011, p. 160 e Arnauld, op. cit., p. 1143 s. ("efeitos influenciadores").
[73] Cf. Pernice, op. cit., p. 701.
[74] Cf. BVerfGE 30, 173 (191) e 81, 278 (292), também citados por Pernice, ibidem, p. 701 (n. rod. 144).
[75] Cf. Müller, op. cit., p. 102 e Pernice, op. cit., p. 701.

2.2.3 TITULARIDADE DO DIREITO FUNDAMENTAL À LIBERDADE ARTÍSTICA (ÁREA DE PROTEÇÃO SUBJETIVA)

Em geral, titular do direito fundamental à livre expressão artística pode ser a pessoa física, de nacionalidade brasileira ou estrangeira, desde que residente no Brasil.[76] Questionável é a titularidade da pessoa jurídica, pois, além do teor restritivo do art. 5º, *caput*, da CF, a natureza da atividade artística parece, *prima vista*, não se coadunar com a natureza de um ente artificial, que é o caso da pessoa jurídica.[77]

Porém, na literatura especializada comparada, essa aparência tem sido refutada com bons argumentos. Dentre os principais casos trabalhados, encontram-se os casos que envolvem entes artificiais imprescindíveis à concretização da liberdade artística enquanto intermediários entre artista e recipientes. Fazem parte desse conjunto de pessoas jurídicas de direito privado e, com grandes reservas, também algumas pessoas de direito público, não somente (os clássicos) teatros, museus, como também até mesmo as produtoras/ gravadoras, as galerias, as empresas produtoras de espetáculos e/ou responsáveis por exposições, as empresas cinematográficas e congêneres. No mais, as editoras de obras do gênero literário podem ser titulares, ao lado da liberdade de imprensa, também da liberdade artística.

Esse grupo de pessoas jurídicas pode ser denominado de grupo dos "transmissores técnicos".[78] Como pode se valer de outros direitos fundamentais como a liberdade profissional e de livre iniciativa (art. 5, XIII c.c. art. 170 § 1º, da CF) e a liberdade de comunicação social (também assegurada no art. 5, IX, da CF), poder-se-ia pensar que, para a proteção da dimensão do efeito da obra, bastaria a tutela restrita aos artistas propriamente ditos. Mas o art. 5º, IX, da CF assegura três direitos fundamentais que têm até naturezas diversas entre si, tendo áreas de regulamentação – ou âmbito da vida, como denominam alguns autores – diferentes, mas todos os três, e não só o direito de comunicação, estão relacionados à comunicação social em sentido amplo. Assim, a liberdade "do processo artístico" não está fundada somente na liberdade de criação/produção de obras de arte, mas também tem por tarefa, principalmente quando se considera a dimensão jurídico--objetiva do direito fundamental, assegurar a comunicação social implícita no processo artístico.[79] Por isso que não faria sentido interpretar a titularidade de maneira restritiva ao estendê-la somente ao artista.

---

[76] Sobre a obrigatória interpretação da titularidade dos direitos fundamentais, entre outros, de liberdade do art. 5º, da CF, dentro dos limites materiais impostos pelo seu *caput*, vide Dimoulis e Martins, op. cit., p. 68-72. Sobre o significado jurídico-dogmático da exclusão dos estrangeiros não residentes no país, vide ibidem, p. 72-77.
[77] Sobre a problemática em geral, vide Dimoulis e Martins, op. cit., p. 83-85.
[78] Arnauld, op. cit., p. 1133, assim o chamou, apresentando exemplos convincentes de casos nos quais seria temerária uma exclusão das pessoas jurídicas intermediárias.
[79] Cf. Arnauld, ibid. Opinião divergente minoritária, neste mister, defende Müller, op. cit., p. 101.

Também há autores que estendem a titularidade até mesmo aos recipientes, ao público em geral ("consumidor") e até aos críticos de arte.[80] Tais autores que compõem uma opinião minoritária usam a lógica do direito de comunicação social que reconhece a necessidade de se proteger o polo passivo da comunicação social, revelado como liberdade de informação, que, como direito de defesa ou de resistência à intervenção estatal (*Abwehrrecht gegen staatliche Eingriffe*), implica não ser seu titular impedido de ter acesso a informações já públicas ("a fontes de informação a todos acessíveis" segundo o art. 5 I 1, *in fine* da *Grundgesetz* alemã). Mas, como assertado, tais autores não lograram constituir a opinião majoritária. Segundo esta, a "participação em 'processos de comunicação típico-artísticos' não basta; a fruição ou crítica de arte não é arte, [elementos] específicos da liberdade artística são a obra e seu efeito, não a reação [dos críticos] ou o consumo".[81]

Por fim, defende-se que, a exemplo do que acontece com as liberdades de imprensa e de radiodifusão, até mesmo os prestadores de serviços auxiliares à realização de espetáculos, como os estacionamentos das casas de espetáculos, de restauração ou de vestiário/bengaleiro de teatros, por exemplo, são titulares da liberdade artística. O argumento é que tais atividades, como o que inclusive ocorre, *mutatis mutandis*, com as agências de notícia no caso da comunicação social, servem à divulgação fática da arte, ainda que se vise ao lucro com tais empreendimentos.[82]

2.2.4 PROBLEMA DA CONCORRÊNCIA ENTRE A LIBERDADE ARTÍSTICA E OUTRAS LIBERDADES

Na dogmática jusfundamental, a concorrência entre direitos fundamentais configura uma das duas espécies do gênero "conflitos entre direitos fundamentais", sendo bastan-

---

[80] Cf. Michael e Morlok, op. cit., p. 140-142; Arnauld, op. cit., p. 1133 s. e, há mais tempo: Häberle, op. cit., p. 606.

[81] Cf. Pernice, op. cit., p. 703 com referência a uma decisão do TCF alemão: NJW 1993, 1462 (*Böll/Henscheid*): "crítica de arte não é ela mesma arte". Cf. também Pieroth e Schlink, op. cit., p. 161.

[82] Assim argumentam, tanto quanto verificável, isoladamente Michael e Morlok, op. cit., p. 140 s. Porém, até mesmo essa dupla de autores defende que o puro uso econômico da obra de arte não faz parte da área de proteção subjetiva da liberdade artística, mas sim do direito fundamental de propriedade e liberdade profissional/empresarial. Todavia, segundo os citados autores, "se restrições econômicas [...] indiretamente limitarem ou dificultarem também a atividade artística e a real divulgação da arte, o art. 5 III GG [liberdade artística] acompanha, enquanto concorrência ideal, os direitos fundamentais econômicos [mencionados]" (MICHAEL e MORLOK, op. cit., p. 141). A esse respeito, muito veementemente discorreu Müller, op. cit., p. 101, que "se pode vender manteiga, canhões ou obras de arte. Na essência, o comércio de arte, o *management* de arte e a empresa editorial são *big business* e nada mais. Eles difundem arte, mas elas mesmas não se tornam, por isso, atividades protegidas material-especificamente pelo Art. 5 I 1 GG [liberdade artística]". O autor prossegue, na mesma toada, sustentando que a crítica cai na área de proteção da liberdade de expressão do pensamento e que os editores e comerciantes de arte têm suas atividades protegidas, respectivamente, pela liberdade de imprensa e pela liberdade profissional/empresarial.

te distintas entre si. Aqui, alocada corretamente sob a epígrafe da concorrência, ela diz respeito à possibilidade de um mesmo feixe de comportamentos individuais ou situações jurídicas ser contemplado pela proteção derivada de mais de uma norma definidora de direito fundamental que concorrem para serem o/s parâmetro/s de aferição da constitucionalidade do ato do poder público *lato sensu*, objeto do controle normativo. Isso porque a relevância prática de uma norma de direito fundamental reside no ônus do Estado de justificar, argumentativamente, e em face da teoria do alcance da área de proteção e seus limites externos, suas intervenções em face deste ou daquele direito fundamental que serve de parâmetro para o controle normativo de constitucionalidade. Já a colisão diz respeito a uma antinomia à qual se chega no caso concreto, quando o exercício de um direito e sua efetiva proteção pelo Estado (precipuamente pelo Estado-juiz contra seus próprios órgãos e demais órgãos estatais) somente se podem perpetrar com o sacrifício do mesmo direito ou outro direito fundamental de outro titular, razão pela qual o *locus* jurídico-dogmático para sua apreciação deve se dar somente no já aludido terceiro passo da verificação dos limites e aferição da possível justificação de sua imposição concreta.

Há algumas formas diferentes de se classificar uma concorrência entre direitos fundamentais, o que não tem como ser exposto aqui. Para efeitos da presente exposição,[83] basta salientar que só se falará em concorrência propriamente dita quando não for possível afastar a aplicabilidade de parâmetro mais genérico com a aplicação da metarregra de prevalência da norma específica (*lex specialis derrogat legi generalis*). Em todo caso, a correta aplicação dessa regra também pressupõe profundo conhecimento do alcance dos direitos supostamente concorrentes. A seguir, analisam-se as potenciais concorrências já vislumbradas em casos decididos no direito comparado.

2.2.4.1 Concorrência da liberdade de manifestação do pensamento

A atividade artística e as (supostas ou não) obras de arte dela decorrentes podem encerrar mais ou menos claras mensagens, opiniões que o artista, titular dos direitos fundamentais da liberdade artística e da liberdade de expressão do pensamento (art. 5º, IV, da CF) quer que cheguem aos "recipientes", *i. e.*, ao seu público. A arte pode servir de veículo para contribuições à formação do debate público e à consequente constituição da chamada opinião pública. Como se viu, a arte pode ser engajada politicamente. Cabe somente ao titular do direito decidir-se pelos propósitos a serem perseguidos com sua obra.

Por isso, no Direito comparado alemão,[84] fala-se, nesse contexto, em heterogenia dos propósitos que possam ser perseguidos em oposição a uma equivocada concepção de "*art pour l'art*", *i. e.*, a arte como uma manifestação privilegiada do espírito humano, mas totalmente desconexa ou alienada da realidade. O fato de o artista perseguir outros propósitos não estéticos em sentido estrito (convencer, ganhar dinheiro, ficar famoso etc.) não tem

---

[83] Vide a exposição do conceito, com muitas referências bibliográficas, de Dimoulis e Martins, op. cit., p. 163-167.

[84] Vide, por exemplo, com várias referências: Arnauld, op. cit., p. 1135-1137.

o condão de tornar sua obra não protegida pelo direito fundamental em pauta. Por outro lado, também por isso que não se pode limitar a proteção à comunicação estética interna[85] ao subsistema social "arte", como se a arte pudesse ser entendida como elemento de mero acompanhamento de outros ordenamentos jusfundamentais, dentre os quais encontra-se o regime jurídico da liberdade de expressão.

Em sendo arte também uma forma especial de comunicação e querendo o artista manifestar seu juízo de valor a respeito de algum dado social, político, cultural etc. (o que faz parte da área de proteção da liberdade de manifestação do pensamento), tem-se, primeiro, que se reconhecer a possibilidade de concorrência (*prima vista* de mera concorrência aparente), para, em um segundo momento, verificar a presença ou não da relação de especificidade com vistas à aplicação tão somente do parâmetro específico. Em não sendo possível detectar a relação de especificidade para o efeito de afastar o parâmetro genérico, reconhece-se a presença da concorrência ideal entre liberdade artística e de manifestação do pensamento, tendo que o questionado ato estatal ser justificado em face dos dois parâmetros.

No caso em tela, há uma diferença categorial[86] entre as duas liberdades, como demonstra o caso da música instrumental,[87] pela qual a arte se vale de signos não traduzíveis ao vernáculo, o mesmo valendo para a arquitetura[88] e a arte abstrata em geral.

Muitos autores entendem que a liberdade artística é *lex specialis*[89] em relação à liberdade de manifestação do pensamento. Todavia, o reconhecimento dessa diferença categorial tem como consequência jurídico-dogmática tratar a concorrência entre as duas liberdades, em geral, como uma concorrência ideal, devendo-se aplicar os dois parâmetros sucessivamente. Em muitos casos concretos, o propósito central do titular das liberdades pode ser mesmo a participação no debate público em torno de questão sociopolítica relevante, servindo a obra artística como um mero veículo, como se vislumbra na apreciação de uma poesia crítica[90] em face do *establishment* ou certo governo. Praticamente falando, por se tratar a liberdade de manifestação do pensamento de uma liberdade outorgada com muitas reservas (reservas legais e potencial de colisão com outros bens jurídico-constitucionais), verificar uma violação da liberdade de manifestação do pensamento, além de ser suficiente para se verificar a violação constitucional pelo ato estatal questionado, deixa clara a violação da liberdade artística pela via indireta de se detectar a violação de um direito protegido com menos intensidade pela ordem constitucional vigente, que é a

---

[85] Cf. Arnauld, op. cit., p. 1135.
[86] Cf. Arnauld, op. cit., p. 1135. s.
[87] Ibidem.
[88] Sobre as peculiaridades da arquitetura, vide a exposição monográfica de Schneider, op. cit.
[89] Com referências a certas diferenças quanto à apreciação pela jurisprudência, cf. Pernice, op. cit., p. 713 s.
[90] Exemplo citado por Arnauld, op. cit., p. 1136.

liberdade de manifestação do pensamento.[91] Isso ocorreu na jurisprudência do TCF alemão[92] no exame da sátira como exercício dos dois direitos fundamentais. Considerou-se que a manifestação de um juízo de valor era o elemento central e como o TCF verificou a violação da liberdade de manifestação do pensamento, restou despicienda a avaliação da violação da liberdade artística.

Portanto, a diferença categorial entre arte e manifestação do pensamento não obsta o reconhecimento de uma concorrência, em geral, aparente, uma vez que a obra ideologicamente engajada reúne todos os elementos típicos pertinentes à área de proteção da liberdade de manifestação do pensamento, acrescidos do elemento "obra de arte", que implica um exame minucioso em face das analisadas áreas de produção e de efeito da obra artística.

2.2.4.2 Concorrência das liberdades de comunicação social

Em relação às demais liberdades de comunicação social (imprensa, radiodifusão, *new media*),[93] protegidas também pelo art. 5º, IX, da CF há, em geral, uma notória relação de especificidade/generalidade, devendo como sempre ser aplicado o parâmetro específico da liberdade artística.

2.2.4.3 Concorrência da liberdade de reunião

A liberdade de reunião protege o direito de manifestação coletiva motivada pelos mais diversos propósitos a serem fixados pelos manifestantes, titulares do direito fundamental, sendo elemento característico que haja um propósito comum, que haja possibilidade de comunicação coletiva, tendo em vista o desenvolvimento da personalidade em âmbito

---

[91] Trata-se do argumento chamado em língua alemã de argumento do *"erst recht"*, equivalente aproximadamente ao princípio jurídico no Brasil amplamente difundido pela expressão coloquial "quem pode o mais, pode o menos". Ocorre que a liberdade de expressão do pensamento foi outorgada, na ordem constitucional positiva alemã, com três limites específicos (reservas legais qualificadas), quais sejam: a proteção da infância e juventude; a proteção da honra pessoal; e os limites decorrentes de leis gerais, entendidas como tais as leis que não discriminam nenhuma opinião em si, mas que produzem, concretamente, o efeito de permitir intervenções na liberdade de expressão. A liberdade artística, pelo contrário, foi outorgada sem nenhuma reserva explícita, podendo somente bens jurídico-constitucionais colidentes servirem de fundamento para intervenções. É justamente em razão desta sistemática de limites aos direitos fundamentais, prevista pela *Grundgesetz*, que se afirma que a proteção da liberdade científica é mais intensa, ainda que isso não revele nenhuma relação de hierarquia entre as duas liberdades.

[92] Vide BVerfGE 86, 1 (9).

[93] Sobre a classificação e análise dos diversos direitos fundamentais de comunicação social, vide Martins, op. cit., p. 239 et seq.

coletivo.[94] Quando fizer parte desse propósito a criação ou difusão de obras artísticas, a liberdade artística será *lex specialis*, resolvendo a concorrência com o afastamento da liberdade de reunião. Todavia, se as apresentações artísticas realizadas na reunião funcionarem como coadjuvantes de uma manifestação coletiva, que, "como um todo se dirige à formação e expressão de opinião em forma grupal",[95] deve se reconhecer a presença de concorrência ideal, aplicando-se o parâmetro da liberdade de reunião também.

2.2.4.4 Concorrências da liberdade profissional e do direito fundamental à propriedade

Os direitos fundamentais econômicos, quais sejam, o direito fundamental de propriedade do art. 5º, XXII et seq. e a liberdade profissional/empresarial do art. 5º, XIII, c.c. art. 170, § 1º, da CF, poderão ser considerados *lex generalis* e, portanto, não trazidos à pauta como parâmetros do exame, "desde que não se trate exclusivamente de um uso econômico da obra de arte",[96] caso em que haveria pelo menos uma concorrência ideal (pressupondo-se a presença dos elementos típicos da área de proteção da liberdade artística) com a necessidade de se justificar a medida estatal em face também do direito fundamental de propriedade. Semelhantemente, têm o condão de violar a liberdade profissional proibições estatais de apresentação ou difusão de obras de "artistas profissionais", entendidos como tais aqueles titulares do direito fundamental em pauta que se dedicam exclusivamente à criação artística, tirando de sua obra artística seu sustento e sucesso econômicos. Em ambos os casos, tem-se uma concorrência entre direitos fundamentais com limites divergentes entre si, sendo que a liberdade artística, como visto, não tem limites expressamente definidos. Assim, como devem ser aplicados os limites do direito fundamental "mais forte" (aquele sem reservas!) da liberdade artística, não há para o titular prejuízos se a liberdade artística for considerada como sendo o parâmetro por excelência.

Mais problemática é a classificação dos difusores (comerciais) das obras artísticas.[97] Se a atividade comercial for *essencial para a divulgação de obra original*, sua conduta também é protegida pela liberdade artística, subsidiariamente, pela liberdade profissional. Mas se se tratar de reprodução em massa de obras já suficientemente difundidas/conhecidas, como ocorre no caso de alguns produtos de *merchandising* – vendas de camisetas com reprodução de clássicos da pintura renascentista, por exemplo, – tal atividade comercial passa a ser protegida tão somente pela liberdade profissional.

---

[94] A respeito, vide Morlok e Michael, op. cit., p. 153 s. e MARTINS, Leonardo. ADPF 187/DF: "Marcha da Maconha", In: ANJOS FILHO, Robério Nunes dos (Org.). **O STF e os direitos fundamentais**. Belo Horizonte: IBEC/Jus Podivm, 2013 (no prelo).
[95] Cf. BVerfGE 67, 213 (222 et seq.); e Pernice, op. cit., p. 714.
[96] Assim: Pernice, op. cit., p. 714.
[97] Cf. Arnauld, op. cit., p. 1136.

2.2.4.5 Concorrência da liberdade de consciência e crença

Finalmente, a liberdade artística pode concorrer com a liberdade de consciência e crença naqueles casos em que uma obra artística sirva também a cultos religiosos. Como a liberdade de consciência e crença não é *per se* um direito de comunicação social, tem-se aqui um caso muito claro de concorrência ideal, com a necessária aplicação dos dois parâmetros.[98]

2.3 Efeitos da proteção constitucional da liberdade e o problema da delimitação da área de proteção normativa em face de bens jurídicos conflitantes

2.3.1 Em geral, distinguem-se entre os efeitos verticais e horizontais dos direitos fundamentais.[99] Os efeitos verticais (2.3.1.1) referem-se ao vínculo dos órgãos estatais no desempenho das suas três funções clássicas.

2.3.1.1 O vínculo da função legislativa atualiza-se na obrigação do legislador de não promulgar norma incompatível com o direito fundamental à liberdade artística. Como primeira função estatal no sentido da concretização do bem comum, destino que passa pelo exercício da função administrativa e governamental e, quando necessário, também pela função jurisdicional, normas abstratas podem representar intervenções estatais (vide próximo tópico) que, se não justificadas constitucionalmente (vide abaixo, sob 4.), implicam a inobservância do vínculo em pauta e consequente violação da liberdade artística pelo legislador. O vínculo de toda atividade legislativa estatal às normas definidoras de direitos fundamentais tem fundamento na ordem constitucional vigente que reconhece a supremacia das normas constitucionais, confiando ao STF a competência para julgar ações do controle normativo abstrato e o recurso extraordinário que tenham por objeto normas possivelmente violadoras da liberdade artística.[100] Trata-se da tutela de uma função específica dos direitos fundamentais, alcunhada de função clássica, que é a de defesa, ou melhor, resistência contra a intervenção estatal por meio da fundamentação de deveres estatais de abstenção.[101] No mais, a atualização do vínculo da função legislativa pode fundamentar, com fulcro na chamada dimensão jurídico-objetiva[102] dos direitos fundamentais, deveres específicos de proteção ativa, como, por exemplo, no caso de fomento da arte. Junto à interpretação e aplicação de leis fomentadoras da arte, no entanto, novamente a função clássica do dever de abstenção do Estado e direito de resistência do

---

[98] Cf. Pernice, op. cit., p. 714; e Arnauld, op. cit., p. 1136.

[99] A respeito, vide: Martins, op. cit., p. 89 s. e 106-116; e Dimoulis e Martins, op. cit., p. 96-108.

[100] Sobre o assunto: Martins, op. cit., p. 95-97.

[101] Cf. a respeito dos fundamentos justeóricos dessa função dos direitos fundamentais: Martins, op. cit., p. 5 et seq.

[102] A respeito, vide com muitas referências: Dimoulis e Martins, op. cit., p. 111-114.

titular da liberdade artística é chamada à pauta, porém com base no parâmetro do direito fundamental à igualdade do art. 5º, *caput*, da CF.

2.3.1.2 O vínculo da função executiva, que engloba a governamental e administrativa, atualiza-se, para muito além da observância do princípio da legalidade (art. 37, *caput*, da CF) e seus implícitos deveres de abstenção de medidas arbitrárias e/ou eivadas de abuso de poder que tenham por consequência a perpetração das intervenções na liberdade artística a serem abaixo descritas, primeiro, pela necessidade de se interpretar todo dispositivo normativo à luz da norma suprema (liberdade artística como parâmetro de interpretação do direito infraconstitucional). Em segundo lugar, satisfeito o dever da Administração de interpretar todo ordenamento jurídico à luz da liberdade artística, a Administração deve deixar de aplicar pelo menos as normas infralegais consideradas por ela como sendo incompatíveis com o parâmetro em pauta da liberdade artística.[103]

2.3.1.3 Semelhantemente, atualiza-se o vínculo da função jurisdicional como necessidade: (a) de se revisar medidas administrativas potencialmente violadoras da liberdade artística; (b) de interpretá-las de maneira orientada pelo direito fundamental em pauta; e, (c) o mais óbvio, de se recusar a aplicar norma com ele incompatível.[104]

2.3.1.4 Os efeitos horizontais, que dizem respeito à verificação "se" e "de que modo" os particulares também estariam vinculados à liberdade artística, são atualizados pelo desempenho da função jurisdicional do Estado, notadamente junto à interpretação de conceitos jurídicos indeterminados.[105] É o modo como o Judiciário interpreta e aplica normas gerais que são objeto do exame e não o exercício de algum direito incompatível com o livre exercício da atividade artística.

2.3.2 Frequentemente, tais colisões já foram previstas pelo constituinte que estabelece um sistema de limites aos direitos fundamentais, precipuamente pela técnica da outorga do direito acompanhada por uma reserva legal simples ou qualificada.[106] Em outros casos, como o presente (além da liberdade científica e de consciência e crença), o constituinte não previu um conflito entre um dado exercício ilimitado da liberdade artística

---

[103] Trata-se de uma questão jurídico-dogmática repleta de "divergências doutrinárias", sobretudo entre os administrativistas que insistem na dicotomia "poder vinculado"/"poder discricionário", como se algum poder constituído pudesse ser "livre". Nada obstante, há tempos nota-se um esforço maior em condicionar cada vez mais a "discricionariedade", que na verdade deveria se chamar "margem ou campo [delimitado] de ação decisória" (*Ermessenspielräume*). Cf., por exemplo, MEDAUAR, Odete. **Direito administrativo moderno**. 5. ed. São Paulo: Revista dos Tribunais, 2001. p. 126-135.

[104] Trata-se da, no Brasil, sobejamente recepcionada teoria do efeito de irradiação dos direitos fundamentais sobre todo o ordenamento jurídico, que causou em grande medida o que se denomina "constitucionalização do ordenamento jurídico". A respeito, em geral, vide: SILVA, Virgilio Afonso da. **A constitucionalização do direito**: os direitos fundamentais nas relações entre particulares. São Paulo: Malheiros, 2005; e Dimoulis e Martins, op. cit., p. 98-108.

[105] Cf., em geral, a fundamentação da tese em: Martins, op. cit., p. 100-116.

[106] Sobre os conceitos, vide: Dimoulis e Martins, op. cit., p. 147-156.

e outro bem jurídico de índole constitucional, outorgando o direito sem reserva legal ou quaisquer outros limites constitucionais expressos.[107] Assim, como o direito fundamental à livre expressão da atividade artística não tem limitação constitucional específica e sua área de proteção é marcada por um conceito tão aberto quanto o é o conceito de arte, faz-se necessária uma fixação mais cuidadosa, no caso concreto, do alcance da área de proteção.[108] Como os questionamentos introdutórios em torno de casos difíceis de potencial colisão da liberdade artística com outros direitos e bens jurídicos – alguns deles até de índole constitucional – demonstram, o operador do Direito tem diante de si uma tarefa muito difícil. A ele é vedado, como já explicitado, classificar as expressões como sendo de mau gosto ou questionar a sua conveniência em face de valores morais.[109]

Para esse problema há duas possíveis soluções. Na primeira delas, abrangem-se todos os comportamentos supostamente artísticos que impliquem conflito com outros bens jurídicos na área de proteção do direito fundamental em pauta, realizando, no plano da justificação constitucional, uma ponderação entre o exercício da liberdade de expressão artística e o direito conflitante atingido (o que ocorre na maioria dos direitos fundamentais com reserva legal, não obstante tal ponderação seja disciplinada pelos critérios racional-jurídicos da adequação e da necessidade). A segunda solução centra-se na busca de uma mais precisa delimitação da área de proteção, com o propósito de serem excluídos dela aqueles comportamentos que, inobstante a suposta expressão artística, não sejam permitidos por alguma norma jurídica vigente no ordenamento jurídico.[110]

A vantagem do segundo método indicado é que sua aplicação evita a realização de uma ponderação de valores, princípios, bens ou interesses jurídicos,[111] seja ela abstrata ou concreta, tal como muitas vezes ocorre no plano da justificação constitucional por ser

---

[107] Cf. a construção conceitual a partir da evolução histórica do próprio conceito de direitos fundamentais de SCHLINK, Bernhard. Freiheit durch Eingriffsabwehr?: Zur Rekonstruktion der klassischen Grundrechtsfunktion. **Europäische Grundrechte-Zeitschrift**, v. 1984, p. 458 s.; e, em termos didáticos, no curso de Pieroth e Schlink, op. cit., p. 10, 13 e 63, devidamente recepcionado, no direito pátrio, por Martins, op. cit., p. 28-42.

[108] É a saída jurídico-dogmática proposta por Pieroth e Schlink, op. cit., p. 161 s.; e, em face do direito constitucional brasileiro, discutida por Dimoulis e Martins, op. cit., p. 156-158.

[109] Sobre os problemas das argumentações morais ou axiológicas no Direito, vide já BÖCKENFÖRDE, Ernst-Wolfgang. Grundrechtstheorie und Grundrechts-interpretation. **Neue Juristische Wochenschrift – NJW**, 1974, p. 1529-1538; e, no vernáculo, DIMOULIS, Dimitri. **O positivismo jurídico**: introdução a uma teoria do direito e defesa do pragmatismo jurídico-político. São Paulo: Método, 2006, p. 184-208.

[110] Essa é, sobretudo, a proposta de Pieroth e Schlink, 2011: op. cit., p. 75 et seq. e 161.

[111] Tais termos gozam de tradição mais ou menos longa, dependendo da escola teórico-jurídica que utilizou em suas respectivas estruturas fundamentais. Com construção teórica das mais complexas e refinadas, a teoria principiológica dos direitos fundamentais, com sua distinção qualitativa entre regras e princípios, tenta racionalizar juridicamente o eivado de subjetivismos procedimento de ponderação. Vide descrição e crítica em Martins, op. cit., p. 27 s. e 65-88.

a aferição da necessidade, como subcritério decisivo do critério da proporcionalidade, muito complicada nos casos de colisão entre um direito fundamental sem reserva legal e outros.[112] Nesse caso, em pertencendo o comportamento tutelado à área de proteção da liberdade à expressão artística, uma intervenção justificável poderia ocorrer no caso de haver colisão jurídico-constitucional, ou seja, quando o bem conflitante derivar diretamente da Constituição, não podendo nenhum propósito *infraconstitucional* limitar o direito à livre expressão da atividade artística.[113]

O critério utilizado no segundo método aludido, que procura delimitar com mais precisão o alcance da área de proteção do direito estudado, a despeito das dúvidas apontadas em torno do conceito de arte, é o da exclusão da área de proteção de comportamentos do titular do direito fundamental à liberdade artística que representem violações arbitrárias de bens jurídicos alheios e a concentração em comportamentos que sejam permitidos também fora do alcance da área de proteção do direito fundamental à livre expressão artística. Não se trataria de uma proteção supérflua, uma vez que se concentra em comportamentos que também poderiam ser considerados permitidos fora da área de proteção do direito à livre expressão artística (*i. e.*, correspondendo ao princípio da legalidade)? Isso é o que questionam *Pieroth* e *Schlink*. A resposta dada pelos citados autores é negativa. O direito em pauta protege, segundo eles, "o escandalizamento e a provocação específicos, que na arte podem estar escondidos na multifacetariedade de seu conteúdo expressivo. Com efeito, no contexto de um conceito aberto de arte, a liberdade da arte significa, segundo o sentido por ele dado, que o exame jurídico de várias interpretações possíveis de uma obra de arte deve resultar na escolha daquela [interpretação], com base na qual a obra de arte não atinja direitos de terceiros [sendo justamente por isso permitida]".[114] Desse modo, evitar-se-ia admitir a presença da colisão, tendo por consequência a equivalência entre a intervenção estatal na liberdade artística e sua violação. Alternativamente, poder-se-ia negar a presença da própria intervenção na liberdade artística ao se interpretar restritivamente o comportamento do artista que deva ser, em princípio, livre da intervenção estatal. Nesse caso, não estariam presentes os riscos para a racionalidade jurídica implícitos no procedimento de ponderação, porque o Estado não teria ônus de justificar sua medida com base em direito fundamental ou bem jurídico-constitucional colidente.

Assim, no caso do grafite, a pretensa obra de arte, ao representar um ataque arbitrário da propriedade particular de outrem, não pode fazer parte da área de proteção da liberdade artística. Diferente poderia ser a avaliação no caso do grafite realizado em "paredes públicas", como em pontes, pois faltaria o elemento do ataque arbitrário a direito de outrem, atribuído ao artista, podendo ser uma proibição considerada uma intervenção na área de

---

[112] Cf. Dimoulis e Martins, op. cit., p. 162-163.

[113] Caso contrário, haveria uma subversão do sentido da sistemática de limites (reservas legais) estabelecida pelo constituinte: Cf. Dimoulis e Martins, op. cit., p. 144-161.

[114] Cf. Pieroth e Schlink, op. cit., p. 150.

proteção do direito específico do artista.[115] No caso da *performance*, o comportamento cairia fora da área de proteção se for arbitrário, ou seja, se o ataque a bens jurídicos não tivesse sido necessário para a área de criação/produção da obra ou para a área do efeito da obra artística, se, por exemplo, for possível ao artista realizar uma solicitação à autoridade competente.[116] No caso do caricaturista, dificilmente *se poderá encontrar uma interpretação na qual a caricatura não represente um ataque a direitos de terceiros*: a caricatura cai, portanto, em regra, na área de proteção do direito estudado.[117] No caso do artista plástico que apresenta em seu trabalho alguém urinando sobre a bandeira nacional, tem-se que

---

[115] Com efeito, a *street art* do grafite, marcada por características estruturais que a impedem de ser comparada com outros tipos de pintura (mais dinamismo, capacidade de transformação e temporalidade), como aquela feita em ateliês, e que tem de fato o condão de causar dano à propriedade de alguém e, com isso, a um direito fundamental de terceiro, tem que receber tratamento diferenciado a depender da titularidade da propriedade atingida, se pública ou privada. Até porque, vinculados à liberdade artística, são somente os órgãos estatais e não o proprietário privado que pode fazer valer esse mesmo direito de propriedade contra o Estado (que deve protegê-la contra ataques de terceiros). Mas isso não significa que, mesmo no caso de propriedades públicas, uma intervenção estatal (por exemplo, uma decisão judicial condenatória) não possa ser justificada. Neste contexto, porém, o TCF alemão, ainda na década de 1980, e sem fundamentação, em uma decisão preliminar de não admissão de reclamação constitucional contra a decisão de uma Corte suprema estadual que determinou a extradição de um conhecido grafiteiro suíço, de Zurique (caso "*der Sprayer von Zürich*"), não realizou a diferenciação aqui proposta, ignorando o fato de o Estado (mas não o particular) ser destinatário da norma suprema da *Grundgesetz* (Art. 5 III 1 GG) que outorgou universalmente a liberdade artística. Cf. as contradições do TCF junto ao sistema da *Grundgesetz* de reservas legais (limites) apontadas por IPSEN, Jörn. **Staatsrecht II – Grundrechte**. 15. ed. München: Vahlen, 2012, p. 149 s.: "A posição do Tribunal Constitucional Federal é caracterizada pela contradição de, por um lado declarar os limites do art. 5 II GG [previstos só para as liberdades de manifestação do pensamento, informação, imprensa, radiodifusão e noticiário cinematográfico, nota do trad.] não aplicáveis à liberdade da arte; de fato, entretanto, eles foram aplicados [seguem exemplos, n. trad.]."

[116] No caso, o titular teria direito a um deferimento por parte da autoridade competente, ainda que condicionado. Semelhantemente ao que ocorre na liberdade de reunião com o elemento já positivado no texto constitucional do "aviso prévio a autoridade competente", tal previsão do aviso prévio não pode ser lida como uma condição apriorística para o exercício do direito, sob pena de se esvaziar o teor da garantia jusfundamental. A respeito: Martins, 2013, op. cit.

[117] A caricatura é caracterizada pela alienação do objeto caricaturado por meio de exageros e referências ao jocoso. Importante é que o juízo que avaliar a constitucionalidade de sanções sofridas pelo caricaturista em razão precipuamente da suposta violação por ele de direitos da personalidade e até da dignidade humana do caricaturado aplique parâmetros compatíveis, indicados para a obra de arte "caricatura", o que pode se revelar como sendo uma árdua tarefa em razão da pouca tradição do gênero artístico. Na jurisprudência do TCF alemão, firmou-se a necessidade dos juízes aplicarem os parâmetros compatíveis com o gênero. Cf., por exemplo, o paradigmático e já referido caso "*Strauß-Karikatur*" (BVerfGE 75, 369 [378 s.].). Nesta decisão, o TCF reconheceu a presença de uma avaliação judicial compatível com o gênero artístico "caricatura". Na sequência, não a verificou em dois casos (BVerfGE 81, 298 [306 s.] – *Nationalhymne* e 86, 1 [12]) – *Mörder-Krüppel-Fall* (também conhecida como Titanic-Magazin).

analisar com muito cuidado todo o contexto da obra que pode representar uma sátira, cujo conteúdo não seja o vilipêndio do símbolo nacional, mas sim a crítica polêmica ou até escandalosa de alguma relação escusa de um político com a nação.[118] No caso do músico que altera a letra do hino nacional, vale um raciocínio semelhante: em havendo uma interpretação na qual não esteja sendo atacado o símbolo nacional, a conduta fará parte da área de proteção ora estudada.[119] O estupro verdadeiro numa peça de teatro representa um ataque ao bem jurídico "liberdade sexual" arbitrário e, portanto, não protegido.[120] A avaliação do caso de racismo no cinema dependerá da análise de todo o filme. Se ele, por exemplo, estiver retratando um fato social, sem ao mesmo tempo procurar justificá-lo (o racismo!) ideológica ou politicamente, a obra "filme" será protegida pelo direito em pauta.

3 INTERVENÇÕES ESTATAIS E LIMITES CONSTITUCIONAIS DO DIREITO FUNDAMENTAL À LIBERDADE ARTÍSTICA

Uma vez verificado precisamente o alcance da área de proteção, denotando seu suporte fático ou tipo normativo,[121] caberá a quem desejar fiscalizar e, de maneira vinculante, a quem seja competente para fiscalizar a constitucionalidade de alguma medida em face da liberdade artística, avaliar se está presente alguma ação ou omissão estatal que possa ser subsumida àquele. Tal atitude do Estado configura o que se convencionou chamar de intervenção estatal na área de proteção do direito.[122] Não mais restrita às características clássicas oriundas do conceito de Estado de direito do séc. XIX, uma intervenção estatal estará presente toda vez que puder ser atribuído um prejuízo para o mais amplo exercício das faculdades individuais e para eventuais situações jurídicas contempladas pelo constituinte à autoridade estatal. Porém, verificada a presença de uma intervenção, esta poderá ser justificada a partir de um limite constitucional ao direito fundamental.

No caso da liberdade artística, haverá intervenção tipicamente nos casos já aventados que podem ser formalmente justificadas com a verificação da presença de um limite constitucional ao direito fundamental em tela a ser estudado no tópico seguinte. Assim, vêm à pauta como intervenções mais recorrentes (portanto, sem a pretensão de se apresentar um rol taxativo) as seguintes medidas estatais *lato sensu*:

---

[118] Cf. BVerfGE 81, 278 (*Bundesflagge*).

[119] BVerfGE 81, 298 [306 s.] (*Nationalhymne*).

[120] Na verdade, como bem discorreu Müller, op. cit. p. 56 s. ao tratar da "delimitação do tipo [da liberdade científica] e colisão" tem-se aqui tão somente uma colisão aparente, pois o artista ator age "por ocasião" ou "na oportunidade" ("*bei Gelegenheit*") ao agredir dolosamente o bem jurídico da autonomia sexual de sua colega sobre o palco. "O delito só guarda uma relação com a ação que é específica para o âmbito normativo 'arte'; ele mesmo é não específico" (Müller, ibidem, p. 57).

[121] Sobre os conceitos: Dimoulis e Martins, op. cit. p. 123 et seq.

[122] Dimoulis e Martins, op. cit., p. 134 et seq.

3.1 O Estado intervém comissivamente na área de proteção da liberdade artística quando um de seus órgãos, de maneira imperativa, direta, por intermédio de ato jurídico ou não, isto é, também faticamente,[123] atrapalhar o livre exercício da liberdade artística, tanto em sua área de criação/produção (*Werkbereich*) quanto no setor do efeito da obra (*Wirkbereich*), por intermédio de proibições, sanções cíveis ou penais ou outras medidas que implicarem quaisquer embaraços à produção e à mais ampla difusão de obras artísticas. Não se tem uma intervenção e, destarte, o ônus do Estado de justificar uma medida em face do parâmetro de direito fundamental analisado, quando o ordenamento jurídico estatal proíbe o uso de direitos de terceiro (como no caso do grafite em paredes de propriedades privadas). O cerceamento de atividades artísticas ao ar livre ou em vias públicas pode ser classificado como uma intervenção estatal carecedora de passar pelo ônus da justificação com base na aplicação proporcional dos limites constitucionais da liberdade artística "se a atividade não restringir a função de viabilizar o trânsito das ruas, pois, nesse caso, não se trata da carência de recursos esgotáveis, mas de uma restrição de direito fundamental na oportunidade do uso de coisas públicas. Apresentações musicais de um músico de rua sem amplificadores de som devem ser, por isso, classificadas como uso comum [do espaço público, e, por isso, permitidas] [...] ou deve-se reconhecer e deferir um pedido de outorga de permissão de uso extraordinário (BVerwGE 84, 71/78) e até mesmo sem [cobrança de] taxa".[124]

3.2 Por omissão, o Estado intervém (em razão da grande conotação comissiva do verbo *intervir*, fala-se com mais frequência em "afetação" – *Beeinträchtigung* – do direito fundamental) quando deixa de cumprir metas constitucionais de fomento da arte.[125] Nesse contexto, não há como se desistir completamente de avaliações qualitativas da arte que se pretende ver fomentada. Busca-se a legitimação pelo procedimento e o respeito ao direito fundamental de igualdade (art. 5º, *caput*, da CF) como parâmetro concorrente a ser aplicado (concorrência ideal). No mais, também aqui se deriva da liberdade artística um elemento de *status libertatis* (= *status negativus* ou "direito de resistência"), na medida em que se tem uma componente jurídico-subjetiva para imposição do dever estatal de neutralidade.

A justificação material da então verificada intervenção estatal somente será possível após a aplicação dos critérios a seguir discutidos.

---

[123] As peculiaridades do conceito tradicional e contemporâneo de intervenção podem ser encontradas na análise de Dimoulis e Martins, op. cit., p. 134-141.
[124] Cf. JARASS, Hans Dieter; PIEROTH, Bodo. **Grundgesetz für die Bundesrepublik Deutschland**: Kommentar. 11. ed. München: Beck, 2011, p. 221 s.
[125] Por exemplo, cf. art. 208, V, da CF: "O dever do Estado com a educação será efetivado mediante a garantia de: [...] V – acesso aos níveis mais elevados [...] da criação artística [...]" e art. 210, *caput*, da CF: "Serão fixados conteúdos mínimos para o ensino fundamental, de maneira a assegurar [...] respeito aos valores [...] artísticos."

4 JUSTIFICAÇÃO CONSTITUCIONAL DA APLICAÇÃO DOS LIMITES CONSTITUCIONAIS À LIBERDADE ARTÍSTICA: CRITÉRIO PARA A ELABORAÇÃO DE LEIS COMPATÍVEIS COM A CONSTITUIÇÃO E SUA CORRETA APLICAÇÃO

Como não há reserva legal, nem outra limitação explícita no texto constitucional, intervenções só poderão ser excepcionalmente permitidas, quando o exigir um bem constitucional colidente (direito constitucional de colisão). Aplica-se o critério da proporcionalidade, entendido como a *análise da relação entre o(s) propósito(s) lícitos perseguidos pelo Estado na intervenção e o(s) meio(s) utilizado(s) para seu alcance.*[126] Essa relação tem que ser caracterizada pela *adequação* e *necessidade* que representam – após exame das grandezas do(s) propósito(s) e meio(s) em si da intervenção que devem atender ao critério da licitude – os dois subcritérios para avaliação da proporcionalidade da aludida relação. Na aplicação do critério da necessidade, que pode ser traduzido como a busca do meio de intervenção adequado ao propósito que seja o menos oneroso para o direito atingido, há de se verificar se a intervenção atinge somente a produção ou divulgação da obra e de se trabalhar com mais cuidado no que tange à interpretação dos sentidos da obra, buscando-se sempre a interpretação que for *a* mais condizente com um permitido exercício da liberdade artística, com vistas à declaração da inconstitucionalidade do objeto do controle.[127]

---

[126] Cf. Dimoulis e Martins, op. cit., p. 186-209.

[127] O muitas vezes reconhecido e por correntes neoliberais sacralizado elemento "pré-estatal" da liberdade nada mais, nada menos é do que esse ônus constante do Estado em justificar suas medidas em face das diversas liberdades. Não se trata de se reconhecer uma liberdade natural preexistente ao Estado, pois todas as liberdades, chamadas pela doutrina francesa ambiguamente de liberdades "públicas", inclusive e precipuamente a sensível e frágil liberdade artística, são constituídas precisamente pelo próprio ente político Estado que, no contexto da tradição ocidental-democrática, significa autorrestrição. Por isso que aqui se parte de um conceito de direitos fundamentais como sendo regras reflexivas da liberdade juridicamente ordenada. A respeito, em geral: POSCHER, Ralf. **Grundrechte als Abwehrrechte**: Reflexive Regelung rechtlich geordneter Freiheit. Tübingen: Mohr Siebeck, 2003. Sobre as consequências da chamada pré-estatalidade, vide também Pieroth e Schlink, op. cit. p. 13 e Dimoulis e Martins, op. cit. p. 42-45.

5 ANÁLISE DE OBRAS ARTÍSTICAS EM FACE DOS CONFLITOS NORMATIVOS MAIS RECORRENTES NA PRÁXIS:[128] O QUE PODE A LEI DETERMINAR, COMO DEVEM OS ÓRGÃOS ESTATAIS COMPETENTES INTERPRETÁ-LA E COM QUE SISTEMA DE GARANTIAS E RESTRIÇÕES PODEM OS ARTISTAS CONTAR?

Como visto nos tópicos anteriores, a análise constitucional de obras artísticas deve ser medida com base no parâmetro do art. 5º, IX, da CF, tendo como objetivo investigar se um dado objeto de controle, que pode ser uma norma abstrata ou sua interpretação e/ou aplicação pelos demais órgãos dos poderes Executivo e Judiciário, é ou não compatível com o direito fundamental à liberdade artística. A verificação da inconstitucionalidade, que é o que realmente interessa em qualquer investigação de cunho jurídico-constitucional,[129] pressupõe, como visto acima, na "parte geral" (tópicos 1 a 4) do presente estudo: (a) uma clara delimitação do alcance subjetivo (titularidade) e objetivo (condutas, situações jurídicas etc.) da liberdade-parâmetro; (b) verificação de uma intervenção estatal; e (c) questionamento de sua eventual justificação a partir da aplicação de um limite constitucional previsto para a liberdade, que por sua vez deve ser contralimitado pela correta aplicação do critério da proporcionalidade.

Essa dogmática geral dos direitos fundamentais sofre, na dogmática especial da liberdade artística,[130] algumas adaptações, ou melhor, especificações que levem em consideração tratar-se, como também visto, de um direito fundamental outorgado sem expressa reserva legal. Só o direito constitucional colidente pode servir de legítimo limite. Todavia, como sugere parte da literatura especializada,[131] deve-se procurar investigar os contornos da chamada área de proteção normativa com muito cuidado para se excluir condutas não tuteladas desde o início, a fim de se evitar a assunção do direito constitucional coliden-

---

[128] "Práxis", no contexto jurídico-constitucional, engloba também o controle da chamada "lei em tese", abstratamente considerada, tendo em vista o controle da atividade legiferante do Estado em vista do parâmetro normativo supremo, do qual faz parte a liberdade artística. Cf. a seguir, no texto.

[129] Vide Dimoulis e Martins, op. cit. p. 8-10 e 223-230.

[130] Cf., além do clássico curso de Pieroth e Schlink, op. cit. p. 169-166, também os cursos e livros de exercício (pareceres sobre problemas concretos) de: FISAHN, Andreas; KUTSCHA, Martin. **Verfassungsrecht konkret**: Die Grundrechte. 2. ed. Berlin: Berliner Wissenschafts-Verlag, 2011, p. 78-87; RAUDA, Christian; ZENTHÖFER, Jochen. **25 Fälle – Grundrechte**: Klausurentraining mit Lösungen im Gutachtenstil. 2. ed. Dänischenhagen: Richter, 2011. p. 42-47; HÖFLING, Wolfram. **Fälle zu den Grundrechten**. München: Beck, 2009. p. 90-102; ALTEVERS, Ralf; PIEPER, Hans-Gerd. **Grundlagen Fälle Grundrechte Staatsorganisationsrecht**. 4. ed. Münster: Alpmann Schmidt, 2010. p. 22-24; SCHROEDER, Daniela. **Grundrechte**. 2. ed. Heidelberg et al.: C. F. Müller, 2011. p. 119-125; SCHMIDT, Rolf. **Grundrechte (sowie Grundzüge der Verfassungsbeschwerde)**: Am Aufbau von Klausuren orientierte Studienliteratur im Öffentlichen Recht. 12. ed. Grasberg bei Bremen: R. Schmidt, 2010. p. 211-220.

[131] Sobretudo Pieroth e Schlink, op. cit., p. 161 s. Vide, já no texto acima: sob 2.3.

te ou mesmo da mais comum colisão de direitos fundamentais e a consequente só então quase incontornável ponderação concreta entre posições jurídicas de igual hierarquia que as colisões entre direitos fundamentais implicam. Isso porque o déficit de racionalidade jurídica dos métodos ponderativos é vultoso.[132]

O referido déficit de racionalidade pousa sobre a insegurança jurídica provocada pela inconstância dos parâmetros de julgamento em casos de colisão de normas de igual hierarquia. Ainda que a dogmática jurídica, inclusive a germânica, seja construída cada vez mais com base na casuística,[133] esta não pode ser, a despeito da impressão causada pela própria semântica do termo, destituída de critérios desenvolvidos pela ciência jurídico-constitucional. A seguir, a abordagem recai sobre alguns casos, aparentemente ou mais ou menos difíceis, junto aos quais se deve, antes de se assumir uma postura ponderativa destituída de método jurídico, esgotar-se as possibilidades do tratamento jurídico-dogmático, justamente para fomentar aquela que é por todos e precipuamente pelos artistas, titulares do direito fundamental do art. 5º, IX, da CF, esperada segurança jurídica e o respeito à autonomia do subsistema social artístico.[134]

5.1 ANONIMATO, OBRAS APÓCRIFAS E DE AUTORIA INDETERMINADA

Obras de arte apócrifas ou de autoria indeterminada partilham da mesma proteção decorrente da liberdade artística como qualquer outra. Relevante é tão somente que esteja presente uma obra de arte. No que tange à área do efeito (*Wirkbereich*), obras de arte apócrifas podem ter condão de afetar outros bens jurídicos relevantes ou mesmo constitucionais (pense-se, por exemplo, no caso de uma poesia ofensiva de autoria não identificada). Dependendo do caso, uma intervenção estatal poderá ser até justificada, o que em geral só será jurídica e faticamente possível após a identificação da autoria, uma vez que, dentre as principais intervenções, vislumbra-se uma sanção a ser aplicada ao artista por crime de injúria, por exemplo.[135]

---

[132] A respeito: Dimoulis e Martins, op. cit. p. 209-218.
[133] Vide a respeito o contundente diagnóstico de SCHLINK, Bernhard. Abschied von der Dogmatik: Verfassungsrechtsprechung und Verfassungsrechtswissenschaft im Wandel. **Juristenzeitung JZ**, v. 62, 2007, p. 157-162, que há seis anos publicou o citado artigo intitulado "Despedida da dogmática. Jurisprudência constitucional e ciência jurídico-constitucional em transformação".
[134] A respeito, vide o fundamental trabalho de LUHMANN, Niklas. **Die Kunst der Gesellschaft**. Frankfurt am Main: Suhrkamp, 1995.
[135] Cf., por todos, com muitos exemplos extraídos da vasta jurisprudência alemã: Schmidt, op. cit., p. 531 s.

O elemento da autoria é relevante especificamente para o exercício de direitos patrimoniais. Na doutrina brasileira,[136] defende-se implicitamente uma transposição da vedação do anonimato, tal qual prevista pelo constituinte junto à outorga da liberdade de manifestação do pensamento no art. 5º, IV, da CF, para as demais liberdades de comunicação social, incluindo a discutida liberdade artística.[137] Além de algumas dificuldades lógicas e sistemáticas de aplicação da expressão "sendo vedado o anonimato" do art. 5º, IV, da CF,[138] a liberdade artística na concorrência aparente com a liberdade de

---

[136] Cf., por exemplo, Mendes et al., op. cit., p. 367, que tratam de maneira generalizante as diversas liberdades de comunicação (individual, do pensamento, coletiva e de massa), acabando por não distinguir entre liberdades que, ainda que congêneres, têm cada qual peculiaridades estruturais que as diferenciam claramente umas das outras, sobretudo quanto aos seus limites: "Dessa forma, admite a interferência legislativa para proibir o anonimato (IV)."

[137] Em verdade, como fizeram Mendes et al., op. cit., p. 366-377, os autores enxergam no art. 220 da CF um eixo comum para limitação de todas as liberdades de comunicação, ignorando, primeiro, que as limitações lá são pertinentes às liberdades de comunicação social e que apresentam um marco constitucional autorizador de uma regulação estatal que deve atingir, quando configurada infraconstitucionalmente, os órgãos da comunicação social analógica e cada vez mais também os órgãos do meio digital. Destarte, são atingidos pelos arts. 220-224 da CF (que compõem, de resto, o capítulo da Comunicação Social como partícipe da "ordem social") os titulares de tais liberdades e não diretamente a manifestação individual do pensamento que pode se valer como pode não se valer de tais veículos. Em segundo lugar, o constituinte, ao "vedar" o anonimato, fê-lo, ou melhor, pretendeu fazê-lo de maneira absoluta, isto é, buscando retirar as manifestações anônimas da área de proteção do art. 5º, IV, da CF. O constituinte não previu, com essa fórmula estranha à dogmática jurídico-constitucional (condutas individuais devem ser proibidas pela lei penal), uma reserva legal implícita, e, se o tivesse feito, não se pode transpor limite previsto para um direito fundamental para outro. Tavares, op. cit., p. 577-579, chama a atenção para tais dificuldades classificatórias ao distinguir entre o gênero "liberdade de expressão" e suas espécies: "Há na doutrina brasileira uma patente imprecisão do real significado e abrangência da locução liberdade de expressão. Parcela desta responsabilidade, porém, pode ser muito bem atribuída ao legislador constituinte, que [...] pulverizou manifestações diversas [...]" (ibid., p. 577), sem, contudo, esclarecer o papel da fórmula da vedação do anonimato. Pouco convincente é a proposta de Araújo e Nunes Júnior, op. cit., p. 143 s. de distinguir, sob a epígrafe do "direito de expressão" entre conteúdo, visto na opinião (juízo de valor), e a forma, como "expressão das sensações humanas" que englobaria as liberdades de comunicação social e artística do inc. IX. Por fim, cf. a atual e muito precisa sistematização dessa opinião majoritária a respeito do papel da vedação do anonimato como limite e não como a aqui defendida tentativa do constituinte de exclusão de opiniões e afirmações anônimas da área de proteção do art. 5º, IV, da CF, de NOVELINO, Marcelo. **Manual de direito constitucional**. 8. ed. revista e atualizada. São Paulo: Método, 2013. p. 502 s. e 505.

[138] Cf. Martins, 2012, op. cit., p. 251 s.; 303. Tais dificuldades levam boa parte da doutrina nacional a enxergar outros problemas que não viriam à pauta em uma análise bem apurada pautada no papel de uma Constituição jurídica como *locus* de reservas de liberdade em face dos poderes constituídos pela própria Constituição; dito de outra forma: como *locus* de regras reflexivas das liberdades juridicamente ordenadas, para tomar de empréstimo o subtítulo de uma das obras mais aprofundadas da teoria e dogmática dos direitos fundamentais assinada pelo alemão Poscher, op. cit. ("Direitos fundamentais como direito de resistência: regra reflexiva das liberdades juridicamente ordena-

manifestação do pensamento é, como visto, *lex specialis*, sendo defeso ao operador do Direito transpor qualquer condição de exercício ou limite previsto pelo constituinte para a liberdade de manifestação do pensamento à liberdade artística do art. 5º, IX, da CF.[139] Portanto, é infundado pretender não proteger uma obra artística como partícipe da área de proteção (inclusive do setor do efeito da obra!) em razão da não identificação do artista. De resto, lembre-se que são titulares também as demais pessoas físicas e jurídicas partícipes do processo de comunicação "arte", além de o constituinte originário brasileiro ter diversas vezes protegido a arte e sua imprescindível implícita liberdade de criação enquanto bem jurídico objetivo, enfatizando indiretamente a dimensão jurídico-objetiva da liberdade em pauta.[140]

Assim, entre muitos outros exemplos, um editor, um galerista, um curador de museu que tivessem a publicação, a apresentação, a exposição etc. de uma obra artística apócrifa impedida ou sancionada por órgão estatal que exerça uma das funções clássicas poderiam se valer cada qual de sua respectiva liberdade artística para resistir juridicamente ao óbice (intervenção estatal).

---

das"). Nesse sentido, vê-se na fórmula, por exemplo, uma espécie de proibição do uso de denúncias anônimas no âmbito dos chamados "Disque-denúncias" (a respeito, vide a rigorosa sistematização dessa discussão por SOUZA, Rodrigo Telles de. **A investigação criminal e a vedação ao anonimato no sistema jurídico brasileiro**. Dissertação de mestrado. Natal: Universidade Federal do Rio Grande do Norte, 2012) para se iniciar validamente um procedimento investigatório. Malgrado os esforços e eventual grande acuidade de tais estudos, eles redundam em sopesamentos axiológicos que, jurídico-racionalmente falando, não são mais controláveis. Com efeito, seu ponto de partida é equivocado: da fórmula do inc. IV só se pode depreender que expressões anônimas estão fora da proteção da liberdade de manifestação do pensamento. Mas ele não determina nada sobre a legitimidade ou não de se iniciar um procedimento investigatório a partir de uma denúncia anônima. Se o fundamento, como defendem os estudiosos, for possibilitar o direito de defesa pelo acusado (incompreensível o argumento, pois os acusados em geral se defendem de imputações feitas pelo Estado e não de um particular, sendo que a oportunidade de ampla defesa não depende da ciência pelo acusado de quem deu ensejo ao primeiro procedimento policial investigatório), isso deve ser definido pelo legislador, pois aplicação imediata só têm, segundo o § 1º, do art. 5º, as normas definidoras de *direitos* fundamentais e não de deveres fundamentais, limites ou quaisquer outros ônus.

[139] Essa transposição de limites do direito fundamental da liberdade de manifestação do pensamento para a liberdade artística foi sugerida na Alemanha por uma pequena parcela de autores até meados da década de 1960, mas foi, já à época, pronta e veementemente refutada. Cf. Müller, op. cit., p. 16-20. Opinião contrária à época, mas que permaneceu praticamente isolada, defendia Knies, op. cit., p. 257 et seq. Hoje, a proibição de aplicação dos limites da liberdade de expressão do pensamento para a liberdade artística é uma obviedade jurídico-dogmática cobrada em todos os exercícios acadêmicos e exames de Estado (para acesso em todas as carreiras jurídicas). Cf. por todos, somente Höfling, 2009, op. cit., p. 95: "Art. 5 III GG não contém uma explícita regra de limitação para a liberdade artística [...]. Esse claro teor do dispositivo da Grundgesetz não pode ser contornado pela via de uma suposta interpretação sistemática que faça a limitação inequivocamente só aplicável ao art. 5 I [liberdade de expressão do pensamento] alcançar também o art. 5 III GG."

[140] Cf. os arts. 23, III e IV; art. 24, VII e VIII; art. 208, V; art. 210, *caput;* art. 216, III; art. 216, IV; art. 216, V; art. 220, § 2º; art. 221, I e III, da CF.

5.2 Obras de conteúdo satírico, humorístico, controvertido e/ou difamante

As obras de conteúdo satírico, humorístico, controvertido e/ou difamante podem representar violações privadas de relevantes bens jurídicos, inclusive de dignidade constitucional. Destaquem-se, aqui, notadamente, os direitos fundamentais de personalidade (dignidade humana, honra pessoal, imagem, intimidade, privacidade etc.).

Seguindo o que apresentamos supra (na parte geral do presente estudo), o primeiro passo – constituindo aqui o verdadeiro foco – deve recair sobre a análise cuidadosa e compatível com a espécie artística da suposta obra de arte e sobre o *animus* do artista, que não deve ser o de dolosamente agredir bem jurídico de outrem. Junto à interpretação da obra e das intenções (inclusive e precipuamente comunicativas) do artista, deve-se buscar uma interpretação pela qual uma violação de bem jurídico de terceiro ou coletivo não esteja presente.

Na sátira e na caricatura,[141] deve-se trabalhar o cerne da expressão comunicativa e seu entorno para se aferir se estão presentes os seus elementos estruturais, verificando-se se alguma medida restritiva estatal deva ou não ser analisada com base no parâmetro da liberdade artística. Nem toda sátira é arte,[142] mas, em se aplicando os acima estudados conceitos material, formal e aberto de arte, dificilmente se poderá excluir, levianamente, uma sátira ou caricatura da área de proteção do direito fundamental em pauta, pelo menos não sem que o órgão estatal cumpra seu ônus de apreciação e argumentação. O operador do Direito que enfrentar o problema deve buscar identificar os elementos estruturais típicos da caricatura e da sátira. Dentre os quais se destacam: (a) o exagero, (b) a deformação e (c) a alienação do destinatário ou objeto da sátira e caricatura. O limite a ser aplicado, já na primeira fase da investigação do alcance da tutela, é a observância da dignidade da pessoa humana que, como princípio fundamental da República Federativa do Brasil (art. 1º, III, da CF), não se submete ao regime geral dos limites constitucionais previsto aos direitos fundamentais, prevalecendo sempre.[143] No entanto, apesar da vulgarização entre

---

[141] A caricatura é a sátira em forma de imagem, podendo ser classificada como uma espécie de sátira, portanto. Cf. fundamentalmente: Schmidt, op. cit., p. 213. Sobre as características de ambas, mais no texto.

[142] A afirmação é de autoria do TCF alemão na decisão BVerfGE 86, 1 (9) "Mörder-Krüppel-Fall": "Sátira pode ser arte; contudo nem toda sátira é arte. A sua característica peculiar de trabalhar com alienações, deformações e exageros pode ser, sem mais, também um meio da simples expressão do pensamento ou da [expressão do pensamento] pela via dos meios de comunicação em massa." Ou seja: a proteção menos forte da liberdade de manifestação do pensamento (porque protegida com reservas legais), como direito fundamental concorrente, deve servir de parâmetro subsidiário para proteção de caricaturas que não sejam consideradas arte.

[143] Limites a CF previu somente para os direitos fundamentais. A dignidade da pessoa humana é, por assim dizer, "imponderável", no sentido de não poder ser sopesada com outros bens jurídico-constitucionais. Isso significa que, uma vez detectado o toque da dignidade da pessoa humana por medida estatal, não caberá concordância prática (a respeito, vide o clássico de Hesse – HESSE, Konrad. **Grundzüge des Verfassungsrechts der Bundesrepublik Deutschland**. Reimpressão da

nós do uso do argumento da dignidade da pessoa humana,[144] uma violação dessa pelo artista ou titular de qualquer outro direito fundamental não deve ser afirmada sem o devido cuidado. Podem ser caracterizados como raros os casos em que a dignidade humana será de fato atingida pelo exercício da liberdade artística. Muitas sátiras e caricaturas são recebidas com irritação, por vezes até com ira, por seus destinatários. Sabidamente, o senso de humor varia muito entre as pessoas e, por vezes, ele sequer existe. Por isso, os melindres privados e sensibilidades muito aguçadas não podem servir de critério para se avaliar se uma sátira e/ou caricatura gozam ou não da proteção da liberdade artística e se uma intervenção estatal nela está ou não justificada.

Junto à interpretação da suposta expressão artística consubstanciada na espécie "sátira" e sua subespécie "caricatura", deve-se buscar o núcleo ou essência da expressão (*Aussagekern*), distinguindo-a com todo rigor de sua "vestimenta" ou "roupagem" (*Einkleidung*) estilística implícita na sátira que conhece várias outras modalidades além da caricatura. Assim, não se pode buscar fundamento para afirmar a presença de violação de direitos da personalidade e outros atingidos pela expressão na forma, na roupagem da mensagem que carrega em si as características estilísticas próprias da sátira já mencionadas, mas tão somente no núcleo ou essência da mensagem. Só tal núcleo poderá revelar um possível dolo específico, que afastaria a relevância da liberdade artística como um todo enquanto parâmetro de julgamento ou exigiria na aplicação dos limites o afastamento da tutela da liberdade artística como uma intervenção estatal justificada na sua área de proteção.

Alvo privilegiado de sátiras e caricaturas são as chamadas pessoas absolutas ou relativas da história contemporânea,[145] *i. e.*, pessoas "públicas", que têm, por definição e livre

---

20. ed. Heidelberg: Müller, 1999) ou qualquer outra fórmula de harmonização. Porém, isso não significa que a dignidade da pessoa humana seja um conceito absoluto, não interpretável dependendo da fase da vida e do contexto da suposta violação. Nesse sentido, vide SCHLINK, Bernhard. **Aktuelle Fragen des pränatalen Lebensschutzes**: erweiterte Fassung eines Vortrages, gehalten vor der Juristischen Gesellschaft zu Berlin am 19. Dezember 2002. Berlin: De Gruyter, 2002; HOFMANN, Hasso. Die versprochene Menschenwürde. **Archiv des öffentlichen Rechts – AöR**, v. 113, 1993, p. 353 et seq.; DREIER, Horst. **Menschenwürdegarantie und Schwangerschaftsabbruch – DÖV**, 1995, p. 1036 et seq. e BÖCKENFÖRDE, Ernst-Wolfgang. Menschenwürde als normatives Prinzip. **Die Grundrechte in der bioethischen Debatte. Juristenzeitung – JZ**, 2003, p. 809 et seq.

[144] Usa-se a dignidade da pessoa humana como argumento de persuasão retórica em qualquer contexto. Na dificuldade de se definir abstratamente a dignidade da pessoa humana, aderiu-se, na Alemanha, a uma casuística disciplinada pela chamada fórmula da vedação de tratar a pessoa humana como mero objeto da ação estatal [sinteticamente: "*Objektformel*"]. Vide a respeito, com várias referências doutrinárias e jurisprudenciais: DREIER, Horst. **Grundgesetz. Kommentar**. 2. ed. Tübingen: Mohr Siebeck, 2004. p. 167 s. e 186 s.

[145] Paradigmáticos são os casos envolvendo o tão típico conflito sociopolítico entre os chamados "*paparazzi*" e as "celebridades" dos mais diversos calibres (na verdade, em nossos dias basta atrair a atenção de um número significativo de pessoas para que se configurem as tais pessoas "relativas" da história contemporânea). Cf., por exemplo, as decisões "*Carolina von Monaco*", do TCF alemão (p. ex., BVerfGE 101, 361 [388 et seq.]) e do TEDH, Grande Câmara, de 07/02/2012, Proc. 40660/08 e 60641/08 (*Von Hannover II*), publicadas na revista jurídica *Kommunikation und Recht*, ano 2012, p. 179 et seq.; e, do mesmo dia, (*Axel Springer AG*), Proc. 39954/08, publicada igualmente na revista

escolha, diminuída a proteção de sua esfera privada.[146] Por outro lado, absolutamente irrelevante é a aferição da maior ou menor qualidade da sátira ou caricatura como obra artística, sendo, como visto, vedado ao Estado proceder a tal avaliação (vedação da arbitragem estatal em assuntos estéticos). Assim, por exemplo, por mais que se considere de "extremo mau gosto" que um humorista em um programa televisivo afirme desejar "comer" (no sentido de manter relações sexuais) uma determinada cantora e seu bebê,[147] deve ser avaliado tão somente se os elementos estruturais da sátira, dentro de um contexto comunicativo específico, estão ou não presentes. Em havendo mais de uma interpretação possível, deve ser escolhida aquela que implique a não violação dos direitos de personalidade do destinatário (possível "vítima"). No mencionado caso, dificilmente *não* se poderá encontrar, no contexto da sátira, uma interpretação que exclua a presença de um ataque arbitrário, doloso ao bem jurídico da incolumidade física do bebê, uma vez que em relação à mãe o que estaria presente seria, no máximo, um convite à prática de ato libidinoso entre adultos.[148] Difícil imaginar que o humorista estivesse propondo seriamente o estupro de incapaz, ou melhor, à época da expressão de um nascituro, admitindo pedofilia extrema. De resto, há de se trazer à pauta os aspectos culturais da galhofa tão recorrente entre nós. Se, no campo da liberdade de expressão (não estando presente nenhuma obra de arte), é inquestionável alcunhar torcidas inteiras de futebol com nomes de animais, nem sempre muito honrosos ("porco", "gambá", "bambi", no contexto de uma sociedade ainda muito homofóbica...) e atingindo muitas pessoas não pertencentes ao grupo das pessoas da história contemporânea; muito mais protegida deve ser a manifestação revestida de elementos estruturais da sátira e/ou caricatura. Mais do que um desiderato político-constitucional, esse "muito mais protegida deve ser [...] a sátira e/ou caricatura" corresponde ao imperativo deôntico constitucional dirigido a todos os órgãos estatais, incluindo, sobretudo, os órgãos do Judiciário.[149]

Kommunikation und Recht, ano 2012, p. 187 et seq. (cf. <http://de.wikipedia.org/wiki/Caroline--Urteil#cite_note-9>. Acesso em 3/3/2013.

[146] Cf. com muitas referências doutrinárias e jurisprudenciais: Jarass e Pieroth, op. cit., p. 210 s.

[147] Cf. o acórdão do TJSP de 06/11/2012 nos autos da Apelação Cível n. 0201838-05.2011.8.26.0100, sobretudo o voto vencido do Rel. original, Des. Roberto Maia, que enxergou na decisão da maioria de sua câmara uma desconsideração do alcance da liberdade artística ínsita a tais sátiras. Cf. a divulgação do referido acórdão e reprodução do inteiro teor do voto vencido de Garbi (blog): <http://blogdogarbi.wordpress.com/2012/11/07/o-caso-wanessa-camargo-versus-rafinha-bastos/>. Acesso em 3/3/2013.

[148] Figuraram no polo ativo da relação jurídico-processual originária, além da cantora e seu filho, também o marido. Ocorre que depois da descriminalização do adultério, a fidelidade matrimonial não é mais sequer bem jurídico tutelado pelo direito público (penal) e, partindo-se do contexto de uma ordem constitucional plural e não discriminatória entre os gêneros masculino e feminino, já causa espanto a admissão da legitimidade *ad causam* do marido. Na contramão, fosse uma satírica dizendo que "daria para fulano", muito provavelmente essa parte do conflito não seria judicializada. Concepções tradicionais patriarcalistas da sociedade brasileira não servem, todavia, como parâmetro para decisões judiciais.

[149] Cf., todavia, os votos vencedores de dois julgadores do TJSP que negaram provimento ao recurso de apelação do artista e que não cumprem, sob qualquer perspectiva, absolutamente nada de

No que tange a obras de cunho controvertido, vem à pauta, além da liberdade artística, subsidiariamente, a liberdade de manifestação do pensamento, que, no entanto, foi outorgada com limites constitucionais mais intensos, facilitando a justificação de intervenções estatais. No mais, antes da aplicação dos demais tipos penais que protegem a honra pessoal (calúnia e difamação), há de se perpetrar o mesmo exame cuidadoso, sendo que, estando presente uma obra artística, a conduta típica não será antijurídica pela presença da excludente do exercício regular de direito (constitucional, superior), que é a liberdade artística.[150]

5.3 OBRAS DE CARÁTER OBSCENO, PORNOGRÁFICO, OFENSIVO AOS BONS COSTUMES, À MORAL E À ORDEM PÚBLICA

Tendo em vista o conceito aberto de arte e a abertura a novos tipos de expressão artística do conceito formal, com a paulatina assimilação de manifestações do chamado *underground* (tendo em vista "culturas alternativas" questionadoras do *establishment*) e da *avant-garde* (no contexto social de elite), produtos culturais considerados pornografia

---

seu ônus hermenêutico-argumentativo. Ao contrário de como acertadamente procedeu o relator, que deu provimento por considerar a sátira, interpretada em seu contexto, como uma simples galhofa que não poderia servir para ocupar o tão sobrecarregado Judiciário paulista. Aplicando-se o critério exposto no texto da rigorosa separação entre núcleo da expressão e roupagem, tem-se que, também tendo em vista a cultura machista brasileira que encontra muito respaldo nas expressões artísticas humorísticas (o que é, certamente, condenável sob vários aspectos, mas irrelevante para a presente apreciação jurídico-constitucional), o humorista quis (*animus*, núcleo da expressão) elogiar os atributos femininos sensuais da cantora. "Eu comeria ela e o bebê" significa, até mesmo para o entendedor mediano, que ele manteria com muito prazer relações sexuais com ela; independentemente do estado de gravidez (que para outros "machões" eventualmente causaria certo constrangimento). Não há dúvidas que se trata de um exagero, de uma deformação de gosto duvidoso. Porém, essa interpretação da expressão não só não tem como ser afastada como sendo implausível, como ela é, provavelmente, a mais pertinente. Bastaria estar presente o caráter de plausibilidade; o que compromete ainda mais o acórdão como sendo uma decisão judicial inconstitucional.

[150] No Direito comparado alemão [cf., principalmente, BVerfGE 30, 173 (*Mephisto*) BVerfGE 119, 1 (*Ensra*)], tem-se ponderado muito entre o exercício da liberdade artística do gênero literário e da espécie romance e direitos de personalidade, tais como o direito à própria imagem, no caso do julgamento de ações promovidas por pessoas que se veem retratadas na obra literária mais ou menos fictícia (biografias). No Brasil, em âmbito da espécie artística "literatura", muitas decisões judiciais fecham-se à necessidade de se medir a intensidade da proteção de direitos de personalidade à luz do direito fundamental à liberdade artística, como revelaram as decisões de primeira e segunda instâncias que proibiram a publicação de uma biografia do músico Roberto Carlos. Estas atingiram o núcleo essencial da liberdade artística: mesmo atingindo "somente" a área de divulgação, uma obra literária é composta para ser lida, ainda que por um público bastante restrito. Vide a divulgação das referidas decisões no *site* <http://www.conjur.com.br/2009-mar-10/biografia-roberto-carlos-nao-publicada-decide-tj-rj>. Acesso em 3/3/2013.

ou mesmo *happenings*, instalações etc. obscenas[151] podem ser considerados arte, pressupondo-se a presença dos elementos estruturais específicos, a serem sempre avaliados, e, por isso, protegidos pelo art. 5º, IX, da CF. Não raramente, tais obras vêm acompanhadas de uma mensagem, uma contribuição à formação da opinião pública, podendo ser caracterizadas como arte engajada na defesa das mais variadas causas sociais. Exemplos nesse sentido não faltam: certamente, o movimento feminista teria sofrido uma baixa significativa se a belíssima obra da escritora francesa radicada em New York, Anais Nin, com suas muito "picantes", vale dizer, pornográficas imagens literárias não tivessem sido publicadas. Na fase mais criativa da recente história da música *pop-rock* brasileira dos anos 1980, a pornografia, por vezes misturada com zoofilia, necrofilia e complexo edípico foi utilizada como importante recurso estético.[152]

A pornografia na arte certamente não agrada a todos os gostos e muitas pessoas sentem-se, inclusive, ofendidas em seus sentimentos religiosos, por exemplo, ou veem seus princípios morais violados. Porém, a ordem constitucional vigente não protege mais uma moral vigente e sim o pluralismo político, ideológico e espiritual-intelectual. Por isso que se tem de relativizar tradicionais conceitos jurídicos indeterminados muito recorrentes na legislação ordinária, tais como "moral" e "bons costumes". Eles devem ser interpretados no sentido de dar-lhes o conteúdo previsto pela chamada dogmática da eficácia de irradiação dos direitos fundamentais (*Ausstrahlungswirkung der Grundrechte*). Segundo a dogmática trazida à pauta, tais conceitos jurídicos indeterminados devem ser interpretados à luz de todos os direitos fundamentais; no caso, à luz da liberdade artística, mes-

---

[151] Em uma decisão publicada em 1990, o TCF alemão firmou expressamente que um romance pornográfico pode ser arte no sentido do art. 5 III GG. Tratava-se do julgamento de uma reclamação constitucional promovida por uma editora contra a classificação da obra (introdução em lista) como perigosa para a juventude que fora perpetrada pelo competente órgão da Administração Pública do romance "*Josefine von Mutzenbacher* – A história de vida de uma prostituta vienense contada por ela mesma" (BVerfGE 83, 130).

[152] Cf., por exemplo, os versos dos compositores *Cazuza* (aliás: Agenor de Miranda Araújo Neto) e *Roberto Frejat*, no álbum "Exagerado" (Barão Vermelho), de 1985 (Gala/Sine), especificamente da composição intitulada "Só as mães são felizes". Após referências a importantes nomes da literatura mundial como *Rimbaud* e *Allen Ginsberg* e ao músico nova-iorquino *Lou Reed*, concluem com os seguintes versos, bastante chocantes para boa parte do público: "Você nunca sonhou / Ser currada por animais / Nem transou com cadáveres? / Nunca traiu teu melhor amigo / Nem quis comer a tua mãe?" Uma análise muito superficial, orientada exclusivamente pelo moralismo jurídico ou conservadorismo de costumes, poderia levar o intérprete a enxergar nos versos em pauta agressões dolosas contra variados bens jurídicos, como, por exemplo, a apologia ao crime de vilipêndio de cadáveres. Uma interpretação orientada pelo direito fundamental à liberdade artística forçaria o intérprete a, independentemente de suas convicções filosóficas, morais ou religiosas, trazer à pauta outras possibilidades interpretativas da expressão, tendo o ônus de realizar um debate argumentativo entre elas. No caso dos presentes versos, interessante como algumas parafilias agudas, tais como a zoofilia, necrofilia e incesto edípico estão no mesmo patamar da conduta de "trair o melhor amigo", eis o provável núcleo semântico da expressão artística pelo menos nessa estrofe.

mo porque eles não foram contemplados pelo constituinte originário sequer como limites constitucionais da liberdade artística.

A ordem pública pode ser entendida como um bem jurídico-constitucional e, como tal, pode representar um potencial limite da liberdade artística previsto pela própria Constituição. Não obstante, também ela é um conceito jurídico indeterminado, implicando as mesmas consequências em termos de interpretação previstas para os conceitos de moral e bons costumes. Certo é que podem ocorrer casos difíceis envolvendo o ferimento de sentimentos religiosos de todo um grupo social,[153] gerando grave comoção e perturbação da ordem pública, caso em que se poderia pensar na aplicação de um limite proporcional à liberdade em pauta, ao serem restringidos, por exemplo, somente aspectos relacionados ao setor do efeito ou exposição da obra (*Wirkbereich*). No mais, nunca é suficiente lembrar que regimes antidemocráticos e/ou de tendências totalitárias sempre se valeram da cláusula aberta da proteção da ordem pública para impor suas diretrizes, violando uma pletora de direitos fundamentais. A razão de política constitucional que levou o constituinte a outorgar a liberdade artística aqui e alhures sem expressa reserva legal é justamente por se tratar de uma liberdade bastante frágil e constantemente exposta aos desígnios autoritários, o que acarreta um dever do operador de mais cuidado no uso dos supostos limites da liberdade artística.

---

[153] Cf., todavia, o muito diferenciado artigo de Christopoulos e Dimoulis, com título conscientemente polemizador – CHRISTOPOULOS, Dimitris; DIMOULIS, Dimitri. O direito de ofender. Sobre os limites da expressão artística. **Revista Brasileira de Estudos Constitucionais**, v. 10, 2009, p. 49-65. Imagine-se a felizmente não ocorrida reação sensível de cristãos aos seguintes versos da música da banda paulista Titãs, no festejado álbum "Cabeça Dinossauro", de 1986, faixa "Igreja":
"Eu não gosto de padre / Eu não gosto de madre / Eu não gosto de frei.
Eu não gosto de bispo / Eu não gosto de Cristo / Eu não digo amém.
[...]
Eu não gosto do papa / Eu não creio na graça / Do milagre de Deus.
Eu não gosto da igreja / Eu não entro na igreja / Não tenho religião.
Não! / Não! Não gosto! Eu não gosto! / Não! Não gosto! Eu não gosto!"

Hipoteticamente alguém poderia sentir-se ofendido em seus sentimentos religiosos e, promovida a cabível ação, algum juiz poderia entender que o tipo penal do art. 208, *in fine*, do CPB, "vilipendiar publicamente ato ou objeto de culto religioso", estivesse preenchido nessa letra de música. O tom rebelde da canção talvez contribuísse para tal entendimento. Porém, sendo o caráter artístico incontestável (uma vez que estão preenchidos todos os conceitos de arte: material, formal e aberto), ficaria muito difícil afastar a interpretação da mensagem como sendo de crítica a uma instituição não só religiosa, mas política milenar, o que configura uma contribuição para a formação democrática da opinião pública e não a ofensa específica. De resto, subsidiariamente (caso fosse equivocamente afastada a natureza de arte dos polêmicos versos ou se a intervenção estatal judicial pudesse ser considerada justificada, o que se admite só por hipótese) trar-se-ia o direito fundamental à liberdade de manifestação do pensamento do art. 5º, IV da CF, pois afirmar "não gostar" de uma instituição nunca poderia ser considerada uma ofensa a ela ou aos seus membros.

5.4 EXERCÍCIO DA LIBERDADE ARTÍSTICA EM (POTENCIAL) CONFLITO COM O MANDAMENTO CONSTITUCIONAL DA PROTEÇÃO DA INFÂNCIA E JUVENTUDE

A caracterização de uma obra artística como obscena e/ou pornográfica adquire relevo tão somente em face do bem jurídico-constitucional da proteção da infância e juventude. Mesmo não tendo o constituinte brasileiro previsto expressamente esse conflito ao outorgar a liberdade artística sem nenhuma reserva, o art. 6º, *caput* e o art. 227, da CF, alavancaram notoriamente a proteção da infância e juventude como bens jurídico-constitucionais.

Sem embargo, não se justificam intervenções na chamada área da criação/produção da obra (*Werkbereich*), mas tão somente do seu efeito (exposição) quando essas não coincidirem em um só ato.[154]

Mais do que em qualquer contexto, aqui se deve traçar o chamado limite do limite, consubstanciado no critério da proporcionalidade, de modo muito cuidadoso. O propósito da intervenção legislativa e das intervenções concretas (interpretação e aplicação das normas) deve corresponder a um aspecto concreto da proteção da infância e juventude. Geralmente, esse propósito é evitar a confrontação de crianças e jovens com conteúdos de obras artísticas, em face de cujas provocações falta-lhes a suficiente maturidade. O meio implícito na intervenção estatal tem que ser adequado e necessário em face do propósito verificado para que a relação meio-fim (meio de intervenção específica na liberdade artística – aspecto "X" da proteção da infância e juventude) possa ser considerada uma relação proporcional, *i. e.*, observadora do limite reflexo à limitação constitucional sofrida pela liberdade artística.[155]

O ECA é, neste mister, instrumento legal que visa à proteção da infância e juventude e que pode, pontualmente, legitimar, *a priori*, uma intervenção estatal na liberdade artística. A legitimação (ou melhor: "justificação constitucional" da intervenção legislativa, administrativa e/ou judicial) definitiva dependerá de um preciso prognóstico de *experts* na área que comprove tratar-se de: (a) meio idôneo (adequado), e (b) dentro de um conjunto de meios alternativos igualmente adequados, o menos oneroso para a liberdade artística atingida.[156]

---

[154] É o que os órgãos públicos competentes podem fazer de maneira legítima com base no ECA; por exemplo, por intermédio das classificações cogentes de espetáculos por faixa etária. Entre várias outras, a vedação de menores adentrarem ao cinema para assistirem a filmes destinados a adultos e as restrições de horário e local de apresentações representam intervenções na área do efeito e não da produção.

[155] Para uma síntese da discussão, com muitos casos extraídos da jurisprudência do TCF alemão, vide Jarass e Pieroth, op. cit., p. 223.

[156] Assim, todos os dispositivos do ECA, em si abstratamente considerados, devem passar pelo constante crivo de constitucionalidade em face da liberdade artística; assim como suas interpretações e aplicações pela Administração e pelo Judiciário. Como a proteção da infância e juventude foi erigida pela ordem constitucional brasileira como bem jurídico-constitucional e não apenas como objeto

Muitas normas que servem para limitar as liberdades de comunicação social (exemplo: portaria do Min. da Justiça que determinou a criação das chamadas classificações indicativas para cinco faixas etárias com as quais todos os programas televisos devam ser identificados) acabam autorizando faticamente intervenções na liberdade artística, até em razão das frequentes concorrências entre os direitos fundamentais.[157] Quando atingir uma obra de arte, seja ela qual for (incluindo certas transmissões televisivas), o ônus de argumentação do operador do Direito que busca a justificação constitucional da intervenção na liberdade artística será bem maior, tendo em vista tratar-se de direito sem limite expresso.

5.5 Obras ligadas a problemas de gênero ou de conteúdo ofensivo a determinado gênero ou sexualidade

No que concerne a obras de arte que encerrem conteúdo ofensivo a gênero, vale *mutatis mutandis* o que foi dito sobre as obras que atinjam direitos gerais de personalidade. Observando-se o limite da dignidade da pessoa humana, uma obra de arte movimenta-se numa chamada área livre (*Freiraum*) imprescindível inclusive à percepção da dimensão jurídico-objetiva da liberdade artística.[158] Uma obra artística pode ser considerada chau-

---

de reserva legal qualificada (caso do art. 5, II, da Grundgesetz), podem ser depreendidos dos arts. 227-230 da CF deveres especiais de proteção direcionados ao Estado (além dos claramente definidos deveres fundamentais destinados, entre outros, aos pais). Tais deveres hão de ser configurados infraconstitucionalmente por estatutos jurídicos como o ECA. Nesse caso específico, o legislador está vinculado não só aos direitos fundamentais eventualmente atingidos por sua legislação, como também ao dever estatal de tutela. Isso pode levar a fundamentados diagnósticos de insuficiência legislativa, ainda que para tal delimitação entre legislação insuficiente X suficiente falte um critério racional-jurídico (cf. Dimoulis e Martins, op. cit., p. 119-122), dependendo de um juízo político de competência e responsabilidade do legislador. Enfatiza esse aspecto do dever de regulamentar em prol da efetiva proteção da infância e juventude, todavia em primeira linha perante as liberdades de comunicação social, a premiada obra (Jabuti 2012) de Pereira Júnior – PEREIRA JÚNIOR, Antonio Jorge. **Direitos da criança e do adolescente em face da TV**. São Paulo: Saraiva, 2011.

[157] Em primeira linha, tais restrições atingem a área de proteção dos direitos fundamentais de comunicação social, com lastro também no art. 5º, IX, da CF, mas que têm, como conteúdo, proteger todo o processo de criação e difusão de textos, sons e sons e imagens. Sobre o alcance das áreas de proteção das liberdades de comunicação social, cf. Martins, 2012, op. cit., p. 256-263.

[158] Sem a "atmosfera" da liberdade, dificilmente o espírito artístico pode ter seu potencial realizado. Vide GRIMM, Dieter. Die Meinungsfreiheit in der Rechtsprechung des Bundesverfassungsgerichts. **Neue Juristische Wochenschrift – NJW**, v. 1995, p. 1697 et seq., que, ao analisar o julgamento do TCF alemão no caso "*Soldaten sind Mörder*" ("Soldados são assassinos"), na qualidade de catedrático de direito público, mas durante seu mandato como juiz daquela Corte e relator do processo, respondeu às contundentes críticas de juristas e opinião pública em geral com a necessidade de se proteger, além da óbvia dimensão subjetiva da liberdade de manifestação do pensamento, um

vinista e, como tal, veementemente atacada pelos críticos e recipientes como sendo má arte ou arte de péssima qualidade (ou de mau gosto ou congêneres) e, destarte, combatida dentro do sistema comunicacional "arte", enquanto subsistema social. Porém, uma vez presentes os elementos estruturais de uma obra artística, a obra chauvinista que reproduza preconceitos continuará sendo arte e, com isso, protegida pelo art. 5º, IX, da CF, pelo menos enquanto direito de resistência (ou de defesa, "*status negativus*"). De resto, no que tange, ainda, ao sistema comunicacional "arte", a livre expressão artística não deve ser cerceada (nem seria conveniente politicamente falando) pelas amarras da *political correctness*.[159]

Todavia, pode haver uma política afirmativa perpetrada, por exemplo, pelo Ministério da Cultura em prol do fomento de obras artísticas engajadas na causa da igualdade material entre os gêneros ou mesmo de artistas mulheres ou transexuais. O mesmo valeria, em face da identidade sexual, para todas as variantes além da heterossexualidade.[160]

---

aspecto relevante da dimensão objetiva que é o estímulo ao exercício diuturno das liberdades de manifestação do pensamento e de comunicação social, o que seria comprometido se os riscos para a liberdade e patrimônio provenientes do exercício de tais liberdades fossem muito grandes. Assim, por exemplo, apesar de os órgãos da imprensa terem a obrigação de seguir as regras de seu *métier* (ouvir duas partes em um conflito, por exemplo), os obstáculos derivados de tais deveres de cuidado não poderiam ser muito elevados, sob pena de tais órgãos incorrerem em autocensura, com uma espécie de "tesoura na cabeça" (trad. literal da nesse contexto recorrente expressão alemã "*Schere im Kopf*"). Sobre a polêmica decisão, prolatada, todavia, com base no parâmetro da liberdade de manifestação do pensamento e não da liberdade artística, vide a introdução, os excertos da decisão e anotações de MARTINS, Leonardo (organização e introdução, coletânea original de J. Schwabe). **Cinquenta anos de jurisprudência do Tribunal Constitucional Federal alemão.** Montevideo: Konrad-Adenauer-Stiftung, 2005, p. 414-427.

[159] A correção política, no vernáculo mais conhecida pela locução adverbial "politicamente correto" surgiu, precipuamente nos EUA, como código linguístico semiótico elaborado com a melhor das intenções para se respeitar a dignidade, honra e imagem de grupos sociais, tradicional ou mesmo historicamente discriminados. Mas logo sofreu, já naquele país e alhures, forte oposição de setores muito conservadores do espectro político-ideológico, que passaram a acusar os adeptos do código de violação de sua liberdade de expressão. Surgia uma grande e persistente controvérsia, sendo que alguns autores conservadores e até reacionários aderiram ao código, buscando subvertê-lo. Vide, a respeito, a muito aprofundada exposição da Wikipédia alemã: <http://de.wikipedia.org/wiki/Politische_Korrektheit>. Acesso: 3/3/2013. No Brasil, o código chegou tardiamente e sem a maturidade do aludido debate. Certo é que seu mau, irrefletido e, portanto, leviano uso já tem causado sérios gravames não somente no discurso sociopolítico, mas inclusive e, sobretudo, na restrição a obras literárias, por exemplo. Mencione-se a recente controvérsia em torno da leitura politicamente correta da obra de Monteiro Lobato.

[160] A arte homossexual masculina ou feminina e a mais rara bissexual podem ser efetivamente fomentadas a despeito de concepções tradicionais do conceito constitucional de família, especialmente protegida pelo art. 226 da CF. Se a família ou entidade familiar do art. 226 corresponde ou não à família tradicional (na opinião aqui defendida não, embora a proteção dos institutos do casamento e da união estável tenha sido estendida somente à união tradicional heterossexual, ao contrário da decisão "politicamente correta" – mas não fundamentada na ordem constitucional vigente – do STF), é um questionamento irrelevante para se lastrear constitucionalmente uma eventual política

Teríamos aqui, de um lado, a aplicação de outra função da liberdade artística, derivada de sua dimensão objetiva (promoção da arte de autoria de todos os setores sociais) e um limite à liberdade artística, em sua dimensão jurídico-subjetiva clássica, consubstanciada na inclusão de grupos sociais desfavorecidos historicamente.

5.6 OBRAS ARTÍSTICAS E INCITAÇÃO AO ÓDIO ÀS MINORIAS E APOLOGÉTICAS DO RACISMO

Obras artísticas que, deliberadamente, incitarem ao ódio às ditas minorias[161] ou forem comprovadamente apologéticas do racismo não serão protegidas, desde o início, segundo uma opinião[162] ou, em sendo protegidas *prima facie*, deverão retroceder quando da imposição das sanções penais de lastro constitucional.[163] O constituinte brasileiro, em um *novum* constitucional, definiu o crime de racismo no próprio texto constitucional como sendo imprescritível e inafiançável, no art. 5º, XLII, da CF. Com isso, retirou tal escolha política da discricionariedade legislativa (*i. e.*, da esfera de competência do legislador ordinário),[164] ao mesmo tempo em que consagrou a proteção de etnias historicamente discriminadas no Brasil, notadamente das populações negras e pardas, como bem jurídico-constitucional que tem legitimidade para limitar, inclusive, direitos fundamentais outorgados sem reserva legal como é o presente caso da liberdade artística. Uma vez presentes os conteúdos de incitação qualificada,[165] dificilmente uma intervenção sancionadora da

---

cultural artística afirmativa em face de obras engajadas em uma das causas sociopolíticas homossexuais. Isso porque o lastro constitucional de qualquer ação afirmativa é o mandamento constitucional do art. 3º, IV, da CF ("promoção do bem de todos"), como um dos objetivos da RFB. A autodeterminação de todos ao escolher livremente seus laços familiares (mesmo ainda sem o instituto do casamento ou união estável para todos) não se choca contra a mesma autodeterminação de quem escolher constituir uma família tradicional.

[161] O termo da sociologia política "minorias" deve ser entendido no seu sentido qualitativo, isto é, não necessariamente como grupo numericamente inferior, mas como grupo que sofre com a perseguição de grupos dominantes, em razão da sua etnia, origem geográfica e/ou socioeconômica, sexualidade e/ou ideologia etc.

[162] Cf. supra, sob tópico 2.3.

[163] Notadamente o art. 5, XLII, da CF e toda a legislação infraconstitucional configuradora da ordem de criminalização do referido dispositivo constitucional. A respeito: Martins, 2012, op. cit., p. 212 et seq. e a seguir, no texto.

[164] Mais precisamente, o constituinte retirou do legislador ordinário a competência omissiva que ele teria (discricionariedade) não fosse o imperativo constitucional expresso de criminalizar condutas racistas, pois ele tem que definir o crime de racismo, observando as diretivas constitucionais (inafiançabilidade e imprescritibilidade, p. ex.).

[165] Aqui deve haver muito rigor na apreciação jurídico-penal também, no sentido de se impor concretamente o princípio constitucional da não culpabilidade. Principalmente obras cinematográficas e teatrais devem ser analisadas com muito cuidado. Sabidamente, o Brasil é um país racista, um

conduta poderá ser considerada desproporcional, sem prejuízo da corrente hermenêutica que entende que a obra *ab initio* não está protegida.

Por outro lado, a exemplo do supra-assertado a respeito dos limites provenientes de direitos fundamentais de personalidade, o rigor na interpretação da obra deverá ser ainda maior, exaurindo-se toda e qualquer interpretação plausível que eventualmente descaracterize a presença dos elementos típico-penais do racismo. Deve-se buscar séria e rigorosamente identificar o núcleo da expressão, separando-o radicalmente da roupagem estilística.

De resto, interessante questão seria perscrutar em que medida se pode intervir também na área de criação/produção da obra de conteúdo aparentemente racista sem violar o critério da proporcionalidade, uma vez que a intervenção na área do efeito/exposição da obra certamente seria também adequada ao propósito perseguido pelo constituinte na determinação do art. 5º, XLII, da CF.[166] A essa questão, a corrente da exclusão *a priori* dá uma resposta mais precisa ao excluir da área de proteção qualquer ataque arbitrário,

---

país adepto de um racismo dos mais nefastos, que é o estrutural. Mais nefasto ainda porque, ao contrário dos países europeus, por exemplo, nos quais o racismo atinge todas as etnias não europeias, sendo um país de imigrantes provenientes das mais diversas partes do planeta, atinge basicamente o grupo étnico-historicamente ligado dos negros, índios, pardos, mamelucos e cafuzos. Tomar esse grande campo como argumento de uma obra cinematográfica, cujo resultado final retrate as posições sociais "desfavorecidas" das tradicionais vítimas de nosso racismo histórico, é legítimo exercício de criação artística, ainda que uma boa parte dos recipientes, do público, eventualmente faça outra leitura, até em razão dos conhecidos déficits implícitos na péssima educação formal do brasileiro. Um cineasta não tem obrigação de ser didático, muito menos sua obra "socialmente sustentável", caso contrário o que seria do realismo cinematográfico? Também não há como impor quaisquer tipos de quotas raciais no cinema ou no teatro. O Judiciário sim é quem tem que se conscientizar que, nesse contexto do julgamento de eventual denúncia por crime de racismo, erro na interpretação dos fatos e aplicação incorreta de sanção penal representam violações judiciais da liberdade artística. A respeito, vide a análise do julgamento do STF alcunhado de *Ellwanger* de Martins, 2012, op. cit., p. 211-238.

[166] É uma dificuldade que se chega especialmente quando não se admite a exclusão *a priori* de violações arbitrárias e dolosas de direitos de terceiro pelo titular da liberdade artística. Se um romance comprovada e deliberadamente servir de plataforma para difundir a racista tese da inferioridade desta ou daquela etnia ou, no Brasil, a muito relevante suposta inferioridade em razão da origem econômica e geográfica, seria justificada a intervenção na área da obra com a busca e apreensão de todos os exemplares do livro e sua destruição. Mas não se estaria atingindo o chamado núcleo ou conteúdo essencial do direito fundamental em pauta, uma vez que após a intervenção não há nenhuma sobra dele? A tese do núcleo essencial não tem lastro normativo da CF como na *Grundgesetz* alemã (art. 19, II GG), mas amplamente aceita por reconhecidos autores brasileiros (cf. por todos: SARLET, Ingo Wolfgang. **A eficácia dos direitos fundamentais**: uma teoria geral dos direitos fundamentais na perspectiva constitucional. 10. ed. revista, atualizada e ampliada. Porto Alegre: Livraria do Advogado, 2009, p. 402-404), sobretudo em razão da notória influência teórica do constitucionalista alemão Häberle entre nós. São constrangimentos jurídico-dogmáticos como esse que fundamentam a conveniência de se adotar a posição de Pieroth e Schlink a respeito da necessidade de se melhor definir o alcance da área de proteção dos direitos fundamentais sem reserva (a respeito, cf. referência já acima, sob 2.3.2).

doloso a bem jurídico de terceiro. Nada obstante, alguns casos (como a determinação judicial de destruição de toda uma edição de livro) poderiam resultar em uma medida exacerbadamente intensa, porque *irreversível* e, portanto, violadora da chamada "proibição de excesso" (uma tradução final-semântica do subcritério da necessidade e, com isso, de todo o critério da proporcionalidade); mesmo problema ocorrente na objeção incontornável do discurso político-constitucional contra a previsão da pena capital.

5.7 OBRAS DE ARTE E SÍMBOLOS NACIONAIS

Obras de arte que supostamente vilipendiem símbolos nacionais, como nos casos do TCF alemão sobre uma gravura com a bandeira nacional alemã[167] ou de alteração do texto do hino nacional alemão por um texto satírico,[168] são muito pouco problemáticas. Isso porque em geral reúnem claramente os elementos estruturais exigíveis para se identificar uma obra de arte. Ainda que se considere o hino nacional e os demais símbolos nacionais, como a bandeira, como bens jurídico-constitucionais, uma vez que iconograficamente corporificam os ideais de um Estado que se pretende democrático, social etc., dificilmente se conseguirá excluir uma interpretação da obra, na qual o artista não queira fazer uma referência a um fato político controverso (novamente: interpretação e verificação do núcleo da expressão em oposição à sua roupagem estilística, *Aussagekern vs. Einkleidung*). Trata-se, muitas vezes, de arte engajada que merece – como qualquer outro tipo de arte – toda proteção (acrescida da proteção subsidiária da liberdade de manifestação do pensamento). Como o bem jurídico colidente não é outro direito fundamental, o exame é bem mais simples, sendo uma ponderação entre os interesses ou bens jurídicos conflitantes totalmente dispensável. No palco, comportamentos polêmicos como queimar, pintar, cuspir sobre a bandeira nacional; usá-la como vestimenta e congêneres são expressões artísticas que podem ter o efeito de ofender o sentimento nacionalista de muitos recipientes, mas o símbolo nacional protegido pela ordem constitucional e penal vigente elas não têm como violar.[169] Para se considerar tais condutas perpetradas em um ambiente artístico como

---

[167] BVerfGE 81, 278 (*Bundesflagge*).

[168] BVerfGE 81, 298 (*Nationalhymne*).

[169] Trata-se, em verdade, de simples contravenções penais criadas na legislação pré-constitucional, notadamente em períodos de "exceção" ditatorial. Espanto causa o fato de o legislador penal alemão ter tutelado os símbolos nacionais de um Estado hoje liberal, social e democrático, mas com a maior "derrapagem histórica" desde a Idade Moderna que se conhece, com muito mais intensidade do que fez o legislador brasileiro sob a égide do AI 5. Talvez seja despicienda a proteção dos símbolos oficiais (bandeira, hino, selo e armas) quando o Estado é protegido com totalitária truculência. Se essa hipótese se confirmasse, recomendar-se-ia uma legislação protetiva dos símbolos nacionais até sensivelmente mais rigorosa que a atualmente vigente. Nada obstante, o uso dos símbolos será sempre um mote privilegiado de expressões artísticas. Restaria a norma penal eficaz para a sua proteção contra mero vandalismo ou dolo direto de ofender os princípios do Estado por eles representados.

condutas que preencham os elementos do respectivo tipo penal[170] e que, ao mesmo tempo, possam ser consideradas culpáveis e antijurídicas, dever-se-ia, ao despir a expressão de sua roupagem estilística, não ser possível identificar nenhuma mensagem crítica destinada a determinados órgãos estatais, tratando-se de puro e infantil vandalismo. Não que os órgãos estatais, mais precipuamente as instituições estatais, não necessitem de proteção de sua honra objetiva ou boa imagem. Mas esta jamais pode prevalecer em abstrato em face da crítica implícita em obras artísticas, caso contrário o Estado estaria imune de críticas em várias esferas dos direitos fundamentais comunicacionais. As duas decisões do TCF trazidas à pauta, prolatadas em um país, cujo Estado – ainda que tal definição tenha se originado no idealismo alemão a la *Hegel* – significa, político-filosoficamente falando, a "corporificação da ideia moral", tiveram esse cuidado de enxergar, primeiro, na gravura do artista que urina sobre a bandeira alemã no contexto de cerimoniais militares, uma crítica contundente (e talvez injusta, ingênua etc. pouco importa) ao serviço militar obrigatório e à falta de legitimidade na mera existência das Forças Armadas e não aos ideais sintetizados nas cores da bandeira da RFA.

De resto, quando houver no palco coincidência entre criação e efeito da obra, qualquer intervenção estatal, como, por exemplo, a aplicação de uma sanção penal, recairia sobre o que se denomina núcleo ou conteúdo essencial[171] da liberdade artística, sendo desproporcional por definição.[172] No que tange ao hino nacional brasileiro, com seu texto e melodia barrocos, que o distanciam do cumprimento de sua missão constitucional de firmar uma coesão social em torno do Estado-nação, uma produção artística satírica poderia inclusive ser fomentadora do real propósito do hino. Muito mais vilipendiado é esse símbolo nacional nas ocasiões de sua execução indiscriminada em contextos intrafronteiriços não apropriados, como em eventos acadêmicos[173] e em jogos de futebol do campeonato brasileiro.

---

[170] Definido pela Lei 5.700/1971, em seu art. 35, segundo o qual: "A violação de qualquer disposição desta Lei, excluídos os casos previstos no art. 44 do Decreto-lei nº 898, de 29 de setembro de 1969, é considerada contravenção, sujeito o infrator à pena de multa de uma a quatro vezes o maior valor de referência vigente no País, elevada ao dobro nos casos de reincidência. (Redação dada pela Lei nº 6.913, de 1981)."

[171] O núcleo ou conteúdo essencial, que tem lastro no art. 19 II GG, foi interpretado na Alemanha por intermédio de duas teorias: a do núcleo essencial absoluto e a do núcleo essencial relativo. Esta última logrou mais adeptos e tem sido traduzida como observância do critério da proporcionalidade, acrescido da salvaguarda de uma posição mínima do titular do direito em relação ao Estado. Cf. a discussão em Pieroth e Schlink, op. cit., p. 72 s. A importação da figura pela doutrina brasileira não é livre de equívocos. Cf., aqui também, a referência a Sarlet, op. cit., p. 402-404 e explicações já trazidas supra, à nota 164.

[172] Vide referências supra às notas 164 e 169.

[173] A experiência acadêmica não faz parte do subsistema social-político e sim do científico. Portanto, não se trata de uma ocasião "cívica", e sim da busca da verdade científica que, inclusive, não conhece fronteiras. Disso decorre a inadequação do fórum acadêmico para se entoar o tão grandiloquente quanto incompreendido texto do hino nacional brasileiro.

5.8 Arte e direito ao corpo ou à disposição da própria vida: o corpo como objeto da arte. Mutilação e suicídio na expressão artística

O uso do material "corpo" ou do próprio corpo na expressão artística pode, presentes os pressupostos estudados, resultar em arte e, em sendo arte, fará parte da área de proteção normativa do art. 5º, IX, da CF.

Trata-se, inclusive, de uma espécie artística em notória evolução, alcunhada plasticamente simplesmente de *body art*.[174] Como limites potenciais a essa expressão artística viriam à pauta o direito fundamental à vida, à incolumidade física (derivada do direito fundamental à liberdade do art. 5º, *caput*, da CF, c.c. o direito à saúde na sua acepção de *status negativus*) e o princípio da dignidade da pessoa humana (art. 1º, III, da CF).

À exceção em parte do princípio dignidade da pessoa humana, há de se questionar em todos os demais casos de limites se é admissível o exercício negativo do respectivo direito, isto é, se cabe ao titular do direito fundamental à vida o direito de deixar de exercê-lo ao se suicidar; ao titular do direito fundamental à incolumidade física, o direito de se automutilar etc. Segundo a teoria liberal[175] dos direitos fundamentais, tais direitos englobam o exercício negativo e, portanto, mutilação e suicídio são legítimos exercícios dos direitos fundamentais só aparentemente colidentes. Logo, não havendo nenhum limite, as obras artísticas nesse sentido gozam de absoluta proteção. Obviamente que mutilação e morte de terceiros, ainda que correspondessem ao conceito de arte, são condutas sancionáveis penalmente, sendo que a aplicação das devidas sanções representaria, no mínimo[176] uma intervenção estatal justificada na liberdade artística.

As obras artísticas baseadas na estilização de cadáveres devem receber um tratamento diferenciado. Uma exposição itinerante intitulada *Körperwelten*[177] causou bastante polê-

---

[174] Cf. a sucinta mas muito instrutiva descrição acompanhada de fotos da Wikipédia em inglês: <http://en.wikipedia.org/wiki/Body_art>. Acesso em 4/3/2013.

[175] Cf. Martins, 2012, op. cit., p. 7 e 28 et seq. No sentido oposto, vide a opinião dominante, inclusive na Alemanha, referida com muitas citações por SCHULZE-FIELITZ, Helmuth. Artikel 2 II GG: Recht auf Leben und körperliche Unversehrtheit, Freiheit der Person. In: DREIER, Horst (Org.). **Grundgesetz Kommentar**. 2. ed. v. 1 (Art. 1-19). Tübingen: Mohr Siebeck, 2004, p. 363. Como aqui, defendem, entre outros, Pieroth e Schlink, op. cit., p. 97 s.; e, também, Michael e Morlok, op. cit., p. 54 s., 107, o direito ao exercício negativo dos direitos fundamentais à vida e à incolumidade física.

[176] Pois, segundo a teoria da delimitação da área de proteção (vide novamente supra sob 2.3), tais condutas não seriam sequer *ab initio* protegidas, não se podendo falar em intervenção estatal em direito fundamental que detona o mecanismo de resistência (ou defesa como muitos traduzem do alemão, *Abwehrrecht*) em direito fundamental.

[177] Trata-se da aplicação de uma técnica contemporânea de mumificação, desenvolvida pelo cientista alemão *Gunther von Hagens* chamada "plastinação" (tradução literal do alemão "*Plastination*", de etimologia latina, tão comum no vocabulário da Medicina humana). Segundo definição publicada na Wikipédia no vernáculo (cf. <http://pt.wikipedia.org/wiki/Plastina%C3%A7%C3%A3o>, acesso em 20/2/2013), "a plastinação é o procedimento técnico e moderno da preservação de ma-

mica por onde passou. Vislumbrou-se na exposição dos cadáveres sem pele uma violação da dignidade humana independentemente da não identificação das respectivas pessoas mortas e até de sua prévia anuência. A exposição, como costuma acontecer junto a obras polêmicas, dividiu os espíritos, tanto no quesito estético, quanto no quesito jurídico-constitucional que aqui solitariamente interessa. Como a dignidade da pessoa humana não é (somente) um direito fundamental individual e sim um princípio jurídico-objetivo, a afirmação de sua violação não é tarefa dogmática das mais simples. Mais usada é, nesse contexto, uma interpretação específica da fórmula (da vedação do) objeto (*Objektformel*), o ser humano, que mesmo sem vida não pode ser instrumentalizado em função de outra finalidade, tendo que ser sempre um fim em si mesmo. Com base nessa fórmula, pode-se rapidamente vislumbrar um abuso do ser humano em prol do deleite estético ou congêneres (incluindo, é claro, a mercantilização possível implícita na obra artística em comento).

Mas aqui, novamente, a busca do núcleo da expressão e a rígida separação da roupagem estilística revelam o que basta para não se poder verificar uma violação da dignidade humana. Como o título de outra exposição do cientista artista revela, está nesse núcleo uma ode à *Vergänglichkeit* (passagem, precariedade) do corpo humano, *i. e.*, à condição humana por excelência, o que é totalmente compatível com o princípio constitucional da dignidade humana. Que na roupagem estilística, o artista se valha de experimentos científicos e da técnica, isso não retira o caráter de obra artística que, nesse caso intensamente, tem o condão de levar os recipientes às mais diversas interpretações, com uma comunicação quase infindável de sentidos. É disso que se trata: sendo arte e não tendo a sua comunicação e/ou exposição o condão de violar bem jurídico-constitucional por transmitir uma mensagem (vista em seu núcleo) comprometida com o ataque doloso àqueles, e aqui nos últimos tópicos referidos, bens jurídico-constitucionais, uma intervenção legislativa, executiva ou judicial na área de proteção da liberdade artística serão em regra desproporcionais, não justificadas constitucionalmente e, por consequência, violadoras do presente direito fundamental derivado do art. 5, IX, da CF.

6 *CODA*: O FUTURO DA ARTE E DA PROTEÇÃO CONSTITUCIONAL DE SUA LIBERDADE NO BRASIL

O presente ensaio não é uma obra artística. Nada obstante, fechemo-lo com uma *coda*, tão típica na música. A *coda* aqui se constitui de uma singela reflexão sobre o futuro da arte e da proteção constitucional da liberdade artística no Brasil. Não se trata nem de uma

---

téria biológica, criado pelo artista e cientista Gunther von Hagens em 1977, e que consiste extrair [sic] os líquidos corporais, tais como como [sic] a água e os lípides, através [sic] de métodos químicos (acetona fria e morna), para o [sic] substituir por resinas elásticas de silicone e rígidas epóxicas. [...]. A finalidade da plastinação é a instrução nas ciências naturais, o conhecimento nas áreas de saúde e a exibição museográfica." Como breve digressão, registre-se a leviandade no trato com o vernáculo na WWW, mesmo em *sites* com proposta científica como a Wikipédia brasileira: quatro erros linguísticos em uma singela definição de cinco linhas já ultrapassa a fronteira do escusável!

perspectiva sobre o fenômeno ou produto cultural "arte", nem de exercício de "futurologia", mas de um primeiro esboço rumo a uma proposição política.

Sem querer relembrar que a história da democracia brasileira registra constantes percalços e, igualmente, sem querer reafirmar quão jovem é a experiência democrática brasileira, fato é que a muito frágil liberdade artística carece de mecanismos políticos de intensa proteção e de concretização jurídico-dogmática de qualidade. Esta foi buscada no presente ensaio. No que tange à política, ela também deve ser norteada por diretrizes constitucionais mais ou menos claras:

Em primeiro lugar, uma política cultural que enfoque o fomento da produção artística plural e multifacetária, que parece corresponder às metas estatais estabelecidas pelo constituinte originário, em alguns dispositivos da CF,[178] deve se livrar de um nefasto equívoco ou até preconceito: a imputação de "responsabilidades sociais ou educacionais" à arte. Muito próprio do nosso *Zeitgeist* é esse preconceito, essa atribuição; ou melhor, indevida transposição da tarefa primordial dos poderes estatais constituídos e da Administração Pública para o subsistema social "arte", cujo postulado fundamental, estruturalmente condizente com ele, é a sua liberdade.[179] Liberdade de escolha de objetos, objetivos, métodos, estéticas, estilos, materiais etc. A arte e o artista *podem ser* engajados política e socialmente. A arte não *tem que* ser engajada para ter sua liberdade, enquanto bem jurídico-constitucional objetivo, protegida; muito menos o artista tem que se dedicar a projetos artísticos engajados (no jargão oficial: "socialmente sustentáveis") para ter a pretensão de resistir a investidas do Poder Público contra sua liberdade. Esse muito difundido preconceito pode atingir a essência da liberdade artística, subvertendo toda sua *raison* d'être. Liberdade constitucionalmente prevista *avaliada*, isto é, cujo exercício passe por algum crivo qualificativo, não é liberdade constitucional.[180] Por outro lado, é claro que, para a implementação de uma política cultural de determinado governo, o fomento dirigido a determinados projetos por intermédio de editais públicos é inarredável. Essa política não

---

[178] Cf. notadamente os arts. 215 e 216 da CF.

[179] Problema muito semelhante ocorre com a liberdade científica (espécie de liberdade "irmã" da liberdade artística). Vide referência trazida na próxima nota.

[180] Há uma teoria dos direitos fundamentais, a funcional-democrática que, ao lado de outras teorias chamadas objetivistas, promovem uma distinção entre diferentes qualidades de exercício de direitos fundamentais (*"Grundrechtsgebrauchsqualitäten"*). Cf. o marco teórico do conceito em Schlink, 1976, op. cit., p. 17, 20 s., 26 et seq. e 136 et seq. e, mais recentemente, em relação à liberdade científica ("irmã", por assim dizer, da liberdade artística, por não ter limite constitucional expresso e outras peculiaridades como contexto comunicacional de ambas as liberdades) também SCHLINK, Bernhard. **Evaluierte Freiheit?**: Zu den Bemühungen um eine Verbesserung der wissenschaftlichen Lehre. Berlin: Humboldt-Universität zu Berlin, 1999, p. 3 et seq. Tais teorias, porém, encontram-se ultrapassadas há pelo menos quatro décadas. A respeito, v. BÖCKENFÖRDE, Ernst-Wolfgang. Grundrechtstheorie und Grundrechts-interpretation. In: BÖCKENFÖRDE, Ernst-Wolfgang. **Staat, Gesellschaft, Freiheit:** Studien zur Staatstheorie und zum Verfassungsrecht. Frankfurt am Main: Suhrkamp, p. 236 e, no vernáculo: Martins, 2012, op. cit., p. 14, 17 e 25-27.

pode, todavia, cercear o processo artístico-criativo individual ou coletivo. Isso poderia ocorrer, entre outros, se:

a) privilegiarem-se certos conteúdos ou argumentos cinematográficos, por exemplo, que correspondam à ideologia oficial em detrimento de quaisquer outros;

b) se alguma etapa do processo comunicacional da arte, da consecução dos materiais às apresentações das obras for interrompida por distinções burocráticas oficialmente impostas e estranhas aos propósitos livremente fixados pelos artistas;

c) se a política de fomento artístico como um todo tiver como propósito fazer da arte um *medium* para o alcance de outras finalidades bastante relevantes, como suprir os déficits educacionais da população brasileira, ou mais difusas como proteger a "cultura nacional" e/ou as culturas regionais, desconsiderando a estrutura e necessidades típicas do subsistema social "arte".

Em segundo lugar, uma vez esclarecido que o postulado fundamental da liberdade artística é a liberdade individual e coletiva para criação de obras a partir dos critérios autonomamente definidos, sem a imposição de uma visão de mundo ou código axiológico de legisladores, governantes, muito menos de burocratas ou juízes, não se deve olvidar que toda liberdade, mesmo as liberdades "negativas", no Estado constitucional democrático e social de direito, é liberdade juridicamente construída. O liberalismo político-filosófico e a teoria liberal dos direitos fundamentais não propugnam necessariamente por legislação mínima (e por "Estado mínimo"). Só uma crítica ao liberalismo ideologicamente orientada aproxima-o da anarquia. O princípio da liberdade impõe, como visto no presente capítulo, tão somente o ônus de justificação de intervenções estatais. Como a liberdade artística é uma liberdade frágil, carecedora de proteção constitucional e infraconstitucional, em primeira linha, contra o próprio Estado e, em segundo plano, também em face de grupos sociais hegemônicos, necessário se faz um marco regulatório que otimize o exercício dessa liberdade e que a compatibilize com os bens jurídico-constitucionais contrapostos. Como isso se daria concretamente? Primeiro, deve-se partir de uma revisão bastante crítica e minuciosa das muitas leis esparsas – e por vezes contraditórias – vigentes para o setor. Segundo, com a abertura de um debate social consistente e abrangente que comece com a elite pensante nos principais veículos de comunicação social (sobretudo na imprensa em sentido estrito), que evolua com a inclusão de todos os interessados, os artistas profissionais, ocasionais e o cidadão em geral. Terceiro, com o uso de todos os mecanismos da democracia representativa e os poucos da democracia deliberativa com vistas à elaboração de um anteprojeto de lei consistente jurídico-constitucional e socialmente, realizando-se um rigoroso e preventivo exame de constitucionalidade. Finalmente, ao cabo de um processo legislativo bem-sucedido, caberia aos juristas especialistas e à opinião pública em geral atuar no sentido de fiscalizar o cumprimento da legislação, firmando-se jurisprudência clara que se dê ao luxo de aprofundar nas filigranas jurídico-dogmáticas, tal como acontece nas democracias ocidentais mais desenvolvidas, a despeito de uma história pré-Guerra Fria bastante conturbada, como é o caso da Alemanha.

Em suma: a arte do futuro, no Brasil, poderá sensibilizar do espírito mais simples ao mais complexo, poderá causar "irritações" relevantes (com licença da teoria sistêmica) em outros subsistemas sociais e até surpreender os mais céticos críticos, se seu futuro ocupar, desde já e seriamente, a agenda dos partidos políticos e das casas legislativas brasileiras, catalisadoras dos legítimos anseios de todos aqueles que se dediquem profissionalmente ou não às artes, em constante diálogo com os órgãos do Judiciário, devidamente intermediado pela pesquisa jurídica.

O valor do estético, do belo, também em sua acepção democrático-inclusiva, somente será efetivamente protegido se partir do primado da mais ampla liberdade do artista com suas plenas idiossincrasias estruturalmente vitais para o desenvolvimento do subsistema social comunicacional que é a arte.

Viva a arte e sua liberdade!

REFERÊNCIAS BIBLIOGRÁFICAS

AGRA, Walber de Moura. **Curso de direito constitucional**. 2. ed. Rio de Janeiro: Forense, 2007.

ALTEVERS, Ralf; PIEPER, Hans-Gerd. **Grundlagen Fälle Grundrechte Staatsorganisationsrecht**. 4. ed. Münster: Alpmann Schmidt, 2010.

ARAÚJO, Luiz Alberto David; NUNES JR., Vidal Serrano. **Curso de direito constitucional**. 12. ed. São Paulo: Saraiva, 2008.

ARNAULD, Andreas von. Freiheit der Kunst. In: ISENSEE, Josef; KIRCHHOF, Paul (Org.). **Handbuch des Staatsrechts der Bundesrepublik Deutschland**. Freiheitsrechte. 3. ed. Heidelberg: C. F. Müller, 2009. v. 7, p. 1113-1153.

BAAL-TESHUVA, Jacob. **Christo und Jeanne-Claude**. Köln: Taschen, 2001.

BEISEL, Daniel. **Die Kunstfreiheitgarantie des Grundgesetzes und ihre strafrechtlichen Grenzen**. Heildelberg: Decker, 1997.

BLECKMANN, Albert. **Staatsrecht II – Die Grundrechte**. Köln et al.: Heymanns, 1989.

BÖCKENFÖRDE, Ernst-Wolfgang. Grundrechtstheorie und Grundrechts-interpretation. In: BÖCKENFÖRDE, Ernst-Wolfgang. **Staat, Gesellschaft, Freiheit:** Studien zur Staatstheorie und zum Verfassungsrecht. Frankfurt am Main: Suhrkamp, p. 221-252.

_____. **Menschenwürde als normatives Prinzip**. Die Grundrechte in der bioethischen Debatte. **Juristenzeitung – JZ**, 2003, p. 809-815.

BULOS, Uadi Lammêgo. **Curso de direito constitucional**. 2. ed. São Paulo: Saraiva, 2008.

CHIMENTI, Ricardo Cunha et al. **Curso de direito constitucional**. 5. ed. São Paulo: Saraiva, 2008.

CHRISTOPOULOS, Dimitris; DIMOULIS, Dimitri. O direito de ofender. Sobre os limites da expressão artística. **Revista Brasileira de Estudos Constitucionais**, v. 10, p. 49-65, 2009.

CORNILS, Matthias. Allgemeine Handlungsfreiheit. In: ISENSEE, Josef; KIRCHHOF, Paul (Org.). **Handbuch des Staatsrechts**. Freiheitsrechte. 3. ed. Heidelberg: C. F. Müller, 2009. v. 7, p. 1155-1223.

DENNINGER, Erhard. Freiheit der Kunst. In: ISENSEE, Josef; KIRCHHOF, Paul (org.). **Handbuch des Staatsrechts der Bundesrepublik Deutschland**. Freiheitsrechte. Heidelberg: C. F. Müller, 1989. v. 6, p. 847-876.

DIMOULIS, Dimitri. **O positivismo jurídico:** introdução a uma teoria do direito e defesa do pragmatismo jurídico-político. São Paulo: Método, 2006.

DIMOULIS, Dimitri; LUNARDI, Soraya Gasparetto. **Curso de processo constitucional**. São Paulo: Atlas, 2011.

DIMOULIS, Dimitri; MARTINS, Leonardo. **Teoria geral dos direitos fundamentais**. 4. ed. revista, atualizada e ampliada. São Paulo: Atlas, 2012.

DREIER, Horst. **Menschenwürdegarantie und Schwangerschaftsabbruch – DÖV,** 1995. p. 1036-1040.

_____. **Dimensionen der Grundrechte:** Von der Wertordnungsjudikatur zu den objektiv--rechtlichen Grundrechtsgehalten. Hannover: Hennies & Zinkeisen, 1993.

FISAHN, Andreas; KUTSCHA, Martin. **Verfassungsrecht konkret**: Die Grundrechte. 2. ed. Berlin: Berliner Wissenschafts-Verlag, 2011.

GERSDORF, Humbertus. Der praktische Fall – Öffentliches Recht: Das subventionierte avantgardistische Theater. **Juristische Schulung – JuS**, v. 35, 1994. p. 955-962.

GRIMM, Dieter. Kulturauftrag im staatlichen Gemeinwesen. **Veröffentlichungen der Vereinigung der Deutschen Staatsrechtslehrer – VVDStRL**, v. 42, 1984. p. 46-82.

_____. Die Meinungsfreiheit in der Rechtsprechung des Bundesverfassungsgerichts. **Neue Juristische Wochenschrift – NJW**, v. 1995. p. 1967-1705, 1995.

HÄBERLE, Peter. Die Freiheit der Kunst im Verfassungsstaat. **Archiv des öffentlichen Rechts – AöR**, v. 105, 1985. p. 577-619.

_____. Die Freiheit der Kunst in kulturwissenschaftlicher und rechtsvergleichender Sicht. In: BERKA, Walter; HÄBERLE, Peter; HEUER, Carl-Heinz; LERCHE, Peter (Org.). **Kunst und Recht in In- und Ausland**, 1994. p. 37-87.

_____. Vom Kulturstaat zum Kulturverfassungsrecht. In: HÄBERLE, Peter (Org.). **Kulturstaatlichkeit und Kulturverfassungsrecht**. Darmstadt: Wissenschaftliche Buchgesellschaft, 1982, p. 1-59.

HECKEL, Martin. **Staat, Kirche, Kunst**: Rechtsfragen kirchlicher Kulturdenkmäler. Tübinben: Mohr Siebeck, 1968.

HEMPEL, Heinrich. **Die Freiheit der Kunst:** Eine Darstellung des schweizerischen, deutschen und amerikanischen Rechts. Zürich: Schulthess Polygraph, 1991.

HENSCHEL, Johann Friedrich. **Die Kunstfreiheit als Grundrecht**. Stuttgart et al.: Boorberg, 1993.

HESSE, Konrad. **Grundzüge des Verfassungsrechts der Bundesrepublik Deutschland**. Reimpressão da 20. ed. Heidelberg: Müller, 1999.

HEUER, Carl Heinz. Die Kunst im Steuerrecht. Das Steuerrecht als Mittler, Garant und Störer der Kunstfreiheit. In: BERKA, Walter; HÄBERLE, Peter; HEUER, Carl-Heinz; LERCHE, Peter (Org.). **Kunst und Recht in In- und Ausland**. Heidelberg: C. F. Müller, 1994, p. 89-119.

_____. **Die Besteuerung der Kunst:** Eine verfassungs- und steuerrechtliche Untersuchung zur Definition, Eigenständigkeit und Förderung der Kunst im Steuerrecht. Köln: Deubner, 1983.

HÖFLING, Wolfram. **Fälle zu den Grundrechten**. München: Beck, 2009.

_____. Zur hoheitlichen Kunstförderung: Grundrechtliche Direktiven für den "neutralen Kulturstaat". **Die Öffentliche Verwaltung – DöV**, v. 37, 1985. p. 387-396.

HOFMANN, Hasso. Die versprochene Menschenwürde. **Archiv des öffentlichen Rechts – AöR**, v. 113, 1993. p. 353-376.

HUFEN, Friedhelm. **Die Freiheit der Kunst in staatlichen Institutionen**. Baden-Baden: Nomos, 1982.

HUSTER, Stephan. **Die ethische Neutralität des Staates**: eine liberale Interpretation der Verfassung. Tübingen: Mohr Siebeck, 2002.

IPSEN, Jörn. **Staatsrecht II – Grundrechte**. 15. ed. München: Vahlen, 2012.

ISENSEE, Josef. Wer definiert die Freiheitsrechte?: Selbstverständnis der Grundrechtsträger und Grundrechtsauslegung des Staates. Heidelberg: C. F. Müller, 1980.

JARASS, Hans Dieter; PIEROTH, Bodo. **Grundgesetz für die Bundesrepublik Deutschland**: Kommentar. 11. ed. München: Beck, 2011.

KNIES, Wolfgang. **Schranken der Kunstfreiheit als Verfassungsrechtliches Problem**. München: Beck, 1967.

LERCHE, Peter. Ausgewählte Fragen der Kunstfreiheit nach deutschem Verfassungsrecht. In: BERKA, Walter; HÄBERLE, Peter; HEUER, Carl-Heinz; LERCHE, Peter (Org.). **Kunst und Recht in In- und Ausland**. Heidelberg: C. F. Müller, 1994. p. 1-18.

LÜBBE-WOLFF, Gertrude. **Die Grundrechte als Eingriffsabwehrrechte**: Struktur und Reichweite der Eingriffsdogmatik im Bereich staatlicher Leistungen. Baden-Baden: Nomos, 1988.

LUHMANN, Niklas. **Die Kunst der Gesellschaft**. Frankfurt am Main: Suhrkamp, 1995.

MAHRENHOLZ, Ernst Gottfried. Freiheit der Kunst. In: BENDA, Ernst et al. (Org.). **Handbuch des Verfassungsrechts**. Berlin e New York: De Gruyter, 1994. p. 1289-1338.

MARTINS, Leonardo. (organização e introdução, coletânea original de J. Schwabe). **Cinquenta anos de jurisprudência do Tribunal Constitucional Federal alemão**. Montevideo: Konrad-Adenauer-Stiftung, 2005.

MARTINS, Leonardo. **Direito processual constitucional alemão**. São Paulo: Atlas, 2011.

_____. **Liberdade e estado constitucional**: leitura jurídico-dogmática de uma complexa relação a partir da teoria liberal dos direitos fundamentais. São Paulo: Atlas, 2012.

_____. ADPF 187/DF: "Marcha da Maconha". In: ANJOS FILHO, Robério Nunes dos (Org.). **O STF e os direitos fundamentais**. Belo Horizonte: IBEC/Jus Podivum, 2013 (no prelo).

MEDAUAR, Odete. **Direito administrativo moderno**. 5. ed. São Paulo: Revista dos Tribunais, 2001.

MENDES, Gilmar Ferreira et al. **Curso de direito constitucional**. 2. ed. São Paulo: Saraiva, 2008.

MICHAEL, Lothar; MORLOK, Martin. **Grundrechte**. 2. ed. Baden-Baden: Nomos, 2010.

MORLOK, Martin. **Selbstverständnis als Rechtskriterium**. Tübingen: Mohr Siebeck, 1993.

MÜLLER, Friedrich. **Freiheit der Kunst als Problem der Grundrechtsdogmatik**. Berlin: Duncker & Humblot, 1969.

NOVELINO, Marcelo. **Manual de direito constitucional**. 8. ed. revista e atualizada. São Paulo: Método, 2013.

PALM, Wolfgang. Öffentliche **Kunstförderung zwischen Kunstfreiheitsgarantie und Kulturstaat**. Berlin: Duncker & Humblot, 1998.

PEREIRA JÚNIOR, Antonio Jorge. **Direitos da criança e do adolescente em face da TV**. São Paulo: Saraiva, 2011.

PERNICE, Ingolf. Kommentar zum Art. 5 III GG (Kunst). In: DREIER, Horst. **Grundgesetz. Kommentar**. 2. ed. Tübingen: Mohr Siebeck, 2004. p. 685-714.

PIEROTH, Bodo; SCHLINK, Bernhard. **Staatsrecht II – Grundrechte**. Baden-Baden: Nomos, 2011.

POSCHER, Ralf. **Grundrechte als Abwehrrechte**: Reflexive Regelung rechtlich geordneter Freiheit. Tübingen: Mohr Siebeck, 2003.

RAUDA, Christian; ZENTHÖFER, Jochen. **25 Fälle – Grundrechte**: Klausurentraining mit Lösungen im Gutachtenstil. 2. ed. Dänischenhagen: Richter, 2011.

SARLET, Ingo Wolfgang. **A eficácia dos direitos fundamentais**: uma teoria geral dos direitos fundamentais na perspectiva constitucional. 10. ed. revista, atualizada e ampliada. Porto Alegre: Livraria do Advogado, 2009.

SCHLINK, Bernhard. Abschied von der Dogmatik: Verfassungsrechtsprechung und Verfassungsrechtswissenschaft im Wandel. **Juristenzeitung JZ**, v. 62, 2007. p. 157-162.

_____. **Abwägung im Verfassungsrecht**. Berlin: Duncker & Humblot, 1976.

_____. **Aktuelle Fragen des pränatalen Lebensschutzes**: erweiterte Fassung eines Vortrages, gehalten vor der Juristischen Gesellschaft zu Berlin am 19. Dezember 2002. Berlin: De Gruyter, 2002.

_____. **Evaluierte Freiheit?**: Zu den Bemühungen um eine Verbesserung der wissenschaftlichen Lehre. Berlin: Humboldt-Universität zu Berlin, 1999.

_____. Freiheit durch Eingriffsabwehr?: Zur Rekonstruktion der klassischen Grundrechtsfunktion. **Europäische Grundrechte-Zeitschrift**, v. 1984, p. 457-468.

SCHMIDT, Rolf. **Grundrechte (sowie Grundzüge der Verfassungsbeschwerde)**: Am Aufbau von Klausuren orientierte Studienliteratur im Öffentlichen Recht. 12. ed. Grasberg bei Bremen: R. Schmidt, 2010.

SCHMITT, Carl. **Verfassungslehre**. München: Duncker und Humblot, 1928.

SCHNEIDER, Bernhard. **Die Freiheit der Baukunst**. Gehalt und Reichweite der Kunstfreiheit des Art. 5 Abs 3 im öffentlichen Baurecht. Berlin: Duncker und Humblot, 2002.

SCHROEDER, Daniela. **Grundrechte**. 2. ed. Heidelberg et al.: C. F. Müller, 2011.

SCHULZE-FIELITZ, Helmuth. Artikel 2 II GG: Recht auf Leben und körperliche Unversehrtheit, Freiheit der Person. In: DREIER, Horst (Org.). **Grundgesetz Kommentar**. 2. ed. Tübingen: Mohr Siebeck, 2004. v. 1 (Art. 1-19). p. 346-297.

SILVA, Virgilio Afonso da. **A constitucionalização do direito**: Os direitos fundamentais nas relações entre particulares. São Paulo: Malheiros, 2005.

SOUZA, Rodrigo Telles de. **A investigação criminal e a vedação ao anonimato no sistema jurídico brasileiro**. Dissertação de mestrado. Natal: Universidade Federal do Rio Grande do Norte, 2012.

TAVARES, André Ramos. **Curso de direito constitucional**. 6. ed. São Paulo: Saraiva, 2008.

WECK, Bernhard. **Verfassungsrechtliche Legitimationsprobleme** öffentlicher **Kunstförderung aus wirklichkeitswissenschaftlicher Perspektive**. Berlin: Duncker & Humblot, 2001.

WÜRKNER, Joachim. **Das Bundesverfassungsgericht und die Freiheit der Kunst**. München: Franz Vahlen, 1994.

5

Considerações sobre Direito, Arte e Religião

Ibsen Noronha[1]

Sumário: 1. Introdução. 2. Sobre a Liberdade: Direito, Arte e Religião. 3. Bens culturais da Igreja Católica. 4. A normatividade canônica e concordatária sobre os bens culturais eclesiásticos. 5. Tombamento e proteção do patrimônio. 6. À guisa de conclusão. Referências bibliográficas.

1 INTRODUÇÃO

Direito, Arte e Religião são formas refinadas de expressão do espírito. Apesar de distintas, apresentam, por exemplo, nas suas interpretações, ligações inegáveis. A interpretação[2] tem sempre algo de unitário, talvez porque a alma humana seja, ela mesma, una. O critério teleológico parece, apesar de um certo romantismo da fórmula *arte pela arte*,[3] ser essencial ao conhecimento tanto das normas – leis ou costumes – quanto da produção artística ou, num plano mais alto, quanto à resposta para a finalidade da vida que a Religião propõe.

---

[1] Professor Assistente da Faculdade de Direito da Universidade de Coimbra.
[2] Sobre o problema da interpretação, vide BETTI, E. **Teoria generale de l'interpretazione**. Milano, 1955. 2 v.
[3] Théophile Gautier produziu a doutrina da arte-pela-arte no século XIX, que buscava salientar o belo e o refinamento autonomizando a arte da realidade.

Também a busca da harmonia é comum às grandes manifestações do espírito humano. A sociedade deseja a harmonia na tranquilidade da ordem – para glosar o Bispo de Hipona. Harmonia e ordem são essenciais na Arte.

Uma axiologia jurídica, convicta ou não da objetividade dos valores, sempre terá de considerar o fenômeno religioso, que é colossal mesmo nos tempos de decadência. E a discussão sobre os valores do Belo sempre existirá, afinal é falsa a máxima: gosto não se discute! Do contrário, as faculdades de filosofia teriam de abolir a disciplina Estética[4]... Não esqueçamos o natural vínculo do Belo e do Justo. Uma sentença judicial justa,[5] ao atribuir a cada um o seu,[6] acaba por harmonizar as relações, produzir ordem e ser bela.

As regras da *Art Poétique*[7] de Boyleau ou as exigências feitas por Victor Hugo[8] durante os anos das grandes reformas urbanas em Paris, ao tempo de Luiz Filipe, demonstram a preocupação dos artistas quanto a um cânon para os mais diversos aspectos da existência e da cultura humana. Poderíamos referir os paradigmas gregos para a arquitetura ou os horacianos para a poesia se desejássemos recuar até a inefável cultura clássica greco-romana.[9]

Mas a Idade Média também deu seu contributo, importante contributo. Basta pensar no movimento dos victorinos, magistralmente estudado por De Bruyne,[10] que, em pleno século XII, consagrou, através de uma mística religiosa, o Belo ao seu Criador.[11] O franciscano São Boaventura,[12] um século depois, também se dedicou ao Belo com talento. Enumerou as condições do Ser: *unum, verum, bonum et pulchrum*. Considerando-as quanto à convertibilidade. Para Boaventura, o Belo (*pulchrum*) se vincula a toda causa, engloba, mesmo distintamente, a verdade, a unidade e a bondade. Já o dominicano de Aquino, nos

---

[4] A tirada é do filósofo luso-brasileiro Eudoro de Souza, um dos criadores dos estudos filosóficos na Universidade de Brasília, nos anos 60.

[5] Também existem as injustas.

[6] O *suum cuique tribuere* romano dos celebrados *praecepta iuris*.

[7] Publicada em 1674, e escrita em versos, trata das regras fundamentais para a escrita clássica e da maneira de se aproximar ao máximo da perfeição. Para Boileau, o Belo deriva da Verdade. A Arte Poética se inspirou nas obras de Horácio e de Aristóteles.

[8] Victor Hugo distinguiu entre o uso e a beleza dos edifícios. A beleza pertenceria a todos.

[9] Sobre tais culturas vide, por todos, PEREIRA, Maria Helena da Rocha. **Estudos de história da cultura clássica**. Lisboa, 2009. v. I – Cultura Grega e v. II – Cultura Romana.

[10] Cf. **Etudes d´Esthétique Médiévale**, Paris, 1958, p. 573-624. Para Edgar De Bruyne, Hugo de São Victor é um dos primeiros estetas da Idade Média, tendo consagrado um Tratado completo à Beleza. Isso no século XII. O monge Hugo dava grande importância às meditações sobre a Beleza e suas espécies, formas e categorias. A inspiração mística é marcante e a Natureza é vista como criatura, reflexo de Deus.

[11] Lembra-me Dante exclamando que a Arte é neta de Deus.

[12] São Boaventura especulou acerca de um mundo e uma beleza que não tivessem sofrido as consequências da queda original. Se Adão não tivesse caído... O Dr. Miguel Beccar Varella, conhecedor profundo do tema, apresentou a matéria em uma série de conferências em Foz de Arouce, aldeia próxima a Coimbra, no ano de 1998.

umbrais da *Summa* apresentará, na sua chamada quarta via, uma percepção que, associada à sua hierarquia das leis, une o Belo e o Justo à Verdade.[13]

Tais concepções medievais são encontradas na forma mais simplificada que se concebeu para a formação dos cristãos: no catecismo.[14]

> "§ 2500 A prática do bem é acompanhada de um prazer espiritual gratuito e da beleza moral. Da mesma forma, a verdade implica a alegria e o esplendor da beleza espiritual. A verdade é bela em si mesma. A verdade da palavra, expressão racional do conhecimento da realidade criada e incriada, é necessária ao homem dotado de inteligência, mas a verdade também pode encontrar outras formas de expressão humana, complementares, sobretudo quando se trata de evocar o que ela contém de indizível, as profundezas do coração humano, as elevações da alma, o mistério de Deus. Antes de se revelar ao homem em palavras de verdade, Deus se lhe revela pela linguagem universal da criação, obra de sua Palavra, de sua Sabedoria: a ordem e a harmonia do cosmo que tanto a criança como o cientista descobrem, 'a grandeza e a beleza das criaturas levam, por analogia, à contemplação de seu Autor' (Sb 13,5), 'pois foi a própria fonte da beleza que as criou' (Sb 13,3)."

A Sabedoria é um eflúvio do poder de Deus, emanação puríssima da glória do Todo-Poderoso; por isso nada de impuro pode nela insinuar-se. É reflexo da luz eterna, espelho nítido da atividade de Deus e imagem de sua bondade (Sb 7,25-26). A sabedoria é mais bela que o Sol, supera todas as constelações. Comparada à luz do dia, sai ganhando, pois a luz cede lugar à noite, ao passo que sobre a Sabedoria o mal não prevalece (Sb 7,29-30). Enamorei-me de sua formosura (Sb 8,2).

> "§ 2502 A arte sacra é verdadeira e bela quando corresponde, por sua forma, à sua vocação própria: evocar e glorificar, na fé e na adoração, o Mistério transcendente de Deus, beleza excelsa invisível de verdade e amor, revelada em Cristo, 'resplendor de sua glória, expressão de seu Ser' (Hb 1,3), em quem 'habita corporalmente toda a plenitude da divindade' (Cl 2,9), beleza espiritual refletida na Santíssima Virgem Maria, Mãe de Deus, nos anjos santos. A arte sacra verdadeira leva o homem à adoração, à oração e ao amor de Deus Criador e Salvador, Santo e Santificador."
>
> § 2503 Por isso devem os bispos, por si ou por delegação, cuidar de promover a arte sacra, antiga e nova, sob todas as formas, e afastar, com o mesmo zelo religioso, da liturgia e dos edifícios do culto, tudo o que não harmoniza com a verdade da fé e a autêntica beleza da arte sacra.[15]

---

[13] Sobre as especulações filosóficas em torno do Belo na Idade Média, é interessante consultar o trabalho de Humberto Eco, **Arte e beleza na estética medieval**, Lisboa, 2000. Sempre *cum granosalis...*

[14] A palavra *"catecismo"* origina-se do termo grego *katecheo*, que significa informar, instruir e ensinar.

[15] Quando entramos em Igrejas monumentais e encontramos, junto ao altar, cartazes com mensagens singelas, feitas com letras em papel machê, temos a impressão de que a ideia de harmonia nos lugares de culto foi banida.

§ 2513 As artes, mas sobretudo a arte sacra, têm em vista, 'por natureza, exprimir de alguma forma nas obras humanas a beleza infinita de Deus e procuram aumentar seu louvor e sua glória na medida em que não tiverem outro propósito senão o de contribuir poderosamente para encaminhar os corações humanos a Deus.'

Semelhança da arte com a atividade divina na criação

§ 2501 'Criado à imagem de Deus', o homem exprime também a verdade de sua relação com o Deus Criador pela beleza de suas obras artísticas. A arte de fato é uma forma de expressão propriamente humana; acima da procura das necessidades vitais, ela é uma superabundância gratuita da riqueza interior do ser humano. Nascendo de um talento dado pelo Criador e do esforço do próprio homem, a arte é um forma de sabedoria prática, que une conhecimento e perícia para dar forma à verdade de uma realidade na linguagem acessível à vista e ao ouvido. A arte inclui certa semelhança com a atividade de Deus na criação, na medida em que se inspira na verdade e no amor das criaturas. Como qualquer outra atividade humana, a arte não tem um fim absoluto em si mesma mas é ordenada e enobrecida pelo fim último do homem."

A passagem tem uma evidente concepção do Belo desenvolvida na filosofia medieval. É um dos legados dos pensadores cristãos que vêm sendo redescobertos desde o século XIX. Mesmo os juristas medievais tinham atitudes estéticas que até há pouco tempo eram desconhecidas. Tanto os glosadores quanto os comentadores, quando honestamente estudados, deixam descobrir textos que denotam cultura e gosto artístico.[16]

* * *

O Renascimento transforma as concepções estéticas através de uma volta ao classicismo pagão.[17] Abandonou-se o elemento essencialmente sobrenatural da arte medieval e proclamou-se o novo cânon na Antiguidade Clássica. O Homem a partir de então é a medida de todas as coisas, num regresso ao axioma do sofista Protágoras.

Da mesma forma o Direito sofrerá uma naturalização, com o humanismo jurídico representando, na jurisprudência, a revolução através da restauração de um Direito Romano depurado das glosas e dos comentários, nos quais a orientação cristã iluminava os raciocínios. A nova estética permeou a linguagem e o método filológico-histórico relegou ao arqueologismo todos os critérios que o renascimento de um Direito Romano cristão, no século XI, havia construído. É sintomático que a querela contra os comentadores medievais tenha sido iniciada por um humanista literato, Lorenzo Valla. Era em grande parte sobre a

---

[16] Sobre o tema ver o erudito estudo do Professor Ruy de Albuquerque, **Poesia e direito, (I) Poesia e lei – (II) Para uma revisão da ciência jurídica medieval**, Lisboa, 2007.

[17] Sobre o Renascimento é inevitável consultar BURCKHARDT, Jacob. **A cultura do renascimento na Itália**, Brasília, 1991. Os aspectos da superstição imperante no período são aclarados nesse clássico.

estética que se fundava a sua diatribe. O modelo da língua somente poderia ser o clássico. O latim medieval, repleto de neologismos, foi considerado heresia pelos humanistas.[18]

A grande revolução tendencial produzida pelo movimento renascentista não teve precedentes. A visão de mundo proposta era diametralmente oposta à medieval. A arte produzirá, desde então, a visão de um Homem geométrico, filho forte da Natureza. Triunfante o naturalismo, não poderia restar muito espaço para a visão transcendental que a arte medieval propugnava.[19]

A Reforma religiosa do século XVI é a consequência natural das novas concepções culturais. Lembremos, *en passant*, que os reformadores eram filólogos e humanistas.[20]

Assim, Arte, Direito e Religião transformam-se pelos mesmos métodos e critérios.

No século XVI a unidade do mundo cristão não mais existe e os últimos cinco séculos apresentam desdobramentos desse momento de ruptura. Seja a Ocidente, seja a Oriente.[21]

Mas, em meio às vicissitudes, a Civilização Ocidental Cristã, filosoficamente grega,[22] juridicamente romana[23] e no campo religioso de matriz judaico-cristã, sobreviveu e pode

---

[18] Sobre o fascinante assunto, vide MAFFEI, Domenico. **Gliiniziidell'umanesimogiuridico**. Milano, 1956. Sobre a revolução no método aplicado à história e ao direito, por todos, FRANKLIN, Julian. **Jean Bodin and the sixteenth-century revolution in the methodology of law and history**, New York, 1963.

[19] Há que ser evidentemente esquemática essa visão introdutória. A tradição medieval não desaparece simultaneamente à invasão de Constantinopla. Se pensarmos em Fra Angelico e nas suas representações repletas do espírito medieval, que uma visita às celas do Convento dominicano de San Marco, em Florença, comprova, temos exemplo de continuidade na História da Arte. O que desejamos frisar é a tendência que será em pouco tempo dominante no Renascimento e penetrará, sem dúvida, a arte religiosa.

[20] Calvino era mesmo um jurista com formação humanista, recebida na celebrada Universidade de Orléans, centro irradiador do humanismo jurídico.

[21] Uma síntese brilhante do processo pode ser consultada com proveito na obra de Plinio Corrêa de Oliveira, **Revolução e contra-revolução**, São Paulo, 1998.

[22] A **Poética** de Aristóteles ou o **Fédon** de Platão são e serão sempre referências no pensamento estético. **Os Diálogos de Platão**, no meu entender, na medida em que enfrenta o problema da imortalidade da alma.

[23] Citemos um extracto das Instituições: "*Quando um quadro foi pintado sobre uma prancha de alguém, segundo alguns, a prancha segue a pintura e segundo outros, é a pintura que segue a prancha. Mas nos parece mais razoável que a prancha siga a pintura: seria ridículo, de fato, que um quadro de Apelo ou de Parrhasius (pintores famosos nos séculos IV e V a. C.) torne-se acessório de uma vil prancha*" (tradução livre). Inst. II, I, *De divisione rerum et qualitate*. Eis, pois, o direito de autor delineado pelos romanos. Sobre a mentalidade jurídica dos romanos, associada a um sentido estético, o impressivo artigo na coluna Ambientes, Costumes e Civilizações, intitulado: Dois ideais: o Direito e a Máquina, **Revista Catolicismo**, nº 52, junho de 1954. A celebrada definição do Direito de Celso como *ars boni et aequi* é lapidar. Sobre esta definição, apesar do estudo centrar-se sobretudo na questão da equidade, vide GALLO, Filippo. **L'offcium del pretore nella produzione e applicazione del diritto**, Torino, 1997, p. 221-266. Sobre a preocupação dos romanos, e do mundo antigo, relativamente

ser vislumbrada hoje em muitos aspectos da vida humana, mesmo quando o que se nos apresenta é a sua antítese. O que nos interessará em especial será o Direito, a Arte e a Religião.

2 SOBRE A LIBERDADE: DIREITO, ARTE E RELIGIÃO

O problema da liberdade humana é constantemente discutido; percorre com veemência toda a história do pensamento. Seja no plano filosófico, onde encontra sede privilegiada, seja no campo teológico, seja no campo jurídico ou no econômico, a liberdade suscita acalorado debate e profunda reflexão.

O Constitucionalismo,[24] filho do Iluminismo setecentista, pode-se dizer, foi decalcado nas grandes e acesas discussões sobre a liberdade que se deram ao final do *Ancient Régime*. A Constituição americana firmou os princípios da Enciclopédia francesa no seu texto mais de duas vezes secular. Leiamos o seu frontispício:

> "Nós, o Povo dos Estados Unidos, a fim de formar uma União mais perfeita, estabelecer a Justiça, assegurar a tranquilidade interna, prover a defesa comum, promover o bem-estar geral, e garantir para nós e para os nossos descendentes **os** *benefícios da Liberdade,* promulgamos e estabelecemos esta Constituição para os Estados Unidos da América."

E o constitucionalismo prosseguiu na sua via liberal dispondo sobre diversos temas tendo como grande mote a liberdade, entendida sob o ângulo racionalista e proclamada e difundida em meio às paixões que os finais do século XVIII viram surgir em vestes revolucionárias.

A religião, assim como a liberdade de expressão, não foi tema secundário no frenesi legislativo que percorreu os povos no século XIX. Já a Constituição do Império do Brasil de 1824, no seu famoso art. 179, proclamava altissonante a liberdade de expressão e de consciência nos seguintes termos:

> "IV. Todos podem communicar os seus pensamentos, por palavras, escriptos, e publical-os pela Imprensa, sem dependencia de censura; com tanto que hajam de

---

às relações entre arte e direito, vide GAUTIER, Pierre-Yves. L'art et le droit naturel, In: **Archives de Philosophie du droit**. Paris, 1995. tome 40, p. 195 e 196. Aliás, o número da revista foi dedicado ao direito e à estética. Recomendo vivamente a leitura do artigo de OPPETTIT, Bruno, Philosophie de l´art et droit de l´art; assim como o de COHEN, Dany, Art, Public et Marché.

[24] Sobre Liberdade de Expressão e Constitucionalismo consulta-se com proveito MACHADO, Jónatas. **Liberdade de expressão**: dimensões constitucionais da esfera pública no sistema social. Coimbra, 2002, especialmente p. 79-90. Do mesmo autor, vide **Liberdade religiosa numa comunidade constitucional inclusiva** – dos direitos da verdade aos direitos dos cidadãos. Coimbra, 1996. Máxime o capítulo I, que percorre panoramicamente o problema do discurso teológico-confessional sobre a liberdade religiosa.

responder pelos abusos que commetterem no exercicio deste Direito, nos casos, e pela fórma, que a Lei determinar.

V. Ninguem póde ser perseguido por motivo de Religião, uma vez que respeite a do Estado, e não offenda a Moral Publica."

A Constituição do Império, que foi a nossa lei magna mais eficaz,[25] consagrou a liberdade de expressão e de crença, ainda que afirmando a confessionalidade do Estado. Nos seus 65 anos de vigência[26] a regra foi o esmerado respeito pelas liberdades de crença, exceptuando-se, talvez, uma intervenção negativa do Imperador nas questões da Igreja aquando da retaliação pela posição doutrinária de dois altos prelados,[27] que ficou conhecida como a Questão Religiosa.

Ao longo das diversas constituições republicanas, os temas da liberdade de crença, de consciência e religiosa estiveram presentes, apesar da sua aplicação, ou densificação, ter tido momentos de crise devido à instabilidade do sistema e à constante intervenção de um quarto poder de índole autoritária. O constituinte de 1988, por sua vez, não descurou do tratamento do tema. A liberdade de consciência, expressão, crença e religiosa é afirmada em diversos dispositivos constitucionais.

Já no preâmbulo o Estado brasileiro invoca a proteção de Deus, certamente confirmando uma tradição multissecular e já consolidada de religiosidade da imensa e esmagadora maioria do povo brasileiro. Mas tal invocação, associada ao dispositivo sobre a liberdade religiosa, demanda um conceito de religião. Tal conceito tem, por óbvio, que estar intimamente ligado a um sistema de crenças que levem ao conhecimento de um ser divino; ademais urge que o sistema doutrinal consagre a convicção em uma vida para além da morte. Faz-se necessária também a existência de um texto sagrado e um ritual, ou rituais, de oração e de adoração.[28]

Ora, se especulamos acerca da liberdade religiosa, de expressão e de crença; se temos presente um país com a história cinco vezes secular; se tomamos em consideração o *modus vivendi* e a *forma mentis* do brasileiro; não podemos pensar senão na Civilização Cristã, da religião cristã, para perscrutar a *mens legislatoris*. As outras manifestações religiosas serão tidas em conta, mas a exegese e a aplicabilidade não poderiam ignorar a *ratio histórica*, sob pena de primarismo.

O inciso VI do art. 5º da Constituição de 1988 declara a liberdade de consciência e de crença inviolável e garante a protecção dos lugares de culto e das liturgias. Tal dispositivo surge de uma concepção laicista e relativista quanto à finalidade última do homem. Terá, certamente, consequências sobre todo o ordenamento jurídico e, em especial, nas formas

---

[25] Cfr. Nogueira, Octaciano. **Constituições brasileiras**: 1824. Brasília: Senado Federal, 2001. p. 13.
[26] Saliente-se, também, ter sido alvo de poucas revisões. A primeira em 1834.
[27] A prisão de Dom Vital, bispo de Olinda, e Dom Macedo Costa, bispo do Pará, foi o ápice da crise. O pontificado era de Pio IX. A intervenção da princesa Isabel foi essencial para o apaziguamento.
[28] Cfr. BRANCO, Paulo Gonet. Direito constitucional. Brasília, 2011. p. 357.

de explicitar sentimento religioso ou mesmo antirreligioso. Para amenizar e fundamentar a concepção relativista existe uma referência doutrinária a um princípio de tolerância, espécie de palavra-talismã. Tal princípio vedaria exacerbações em qualquer proselitismo ou afirmações contundentes sobre a existência da Verdade.

Como afirma Paulo Gonet Branco, ao reconhecer a liberdade religiosa, a Constituição reconhece a religiosidade dotada de uma axiologia natural. Os valores que despontam não devem ser apenas preservados, mas fomentados, promovidos e estimulados. O sistema jurídico consagrou como fundamental a protecção dos direitos que emanam de uma cosmovisão religiosa. A cosmovisão do brasileiro não é compreensível sem as consequências nascidas da transcendência da sua religião. Os valores do *sensus fidei* resultam de uma já longa história religiosa ou de religiosidade, que produziu seus frutos.[29]

Transcrevo a pertinente observação de Otavio Luiz Rodrigues Junior acerca do princípio jurídico da adequação cultural que decorre da liberdade religiosa na atual Constituição:

> "Em nome da liberdade religiosa, não se podem eliminar os elementos formativos histórico-culturais do povo e do Estado brasileiros. A liberdade assegurada no inciso VI deve conter em seu suporte fático a preservação de figuras e institutos radicados na memória popular, nos hábitos, costumes e nos signos comunitários. Pode-se afirmar que houve a transcendência[30] desses signos do plano estritamente religioso para o cultural. Nesse campo estão situados crucifixos, imagens, estátuas, monumentos religiosos, nomes de ruas e cidades, e outros símbolos que transitam entre Religião e Cultura, dois segmentos igualmente protegidos na CF/1988."[31]

* * *

O primeiro ato público na história brasileira está magistralmente relatado na carta do escrivão da armada de Pedro Álvares Cabral. A Missa celebrada por frei Henrique Soares de Coimbra traz para o Brasil a tradição de 1.500 anos de cristianismo romano. O símbolo máximo do cristianismo, a cruz,[32] foi alçado em Porto Seguro e a primeira imagem sacra, representando Nossa Senhora, sob a invocação da Esperança, esteve presente. Essa imagem pertencia ao comandante da esquadra.

---

[29] Dentre os inúmeros frutos importa ressaltar a Arte.

[30] *Data venia* parece que haveria a passagem do plano mais amplo para o mais restrito, portanto, creio assentar mais corretamente a expressão *imanência*.

[31] Cfr. RODRIGUES JÚNIOR, Otavio Luiz et al. **Comentários à Constituição Federal de 1988**. Rio de Janeiro, 2009, p. 103-104.

[32] Para além da cruz levantada pelos portugueses e os índios temos o estandarte da Ordem de Cristo junto ao altar, ao lado do Evangelho. Lembremos que a Ordem criada por Dom Diniz é a legítima herdeira, no reino de Portugal, da Ordem dos Templários. Sobre o tema vide NORONHA, Ibsen. **Aspectos do direito no Brasil quinhentista**: consonâncias do espiritual e do temporal. Coimbra, 2005, cap. I.

Pode-se imaginar, com o apoio do conhecido quadro de Victor Meirelles, a cena da primeira Missa no continente. Os objetos litúrgicos, a cerimônia, os paramentos e a liturgia do tempo pascal devem ter impressionado tanto os habitantes da *terra brasilis*, quanto aqueles navegadores. Os acordes de um órgão portátil devem ter ecoado pela primeira vez no Brasil.[33] Há, inegavelmente, arte no episódio histórico. Henrique Lopes de Mendonça, em interessante contributo para a monumental **História da colonização portuguesa do Brasil**, aventa a hipótese do órgão portativo (sic) transportado na esquadra ter sido utilizado nas celebrações durante a viagem.

> "Propício pois o tempo, não desperdiçaram frei Henrique e os demais franciscanos e clérigos a conjuntura para acrisolar com sacras cerimônias e devotas prédicas a fé dos nautas. Póde imaginar-se o cavername dos barcos a vibrar com atoada litúrgica, acompanhada a órgão, na nau capitânia, pelos dedos hábeis de frei Maffeu."[34]

* * *

A catequese no Brasil foi essencialmente operada pela Companhia de Jesus que, do século XVI ao XVIII, teve importância inexcedível em todos os campos da cultura nas Terras de Vera Cruz. A arte colonial brasileira deve muito aos padres jesuítas. O próprio cânon artístico foi sobretudo inspirado pela visão contrarreformista dos discípulos de Ignácio de Loyola.[35]

---

[33] Todas as informações e hipóteses acerca das primeiras manifestações artísticas ligadas ao órgão me foram dadas em interessantes cavacos pelas ruas de Coimbra com o Dr. Handel Cecílio, que muito gentilmente permitiu que fossem publicadas. Saliento que as suas investigações, ainda em curso, deverão descortinar, em breve, a História do Órgão no Brasil. Ao Dr. Handel agradeço penhoradamente.

[34] Este é o nome de um dos oito frades franciscanos enviados pelo Rei Dom Manuel na Armada de Cabral. Frei Masseu ou Maffeu era de origem italiana. *História da colonização portuguesa no Brasil*. Porto, 1923. v. II, p. 62. O órgão impressionava profundamente os naturais do Brasil. Em carta escrita pelo primeiro Bispo do Brasil ao Rei Dom João III, rogando o envio de órgãos para o Brasil, assevera o prelado: "Não se esqueça Vossa Alteza de mandar cá uns órgãos porque este gentio é amigo de novidades, muito mais há-de mover por ver... tanger órgãos, que por pregações e admoestações." Além disso, tenho informações de que já no primeiro século da nossa História os jesuítas haviam ensinado os índios a construírem órgãos, considerados de excelente qualidade, equiparáveis aos produzidos no Velho Mundo. Refiro ainda que o primeiro posto de organista do Brasil foi ocupado por Pedro da Fonseca, que assumiu o cargo na noite de Natal de 1559, na Sé de Salvador.

[35] As artes e ofícios foram, de fato, introduzidos no Brasil a partir da primeira missão jesuítica, chegada em 1549 com o primeiro Governador-geral, Tomé de Souza. Sobre o assunto consulte-se LEITE, Serafim, **Artes e ofícios dos jesuítas no Brasil**: 1549-1760, Lisboa, 1953. Nesse trabalho estão catalogados os jesuítas que conheciam diversos ofícios e os ensinavam. Interessante e esclarecedor trabalho sobre as Corporações foi escrito por Marcello Caetano, intitulado A Antiga organização dos mesteres de Lisboa, como introdução à coletânea de LANGHANS, Franz-Paul. **As corporações dos ofícios mecânicos**, Lisboa, 1943. v. I.

Os objetos de culto nesse período acabam por vincular-se às soluções e caminhos apontados pelo Concílio de Trento.[36] A preocupação com a unidade litúrgica produziu referências também para a arte. A arte se conjuga com os ritos da Igreja. A escultura, por exemplo, serve de mediação entre os homens e Deus.

A Sessão XXV, que teve lugar nos dias 3 e 4 de dezembro de 1563, regula o uso das imagens sagradas. Afirmando a tradição combate a posição iconoclasta dos protestantes[37] e confirma a legitimidade da veneração das imagens, salientando, contudo, que a dita veneração será tributada aos protótipos que representam. E no artigo 987 declara-se:

> "Os bispos ensinem, pois, diligentemente, com narrações dos mistérios de nossa redenção, com quadros, pinturas e outras figuras, pois assim se instrui e confirma o povo, ajudando-o a venerar e recordar assiduamente os artigos da fé. Então, sim, grande fruto se poderá auferir do culto das sagradas imagens, não só porque por meio delas se manifestam ao povo os benefícios e as mercês que Deus lhes concede, mas também porque se expõem aos olhos dos fiéis os milagres que Deus opera pelos seus Santos, bem como seus salutares exemplos. Rendam, assim, por eles graças a Deus, regulem a sua vida e costumes à imitação deles e se afervorem em adorar e amar a Deus, fomentando a piedade."

Bem vistas as coisas, a arte influenciada pela doutrina da Igreja tinha finalidade evidentemente apostólica e transcendente. Mas o espírito cristão penetrou a mentalidade dos artistas e eles seguiram pelas vias de uma liberdade tutelada pelas decisões da hierarquia.

Se transplantarmos as concepções de honra, dignidade, devoção, piedade para o mundo das artes plásticas, teremos um grande leque de manifestações do espírito religioso: desde o artesanal até o erudito. Mas está claro que o domínio da técnica associado ao talento produzirá a chamada obra-prima.[38]

Se pensarmos nas obras de Aleijadinho,[39] produzidas no ocaso do período colonial, teremos a impressão de uma produção em tudo fiel ao Belo oficial da Igreja, produzido

---

[36] Convocado e presidido pelo Papa Paulo III, o Concílio de Trento teve início em 1545. Sobre a aplicação do Concílio de Trento em Portugal e, obviamente, no Brasil, vide CAETANO, Marcello. Recepção e execução dos decretos do Concílio de Trento em Portugal. *Revista da Faculdade de Direito da Universidade de Lisboa*, vol. XIX, 1963.

[37] Lembremos também a iconoclastia bizantina, bastante anterior, que teve lugar nos séculos VIII e IX, aprovada pelos imperadores do Oriente.

[38] A expressão surge nas Corporações de Mesteres medievais, as nossas Corporações de Ofício, extintas pela Constituição Imperial. Curiosamente, o futuro Visconde de Cairú, tradutor de Adam Smith, na sessão da Constituinte de 1823, que decidiu pela extinção, se opôs veementemente.

[39] Sobre o nosso escultor, afirmou Germain Bazin: "Como arquiteto e ornamentista, o Aleijadinho trouxe o galardão supremo ao barroco português. Como escultor, se erigiu formas grandiosas das quais a civilização portuguesa não oferecia nenhum equivalente, não foi por espírito de revolução, mas, ao contrário, pelo despertar das forças criadoras que dariam à civilização luso-brasileira o grande artista-poeta que, depois de Nuno Gonçalves, ela não soube mais produzir." Cfr. **Aleijadinho e a escultura barroca no Brasil**. Rio de Janeiro, 1963. p. 111.

com toda a liberdade.⁴⁰ Há algo de medieval, tridentino e que informou o nosso barroco colonial nas peças de Antônio Francisco Lisboa. *Mutatis mutandis*, o mesmo podemos dizer de Mestre Ataíde, a nossa referência de pintor colonial, que, através dos traços mestiços dos seus retratos, produz, talvez, a melhor pintura do nosso período colonial.

Há uma margem para o criador da arte sacra que, mesmo com a criteriologia moderna, não oprime a liberdade de consciência, ou seja, nos termos do nosso constitucionalismo: o indivíduo pode agir de acordo com as suas convicções.

Em alguns tristes momentos da história do século XX os Estados não consideraram a liberdade de pensamento, leia-se expressão, dos artistas. Lembremos, à guisa de exemplo, o totalitarismo soviético que condenou o retrato de Stalin produzido por Picasso, logo após a morte do ditador. Moscou condenou o trabalho. O vasto conjunto de doutrinas que compõem a concepção materialista do mundo não permitia o subjetivismo do pintor malaguenho. O individualismo subjetivista se opõe ao coletivismo socialista. Não pode ser negada a profunda coerência das concepções totalitárias no campo da arte.⁴¹

Assim, como poder-se-ia pensar numa liberdade de expressão no campo da arte que não ferisse os sentimentos religiosos?

A pergunta provoca uma reflexão. A resposta é claramente espinhosa. Mas, enfrentemos a questão. O leitor, certamente, deve haver pensado, por exemplo, no famigerado caso das caricaturas...

O século XX e a primeira década do nosso século nos concedem alguns exemplos que podem servir de subsídio. O chamado conflito de civilizações produziu elementos que são úteis para algumas ponderações.

A destruição, pelos talibãs, de esculturas multisseculares, os chamados Budas de Bamiyan⁴² em março de 2001, causou reação em todo o mundo. Mas pretendo refletir acerca de um conflito civilizacional que se dá numa sociedade que, sobretudo nas suas elites, passa por um processo de radical e inegável descristianização.⁴³ Esse conflito se dá no próprio redil cristão.⁴⁴

---

⁴⁰ Leia-se o que afirmou Lúcio Costa sobre o mestre mineiro: "A religiosidade do Aleijadinho cresceu na medida do seu íntimo convívio com a hagiografia e com a Bíblia; e do isolamento a que se impôs, em consequência da moléstia, resultou uma profunda comunhão de sua arte com a fé. As inúmeras sentenças e os versículos que participam da composição dos púlpitos e retábulos de sua autoria se devem, indubitavelmente, à sua própria iniciativa e escolha, porquanto não ocorrem na obra de nenhum outro entalhador." **O universo mágico do barroco brasileiro**. São Paulo, 1998. p. 169.

⁴¹ Sobre o tema ver a coluna Ambientes, Costumes e Civilizações. **Revista Catolicismo**, nº 35, nov. 1953.

⁴² Localizados a cerca de 240 km da capital do Afeganistão, na rota da seda que ligava a China à Índia. Bamiyan foi centro budista desde o século II. Os budas foram escavados na rocha por volta do século V da nossa era.

⁴³ São tantos os estudos, documentos e declarações que frisam esse processo que peço ao leitor permissão para me abster de referências à crise religiosa do Ocidente.

⁴⁴ O fato de uma Constituição, dita europeia, suscitar polêmica em torno das raízes cristãs da Europa parece ser suficiente para a demonstração da afirmação. Acrescento a recente campanha

Voltemos a nossa atenção para meados do século XX. A revista **Fede e Arte**, editada pela Pontifícia Comissão para a Arte Sacra na Itália,[45] publicou em 1953 substancioso artigo intitulado "Arte religiosa e a crise do gosto contemporâneo",[46] assinado por Michele Guerrisi, que analisou alguns desenhos de Rouault[47] e se pronunciou francamente contrário à representação da face de Nosso Senhor, tendo em vista ser exactamente a mesma que o artista modernista utilizara para representar os seus palhaços. Alguns diriam que a liberdade do artista tem de ser total; outros negariam esta liberdade considerando que há limites que não podem ser ultrapassados sob pena de ofender o sentimento religioso de muitos. Estamos diante, efetivamente, de um conflito de liberdades. *Quid Iuris*?

Caso bastante recente e que provocou celeuma em Portugal foi a decoração da Capela do Palácio de Belém. As pinturas de uma artista representando Nossa Senhora foram consideradas inconvenientes por muitos católicos. No mesmo local estão esculturas da Virgem esculpidas nos séculos XVI e XVII, pela Escola de Coimbra. Dir-se-ia que as obras *hurlent de se trouver ensemble*! Enquanto as esculturas ainda manifestam a busca de expressão do sobrenatural, as pinturas são hipernaturalizadas... Há direito, em nome da liberdade de expressão, de se representar imagens sagradas, numa capela, conforme uma interpretação chocante para o imaginário daqueles que praticam a religião?

A recente exposição em Madrid, intitulada *Obscenity*, também proporciona campo de discussão sobre os limites da liberdade de expressão e o seu confronto com o respeito pela religiosidade. Vestes talares são utilizadas em fotografias com temas pornográficos e a Virgem com o menino Jesus é representada por um transexual. *Quid Iuris*?

A polémica gerada pela publicação em 2005 das caricaturas satirizando a figura de Maomé, pelo jornal dinamarquês **Jyllands-Posten**,[48] teve repercussões cruentas e in-

---

internacional de protesto contra a Constituição da Hungria, em especial por ter afirmado as raízes cristãs daquele país.

[45] A Revista era então dirigida pelo Arcebispo Giovanni Costantini, presidente da Comissão citada. Em fevereiro de 1954, o Cardeal Celso Costantini, então uma das maiores autoridades em assuntos artísticos, especialmente em arte sacra, publicou artigo que merece toda a atenção. O artigo teve grande repercussão nos meios religiosos e artísticos. Em maio de 1955 o Cardeal publicou novo artigo, com farta documentação. Nele refere as caricaturas anti-cristãs do século I.

[46] Pode-se consultar alguns extratos do artigo na coluna Ambientes, Costumes e Civilizações da **Revista Catolicismo**, nº 34, outubro de 1953, que disponibiliza alguns clichês com as representações de Rouault.

[47] Filosoficamente o artista francês foi influenciado por Jacques Maritain, seu amigo.

[48] O jornal dinamarquês no início da polémica, em editorial, afirmou o seu direito a desafiar, blasfemar e humilhar, mas acabou pedindo perdão pela ofensa às crenças islâmicas. No ano passado (2011), o jornal satírico francês *Charlie Hebdo* foi alvo de um ataque bombista, por ter publicado caricaturas sobre o islão. E a justiça dinamarquesa, também em 2011, condenou um indivíduo de origem somali por terrorismo e tentativa de assassinar o desenhista de algumas caricaturas que foram o centro da polémica. A pena foi de 9 anos de prisão e posterior expulsão do país. Houve também condenação, em janeiro de 2012, de dois indivíduos por tentativa de ataque à sede do jornal em Copenhagen.

cruentas: embaixadas foram queimadas; a Liga Árabe pediu às Nações Unidas para impor sanções internacionais à Dinamarca; um boicote a importações dinamarquesas foi organizado por diversas nações islâmicas; o governo dinamarquês foi pressionado para que castigasse os cartunistas; a União Europeia foi instigada a legislar sobre a blasfêmia. Enfim, resta a pergunta: qual o limite da liberdade de expressão? Quando esta liberdade fere os sentimentos religiosos? Qual dos valores deve prevalecer?

Numa quadra em que presenciamos a chamada ditadura do relativismo, considero que as questões ficam sem resposta. Afinal, sempre irá prevalecer o subjetivismo. Como afirma um historiador italiano: "O grande debate do nosso tempo não é de natureza política nem econômica, mas de caráter cultural, moral e, em última análise, religioso. Desta polêmica emergem duas visões do mundo: a visão dos que acreditam que há princípios e valores imutáveis e a visão daqueles que sustentam que não existe coisa alguma que seja estável ou permanente, sendo todas as coisas relativas ao tempo, aos lugares, às circunstâncias."[49]

3 BENS CULTURAIS DA IGREJA CATÓLICA

Seria quase despiciendo tratar da importância para a Civilização Ocidental, ou, ainda com mais rigor, para a Civilização Ocidental Cristã, do contributo artístico-cultural da Igreja Católica. Não passa de honestidade intelectual reconhecer o inestimável acervo que mais de 2000 anos de cristianismo legaram ao nosso século. Contudo, algumas referências ao caso brasileiro e, em especial aos dois relevantes artigos[50] que deram tratamento à matéria na concordata[51] celebrada com o Brasil e que teve como ato solene um lugar repleto de arte: a Sala dos Tratados do Palácio Apostólico do Vaticano, também conhecida como Palácio Papal.

A concordata, na expressão de Dom Lorenzo Baldisseri, acabou situando num patamar internacional a protecção de direitos fundamentais de ordem cultural dos brasileiros e da civilização cristã.[52]

A Convenção de Haia, de 14 de maio de 1954,[53] ao preocupar-se, no pós-guerra, com a protecção dos bens culturais aquando dos conflitos armados, teve certamente uma intervenção axiológica e teleológica, reflectindo o horror causado pela destruição de elementos fundadores da própria Europa como, por exemplo, a Casa Mãe dos Beneditinos, fundada no século VI. As toneladas de bombas lançadas sobre Monte Cassino pelos bom-

---

[49] Cfr. MATTEI, Roberto. **A ditadura do relativismo**. Porto, 2008.
[50] Refiro-me aos artigos 6º e 7º.
[51] A terminologia tradicional, consagrada ao longo de séculos, seria, de fato, concordata. Algumas questões que me pareceram irrelevantes acabaram por produzir a substituição do termo por Acordo Brasil-Santa Sé.
[52] Cfr. **Acordo Brasil-Santa Sé comentado**. São Paulo, 2012. p. 217.
[53] Ainda em 1954, a 19 de dezembro, deu-se a Convenção Cultural Europeia de Paris que referiu-se ao patrimônio e à necessidade imperiosa de sua protecção.

bardeiros americanos a 15 de fevereiro de 1944 destruíram a fundação do chamado Pai da Europa, São Bento.

A Convenção de Haia considera que se caracterizam como bens culturais, dentre outros, os bens móveis ou imóveis de grande importância para o patrimônio cultural dos povos. No caso de bens de marcada índole religiosa temos que considerar o que refulge da proteção que lhes é devida.

Os edifícios religiosos são dedicados e consagrados com cerimônias especiais que lhes imprimem caráter sagrado. A celebração do culto nesses locais, ao longo de gerações, faz com que transcenda da percepção meramente pragmática, mesmo em termos de urbanismo. Deixa perplexo qualquer homem com alguma sensibilidade que a velha Sé Primacial[54] de Salvador, construída no século XVI, tenha sido demolida nos anos 30 do século XX para permitir a passagem de uma linha de bondes.

Os objetos de culto também são consagrados e, por isso, merecem todo o respeito, não apenas dos fiéis, mas também de todos os homens de boa vontade. Tenhamos, por exemplo, em conta as alfaias, que nada mais são que o conjunto dos objetos litúrgicos usados nas celebrações. Assim, o sacrário, os vasos sagrados, as imagens, os livros litúrgicos, os paramentos, os castiçais, objetos que encontramos corriqueiramente nos antiquários, devem ser mantidos com todo o cuidado e o seu uso não deveria se dar para fins menos dignos. Mas na impossibilidade de regressarem ao culto, que pelo menos sejam preservados com o respeito que lhes é devido.

O pendor artístico dos edifícios e dos objetos religiosos faz parte do patrimônio cultural de cada povo em geral e dos cristãos em especial. Considera-se, pois, que o patrimônio artístico da Igreja, sem dúvida, muitas vezes (mas não sempre), é composto por obras de exímia execução; contudo, por serem religiosos, carregam, para além disso, o seu valor religioso.[55]

A natureza humana tem necessidade, mesmo em sede de religião, de manifestações sensíveis. O desrespeito aos objetos litúrgicos, seja patente, como chutar uma imagem ou destruí-la,[56] seja sutil, como no caso de se utilizar um corporal para trazer a conta num restaurante; enfim, implica um desrespeito ao sentimento religioso e deveria ser evitado. Senão pela exegese do direito, ao menos pela civilidade que poderia ser apanágio de mui-

---

[54] Foi nessa Catedral que se celebrou, por exemplo, o *Te Deum* em ação de graças pela chegada da Família Real em 1808. Hoje no local se encontra um monumento feito com pedras portuguesas representando uma cruz caída, em sinal de protesto pelo barbarismo que se deu em nome do progresso que as linhas do bonde representavam – progresso efêmero. Lembro-me de caminhar por este local e ler uma placa que traduzia a indignação da população pela demolição. Pena não haver copiado o texto...

[55] Para além das considerações sobre a arte religiosa referentes à ética e à estética, o seu valor histórico, distinto mas não desconexo dos outros dois, tem grande relevância. Uma certa presença do passado numa obra de arte sempre é considerada como passível de valoração.

[56] Por exemplo, o vandalismo que vimos há poucos meses em Itália na dita manifestação dos indignados.

tos. De qualquer forma seria impossível, ou pelo menos incoerente, regular a utilização da arte sacra e dos objetos de culto subestimando ou ignorando olimpicamente o Direito Canônico e os documentos pontifícios.

A Igreja reconhece, em seus documentos, a produção artística como um dos mais nobres movimentos do espírito humano. Leiamos um extrato da Constituição Apostólica *Sacrossantum Concilium* sobre a Sagrada Liturgia:

> "Entre as mais nobres atividades do espírito humano estão, de pleno direito, as artes liberais, e muito especialmente, a arte religiosa e o seu mais alto cimo, que é a arte sacra. Elas espelham, por natureza, a infinita beleza de Deus a ser expressa de certa forma pelas obras humanas, e estarão mais orientadas para o louvor e glória de Deus se não tiverem outro fim senão o de conduzir piamente e o mais eficazmente possível, através das suas obras, o espírito do homem a Deus."[57]

4 A NORMATIVIDADE CANÔNICA E CONCORDATÁRIA SOBRE OS BENS CULTURAIS ECLESIÁSTICOS

Os bens culturais da Igreja tiveram tratamento no Código de Direito Canônico de 1917. O cân. 1497 dispõe sobre os bens temporais da Igreja, dentre eles encontramos os objetos litúrgicos, as imagens preciosas, altares e capelas. A antiguidade e a arte eram critérios para definir a importância destes bens. Claro está que o mesmo se dá quando qualquer destes objetos se encontra à venda num antiquário ou num leilão. Mas o Direito Canônico leva em consideração também o culto. Um objeto, ainda que de pouco valor artístico, ou de arte rústica, tendo servido ao culto, por exemplo, numa celebração de um pároco que chegou a Papa, ou tendo sido utilizado por uma Santo, ganha valor, podemos dizer, histórico-transcendental. Temos uma preciosidade difícil de avaliar, mas real.

Pelo *Motu proprio Inde a Pontificatus Nostri initio*, de 25 de março de 1993, foi criada a Pontifícia Comissão para os Bens Culturais da Igreja que, evidentemente, se encarrega do imenso patrimônio artístico da Igreja que é fruto do testemunho do engenho humano e da sua adesão à fé. Sendo, também é óbvio, considerado simultaneamente patrimônio cultural da humanidade.[58]

O Direito Concordatário está repleto de exemplos sobre os pactos celebrados entre a Santa Sé e as autoridades temporais sobre os bens culturais da Igreja. Regulando, *v. g.*, a prioridade da finalidade cultual sobre a cultural, temos salientado nas concordatas o interesse para a *salus populi* de uma ação harmônica entre os poderes religiosos e civis com o intuito da tutela, sob diversas formas, do patrimônio artístico da Igreja.

Cito, à guisa de exemplo, o art. 13 da Concordata celebrada com a Lituânia, no ano 2000: "O patrimônio cultural e histórico da Igreja Católica é parte importante da herança

---

[57] Apud **Acordo Brasil-Santa Sé comentado**, cit., p. 225.
[58] Ibidem, p. 228.

cultural nacional; por isso, a Igreja Católica e a república da Lituânia continuarão a colaborar para salvaguardar a mencionada herança."[59]

Na recente Concordata celebrada entre a Santa Sé e o Brasil adotou-se o princípio da preservação da finalidade religiosa dos bens culturais eclesiásticos. Tal finalidade prevalece sobre o concomitante valor artístico que o bem possa ter. O Brasil reconhece, fica evidente pelo texto, a finalidade própria dos bens eclesiásticos no seu art. 6º.

A legislação nacional que confere ao IPHAN a autorização para restauro de bens tombados, estando em vigor, deve favorecer os bons ofícios para salvaguardar a arte e o culto. Pelo Decreto-lei nº 25, de 30 de novembro de 1937, foram estabelecidas as normas para o tombamento dos bens culturais. O diploma considera, logo no seu art. 1º, o patrimônio histórico e artístico nacional como o conjunto de bens móveis e imóveis cuja conservação é de interesse público. No seu art. 25 o decreto dispõe acerca da necessidade do órgão governamental buscar entendimento com as autoridades eclesiásticas com o fito de obter a cooperação para o maior cuidado e benefício do patrimônio artístico nacional.

Tenhamos em consideração que o restauro de um bem eclesiástico não se submete absolutamente aos critérios da arte, mesmo que seja do melhor espírito e intenção. Aliás, lembro-me da extraordinária obra de Viollet Le Duc, que marcou a história do século XIX. Contudo, a criteriologia das restaurações deve se submeter, muitas vezes, ao cuidado com as devoções e com o sentimento religioso do povo.

Recentemente, em Portugal,[60] quando restauradores da Universidade Católica do Porto se preparavam para iniciar o restauro de uma imagem barroca, ao fazerem as radiografias da peça, descobriram que a pintura barroca cobria uma imagem medieval, muito mais valiosa sob a ótica artística. Talvez o perito em arte sacra não tivesse dúvida em restaurar a mais antiga, mais valiosa no mercado das artes. Contudo, sendo aquela, a imagem barroca, que suscita o culto e a devoção, será ela a restaurada.[61] Note-se, portanto, a complexidade que se deve ter em conta na execução de obras religiosas. Além da análise artística e histórica, urge ter em consideração o culto, a fé e as relações das populações com as figuras religiosas.

5 TOMBAMENTO E PROTEÇÃO DO PATRIMÔNIO

O parágrafo 1º do artigo 216 da Constituição Federal de 1988 prevê a promoção e a proteção do patrimônio cultural brasileiro. Tal proteção deve ser fruto da colaboração e dos bons ofícios da comunidade e do poder público. São apresentados no texto os meios

---

[59] Ibidem, p. 231.
[60] Sobre os bens eclesiásticos em Portugal, ver MARINHO, Paula Leite. **Os bens temporais da paróquia** – o Direito Canónico e o Direito Português. Lisboa, 2004.
[61] A solução portuguesa para a questão foi produzir uma reconstituição da imagem e da pintura antiga para que se registrasse a sua existência.

de tutela: inventários,[62] registros,[63] vigilância,[64] desapropriação[65] e tombamento, para além de uma referência genérica a outras formas de acautelamento e prevenção.

O tombamento de um bem cultural, na tradição brasileira, é a mais difundida expressão de manifestação da vontade estatal de preservação de um determinado bem. O verbo *tombar*, um arcaísmo,[66] traduz-se na inscrição do nome do bem, sua localização e regime de restrições no Livro do Tombo. Logo, o reconhecimento do valor do bem e o regime escolhido para a sua proteção, inscrito no próprio livro, produzem efeito de imodificabilidade e, em certos casos, restringe-se a utilização quanto aos fins e a sua alienabilidade.

Cabe ao Poder Executivo estabelecer até onde vai a limitação do Direito de propriedade.

Os bens de particulares podem ser tombados voluntariamente ou compulsoriamente. Tal procedimento dar-se-á sempre através de notificação do IPHAN.

A partir do tombamento a coisa não mais poderá deixar o país, excetuados os casos de intercâmbio cultural, por pequeno lapso de tempo e, por óbvio, sem a transferência de domínio. O IPHAN deverá se manifestar a favor nos casos concretos. Em qualquer outra hipótese, a saída do bem configura contrabando. A coisa fica sujeita, então, a sequestro.

Tenha-se também em conta que as obras tombadas requerem, seja para mero reparo (mesmo pintura), seja para obra de restauração, de autorização especial do IPHAN.

Caso o proprietário não disponha de recursos para a conservação ou reparação da coisa e tal carência possa comprometer a integridade do bem, o IPHAN poderá considerar

---

[62] O inventário é o meio tradicional de proteção, que se dá através de um levantamento sistemático e, dentro do possível, exaustivo, dos bens culturais. Hoje existem mais de 15.000 peças inventariadas pelo IPHAN.

[63] Pelo Decreto 3.551/2000 ficou especificado o registro como um instrumento de proteção dos bens culturais de natureza imaterial. Incluem-se, contudo, os objetos associados às práticas e expressões que caracterizam esses bens culturais.

[64] O art. 20 do Decreto-lei nº 25, de 1937, prevê a permanente supervisão do IPHAN estabelecendo que todas as coisas tombadas ficam sujeitas à vigilância permanente do Instituto, que poderá inspeccionar as coisas sempre que julgar conveniente, e vetando os proprietários ou responsáveis a criação de empecilhos às ditas inspeções.

[65] Nesse caso, temos a transferência da propriedade para o domínio público. Dar-se-á, *ipso facto*, o tombamento.

[66] A Torre do Tombo é o arquivo central do estado português desde a Idade Média. Trata-se de uma das instituições mais antigas ainda ativas, tendo sido criada há mais de 630 anos. Foi instalado, aquando da criação, numa torre do Castelo de São Jorge, em Lisboa, chamada do Tombo, e acabou, assim, por ficar conhecido por esse nome. José Pedro Machado, no seu Dicionário Etimológico da Língua Portuguesa, ensina que tombo deriva do grego *tómos*, que significa pedaço de papiro; daí tomo referindo-se a volume. Dessa forma, por extensão, passa a designar o suporte onde se faziam os registros de documentos e onde se guardavam os arquivos desses documentos. Na Torre do Tombo, por ser o arquivo régio, guardavam-se os documentos mais importantes. Lembro-me ainda de ter contemplado, emocionado, na seção de documentos valiosos do famoso arquivo, em Lisboa, a carta de Pero Vaz de Caminha.

necessária a intervenção e esta deverá ser levada a cabo às expensas da União, segundo dispõe o art. 19 do Decreto-lei de 1937. A hipótese da desapropriação, nesse caso, também é contemplada pela lei.

Lembremos que no caso dos bens eclesiásticos a actividade do IPHAN não deverá abandonar o princípio do primado da finalidade religiosa de tais objetos. Há de se buscar a harmonia das ações em prol da preservação do patrimônio cultural e da utilização para o bem espiritual dos fiéis. A restauração de um objeto de culto, por exemplo, não deve privilegiar o aspecto cultural relegando a segundo plano o sentimento religioso.[67] Importa, pois, encontrar soluções na cooperação entre as autoridades civis e religiosas para obviar possíveis atritos. Em casos extremos seria mesmo recomendável cancelar tombamentos. Tal prerrogativa pertence ao Presidente da República.[68]

A finalidade do tombamento é a proteção e preservação da integridade do bem. Voltemos ao texto constitucional que no parágrafo 1º do art. 216 atribui ao poder público e à comunidade a proteção do patrimônio cultural brasileiro. A comunidade colabora com o poder público na medida em que exerce a vigilância sobre o patrimônio que faz parte da sua formação cultural. O convívio diuturno com certas obras de arte forma as pessoas e as Famílias numa concepção de mundo.

Ao Ministério Público cabe, para a defesa do patrimônio cultural, instaurar inquérito civil; ajuizar ação civil pública; ajuizar ação penal; firmar compromissos de ajustamento de conduta e expedir recomendações, notificações, assim como requisitar informações, perícias e documentos; e também promover inspeções e diligências investigatórias.

Nas últimas duas décadas sucederam-se intervenções do Ministério Público, mediante o exercício das citadas atribuições. Há, em alguns casos, nítida colaboração da comunidade em prol da preservação de bens culturais e artísticos. Vejamos, em especial, alguns casos de bens religiosos.

A imagem setecentista de Nossa Senhora das Mercês, de autoria de Antônio Francisco Lisboa, esculpida para o altar-mor da Igreja de mesma invocação, em Ouro Preto, desaparecera pelos anos 60. Um habitante da cidade, em visita a uma exposição no MASP, reconheceu a imagem. O IPHAN solicitou à Polícia Federal a abertura de inquérito sobre o furto e a receptação da obra. Em 1995 foi determinada pela Justiça Federal a busca e apreensão da peça que estava em poder de um colecionador em São Paulo. Nesse mesmo ano foi ajuizada ação civil pública pelo Ministério Público pleiteando o regresso da escultura para a Igreja de Nossa Senhora das Mercês e Misericórdia de Ouro Preto.

Em 2003 foi considerado procedente o pedido, pela Justiça Federal, da 11ª Vara de Minas Gerais. Referiu a decisão o tombamento da imagem sacra, que datava de 1939 e estava registrado no Livro do Tombo das Belas Artes, fls. 42, nº 243. O réu foi condenado a restituir a imagem à Igreja.

---

[67] Vide supra notas 57 e 58. Tenha-se em conta o parágrafo 1º do art. 6º da Concordata cuja exegese leva à compreensão da prevalência da finalidade religiosa sobre o valor artístico, cultural etc.
[68] Decreto-lei nº 3866, de 1941.

* * *

O *Estado de S. Paulo*, na edição de 6 de agosto de 2003, noticiou a concessão de liminar impedindo o leilão de um conjunto de 3 anjos atribuídos ao mestre da escultura, Aleijadinho, que se realizaria no Rio de Janeiro.

O juiz Jair Eduardo Santana, da 2ª Vara Cível da Comarca de Santa Luzia, na região metropolitana de Belo Horizonte, deferiu o pedido de liminar em uma ação civil pública impetrada pela Associação Cultural e Comunitária da dita cidade. Uma moradora teria reconhecido uma das esculturas através de uma fotografia que anunciava o leilão. Participante ativa das cerimônias religiosas, lembrava-se de alguns detalhes das peças que desapareceram. O colecionador, também natural da cidade de Santa Luzia, admitiu haver adquirido o conjunto havia meio século e que não possuía documento que comprovasse a compra e venda.

Na sua decisão o juiz ordenou que as peças ficassem sob tutela do IEPHA de Minas Gerais, que, por sua vez, deveria elaborar parecer sobre a origem dos anjos.

* * *

Noticiou o *Consultor Jurídico* que uma imagem de Nossa Senhora do Rosário, também atribuída a Aleijadinho, foi objeto de um pedido de busca e apreensão em abril de 2004. A peça sacra teria sido furtada e seria integrante do acervo de bens móveis da Capela de Nossa Senhora do Rosário, situada na região de Sumidouro, no município de Pedro Leopoldo, em Minas Gerais. A liminar determinou também que a imagem ficasse sob custódia provisória do IEPHA de Minas Gerais.

O Ministério Público propôs ação civil pública contra o colecionador alegando que a imagem fora furtada com outras cinco, em 1981. A imagem, aliás, é a padroeira da Capela. Na ação dá-se a informação de que o IEPHA, em 2003, havia-se manifestado acerca de uma imagem com características semelhantes àquela que estava em poder de um colecionador em São Paulo. Foi requerida a busca e apreensão da peça pois o colecionador se negara a submeter a imagem à perícia.

* * *

Referimos ainda o ajuizamento, em 2006, junto à Vara Ambiental de Porto Alegre, de ação civil pública, com o viso de proteção de patrimônio histórico e cultural, requerendo apreensão e destinação adequada de obras de arte e antiguidades dos séculos XVII, XVIII e XIX que foram objeto de tentativa de envio para o exterior, no caso para o Uruguai, de forma irregular.

Nesse caso, lembramos a disposição do art. 23, inciso IV, da CF/88, que afirma ser competência de todos os entes da federação impedir a evasão de obras de arte e de outros bens de valor histórico, artístico ou cultural. A *mens legislatoris* considera o subido valor que tais bens possuem para a identidade do povo brasileiro. Henri Bergson dizia que um homem que perde a sua memória perde a sua personalidade. Que dizer de um povo sem memória? Ora, muitas vezes os objetos são a referência de regiões, como, por exemplo, o conjunto monumental dos profetas em Congonhas do Campo. Um especialista adverte que, "infelizmente, o comércio clandestino de bens culturais brasileiros com o exterior tem sido um dos maiores responsáveis pela pilhagem de nossas imagens sacras, móveis coloniais, esculturas."[69]

6 À GUISA DE CONCLUSÃO

Os problemas que envolvem Direito, Religião e Arte não podem ser considerados sem os seus inerentes vínculos com a filosofia da Arte e do Direito; com a Teologia e o Direito canónico; assim como não pode ser esquecida a história do Direito e a história da Arte. Um percurso absorto pelo Direito positivo é por demais plano. As grandes paragens permitem a contemplação dos fenômenos e dos imensos panoramas.

Os direitos de autor, o direito penal, o direito constitucional, o direito internacional, o direito administrativo, os processos[70]... ramos explorados na nascente investigação do direito da arte, são de grande valia quanto ao contributo doutrinal e na aproximação necessária dos fatores que perpassam a Arte e a sua relação com o Direito, assim como as reversibilidades.

Cumpre buscar, ainda, a compreensão profunda da manifestação de religiosidade do Homem. A produção multissecular de uma arte de inspiração religiosa é fonte de contínua reflexão sobre o poder do maravilhoso na História da Humanidade.

Quando o Jurisconsulto romano definiu a *iurisprudentia* como uma *notitia* das coisas divinas e humana, estava nas grandes paragens. E nas cumeadas quando afirmou, ainda sobre a *iurisprudentia*, será ciência do justo e do injusto.[71]

Importa, em questões tão melindrosas como são as que percorrem o tema da liberdade religiosa e a liberdade de expressão, no caso da arte, recuperar a sapiência dos romanos. Importa ainda recuperar a seríssima reflexão grega que, *v. g.*, com o contributo do Filósofo sobre a equidade, na **Ética a Nicômaco**, apontou o caminho para o aperfeiçoamento da justiça legal.

Ius est ars boni et aequi. A definição celsina condensa de maneira admirável as maiores aspirações daqueles que dedicam as suas vidas ao Direito.

---

[69] Cfr. MIRANDA, M. P. de Souza. **Tutela do patrimônio cultural brasileiro**. Belo Horizonte, 2006, p. 41. Sobre as medidas que visam proteger o patrimônio cultural no que respeita à evasão, ver a Convenção da UNIDROIT, sobre bens culturais furtados e ilicitamente exportados, celebrada em Roma, no ano de 1995 e promulgada, em nosso país, através do Decreto nº 3.166/1999.

[70] Sobre o processo, abre grandes perspectivas o estudo de MONCADA, L. Cabral, O Processo perante a Filosofia do Direito. **Boletim da Faculdade de Direito da Universidade de Coimbra**, Suplemento XV, Homenagem ao Doutor José Alberto dos Reis, v. I, p. 55-100.

[71] *Iurisprudentia est divinarum at que humanarumrerum notitia; iustiatqueiniustiscientia*. Dig. 1,1,10,2. Remeto para a impressiva exegese do fragmento de Ulpiano feita por CRUZ, Sebastião. **Ius Romanum**. Coimbra, 1984, p. 281 e ss.

REFERÊNCIAS BIBLIOGRÁFICAS

ALBUQUERQUE, Ruy de. **Poesia e direito**. Lisboa, 2007. (I) Poesia e Lei – (II) Para uma revisão da ciência jurídica medieval.

BALDISSERI, Lorenzo; MARTINS, Ives Gandra (Org.). **Acordo Brasil-Santa Sé Comentado**. São Paulo, 2012.

BAZIN, Germain. **Aleijadinho e a escultura barroca no Brasil**. Rio de Janeiro, 1963.

BETTI, E. **Teoria generale de l'interpretazione**. Milano, 1955. 2 v.

BRANCO, Paulo Gonet et al. **Direito constitucional**. Brasília, 2011.

BURCKHARDT, Jacob. **A cultura do Renascimento na Itália**. Brasília, 1991.

CAETANO, Marcello. Recepção e execução dos decretos do Concílio de Trento em Portugal. **Revista da Faculdade de Direito da Universidade de Lisboa**, v. XIX, 1963.

CRUZ, Sebastião. **Ius Romanum**. Coimbra: Fontes, 1984. I. Introdução.

DE BRUYNE, Edgar. **Etudes d'esthétique médiévale**. Paris, 1958. 2 v.

ECO, Humberto. **Arte e beleza na estética medieval**. Lisboa, 2000.

FRANKLIN, Julian. **Jean Bodin and the Sixteenth-Century Revolution in the Methodology of Law and History**. New York, 1963.

GALLO, Filippo. **L'offcium del pretore nella produzione e applicazione del diritto**. Torino, 1997.

MACHADO, Jónatas E. M., **Liberdade religiosa numa comunidade constitucional inclusiva**: dos direitos da verdade aos direitos dos cidadãos. Coimbra, 1996.

_____. **Liberdade de expressão**: dimensões constitucionais da esfera pública no sistema social. Coimbra, 2002.

LANGHANS, Franz-Paul. **As corporações dos ofícios mecânicos**, Lisboa, 1943. v. I.

LEITE, Serafim. **Artes e ofícios dos jesuítas no Brasil**: 1549-1760. Lisboa, 1953.

MAFFEI, Domenico. **Gli inizi dell'umanesimo giuridico**. Milano, 1956.

MALHEIRO, Dias Carlos (direcção e coordenação literária). **História da colonização portuguesa no Brasil**. Porto, 1921, 3 v.

MATTEI, Roberto. **A ditadura do relativismo**. Porto, 2008.

MARINHO, Paula Leite. **Os bens temporais da paróquia**: o direito canónico e o direito português. Lisboa, 2004.

MIRANDA, M. P. de Souza. **Tutela do patrimônio cultural brasileiro**. Belo Horizonte, 2006.

OLIVEIRA, Plinio Corrêa de. **Revolução e contra-revolução**. São Paulo, 1998.

OTT, Carlos, **Filosofia da arte portuguesa e da brasileira**: segunda parte, de 1650 a 1900. Salvador, 1990.

_____. Noções sobre procedência d'arte da pintura na Província da Bahia. **Revista do Patrimônio Histórico e Artístico Nacional**. Rio de Janeiro, nº 11, 1947.

RODRIGUES JUNIOR, Otávio Luiz et al. **Comentários à Constituição Federal de 1988**, Rio de Janeiro, 2009.

SINZIG, Pedro (Frei). **Maravilhas da religião e da arte da Igreja do Convento de São Francisco da Bahia**. Rio de Janeiro, 1933.

REVISTA CATOLICISMO. Coluna Ambiente, Costumes e Civilizações, nos 24 (dez. 1952); 25 (jan. 1953); 34 (out. 1953); 35 (nov. 1953); 52 (jun. 1954); 58 (out. 1955) e 124 (abr. 1961), São Paulo.

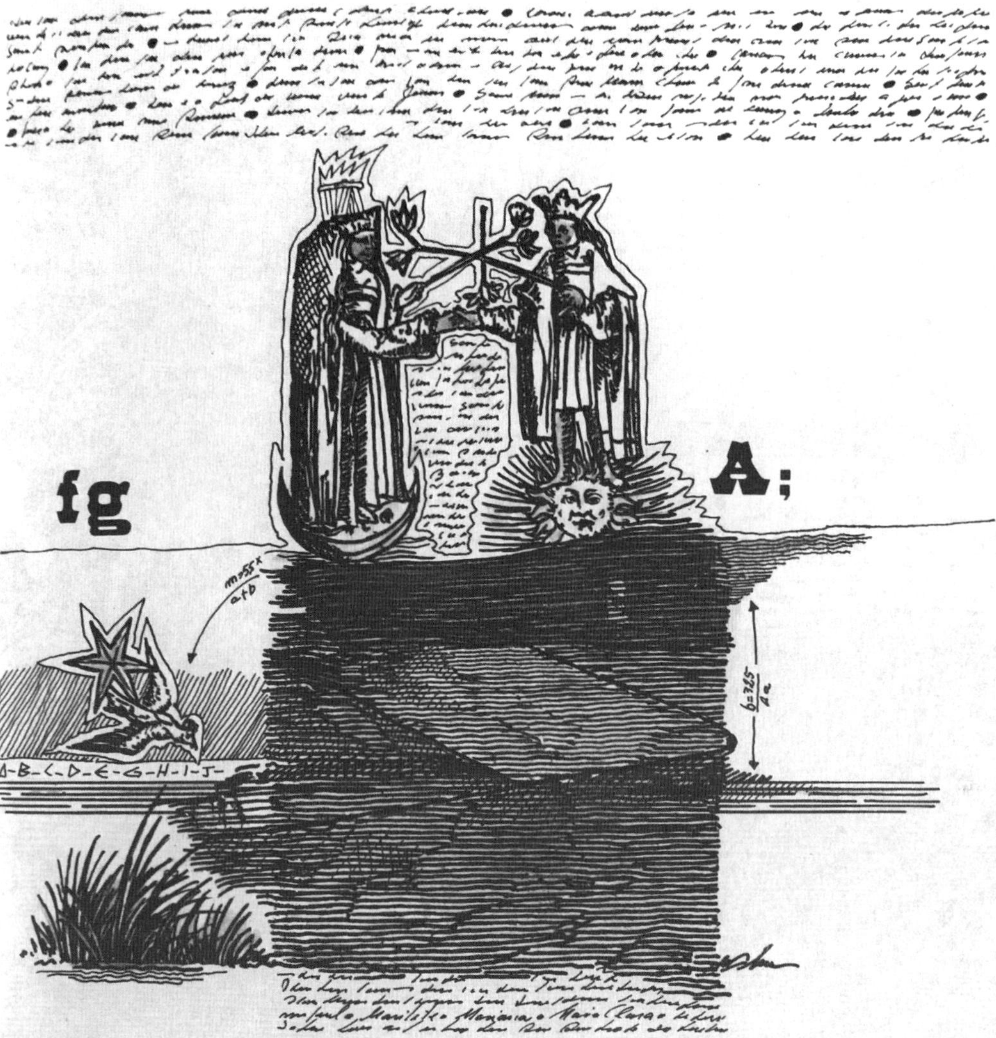
fg
A;
A-B-C-D-E-G-H-I-J-

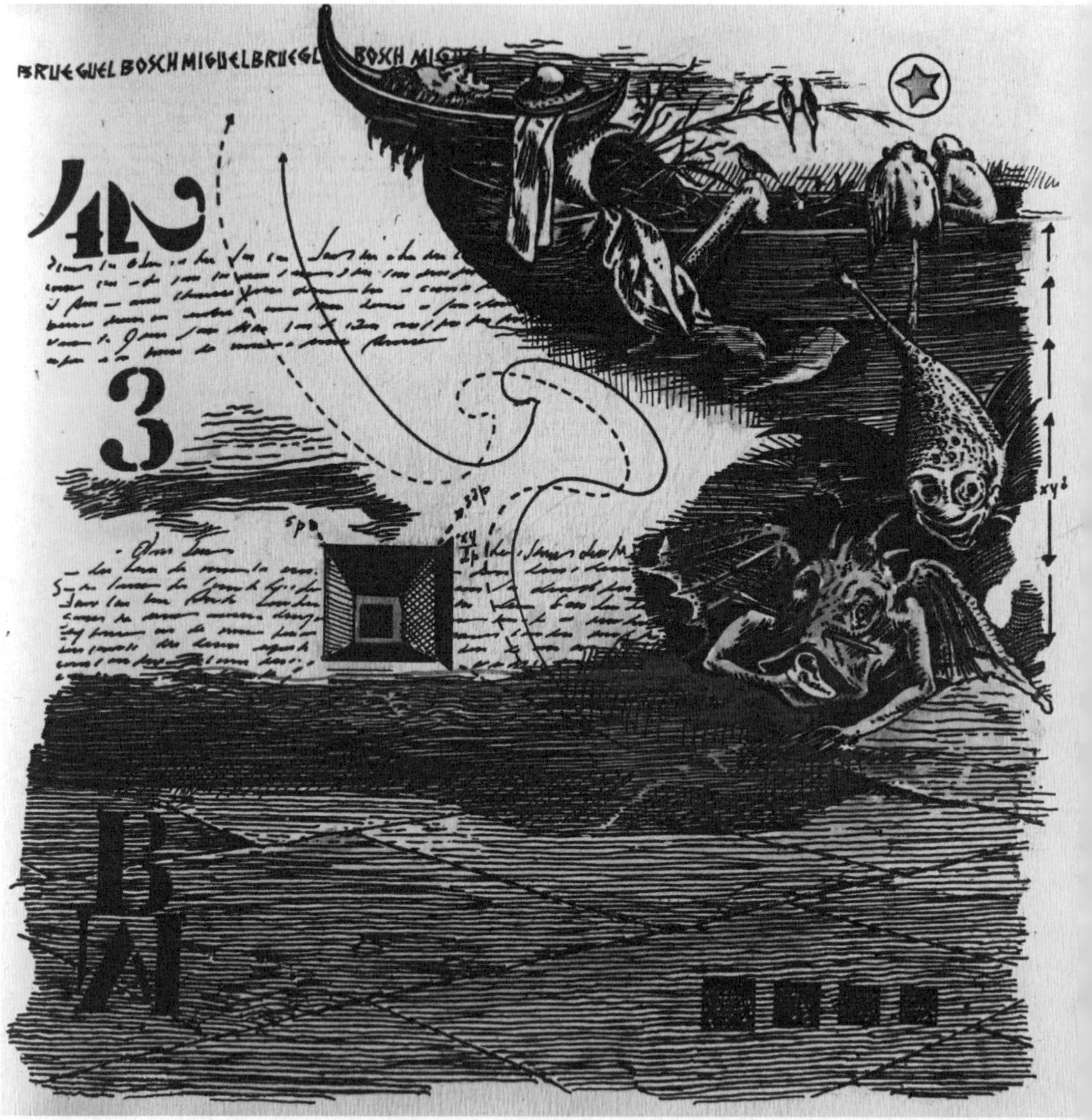
BRUEGUELBOSCHMIGUELBRUEGL
3

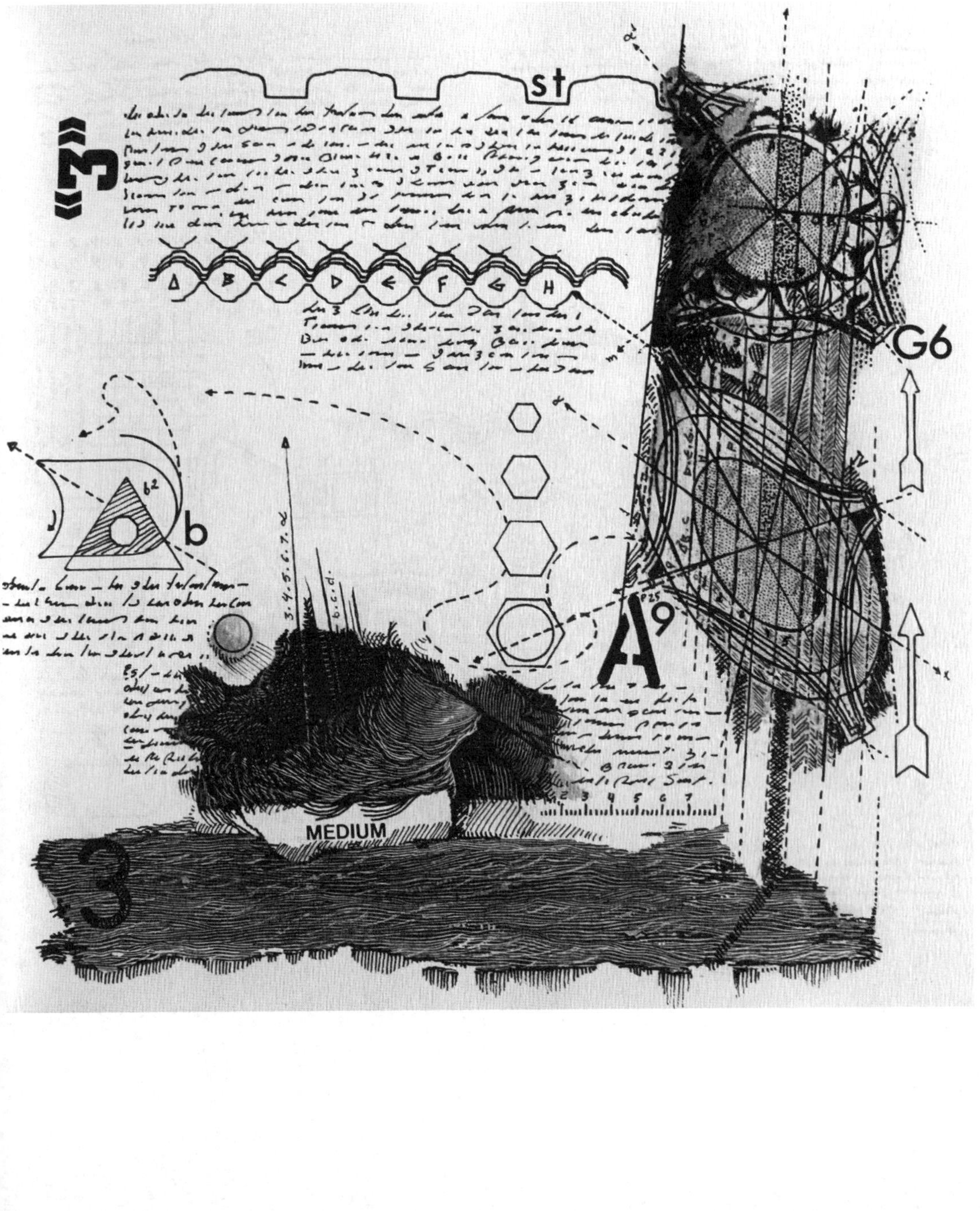
st
3
G6
b
A9
MEDIUM
3

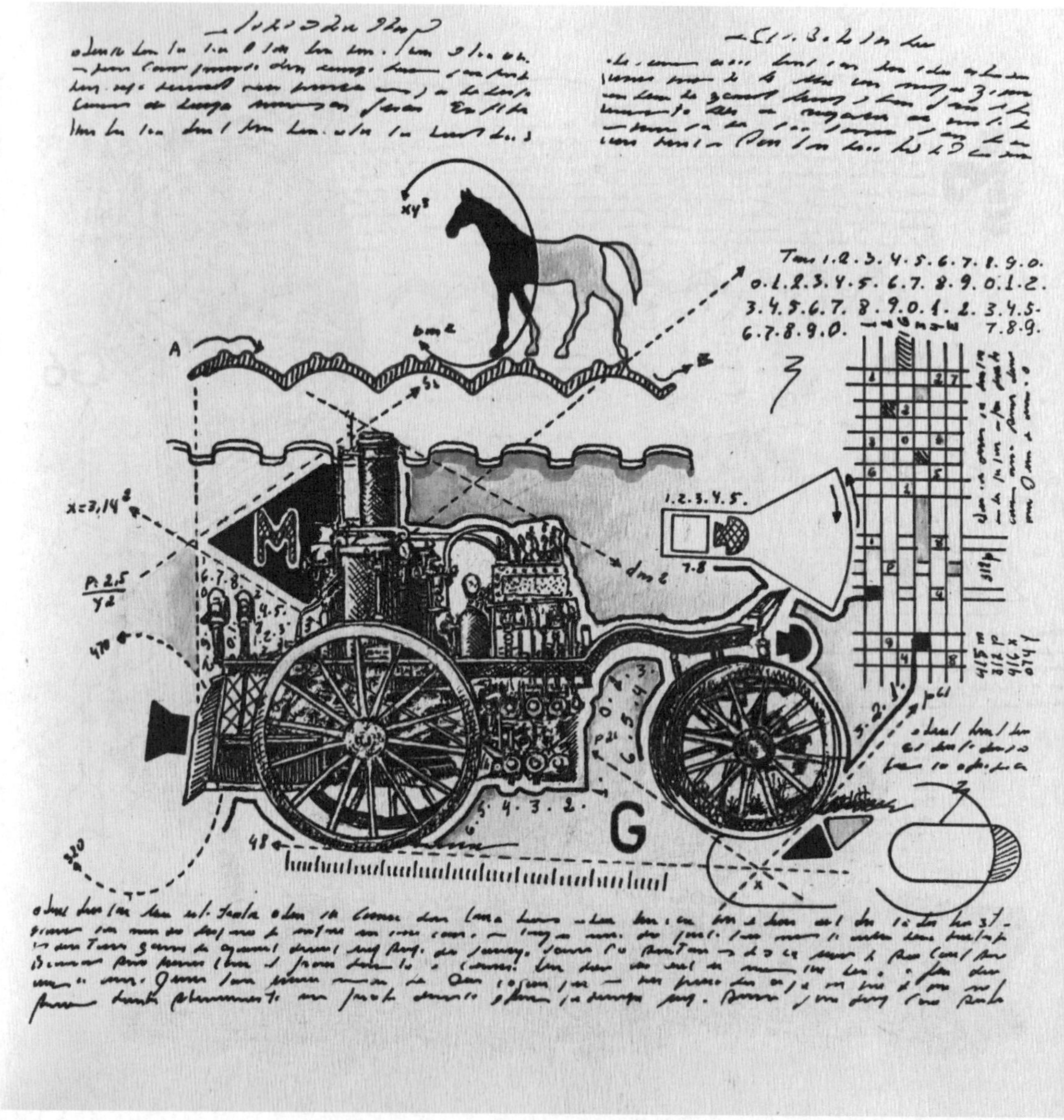
A
B
M
G
x=3,14²
1.2.3.4.5.
7.8
6.5.4.3.2.

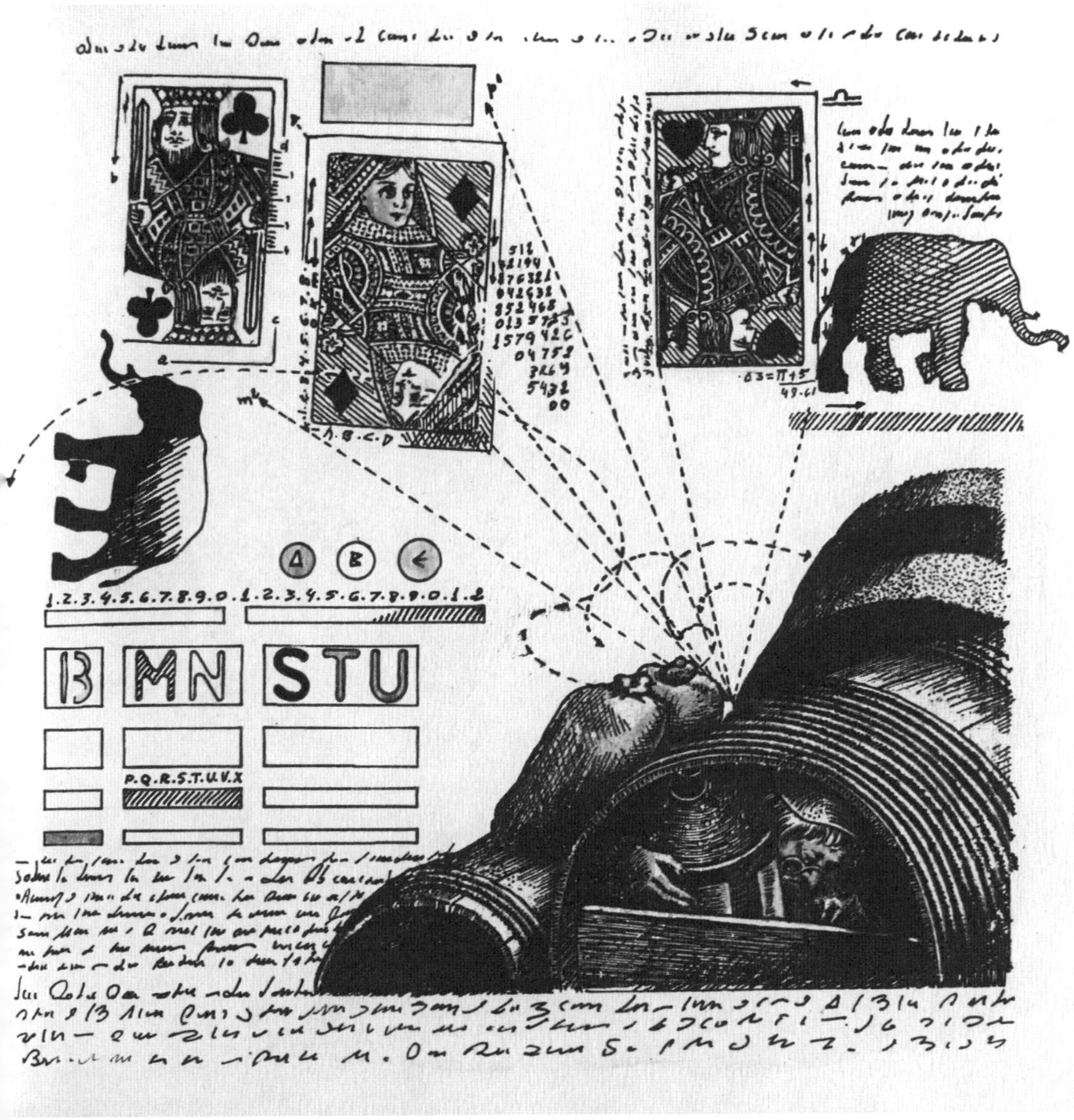
A.B.C.D
1.2.3.4.5.6.7.8.9.0.1.2.3.4.5.6.7.8.9.0.1.2
MN
STU
P.Q.R.S.T.U.V.X

Parte 3

Direito da Arte, Direito Administrativo e Direito Tributário

6

O Belo e a Burocracia: a Aquisição de Obras de Arte pela Administração Pública

Marcílio Toscano Franca Filho[1]

Sumário: 1. Introdução. 2. Arte Pública. 3. Mecanismos para Aquisição da Arte Pública: 3.1. Concurso. 3.2. Dispensa de Licitação. 3.3. Inexigibilidade de licitação. 3.4. Desapropriação. 3.5. Direito de Preferência. 4. Breve Nota Conclusiva. Referências bibliográficas.

"Toda pessoa tem o direito de participar livremente da vida cultural da comunidade, de fruir as artes e de participar do processo científico e de seus benefícios" (Artigo XXVII da Declaração Universal dos Direitos Humanos, adotada pela Assembleia-Geral das Nações Unidas em 10 de dezembro de 1948).

---

[1] Professor do quadro permanente do Programa de Pós-graduação em Direito (Mestrado e Doutorado) do Centro de Ciências Jurídicas da Universidade Federal da Paraíba (UFPB) e Subprocurador-Geral do Ministério Público junto ao Tribunal de Contas do Estado da Paraíba. Pós-doutor (*European University Institute*, Florença, 2008, *Calouste Gulbenkian Post-Doctoral Fellow*), Doutor (Universidade de Coimbra, 2006, FCT) e Mestre (UFPB, 1999) em Direito. Membro da *International Association of Constitutional Law* e diretor do ramo brasileiro da *International Law Association*. Foi aluno (*Gasthörer*) da Universidade Livre de Berlim (Alemanha), estagiário-visitante do Tribunal de Justiça das Comunidades Européias (Luxemburgo), consultor jurídico (*Legal Advisor*) da Missão da ONU em Timor-Leste (UNOTIL) e do Banco Mundial (PFMCBP/Timor). Membro da lista de peritos do UNDP Democratic Governance Roster of Experts in Anti-Corruption (PNUD/ONU).

1 INTRODUÇÃO

Toda sociedade vive, em grande medida, de seus mitos e símbolos, e não é de hoje que se reconhece que um poema, uma imagem ou uma escultura podem ter uma função política relevante e carrear tanto respeito, unidade e autoridade quanto uma bandeira nacional ou um brasão de armas.[2] Seja para criar autoridade, seja para presentear aliados, seja para divulgar feitos ou pessoas, seja para atender a fins puramente hedonísticos, lúdicos ou pedagógicos – entre tantas outras razões possíveis –, Estados e seus governantes sempre tiveram um papel muito importante na aquisição e valorização da arte e no mecenato aos artistas.

À guisa de ilustração, recorde-se o colossal *Davi* de Michelangelo, instalado na *Piazza della Signoria*, bem em frente ao *Palazzo Vecchio*, no centro cívico da *Repubblica Fiorentina*. Naquela obra, Michelangelo optou por uma narrativa inovadora a respeito do bíblico herói que derrotara Golias, o gigante filisteu do Velho Testamento. Original e criativo, ele enveredou por um discurso plástico que não falava do Davi já vitorioso e orgulhoso do seu feito, que comemorava a derrota do gigante.[3] Michelangelo esculpe, ali, um instante anterior à luta e cria um Davi que olha de igual para igual para o seu alvo-desafio, enquanto segura a pedra e a funda, a preparar o golpe final. Tenso, atento, vigilante e tomado de grande coragem e fé, é nesse preciso momento que o Davi se agiganta para enfrentar Golias. E o jovem pastor abandona a frágil figura juvenil até então conhecida para, amadurecido, tornar-se homem feito, enorme, nu como os deuses, mas em cujas veias o sangue humano pulsa vigorosamente. Ao imortalizar o átimo anterior à luta, Michelangelo honrou as duas principais virtudes cívicas do renascimento florentino: força e coragem. Exatamente por isso, por mostrar o homem comum que se agiganta diante do desafio, o

---

[2] Nesse mesmo sentido, Evelyn Welch, **Art in Renaissance Italy 1350-1500**. Oxford: Oxford University Press, 2000. p. 219, menciona que, *"in a signorial dominion, the lord was the law and the prince's own portrait could stand for the state itself"*. Tal entendimento é compartilhado por Erik Jayme, para quem *"artworks are important elements of national identity"*. Segundo o eminente professor alemão, essa associação entre obras de arte e identidade nacional *"can be traced back to the early nineteenth century, when nations that longed for unification, such as Italy and Germany, based their identity on artworks. Once more, Antonio Canova played an important role in this development. He created national artworks – for example, the sculpture in the church of Santa Croce in Florence of Italy as a person mourning at the tomb of the national poet, Vittorio Alfieri. (24) In Prussia, a disciple of Canova's, Christian Daniel Rauch, was to become the sculptor of the German national artworks such as the statue of Queen Louise of Prussia, located at her tomb in Berlin. But also in earlier times, national pride motivated states to retain important artworks in their home countries. Thus, when Guido Reni – the most famous Italian painter of the seventeenth century – finished the Nozze di Bacco e Arianna for Queen Henrietta Maria of England, Pope Urban VIII ordered a copy by Romanelli to be sent as substitute to the Queen, because 'non volere che l'Italia restasse priva di cosi gran tesoro' (He did not want Italy to be deprived of such a great treasure)"* (JAYME, Erik. Globalization in art law: clash of interests and international tendencies. **Vanderbilt Journal of Transnational Law**, v. 38, nº 4, 2005. p. 928).

[3] PAOLUCCI, Antonio; RADKE Gary M.; FALLETTI, Franca; **Michelangelo**: Il David. Firenze: Giuntí, 2004. p. 13-23.

seu Davi foi escolhido pela República para permanecer no local mais nobre e poderoso da Toscana – na porta do *Palazzo Vecchio*, o Palácio do Governo de Florença, a pequena mas valente cidade toscana que também vivia entre muitos Golias: Roma, Siena e os reis da França, sempre famintos por terra.[4]

No Brasil, nunca foi diferente: as relações entre arte, poder e Estado estão presentes no país desde 7 de agosto de 1501, quando um marco esculpido em pedra calcária, com a cruz da Ordem de Cristo (a Cruz de Malta) e as armas do Rei D. Manuel foi fincado na praia de Touros, no litoral do atual estado do Rio Grande do Norte, pela primeira expedição portuguesa a vir ao país, depois do descobrimento – era o primeiro monumento em terras brasileiras, marcando a posse da colônia! Muitos séculos depois, o mecenato público gozou de um papel de destaque no meio artístico nacional, desde a antiga Escola Real de Ciências, Artes e Ofícios e, posteriormente, a Academia Imperial de Belas Artes, reafirmado ainda pela Escola Nacional de Belas Artes, além de tantos outros exemplos.[5]

Embora seja inegável a relevância desse papel dos agentes públicos para a valorização da arte, a sua necessidade ou legitimidade nunca foi consensual. Quanto a esse particular, basta recordar a polêmica carta que o pintor francês Gustave Courbet dirigiu ao ministro Maurice Richard, publicada em *Le Siècle*, de 23 de junho de 1870, em que recusa a condecoração com a prestigiosíssima *Légion d'Honneur* e registra que *"o Estado é incompetente em matéria de arte"*.[6] Hoje, porém, a legitimidade do investimento público em arte é reconhecida por uma alargada maioria. E, nesse viés, ao proteger e incentivar a produção artística, o Estado estimula quatro valores sociais de grande importância: (1) um valor de criação; (2) um valor de mensagem; (3) um valor de pluralidade, e (4) um valor de formação.[7]

---

[4] FRANCA FILHO, 2011, p. 25. A lúdica ficção histórica dos livros juvenis do meu filho mais velho, outro Davi (dez anos), permite encontrar leitura semelhante em BOWDEN, Olivier. **Assassin's creed**: Renascença. Rio de Janeiro: Galera Record, 2012, p. 79.

[5] CIRILLO, Aparecido José. **Lei de incentivo à criação de um acervo semi-público em Vitória**. In: ALVES, 2008, p. 18.

[6] Gustave Courbet foi contundente:*"L'État est incompétent en matière d'art. Quand il entreprend de récompenser, il usurpe sur le droit public. Son intervention est toute démoralisante, funeste à l'artiste, qu'elle abuse sur sa propre valeur, funeste à l'art, qu'elle enferme dans des convenances officielles et qu'elle condamne à la plus stérile médiocrité. La sagesse pour lui est de s'abstenir. Le jour où il nous aura laissés libres, il aura rempli vis-à-vis de nous tous ses devoirs"* (apud HADDAD, Michèle. **Courbet**. Luçon: Gisserot, 2002, p. 115-117).

[7] Rausell Koster, apud BARRANCO VELA, Rafael. El ámbito jurídico-administrativo del derecho de la cultura: una reflexión sobre la invervención de la Administración Pública en el ámbito cultural. In: BALAGUER CALLEJOBN, Francisco (Org.). **Derecho constitucional y cultura**: estúdios em homenaje a Peter Häberle. Madrid: Tecnos, 2004. p. 205. Em um editorial recente, o jornal **O Globo**, do Rio de Janeiro, publicou – na sua edição de 5 de maio de 2013 – um juízo oportuno sobre a legitimidade do financiamento público das artes. A propósito de defender um apoio financeiro municipal à Orquestra Sinfônica Brasileira, o diário carioca ponderou: *"A orquestra é um indiscutível patrimônio do Rio de Janeiro, fundada em 1940, e já se apresentou com grandes maestros e*

No Brasil contemporâneo, mais do que uma opção de um governo ou um gosto de um governante, é um dever fundamental do Estado não apenas garantir a todos o pleno exercício dos direitos culturais e o acesso às fontes da cultura nacional, mas também apoiar e incentivar a valorização e a difusão das manifestações culturais em geral – tudo conforme os termos do art. 215 da Carta Magna de 1988. A arte é, no Brasil, segundo a Constituição Federal, uma necessidade pública e como tal também deve ser amparada mediante adequadas políticas governamentais. No âmbito desse quadro normativo constitucional, a Lei Federal 12.343, de 2 de dezembro de 2010, que instituiu o Plano Nacional de Cultura (PNC), especifica que os tais deveres constitucionais do Estado no campo da cultura materializam-se em um conjunto complexo e diverso de instrumentos, atribuições e competências, assim delineados:

> *"Art. 3º Compete ao poder público, nos termos desta Lei:*
>
> *I – formular políticas públicas e programas que conduzam à efetivação dos objetivos, diretrizes e metas do Plano;*
>
> *II – garantir a avaliação e a mensuração do desempenho do Plano Nacional de Cultura e assegurar sua efetivação pelos órgãos responsáveis;*
>
> *III – fomentar a cultura de forma ampla, por meio da promoção e difusão, da realização de editais e seleções públicas para o estímulo a projetos e processos culturais, da concessão de apoio financeiro e fiscal aos agentes culturais, da adoção de subsídios econômicos, da implantação regulada de fundos públicos e privados, entre outros incentivos, nos termos da lei;*
>
> *IV – proteger e promover a diversidade cultural, a criação artística e suas manifestações e as expressões culturais, individuais ou coletivas, de todos os grupos étnicos e suas derivações sociais, reconhecendo a abrangência da noção de cultura em todo o território nacional e garantindo a multiplicidade de seus valores e formações;*

---

instrumentistas. Mas afinal, para que serve uma orquestra sinfônica? Países de boa tradição cultural nunca tiveram dificuldade de responder a essa pergunta. [...] Mas, num país como o Brasil, com todas as suas deficiências e desigualdades, seria mesmo necessária uma orquestra grande? Não bastariam os conjuntos de choro, de rock, as gafieiras? Quem diz isso cai num raciocínio elitista segundo o qual 'o povo' não precisa de certas coisas, que seriam 'muito finas', 'eruditas'. 'O povo', como qualquer outra classe social, tem direito a todos os níveis da experiência humana. [...] O ser humano tem dentro dele o sonho do inatingível. Para que subir o Himalaia, se há tantas estradas e veredas que nos conduzem a lugares mais tranquilos? Por que querer quebrar o recorde dos 100 metros rasos, se tantos corredores já fizeram isso com resultados espetaculares? A música de concerto não é melhor do que outras formas de música. Mas ela nos leva longe na direção do infinito. Uma sinfonia de Beethoven ou de Mahler é uma construção grandiosa que, sobretudo no concerto ao vivo, alarga as fronteiras da percepção. São aventuras do espírito humano — assim como uma tela de Leonardo. Mas, no caso do concerto, é como se estivéssemos sentados ao lado de Leonardo enquanto ele maneja o seu pincel. No fundo, estamos falando de um ideal de superação que é o que dá sentido à vida de todos os dias. Somos um país simpático, repleto de qualidades humanas. Mas, às vezes, nos conformamos demais com a rotina. Uma boa orquestra sinfônica pode mostrar, melhor do que as palavras, por que é que o mais ou menos não é suficiente."

V – *promover e estimular o acesso à produção e ao empreendimento cultural; a circulação e o intercâmbio de bens, serviços e conteúdos culturais; e o contato e a fruição do público com a arte e a cultura de forma universal;*

VI – *garantir a preservação do patrimônio cultural brasileiro, resguardando os bens de natureza material e imaterial, os documentos históricos, acervos e coleções, as formações urbanas e rurais, as línguas e cosmologias indígenas, os sítios arqueológicos pré-históricos e as obras de arte, tomados individualmente ou em conjunto, portadores de referência aos valores, identidades, ações e memórias dos diferentes grupos formadores da sociedade brasileira;*

VII – *articular as políticas públicas de cultura e promover a organização de redes e consórcios para a sua implantação, de forma integrada com as políticas públicas de educação, comunicação, ciência e tecnologia, direitos humanos, meio ambiente, turismo, planejamento urbano e cidades, desenvolvimento econômico e social, indústria e comércio, relações exteriores, dentre outras;*

VIII – *dinamizar as políticas de intercâmbio e a difusão da cultura brasileira no exterior, promovendo bens culturais e criações artísticas brasileiras no ambiente internacional; dar suporte à presença desses produtos nos mercados de interesse econômico e geopolítico do País;*

IX – *organizar instâncias consultivas e de participação da sociedade para contribuir na formulação e debater estratégias de execução das políticas públicas de cultura;*

X – *regular o mercado interno, estimulando os produtos culturais brasileiros com o objetivo de reduzir desigualdades sociais e regionais, profissionalizando os agentes culturais, formalizando o mercado e qualificando as relações de trabalho na cultura, consolidando e ampliando os níveis de emprego e renda, fortalecendo redes de colaboração, valorizando empreendimentos de economia solidária e controlando abusos de poder econômico;*

XI – *coordenar o processo de elaboração de planos setoriais para as diferentes áreas artísticas, respeitando seus desdobramentos e segmentações, e também para os demais campos de manifestação simbólica identificados entre as diversas expressões culturais e que reivindiquem a sua estruturação nacional;*

XII – *incentivar a adesão de organizações e instituições do setor privado e entidades da sociedade civil às diretrizes e metas do Plano Nacional de Cultura por meio de ações próprias, parcerias, participação em programas e integração ao Sistema Nacional de Informações e Indicadores Culturais – SNIIC."*

À vista desse extenso rol de competências e atribuições estatais, é fácil inferir uma multiplicidade de relações possíveis entre o Estado e a arte – formulando, garantindo, fomentando, protegendo, promovendo, articulando, dinamizando, organizando, regulando, coordenando e incentivando condutas. E tais condutas, registre-se, multiplicam-se tanto no plano doméstico como no plano internacional. O papel do Estado nessa seara cultural adquire tanto relevo nos dias de hoje que, até mesmo na política externa, passa a existir um *locus* privilegiado para a sua promoção, através da chamada "diplomacia cultural",[8] cuja expressão multilateral mais importante é a UNESCO.

De todas essas relações acima mencionadas, porém, o presente capítulo centrar-se-á nas formas legítimas de aquisição pública de obras de arte como uma verdadeira ferramenta de estímulo e difusão da atividade artística pelo Estado, sobretudo em razão da crescente importância e ressonância que a "arte pública" adquire nos espaços urbanos contemporâneos. De maneira mais específica, a meta do presente capítulo será estudar aquelas formas de aquisição de obras de arte que dependem de um comportamento ativo (ou comissivo) da Administração Pública, e não outras formas sancionatórias, passivas ou involuntárias pelas quais o Estado adquire obras de arte (tais como heranças, perdimentos, doações de grandes empresas etc.).[9] Também não serão objeto deste capítulo a indução e o fomento à atividade artística privada praticados através de fundos culturais estatais.

Com este objetivo específico, portanto, serão analisados doravante os mecanismos legais de que se vale o Estado brasileiro para adquirir obras de arte, quer pela via voluntária (ou negocial), mediante o concurso, a dispensa e a inexigibilidade de licitação, quer pela via compulsória, mediante a desapropriação de obras de arte e o exercício do direito de preferência quando da alienação de bens tombados. Antes, porém, de imergir na dogmática legal de tais aquisições, é prudente esclarecer o que pode ser compreendido como "arte pública" no presente capítulo.

2   ARTE PÚBLICA

Se definir o que é arte já requer um enorme e constante exercício teórico, compreender o que vem a ser uma "arte pública" (*"public art"*, em inglês, e *"Kunst im öffentlichen Raum"*, em alemão) exige ainda mais trabalho e atenção, posto que, em verdade, nenhuma arte é (nem nunca foi!) estritamente privada,[10] nem tampouco nenhuma arte se torna

---

[8]   A diplomacia cultural *"seria a utilização específica da relação cultural para a consecução de objetivos nacionais de natureza não somente cultural, mas também política, comercial ou econômica"* (RIBEIRO, Edgar Telles. **Diplomacia cultural**: seu papel na política externa brasileira. Brasília: FUNAG, 2011. p. 33), tais como a promoção da paz, o incremento de relações bilaterias e da confiança mútua, a expansão dos negócios comerciais, o estabelecimento de laços de cooperação técnica, a difusão da língua oficial e o aumento do turismo. No Itamaraty, o seu Departamento Cultural é o órgão encarregado dessa vertente diplomática.

[9]   Segundo o art. 1º. da recente Lei 12.840, de 9 de julho de 2013, consideram-se disponíveis para serem destinados ao patrimônio dos museus federais os bens de valor cultural, artístico ou histórico que fazem parte do patrimônio da União, nas seguintes hipóteses: I – apreensão em controle aduaneiro ou fiscal, seguida de pena de perdimento, após o respectivo processo administrativo ou judicial; II – dação em pagamento de dívida; III – abandono. Como salientado acima, esses mecanismos não serão tratados neste texto.

[10]   Nesse mesmo sentido, Hild Hein pontifica: *"Strictly speaking, no art is 'private'. Even those abortive essays consigned to flames in frustration by their authors were, presumably, made for, but withheld*

"pública" pelo simples fato de sua exposição e acesso ao mundo não serem apenas privados.[11] Tanto quanto os conceitos de espaço público, interesse público ou esfera pública, a compreensão do que seja uma "arte pública" se complexifica na mesma proporção em que se multiplicam as significações do que de fato é verdadeiramente o "público". Com estes breves registros iniciais, não resta dúvida de que, ao falar em "arte pública", se está diante de um conceito (largamente) polissêmico.

À partida, pode-se tentar caracterizar que "arte pública" diz respeito a dois conjuntos distintos de obras de arte: primeiro, em seu sentido mais óbvio e legalista, ela compreende a totalidade das obras que pertencem aos museus e outros acervos públicos ou estatais – institutos de pesquisa e conservação, universidades, salas de cultura, teatros, embaixadas, academias de arte etc. Nesse conjunto, chama-se de "pública" a arte que pertence ao patrimônio do Estado, em seu sentido convencional. Para além dessa conotação, o conceito de "arte pública" relaciona-se também com aquelas outras obras de arte com as quais o espectador entra em contacto de modo espontâneo e inusitado, fora dos espaços ortodoxos da cultura visual – como museus ou galerias de arte –, a exemplo dos monumentos e outras peças vistas em ruas, estações, aeroportos, hospitais, órgãos públicos, escolas, praças, parques, esquinas, catedrais, jardins, praias, autoestradas e demais locais de fácil acesso. Nesse segundo sentido de "arte pública", estariam incluídas todas as peças duradouras ou efêmeras, *site specific* ou não, expostas em espaços de acesso público, sejam eles estatais ou não, a uma *"non-museum-going audience"*. Ou seja, pouco importa se a obra de arte é de propriedade do Poder Público ou de um particular que criou um jardim de esculturas, ambas são exemplos de arte pública nessa segunda acepção, que privilegia o diálogo com um número maior de espectadores – normalmente, o passante, o transeunte, o *flâneur*.

Dentro dessa segunda definição, merece destaque o espaço urbano como espaço privilegiado da arte pública. Embora seja absolutamente possível uma arte pública não urbana,[12] é na cidade que a arte pública, nesse segundo sentido, mais se apresenta e adquire

---

from, publication. But neither does art become 'public' simply in virtue of its exposure and accessibility to the world" (HEIN, Hilde. What is public art? – Time, place, and meaning. **The Journal of Aesthetics and Art Criticism**, v. 54, nº 1, p. 1, 1996).

[11] Nessa direção, Milton C. Nahm é enfático: *"When I look upon El Greco's* Ecstacy in the Garden*; on the fan-vaulting in Christ Church, Oxford, or on Kolbe's* Adagio*; hear Brahms'* First Symphony *or read* Antigone *– then I do not doubt that the experiences evoked are individual and personal nor that they are brought forth by unique and individual artistic skill, perhaps by artists who, as Plato thought, write 'not by wisdom' but by 'a sort of genius and inspiration'"* (NAHM, Milton C. On the relations of public art and private art. **College Art Journal**, v. 6, nº 4, p. 251, 1947).

[12] Um bom exemplo de manifestação de arte pública não urbana é o Monte Rushmore, localizado em Keystone, Dakota do Sul, nos Estados Unidos. No monte estão esculpidos os rostos de quatro presidentes dos Estados Unidos: George Washington, Thomas Jefferson, Theodore Roosevelt e Abraham Lincoln – obra dos escultores Gutzon Borglum e seu filho Lincoln Borglum. Manifestações de arte pública não urbana, também chamada de *"Earth Art"*, também podem ser vistas em desertos e lugares remotos (CAUSEY, Andrew. **Sculpture since 1945**. Oxford. OUP, 1998, p. 197).

ressonância, seja para embelezar a paisagem citadina, seja para redefinir ou provocar essa mesma paisagem.[13] Em qualquer um dos dois sentidos referidos, porém, a "arte pública" manifesta-se por uma extensa gama de mídias: de monumentos cívicos de retórica comemorativa a instalações de vanguarda; de *land art* a *graffiti*; de painéis e murais a *cow parades*; de iluminações a *performances* de teatro de rua; de *happenings* a declamações públicas de poesia; do Cristo Redentor, no Rio de Janeiro, ao Memorial do Holocausto, em Berlim; dos monolitos escultóricos de Alfredo Ceschiatti às cerâmicas de Francisco Brennand etc.

Embora a presença de obras de arte em espaços públicos seja mesmo anterior às civilizações mais antigas da Mesopotâmia, o termo *"public art"* populariza-se no vocabulário da crítica especializada apenas a partir da segunda metade do século XX, com a expansão das políticas públicas de financiamento artístico criadas em organismos como o *National Endowment for the Arts* (NEA) e o *General Services Administration* (GSA), ambos nos Estados Unidos, bem como o *Arts Council* na Grã-Bretanha.[14] Desde então, o mecenato estatal aliado a normas locais que tornavam compulsório o investimento privado em arte (pública) em novos projetos de construção civil (através de programas indutores chamados *"percent for art"*, *"le 1% culturel"* ou *"Kunst am Bau"*[15]) levam a uma explosão de manifestações de arte pública em grandes e pequenos centros urbanos.

Hoje, uma definição cruelmente pragmática de arte pública, que atenda aos objetivos específicos do presente capítulo, poderia ser assim resumida: arte pública **é**, para os efeitos deste texto, toda manifestação artística instalada por órgãos públicos, em espaços públicos e às expensas do tesouro público.[16] Nessa definição, cabem tanto a escultura adquirida por uma Prefeitura para uma praça pública como a encomenda de um retrato a óleo de um ex-reitor por uma universidade federal.

---

[13] SILVA, Fernando Pedro da. **Arte pública**: diálogo com as comunidades. Belo Horizonte: 2005. p. 21-22.

[14] MANKIN, Lawrence D. Public policymaking and the arts. **Journal of Aesthetic Education**, v. 12, nº 1, 1978. *passim*; SILVA, Pedro da. Op. cit., p. 68; MERRYMAN, John Henry ; ELSEN, Albert E. ; URICE, Stephen. **Law ethics and the visual arts**. Alphen aan den Rijn : Kluwer, 2007.

[15] No Brasil, muitos municípios têm normas semelhantes, tais como Recife (Leis Municipais 15.868/94 e 16.292/97), São Paulo (Lei Municipal 6.040/88), Vitória (Lei Municipal 3.644/90), Florianópolis (Lei Municipal 3.225/89), João Pessoa (Lei Municipal 5.738/88) ou Fortaleza (Lei Municipal 7.503/94). Naquelas normas, vincula-se a expedição do *habite-se* pela Prefeitura à instalação de uma obra de arte em frente ao empreendimento imobiliário recém-construído ou se permuta a aquisição de obras de arte pelo aumento da taxa de ocupação do solo. Um diagnóstico bastante crítico desse tipo de norma pode ser visto em CIRILLO, Aparecido José. *Lei de incentivo à criação de um acervo semi-público em Vitória*. In: ALVES, José Francisco (Org.). **Experiências em arte pública**: memória e atualidade. Porto Alegre/Editora da Cidade, 2008. p. 18.

[16] *"A crudely pragmatic and narrow definition of public art equates it with art installed by public agencies in public places and at public expense"* (HEIN, Hilde. Op. cit., p. 2).

3 MECANISMOS PARA AQUISIÇÃO DA ARTE PÚBLICA

Como fenômenos culturais que são – e fenômenos que têm na linguagem a sua matéria-prima e na narrativa da vida, o seu objeto –, arte e Direito mantêm múltiplas linhas de diálogos. Para efeitos didáticos, tais diálogos costumam ser separados em quatro grandes categorias: (a) o Direito como objeto da arte, ou seja, todos aqueles episódios em que a justiça e o direito se prestaram a ser temas de obras-primas de grandes artistas na pintura, na literatura, no cinema, no teatro etc.; (b) a arte como objeto do direito, isto é, os inúmeros casos em que o direito procurou regular os temas, as obras, as liberdades ou os direitos dos artistas; (c) a arte como um direito, em que pontificam as muitas discussões sobre o direito à cultura, o direito à proteção do patrimônio artístico e sobre a fruição da liberdade de expressão artística; e, por fim, (d) o Direito como uma arte, de onde emerge a clássica definição do direito como "a arte do bom e do justo" (*"ius est ars boni et aequo"*, segundo Celso) e as suas eventuais implicações com as gramáticas do direito como ciência e como tecnologia. Há, ainda, um quinto e importantíssimo plano de interação entre as artes e o Direito, muitas vezes negligenciado: a arte que fala ao Direito mesmo sem falar do Direito.[17]

O presente capítulo cuidará daquele segundo ponto de interseção entre o jurídico e o artístico, qual seja, a arte como alvo das normas jurídicas estatais. Essa é uma seara bastante abrangente, que abriga desde as atividades de fomento público às artes (mediante empréstimos subsidiados, benefícios fiscais, ensino de arte nas escolas, promoção cultural etc.), passando por atividades de controle artístico (autorizações, licenças, catálogos etc.) e atividades de coação (sanções, medidas expropriatórias, dever de conservação, dever de declaração, multas, censura etc.), até chegar às atividades de planejamento urbanístico e territorial (com códigos de postura, zoneamentos etc.).[18] Dentro desse imenso campo de interseção entre o jurídico e o artístico, serão analisados, a partir de agora, os mecanismos legais (ativos ou comissivos) para aquisição de obras de arte pelo Poder Público.

Conforme já antecipado, os tais mecanismos podem ser agrupados em dois grandes conjuntos distintos: os mecanismos voluntários de aquisição de arte (1), que se subdividem, segundo a vigente Lei de Licitações (Lei 8.666/93), em três caminhos possíveis para a Administração Pública adquirir uma obra de arte, quais sejam: (1.1) o concurso; (1.2) a dispensa de licitação (que ainda se reparte em duas modalidades), e (1.3) a inexigibilidade de licitação; e há ainda os mecanismos compulsórios para aquisição estatal de obra de arte (2), concretizados nos institutos jurídicos da desapropriação (2.1) e do direito de preferência (2.2). De modo esquemático, tem-se assim a seguinte estrutura dos meios de aquisição de obras de arte pelo Poder Público:

---

[17] FRANCA FILHO, Marcilio Toscano. Os múltiplos diálogos entre arte, literatura e direito. **Estado de Direito**, ano VI, nº 34, p. 29, 2012.

[18] Rausell Koster apud BARRANCO VELA, Rafael, 2004, op. cit., p. 209.

Aquisições de Obras de Arte pelo Poder Público

- **1. Mecanismos de Participação Voluntária**
  - 1.1. O Concurso
  - 1.2. A Dispensa de Licitação
    - 1.2.1. Art. 24, inc. XV, Lei 8.666
    - 1.2.2. Art. 24, inc. II, Lei 8.666
  - 1.3. A inexigibilidade de Licitação
- **2. Mecanismos Compulsórios**
  - 2.1. A Desapropriação
  - 2.2. O Direito de Preferência

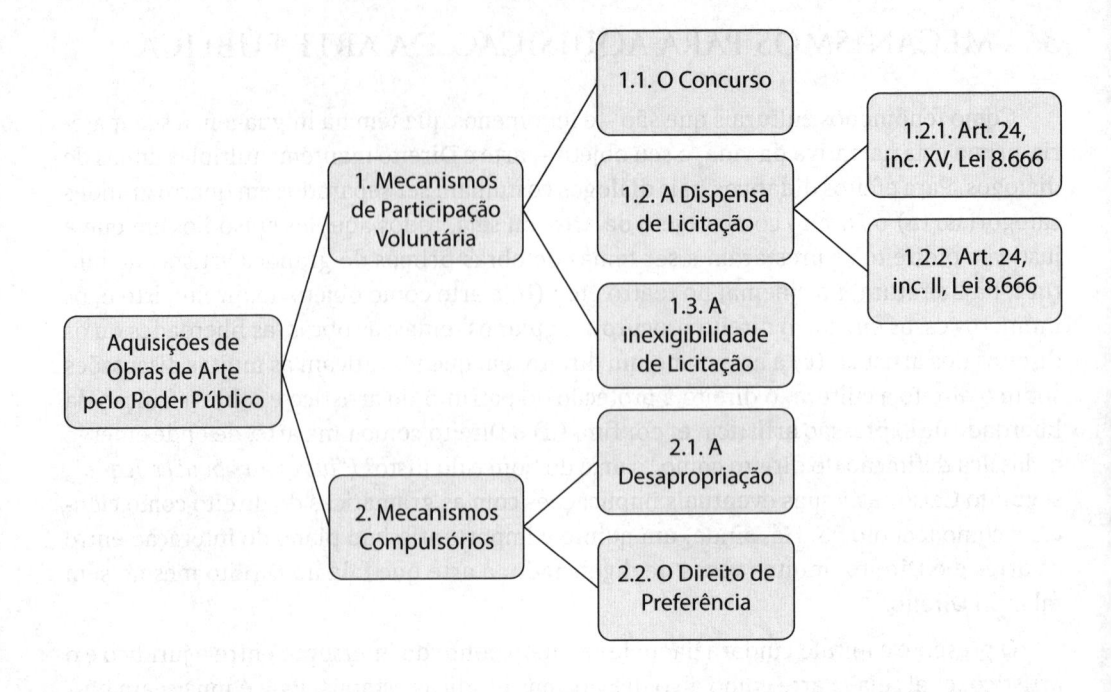

3.1 CONCURSO

O procedimento licitatório é pré-requisito elementar na execução da despesa pública, sendo ordenado em sede constitucional no art. 37, inc. XXI, da atual Carta Magna. Quaisquer aquisições de bens ou serviços, na Administração Pública, dependem ordinariamente de prévia licitação. Por constituir procedimento que apenas garante a eficiência, a impessoalidade e a moralidade na Administração Pública, visto que objetiva as propostas de maior economicidade, a licitação, quando não realizada, constitui séria ameaça aos princípios constitucionais-administrativos inscritos no *caput* do art. 37 da Carta Magna. É fácil constatar, portanto, que o dever geral de licitar está acima das possibilidades de dispensa e inexigibilidade licitatórias: a licitação é a regra, a inexigibilidade ou a dispensa constituem a exceção – isso tudo em homenagem ao mais amplo acesso possível do cidadão/administrado ao mercado **público** de bens e serviços, esse importante componente da economia. As tais exceções ao dever de licitar, por óbvio, devem ser muito bem justificadas – sempre em prestígio da legalidade, da razoabilidade e do interesse público. Com essa perspectiva em mente, trate-se inicialmente da regra e, depois, das exceções.

De acordo com o art. 22, § 4º, da Lei 8.666/93, o *"concurso é a modalidade de licitação entre quaisquer interessados para escolha de trabalho técnico, científico ou artístico, mediante a instituição de prêmios ou remuneração aos vencedores, conforme critérios constantes de edital publicado na imprensa oficial com antecedência mínima de 45 (quarenta e cinco) dias".* Não se cuida aqui do "concurso público" indispensável para provimento de cargos e empregos públicos, de que fala o art. 37, inc. II, da Constituição Federal. O concurso (modalidade de licitação) e concurso público (para provimento de cargo ou emprego público) são procedimentos administrativos distintos e, conquanto devam obedecer aos mesmos princípios constitucionais-administrativos da legalidade, impessoalidade, moralidade, publicidade e eficiência, têm objetivos e regramentos diversos. No concurso (modalidade de licitação), para além da aquisição de um bem ou serviço ("*trabalho técnico, científico ou artístico*"), um dos fins da atuação estatal é certamente o de promover a visibilidade efetiva de um produto artístico e seu autor – nem sempre consagrados, conhecidos, famosos ou reputados à partida. Para legitimar uma tal política de visibilidade, o Estado recorre a uma comissão julgadora soberana, definida em regulamento, que tem como tarefa prioritária institucionalizar um *ranking* de obras de arte e premiar e adquirir uma ou mais delas, de acordo com padrões formais, minimamente objetivos e impessoais compatíveis com o que aquela Comissão julga ser a melhor obra de arte, segundo o regulamento do concurso. Tarefa sem dúvida complexa a desse "Estado estético" – e nunca imune a críticas.

Ao contrário de outras modalidades licitatórias (como a concorrência, a tomada de preços ou a carta-convite), no concurso, a Administração Pública não paga um preço fixado pelo artista-licitante para a sua obra de arte, mas sim um prêmio (definido pela própria Administração, no edital, em pecúnia ou não) cujo valor pode ser maior, menor ou igual ao valor econômico da obra premiada, nos termos do regulamento do concurso.[19] Justamente por se tratar de prêmio, não guardando qualquer correspondência sinalagmática com o bem a ser adquirido, a Administração Pública o atribui ao vencedor de uma única vez e não de maneira parcelada.[20]

À luz do art. 52 da Lei 8.666/93, o concurso deve ser precedido de regulamento próprio, a ser obtido pelos interessados no local indicado no edital do concurso. Assim, a licitação na modalidade concurso é regida não apenas por um edital, mas também por um regulamento, o qual deverá indicar, entre outras coisas:

a) A qualificação exigida dos participantes.

b) As diretrizes e a forma de apresentação do trabalho.

c) As condições de realização do concurso e os prêmios a serem concedidos.

Em se tratando de concurso para a aquisição de trabalho de natureza artística (e nunca para trabalho técnico ou científico), aquela qualificação exigida dos participantes pelo regulamento do concurso não pode constituir, de modo algum, um cerceamento à livre manifestação do pensamento ou à liberdade de expressão constitucionalmente garantidas, bem como representar qualquer tipo de discriminação desarrazoada a possíveis artistas/licitantes. Assim, exigências de que o artista/licitante seja proveniente de uma cidade ou estado específicos ou que seja associado, filiado ou sindicalizado a órgãos de classe ou, ainda, inscrito em cadastros públicos de artistas não têm respaldo constitucio-

---

[19] CHARLES, Ronny. **Leis de licitações públicas comentadas**. Salvador: JusPodivm, 2011. p. 119. O prêmio não precisa ser uma contrapartida econômica, pode ser honorífica (JACOBY FERNANDES, Jorge Ulisses. **Contratação direta sem licitação**. Belo Horizonte, 2009. p. 105).

[20] JACOBY FERNANDES, Jorge Ulisses, 2009, op. cit., p. 103-105.

nal. Essa modalidade licitatória é aberta a *"quaisquer interessados"* (art. 22, § 4º, da Lei 8.666/93). Se, ademais, a constituição não faz distinções entre brasileiros, não será a Administração Pública contratante que o fará.[21] Além disso, para conceber uma obra de arte não é necessário qualquer tipo de cadastro, licença ou autorização pública, à luz da Constituição.[22] À vista de outras modalidades licitatórias, verifica-se no concurso para aquisição de trabalhos artísticos a completa ausência de pré-requisitos profissionais para que o artista interessado participe da licitação. Requisitos tais como adimplência junto às Fazendas Públicas ou não ter prestações de contas pendentes em órgãos públicos de financiamento à cultura podem, todavia, ser razoável e legitimamente exigidos.

Merece registro, *en passant*, que a definição jurídica de "artista" é mais um dos temas espinhosos do Direito da Arte. Embora não seja particularmente trabalhoso para o senso comum identificar quem é ou não um artista de fato, a definição legal do termo "artista"

---

[21] Nesse sentido: *"[...] Os brasileiros são natos ou naturalizados. A nacionalidade é aduzida como o único tipo de vínculo entre o indivíduo, do ponto de vista do sentimento de pertencimento jurídico, político e territorial para o gozo de direitos e o estabelecimento de deveres, e o Estado. É essa dimensão que diferencia brasileiros e estrangeiros. Só a Constituição pode criar distinções entre brasileiros (v. g. natos e naturalizados), salvo nos próprios casos nela previstos, conforme o artigo 12, § 2ª (TAVARES, 2008, p. 724-737). Além disso, a exigência da naturalidade não é um discrímen razoável e compatível com a ordem democrática. [...] Aliás, é no sentido contrário ao dessas prescrições que o artigo 1ª da Lei do Estado de São Paulo n. 6.040, de 04 de janeiro de 1988, sobre a mesma matéria em comento, prescreve que as obras artísticas destinadas às edificações e às instalações dos órgãos e entidades da Administração Direta e Indireta serão de autoria de artistas brasileiros"* (COSTA, Rodrigo Vieira; CUNHA FILHO, Francisco Humberto. Qual o lugar da arte? – Análise sociojurídica da Lei Municipal de Fortaleza sobre colocação de obras de arte em espaços públicos. In: **Políticas Culturais em Revista**, v. 2, nº 3, p. 40-41, 2010).

[22] No mesmo sentido, o Plenário do Supremo Tribunal Federal decidiu: *"Nem todos os ofícios ou profissões podem ser condicionadas ao cumprimento de condições legais para o seu exercício. A regra é a liberdade. Apenas quando houver potencial lesivo na atividade é que pode ser exigida inscrição em conselho de fiscalização profissional. A atividade de músico prescinde de controle. Constitui, ademais, manifestação artística protegida pela garantia da liberdade de expressão"* (RE 414.426, Rel. Min. Ellen Gracie, julgamento em 1º-8-2011, Plenário, *DJ* de 10-10-2011). Assim também segue a doutrina: *"O pilar dos direitos culturais está consagrado no artigo 5ª, inciso IX, da Constituição de 1988, no qual a arte assenta-se enquanto extensão da expressão humana em suas mais variadas e primitivas formas e, como tal, não poderia enclausurar juridicamente quem é ou não é artista plástico, quem é profissional e quem é amador. Até porque, constituindo matéria relativa ao direito do trabalho, é de competência privativa da União, segundo o artigo 22, inciso I, da Constituição de 1988 legislar sobre qualificações que limitem o livre exercício de qualquer trabalho, ofício ou profissão, protegido como direito fundamental no artigo 5ª, inciso XIII. [...] Diante desse quadro, pensa-se que exigência de profissionalização e registro prévio dos artistas na DRT não é compatível com a ordem constitucional vigente, que traz, de forma inédita na história do constitucionalismo brasileiro, uma Seção destinada à Cultura, no Título da Ordem Social, elevando os direitos culturais ao status de direitos fundamentais. [...] Registre-se ainda o princípio da universalidade, proclamado pela Constituição de 1988, no artigo 215, quando garante a 'todos' o exercício dos direitos culturais"* (COSTA, Rodrigo Vieira; CUNHA FILHO, Francisco Humberto, 2010, op. cit., p. 41-44).

– para diversos fins jurídicos – alcança grande complexidade. No Direito Comparado, são encontrados cinco métodos mais usuais para se definir quem é artista aos olhos da ordem jurídica estatal, a saber:[23]

a) definição pela qualidade de membro ou sócio de alguma associação ou sindicato artístico, como no Canadá;

b) definição por um comitê de *experts* ou um comitê de pares, como é feito na Holanda ou no México;

c) definição pela própria autoridade governamental, como no sistema jurídico irlandês;

d) definição pela produção de bens de caráter artístico, ou seja, artista é quem produz objetos artísticos, que é o método acolhido na França ou no Reino Unido, por exemplo;

e) Definição pela natureza profissional da sua atividade artística, que não se confunde com um *hobby*, como na Austrália.

Ainda nessa mesma seara, a UNESCO lançou, em 27 de outubro de 1980, uma *"Recomendação concernente ao Status de Artista"*, que assim define:

> *"Artist' is taken to mean any person who creates or gives creative expression to, or re-creates works of art, who considers his artistic creation to be an essential part of his life, who contributes in this way to the development of art and culture and who is or asks to be recognized as an artist, whether or not he is bound by any relations of employment or association."*[24]

Note-se que, na modalidade concurso, a Administração Pública trata diretamente com o autor da obra de arte. São os próprios autores que se inscrevem e são premiados nesses concursos, de maneira que esse procedimento licitatório não se mostra adequado para aquisição de obras em galerias, por intermédio de *marchands* ou tampouco para a aquisição de obras de artistas já falecidos. Apenas excepcionalmente, no caso de falecimento do autor no decurso do período de realização do concurso, o prêmio poderá ser concedido a procurador legalmente constituído para esse fim entre os herdeiros legais do artista premiado.

Entre os requisitos para participação no concurso, a Administração tem o dever de exigir do artista um termo de autorização de uso e cessão de direitos autorais para o trabalho. Nesse sentido, o plenário do Tribunal de Contas da União (TCU), através do Acórdão 73/98, nos autos do Processo TC nº 625.200/95-0, relatado pelo Ministro Marcos Vinicios

---

[23] Segundo a classificação apontada em DEMARSIN, Bert; SCHRAGE, Eltjo J. H.; TILLEMAN, Bernard; VERBEKE, Alain (Ed.). **Art & Law**. Brugge: Die Keure, 2008, p. 104-105.

[24] UNESCO. **Recommendation concerning the Status of the Artist**, 27 October 1980. Adotada pela Conferência Gerald a UNESCO realizada em Belgrado, de 23 a 28 de outubro de 1980.

Vilaça, firmou entendimento de que o edital de concursos licitatórios deve conter cláusula expressa sobre a transferência de direitos autorais (patrimoniais) à Administração Pública contratante, *in verbis*:

> *"ACORDAM os Ministros do Tribunal de Contas da União, reunidos em Sessão Plenária, ante as razões expostas pelo Relator, em: 1. com fundamento nos arts. 16, inciso II, 18 e 23, inciso II, da Lei nº 8.443/92, julgar as presentes contas regulares, com ressalva, dando quitação aos responsáveis indicados no item 3 supra, sem prejuízo de serem determinadas à Fundação Universidade do Rio Grande – FURG as seguintes medidas: [...] 1.8. observância da Lei nº 8.666/93, com as alterações consolidadas na Lei nº 8.883/94, no tocante a licitações e contratos administrativos, em especial com relação ao seguinte: [...] d) somente utilizar a licitação modalidade Concurso para escolha de trabalhos técnicos, científicos ou artísticos específicos, com diretrizes e forma de apresentação indicados em regulamento próprio, e com pagamento condicionado à cessão, pelo autor, dos direitos patrimoniais a ele relativos, conforme art. 22, parágrafo 4º, art. 52, 'caput' e parágrafo 1º, com seus incisos; e art. 111, 'caput'."*

Como dito acima, o regulamento do concurso deve esclarecer também as diretrizes e a forma de apresentação do trabalho artístico à comissão do concurso. Nas diretrizes, a Administração Pública deve indicar que tipo de obra de arte pretende adquirir (pintura, escultura, painel, móbile, instalação, cerâmicas, relevos etc.); as dimensões máximas e mínimas da obra; se a obra será instalada na área interna ou externa da edificação (dada a preocupação com a resistência do material às intempéries e eventual garantia); as cores, técnicas ou os materiais desejados (no caso de pinturas, óleo sobre tela ou acrílico sobre tela, por exemplo; com ou sem moldura; no caso de esculturas, ferro ou concreto, entre outras possibilidades); os temas das obras (pode ser uma deusa da justiça, uma alegoria do trabalho, um retrato de Tiradentes); se a obra deve ser apenas de autoria singular ou pode ser coletiva. Quanto às formas de apresentação do trabalho, cabe ao regulamento indicar a opção por receber os trabalhos já prontos ou ainda sob a forma de projetos, maquetes (reais ou virtuais) ou croquis. Os artistas/licitantes podem ser também compelidos a apresentar os seus trabalhos em arquivos digitalizados ou impressos em papel, com vistas em perspectiva e memorial descritivo da concepção e execução. Em um concurso de esculturas para uma praça pública, por exemplo, não parece razoável exigir que as obras já estejam prontas no momento do concurso, mas apenas os seus projetos. De se destacar que, em se tratando de projeto, o vencedor deverá expressamente autorizar à Administração a execução (por ele ou por outrem).

Finalmente, do regulamento do concurso devem constar, conforme já ressaltado, as condições de realização do concurso e os prêmios a serem concedidos. Nessa parte, o regulamento deve informar a data e o local para recepção e julgamento das propostas, os critérios minimamente objetivos para julgamento e desempate, quem compõe a comissão julgadora, entre outros detalhes necessários à concretização do certame. Entre os critérios para julgamento das obras de arte, podem constar a adequação do projeto ao espaço a ser eventualmente ocupado, o impacto ambiental do projeto, a sua exequibilidade, a sua qualidade estética, a sua compatibilidade simbólica com o tema proposto, a clareza de comunicação e a adequação da linguagem, o conceito que serviu de base à criação, a originalidade e criatividade da obra, eventuais inovações conceituais e técnicas, as dimensões da obra, o currículo artístico do autor, entre outros. De acordo com o art. 51, § 5º, da Lei 8.666/93, no caso de concurso, o julgamento será feito por uma comissão especial integrada por pessoas de reputação ilibada e reconhecido conhecimento da matéria em exame, servidores públicos ou não.

A opção do Administrador Público entre a realização de um concurso ou a aquisição direta mediante a dispensa ou a inexigibilidade de licitação circunscreve-se naquilo que a melhor doutrina administrativa chamou de Poder Discricionário (*Discretion*, em inglês; *Ermessen*, em alemão; *Pouvoir Discrétionnaire*, em francês), ou seja, a faculdade de que dispõe o gestor público para a ponderação de interesses, oportunidades e conveniências que preenche uma norma legal aberta, autorizativa de uma decisão. Segundo a didática lição da dogmática alemã, o conceito de Poder Discricionário diz respeito à pluralidade de consequências jurídicas admitidas por uma norma legal. Nesse sentido, veja-se:

> "Apesar de serem vinculadas pelo Direito, as autoridades administrativas são beneficiadas com certa margem de discricionariedade (Ermessen) quando tomam decisões. Assim, algumas provisões legais permitirão a elas liberdade a respeito de se ou como reagir a certas situações. [...] A maioria das provisões legais pode ser caracterizada como 'cláusulas se-então'. Se uma certa situação se manifesta, então uma certa consequência legal se segue. Essas consequências legais em Direito Administrativo incluem as competências para agir das autoridades administrativas. A discricionariedade é conferida para a parte concernente às consequências legais da provisão, em outras palavras, para o lado 'então' daquela provisão legal."[25]

A se seguir o esquema teórico proposto pelos Professores Nigel Foster e Satish Sule, tem-se que SE (*if*) o Estado quer adquirir uma obra de arte, ENTÃO (*then*) ele pode valer-se de um concurso, de uma dispensa ou de uma inexigibilidade licitatória – conforme a margem de liberdade conferida pela Lei de Licitações. Presente a pluralidade de soluções ou consequências, configurada resta, portanto, a legítima discricionariedade da autoridade administrativa em escolher uma ou outra saída. Não é outra a razão por que o Prof. RENÉ CHAPUS, maior expoente da doutrina administrativa francesa contemporânea, identifica

---

[25] "In Spite of being bound by the law, administrative authorities are granted a certain degree of discretion (Ermessen) when making decisions. Thus some legal provisions will allow them discretion as to whether or how to react to certain situations. [...] Most legal provisions can be characterized as 'if-then clauses'. If a certain situation manifests, then a certain legal consequence follows. These legal consequences in administrative law include the authorities' competence to act. Discretion is provided for in the part concerning the legal consequences of the provision, in other words the 'then'-side of the provision" (FOSTER, Nigel; SULE, Satish. **German legal system and laws**. Oxford: Oxford University Press, 2003. p. 255).

o Poder Discricionário como um *"poder de escolha entre duas decisões ou dois comportamentos (dois pelo menos), todos igualmente conformes à legalidade"*.[26]

A vinculação do Poder Discricionário aos limites da legalidade há de ser sempre observada, sob pena de invalidação do ato que transborda as margens da lei: *"a discricionariedade é limitada pelo legislador"*, ensinou o Prof. Hartmut Maurer.[27] Uma vez que, diante das opções legalmente possíveis, a autoridade administrativa opte pela realização de uma contratação direta mediante dispensa ou inexigibilidade licitatória, cumpre examinar então se a moldura institucional foi ou não respeitada.

3.2 Dispensa de licitação

Ao contrário do que ocorre no Brasil, onde a regra deve ser a realização da licitação na modalidade concurso, no Direito Comparado, a regra, em matéria de aquisição de obras de arte pelo Poder Público, é justamente a não realização da licitação, privilegiando-se, assim, o caráter personalíssimo dessa contratação. Na França, por exemplo, é interessante notar que o Direito Administrativo faz uma sutil distinção, para efeitos de licitação pública, entre "obra de arte já existente" e "obra de arte a realizar", como aquelas que são objeto de grande parte dos concursos no Brasil. Com efeito, o art. 3, inc. 10º, do *"Code des Marchés Publics"* francês, o equivalente à Lei de Licitações brasileira, define que a compra de obras de arte "já existentes" não é regulada por aquele código, mas por legislação específica.[28] Por outro lado, quanto às obras de arte "a realizar", o art. 35, inc. II, par. 8º, do mesmo *"Code des Marchés Publics"* define que as entidades adjudicantes (da Administração Pública francesa) podem celebrar contratos sem a ordinária publicidade e concorrência para aquisições que apenas podem ser fornecidas por um proponente determinado, por motivos de ordem artística.[29] De modo semelhante, o Acordo sobre Compras Governamentais (*Government Procurement Agreement*, ou GPA), patrocinado pela Organização Mundial

---

[26] *"Le pouvoir discrétionnaire des autorités administratives n'est rien d'autre que le pouvoir de choisir entre deux decisions ou deux comportements (deux au moins) également conformes à la légalité"* (CHAPUS, René. **Droit administratif général**. Paris: Montchrestien, 2001. t. 1, p. 1056).

[27] *"Das Ermessen wird durch den Gesetzgeber eingeräumt"* (MAURER, Hartmut. **Allgemeines Verwaltungsrecht**. Munique: C. H. Beck, 2000. p. 125).

[28] O artigo 3 do Código de Mercados Públicos da França afirma: *"Article 3. Les dispositions du présent code ne sont pas applicables aux marchés et accords-cadres suivants passés par les pouvoirs adjudicateurs définis à l'article 2 : [...] 10ª. Accords-cadres et marchés qui ont pour objet l'achat d'œuvres et d'objets d'art existants, d'objets d'antiquité et de collection ; [...]."*

[29] O artigo 35 diz o seguinte: *"Article 35. Les pouvoirs adjudicateurs peuvent passer des marchés négociés dans les cas définis ci-dessous. [...] II.-Peuvent être négociés sans publicité préalable et sans mise en concurrence : [...] 8ª Les marchés et les accords-cadres qui ne peuvent être confiés qu'à un opérateur économique déterminé pour des raisons techniques, artistiques ou tenant à la protection de droits d'exclusivité; [...]."*

do Comércio (OMC), determina, em seu artigo XV, que as licitações previstas nos artigos VII a XIV do GPA não são aplicadas para aquisição de obras de arte.[30]

No Brasil, a "obra de arte já existente" – para utilizar aquela mesma distinção fixada na doutrina francesa sobre a obra de arte que preexiste à aquisição pelo Poder Público – é alvo de uma regra semelhante às acima citadas, prevista no art. 24, inc. XV, da Lei 8.666/93, *in verbis*:

> *"Art. 24. É dispensável a licitação:*
>
> *XV – para a aquisição ou restauração de obras de arte e objetos históricos, de autenticidade certificada, desde que compatíveis ou inerentes às finalidades do órgão ou entidade."*

Diz-se "dispensável" da licitação que, embora fosse hipoteticamente viável, nem sempre o interesse público seria beneficiado com uma tal competição, de maneira que a legislação sobre licitações públicas permite a contratação direta, sem licitação, em certas circunstâncias por ela indicadas. Em outras palavras, embora fosse possível, em tese, uma comparação, não se poderia nunca comparar objetivamente uma tela de Picasso com um quadro de Miró com base em "menor preço", "melhor técnica" ou "técnica e preço", nos termos da Lei 8.666/93. Daí a licitação ser "dispensável".

Nota-se, desde logo, que a dispensa de licitação ali prevista somente se legitima se o órgão público adquirente da "obra de arte já existente" tiver por finalidade institucional alguma ligação com as atividades artísticas. Os destinatários daquela norma são, portanto, os museus, os institutos de pesquisa, as bibliotecas, as pinacotecas, as fundações culturais ou educacionais públicas, o Ministério e as Secretarias de Cultura etc. – entidades que gozam dessa pertinência temática, portanto.[31] Por pertinência temática, nesta seara restrita da Lei 8.666/93, deve-se entender o nexo de afinidade, o liame de adequação entre as finalidades estatutárias do órgão ou entidade que pretende adquirir a obra de arte e as atividades artísticas. Com efeito, quando ainda estava em vigor a legislação anterior sobre licitações públicas (o Decreto-lei 2.300/86), o Tribunal de Contas da União decidiu recomendar ao Tribunal Regional do Trabalho da 16ª. Região (Maranhão) a anulação de

---

[30] *"Article XV (Limited Tendering): 1. The provisions of Articles VII through XIV governing open and selective tendering procedures need not apply in the following conditions, provided that limited tendering is not used with a view to avoiding maximum possible competition or in a manner which would constitute a means of discrimination among suppliers of other Parties or protection to domestic producers or suppliers: (b) when, for works of art or for reasons connected with protection of exclusive rights, such as patents or copyrights, or in the absence of competition for technical reasons, the products or services can be supplied only by a particular supplier and no reasonable alternative or substitute exists; [...]."*

[31] Essa pertinência temática há de ser muito bem entendida: nela não se enquadra, por exemplo, a aquisição de uma escultura grega ou uma antiguidade egípcia por um Museu de Arte Contemporânea. É o que a doutrina americana chama de *"determining goals"* ou "fins determinantes" (DUBOFF, Leonard D.; BURR, Sherri; MURRAY, Michael D. **Art law**: cases and materials. New York: Aspen, 2010. p. 520).

uma aquisição de obra de arte, justamente sob o fundamento de que não havia pertinência temática àquela corte trabalhista para comprar obras de arte com dispensa de licitação.[32]

Outra peculiaridade da norma inscrita no art. 24, inc. XV, da Lei 8.666/93, é que o beneficiado pela contratação direta sem licitação (ou seja, o vendedor da obra de arte) não precisa ser necessariamente o artista/autor – pode ser um herdeiro, um banco, uma seguradora, um galerista, um *marchand*, uma casa de leilões, um colecionador privado ou outra instituição cultural pública ou privada. Note-se também que, nessa mesma regra para a aquisição direta, não há uma exigência de que o artista seja já consagrado pela crítica especializada no momento da aquisição – pode-se tratar de um jovem promissor apenas. Importa, sim, que a obra de arte objeto da dispensa de licitação prevista no art. 24, inc. XV, seja autêntica e, mais do que isso, tenha a sua autenticidade certificada por profissional habilitado.[33] Tal exigência busca respeitar o interesse público, afinal não seria legítimo investir recursos públicos (sem licitação) em uma mera cópia ou em um simples objeto de decoração, cuja originalidade e singularidade não são peculiares.[34]

A contratação direta mediante dispensa de licitação não pode prescindir também de fundamentada justificativa do interesse público, bem como da pesquisa prévia de preços. O interesse público na aquisição de uma obra de arte deve ser plenamente justificado e para tanto se pode alegar o amplo acesso da população ao bem cultural ou mesmo o eventual deslocamento do bem para o exterior.[35] Ademais, é razoável que a Administração Pública adquirente adote todas as cautelas devidas para justificar o preço que vai pagar – por exemplo, comparando com o preço de outras obras do mesmo autor, da mesma época, existentes no mercado ou valendo-se da *expertise* de um avaliador idôneo.

Finalmente, ainda na seara das dispensas de licitação, a Administração Pública também pode proceder à aquisição direta (sem licitação) de qualquer obra de arte (ou serviços artísticos) cujo valor seja igual ou inferior a R$ 8.000,00 (oito mil reais), nos termos do art. 24, inc. II, da Lei 8.666/93, *in verbis*:

"*Art. 24. É dispensável a licitação:*

---

[32] Processo TC 350.336/91, apud **Boletim de Licitações e Contratos NDJ**, ano. V, nº 2, p. 60-62, 1992.

[33] "*Não se pode aceitar como certificado de autenticidade a mera declaração de que as peças adquiridas 'são antigas, recuperadas, portanto, autênticas da época em que foram fabricadas', apenas carimbada com o GCG da empresa [...], sem que tenha sido apresentada a identificação e a qualificação profissional do declarante. [...] Os pareceres e declarações apresentados mostraram-se inábeis para justificar a necessidade da compra de peças antigas, já que não ofereceram nenhum dado objetivo [...]*" (Tribunal de Contas de Minas Gerais, Processo 501309, Rel. Cons. Sylo Costa, julgado em 26.06.2003, apud MENDES, Renato Geraldo. **Lei de Licitações e Contratos anotada**. Curitiba: Zênite, 2011. p. 347).

[34] JACOBY FERNANDES, Jorge Ulisses, op. cit., p. 454.

[35] JACOBY FERNANDES, Jorge Ulisses, op. cit., p. 455.

II – para outros serviços e compras de valor até 10% (dez por cento) do limite previsto na alínea "a", do inciso II do artigo anterior e para alienações, nos casos previstos nesta Lei, desde que não se refiram a parcelas de um mesmo serviço, compra ou alienação de maior vulto que possa ser realizada de uma só vez;"

Em outras palavras, a hipótese aqui tratada é puramente objetiva: é legalmente dispensável a licitação para serviços e compras (exceto de engenharia), de valor até 10% (dez por cento) do limite para realização de cartas-convite (R$ 80.000,00). Assim, é dado a qualquer ente público (mesmo aqueles que não têm finalidade artística, cultural ou educacional) contratar diretamente a aquisição (de "obra de arte já existente") ou a execução (de "obra de arte a realizar") no valor de até R$ 8.000,00 (oito mil reais), desde que isso não signifique fracionamento irregular de despesa. Essa aquisição tanto pode ser feita diretamente com o artista como com um terceiro (um galerista, por exemplo).

3.3 Inexigibilidade de licitação

Além do concurso e da dispensa de licitação, o terceiro caminho possível para a Administração Pública adquirir uma obra de arte é a inexigibilidade licitatória prevista no art. 25, inc. III, da Lei 8.666/93, *in verbis*:

"Art. 25. É inexigível a licitação quando houver inviabilidade de competição, em especial: [...]

III – para contratação de profissional de qualquer setor artístico, diretamente ou através de empresário exclusivo, desde que consagrado pela crítica especializada ou pela opinião pública."

Se fosse utilizada aqui aquela mesma classificação francesa acima referida, esse dispositivo da legislação brasileira bem poderia cuidar das "obras de arte a realizar", já que o objeto dessa norma é a contratação do artista, diretamente ou por empresário exclusivo (mediante prova regular dessa exclusividade), e não a aquisição de uma obra de arte já concluída. Note-se, porém, que não é qualquer artista que pode ser alvo dessa inexigibilidade, mas tão somente aquele que já é um profissional[36] consagrado pela crítica especializada ou pela opinião pública. Trata-se, portanto, de uma contratação *intuitu personae*, que inviabiliza qualquer competição; só pode ser provida exclusivamente pelo contratado, e ainda proíbe qualquer tipo de subcontratação ou subrogação. Seria logicamente inadmissível que, tendo a Administração Pública contratado o artista A, ele viesse a entregar obra de arte feita por B. Admissível é tão somente a subcontratação parcial e acessória,

---

[36] E não um amador, cuja contratação pode ser feita mediante a modalidade de licitação de concurso. Note-se, todavia, que não se pode exigir do "profissional" artista plástico qualquer tipo de cadastro ou registro oficial, como já visto neste texto.

como, por exemplo, no caso de uma equipe de assistentes técnicos para executar uma escultura de grandes proporções.[37]

Ao contrário do que ocorre na dispensa de licitação prevista no art. 24, inc. XV, da Lei 8.666/93, na hipótese de contratação direta de artista, com fundamento no art. 25, inc. III, da mesma lei, não há necessidade de "pertinência temática" da entidade contratante, ou seja, o órgão público adquirente dos serviços artísticos pode prescindir da finalidade institucional vinculada às atividades artísticas – facultando certa margem de discricionariedade ao administrador público de uma instituição não cultural, como um tribunal ou uma câmara de vereadores, por exemplo.

Um requisito indispensável para a regular contratação, através de inexigibilidade de licitação, de um artista plástico é a sua consagração pela crítica especializada ou pela opinião pública – segundo os exatos termos da Lei 8.666/93. As noções de "consagração", "crítica especializada" e "opinião pública" são conceitos jurídicos indeterminados, ou seja, termos extrajurídicos, abertos, polissêmicos, cujo sentido e alcance são preenchidos pela "margem de apreciação" da autoridade administrativa ao ponderar as circunstâncias do caso concreto, mas nem por isso livres da esfera de controle externo exercida pelo Poder Judiciário, Poder Legislativo, Ministério Público ou Tribunais de Contas, à luz da impessoalidade, moralidade, publicidade, eficiência, economicidade, razoabilidade e proporcionalidade. Mais uma vez, há de se recorrer, nesse ponto, às didáticas lições de Nigel Foster e Satish Sule para se clarificar o que é essa "margem de apreciação" do gestor público:

> "O princípio da discricionariedade é atribuído para aquela parte das provisões legais que dizem respeito às consequências de um conjunto de fatos. A margem de apreciação (Beurteilungsspielraum), em contraste, refere-se àquela parte das provisões legais que definem fatos como precondições para consequências legais, em outras palavras, o lado 'se' da cláusula 'se-então'. Aqui o Legislativo utilizou conceitos jurídicos indeterminados (unbestimmte Rechtsbegriffe) tais como 'interesse público', 'confiabilidade suficiente' (para iniciar uma relação comercial) ou 'de boa moral'. Tais termos concedem às autoridades administrativas uma oportunidade para julgar se a situação descrita em uma provisão está à mão ou não. [...] Se o legislativo concede às autoridades administrativas esta margem de apreciação, então a questão que aflora é se os tribunais podem subsequentemente revê-la. [...] O Tribunal Administrativo Federal tanto quanto o Tribunal Constitucional Federal têm decidido que os tribunais administrativos têm geralmente o poder e a obrigação para apreciar completamente as decisões administrativas. Não obstante, como uma exceção algumas poucas áreas são excluídas dessa 'revisão total', tais como decisões concernentes a provas (exames escolares e decisões semelhantes, exames de ordem), concursos públicos, decisões de classificação por comitês independentes ou decisões de prognósticos de risco."[38]

---

[37] JACOBY FERNANDES, Jorge Ulisses, op. cit., p. 630.
[38] "The principle of discretion is attributed to that part of the provisions dealing with the legal consequences of a set of facts. The margin of appreciation (Beurteilungsspielraum) in contrast applies to the part of the provision setting out the facts as preconditions to legal consequences, in other words the

A se seguir, novamente, aquele esquema teórico proposto por Foster e Sule, tem-se que SE (*if*) o artista é consagrado pela opinião pública ou pela crítica especializada, ENTÃO (*then*) a Administração Pública pode fazer uso de uma inexigibilidade licitatória. Presente aquele pré-requisito fático ("*consagração pela crítica especializada ou pela opinião pública*"), legitimada estará a ausência de licitação. Quanto aos conceitos jurídicos indeterminados, que deixam à Administração Pública uma certa margem da apreciação, o controle externo é ainda mais trabalhoso do que no caso de decisões discricionárias. À primeira vista, a autoridade administrativa deve apresentar ao *controller* (Judiciário, Ministério Público, Tribunal de Contas ou Legislativo) todos os elementos que subsidiaram as suas reflexões e considerações que a trouxeram à interpretação e à aplicação dos conceitos jurídicos indeterminados. Desse modo, o *controller* pode examinar se a decisão está amparada por razões plausíveis, razoáveis, proporcionais, econômicas, isto é, legítimas. Não é o caso de se substituir a interpretação da Administração por outra (do juiz ou do promotor, p. ex.), mas apenas de se examinar a razoabilidade e a adequação das razões que a Administração Pública apresentou.[39] Daí surge o dever público de a Administração Pública bem fundamentar e amparar fática e juridicamente a sua decisão.

Registre-se, que, ao obrigar que a autoridade administrativa apresente ao *controller* todos os elementos que subsidiaram a sua contratação direta amparada pela discricionariedade, a ordem jurídica administrativa está exigindo muito mais que apenas a mera apresentação de eventuais provas de que o artista contratado é consagrado pela crítica especializada ou pela opinião pública. Pensar dessa maneira restrita constituiria, isso sim, criar um verdadeiro paradoxo, pois se o artista contratado é de fato "consagrado" – gozando de fama e notoriedade – deve ser conhecido de todos; se ele não é conhecido de todos, ele ainda não é consagrado, famoso ou notório. O argumento é de clareza acaciana:[40] não

---

'*if*'-side of the '*if-then*' clause. Here the legislative has used indefinite legal terms (unbestimmte Rechtsbegriffe) such as the 'public interests', 'sufficient reliability' (to run a commercial enterprise), or 'against good morals'. These terms grant the authorities an opportunity to judge for themselves whether the situation described in a provision is at hand or not. [...] If the legislative grants administrative authorities this margin of appreciation, then the question arises whether the courts may subsequently review it. [...] The Federal Administrative Court and the Federal Constitutional Court have decided that the administrative courts generally the power and obligation to completely review administrative decisions. [...] Nevertheless as an exception a few areas are excluded from 'total review', such as decisions concerning exams (school exams and related decisions, state exams), assessments of civil servants, rating decisions by independent committees or prognostic decisions of risks" (FOSTER, Nigel; SULE, Satish, 2003, op. cit., p. 256-257, trad. nossa).

[39] Por todos, veja-se FISCHER, Alfred. Rapport pour l'Allemagne Federale. In: **Anales du 5e Colloque de l'Association des Conseils d'Etat et des Juridictions Administratives Suprêmes de l'Union Européenne** (du 27 au 31 octobre 1976 à La Haye). Disponível em <http://193.191.217.21/colloquia/1976/germany.pdf>.

[40] No imaginário queirosiano de "*O Primo Basílio*", o Conselheiro Acácio veio a transformar-se numa daquelas personagens que retornam para o mundo real. Eça de Queirós referiu-se várias vezes a ele, quando quis aludir à solenidade oca e às obviedades que marcavam a sociedade portuguesa de então. Era o lugar-comum em pessoa.

há consagração que não evidente; a verdadeira consagração pública há de ser notória e os fatos notórios prescindem de comprovação (art. 334, I, do Código de Processo Civil).[41] Atente-se que o sentido de "todos" aqui não é numérico, mas na verdade representa tão só o "sensato juízo do homem médio" ou, segundo a boa expressão da jurisprudência alemã, o *"vernünftige Urteil der billig und gerecht Denkenden".*

Toma-se aqui "consagração", do latim *consacratione,* como a honra, a exaltação, a glorificação, o louvor, o elogio ou o aplauso manifestado pelo público ou pela crítica. Tal exigência da crítica ou da opinião pública deve ser local, regional ou nacional para aquisições dentro dos limites financeiros equivalentes aos de carta-convite, tomada de preços ou concorrência.

É relevante que se discorra, ainda, a respeito da necessidade de justificativa do preço contratado e da comprovação de que o contrato celebrado não causou prejuízos ao erário. Com efeito, estabelece o inciso III, parágrafo único, art. 26 da Lei 8.666/93:

> *"Parágrafo único. O processo de dispensa, de inexigibilidade ou de retardamento, previsto neste artigo, será instruído, no que couber, com os seguintes elementos: [...]*
>
> *III – justificativa do preço."*

Esta exigência é decursiva da obrigatoriedade de todo agente público agir de forma transparente, demonstrando sempre os motivos ensejadores da prática de determinado ato administrativo, bem como o contexto fático e jurídico em que se deu sua execução. O preço a ser contratado, em se tratando de aquisições de bens ou serviços pela Administração Pública, deverá respeitar os princípios da economicidade e da razoabilidade, segundo os quais os valores pagos deverão ser justos, maximizando a relação custo-benefício, e compatíveis com os praticados no mercado. O fato de se utilizar uma inexigibilidade de licitação não afasta do agente público a necessidade de comprovação da legitimidade do preço acertado. É certo que cada obra de arte a ser adquirida não é similar a nenhuma outra produzida, mas é prudente que o gestor público acautele-se quanto aos preços praticados pelo artista em obras da mesma fase, do mesmo período ou recentemente vendidas, realizando exaustiva pesquisa de preços junto a outras entidades públicas e privadas.[42]

Finalmente, cumpre ressaltar a importância e a necessidade de o Poder Público assinar um contrato administrativo detalhado nas suas transações artísticas, sejam elas antecedidas ou não de licitação. O contrato administrativo é uma garantia – para ambas as partes! – dos precisos termos do que está sendo negociado e constitui mais uma cautela para que se evite qualquer polêmica em um campo tão sensível a controvérsias como o da

---

[41] Nessa mesma direção: *"É óbvio que não se pretende que o agente faça juntar centenas de recortes de jornal, por exemplo, sobre o artista, mas que indique sucintamente por que se convenceu do atendimento desse requisito para promover a aquisição direta, como citar o número [...] de obras de arte importantes, referência a dois ou três famosos eventos"* (JACOBY FERNANDES, Jorge Ulisses, op. cit., p. 633).

[42] JACOBY FERNANDES, Jorge Ulisses, op. cit., p. 635.

arte pública.⁴³ Temas que não podem deixar de ser acertados pelo contrato incluem forma e conteúdo da obra, preço, localização, transporte, adequação aos fins pretendidos, garantias, satisfação e possibilidade de devolução, responsabilidades de parte a parte, formas de pagamento, instalação, prazos de entrega e pagamento, indenizações, direitos de reprodução, segurança da obra e do público, manutenção, possibilidades de destruição, alteração ou relocação, requisitos estruturais etc.

Ao sair dos espaços expositivos tradicionais, como o museu ou a galeria, a arte pública deixa certamente de usufruir de certa "proteção institucional" para ser alvo dos olhares e opiniões de um público muito mais amplo, nem sempre habituado, disposto ou apto a consumir novas gramáticas visuais. Nesse contexto, a obra de arte pública pode vir a causar grandes polêmicas em função da sua estética, do seu local de instalação, do seu valor, da sua utilidade, da sua adequação ao fim a que se destina etc. São muitos os exemplos de acalorada polêmica envolvendo obras de arte pública no Brasil e no exterior, chegando a extremos como a remoção da obra, o cancelamento da encomenda ou a sua devolução ao artista-autor.⁴⁴

3.4 Desapropriação

Até o momento, foram analisadas as três hipóteses consensuais para aquisição de obras de arte pelo Poder Público, a saber: o concurso, a dispensa e a inexigibilidade de licitação. Resta agora analisar as hipóteses em que a Administração Pública adquire uma obra de arte do particular valendo-se do seu Poder de Império, começando pelo instituto jurídico da desapropriação.

Em sentido amplo, a desapropriação pode ser compreendida como a modalidade de intervenção mais radical na propriedade privada, caracterizando-se pela transferência compulsória da propriedade particular para o Poder Público, por motivo de utilidade pública, necessidade pública ou interesse social, mediante prévia e justa indenização em dinheiro. A Constituição Federal, em seu art. 5º, inc. XXII, reconhece o direito à propriedade privada, todavia, no inc. XXIII do mesmo art. 5º, a Carta Magna ordena que a propriedade deve atender a sua função social. Um pouco mais adiante, no inc. XXIV do art. 5º, a Constituição prevê:

---

⁴³ Nesse mesmo sentido é a advertência: *"Commissioning an artist to create a work of art is fraught with problems. What must the artist do, and who is to determine if the agreement has been fulfilled? Having a clear and understandable agreement is important to both the artist and the purchaser"* (LERNER. Ralph E.; BRESLER, Judith. **Art law**: the guide for collectors inverstors, dealers, and artists. New York: Practising Law Institute, 1989. p. 215).

⁴⁴ DUBOFF, Leonard D. et al., 2010, op. cit., p. 420-423; MERRYMAN, John Henry et al., op. cit., 2007, p. 767 e ss ; LERNER, Ralph E.; BRESLER, Judith, op. cit., p. 222 e ss. Em todas essas referências há indicações de muitos casos polêmicos envolvendo arte pública.

"XXIV – a lei estabelecerá o procedimento para desapropriação por necessidade ou utilidade pública, ou por interesse social, mediante justa e prévia indenização em dinheiro, ressalvados os casos previstos nesta Constituição;"

Em outras palavras, a Constituição institui que determinados interesses públicos superiores podem vir a se sobrepor aos interesses particulares do proprietário de uma obra de arte. Acompanhando a dicção constitucional, a doutrina é clara quanto a isso:

"[...] Em se tratando de relevante interesse público (como, por exemplo, se um particular proprietário de um objeto de valor histórico, extremamente importante para o Brasil, ameaça vendê-lo a um estrangeiro), a Administração não deve se inibir no uso do seu poder de império e, de imediato, deve proceder à desapropriação, usando das medidas cautelares, se necessário para garantir a integridade do bem, com a retirada da posse."[45]

Nos termos do art. 23, inc. III, da Constituição Federal, é competência comum da União, dos Estados, do Distrito Federal e dos Municípios proteger as obras e outros bens de valor histórico, artístico e cultural. Do mesmo modo, agora nos termos do inc. IV do mesmo art. 23 da Constituição Federal, também é competência comum de todos os quatro entes federativos impedir a evasão, a destruição e a descaracterização de obras de arte e de outros bens de valor histórico, artístico ou cultural. A partir desses dois dispositivos, resta, mais uma vez, constitucionalmente amparada a possibilidade de intervenção supressiva do Estado na propriedade privada de natureza artística, extinguindo por completo o direito de propriedade privada em nome do bem comum.

Na seara infraconstitucional, o Decreto-lei 3.365, de 21 de junho de 1941, que dispõe sobre desapropriações por utilidade pública, determina que "a preservação e a conservação adequada de arquivos, documentos e outros bens **móveis** de valor histórico ou artístico" é considerada caso de "utilidade pública" e, pois, motivador de legítima desapropriação pelo Poder Público (art. 5º, letra l, do Decreto-lei 3.365/41).

A desapropriação de obra de arte segue, no geral, os mesmos três requisitos dos demais processos ordinários de desapropriação por utilidade pública, quais sejam: (1) observância de um procedimento administrativo plenamente vinculado à lei; (2) comprovação clara e objetiva da utilidade pública, e (3) pagamento de indenização prévia, justa e em dinheiro. Todo o processo de desapropriação começa com a expedição de um decreto (o decreto expropriatório) ou uma lei[46] que declara como de "utilidade pública" o bem que o Poder Público (federal, estadual ou municipal) pretende expropriar, individualizando-o e indicando a fundamentação legal do ato expropriatório. Caso não haja acordo sobre o valor da indenização, a matéria pode ser questionada judicialmente.

---

[45] JACOBY FERNANDES, Jorge Ulisses, p. 456.

[46] O art. 8º do Decreto-lei 3.365/41 diz que o Poder Legislativo (federal, estadual ou municipal) poderá tomar a iniciativa da desapropriação, cumprindo, neste caso, ao Executivo, praticar os atos necessários à sua efetivação.

Embora não se confunda com uma desapropriação em sentido próprio, há, porém, um instituto jurídico que merece ser referido aqui: no plano infraconstitucional, a Lei 4.845, de 19 de novembro de 1965, proibiu a saída do país das obras de arte produzidas no país até o final do período monárquico e determinou que, tentada a exportação de quaisquer obras e objetos de que trata aquela lei, serão eles sequestrados pela União ou pelo Estado em que se encontrarem, em proveito dos respectivos museus – sem mencionar hipótese de indenização. Como, nesse caso, a aquisição do bem artístico pela Administração Pública não decorre de uma decisão voluntária do ente estatal, ele não será objeto do presente capítulo – tanto quanto outras formas sancionatórias ou involuntárias pelas quais o Estado adquire obras de arte (tais como heranças, perdimentos, doações de particulares ou grandes grupos empresariais).

3.5 Direito de preferência

O Decreto-lei 25, de 30 de novembro de 1937, ao organizar a proteção do patrimônio histórico e artístico nacional, dispôs a respeito do "direito de preferência" sobre a aquisição de bens tombados. Assim define o Decreto-lei:

> *"Art. 22. Em face da alienação onerosa de bens tombados, pertencentes a pessôas naturais ou a pessôas jurídicas de direito privado, a União, os Estados e os municípios terão, nesta ordem, o direito de preferência."*

A preferência se traduz aqui, portanto, no direito da Administração Pública (Federal, Estadual ou Municipal) de ser preferida como compradora, em igualdade de condições com outros pretendentes, na hipótese de alienação onerosa de bens penhorados. Como a todo direito corresponde um dever, no caso do "direito de preferência", o dever se materializa na obrigação legal imposta ao proprietário da coisa tombada de oferecer previamente esse bem à Administração Pública, quando queria vendê-la, para que ela, a Administração – a quem foi reservado o direito de preferência –, o exerça em relação a eventuais adquirentes e nas mesmas condições.

Segundo o Decreto-lei 25/1937, a alienação onerosa de bens tombados não será permitida sem que previamente sejam os bens oferecidos, pelo mesmo preço, à União, bem como ao Estado e ao Município em que se encontrarem. Para dar concretude à preferência, o proprietário deverá notificar os titulares do direito de preferência a usá-lo, dentro de 30 dias, sob pena de perdê-lo. Ausente essa notificação, será nula a alienação realizada, ficando ainda qualquer dos titulares do direito de preferência habilitado a sequestrar a coisa e a impôr a multa de 20% do seu valor ao transmitente e ao adquirente, que serão por ela solidariamente responsáveis. A nulidade será pronunciada, na forma da lei, pelo juiz que conceder o sequestro, o qual só será levantado depois de paga a multa e se qualquer dos titulares do direito de preferência não tiver adquirido a coisa no prazo de 30 dias.

O direito de preferência não inibe o proprietário de gravar livremente a coisa tombada, de penhor, anticrese ou hipoteca.

Complementa o direito de preferência a circunstância de que nenhuma alienação judicial de bens tombados se poderá realizar sem que, previamente, os titulares do direito de preferência (União, o Estado e o município em que se encontre o bem tombado) sejam disso notificados judicialmente, não podendo os editais de praça ser expedidos, sob pena de nulidade, antes de feita a notificação. Com efeito, nas hipóteses de alienação judicial de bens tombados, aos titulares do direito de preferência assistirá o direito de remissão (*i. e.*, de livrar o bem da penhora por meio do pagamento), se dela não lançarem mão, até a assinatura do auto de arrematação ou até a sentença de adjudicação, as pessoas que, na forma da lei, tiverem a faculdade de remir. O direito de remissão por parte da União, bem como do Estado e do Município em que os bens se encontrarem, poderá ser exercido, dentro de cinco dias a partir da assinatura do auto do arrematação ou da sentença de adjudicação, não se podendo extrair a carta enquanto não se esgotar este prazo, salvo se o arrematante ou o adjudicante for qualquer dos titulares do direito de preferência.

Segundo o art. 4º, inc. XVII, da Lei 11.906, de 20 de Janeiro de 2009, compete ao Instituto Brasileiro de Museus (IBRAM), autarquia federal dotada de personalidade jurídica de Direito Público, com autonomia administrativa e financeira, vinculada ao Ministério da Cultura, com sede e foro em Brasília, exercer, em nome da União, o direito de preferência na aquisição de bens culturais móveis.

4   Breve nota conclusiva

As coleções de arte nasceram como coleções eminentemente privadas, de um rei ou de um palácio. As primeiras coleções mais ou menos públicas, no sentido de permitir acesso a uma audiência mais ampla, foram as coleções das igrejas, de arte sacra. Apenas no século XVII é que foram criados os museus como hoje são conhecidos, quando o acesso à arte foi, de fato, paulatinamente popularizado. As mais antigas manifestações de arte pública, todavia, foram, sem dúvida, os monumentos artísticos dispostos no espaço público urbano desde tempos imemoriais. Essa longa marcha no sentido da ampliação do acesso público às obras de arte seguiu-se com o desenvolvimento da ideia de que a rua, as praças, os parques, o meio ambiente também seriam adequados espaços expositivos. Nesse novo quadro, o papel do Poder Público ganha um destaque especial como fomentador da produção e da difusão artísticas e os prêmios e contratos públicos passam a constituir uma parte importante da renda dos artistas.

Acima, foram analisados cinco mecanismos para o incentivo, a proteção e a difusão da produção artística pelo Estado/Administração Pública. Há, certamente, outros mecanismos relevantes através dos quais o ente público, se não chega a adquirir uma obra de arte, pelo menos favorece, protege ou induz de maneira decisiva o patrimônio artístico. São exemplos desses outros mecanismos as leis de incentivo fiscal à cultura, os fundos públicos de financiamento da produção cultural e o próprio instituto jurídico-administrativo do tombamento, analisados por outros autores.

O aspecto comum a todas essas ferramentas é, na verdade, o reconhecimento público de que "*os Estados têm a faculdade e a responsabilidade de formular e aplicar políticas de proteção e promoção da diversidade e do patrimônio cultural no exercício da soberania nacional*".[47] O investimento público em cultura, todo ele, é investimento público contra a ignorância e, como já bem dizia Victor Hugo, há mais de 160 anos, dirigindo-se aos seus pares na Assembleia Nacional francesa, *"a época em que estais é uma época rica e fecunda; não são, senhores, as inteligências que faltam, não são os talentos, não são as grandes aptidões; o que falta é o impulso simpático, é o encorajamento entusiasta de um grande governo"*.[48]

---

[47] Art. II (Princípio da Responsabilidade dos Estados no Desenho e na Aplicação de Políticas Culturais), da *"Carta Cultural Iberoamericana"*, aprovada durante a XVI Cimeira Ibero-Americana de Chefes de Estado e de Governo, realizada em Montevidéu, Uruguai, em 4 e 5 de novembro de 2006.

[48] HUGO, Victor. **Obras completas**. São Paulo: Editora das Américas, 1960, v. XXVII, p. 419.

REFERÊNCIAS BIBLIOGRÁFICAS

ALVES, José Francisco (Org.). **Experiências em arte pública**: memória e atualidade. Porto Alegre: Artfolio/Editora da Cidade, 2008.

BARRANCO VELA, Rafael. El ámbito jurídico-administrativo del derecho de la cultura: una reflexión sobre la intervención de la Administración Pública en el ámbito cultural. In: BALAGUER CALLEJON, Francisco (Coord.). **Derecho constitucional y cultura**: estudios en homenaje a Peter Häberle. Madrid: Tecnos, 2004. p. 197-213.

CAUSEY, Andrew. **Sculpture since 1945**. Oxford: OUP, 1998.

CHAPUS, René. **Droit administratif général**. Paris: Montchrestien, 2001. t. 1.

CHARLES, Ronny. **Leis de licitações públicas comentadas**. Salvador: JusPodivm, 2011.

COSTA, Rodrigo Vieira; CUNHA FILHO, Francisco Humberto. Qual o lugar da arte? – Análise Sociojurídica da Lei Municipal de Fortaleza sobre Colocação de Obras de Arte em Espaços Públicos. In: **Políticas Culturais em Revista**. v. 2, n. 3, p. 28-60, 2010.

DEGUERGUE, Maryse (Dir.). **L'art et le droit**. Paris: Publications de la Sorbonne, 2010.

DEMARSIN, Bert; SCHRAGE, Eltjo J. H.; TILLEMAN, Bernard; VERBEKE, Alain (Ed.). **Art & law**. Brugge: Die Keure, 2008.

DRUMMOND, Alessandra; NEUMAYR, Rafael (Coord.). **Direito e cultura**: aspectos jurídicos da gestão e produção cultural. Belo Horizonte: Artmanagers, 2011.

DUBOFF, Leonard D.; BURR, Sherri; MURRAY, Michael D. **Art law**: cases and materials. New York: Aspen, 2010.

FOSTER, Nigel; SULE, Satish. **German legal system and laws**. Oxford: Oxford University Press, 2003.

FRANCA FILHO, Marcilio Toscano. **Os múltiplos diálogos entre arte, literatura e direito**. In: *Estado de Direito*, ano VI, nº 34, p. 29-30, 2012.

_____. **O gesto e o momento** – o cinquentenário da justiça de Alfredo Ceschiatti. In: *Correio das Artes*, ano LXII, nº 9, p. 24-26, nov. 2011.

_____. **A cegueira da justiça**: diálogo iconográfico entre arte e direito. Porto Alegre: Frabris, 2011.

_____. A cigarra, a formiga e a aquisição de obras de arte pelo Poder Público. In: *Revista do Instituto de Pesquisas e Estudos*, v. 40, p. 167-176, 2004.

HADDAD, Michèle. **Courbet**. Luçon: Gisserot, 2002.

HEIN, Hilde. What Is public art? – Time, place, and meaning. **The Journal of Aesthetics and Art Criticism**. v. 54, nº1, p. 1-7, 1996.

HUGO, Victor. Questão dos encorajamentos às letras e às artes. In: HUGO, Victor. **Obras completas**. São Paulo: Editora das Américas, 1960, v. XXVII, p. 411-419.

_____. **Contro i tagli alla cultura**. Como/Pavia: Ibis, 2011.

JACOBY FERNANDES, Jorge Ulisses. **Contratação direta sem licitação**. Belo Horizonte: Fórum, 2009.

JAYME, Erik. Globalization in art law: clash of interests and international tendencies. **Vanderbilt Journal of Transnational Law**, v. 38, nº 4, p. 928, 2005.

LERNER, Ralph E.; BRESLER, Judith. **Art law** – the guide for collectors, inverstors, dealers, and artists. New York: Practising Law Institute, 1989.

MANKIN, Lawrence D. Public policymaking and the arts. **Journal of Aesthetic Education**. v. 12, n. 1, p. 33-44, 1978.

MAURER, Hartmut. **Allgemeines Verwaltungsrecht**. Munique: C. H. Beck, 2000.

MENDES, Renato Geraldo. **Lei de Licitações e Contratos anotada**. Curitiba: Zênite, 2011.

MERRYMAN, John Henry; ELSEN, Albert E.; URICE, Stephen. **Law, ethics and the visual arts**. Alphen aan den Rijn: Kluwer, 2007.

NAHM, Milton C. On the relations of public art and private art. **College Art Journal**. v. 6, n. 4, p. 251-269, 1947.

NIEBUHR, Joel de Menezes. **Dispensa e inexigibilidade de licitação pública**. Belo Horizonte: Fórum, 2011.

PAOLUCCI, Antonio; RADKE, Gary M.; FALLETTI, Franca. **Michelangelo**: Il David. Firenze: Giunti, 2004.

RIBEIRO, Edgard Telles. **Diplomacia cultural**: seu papel na política externa brasileira. Brasília: FUNAG, 2011.

RUSSELL, Robert. A beginner's guide to public art. **Art Education**, v. 57, nº 4, p. 19-24, 2004.

SILVA, Fernando Pedro da. **Arte pública**: diálogo com as comunidades. Belo Horizonte: C/ Arte, 2005.

WELCH, Evelyn. **Art in Renaissance Italy 1350-1500**. Oxford: Oxford University Press, 2000.

7

TRANSFERÊNCIA DE ACERVOS: COLEÇÕES PRIVADAS E SUA TRANSMISSÃO A INSTITUIÇÕES PÚBLICAS

João Grandino Rodas[1]
Gustavo Ferraz de Campos Mônaco[2]

Sumário: 1. Acervo de obras artísticas e literárias. 2. O papel das instituições públicas, com especial destaque para as universidades públicas. 3. Formas de transferência dos acervos privados. 3.1. Disposições testamentárias. 3.2. Doações. 3.3. Aquisição por preço simbólico. 3.4. Transferência por determinação judicial. 4. Principais problemas nessa transferência e modos de superação das dificuldades. 4.1. Dificuldades de natureza tributária. 4.2. Dificuldades jurídico-institucionais. Referências bibliográficas.

1   ACERVO DE OBRAS ARTÍSTICAS E LITERÁRIAS

O sentido de coleção exige organização e coerência. Uma coleção não é, por definição, um amontoado de obras dispersas ou incoerentes. É preciso dar-lhes organicidade segundo padrões previamente definidos.

Particulares, sejam pessoas físicas, sejam pessoas jurídicas, podem organizar tais obras.

As pessoas jurídicas, por sua própria natureza, tendem a ultrapassar o espaço de uma vida humana, prolongando-se no tempo, especialmente quando são econômica e estruturalmente vigorosas. Aliás, normalmente apenas as empresas, instituições financeiras,

---

[1] Ex-Reitor da USP; Professor Titular de Direito Internacional Privado; Desembargador Federal Aposentado; Antigo Consultor Jurídico do Ministério das Relações Exteriores; Antigo Presidente do Conselho Administrativo de Defesa Econômica (CADE).

[2] Professor Associado da Faculdade de Direito da USP; Procurador Geral da USP.

associações, sociedades e fundações com vigor econômico é que acabam despendendo parte de seus recursos na organização dessas coleções.

Por outro lado, as pessoas físicas, dada a própria finitude da vida humana, deparam-se muitas vezes com a impossibilidade de dar continuidade à organização e ampliação do acervo que, ao longo da vida, esmeraram-se em organizar. Seja por dificuldades econômicas, seja pelo desinteresse dos herdeiros em continuar o labor dos antepassados – muito embora aqueles reconheçam o valor e a engenhosidade da atividade desses –, fato é que se chega a verdadeiro dilema: quem dará seguimento à obra, quem cuidará do acervo? Juntem-se a isso os altos custos de manutenção e acondicionamento adequados para que se perceba a dificuldade da situação.

Nesses casos, proceder à doação a instituições públicas passa a ser uma das mais meritórias alternativas aos olhos dos titulares desses acervos.

Com efeito, sejam tais acervos de natureza literária, sejam afetos às artes plásticas, fato é que o valor agregado à coleção pela atividade de anos ou mesmo de décadas da parte de seus instituidores pode representar a inviabilidade prática de aquisição integral do acervo por terceiros. Os valores costumam remontar a muitos milhares, por vezes milhões de dinheiros e dificilmente se encontram outros colecionadores interessados na coleção integral e aptos a participar da aquisição com o numerário necessário para tanto.

De outro lado, desfazer a integralidade da coleção é tarefa a que não querem se entregar aqueles que gastaram o intervalo de uma vida a dar-lhe corpo. Também aqueles herdeiros que reconheçam a atividade de seus antepassados terão dificuldades em consentir com tal esfacelamento da história de vida de seus pais, avós ou outros parentes. O leilão dessas obras, meio normalmente utilizado para se efetivar a venda, acaba por incentivar tal desmantelamento, ainda quando os lotes sejam organizados de modo coerente e artisticamente adequado. Dificilmente um mesmo comprador arrematará todos os lotes.

2 O PAPEL DAS INSTITUIÇÕES PÚBLICAS, COM ESPECIAL DESTAQUE PARA AS UNIVERSIDADES PÚBLICAS

Nesse cenário, a doação a instituições públicas pode representar a higidez dessas coleções. E dentre as várias instituições públicas destinatárias, os museus e as bibliotecas acabam sendo preferencialmente procurados pelos colecionadores ou por seus herdeiros, em face da *expertise* de manutenção, organização e acondicionamento desses acervos, além da possibilidade de que essas coleções agreguem valor aos acervos procedentes dessas instituições, complementando-se mutuamente.

É preciso ressaltar, ainda, o papel que as universidades públicas podem e devem desempenhar na recepção de tais coleções. Espaços de organização e difusão dos saberes, as universidades têm por missão institucional, ainda, a realização de pesquisas e a difusão do conhecimento por meio da extensão de seus serviços à comunidade. Fundamentadas no tripé ensino-pesquisa-extensão, desincumbem-se desse mister de diversas maneiras.

No que tange à incorporação de acervos privados, as universidades podem se destacar em diversos campos no trato das obras.

O primeiro é o da organização desses acervos segundo padrões científicos internacionais, o que nem sempre poderia ser objeto de atenção pelos colecionadores particulares que não dispõem, necessariamente, de conhecimentos de curadoria ou biblioteconomia para a catalogação, descrição e acondicionamento das obras que compõem o acervo sob tutela.

Essa primeira forma de atuação desemboca na constituição de um acervo *disponível aos pesquisadores* das diversas áreas do saber. Com efeito, no cumprimento de sua missão institucional, a reserva técnica de museus universitários, institutos especializados e bibliotecas devem estar disponíveis, segundo os padrões internacionais de cuidado no acesso, no manuseio e na eventual reprodução dessas obras. Assim, os pesquisadores podem se debruçar cientificamente sobre esse acervo produzindo *papers*, artigos científicos, dissertações e teses que organizem cientificamente quer o método de produção daquela ou daquelas obras objeto de estudo, quer o impacto que essas obras possam ter na história da ciência, da divulgação literária, bibliográfica ou artística e o eventual papel de reorganização, ruptura, contestação ou viragem desempenhados pelas mesmas no campo da cultura, dos valores, da organização social de determinado povo dentre tantos outros vieses de investigação que se pode estabelecer a partir dessas obras.

Ainda no cumprimento de suas funções institucionais, a universidade que não se caracteriza por um mundo excluído de seu entorno estende seu conhecimento à população, garantindo, por meio de exposições, simpósios, seminários, congressos, a difusão do conhecimento, dos valores (inclusive estéticos) nele impregnados.

Há diversos exemplos de transferência de acervos privados a instituições públicas, especialmente às de natureza universitária. Mas elas não se efetivaram isentas de dificuldades quer por entraves de natureza tributária ou jurídico-institucional.

Assim, verificadas as vantagens dessa transferência a instituições dessa natureza, é preciso descrever, a partir de certos exemplos, quais as dificuldades observadas e como foi possível superá-las. Antes, porém, cumpre mencionar as principais formas por que essas transferências se realizaram ou se realizam.

3 FORMAS DE TRANSFERÊNCIA DOS ACERVOS PRIVADOS

3.1 Disposições testamentárias

Uma forma bastante utilizada para determinar a transferência de coleções privadas de obras de arte ou literárias tem sido a instituição, pelo proprietário, em testamento, de instituições públicas como legatárias do acervo.

Trata-se de uma forma interessante de transmissão, porquanto garanta a manutenção do acervo na posse de seu colecionador originário, mas que, na prática, cria uma série de embaraços de ordem prática e jurídica.

De ordem prática na medida em que, com o falecimento, a administração do acervo ficará a cargo do testamenteiro até que se esteja no momento oportuno para o pagamento dos legados, ou seja, para que esse mesmo testamenteiro proceda à transmissão do acervo ao beneficiário.

Normalmente, o testamenteiro é pessoa da confiança do testador, por ele indicado na própria cédula testamentária e que se encarrega de fazer valer a última vontade do falecido, expressa no testamento. Presume-se sua idoneidade, mas ele deverá, ao final de suas atividades de administrador, prestar contas ao juízo de que todos os bens deixados pelo testador foram endereçados a quem de direito.

No entanto, quando a disposição testamentária for vaga, tratando a coleção como uma individualidade (ex: "deixo para a Instituição X minha coleção de esculturas"), sem a especificação de todas as peças que compõem o acervo, será muito difícil a comprovação de que a coleção foi integralmente entregue a quem de direito. Especialmente quando entre a elaboração do testamento (e de eventual lista pormenorizada do acervo legado) e o falecimento do testador este tiver adquirido novas peças, ampliando sua coleção.

O mesmo se diga relativamente à hipótese, bastante comum, do testamenteiro indicado pelo testador não aceitar a tarefa ou for pré-morto ao colecionador. Nesses casos, e não havendo a indicação de um segundo testamenteiro, caberá ao juízo da sucessão indicar um testamenteiro de confiança do juiz, que dificilmente terá conhecido, em vida, a coleção legada.

De ordem jurídica, por outro lado, podem ser os empecilhos levantados por parcela dos herdeiros, interessados na venda, ainda que parcial, do acervo, para com isso levantar valores em espécie. Não são incomuns as hipóteses em que herdeiros legítimos (parentes do falecido) que se sentem prejudicados com a indicação de herdeiros testamentários ou legatários procurem imputar ao testador a incapacidade de testar decorrente, no mais das vezes, de uma propalada enfermidade que o impedia, no momento da elaboração do testamento, de dispor de seus bens, por disposição de última vontade.

Seja como for, é preciso ainda lembrar que o colecionador poderá legar seus bens à instituição pública de forma pura e simples, sem a imposição de qualquer obrigação ao beneficiário, como pode estabelecer que o legatário deva observar essa ou aquela obrigação adicional, chamada de encargo, que acompanha o bem e que, quando não observado de forma integral pelo sucessor, implica no desfazimento da transmissão.

São comuns as imposições de legados como o de estabelecer local separado para o acondicionamento das obras recebidas, o de se fazer a indicação de agradecimento ao testador, por exemplo, pela fixação de placa de agradecimento à memória do colecionador, dentre tantas outras que possam ser imaginadas pelo testador.

Nesse caso, cabe à instituição indicada para receber a coleção sopesar se o encargo estabelecido é proporcional aos benefícios havidos com a incorporação do acervo ou não, decidindo acerca da aceitação do legado ou a sua renúncia, hipótese em que a instituição deixará de receber a coleção legada, que voltará a compor o acervo hereditário do falecido, devendo, nesse caso, ser dividido entre seus herdeiros.

3.2 Doações

O colecionador preocupado com a destinação de seu acervo pode, também, optar pelo estabelecimento de um contrato de doação de sua coleção. Nesse caso, a instituição receptora deverá ser procurada e as partes deverão negociar os termos do contrato, tais como momento da transferência dos bens, se a doação será simples ou clausulada etc.

A vantagem dessa forma de transmissão do acervo é a garantia de que a vontade do doador produzirá seus efeitos, independentemente da participação de terceiros, como testamenteiros ou herdeiros.

Normalmente, a competência para assinatura desses contratos de doação é do dirigente máximo da instituição, como o são os Reitores nas Universidades, por exemplo. Nada impede, todavia, que a autoridade competente delegue poderes para autoridades específicas a fim de dotar o procedimento de maior agilidade. Assim, por exemplo, na Universidade de São Paulo, há específica delegação para os Diretores das Unidades, dos Museus e dos Institutos Especializados para receberem doações simples, determinando a imediata incorporação dos bens ao acervo da instituição, com o tombamento das obras literárias e dos documentos ou a inserção de número patrimonial das obras artísticas.

Normalmente, ainda, as doações clausuladas dependem da manifestação de órgãos colegiados que buscam averiguar a proporcionalidade referida no item anterior entre os encargos sugeridos pelo doador e a capacidade da donatária (a instituição beneficiária) em arcar com as contrapartidas exigidas. No que tange, ainda, à USP, a doação do acervo bibliográfico de Guita e José Mindlin foi acompanhada pela exigência de que a USP construísse um edifício para a acomodação dos livros que compõem a famosa Biblioteca Brasiliana e a instituição de um órgão, vinculado à Reitoria da Universidade, batizado de Biblioteca Brasiliana Guita e José Mindlin, cujo conselho diretor será composto por representantes da Universidade e da família Mindlin. Nesse caso, sopesados o interesse público de ensino, pesquisa e extensão e os custos dos encargos, a Comissão de Orçamento e Patrimônio do Conselho Universitário entendeu conveniente aceitar a doação e determinar o cumprimento dos encargos. Em 2013 está prevista a inauguração da Biblioteca, com a transferência física do acervo da residência dos doadores, entretanto falecidos, para a edificação construída integralmente pela USP.

3.3 Aquisição por preço simbólico

Outra forma, menos usual, mas possível de se verificar, é aquela em que o colecionador pretende vender seu acervo à Instituição Pública.

Sabe-se que os órgãos públicos são obrigados a adquirir bens por meio de licitação, mecanismo legalmente previsto para garantir impessoalidade e economicidade para a administração pública. Com a licitação não há escolha do contratado na medida em que se sagra vencedor e contrata com a Administração aquele que tiver oferecido a proposta mais econômica para o órgão público.

Entretanto, coleções particulares de obras de arte ou literárias trazem ínsitos não apenas o valor de cada peça do acervo, mas, também – e principalmente – um valor de conjunto, representado pela unidade e corpo daquela específica coleção, que é única, inviabilizando a competição. Nenhum outro colecionador possui, em princípio, aquela coleção, idêntica em extensão, importância e organicidade. Daí a possibilidade de se dispensar a licitação já que, no caso, a pessoalidade é o que importa. Por exemplo, nenhuma outra biblioteca de obras brasileiras tem o valor da Biblioteca formada, ao longo de muitas décadas, pelo casal Mindlin e seus filhos.

A aquisição de uma coleção pelo preço de mercado é, no mais das vezes, impossível de ser realizada pela Administração Pública, onde os recursos são escassos e as necessidades de investimento as mais variadas. Daí por que a prática seja a de aquisição, no mercado, de peças isoladas.

No entanto, já houve situações em que um colecionador particular, ao invés da doação, optou pela alienação, por venda para a instituição pública, de seu acervo. No entanto, nesses casos, para viabilizar a operação, o preço praticado mostra-se muito aquém daquele praticado pelo mercado, viabilizando alguma remuneração ao proprietário, que nesse caso, de venda, não poderá ter qualquer vínculo com a instituição (em respeito ao princípio da impessoalidade, daí por que não se pratique relativamente a antigos docentes ou pesquisadores da Universidade). Ao mesmo tempo, torna-se viável a aquisição pela Administração Pública pela modicidade do preço.

Tais contratos são devidamente fiscalizados pelos Tribunais de Contas competentes.

3.4 Transferência por determinação judicial

Outra possibilidade de transferência de acervos privados a instituições públicas pode ser observada na intervenção do Poder Judiciário, ao coibir a prática de ilícitos civis ou penais.

Assim, por exemplo, em hipóteses de tráfico de peças arqueológicas ou etnológicas ou de verificação de lavagem de dinheiro por grandes corporações ou pessoas físicas, a justiça pode determinar o confisco desses bens e a incorporação dos mesmos ao acervo de instituições públicas de renome.

Assim é que peças arqueológicas ou etnológicas brasileiras apreendidas pela Polícia Federal no exercício de seu poder de controle das fronteiras brasileiras têm sido incorporadas a Museus de Arqueologia e Etnologia sempre que se torna impossível identificar seu pertencimento a determinado acervo de onde tenham sido ilicitamente retiradas. Nesses casos, opera-se uma presunção de que a peça etnológica ou arqueológica foi retirada do campo diretamente para ser transportada para o exterior, hipótese em que a legislação federal autoriza seu confisco e a incorporação mencionada.

Da mesma forma, em situações em que a aquisição de obras de arte ou de obras literárias tenha se realizado na tentativa de tornar "lícito" o patrimônio adquirido por meios ilícitos (a chamada lavagem de dinheiro), como, por exemplo, o desvio de verbas públicas, a comprovação dessa situação permite que o Judiciário determine a apreensão desses bens e sua incorporação ao patrimônio público.

Assim, por exemplo, a Justiça Federal de São Paulo, por uma de suas Varas Especializadas no Combate ao Crime Organizado, determinou a incorporação de obras artísticas e de peças arqueológicas de pessoas jurídicas ao acervo dos Museus da USP e do Instituto de Estudos Brasileiros da Universidade (IEB-USP).

Tais obras, isoladamente, não possuem grande significância científica nem de mercado, mas incorporadas ao acervo preexistente dos Museus Paulista, de Arqueologia e Etnologia e de Arte Contemporânea da USP, além do IEB, adquiriram grande importância. A USP esmerou-se na restauração dessas obras, em seu armazenamento e trato científico, além de sua exposição ao público, aplicando grande soma de recursos públicos a bem do ensino, da pesquisa e da extensão.

No entanto, as pessoas jurídicas referidas requereram falência em juízo específico da Justiça Estadual de São Paulo. No juízo da falência, a intenção é a de levar essas obras a leilão para o pagamento dos credores com o produto dessas vendas. Corre-se o risco, com isso, de que tais obras retornem a acervos privados, desfalcando o acervo público. Os gastos suportados pela instituição pública no depósito desses bens constituem-se em créditos da USP que poderão ser ressarcidos com a manutenção de parte, ao menos, dessas obras no acervo da Universidade. Também há esperança de que mecenas possam participar do leilão, doando as peças adquiridas para a USP.

4 PRINCIPAIS PROBLEMAS NESSA TRANSFERÊNCIA E MODOS DE SUPERAÇÃO DAS DIFICULDADES

4.1 Dificuldades de natureza tributária

No procedimento de transferência desses acervos privados incidem impostos sobre a transmissão, seja ela *inter vivos* (como no contrato de doação) ou *mortis causa* (como na transmissão por determinação testamentária).

Ocorre que, não raro, os colecionadores passaram anos amealhando essas obras sem se aperceberem que a coleção em si pudesse adquirir um valor significativo. Com essa falta de percepção, deixaram de declarar essa parcela – muitas vezes bastante significativa – de seus patrimônios quando da declaração anual de renda para fins de incidência do Imposto sobre a Renda.

Tal fato podia ensejar a aplicação de multas por declaração inverídica de patrimônio, inviabilizando a doação. Assim é que, para viabilizar a doação da Biblioteca Mindlin, foi necessária a alteração da normativa tributária nacional a fim de excluir das hipóteses de incidência de multa situações como essas.

4.2 Dificuldades jurídico-institucionais

Institucionalmente também algumas dificuldades costumam se apresentar tornando custosas ou mesmo inviabilizando as transferências de acervos privados para instituições públicas.

Trata-se, no mais das vezes, de entraves internos à instituição, como a dificuldade burocrática de se cumprirem os encargos estabelecidos pelos doadores ou testadores e de entraves externos, especialmente os decorrentes do cumprimento da legislação que impõe aos órgãos públicos obrigações adicionais que não se verificam relativamente aos particulares e que, por isso, podem inviabilizar a incorporação do acervo.

REFERÊNCIAS BIBLIOGRÁFICAS

FERRER CORREIA, António. **A venda internacional de objectos de arte**. Coimbra: Coimbra, 1994.

GOMES, Orlando. **Sucessões**. 11. ed. Rio de Janeiro: Forense, 2001.

MADALENO, Rolf. Legados e direito de acrescer entre herdeiros e legatários. In: HIRONAKA, Giselda Maria Fernandes Novaes; PEREIRA, Rodrigo da Cunha (Coord.). **Direito das sucessões**. 2. ed. Belo Horizonte: Del Rey, 2007.

PENTEADO, Luciano de Camargo. **Doação com encargo e causa contratual**. Campinas: Millennium, 2004.

8

Contribuição ao Estudo dos Marcos Regulatórios dos Museus

Arnaldo Sampaio de Moraes Godoy[1]

Sumário: 1. Introdução. 2. Os Museus e a Atividade Museológica no Brasil. 3. O Estatuto dos Museus, o Plano Museológico e a Política de Segurança. 4. O Instituto Brasileiro de Museus (IBRAM) e o Instituto do Patrimônio Histórico e Artístico Nacional (IPHAN). 5. Conclusões. Referências bibliográficas.

1 INTRODUÇÃO

A plena realização dos potenciais do ser humano decorre também do acesso a bens culturais. A existência deve ser plasmada num nível mais elevado, marcado pela integração numa dimensão cultural identificadora de nossa capacidade criadora. Nesse sentido, emancipatório, muito mais do que uma *commodity*, a cultura é elemento de emancipação humana, direito fundamental, em torno do qual se realizam valores de um Estado Democrático de Direito.

Pode-se falar assim de um *Estado de Cultura* no qual se tenham direitos de fruição do patrimônio cultural,[2] decorrentes do dever fundamental do Estado promover o acesso aos bens culturais. De tal modo, o art. 215 da Constituição de 1988 dispõe que o Estado garantirá a todos o pleno exercício dos direitos culturais e acesso às fontes da cultura na-

---

[1] Doutor e Mestre em Filosofia do Direito e do Estado pela Pontifícia Universidade Católica de São Paulo. Consultor-Geral da União.

[2] Cf., por todos, SILVA, Vasco Pereira da. **A Cultura a que tenho direito**: direitos fundamentais e cultura. Coimbra: Almedina, 2007. p. 80.

cional, e apoiará e incentivará a valorização e a difusão das manifestações culturais. Há uma obrigação (que é do Estado e da sociedade) de se apoiar, incentivar, valorizar e proteger o patrimônio cultural brasileiro.[3]

Transita-se em âmbito de uma ordenação constitucional da cultura, na medida em que a essência de um bem cultural consiste na sua peculiar estrutura, em que se fundem, numa unidade objetiva, um objeto material e um valor que lhe dá sentido.[4] Tem-se, inclusive, compreensão de que bens culturais sejam alcançados por mecanismos de tutela e de proteção, captados até por normatividade típica de direito ambiental.[5] A questão é de feição efetivamente constitucional.

A Emenda Constitucional nº 48, de 10 de agosto de 2005, acrescentou disposições ao art. 215 da Constituição, a propósito de um Plano Nacional de Cultura que, entre outros, aponta para uma integração de ações do poder público com objetivo de defesa e valorização de nosso patrimônio cultural, a par de uma perspectiva de democratização do acesso aos bens de cultura.

É com o objetivo de agrupamento e esclarecimento de marcos regulatórios da atividade museológica, bem como de esforço para apresentação de alguma informação referente à estrutura dos museus brasileiros, que seguem as observações vindouras.

2 OS MUSEUS E A ATIVIDADE MUSEOLÓGICA NO BRASIL

A proteção do patrimônio cultural se realiza, entre outros, pela profícua atividade dos Museus, que também devem oferecer opções de entretenimento, de estudos e de fixação de tradições culturais.

Em complemento às disposições constitucionais há hoje conjunto normativo que permite que identifiquemos um marco regulatório referente aos museus. Refiro-me, especialmente, à Lei nº 11.904, de 14 de janeiro de 2009, que institui o Estatuto dos Museus e dá outras providências, à Lei nº 11.906, de 20 de janeiro de 2009, que cria o Instituto Brasileiro de Museus (IBRAM), bem como, ainda que em menor intensidade, ao Decreto nº 6.844, de 17 de maio de 2009, que dispõe sobre o Instituto do Patrimônio Histórico e Artístico Nacional (IPHAN).

Museus são pontos de encontro, na compreensão dos dirigentes do IBRAM, perspectiva muito adequadamente fixada por seu atual Presidente, no sentido de que

---

[3] Cf. COSTA-CORRÊA, André L. Comentários aos arts. 215 e 216. In: BONAVIDES, Paulo; MIRANDA, Jorge; AGRA, Walber de Moura. **Comentários à Constituição Federal de 1988**. Rio de Janeiro: Forense, 2009. p. 2293.

[4] SILVA, José Afonso. **Ordenação constitucional da cultura**. São Paulo: Malheiros, 2001. p. 10.

[5] Cf. MARCHESAN, Ana Maria Moreira. **A tutela do patrimônio cultural sob o enfoque do direito ambiental.** Porto Alegre: Livraria do Advogado Editora, 2007.

"os museus são espaços de tradução, da fusão de horizontes, de encontro entre diferentes olhares. Essas casas de memória [os museus] são realização humana do desejo do encontro. Desejo esse de construir os fatores que nos fazem pertencer, existir, ou seja, são locais de sensibilidade, das emoções que os suportes de memória possibilitam".[6]

O papel dos museus na sociedade contemporânea transcende de potenciais mausoléus de cultura histórica reservados para o prazer de uma elite global[7] para o papel de conectores culturais para uma sociedade que já não sabe se comunicar.[8] A concepção clássica de museu como espaço de mera contemplação cede a uma percepção atuante, dinâmica. Museus são centros de vida, de convivência, de trocas de experiência.

A atividade museológica brasileira é crescente. No fim do século XIX contávamos com apenas 14 museus. Em 1950 registravam-se 43 unidades museológicas. Em 1970 o número subiu para 160. Em 1980 eram 297 museus. Em 1990 o número subia para 426. Em 2010 contávamos com 639 museus.[9]

O atual Instituto de Pesquisas Jardim Botânico do Rio de Janeiro data de 1808 e decorre de iniciativa de D. João, ainda como Príncipe-Regente. O Museu Nacional, também no Rio de Janeiro, é de 1818. Assim, no que se refere ao pioneirismo dos museus:

> *"O primeiro museu implantado no Brasil data do século XVII, quando durante a ocupação holandesa em Pernambuco foi criada uma instituição que englobava jardim botânico, jardim zoológico e observatório astronômico dentro das instalações do parque do Palácio de Friburgo, ou Vrijburg. Em 1784 foi aberta a Casa de Xavier dos Pássaros no Rio de Janeiro, que preparava exemplares da flora e fauna brasileiras e artefatos indígenas para serem enviados para Portugal, permanecendo em funcionamento até o início do século XIX. Com a chegada da Família Real portuguesa, em 1808, a Casa dos Pássaros foi demolida para a construção do prédio do Erário. Seu acervo serviu de base para a criação do Museu Real, no ano de 1818, por meio do decreto do então príncipe regente de Portugal, D. João. O Museu Real, hoje Museu Nacional da Quinta da Boa Vista, é a instituição museológica mais antiga do Brasil ainda aberta ao público e também a que concentra o maior número de bens culturais no acervo."*[10]

---

[6] NASCIMENTO JÚNIOR, José do. Um guia para marcar encontro. **Guia dos Museus Brasileiros**, Brasília: Ministério da Cultura, Instituto Brasileiro de Museus, 2011, p. 11.

[7] CASTELLS, Manuel. Museus na era da informação: conectores culturais de tempo e espaço. In: **Musas, Revista Brasileira de Museus e Museologia**, Brasília: Instituto Brasileiro de Museus, nº 5, p. 21, 2011.

[8] CASTELLS, Manuel, cit., loc. cit.

[9] BRASIL. Política Nacional de Museus – Relatório de Gestão 2003-2010. Brasília: Ministério da Cultura, Instituto Brasileiro de Museus, 2010. p. 20.

[10] BRASIL. **Museus em números**. Instituto Brasileiro de Museus. Brasília: Instituto Brasileiro de Museus, 2011. p. 61. Coordenação editorial de Rose Moreira de Miranda.

A ampliação de nossos museus qualifica-se por fixação de diretrizes, estratégias, ações e metas, que se consubstanciam num plano nacional setorial de museus, para os anos de 2010 a 2020, que se desdobra em cinco eixos estruturantes, nomeadamente: (a) produção simbólica e diversidade cultural, (b) cultura, cidade e cidadania, (c) cultura e desenvolvimento sustentável, (d) cultura e economia criativa e (e) gestão e institucionalidade da cultura.[11]

Decorre do modelo atual um panorama rico e pluralista, no qual se encontram museus de arte, de história, de culturas militares, de ciências e tecnologia, de etnografia, de arqueologia, museus comunitários e ecomuseus, museus da imagem e do som, bem como arquivos e bibliotecas de museus.[12]

Tomando-se como exemplo apenas os museus mais conhecidos, é exuberante nossa diversidade museológica. Elenco, entre os mais conhecidos, bem entendido, e por cidades, os seguintes: o Museu do Imigrante, o Museu de Arte de São Paulo (MASP), o Museu de Arte Sacra, todos em São Paulo; o Museu Histórico Nacional, o Museu Nacional de Belas Artes, o Museu Nacional da Quinta da Boa Vista, todos no Rio de Janeiro; o Museu Imperial em Petrópolis; o Museu do Oratório e o Museu da Inconfidência, em Ouro Preto; o Museu da Misericórdia e o Museu de Arte da Bahia, em Salvador; o Museu de Armas Castelo São João, em Recife; o Museu do Ceará e o Museu de Arte Contemporânea do Centro Dragão do Mar, em Fortaleza; o Museu de Folclore e Arte Popular em São Luís; o Museu de Arte Sacra e o Museu Paraense Emílio Goeldi, em Belém; o Palacete Provincial, em Manaus; o Museu Nacional da República, em Brasília; a Fundação Iberê Camargo e a Casa de Cultura Mário Quintana, em Porto Alegre; o Museu Oscar Niemeyer e o Museu Paranaense, ambos em Curitiba.[13]

No Brasil os museus são mantidos com recursos oriundos do orçamento anual, com receitas próprias, com o resultado de leis de incentivo (referentes a pessoas físicas e a pessoas jurídicas), com patrocínios diretos, com doações, inclusive de organizações internacionais.[14]

Nesse sentido, há benefícios fiscais para o provimento de meios para museus, que decorrem de disposição expressa nos arts. 28 e 29 do Decreto nº 5.761, de 27 de abril de 2006,[15] que se reportam à Lei nº 8.313, de 23 de dezembro de 1991, que institui o Programa Nacional de Apoio à Cultura (Pronac), a par de dar outras providências.

---

[11] Cf. BRASIL. **Plano Nacional Setorial de Museus – 2010-2020**. Brasília: Ministério da Cultura, Instituto Brasileiro de Museus, 2010.

[12] Cf. BRASIL. **Plano Nacional Setorial de Museus – 2010-2020**, cit.

[13] Cf. MUSEUS DO BRASIL: UM GUIA DOS PRINCIPAIS MUSEUS BRASILEIROS. São Paulo: Empresa das Artes, 2011.

[14] Cf. NASCIMENTO JÚNIOR, José do; COLNAGO, Ena. Economia da cultura. In: NASCIMENTO JÚNIOR, José do (Org.). **Economia de museus**. Brasília: Ministério da Cultura/Instituto Brasileiro de Museus, 2010. p. 220.

[15] "Art. 29. Os valores transferidos por pessoa física, a título de doação ou patrocínio, em favor de programas e projetos culturais enquadrados em um dos segmentos culturais previstos no art. 26

A Ministra de Estado da Educação baixou a Portaria nº 116, de 29 de novembro de 2011, regulamentando a definição dos segmentos culturais alcançados pelos benefícios fiscais, nominando-os na rubrica *patrimônio cultural*, entre outros, doações de acervos em geral a museus, arquivos públicos e instituições congêneres. No mesmo sentido, a citada Portaria nº 116, de 2011, inseriu a preservação ou restauração de acervos museológicos.

No contexto da identificação dos recursos que garantem a existência dos museus, tem-se que

> *"Pode-se falar em dois grandes grupos de fontes de recursos que compõem o orçamento dos museus: a) aquele oriundo de repasse direto pela entidade mantenedora ou disponibilizado do orçamento público (federal, estadual ou municipal); e b) aquele relacionado com a capacidade dos museus em prospectarem recursos para fora dos limites do 'orçamento anual', cooptando novos apoiadores a seus projetos com vistas a garantir a manutenção de suas atividades. Esse último grupo de fontes de recursos corresponde a 43,48% do total do orçamento. Dentro dessa perspectiva, pode-se inferir que o equilíbrio que existe em relação a esses dois grupos de fontes de recursos, respectivamente [...] está relacionado com o fato de que os museus se veem diante de uma realidade que os pressiona a buscar parcerias e a garantir apoio a seus projetos: os recursos oriundos da fonte 'orçamento anual' não acompanham o dinamismo do setor que vem impulsionando o crescimento no volume total dos recursos mobilizados para essas atividades."*[16]

A tendência aponta caminho no sentido de que os museus dependam cada vez menos de subvenções oficiais obtidas por meio do orçamento, o que exige ampliação em regimes de parceria com a iniciativa privada e com doadores particulares, ainda que esse mecenato tenha como objetivo alívio na carga tributária.

3   O ESTATUTO DOS MUSEUS, O PLANO MUSEOLÓGICO E A POLÍTICA DE SEGURANÇA

O Estatuto dos Museus é disciplinado pela Lei nº 11.904, de 2009, que principia considerando como museus instituições sem fins lucrativos que conservam, investigam, comunicam, interpretam e expõem, para fins de preservação, estudo, pesquisa, educação, contemplação e turismo, conjuntos e coleções de valor histórico, artístico, científico, téc-

---

da Lei nº 8.313, de 1991, poderão ser deduzidos do imposto devido, na declaração de rendimentos relativa ao período de apuração em que for efetuada a transferência de recursos, obedecidos os limites percentuais máximos de: I – oitenta por cento do valor das doações; e II – sessenta por cento do valor dos patrocínios."

[16] NASCIMENTO JÚNIOR, José do; COLNAGO, Ena, cit., p. 221.

nico ou de qualquer outra natureza cultural, abertas ao público, a serviço da sociedade e de seu desenvolvimento.[17]

Assim, ainda que privados, museus qualificam-se pelo fato de que não buscam lucro. A conservação de bens culturais por museus tem como objetivo comunicação e exposição de signos e peças, propiciando a contemplação e, principalmente, a educação e o alargamento do horizonte cultural dos visitantes.

A definição de museu, para efeitos de proteção e de alcance da Lei nº 11.904, de 2009, bem entendido, pressupõe instituição que não objetive lucros. A finalidade essencial de um museu, como disposta em lei, é a intermediação entre o acervo e o público, prestando serviço cultural à sociedade, bem como ao desenvolvimento social.

O referido Estatuto também elenca conjunto de princípios fundamentais que marcam a atuação dos museus, nomeadamente, a valorização da dignidade humana; promoção da cidadania; o cumprimento da função social; a valorização e preservação do patrimônio cultural e ambiental; a universalidade do acesso, o respeito e a valorização à diversidade cultural; bem como o intercâmbio institucional.[18]

Vincula-se este conjunto de princípios aos princípios basilares do Plano Nacional de Cultura e do regime de proteção e valorização do patrimônio cultural.[19]

Presentemente, o Plano Nacional de Cultura encontra-se disciplinado pela Lei nº 12.343, de 2 de dezembro de 2010 que, entre outros, sedimenta-se em conjunto de princípios, a saber, liberdade de expressão, criação e fruição; diversidade cultural; respeito aos direitos humanos; direito de todos à arte e à cultura; direito à informação, à comunicação e à crítica cultural; direito à memória e às tradições; responsabilidade socioambiental; valorização da cultura como vetor do desenvolvimento sustentável; democratização das instâncias de formulação das políticas culturais; responsabilidade dos agentes públicos pela implementação das políticas culturais; colaboração entre agentes públicos e privados para o desenvolvimento da economia da cultura, a par de participação e controle social na formulação e acompanhamento das políticas culturais.[20]

Rigorosamente, a promoção do direito à memória por meio de museus, arquivos e coleções é objetivo do referido Plano Nacional de Cultura.[21]

A proteção dos museus é matéria de relevante interesse público. A legislação de regência dispõe que o poder público estabelecerá mecanismos de fomento e incentivo visando à sustentabilidade dos museus brasileiros.[22] De tal maneira, os bens culturais dos

---

[17] Lei nº 11.904, de 2009, art. 1º.
[18] Lei nº 11.904, de 2009, art. 2º.
[19] Lei nº 11.904, de 2009, art. 2º, parágrafo único.
[20] Lei nº 12.343, de 2010, art. 1º.
[21] Lei nº 12.343, de 2010, inciso IV do art. 2º.
[22] Lei nº 11.904, de 2009, art. 4º.

museus, em suas diversas manifestações, podem ser declarados como de interesse público, no todo ou em parte.[23]

Dispõe a lei que se consideram bens culturais passíveis de musealização os bens móveis e imóveis de interesse público, de natureza material ou imaterial, tomados individualmente ou em conjunto, portadores de referência ao ambiente natural, à identidade, à cultura e à memória dos diferentes grupos formadores da sociedade brasileira.[24]

E, também, dispôs-se que será declarado como de interesse público o acervo dos museus cuja proteção e valorização, pesquisa e acesso à sociedade represente valor cultural de destacada importância para a Nação, respeitada a diversidade cultural, regional, étnica e linguística do País.[25]

No que se refere ao regime aplicável aos museus, fixou-se que a criação de entidades museológicas por qualquer entidade é livre, independentemente do regime jurídico.[26] Por outro lado, a criação, a fusão e a extinção de museus serão efetivadas por meio de documento público.[27]

A lei também dispõe que a denominação de museu estadual, regional ou distrital só pode ser utilizada por museu vinculado a unidade da federação ou por museus a quem o Estado autorize a utilização dessa denominação.[28] E ainda, a denominação de museu municipal só pode ser utilizada por museu vinculado a Município ou por museus a quem o Município autorize a utilização desta denominação.[29]

O papel dos museus é amplo. Deverão promover ações educativas, fundamentadas no respeito à diversidade cultural e na participação comunitária, contribuindo para ampliar o acesso da sociedade às manifestações culturais e ao patrimônio material e imaterial da Nação.[30] Além do que, os museus deverão disponibilizar oportunidades de prática profissional aos estabelecimentos de ensino que ministrem cursos de museologia e afins, nos campos disciplinares relacionados às funções museológicas e à sua vocação.[31]

Quanto aos acervos, é obrigação dos museus manter documentação sistematicamente atualizada sobre os bens culturais que integram seus acervos, na forma de registros e inventários.[32]

---

[23] Lei nº 11.904, de 2009, art. 5º.
[24] Lei nº 11.904, de 2009, art. 5º, § 1º.
[25] Lei nº 11.904, de 2009, art. 5º, § 2º.
[26] Lei nº 11.904, de 2009, art. 7º.
[27] Lei nº 11.904, de 2009, art. 8º.
[28] Lei nº 11.904, de 2009, art. 11.
[29] Lei nº 11.904, de 2009, art. 12.
[30] Lei nº 11.904, de 2009, art. 29.
[31] Lei nº 11.904, de 2009, art. 30.
[32] Lei nº 11.904, de 2009, art. 39.

Um intenso regime de colaboração é desejável no contexto do fomento aos museus. A legislação vigente trata de associações de amigos de museus, na qualidade de sociedades civis, sem fins lucrativos, constituídas na forma da lei civil, que preencham alguns requisitos, a exemplo da necessidade de constar em seu instrumento criador, como finalidade exclusiva, apoio, manutenção e incentivo às atividades dos museus a que se refiram, especialmente aquelas destinadas ao público em geral; de não restringir a adesão de novos membros, sejam pessoas físicas ou jurídicas; bem como, e principalmente, de ser vedada a remuneração da diretoria.[33]

O modelo brasileiro conta também com previsão para um *sistema de museus*, que se qualifica e se define como uma rede organizada de instituições museológicas, baseado na adesão voluntária, configurado de forma progressiva e que visa à coordenação, articulação, à mediação, à qualificação e à cooperação entre os museus.[34]

O referido *sistema de museus* centra-se num Comitê Gestor, com a finalidade de propor diretrizes e ações, bem como apoiar e acompanhar o desenvolvimento do setor museológico brasileiro.[35]

A lei elenca o conjunto das finalidades do Sistema Brasileiro de Museus, da forma que segue:

> "I – a interação entre os museus, instituições afins e profissionais ligados ao setor, visando ao constante aperfeiçoamento da utilização de recursos materiais e culturais;
>
> II – a valorização, registro e disseminação de conhecimentos específicos no campo museológico;
>
> III – a gestão integrada e o desenvolvimento das instituições, acervos e processos museológicos;
>
> IV – o desenvolvimento das ações voltadas para as áreas de aquisição de bens, capacitação de recursos humanos, documentação, pesquisa, conservação, restauração, comunicação e difusão entre os órgãos e entidades públicas, entidades privadas e unidades museológicas que integrem o Sistema;
>
> V – a promoção da qualidade do desempenho dos museus por meio da implementação de procedimentos de avaliação."[36]

É amplo também o conjunto de objetivos específicos que deve ser perseguido pelo Sistema Brasileiro de Museus, como segue:

> "I – promover a articulação entre as instituições museológicas, respeitando sua autonomia jurídico-administrativa, cultural e técnico-científica;

---

[33] Lei nº 11.904, de 2009, art. 50.
[34] Lei nº 11.904, de 2009, art. 55.
[35] Lei nº 11.904, de 2009, art. 57.
[36] Lei nº 11.904, de 2009, art. 58.

II – estimular o desenvolvimento de programas, projetos e atividades museológicas que respeitem e valorizem o patrimônio cultural de comunidades populares e tradicionais, de acordo com as suas especificidades;

III – divulgar padrões e procedimentos técnico-científicos que orientem as atividades desenvolvidas nas instituições museológicas;

IV – estimular e apoiar os programas e projetos de incremento e qualificação profissional de equipes que atuem em instituições museológicas;

V – estimular a participação e o interesse dos diversos segmentos da sociedade no setor museológico;

VI – estimular o desenvolvimento de programas, projetos e atividades educativas e culturais nas instituições museológicas;

VII – incentivar e promover a criação e a articulação de redes e sistemas estaduais, municipais e internacionais de museus, bem como seu intercâmbio e integração ao Sistema Brasileiro de Museus;

VIII – contribuir para a implementação, manutenção e atualização de um Cadastro Nacional de Museus;

IX – propor a criação e aperfeiçoamento de instrumentos legais para o melhor desempenho e desenvolvimento das instituições museológicas no País;

X – propor medidas para a política de segurança e proteção de acervos, instalações e edificações;

XI – incentivar a formação, a atualização e a valorização dos profissionais de instituições museológicas; e

XII – estimular práticas voltadas para permuta, aquisição, documentação, investigação, preservação, conservação, restauração e difusão de acervos museológicos."

O Estatuto dos Museus também cuida de regras referentes ao combate ao tráfico de bens culturais dos museus, mediante disposição relativa à necessária cooperação internacional, especialmente no que se refere a produção de prova, ao exame de objetos e lugares, a informações sobre pessoas e coisas,[37] entre outras providências que possam ser eventualmente tomadas. O tráfico internacional de peças de museus exige ampla cooperação internacional.

Há também expressa disposição relativa a um Plano Museológico. Este é decorrente do dever dos museus em elaborar e implementar políticas e plano de ação, nos termos de definição do Estatuto dos Museus.[38]

De tal modo, o referido plano é definido como ferramenta básica de planejamento estratégico, de sentido global e integrador, indispensável para a identificação da vocação da

---

[37] Lei nº 11.904, de 2009, art. 68.
[38] Lei nº 11.904, de 2009, art. 44.

instituição museológica para a definição, o ordenamento e a priorização dos objetivos e das ações de cada uma de suas áreas de funcionamento, bem como fundamenta a criação ou a fusão de museus, constituindo instrumento fundamental para a sistematização do trabalho interno e para a atuação dos museus na sociedade.[39] O plano é um articulador de políticas públicas, com o objetivo de fortalecer os laços entre os vários museus que há. É ponto sistematizador de cooperação.

Missão básica e função específica na sociedade, relativas aos museus, contemplam o Plano Museológico, especialmente em relação a diagnósticos participativos das instituições vinculadas, identificação de espaços, de públicos aos quais se destina o trabalho dos museus, bem como detalhamentos de programas institucionais, de gestão de pessoas, de acervos, de exposições, entre tantos outros.[40]

Deve-se atentar para a efetiva exequibilidade do plano, especialmente no que se refere a cronogramas de execução, de explicitação de metodologia adotada, a par da descrição das ações planejadas e a implantação de sistema de avaliação permanente.[41]

No que se refere a um Plano de Segurança, a norma de regência disciplinou que os museus garantirão a conservação e a segurança de seus acervos.[42] Aplica-se o regime de responsabilidade solidária às ações de preservação, conservação ou restauração que impliquem dano irreparável ou destruição de bens culturais dos museus, sendo punível a negligência.[43]

Fixou-se também que os museus devem dispor das condições de segurança indispensáveis para garantir a proteção e a integridade dos bens culturais sob sua guarda, bem como dos usuários, dos respectivos funcionários e das instalações.[44] É responsabilidade de cada museu dispor de programa de segurança, que deve ser periodicamente testado para prevenir e neutralizar perigos.[45]

Quanto ao trânsito de bens e de pessoas, o Estatuto dos Museus dispõe que é facultado aos museus estabelecer restrições à entrada de objetos e, excepcionalmente, pessoas, desde que devidamente justificadas.[46]

É dever dos museus colaborar com as entidades de segurança pública no combate aos crimes contra a propriedade e tráfico de bens culturais.[47]

---

[39] Lei nº 11.904, de 2009, art. 45.
[40] Lei nº 11.904, de 2009, art. 46.
[41] Lei nº 11.904, de 2009, art. 47.
[42] Lei nº 11.904, de 2009, art. 21.
[43] Lei nº 11.904, de 2009, art. 22.
[44] Lei nº 11.904, de 2009, art. 23.
[45] Lei nº 11.904, de 2009, art. 23, parágrafo único.
[46] Lei nº 11.904, de 2009, art. 24.
[47] Lei nº 11.904, de 2009, art. 26.

Dispõe-se também que o programa e as regras de segurança de cada museu têm natureza confidencial.[48] Esta regra, ao que se presume, não cede ao comando da Lei nº 12.527, de 18 de novembro de 2011, que dispõe sobre o acesso às informações públicas. Esta última, que regulamenta o inciso XXXIII do art. 5º da Constituição (dispondo sobre direito à informação como direito fundamental), o inciso II do § 3º do art. 37, também da Constituição (direito a acesso a registros e informações do Governo), bem como o § 2º do art. 216, de igual modo da Constituição (tratando da gestão governamental das informações), dispõe que pode haver restrição a informações que se identifiquem como ultrassecretas, secretas e reservadas.[49]

Não há menção à natureza confidencial de informações, de modo que, em princípio, programas e regras de segurança de museus deverão contemplar nova classificação, de natureza secreta, válida por 15 anos. Devem-se levar em conta a gravidade do risco, o dano à segurança da sociedade e do Estado, justificativos de indicação de restrição de acesso ao programa de segurança do museu.[50]

4 O INSTITUTO BRASILEIRO DE MUSEUS (IBRAM) O INSTITUTO DO PATRIMÔNIO HISTÓRICO E ARTÍSTICO NACIONAL (IPHAN)

O Instituto Brasileiro de Museus (IBRAM) foi criado pela Lei nº 11.906, de 2009. Trata-se de autarquia federal, dotada de personalidade jurídica de direito público, com autonomia administrativa e financeira, vinculada ao Ministério da Cultura, com sede e foro na Capital Federal, podendo estabelecer escritórios ou dependências em outras unidades da Federação.[51]

A referida Lei nº 11.906, de 2009, dispõe sobre as finalidades do IBRAM, fixando amplo conjunto de atribuições, nomeadamente:

> *"I – promover e assegurar a implementação de políticas públicas para o setor museológico, com vistas em contribuir para a organização, gestão e desenvolvimento de instituições museológicas e seus acervos;*
>
> *II – estimular a participação de instituições museológicas e centros culturais nas políticas públicas para o setor museológico e nas ações de preservação, investigação e gestão do patrimônio cultural musealizado;*
>
> *III – incentivar programas e ações que viabilizem a preservação, a promoção e a sustentabilidade do patrimônio museológico brasileiro;*

---

[48] Lei nº 11.904, de 2009, art. 27.
[49] Lei nº 12.527, de 18 de novembro de 2011, art. 24, § 1º.
[50] Lei nº 12.527, de 2011, art. 24, § 5º.
[51] Lei nº 11.906, de 2009, art. 1º.

IV – estimular e apoiar a criação e o fortalecimento de instituições museológicas;

V – promover o estudo, a preservação, a valorização e a divulgação do patrimônio cultural sob a guarda das instituições museológicas, como fundamento de memória e identidade social, fonte de investigação científica e de fruição estética e simbólica;

VI – contribuir para a divulgação e difusão, em âmbito nacional e internacional, dos acervos museológicos brasileiros;

VII – promover a permanente qualificação e a valorização de recursos humanos do setor;

VIII – desenvolver processos de comunicação, educação e ação cultural, relativos ao patrimônio cultural sob a guarda das instituições museológicas para o reconhecimento dos diferentes processos identitários, sejam eles de caráter nacional, regional ou local, e o respeito à diferença e à diversidade cultural do povo brasileiro; e

IX – garantir os direitos das comunidades organizadas de opinar sobre os processos de identificação e definição do patrimônio a ser musealizado."[52]

E para que o IBRAM possa perseguir esse conjunto expressivo de atribuições sua lei instituidora qualificou também amplo conjunto de competências, que reproduzo em seguida, indicando-as, tal como fixadas na lei criadora da autarquia:

"I – propor e implementar projetos, programas e ações para o setor museológico, bem como coordenar, acompanhar e avaliar as atividades deles decorrentes;

II – estabelecer e divulgar normas, padrões e procedimentos, com vistas em aperfeiçoar o desempenho das instituições museológicas no País e promover seu desenvolvimento;

III – fiscalizar e gerir técnica e normativamente os bens culturais musealizados ou em processo de musealização;

IV – promover o fortalecimento das instituições museológicas como espaços de produção e disseminação de conhecimento e de comunicação;

V – desenvolver e apoiar programas de financiamento para o setor museológico;

VI – estimular, subsidiar e acompanhar o desenvolvimento de programas e projetos relativos a atividades museológicas que respeitem e valorizem o patrimônio cultural de comunidades populares e tradicionais de acordo com suas especificidades;

VII – estimular o desenvolvimento de programas, projetos e atividades educativas e culturais das instituições museológicas;

VIII – promover o inventário sistemático dos bens culturais musealizados, visando a sua difusão, proteção e preservação, por meio de mecanismos de cooperação com entidades públicas e privadas;

IX – implantar e manter atualizado cadastro nacional de museus visando à produção de conhecimentos e informações sistematizadas sobre o campo museológico brasileiro;

---

[52] Lei nº 11.906, de 2009, art. 3º.

X – promover e apoiar atividades e projetos de pesquisa sobre o patrimônio cultural musealizado, em articulação com universidades e centros de investigação científica, com vistas na sua preservação e difusão;

XI – propor medidas de segurança e proteção de acervos, instalações e edificações das instituições museológicas, visando manter a integridade dos bens culturais musealizados;

XII – propor medidas que visem a impedir a evasão e a dispersão de bens culturais musealizados, bem como se pronunciar acerca de requerimentos ou solicitações de sua movimentação no Brasil ou no exterior;

XIII – desenvolver e estimular ações de circulação, intercâmbio e gestão de acervos e coleções;

XIV – estimular e apoiar os programas e projetos de qualificação profissional de equipes que atuam em instituições museológicas;

XV – coordenar o Sistema Brasileiro de Museus, fixar diretrizes, estabelecer orientação normativa e supervisão técnica para o exercício de suas atividades sistematizadas;

XVI – promover e assegurar a divulgação no exterior do patrimônio cultural brasileiro musealizado, em articulação com o Ministério das Relações Exteriores; e

XVII – exercer, em nome da União, o direito de preferência na aquisição de bens culturais móveis [...]."

O IBRAM é dirigido por um Presidente e por três Diretores, bem como por um Conselho Consultivo.[53] Vários museus integram a estrutura do IBRAM.[54] As receitas do IBRAM decorrem de dotações orçamentárias que lhe forem consignadas no Orçamento Geral da União; de recursos provenientes de convênios, acordos ou contratos celebrados com entidades públicas nacionais, estrangeiras e internacionais; de doações, legados, subvenções e outros recursos que lhe forem destinados, de receitas provenientes de empréstimos, auxílios, contribuições e dotações de fontes internas e externas; do produto da venda de publicações, acervos, material técnico, dados e informações de emolumentos administrativos e de taxas de inscrições em concursos; da retribuição por serviços de qualquer natureza prestados a terceiros; das rendas de qualquer natureza, resultantes do exercício de atividades que sejam afetas ou da exploração de imóveis e acervos sob sua jurisdição; bem como de recursos de transferência de outros órgãos da administração pública.[55] Não se deve confundir a receita do IBRAM com as receitas específicas dos vários museus que compõem o sistema.

A lei criadora do IBRAM também consignou o conteúdo do patrimônio da autarquia, que consiste em bens e direitos transferidos, especialmente do Instituto do Patrimônio

---

[53] Lei nº 11.906, de 2009, art. 6º.
[54] Lei nº 11.906, de 2009, art. 7º.
[55] Lei nº 11.906, de 2009, art. 10.

Histórico e Artístico Nacional (IPHAN), de doações, legados e contribuições; de bens e direitos que adquirir; a par de rendas de qualquer natureza derivadas de seus próprios bens e serviços.

Quanto às atividades de consultoria e de assessoramento jurídicos no IBRAM, há a Instrução Normativa Conjunta nº 1, de 23 de março de 2012, assinada pelo Procurador-Geral Federal e pelo Presidente do IBRAM. Definiu-se que as atividades de consultoria e assessoramento jurídicos do IBRAM são de competência exclusiva dos órgãos de execução da Procuradoria-Geral Federal.[56]

Concebeu-se uma Procuradoria Federal junto ao IBRAM, a par de Procuradorias Gerais Federais, de Procuradorias Federais nos Estados, de Procuradorias Seccionais Federais, bem como de Escritórios de Representação.[57] A citada Procuradoria Federal junto ao IBRAM assistirá as autoridades da autarquia na prestação de informações em mandados de segurança e em *habeas data*.[58]

Fixou-se também que os pareceres, notas e despachos da Procuradoria Federal junto ao IBRAM, quando aprovados pelo Procurador-Chefe, terão caráter de orientação no âmbito da autarquia.[59]

O Instituto do Patrimônio Histórico e Artístico Nacional (IPHAN) contava com estrutura regimental anteriormente definida em anexo ao Decreto nº 5.040, de 7 de abril de 2004. Presentemente, os contornos do IPHAN estão definidos no Decreto nº 6.844, de 17 de maio de 2009 e, especialmente, no Anexo que o acompanha.

O IPHAN é autarquia federal vinculada ao Ministério da Cultura, com sede e foro em Brasília, e que tem por finalidade institucional proteger, fiscalizar, promover, estudar e pesquisar o patrimônio cultural brasileiro.[60]

Há inúmeros pontos de intersecção, e de colaboração, entre as atividades e competências do IBRAM e do IPHAN. A este último cabe, entre outros, a coordenação da execução de uma política de preservação, promoção e proteção do patrimônio cultural, sempre à luz das diretrizes do Ministério da Cultura.[61]

De igual modo, cabe também ao IPHAN promover identificação, inventário, documentação, registro, difusão, vigilância, tombamento, conservação, preservação, devolução,

---

[56] Advocacia-Geral da União, Procuradoria-Geral Federal, Instrução Normativa Conjunta nº 1, de 23 de março de 2012, art. 1º.

[57] Advocacia-Geral da União, Procuradoria-Geral Federal, Instrução Normativa Conjunta nº 1, de 2012, art. 3º.

[58] Advocacia-Geral da União, Procuradoria-Geral Federal, Instrução Normativa Conjunta nº 1, de 2012, art. 6º.

[59] Advocacia-Geral da União, Procuradoria-Geral Federal, Instrução Normativa Conjunta nº 1, de 2012, art. 16.

[60] Decreto nº 5.040, de 7 de abril de 2004, Anexo I, art. 2º. Decreto nº 6.844, de 17 de maio de 2009, Anexo, art. 1º.

[61] Decreto nº 5.040, de 2004, Anexo I, art. 2º, I. Decreto nº 6.844, de 2009, Anexo, art. 2º.

uso e revitalização do patrimônio cultural, exercendo o poder de polícia administrativa para a proteção do referido patrimônio.[62]

O IPHAN conta com órgãos colegiados (Diretoria, Conselho Consultivo do Patrimônio Cultural e Comitê Gestor), com um Gabinete que é órgão de assistência direta e imediata do Presidente, com órgãos seccionais (Procuradoria Federal, Auditoria Interna e Departamento de Planejamento e Administração), com órgãos específicos singulares (a exemplo de um Departamento de Patrimônio Material e Fiscalização), bem como de órgãos descentralizados, indicados como Superintendências Estaduais e como Unidades Especiais; neste último caso tem-se o Centro Nacional de Arqueologia, o Centro Cultural Sítio Roberto Burle Marx, o Centro Nacional do Folclore e Cultura Popular e o Centro Cultural Paço Imperial.[63]

5 CONCLUSÕES

É ascendente a atividade museológica no Brasil. Museus não são mais tratados como meros nichos de contemplação. Há intensa movimentação no sentido de que se tenha intensa relação entre os bens culturais que os museus conservam e expõem e a realização de valores culturais, na dimensão de direitos fundamentais. É o chamado *Estado de Cultura*, que exige, à luz também de uma concepção de custos dos direitos, fontes perenes de custeio.

Verifica-se que à mingua de fontes exclusivas oriundas de orçamentos públicos tem-se uma recorrente tentativa de busca de apoio na iniciativa privada. Esta última, por sua vez, se socorre de políticas de incentivo fiscal.

O modelo atual se centra na atuação do IBRAM, na condução de políticas públicas destinadas à preservação de nossa memória, de nossos bens culturais e de nossos valores.

---

[62] Decreto nº 5.040, de 2004, Anexo I, art. 2º, III. Decreto nº 6.844, de 2009, Anexo, art. 2º.
[63] Decreto nº 6.844, de 2009, Anexo, art. 3º.

REFERÊNCIAS BIBLIOGRÁFICAS

BRASIL. **Museus em números**. Brasília: Instituto Brasileiro de Museus, 2011. Coordenação editorial de Rose Moreira de Miranda.

_____. **Plano Nacional Setorial de Museus – 2010-2020**. Brasília: Ministério da Cultura, Instituto Brasileiro de Museus, 2010.

_____. **Política Nacional de Museus – Relatório de gestão 2003-2010**. Brasília: Ministério da Cultura, Instituto Brasileiro de Museus, 2010.

CASTELLS, Manuel. Museus na era da informação: conectores culturais de tempo e espaço. **MUSAS, Revista Brasileira de Museus e Museologia**, Brasília: Instituto Brasileiro de Museus, nº 5, 2011.

COSTA-CORRÊA, André L. Comentários aos arts. 215 e 216. In: BONAVIDES, Paulo; MIRANDA, Jorge; AGRA, Walber de Moura. **Comentários à Constituição Federal de 1988**. Rio de Janeiro: Forense, 2009.

MARCHESAN, Ana Maria Moreira. **A tutela do patrimônio cultural sob o enfoque do direito ambiental**. Porto Alegre: Livraria do Advogado Editora, 2007.

MUSEUS DO BRASIL: UM GUIA DOS PRINCIPAIS MUSEUS BRASILEIROS. São Paulo: Empresa das Artes, 2011.

NASCIMENTO JÚNIOR, José do; COLNAGO, Ena. Economia da cultura. In: NASCIMENTO JÚNIOR, José do (Org.). **Economia de museus**. Brasília: Ministério da Cultura/Instituto Brasileiro de Museus, 2010.

_____. Um guia para marcar encontro. In: **Guia dos Museus Brasileiros**, Brasília: Ministério da Cultura, Instituto Brasileiro de Museus, 2011.

SILVA, José Afonso. **Ordenação constitucional da cultura**. São Paulo: Malheiros, 2001.

SILVA, Vasco Pereira da. **A cultura a que tenho direito**: direitos fundamentais e cultura. Coimbra: Almedina, 2007.

BRUEGEL E EU E BRUEGEL E EU

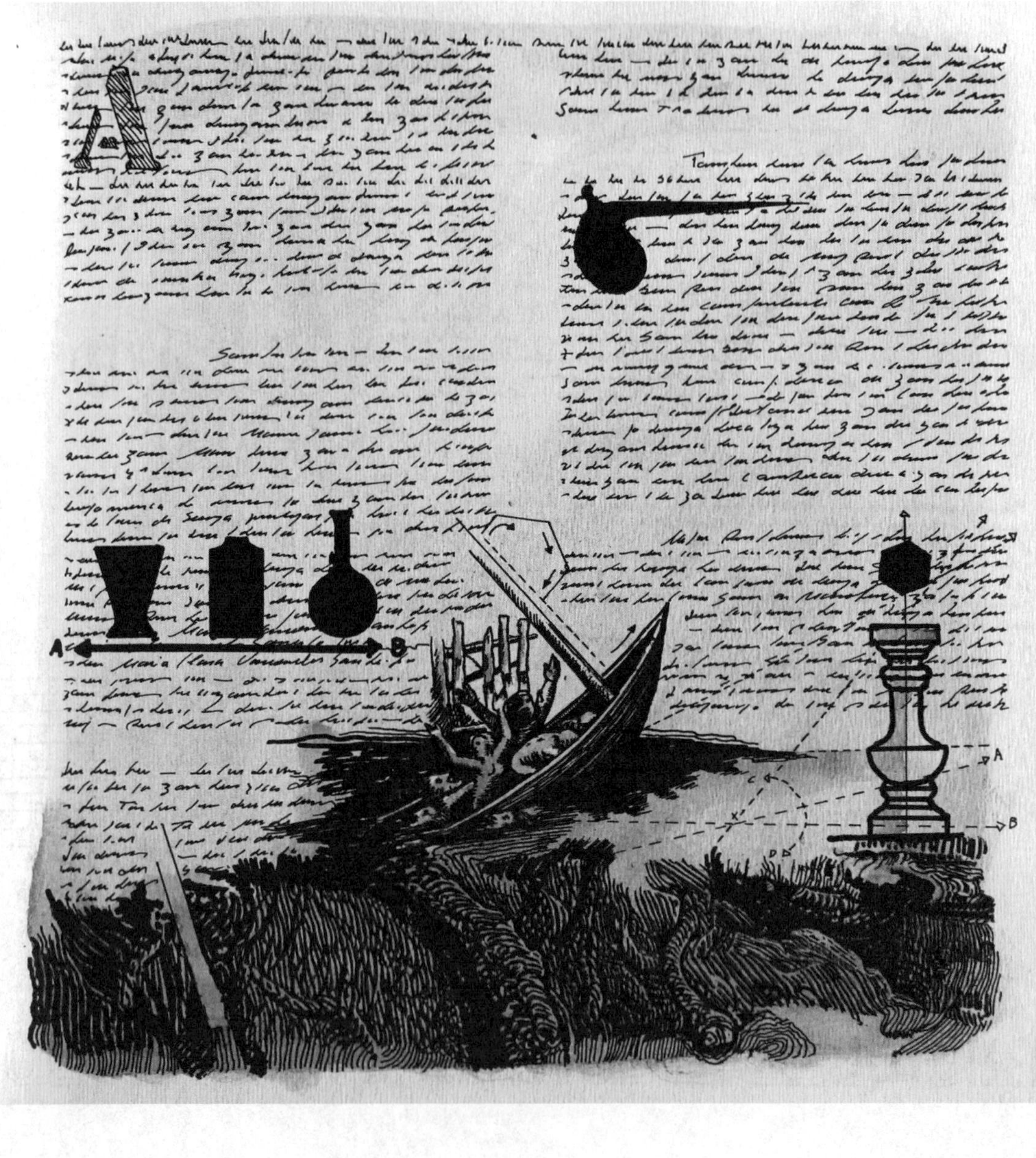
A
B
A
B

Contribuição ao Estudo dos Marcos Regulatórios dos Museus 173

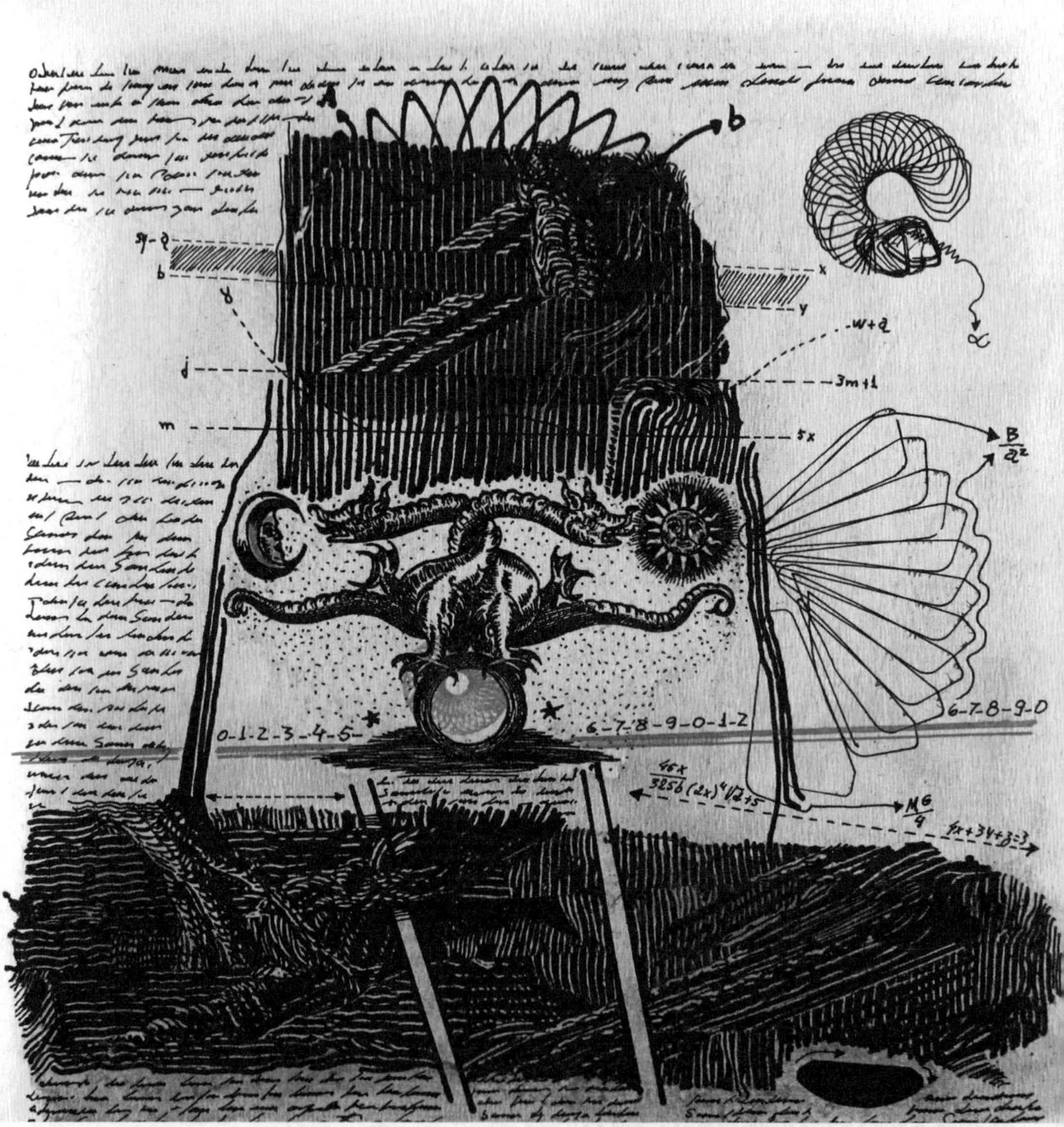
b
x
y
j
m
3m+1
5x
0-1-2-3-4-5-
6-7-8-9-0-1-2
6-7-8-9-0

Contribuição ao Estudo dos Marcos Regulatórios dos Museus 175

9

Tributação da Arte

Hugo de Brito Machado Segundo[1]

Sumário: 1. Introdução. 2. Tributação da renda de artistas residentes em território nacional. 3. Tributação da renda de artistas não residentes. 4. Dupla tributação internacional. 5. Outros aspectos ligados à tributação da renda. 6. Subvenções fiscais de apoio à Arte. 7. A Arte em face dos demais tributos.

1 INTRODUÇÃO

Não importa onde, no tempo e no espaço, esteja situado, a existência de um agrupamento humano envolve o exercício do poder político, do qual invariavelmente decorre a cobrança de tributos. Seja na América pré-colombiana, no Egito antigo ou nos modernos Estados Democráticos de Direito, ou ainda em uma grande favela dominada por traficantes de drogas, a tributação é fenômeno sempre presente. Daí as palavras de Aliomar Baleeiro, para quem o "tributo é a vetusta e fiel sombra do poder político há mais de 20 séculos. Onde se ergue um governante, ela se projeta sobre o solo de sua dominação. Inúmeros testemunhos, desde a Antiguidade até hoje, excluem qualquer dúvida."[2] Isso ex-

---

[1] Mestre e Doutor em Direito. Membro do Instituto Cearense de Estudos Tributários – ICET. Professor Adjunto da Faculdade de Direito da Universidade Federal do Ceará.

[2] BALEEIRO, Aliomar. **Limitações constitucionais ao poder de tributar.** 8. ed. Atualizada por Misabel Abreu Machado Derzi. Rio de Janeiro: Forense, 2010. p. 1.

plica, ainda, a conhecida expressão segundo a qual "nada no mundo é tão certo quando a morte e os impostos".[3]

Por essa razão, em um volume dedicado ao Direito da Arte, notadamente ao regime jurídico aplicável a artistas, colecionadores, marchantes etc., não poderia deixar de constar texto dedicado ao tratamento *tributário* dado a essa importante área da atividade humana. Afinal, nos Estados de Direito contemporâneos, o sempre presente poder de tributar tem o seu exercício limitado por uma ordem jurídica, sendo importante aos que lidam com a Arte conhecer algo desses limites, no que mais de perto se relaciona à sua atividade.

Considerando a amplitude da palavra "Arte", dada a riqueza da realidade que representa, nas linhas que se seguem não será possível examinar todos os reflexos tributários referentes a ela. Em muitos aspectos, aliás, a atividade do artista não possui particularidades que justifiquem tratamento tributário diferenciado, sendo ele, portanto, o mesmo aplicável a qualquer outro contribuinte, levando um texto que abordasse todo esse tratamento à extensão de um Manual de Direito Tributário. Daí focarem-se, nos itens que compõem este trabalho, aspectos *particulares* da tributação da Arte, notadamente relacionados ao Imposto de Renda. Ao final, alguma atenção será dedicada ao tratamento dado à Arte em relação a outros tributos.

2 TRIBUTAÇÃO DA RENDA DE ARTISTAS RESIDENTES EM TERRITÓRIO NACIONAL

A mobilidade permitida pelos meios de transporte e de comunicação, nas últimas décadas, incrementou e acelerou o processo de globalização, tornando mais frequentes as situações que ultrapassam as fronteiras de um Estado-nacional (*cross border situations*). Em tais circunstâncias, em matéria tributária, coloca-se a questão de saber qual desses Estados[4] poderá exigir os tributos correspondentes. É o caso, por exemplo, do músico que se apresenta em outro país, diverso daquele onde reside, obtendo, em virtude disso, rendimentos.

---

[3] O primeiro registro do uso da expressão (que não significa, necessariamente, a sua autoria) parece ser de Daniel Dafoe (**The political history of the devil**, 1726), seguido por Benjamin Franklin (**The works of Benjamin Franklin**, 1817, no qual se reproduz carta a Jean-Baptiste Leroy, de 1789). A expressão constante da carta era *"In this world nothing can be said to be certain, except death and taxes"*.

[4] À luz da terminologia geralmente empregada no âmbito do Direito Constitucional e da Ciência Política, a palavra "Estado", ou "Estado-Nacional" é mais adequada para designar essa unidade política formada pelos elementos *povo, território* e *poder*, cujos limites se tornaram historicamente mais bem definitivos ao final da Idade Média. Entretanto, considerando o uso da palavra, sobretudo pelo constitucionalismo brasileiro, para designar as unidades federativas (Estados-membros), e para evitar possíveis incompreensões decorrentes do fato de esta obra dedicar-se a um público leitor não necessariamente composto de pessoas versadas em ciência jurídica (mas também a artistas de toda ordem), adotar-se-á, em seu lugar, deste ponto em diante, a palavra "país".

Há dois critérios que podem ser utilizados em situações assim. Um deles se funda na noção de *territorialidade*, preconizando que o tributo seja devido ao país onde aconteceu o fato gerador da obrigação correspondente. Por outras palavras, à luz desse critério, o Imposto de Renda será devido ao país em cujo território o recebimento da renda aconteceu. O outro critério se ampara na ideia de *universalidade*, decorrente da própria noção de patrimônio como um conjunto de bens. Segundo ele, como o patrimônio é uma universalidade de bens, e o Imposto de Renda decorre de um acréscimo patrimonial, o imposto será devido àquele país no qual reside o titular do patrimônio acrescido, não importando o país no qual estejam situados os bens ou os rendimentos responsáveis por esse acréscimo. Esse segundo critério conduz a uma tributação da renda em bases mundiais (*world wide income taxation*).

O Direito Brasileiro adota, em relação aos residentes[5] no país, o critério da universalidade (CF/88, art. 153, § 2º, I, Lei 9.250/95, art. 6º).[6] Assim, artista que, residindo no Brasil, aufira rendimentos em virtude de atividade artística,[7] tenha ela sido desempenhada no país ou no exterior, terá, em princípio, de recolher o Imposto sobre a Renda no Brasil, inserindo as informações correspondentes em sua declaração de ajuste anual e submetendo o rendimento à tributação, ainda que a importância tenha sido obtida e *mantida* no exterior. Esse rendimento deverá ser tributado normalmente, tal como se dá com rendimentos oriundos de outras atividades, não artísticas, no país ou no exterior, com a aplicação de alíquotas que variam progressivamente de 7,5% (para rendimentos mensais iguais ou superiores a R$ 1.637,12) a 27,5% (para rendimentos mensais superiores a R$ 4.087, 65).[8]

Registre-se que, a teor do que dispõem os arts. 5º e 6º da Lei 9.250/95, os rendimentos recebidos de fontes situadas no exterior, assim como o imposto que eventualmente já tenha sido pago no exterior, deverão ser convertidos em reais com o uso do dólar norte-americano, no valor informado para fins de compra pelo Banco Central do Brasil no último

---

[5] O relevante não é a nacionalidade, mas a residência. Confira-se, para a explicitação sobre quem pode ser considerado residente, o art. 2º da Instrução Normativa da Secretaria da Receita Federal 208/2002.

[6] O art. 55 do Decreto 3.000/99 (Regulamento do Imposto de Renda) dispõe: "Art. 55. São também tributáveis (Lei nº 4.506, de 1964, art. 26, Lei nº 7.713, de 1988, art. 3º, § 4º, e Lei nº 9.430, de 1996, arts. 24, § 2º, inciso IV, e 70, § 3º, inciso I): [...] VII – os rendimentos recebidos no exterior, transferidos ou não para o Brasil, decorrentes de atividade desenvolvida ou de capital situado no exterior; [...]."

[7] O art. 45 do Decreto 3.000/99 (Regulamento do Imposto de Renda) dispõe: "Art. 45. São tributáveis os rendimentos do trabalho não assalariado, tais como (Lei nº 7.713, de 1988, art. 3º, § 4º): I – honorários do livre exercício das profissões de médico, engenheiro, advogado, dentista, veterinário, professor, economista, contador, jornalista, pintor, escritor, escultor e de outras que lhes possam ser assemelhadas; [...] V – corretagens e comissões dos corretores, leiloeiros e despachantes, seus prepostos e adjuntos; [...] VII – direitos autorais de obras artísticas, didáticas, científicas, urbanísticas, projetos técnicos de construção, instalações ou equipamentos, quando explorados diretamente pelo autor ou criador do bem ou da obra; [...]."

[8] Cf., a esse respeito, as Leis 11.482/2007 e 12.469/2011.

dia útil da primeira quinzena do mês anterior ao do recebimento do rendimento. Quando de sua inserção na declaração de ajuste anual, será possível, por igual, efetuarem-se as deduções legalmente admitidas (*v. g.*, com despesas médicas, dependentes, gastos com instrução etc.).

3 TRIBUTAÇÃO DA RENDA DE ARTISTAS NÃO RESIDENTES

Relativamente aos artistas não residentes,[9] o critério utilizado pelo Direito Brasileiro é o da *territorialidade*. Isso significa que, ainda que outro seja o país de residência, o Imposto de Renda será devido no Brasil, desde que a renda tenha sido auferida no Brasil, devendo a fonte pagadora proceder à sua retenção nos termos do Livro III do Decreto nº 3.000/99 (Regulamento do Imposto de Renda – RIR).[10] A tabela progressiva é a mesma incidente em caso de rendimentos auferidos por residentes.

O Brasil segue, nesse particular, a generalidade dos países, os quais adotam essa dualidade de critérios para a tributação da renda, conforme o beneficiário desta seja residente ou não residente. Aos primeiros aplica-se o critério da universalidade e, aos segundos, o da territorialidade. E, desde o advento da Lei 9.249/95, o mesmo tratamento é conferido às pessoas jurídicas.

---

[9] "Art. 3º Considera-se não residente no Brasil, a pessoa física: I – que não resida no Brasil em caráter permanente e não se enquadre nas hipóteses previstas no art. 2º; II – que se retire em caráter permanente do território nacional, na data da saída, ressalvado o disposto no inciso V do art. 2º; III – que, na condição de não residente, ingresse no Brasil para prestar serviços como funcionária de órgão de governo estrangeiro situado no País, ressalvado o disposto no inciso IV do art. 2º; IV – que ingresse no Brasil com visto temporário: a) e permaneça até 183 dias, consecutivos ou não, em um período de até doze meses; b) até o dia anterior ao da obtenção de visto permanente ou de vínculo empregatício, se ocorrida antes de completar 184 dias, consecutivos ou não, de permanência no Brasil, dentro de um período de até doze meses; V – que se ausente do Brasil em caráter temporário, a partir do dia seguinte àquele em que complete doze meses consecutivos de ausência. § 1º Para fins do disposto no inciso IV, 'a', do caput, caso, dentro de um período de doze meses, a pessoa física não complete 184 dias, consecutivos ou não, de permanência no Brasil, novo período de até doze meses será contado da data do ingresso seguinte àquele em que se iniciou a contagem anterior. § 2º A pessoa física não residente que receba rendimentos de fonte situada no Brasil deve comunicar à fonte pagadora tal condição, por escrito, para que seja feita a retenção do Imposto de Renda, observado o disposto nos arts. 35 a 45" (IN SRF 208/2002).

[10] "Art. 3º A renda e os proventos de qualquer natureza percebidos no País por residentes ou domiciliados no exterior ou a eles equiparados, conforme o disposto nos arts. 22, § 1º, e 682, estão sujeitos ao imposto de acordo com as disposições do Livro III (Decreto-lei nº 5.844, de 1943, art. 97, e Lei nº 7.713, de 22 de dezembro de 1988, art. 3º, § 4º)" (RIR/99).

4 DUPLA TRIBUTAÇÃO INTERNACIONAL

A esta altura o leitor certamente percebeu que a dualidade de critérios apontada no item anterior, sendo adotada pelo Brasil e pela generalidade dos países que integram a comunidade internacional, pode conduzir à dupla tributação internacional. Basta que um contribuinte residente no Brasil aufira rendimentos no exterior, em país que adota o princípio da territorialidade para a tributação de não residentes. Ou vice-versa: um contribuinte residente no exterior, em país que adota o critério da universalidade para tributar os que residem em seu território, aufira rendimentos no Brasil, sofrendo, com isso, a retenção na fonte do imposto correspondente.

Para evitar a dupla tributação, em tais casos, os países celebram tratados que visam a delimitar suas respectivas competências, de modo a que não se sobreponham. Preveem condições em face das quais o tributo será devido somente ao país de residência, somente ao país onde auferida a renda, ou, ainda, a ambos, mas com a permissão de dedução, no primeiro, das quantias já retidas no âmbito do último. Assim, havendo tratado nesses termos entre o Brasil e o outro país envolvido na *cross border situation*, não haverá dupla tributação, eis que o Imposto de Renda será devido apenas ao Brasil, ou apenas ao país em que auferida a renda, ou, finalmente, caso devido a ambos, haverá a possibilidade de dedução prevista no art. 103 do Decreto 3.000/99, cujo teor é o seguinte:

> "Art. 103. As pessoas físicas que declararem rendimentos provenientes de fontes situadas no exterior poderão deduzir, do imposto apurado na forma do art. 86, o cobrado pela nação de origem daqueles rendimentos, desde que (Lei nº 4.862, de 1965, art. 5º, e Lei nº 5.172, de 1966, art. 98):
>
> I – em conformidade com o previsto em acordo ou convenção internacional firmado com o país de origem dos rendimentos, quando não houver sido restituído ou compensado naquele país; ou
>
> II – haja reciprocidade de tratamento em relação aos rendimentos produzidos no Brasil.
>
> § 1º A dedução não poderá exceder a diferença entre o imposto calculado com a inclusão daqueles rendimentos e o imposto devido sem a inclusão dos mesmos rendimentos.
>
> § 2º O imposto pago no exterior será convertido em Reais mediante utilização do valor do dólar dos Estados Unidos da América informado para compra pelo Banco Central do Brasil para o último dia útil da primeira quinzena do mês anterior ao do recebimento do rendimento (Lei nº 9.250, de 1995, art. 6º)."

O Brasil tem tratados para evitar a dupla tributação com África do Sul, Argentina, Áustria, Bélgica, Canadá, Chile, China, Coreia, Dinamarca, Equador, Espanha, Filipinas, Finlândia, França, Hungria, Índia, Israel, Itália, Japão, Luxemburgo, México, Noruega, Países Baixos, Peru, Portugal, República Eslovaca, República Tcheca, Suécia e Ucrânia.

Relativamente a artistas, tais tratados, que seguem o modelo fornecido pela Organização para a Cooperação e o Desenvolvimento Econômico (OCDE), têm duas disposições que merecem destaque aqui, a saber:

"**ARTIGO 14**

Profissões independentes

1. Os rendimentos que um residente de um Estado Contratante obtenha pelo exercício de uma profissão liberal ou de outras atividades independentes de caráter análogo só são tributáveis nesse Estado, a não ser que o pagamento desses serviços e atividades caiba a um estabelecimento permanente situado no outro Estado Contratante ou a uma sociedade residente desse outro Estado. Neste caso, esses rendimentos são tributáveis no outro Estado.

2. A expressão 'profissões liberais' compreende, em especial, as atividades independentes de caráter técnico, científico, literário, artístico, educativo e pedagógico, bem como as atividades independentes de médicos, advogados, engenheiros, arquitetos, dentistas e contadores.

ARTIGO 17

Artistas e desportistas

1. Não obstante as outras disposições da presente Convenção, os rendimentos obtidos pelos profissionais de espetáculos, tais como artistas de teatro, de cinema, de rádio ou de televisão e músicos, bem como os dos desportistas, pelo exercício nessa qualidade de suas atividades pessoais, são tributáveis no Estado Contratante em que essas atividades forem exercidas.

2. Quando os serviços mencionados no parágrafo 1 deste artigo, forem fornecidos num Estado Contratante por uma empresa do outro Estado Contratante, os rendimentos recebidos pela empresa pelo fornecimento desses serviços podem ser tributados no primeiro Estado Contratante, não obstante as outras disposições da presente Convenção."

Desse modo, caso o artista tenha auferido rendimentos decorrentes de sua atividade independente, intelectual, não enquadrável como "apresentação artística", a exemplo da elaboração de uma escultura, ou da pintura de um quadro sob encomenda, o Imposto de Renda será devido, em princípio, apenas ao país de sua residência. A única exceção diz respeito aos casos em que o pagamento for efetuado por estabelecimento permanente situado no país estrangeiro em que prestado o serviço, hipótese em que somente neste país estrangeiro o Imposto de Renda será devido. Assim, se um famoso pintor espanhol é contratado para pintar um quadro de um brasileiro, vindo fazê-lo no Brasil, o Imposto de Renda por ele devido deverá ser recolhido, em princípio, à Espanha, a menos que o pagamento seja feito por estabelecimento situado no Brasil.

Em se tratando, porém, de músicos, atores, dançarinos etc., artistas que se *apresentem* e, por isso, aufiram rendimentos, o imposto será devido ao país no qual tenha havido o espetáculo ou a apresentação. Isso porque, em tais hipóteses, é mais fácil determinar *onde* o serviço foi efetivamente prestado e, nessa condição, faz-se mais claro também qual dos dois países deve exercer a sua jurisdição.[11]

Observe-se que a regra do art. 14, aplicável a situações nas quais não há uma "apresentação", dá margem a que o artista possa "escolher" o país em que será tributado, realizando assim um planejamento tributário internacional. Se a fonte pagadora da renda estiver situada no país onde a atividade é prestada, será nele que o IRPF será devido. Se não, será no país de residência do artista, que, nesse caso, a depender do montante a ser recebido e tributado, pode até mesmo alterar sua residência para um local em que a tributação seja mais baixa apenas para receber o rendimento e não ser obrigado a sujeitá-lo à tributação nos moldes da legislação do país de sua residência original.

Suponha-se, por exemplo, que um famoso ator é contratado para figurar em uma peça publicitária, pactuando o recebimento de uma pequena fortuna para tanto. Seu país de residência, porém, tributa pesadamente a renda. O ator, então, altera a sua residência para um país onde a tributação da renda seja mais suave. A peça publicitária é então elaborada, pagando-se o rendimento do artista no país de sua nova "residência", ao qual será devido o imposto (e, em tese, a nenhum outro). Pouco depois, o ator retorna a sua residência ao seu país de origem, concluindo o planejamento e fazendo, de forma aparentemente lícita, com que seu rendimento escape à tributação.

Para evitar esse tipo de planejamento tributário, o legislador brasileiro editou a Lei 12.249/2010, cujo art. 27 dispõe:

"Art. 27. A transferência do domicílio fiscal da pessoa física residente e domiciliada no Brasil para país ou dependência com tributação favorecida ou regime fiscal privilegiado, nos termos a que se referem, respectivamente, os arts. 24 e 24-A da Lei nº 9.430, de 27 de dezembro de 1996, somente terá seus efeitos reconhecidos a partir da data em que o contribuinte comprove:

I – ser residente de fato naquele país ou dependência; ou

II – sujeitar-se a imposto sobre a totalidade dos rendimentos do trabalho e do capital, bem como o efetivo pagamento desse imposto.

Parágrafo único. Consideram-se residentes de fato, para os fins do disposto no inciso I do caput deste artigo, as pessoas físicas que tenham efetivamente permanecido no país ou dependência por mais de 183 (cento e oitenta e três) dias, consecutivos ou não, no período de até 12 (doze) meses, ou que comprovem ali se localizarem a residência habitual de sua família e a maior parte de seu patrimônio."

Como se trata de norma *específica* antielisão, é forçoso concluir que o contribuinte que altere sua residência nos termos nela descritos, cumprindo-os integralmente, não poderá

---

[11] Ressalte-se que a palavra "jurisdição", no texto, está empregada no sentido de âmbito espacial de vigência da ordem jurídica, e não como algo relativo à atividade jurisdicional.

ter sua conduta "desconsiderada" pelo Fisco Brasileiro, com a formulação de exigências tributárias adicionais em face de uma "desconsideração" da alteração de residência.

5 OUTROS ASPECTOS LIGADOS À TRIBUTAÇÃO DA RENDA

Nos itens anteriores, abordaram-se questões ligadas exclusivamente à tributação dos artistas, com atenção à sua residência e à possível verificação de dupla tributação internacional da renda.

Entretanto, relativamente ao Imposto de Renda e à Arte, vale observar, ainda, aspecto pertinente a quem é proprietário de obras de arte, ainda que não tenha auferido rendimentos produzindo-as ou comercializando-as. Trata-se de aspecto importante, sobretudo em relação às pessoas jurídicas: os bens de um contribuinte, em geral, quando declarados para fins de controle da evolução patrimonial e cálculo do Imposto de Renda devido, podem se sujeitar, com o tempo, a uma *depreciação*. Se uma pessoa jurídica adquire máquinas, equipamentos, veículos etc., o valor destes, em face do desgaste natural, é objeto de depreciação anual, que se reflete na determinação da variação patrimonial e, por conseguinte, no cálculo do Imposto de Renda correspondente. Quando tais bens, contudo, são obras de arte, essa depreciação não acontece, por razões óbvias, a teor do que explicita o art. 307 do Regulamento do Imposto de Renda atualmente em vigor:

> "Art. 307. Podem ser objeto de depreciação todos os bens sujeitos a desgaste pelo uso ou por causas naturais ou obsolescência normal, inclusive:
>
> I – edifícios e construções [...]
>
> [...]
>
> II – projetos florestais destinados à exploração dos respectivos frutos (Decreto-lei nº 1.483, de 6 de outubro de 1976, art. 6º, parágrafo único).
>
> Parágrafo único. Não será admitida quota de depreciação referente a (Lei nº 4.506, de 1964, art. 57, §§ 10 e 13):
>
> [...]
>
> III – bens que normalmente aumentam de valor com o tempo, como obras de arte ou antiguidades;
>
> [...]."

Outro aspecto a ser destacado diz respeito à tributação do ganho da capital, assim entendido o acréscimo de patrimônio decorrente da alienação de bens por valores superiores àqueles pelos quais foram adquiridos. É o caso de quem adquire uma tela e, posteriormente, a revende por valor superior ao da aquisição, em virtude, por exemplo, do recente falecimento do artista que a pintou. Trata-se de situação que, eventualmente, é colocada à margem da tributação pelo fato de a propriedade desses bens, por vezes, não ser declarada ao Fisco. De qualquer forma, sobre ela incide o art. 117 do Regulamento do Imposto de Renda, que dispõe:

> "Art. 117. Está sujeita ao pagamento do imposto de que trata este Título a pessoa física que auferir ganhos de capital na alienação de bens ou direitos de qualquer natureza (Lei nº 7.713, de 1988, arts. 2º e 3º, § 2º, e Lei nº 8.981, de 1995, art. 21).
>
> § 1º O disposto neste artigo aplica-se, inclusive, ao ganho de capital auferido em operações com ouro não considerado ativo financeiro (Lei nº 7.766, de 1989, art. 13, parágrafo único).
>
> § 2º Os ganhos serão apurados no mês em que forem auferidos e tributados em separado, não integrando a base de cálculo do imposto na declaração de rendimentos, e o valor do imposto pago não poderá ser deduzido do devido na declaração (Lei nº 8.134, de 1990, art. 18, § 2º, e Lei nº 8.981, de 1995, art. 21, § 2º).
>
> § 3º O ganho de capital auferido por residente ou domiciliado no exterior será apurado e tributado de acordo com as regras aplicáveis aos residentes no País (Lei nº 9.249, de 1995, art. 18).
>
> § 4º Na apuração do ganho de capital serão consideradas as operações que importem alienação, a qualquer título, de bens ou direitos ou cessão ou promessa de cessão de direitos à sua aquisição, tais como as realizadas por compra e venda, permuta, adjudicação, desapropriação, dação em pagamento, doação, procuração em causa própria, promessa de compra e venda, cessão de direitos ou promessa de cessão de direitos e contratos afins (Lei nº 7.713, de 1988, art. 3º, § 3º).
>
> § 5º A tributação independe da localização dos bens ou direitos, observado o disposto no art. 997."

Vale frisar, porém, que o ganho de capital é isento do Imposto sobre a Renda, quando o preço unitário da alienação do bem (escultura, pintura etc.) for inferior a R$ 35.000,00, limite que deverá ser observado inclusive quando forem vendidos diversos bens da mesma natureza em um mesmo mês, considerando-se, nesse caso, o valor conjunto deles.[12]

6 SUBVENÇÕES FISCAIS DE APOIO À ARTE

A tributação se relaciona com a Arte, ainda, no que toca à existência de incentivos ou subvenções fiscais de apoio à Arte, a exemplo da prevista no art. 90[13] do Regulamento do Imposto de Renda, que dispõe:

---

[12] Cf. art. 22 da Lei 9.250/95, com a redação dada pela Lei 11.196/2005.

[13] O Decreto nº 3.000/99, que veicula o "Regulamento do Imposto de Renda" (RIR), apenas consolida, em texto único, normas relativas ao Imposto de Renda contidas em leis esparsas. Para facilitar a consulta e a conferência pelo leitor, neste texto se referem, preferencialmente, os artigos do RIR,

"Art. 90. A pessoa física poderá deduzir do imposto devido (art. 87), na declaração de rendimentos, as quantias efetivamente despendidas no ano anterior em favor de projetos culturais aprovados, pelo Ministério da Cultura, na forma de doações e patrocínios, relacionados a (Lei nº 8.313, de 23 de dezembro de 1991, arts. 18 e 26, Lei nº 9.250, de 1995, art. 12, inciso II, e Medida Provisória nº 1.739-19, de 11 de março de 1999, art. 1º):

I – projetos culturais em geral, aprovados na forma da regulamentação do Programa Nacional de Apoio à Cultura (PRONAC) (Lei nº 8.313, de 1991, art. 26, inciso II);

II – produção cultural nos segmentos (Lei nº 8.313, de 1991, art. 18, § 3º, e Medida Provisória nº 1.739-19, de 1999, art. 1º):

a) artes cênicas;

b) livros de valor artístico, literário ou humanístico;

c) música erudita ou instrumental;

d) circulação de exposições de artes plásticas;

e) doações de acervos para bibliotecas públicas e para museus.

§ 1º As deduções permitidas não poderão exceder, observado o disposto no § 1º do art. 87:

I – a oitenta por cento das doações e sessenta por cento dos patrocínios, na hipótese do inciso I;

II – ao valor efetivo das doações e patrocínios, na hipótese do inciso II.

§ 2º Os benefícios deste artigo não excluem ou reduzem outros benefícios, abatimentos e deduções, em especial as doações a entidades de utilidade pública (Lei nº 8.313, de 1991, art. 26, § 3º).

§ 3º Não serão consideradas, para fins de comprovação do incentivo, as contribuições que não tenham sido depositadas, em conta bancária específica, em nome do beneficiário (Lei nº 8.313, de 1991, art. 29 e parágrafo único).

§ 4º As doações ou patrocínios poderão ser feitos, opcionalmente, através de contribuições ao Fundo Nacional de Cultura – FNC (Lei nº 8.313, de 1991, art. 18, e Medida Provisória nº 1.739-19, de 1999, art. 1º).

§ 5º A aprovação do projeto somente terá eficácia após publicação de ato oficial contendo o título do projeto aprovado e a instituição por ele responsável, o valor autorizado para obtenção de doação ou patrocínio e o prazo de validade da autorização (Lei nº 8.313, de 1991, art. 19, § 6º).

§ 6º O ato oficial a que se refere o parágrafo anterior deverá conter, ainda, o dispositivo legal (arts. 18 ou 25 da Lei nº 8.313, de 1991, com a redação dada pelo art. 1º da Medida Provisória nº 1.739-19, de 1999), relativo ao segmento objeto do projeto cultural.

---

os quais, todavia, são sempre acompanhados, entre parênteses, das disposições de lei que reproduzem. No caso do art. 90, trata-se de reprodução da Lei 8.313/91, conhecida como *Lei Rouanet*.

§ 7º O incentivo fiscal (art. 90, § 1º, alíneas 'a' ou 'b') será concedido em função do segmento cultural, indicado no projeto aprovado, nos termos da regulamentação do Programa Nacional de Apoio à Cultura – PRONAC."

Relativamente às doações feitas por pessoas jurídicas, o art. 476 do mesmo diploma dispõe:

"Art. 476. Na forma e condições previstas no *caput* do artigo anterior, a pessoa jurídica tributada com base no lucro real, poderá deduzir do imposto devido, as quantias efetivamente despendidas, a título de doações e patrocínios, na produção cultural nos seguintes segmentos (Lei nº 8.313, de 1991, art. 18, e §§ 1º e 3º, e Medida Provisória nº 1.739-19, de 1999, art. 1º):

I – artes cênicas;

II – livros de valor artístico, literário ou humanístico;

III – música erudita ou instrumental;

IV – circulação de exposições de artes plásticas;

V – doações de acervos para bibliotecas públicas e museus.

§ 1º A dedução de que trata este artigo não poderá exceder a quatro por cento do imposto devido, observado o disposto no § 8º do artigo anterior, e no art. 543 (Lei nº 8.313, de 1991, arts. 18, § 3º, e 26, § 3º, Lei nº 9.532, de 1997, art. 5º, e Medida Provisória nº 1.739-19, de 1999, art. 1º).

§ 2º O valor das doações e patrocínios de que trata este artigo não poderá ser deduzido como despesa operacional (Lei nº 8.313, de 1991, art. 18, § 2º, e Medida Provisória nº 1.739-19, de 1999, art. 1º)."

Observe-se que a dedução não acontece em face dos *rendimentos* tributáveis, até porque não se trata de gasto essencial à manutenção da fonte produtora. A dedução se dá em relação ao próprio imposto devido, conquanto limitada ao percentual de 4% deste para as pessoas jurídicas, e 6% para as pessoas físicas (art. 87 do RIR/99).

Subvenções semelhantes se acham previstas na legislação de Estados-membros e Municípios, relativamente aos tributos de sua competência. É o caso da Lei 12.268/2006, do Estado de São Paulo, que prevê a possibilidade de até 3% do ICMS devido pelo contribuinte ser destinado ao incentivo a atividades artísticas. A amplitude da federação brasileira, com 27 Estados-membros e milhares de Municípios, contudo, impede análise pormenorizada dessas leis aqui.

7 A ARTE EM FACE DOS DEMAIS TRIBUTOS

Como destacado na introdução, a incidência de tributos onera a atividade do artista e dos que lidam com a arte, de forma direta ou indireta, do mesmo modo como onera qualquer outra parcela ou segmento da vida em sociedade. Nas linhas seguintes, porém, são feitas algumas observações quanto a tributos que, por sua especificidade, podem suscitar questionamentos adicionais no âmbito da atividade artística e daquelas à Arte de algum modo relacionadas.

É o caso do ICMS e do ISS, impostos incidirão normalmente sobre atividade artística, quando esta envolver a circulação de mercadorias ou a prestação de serviços, respectivamente, sendo importante destacar, no caso, que a incidência de um deles exclui a do outro, o que ressalta a importância de se distinguir os âmbitos de incidência de tais tributos.

O imposto sobre serviços (ISS) é de tributo de competência municipal (CF/88, art. 156, III) cuja obrigação tem por fato gerador a prestação de serviços de qualquer natureza, descritos em lei complementar (LC 116/2003).[14] É relevante, portanto, que o negócio ou a atividade a ser objeto de tributação envolva um trabalho, vale dizer, predominantemente uma obrigação de fazer. Já o Imposto sobre Operações Relativas à Circulação de Mercadorias e Prestação de Serviços de Comunicação e Transporte Interestadual e Intermunicipal (ICMS) é tributo de competência estadual (CF/88, art. 155, II) que, como seu nome está a dizer, tem por fato gerador a prestação de tais serviços, não alcançados pelo ISS, ou a realização de operações relativas à circulação de mercadorias, sendo essencial, para que estejam configuradas (distinguindo-se daquelas atividades sujeitas ao ISS), que nos contratos a elas subjacentes haja a preponderância de uma obrigação de dar.

Exemplificando, um laboratório de manipulação de medicamentos, que os faz por encomenda, de forma personalizada aos seus clientes, se sujeita ao ISS (item 4.07 da lista anexa à LC 116/2003),[15] enquanto um laboratório que fabrica remédios padronizados, a

---

[14] Saliente-se que nem a Constituição, tampouco a Lei Complementar, criam a obrigação de o contribuinte pagar o ISS. A Constituição atribui competência aos entes federativos para que estes criem o tributo, e a Lei Complementar (no caso, precipuamente, a LC 116/2003) dispõe sobre normas gerais (atendendo ao disposto no art. 146 da CF/88) a serem observadas pelos Municípios quando da criação do tributo, por meio de leis municipais. O mesmo se dá, em regra, em relação a todos os demais tributos previstos na Constituição.

[15] "Segundo decorre do sistema normativo específico (art. 155, II, § 2º, IX, b e 156, III da CF, art. 2º, IV da LC 87/96 e art. 1º, § 2º da LC 116/03), a delimitação dos campos de competência tributária entre Estados e Municípios, relativamente a incidência de ICMS e de ISSQN, está submetida aos seguintes critérios: (a) sobre operações de circulação de mercadoria e sobre serviços de transporte interestadual e internacional e de comunicações incide ICMS; (b) sobre operações de prestação de serviços compreendidos na lista de que trata a LC 116/03, incide ISSQN; e (c) sobre operações mistas, assim entendidas as que agregam mercadorias e serviços, incide o ISSQN sempre que o serviço agregado estiver compreendido na lista de que trata a LC 116/03 e incide ICMS sempre que o serviço agregado não estiver previsto na referida lista. Precedentes de ambas as Turmas do STF. 2. Os serviços farmacêuticos constam do item 4.07 da lista anexa à LC 116/03 como serviços sujeitos à incidência do ISSQN. Assim, a partir da vigência dessa Lei, o fornecimento de medicamentos manipulados por farmácias, por constituir operação mista que agrega necessária e substancialmente a prestação de um típico serviço farmacêutico, não está sujeita a ICMS, mas a ISSQN. 3. Recurso provido" (STJ, 1ª T., REsp 881035/RS, j. em 6/3/2008, *DJe* de 26/03/2008).

serem vendidos de forma impessoal a todos os que os procurem nas farmácias, se sujeita ao ICMS.

Da mesma forma, um alfaiate que confecciona ternos por encomenda, tirando as medidas de seus clientes e elaborando as peças de forma personalizada, se sujeita ao ISS (item 14.09 da lista anexa à LC 116/2003), ao passo que a fábrica que elabora roupas seguindo formas e padrões pré-definidos, de maneira impessoal, disponibilizando-as ao comércio para os que desejam comprá-las, se sujeita ao ICMS (e, no caso do fabricante, também ao Imposto sobre Produtos Industrializados – IPI).

Aplicadas essas ideias à Arte, tem-se que o comerciante que compra e vende obras de arte, oferecendo-as, prontas, a quem queira comprá-las, submete-se ao ICMS, ao passo que o artista que é contratado para elaborar uma obra por encomenda (v. g., pintar um retrato do contratante) se sujeita ao ISS.

Ainda quanto ao ISS, cumpre lembrar que ele onera não apenas a atividade daquele que produz obras de arte por encomenda (item 40 da lista de serviços anexa à LC 116/2003), mas também a daquele que tem o agenciamento, a intermediação e a corretagem de direitos de propriedade artística ou literária como profissão (item 10.3 da lista), assim como a prestação de outros serviços por parte de um artista (item 37 da lista que abrange, v. g., atores). A feitura de obras de arte por encomenda, assim como o desempenho de trabalhos artísticos outros, são atividades de natureza pessoal ou intelectual, razão pela qual devem sujeitar-se ao ISS por valores fixos, nos termos do art. 9º do Decreto-lei 406/68. Não é lícito tributar tais profissionais de forma proporcional à sua receita, como se dá com a generalidade dos prestadores de serviços organizados sob a forma empresarial.

Finalmente, quanto ao tratamento tributário dado à Arte em relação aos tributos em geral, destaque-se que museus, teatros ou outras entidades destinadas à atividade artística poderão, ainda, beneficiar-se da imunidade tributária prevista no art. 150, VI, "c", da CF/88 (que, segundo o Supremo Tribunal Federal, aplica-se somente a impostos), e da imunidade prevista no art. 195, § 7º, da CF/88 (referente às contribuições de seguridade social), desde que cumpram, respectivamente, os requisitos previstos no art. 14 do CTN e no art. 55 da Lei 8.212/91.[16]

---

[16] Discute-se se tais requisitos, em face do art. 146, II, da CF/88, poderiam ser fixados pela Lei 8.212/91, pois a matéria seria reservada à lei complementar, o que atrairia a incidência, também, para a imunidade de contribuições previdenciárias, do art. 14 do CTN. Embora essa posição nos pareça a mais correta, à luz do texto constitucional, não tem sido acolhida pela jurisprudência.

10

Patrimônio Cultural Artístico

Reinaldo Couto[1]

Sumário: 1. Bem cultural. 1.1. Conceito. 1.2. Natureza jurídica. 1.3. Tipos de bens culturais. 1.3.1. Bem cultural material. 1.3.2. Bem cultural imaterial. 1.4. Bem cultural e patrimônio cultural. 1.5. Proteção contra a destruição, decadência e o perecimento. 1.5.1. Tombamento. 1.5.2. Registro dos bens culturais de natureza imaterial. 1.5.3. Desapropriação. 1.6. Responsabilidade por dano a bem cultural. 1.7. Pichação e grafite. 1.8. Monumentos ou sítios arqueológicos e pré-históricos.

1 BEM CULTURAL

1.1 Conceito

Bem é o objeto físico ou ideal consensualmente cognoscível pelo ser humano através de qualquer dos seus sentidos. O bem pode ser físico, quando a sua constituição for apreensível através de estrutura atômica, ou ideal, quando a sua existência decorrer de imputação.

Será sempre consensualmente cognoscível, não constituindo bem o objeto de percepção única ou arbitrária. Caso contrário, o número de bens poderia variar de acordo com a autonomia individual. Explica-se: se a consensualidade da cognição não fosse elementar, ter-se-iam bens próprios criados, inclusive, por portadores de patologias mentais.

---

[1] Professor Auxiliar de Direito Administrativo da Universidade do Estado da Bahia (UNEB). Mestre em Direito Privado e Econômico (Universidade Federal da Bahia). Advogado da União. Secretário do Centro de Estudos Judiciários do Conselho da Justiça Federal.

A consensualidade da cognição somente pode existir através da apreensão dos dados através de, ao menos, um dos sentidos humanos.

O valor não é elemento essencial do conceito geral de bem, pois é irrelevante a sua submissão a parâmetros de aferição estabelecidos pela economia ou pelo Direito. O elemento acidental "valor" pode ser visto nas adjetivações das suas diversas espécies.

O conceito de bem é multidisciplinar e a atribuição de valor limita o seu espectro a apenas um ou alguns ramos do conhecimento.

Lúcia Reisewitz[2] afirma que bem é a soma de coisa e valor, porém algumas objeções devem ser postas a tal afirmação.

Primeiro, o vocábulo "coisa" substitui todos os objetos assimiláveis pelo ser humano, representa tudo e nada define ao mesmo tempo, afastando-se claramente da linguagem técnica exigida pela ciência jurídica. Sempre que o emissor da mensagem não consegue precisar algum objeto, utiliza-se do signo "coisa" para pretender alguma definição.

O sistema de símbolos usado pelo emissor e pelo receptor da mensagem possui diversos graus de artificialidade para, primordialmente, evitar a polissemia. Dessa forma, tem-se como sistemas a linguagem natural, a linguagem técnica e a linguagem artificial.

A linguagem natural ou ordinária é a utilizada para a comunicação comum ou ordinária.[3] A linguagem técnica, decorrente da própria linguagem natural acrescida de termos técnicos específicos da ciência envolvida, tem como escopo facilitar o mister através do ideal de evitar a polissemia. A linguagem artificial é utilizada nos casos de ineficácia da linguagem técnica, portanto quando a precisão da adequação entre o signo e o significado deve ser extrema, não decorrendo da linguagem natural e possuindo grau mínimo de naturalidade.

O vocábulo "coisa" pertence, fora de dúvida, à linguagem natural ou ordinária, consequentemente não pode ser usado com a eficácia necessária para substituir objetos jurídicos.

Lúcia Reisewitz[4] aduz que *"as coisas em si, materiais ou imateriais, ainda não são bens. Para que algo passe de coisa para bem é preciso que receba um valor"*.

A classificação de coisa como material ou imaterial é imprecisa, posto que o próprio Código Civil de 2002, apesar das naturais falhas terminológicas decorrentes da sua magnitude e do seu processo de elaboração, tende a desconsiderar a existência de coisa além das estruturas atômicas. Caso contrário, não haveria distinção entre Direito das Coisas e Direito Obrigacional, aquele referente a objeto material e este referente a objeto imaterial (prestação).

---

[2] REISEWITZ, Lúcia. **Direito Ambiental e patrimônio cultural**: direito à preservação da memória, ação e identidade do povo brasileiro. São Paulo: Juarez de Oliveira, 2004.

[3] GUIBOURG, Ricardo A.; GHIGLIANI, Alejandro M.; GUARINONI, Ricardo V. **Introducción al conocimiento científico**. 3. ed. Buenos Aires: Eudeba, 2000.

[4] Op. cit., loc. cit.

Segundo, o acréscimo de valor não tem o condão de alterar a essência do objeto, visto que algo sem valor atualmente pode, no futuro, adquirir grande valor sem que a sua essência sofra qualquer alteração. Plutão, *verbi gratia*, não tem qualquer valor econômico hoje, mas, passados alguns milênios, poderá ter grande valor.

Terceiro, determinado objeto pode ter valor para uma área do conhecimento e não possuir valor para outra, o que não o torna coisa para uma e bem para outra. Por exemplo, a língua portuguesa tem valor linguístico e cultural, porém não possui valor econômico.

Quarto, a atribuição de valor e sua medida nem sempre são uniformes, determinado sujeito pode atribuir grande valor a um objeto físico que, para outra pessoa, pode ser completamente desprezível. Um veículo automotor pode ter grande valor para o indivíduo A e nada representar para o indivíduo B.

José de Oliveira Ascenção[5] afirma que bem é gênero do qual a coisa faz parte. Apesar de atribuir relevância jurídica ao vocábulo "coisa", a sua análise mostra que valor não é elemento essencial ao conceito de bem.

Outro elemento acidental à noção geral de bem é a proteção, sendo certo que há objetos físicos comumente perceptíveis aos quais o ordenamento jurídico despe de qualquer proteção, portanto há bens que não dispõem de qualquer proteção humana. Por exemplo, um pedaço de rocha em Marte não recebe proteção jurídica, mas o mesmo pedaço de rocha trazido à Terra torna-se objeto de proteção, podendo, inclusive, fazer parte do acervo de museu especializado.

A indeterminação da proteção decorre também da evolução da sociedade. O valor do artefato do período neolítico na época de criação é completamente diferente do valor atual do artefato.

O valor serve claramente para adjetivar o bem. Em relação ao bem cultural, encontram-se dois valores primordiais: identidade e/ou memória de certo agrupamento humano.

Assim, bem cultural é o objeto físico ou ideal consensualmente cognoscível pelo ser humano através de qualquer dos seus sentidos que denota identidade e/ou memória de certo agrupamento humano.

Em bom momento, o Constituinte de 1987 apresentou um conceito jurídico formal de bem cultural, mostrando que se parte dos bens para conceber a noção de patrimônio, ilustrando que os bens podem ser materiais ou imateriais e considerados individualmente ou em conjunto e que se referem à identidade, à ação e à memória de grupos sociais.

Eis os textos do *caput* e dos primeiros incisos do art. 216 da Constituição Federal de 1988:

"Art. 216. Constituem patrimônio cultural brasileiro os bens de natureza material e imaterial, tomados individualmente ou em conjunto, portadores de referência

---

[5] ASCENÇÃO, José de Oliveira. **Direito civil**: teoria geral. São Paulo: Saraiva, 2010. v. 1.

à identidade, à ação, à memória dos diferentes grupos formadores da sociedade brasileira, nos quais se incluem:

I – as formas de expressão;

II – os modos de criar, fazer e viver;

III – as criações científicas, artísticas e tecnológicas;

IV – as obras, objetos, documentos, edificações e demais espaços destinados às manifestações artístico-culturais;

V – os conjuntos urbanos e sítios de valor histórico, paisagístico, artístico, arqueológico, paleontológico, ecológico e científico."

Gize-se, por oportuno, que, em face da multidisciplinaridade do tratamento dado ao bem cultural, o conceito jurídico acima pode estar aquém ou além dos conceitos ofertados pelos outros ramos do saber.

Interessante notar que parte do patrimônio cultural brasileiro foi erigida com base no patrimônio cultural português. Assim, até do ponto de vista conceitual não há grande dissenso entre o ordenamento nacional e o ordenamento lusitano.

Atualmente, é o art. 2º da Lei Portuguesa nº 107/2001 que apresenta o conceito e o âmbito do patrimônio cultural. O seu item 1 afirma que: *"Para os efeitos da presente lei integram o património cultural todos os bens que, sendo testemunhos com valor de civilização ou de cultura portadores de interesse cultural relevante, devam ser objecto de especial protecção e valorização."*

Todavia, a Lei Portuguesa nº 13/85, que foi revogada pela lei acima mencionada, apresentava conceito mais preciso, ao aduzir, no seu artigo 1º: *"O património cultural português é constituído por todos os bens materiais e imateriais que, pelo seu reconhecido valor próprio, devam ser considerados como de interesse relevante para a permanência e identidade da cultura portuguesa através do tempo."*

Resta claro que o conceito jurídico de bem cultural ilustra a opção protetiva adotada por determinada nação. Entretanto, a Conferência Geral da Organização das Nações Unidas para a Educação, a Ciência e a Cultura, aos vinte e três dias do mês de novembro do ano de mil, novecentos e setenta e dois, em sua décima sétima sessão, aprovou a Convenção Relativa à Proteção do Patrimônio Mundial, Cultural e Natural, que foi incorporada ao Direito brasileiro pelo Decreto nº 80.978, de 12.12.77.

A citada convenção contribuiu na pretensa criação de um sistema heterônomo a ser adotado pelos signatários para a conceituação, proteção e acessibilidade dos bens culturais.

1.2 Natureza Jurídica

O bem cultural tem titularidade complexa, pois enceta mais de um titular, quais sejam: o titular do objeto material ou imaterial e o titular da cognoscibilidade consensual.

Não é difícil notar a titularidade do objeto, entretanto é mais complexa a definição da titularidade da cognoscibilidade consensual.

Tratando-se de um prédio de valor histórico, o titular do objeto resta claro. Tratando-se, todavia, da cognoscibilidade consensual de, por exemplo, rituais praticados por uma tribo no Xingu, todos os seres humanos são titulares.

Tanto um cidadão japonês quanto um cidadão brasileiro têm direito de conhecer e exigir a preservação e a proteção daqueles rituais.

Ratifica esse entendimento a norma do item 1 do artigo 6º da Convenção Relativa à Proteção do Patrimônio Mundial, Cultural e Natural, que foi incorporada ao Direto brasileiro pelo Decreto nº 80.978, de 12.12.77. Eis o seu texto:

"ARTIGO 6º

1. Respeitando plenamente a soberania dos Estados em cujo território esteja situado o patrimônio cultural e natural mencionado nos Artigos 1 e 2, e sem prejuízo dos direitos reais previstos pela legislação nacional sobre tal patrimônio, os Estados Partes na presente Convenção reconhecem que esse constitui um patrimônio universal em cuja proteção a comunidade internacional inteira tem o dever de cooperar."

A cognoscibilidade do bem cultural possui titularidade difusa no grau máximo, pois faz parte da esfera jurídica de todos os seres humanos, ainda que o bem específico não tenha ingressado na sua esfera de conhecimento. O interesse de conservação, a depender da sua utilidade prática, pode assemelhar-se ao interesse de conservação da própria humanidade.

O bem cultural tem natureza jurídica de bem de percepção, real ou potencial, comum e universal da humanidade. O direito de percepção implica o direito de exigir a preservação e a proteção do bem cultural.

O seu objeto pode ter titularidade pública ou privada. O prédio do Congresso Nacional tem titularidade pública, já a Catedral Basílica do Terreiro de Jesus na capital da Bahia tem titularidade privada. Todavia, ambos submetem-se a três regimes jurídicos.

O prédio do Congresso Nacional submete-se ao regime dos bens públicos, ao regime dos bens ambientais e ao regime dos bens culturais. A Catedral Basílica submete-se ao regime dos bens privados, ao regime dos bens ambientais e ao regime dos bens culturais. Interessante notar que a natureza jurídica pública ou privada do bem ambiental é firmada pelo aspecto subjetivo da relação.

O bem cultural é infungível, pois somente através da originalidade do objeto material ou ideal a memória e a identidade podem ser preservadas.

Por fim, vislumbra-se clara relação alopoiética no preenchimento do conceito de bem cultural, vez que o conteúdo de identidade e o conteúdo de memória não são encontrados no Direito, mas sim na arqueologia, história, antropologia, psicologia etc.

1.3 Tipos de bens culturais

1.3.1 Bem cultural material

Em relação aos bens culturais materiais, encontrar-se-ão dois elementos: a estrutura formada a partir da disposição dos átomos e a cognoscibilidade convencional, que gera sensações referentes à identidade e à memória. O seu valor não decorre apenas da mera soma dos seus elementos de construção, decorre, especialmente, da apreensão pela sociedade da relação sistêmica adotada por seu criador.

Isso permite a dissociação entre a titularidade dos elementos de construção e o todo gerado pela disposição concatenada nas suas partes.

O interesse de apreensão das sensações ofertadas pelo bem não faz parte da esfera de disponibilidade do titular dos materiais empregados na criação.

Não se pode afirmar apenas que todo bem material é um bem cultural, posto que nem sempre a criação humana relevante, por exemplo, para a economia tem relevância cultural.

1.3.2 Bem cultural imaterial

O bem cultural imaterial é o que reflete *continuidade histórica e relevância nacional para a memória, a identidade e a formação da sociedade brasileira, sendo* criado pela consciência humana e cuja essência independe de objeto físico.

Ressalte-se que a desvinculação de objeto físico não é absoluta, posto que muitos bens culturais imateriais são compostos acessoriamente de objetos físicos sem que haja alteração da sua essência ideal.

1.4 Bem cultural e patrimônio cultural

O estudo de um objeto não pode dispensar a análise holística quando a sua formação for decorrente de partes desiguais. Todavia, quando o objeto tiver elementos de formação de natureza idêntica, mais importa a dissecação do que lhe é básico do que as formulações estéreis sobre o seu conjunto.

A regra acima, sem dúvida, aplica-se na relação entre o bem cultural e o patrimônio cultural, posto que o último nada mais é do que a soma do primeiro.

Patrimônio, sem espaço para grandes debates na doutrina, é uma universalidade de bens, um conjunto de bens reunidos por uma situação fática ou jurídica que lhes é comum.

Por isso, preferiu-se iniciar o presente estudo com a busca pela noção de bem cultural.

Apesar disso, a maior parte das normas jurídicas e a maioria dos doutrinadores preferem utilizar como objeto principal de análise o "patrimônio cultural", o que pode limitar a própria proteção dos bens culturais que existem de maneira isolada.

A própria Convenção Relativa à Proteção do Patrimônio Mundial, Cultural e Natural (Decreto nº 80.978/77) considera a universalidade em detrimento da individualidade, afirmando:

> "I – Definições do Patrimônio Cultural e Natural
>
> ARTIGO 1
>
> Para fins da presente Convenção serão considerados como:
>
> – os monumentos: obras arquitetônicas, de escultura ou de pintura monumentais, elementos ou estruturas de natureza arqueológica, inscrições, cavernas e grupos de elementos, que tenham um valor universal excepcional do ponto de vista da história, da arte ou da ciência;
>
> – os conjuntos: grupos de construções isoladas ou reunidas que, em virtude de sua arquitetura, unidade ou integração na paisagem, tenham um valor universal excepcional do ponto de vista da história, da arte ou da ciência;
>
> – os lugares notáveis: obras do homem ou obras conjugadas do homem e da natureza, bem como as zonas, inclusive lugares arqueológicos, que tenham valor universal excepcional do ponto de vista histórico, estético, etnológico ou antropológico.
>
> ARTIGO 2
>
> Para os fins da presente Convenção serão considerados como:
>
> – os monumentos naturais constituídos por formações físicas e biológicas ou por grupos de tais formações, que tenham valor universal excepcional do ponto de vista estético ou científico;
>
> – as formações geológicas e fisiográficas e as áreas nitidamente delimitadas que constituam o de espécies animais e vegetais ameaçadas e que tenham valor universal excepcional do ponto de vista da ciência ou da conservação;
>
> – os lugares notáveis naturais ou as zonas naturais nitidamente delimitadas, que tenham valor universal excepcional do ponto de vista da ciência, da conservação ou da beleza natural."

Por fim, tem-se que, sob a ótica da proteção, a adoção da universalidade em detrimento da individualidade mostra-se maléfica por fragilizar a verdadeira célula de interesse.

1.5 Proteção contra a destruição, decadência e o perecimento

A noção de proteção remete o hermeneuta a momento anterior à lesão, portanto implica medidas preventivas, a fim de evitar a destruição, a decadência e o perecimento do bem ambiental.

A Convenção Relativa à Proteção do Patrimônio Mundial, Cultural e Natural (Decreto nº 80.978/77) tratou da proteção, ao aduzir:

> "II – Proteção Nacional e Proteção Internacional do Patrimônio Cultural e Natural
>
> ARTIGO 4
>
> Cada um dos Estados Partes na presente Convenção reconhece a obrigação de identificar, proteger, conservar, valorizar e transmitir às futuras gerações o patrimônio cultural e natural mencionado nos Artigos 1 e 2, situado em seu território, lhe incumbe primordialmente.
>
> Procurará tudo fazer para esse fim, utilizando ao máximo seus recursos disponíveis, e, quando for o caso, mediante assistência e cooperação internacional de que possa beneficiar-se, notadamente nos planos financeiro, artístico, científico e técnico.
>
> ARTIGO 5
>
> A fim de garantir a adoção de medidas eficazes para a proteção, conservação e valorização do patrimônio cultural e natural situado em seu território, os Estados Partes na presente Convenção procurarão na medida do possível, e nas condições apropriadas a cada país:
>
> a) adotar uma política geral que vise a dar ao patrimônio cultural e natural uma função na vida da coletividade e a integrar a proteção desse patrimônio nos programas de planificação geral;
>
> b) instituir em seu território, na medida em que não existam, um ou mais serviços de proteção, conservação e valorização do patrimônio cultural e natural, dotados de pessoal e meios apropriados que lhes permitam realizar as tarefas a eles confiadas;
>
> c) desenvolver os estudos e as pesquisas científicas e técnicas e aperfeiçoar os métodos de intervenção que permitam a um Estado fazer face aos perigos que ameacem seu patrimônio cultural e natural;
>
> d) tomar as medidas jurídicas, científicas, técnicas, administrativas e financeiras adequadas para a identificação, proteção, conservação, revalorização e reabilitação desse patrimônio; e
>
> e) facilitar a criação ou o desenvolvimento de centros nacionais ou regionais de formação no campo da proteção, conservação e revalorização do patrimônio cultural e natural e estimular a pesquisa científica nesse campo."

A proteção dos documentos, das obras e outros bens de valor histórico, artístico e cultural, dos monumentos, das paisagens naturais notáveis e dos sítios arqueológicos é, na forma do inciso III, do art. 23, da CF/88, competência comum da União, dos Estados, do Distrito Federal e dos Municípios e a competência para legislar sobre proteção ao patrimônio histórico, cultural, artístico, turístico e paisagístico é concorrente entre a União, os Estados e o Distrito Federal.

No Direito brasileiro, encontrar-se-ão três instrumentos principais de proteção: o tombamento, o registro dos bens culturais de natureza imaterial e a desapropriação.

1.5.1 TOMBAMENTO

A CF/88, ao tratar do tombamento, aduz:

> "Art. 216. Constituem **patrimônio cultural brasileiro** os bens de natureza material e imaterial, **tomados individualmente ou em conjunto**, portadores de referência à identidade, à ação, à memória dos diferentes grupos formadores da sociedade brasileira, nos quais se incluem:
>
> I – as formas de expressão;
>
> II – os modos de criar, fazer e viver;
>
> III – as criações científicas, artísticas e tecnológicas;
>
> IV – as obras, objetos, documentos, edificações e demais espaços destinados às manifestações artístico-culturais;
>
> V – os conjuntos urbanos e sítios de valor histórico, paisagístico, artístico, arqueológico, paleontológico, ecológico e científico.
>
> § 1º O Poder Público, com a colaboração da comunidade, promoverá e protegerá o patrimônio cultural brasileiro, por meio de inventários, registros, vigilância, **tombamento** e desapropriação, e de outras formas de acautelamento e preservação.
>
> § 2º Cabem à administração pública, na forma da lei, a gestão da documentação governamental e as providências para franquear sua consulta a quantos dela necessitem.
>
> § 3º A lei estabelecerá incentivos para a produção e o conhecimento de bens e valores culturais.
>
> § 4º Os danos e ameaças ao patrimônio cultural serão punidos, na forma da lei.
>
> § 5º Ficam **tombados** todos os documentos e os sítios detentores de reminiscências históricas dos antigos quilombos."

O tombamento é a inscrição, compulsória ou voluntária, de determinado bem de natureza material ou imaterial do patrimônio cultural brasileiro, com a finalidade de proteção, em Livro de Tombo.

A norma federal sobre tombamento é o Decreto-lei nº 25/37, sendo que os efeitos mais abrangentes desse ato administrativo restritivo[6] são **o dever de conservação, o dever de**

---

[6] ADMINISTRATIVO. TOMBAMENTO. INSTALAÇÃO DE GRADES DE PROTEÇÃO EM EDIFÍCIO RESIDENCIAL DO PLANO PILOTO DE BRASÍLIA. VIOLAÇÃO À NORMA DE TOMBAMENTO.

prestar informações sobre o bem e a necessidade de autorização do Poder Público para qualquer alteração no bem.[7]

Observe-se que o dever de conservação do bem tombado não exige seja **reconstruído** pelo particular quando a sua essência já estiver ausente.

Marco Antônio Borges[8] afirma:

*"O parágrafo supracitado pôs fim ao argumento de que seria indispensável o prévio tombamento para proteção jurídica do bem de valor cultural, sendo a **natureza jurídica do tombamento** um ato administrativo complexo, que se declara ou reconhece a preexistência do valor cultural do bem e constitui limitações especiais ao uso e à propriedade do bem, sendo ato de natureza constitutiva, pois muda a situação do bem, com efeito ex nunc, instituindo-se uma servidão administrativa, traduzida na incidência de um regime especial de proteção ao bem, com a finalidade de atender o interesse público de preservação da cultura, sendo que sua materialização se dá de forma declaratória, o que faz com que haja divergência por parte de alguns doutrinadores, quanto à natureza constitutiva."*

Existem, na forma do art. 4º do Decreto-lei nº 25/37, **quatro livros de tombo:**

---

1. É fato notório que o tombamento da Capital da República não atingiu apenas os prédios públicos, ou o seu arruamento, ou qualquer outra parte isoladamente considerada. Tombada foi a cidade em seu conjunto, com o seu singular conceito urbanístico e paisagístico, que expressa e forma a própria identidade da Capital.

2. Assim, está também protegido por tombamento o conceito urbanístico dos prédios residenciais, com a uniformidade de suas áreas livres, que propiciam um modo especial de circulação de pessoas e de modelo de convívio. O gradeamento desses prédios comprometerá severamente esse conceito, importando ofensa ao art. 17 do DL 35/1937. Precedente: REsp 840.918, 2ª Turma, Min. Herman Benjamin.

3. Recursos Especiais providos. (STJ, REsp 761.756/DF, Rel. Ministro TEORI ALBINO ZAVASCKI, PRIMEIRA TURMA, julgado em 15/12/2009, *DJe* 02/02/2010)

[7] AÇÃO CIVIL. IMÓVEL TOMBADO. OBRAS. AUTORIZAÇÃO DO IPHAN. NECESSIDADE. ARTIGO 17 DO DECRETO-LEI Nº 25/37.

I – Cuida-se de ação civil ajuizada com vistas a dar cumprimento ao disposto no artigo 17 do Decreto-lei nº 25/37, porquanto o proprietário de imóvel tombado nele efetuou obras sem a prévia autorização do IPHAN.

II – O referido artigo não deixa dúvidas sobre a necessidade de se proceder à prévia autorização do IPHAN relativamente a qualquer obra que venha a ser feita em imóvel tombado, a despeito da relevância que ela teria no conjunto arquitetônico.

III – Recurso especial provido. (STJ, REsp 1075043/MG, Rel. Ministro FRANCISCO FALCÃO, PRIMEIRA TURMA, julgado em 16/06/2009, *DJe* 29/06/2009)

[8] O tombamento como instrumento jurídico para a proteção do patrimônio cultural, *RDA* 22/259.

a) o **Livro do Tombo Arqueológico, Etnográfico e Paisagístico**, que registra as coisas pertencentes às categorias de arte arqueológica, etnográfica, ameríndia e popular, bem como os monumentos naturais, os sítios e paisagens que importe conservar e proteger pela feição notável com que tenham sido dotados pela natureza ou agenciados pela indústria humana;

b) o **Livro do Tombo Histórico**, que registra as coisas de interesse histórico e as obras de arte histórica;

c) o **Livro do Tombo das Belas Artes**, que registra as coisas de arte erudita, nacional ou estrangeira; e

d) o **Livro do Tombo das Artes Aplicadas**, que registra as obras incluídas na categoria das artes aplicadas, nacionais ou estrangeiras.

No art. 22 da norma em tela foi estabelecido, em virtude do interesse público na conservação dos bens tombados, o **direito de preferência** da União, Estados e Municípios no caso de sua alienação onerosa, que – ao invés de possibilitar apenas a responsabilização por perdas e danos, na forma do art. 518 do Código Civil de 2002 – implica nulidade do ato de disposição.

O tombamento pode ser **provisório ou definitivo**, dependendo da fase em que se encontrar o seu processamento.

Nessa modalidade de limitação, a propriedade continua com o particular. Assim, não há, em regra, **indenização** em virtude da sua constituição, excepcionando-se quando houver significativa redução do valor econômico do bem causada pela restrição ou a sua conservação demandar despesas que ordinariamente não podem ser suportadas pelo administrado.

Os estudos, projetos, obras ou intervenções em bens culturais tombados são possíveis, mas, na forma do art. 2º da Portaria nº 420, de 22 de dezembro de 2010, editada pelo Presidente do IPHAN, obedecerão aos seguintes princípios:

I – prevenção, garantindo o caráter prévio e sistemático da apreciação, acompanhamento e ponderação das obras ou intervenções e atos suscetíveis de afetar a integridade de bens culturais de forma a impedir a sua fragmentação, desfiguração, degradação, perda física ou de autenticidade;

II – planejamento, assegurando prévia, adequada e rigorosa programação, por técnicos qualificados, dos trabalhos a desenvolver em bens culturais, respectivas técnicas, metodologias e recursos a empregar na sua execução;

III – proporcionalidade, fazendo corresponder ao nível de exigências e requisitos a complexidade das obras ou intervenções em bens culturais e a forma de proteção de que são objeto;

IV – fiscalização, promovendo o controle das obras ou intervenções em bens culturais de acordo com os estudos e projetos aprovados;

V – informação, através da divulgação sistemática e padronizada de dados sobre as obras ou intervenções realizadas em bens culturais para fins histórico-documentais, de investigação e estatísticos.

Não se busca passividade do titular do bem tombado, visto que o seu dever de conservação apresenta mais condutas comissivas do que omissivas. A passividade pode inclusive ser punida se ensejar redução do valor cultural do bem.

1.5.2 REGISTRO DOS BENS CULTURAIS DE NATUREZA IMATERIAL

O bem cultural de natureza apenas ideal não deveria ser objeto do tombamento descrito no Decreto-lei nº 25/37, visto que aquele ato poderia engessar a dinâmica cambiante dos bens culturais de natureza imaterial. O tombamento poderia impedir a evolução de saberes, celebrações e formas de expressão. Todavia, o § 1º do art. 216 da Carta Magna, a fim de compatibilizar a sua essência com a necessária proteção, listou tal modalidade de registro. *Ipsis litteris*:

> "§ 1º O Poder Público, com a colaboração da comunidade, promoverá e protegerá o patrimônio cultural brasileiro, por meio de inventários, registros, vigilância, tombamento e desapropriação, e de outras formas de acautelamento e preservação."

Com o escopo de regulamentar a difícil proteção dessa modalidade de bem cultural, foi editado o Decreto Federal nº 3.551/2000, que Instituiu o Registro de Bens Culturais de Natureza Imaterial que constituem patrimônio cultural brasileiro, criou o Programa Nacional do Patrimônio Imaterial e deu outras providências.

Foram criados quatro livros de registro (art. 1º, § 1º):

a) O Livro de Registro dos Saberes, no qual serão inscritos conhecimentos e modos de fazer enraizados no cotidiano das comunidades;

b) O Livro de Registro das Celebrações, no qual serão inscritos rituais e festas que marcam a vivência coletiva do trabalho, da religiosidade, do entretenimento e de outras práticas da vida social;

c) O Livro de Registro das Formas de Expressão, no qual serão inscritas manifestações literárias, musicais, plásticas, cênicas e lúdicas; e

d) O Livro de Registro dos Lugares, no qual serão inscritos mercados, feiras, santuários, praças e demais espaços onde se concentram e reproduzem práticas culturais coletivas.

Outros livros de registro poderão ser abertos para a inscrição de bens culturais de natureza imaterial que constituam patrimônio cultural brasileiro e não se enquadrem nos livros acima definidos (art. 1º, § 3º).

O maior problema relacionado com o registro de bem cultural imaterial é a aferição da sua relevância, a fim de que não haja banalização do registro e, consequente, esvaziamento dos bens realmente registráveis.

O § 2º do art. 1º do Decreto em questão tentou solucionar esse dilema, ao afirmar que: "*a inscrição num dos livros de registro terá sempre como referência a continuidade histórica do bem e sua relevância nacional para a memória, a identidade e a formação da sociedade brasileira*".

Porém a subjetividade estará sempre presente na aferição da "continuidade histórica" e da "relevância nacional para a memória, a identidade e a formação da sociedade brasileira".

O procedimento e os legitimados para o registro também foram estabelecidos no Decreto citado.

Por fim, deve ser registrado que a República Federativa do Brasil antecipou-se à Convenção para a Salvaguarda do Patrimônio Cultural Imaterial que somente foi adotada em 17 de outubro de 2003, assinada em 3 de novembro de 2003 na cidade de Paris e incorporada ao ordenamento jurídico nacional em 13.4.2006, através do Decreto nº 5.753/2006.

1.5.3 DESAPROPRIAÇÃO

Os ônus de conservação do bem cultural devem ser suportados pelo titular do bem, sendo certo que, quando o titular não dispõe de recursos financeiros, o Poder Público não pode omitir-se.

Após a constatação de hipossuficiência do particular, o Estado deve iniciar o procedimento ou o processo de desapropriação do bem cultural efetivamente ou potencialmente vulnerável.

Em muitos casos, o processo de degradação do bem é irreversível, o que determina a atuação imediata do Estado, sob pena de responsabilização do agente público que tomou conhecimento da degradação e, mesmo competente para a adoção das medidas protetivas, quedou-se inerte.

A CF/88, observando a **tríade do Direito Natural**,[9] resguardou, no inciso XXII do seu art. 5º, o direito de propriedade como objeto a ser protegido e limite da atuação do Estado, mas estabeleceu que o seu exercício subordina-se à função social, na forma do inciso XXIII do artigo em questão.

A **função social** não se confunde meramente com os interesses do Estado, denotando a necessidade de satisfação ao interesse público secundário e, principalmente, ao interesse público primário. A conservação de bem cultural, sem sombra de dúvida, enceta interesse público primário.

---

[9] Direito à vida, direito à liberdade e direito à propriedade.

O Constituinte de 1987 deixou claro que um dos instrumentos de atendimento à função social da propriedade é a desapropriação. Eis a norma:

> "Art. 5º Todos são iguais perante a lei, sem distinção de qualquer natureza, garantindo-se aos brasileiros e aos estrangeiros residentes no País a inviolabilidade do direito à vida, à liberdade, à igualdade, à segurança e à propriedade, nos termos seguintes:
>
> [...]
>
> **XXIV – a lei estabelecerá o procedimento para desapropriação por necessidade ou utilidade pública, ou por interesse social, mediante justa e prévia indenização em dinheiro, ressalvados os casos previstos nesta Constituição;"**

A falta de recursos para a conservação exige não apenas limitação temporária ou parcial; exige sim a inversão duradoura e completa do direito de propriedade, a fim de que o interesse público seja satisfeito.

A desapropriação pode ser conceituada como a transferência compulsória ao Poder Público, de forma originária, da propriedade particular, de ente, ou pessoa jurídica de direito público, menos abrangente, mediante declaração prévia de necessidade pública, utilidade pública ou interesse social e justa indenização.

O art. 5º do Decreto-lei nº 3.365/41 lista os casos de desapropriação por utilidade pública, sendo que a sua alínea "K" possibilita a utilização desse instrumento extremo para a preservação e conservação dos monumentos históricos e artísticos, isolados ou integrados em conjuntos urbanos ou rurais, bem como as medidas necessárias a manter-lhes e realçar-lhes os aspectos mais valiosos ou característicos e, ainda, a proteção de paisagens e locais particularmente dotados pela natureza.

A alínea "L" do citado artigo também prevê como hipótese de desapropriação por utilidade pública a relativa à preservação e à conservação adequada de arquivos, documentos e outros bens móveis de valor histórico ou artístico.

A desapropriação terá forma de procedimento quando o senhor do bem concordar com a oferta do Poder Público e terá forma de processo quando não houver concordância, tudo conforme estabelecido no Decreto-lei nº 3.365/41.

1.6 Responsabilidade por dano a bem cultural

A responsabilidade civil é a possibilidade de invasão do patrimônio daquele que descumpriu um dever prestacional.

Em relação ao bem cultural, há quatro atores que possuem dever prestacional de preservação: o Estado, o titular do direito real, o terceiro e a sociedade. Entretanto, somente os três primeiros estão sujeitos à responsabilização direta, visto que a sociedade já dispõe, normalmente, de instrumentos arrecadatórios que possibilitam a equânime divisão de custeio dos riscos oriundos do seu progresso.

O bem cultural, segundo opção do Poder Constituinte Originário, tem, em regra, natureza jurídica de bem ambiental. Desta forma, o sistema de proteção ao meio ambiente inserido no ordenamento jurídico pátrio deve ser usado também para a sua salvaguarda.

Hugo Nigro Mazzili[10] afirma existirem lesões ao patrimônio cultural físico que não atingem o meio ambiente, consolidando a corrente dualista em relação ao tema.

A corrente monista, com razão, mostra que a dissociação entre o objeto físico e o objeto ideal do bem cultural o dota quase sempre da dimensão ambiental, ainda que o objeto físico esteja sob a titularidade privada.

Considerada a corrente monista, tem-se que a responsabilidade pelos danos causados a bem cultural normalmente decorre do § 3º do artigo 225 da CF/88. Segue a norma:

> "Art. 225. Todos têm direito ao meio ambiente ecologicamente equilibrado, bem de uso comum do povo e essencial à sadia qualidade de vida, impondo-se ao Poder Público e à coletividade o dever de defendê-lo e preservá-lo para as presentes e futuras gerações.
>
> § 3º As condutas e atividades consideradas lesivas ao meio ambiente sujeitarão os infratores, pessoas físicas ou jurídicas, a sanções penais e administrativas, independentemente da obrigação de reparar os danos causados."

A responsabilidade é objetiva.

Ao contrário do que defendem autores do escol de Ana Maria Moreira Marchesan,[11] a responsabilidade não pode ser sotoposta ao § 6º do art. 37 da Carta Maior, pois tal responsabilidade objetiva refere-se apenas, e tão somente, aos riscos gerados pela prestação de serviços públicos.

As condutas comissivas e omissivas do Estado, do titular do direito real e de terceiro ensejarão a responsabilidade civil, independentemente da licitude ou ilicitude, em virtude do dever de conservação estabelecido no § 1º do art. 216 da Carta Magna, pois não é apenas o § 6º do art. 37 da Constituição Federal de 1988 que fundamenta as diversas formas de responsabilidade objetiva do ordenamento jurídico nacional.

Contudo, não se vislumbra o excesso da teoria do risco integral, vez que ocorrendo caso fortuito ou força maior a reparação ou ressarcimento do dano deve ser compartilhado por todos os integrantes do corpo social.

---

[10] MAZZILI, Hugo Nigro. **A defesa dos interesses difusos em juízo**. 15. ed. São Paulo: Saraiva, 2002.

[11] MARCHESAN, Ana Maria Moreira. **A tutela do patrimônio cultural sob o enfoque do Direito Ambiental**. Porto Alegre: Livraria do Advogado, 2007.

1.7 Pichação e grafite

A pichação é o ato individual ou coletivo, praticado sem a devida anuência, de alteração estética permanente de bem móvel ou imóvel através de tinta ou substância similar de mesmo efeito.

Na forma do art. 65 da Lei nº 9.605/1998, alterado pela Lei nº 12.408/2011, pichar ou por outro meio conspurcar edificação ou monumento urbano são condutas criminosas que podem ensejar pena de detenção, de 3 (três) meses a 1 (um) ano, e multa.

O artigo citado, no seu § 1º, estabelece uma causa de aumento de pena, afirmando que: *"se o ato for realizado em monumento ou coisa tombada em virtude do seu valor artístico, arqueológico ou histórico, a pena é de 6 (seis) meses a 1 (um) ano de detenção e multa".*

A pichação não se confunde com a grafitagem, pois a primeira é considerada conduta criminosa e a segunda foi descriminalizada pela Lei nº 12.408/2011 com o acréscimo do § 2º ao art. 65 da Lei nº 9.605/1998. Eis a norma:

> "§ 2º Não constitui crime a prática de grafite realizada com o objetivo de valorizar o patrimônio público ou privado mediante manifestação artística, desde que consentida pelo proprietário e, quando couber, pelo locatário ou arrendatário do bem privado e, no caso de bem público, com a autorização do órgão competente e a observância das posturas municipais e das normas editadas pelos órgãos governamentais responsáveis pela preservação e conservação do patrimônio histórico e artístico nacional."

1.8 Monumentos ou sítios arqueológicos e pré-históricos

Os **monumentos ou sítios arqueológicos e pré-históricos** representam bens culturais e são tratados pela **Lei nº 3.924/61**. Segundo o seu art. 2º, consideram-se monumentos arqueológicos ou pré-históricos:

a) as jazidas de qualquer natureza, origem ou finalidade, que representem testemunhos de cultura dos paleoameríndios do Brasil, tais como sambaquis, montes artificiais ou tesos, poços sepulcrais, jazigos, aterrados, estearias e quaisquer outras não especificadas aqui, mas de significado idêntico a juízo da autoridade competente;

b) os sítios nos quais se encontram vestígios positivos de ocupação pelos paleoameríndios tais como grutas, lapas e abrigos sob rocha;

c) os sítios identificados como cemitérios, sepulturas ou locais de pouso prolongado ou de aldeiamento, "estações" e "cerâmios", nos quais se encontram vestígios humanos de interesse arqueológico ou paleoetnográfico;

d) as inscrições rupestres ou locais como sulcos de polimentos de utensílios e outros vestígios de atividade de paleoameríndios.

Resta claro, assim, que os monumentos ou sítios arqueológicos e pré-históricos também são bens ambientais, portanto, a despeito da titularidade da União estabelecida no inciso X, do art. 20, da Carta Magna, a sua natureza é transindividual.

Parte 4

Direito da Arte e Direito Internacional

PARTE 4

DIREITO DA ARTE E
DIREITO INTERNACIONAL

11

DIREITO INTERNACIONAL DA ARTE E DO PATRIMÔNIO CULTURAL: ESTRATÉGIAS DE EXCLUSÃO E INCLUSÃO

Lucas Lixinski[1]

Sumário: 1. Introdução. 2. Tensões, Exclusões e inclusões em arte e patrimônio cultural. 3. Os regimes aplicáveis; 3.1. Patrimônio cultural em tempos de guerra. 3.2. O sistema do patrimônio mundial. 3.3. Obras de arte e patrimônio cultural móvel. 3.4. Patrimônio cultural subaquático. 3.5. Patrimônio cultural imaterial. 4. Considerações Finais. Referências bibliográficas.

1 INTRODUÇÃO

Este capítulo tem o propósito de fornecer um panorama do direito internacional aplicável à arte e ao patrimônio cultural. Dado o amplo escopo do tema, usarei os regimes criados pela Organização das Nações Unidas para a Educação, Ciência e Cultura (UNESCO, por sua sigla em inglês) como ponto de referência nessa discussão, dada a notoriedade desses regimes e sua importância internacional. Outros regimes serão também mencionados ao longo do texto, mas sempre tendo os regimes da UNESCO como ponto central de referência.

---

[1] *Dean's Postdoctoral Research Fellow, University of New South Wales Faculty of Law* (Sydney, Austrália); Doutor em Direito, Instituto Universitário Europeu (Florença, Itália); *LL.M. in International Human Rights Law, Central European University* (Budapeste, Hungria); Bacharel em Ciências Jurídicas e Sociais, Universidade Federal do Rio Grande do Sul (Porto Alegre, Brasil).

Apesar da evolução e sofisticação dos instrumentos internacionais para a proteção da arte e patrimônio cultural, esses regimes também apresentam falhas significativas. Em geral, esses regimes são criados por uma certa classe de especialistas no campo da arte e patrimônio cultural, e os regimes são estruturados ao redor dos interesses desses grupos, sem levar em consideração outros elementos atinentes à arte e ao patrimônio cultural. Por exemplo, o regime da UNESCO com relação ao patrimônio mundial, criado pela Convenção Relativa à Proteção do Patrimônio Mundial, Cultural e Natural,[2] o principal exemplo do sucesso da UNESCO nessa área, leva em consideração principalmente interesses dos Estados e de organizações não governamentais interessadas na proteção do patrimônio cultural como um fim em si mesmo, independentemente da função do patrimônio para a vida da comunidade. O resultado disso é a alienação das próprias comunidades de onde surge o patrimônio cultural, em favor de uma interpretação quase absoluta do paradigma preservacionista. A estrutura física do patrimônio cultural deve ser protegida em qualquer caso, mesmo que o custo da preservação seja a exclusão ou restrição severa de atividades culturais importantes da área protegida, com a consequência de transformar aquele patrimônio em nada mais do que uma estrutura física, sem qualquer vida cultural associada a ele.

Exemplos semelhantes ocorrem em outros domínios do direito internacional da arte e do patrimônio cultural. A tese central deste capítulo é que o direito internacional da arte e do patrimônio cultural, ao isolar ou ignorar certos atores, acaba por impor grandes obstáculos à sua própria efetividade em favor de uma comunidade de *experts* em temas de arte e patrimônio cultural, e a favor de interesses soberanos de Estados. Para melhor explicar essa tese, o texto desenvolver-se-á da seguinte forma: a próxima seção introduzirá alguns dos debates teóricos normalmente ignorados pelo direito da arte e do patrimônio cultural, mas que são importantes para explicar a importância dessas áreas, o seu valor social, e os riscos que as soluções jurídicas atuais apresentam. A parte seguinte explorará os regimes aplicáveis, partindo dos regimes sob a égide da UNESCO, mas também fazendo referência a regimes de outras organizações internacionais e regionais, bem como soluções jurídicas excluídas por esses regimes (em detrimento da sua potencial eficácia). Por fim, apresentarei algumas considerações finais sobre o tema.

2 TENSÕES, EXCLUSÕES E INCLUSÕES EM ARTE E PATRIMÔNIO CULTURAL

As disciplinas dedicadas ao estudo da arte e do patrimônio cultural têm evoluído em direção a uma humanização dos seus campos de estudo. Isso implica a superação de várias dicotomias e tensões, que oferecem elementos importantes para entender as possibilidades de proteção jurídica da arte e do patrimônio cultural. Ao mesmo tempo, essa

---

[2] Promulgada no Brasil pelo Decreto 80.978, de 12 de dezembro de 1977. Número de Estados-partes em março de 2012: 189.

evolução ainda não está completa, e os paradigmas dominantes ainda consideram a arte e o patrimônio cultural como objetos de estudo completo, e justificáveis por si próprios. Isso leva necessariamente à exclusão de importantes elementos de análise em favor de uma visão pseudocientífica do objeto de estudo que não incorpora elementos importantes da atividade humana.

Uma das principais críticas que se faz a esse comportamento é a própria existência do mercado negro de arte e objetos culturais. Esse mercado negro é o terceiro principal mercado ilegal do mundo (atrás dos mercados de drogas e de armas), e estima-se que ele movimente cerca de seis bilhões de dólares americanos por ano.[3] Esse mercado é claramente movimentado por partes privadas, mas, em grande medida, ele existe em virtude de uma relutância em considerar que objetos de grande valor artístico e/ou cultural possam ser bens dentro do mercado.

Embora eu concorde com a maior parte dos defensores dessa postura antimercadológica, no sentido de que objetos de grande valor artístico e/ou cultural não podem ser completamente apreciados dentro de uma lógica de mercado, ao mesmo tempo é fato de que a exclusão desses bens do mercado é a grande responsável pelo surgimento e continuidade do mercado negro. A lógica estritamente preservacionista de objetos de arte e patrimônio cultural, em outras palavras, exclui atores econômicos, e acaba forçando uma solução que é, na prática, muito mais desvantajosa do que um mercado legítimo poderia ser.

Essa questão será rediscutida em mais detalhe na próxima seção; o importante por agora é entender que o processo de exclusão efetivamente ocorre, e que ele pode ter efeitos desastrosos. E esse processo de exclusão é dirigido pelo que Laurajane Smith chama de "Discurso Autorizado do Patrimônio Cultural" (DAPC, ou *Authorized Heritage Discourse* no original).[4] Segundo essa ideia, os regimes de patrimônio cultural (e também os da arte em geral) são criados e implementados por uma classe específica de especialistas/*experts*. Esses especialistas, ao criarem esses regimes, acabam tendo a prerrogativa exclusiva de definir o que é patrimônio cultural ou arte, o que merece ser protegido, os objetivos da proteção e os mecanismos. Ao ter o monopólio dessas definições, a classe de especialistas acaba por naturalmente corromper-se, e o seu objeto de proteção deixa de ser a arte ou o patrimônio cultural: a arte e o patrimônio cultural convertem-se em instrumentos para que os especialistas possam proteger a si mesmos, constantemente validar e justificar a sua existência e perpetuar a necessidade para o seu aporte técnico.

---

[3] Veja-se UNESCO. Information kit about the 40th anniversary of the 1970 Convention on the Means of Prohibiting and Preventing the Illicit Import, Export and Transfer of Ownership of Cultural Property, the fight against the illicit traffic of cultural property: the 1970 Convention: past and future. UN Doc CLT/2011/CONF.207/6 (15-16 March 2011); BRODIE, Neil; DOOLE, Jenny; WATSON, Peter. **Stealing history**: the illicit trade in cultural material. McDonald Institute for Archaeological Research, 2000; BROWN, Colin; MILNER, Catherine. Top auction houses sell looted art, claims Howells. **The Telegraph** (Online), disponível em <http://www.telegraph.co.uk/news/uknews/1431084/Top-auction-houses-sell-looted-art-claims-Howells.html>. Acesso em: 25 May 2003.

[4] SMITH, Laurajane. **The uses of heritage**. Londres: Routledge, 2006. p. 44.

Essa crítica não é necessariamente uma alegação da má-fé desses especialistas. Muito pelo contrário, acredito que especialistas nas áreas de arte e patrimônio cultural são em geral bem-intencionados, e capazes. Mas, ao mesmo tempo, é inevitável que um monopólio intelectual acabe por voltar-se para si próprio, porque os participantes do DAPC entendem os seus temas apenas dentro dos limites impostos por seus antecessores, e não estão necessariamente abertos a contribuições e críticas externas (em grande parte porque esses atores externos não conversam dentro dos termos estabelecidos do DAPC). Logo, ao invés de uma acusação de má-fé, a minha crítica ao DAPC é a crítica inevitável que deve ser feita a qualquer grupo que, por qualquer motivo, considere-se autossuficiente (e autossuficiência é um dos elementos centrais para a determinação da validade epistemológica de uma disciplina, dentro do molde cartesiano clássico). Essa autossuficiência é o motivo principal da exclusão de outros atores do universo da arte e do patrimônio cultural.

Relacionadas a esse mecanismo principal de exclusão e inclusão, estão diversas tensões teóricas, criadas dentro desse mecanismo, ou reforçadas por ele. Muitas vezes, também, o DAPC serve para superar essas tensões, e para a evolução das noções indispensáveis para a proteção da arte e do patrimônio cultural.

Um caso em que o DAPC foi determinante para a evolução das disciplinas é o da evolução da noção de "propriedade" cultural e/ou artística para a noção de "patrimônio". Originalmente, instrumentos internacionais para a proteção de arte e patrimônio cultural referiam-se a objetos e construções de valor cultural e/ou artístico a partir da perspectiva do direito de propriedade. A grande vantagem do uso da categoria jurídica de propriedade era o caráter quase absoluto da proteção. No entanto, ao mesmo tempo a noção de propriedade ignora a importância cultural e/ou artística, e considera o item apenas a partir dos seus aspectos econômicos. Essa lógica estritamente econômica era, aliada ao individualismo inerente à categoria de propriedade, inadequada para compreender o valor não econômico da arte e do patrimônio cultural, bem como a noção de interesse público na preservação desses itens para gerações presentes e futuras.[5] Além disso, a noção de propriedade implica a possibilidade de que valores culturais podem ser capturados e congelados em um determinado momento.[6] Outra objeção importante ao uso da categoria jurídica de propriedade é a vedação do *jus abutendi* no que se refere a objetos de valor cultural e artístico.[7] Por esses motivos, optou-se pela introdução da nomenclatura "patrimônio", mais holística, e capaz de incorporar interesses não econômicos.

Mas a introdução dessa nova nomenclatura não foi capaz de eliminar o perigo da comodificação inteiramente. "Comodificação" é um processo jurídico e cultural pelo qual um bem jurídico entra no mercado e vira uma mercadoria (*commodity*). Esse processo de inserção no mercado é inevitável, em particular quando objetiva-se oferecer proteção jurídica.[8]

---

[5] PROTT, Lyndel V.; O'KEEFE, Patrick J. "Cultural heritage" or "cultural property"? **International Journal of Cultural Property**, v. 1, p. 307, p. 309, 1992; BLAKE, Janet. On defining the cultural heritage. **International and Comparative Law Quarterly**, v. 49, p. 61-62, 2000.

[6] Veja-se SMITH, op. cit., p. 101.

[7] Veja-se PROTT; O'KEEFE, op. cit., p. 310; e SAX, Joseph L. **Playing darts with a Rembrandt: public and private interests in Cultural Treasures**. Ann Arbour: University of Michigan Press, 1999.

[8] HARDING, Sarah. Culture, commodification and native american cultural patrimony. In: ERTMAN, Martha M.; WILLIAMS, Joan C. (Ed.). **Rethinking commodification**: cases and readings in

A própria ideia de oferecer proteção jurídica implica a definição do objeto, e essa definição implica necessariamente colocar o bem jurídico no mercado, de uma forma ou de outra.[9] Nem a noção de *res extra commercium*, eu diria, é totalmente isenta da lógica do mercado, já que é uma definição relativa ao próprio mercado (uma definição negativa), e que portanto também comodifica o bem jurídico a proteger. Já que a comodificação é inevitável, o que pode (e deve) ser feito é entender o processo. Um processo de comodificação é, em grande medida, uma asserção de poder sobre o bem a ser protegido, que pode ser tanto positiva (em favor das comunidades de onde a arte e o patrimônio se originam) ou negativa (em favor de interesses meramente econômicos ou políticos, sem qualquer conexão cultural com a arte ou patrimônio cultural).[10] E o importante é garantir que certos atores possam asserir o seu poder e controlar o seu próprio patrimônio cultural e a sua arte. Mas, conforme a crítica do DAPC examinada acima, isso dificilmente ocorre, já que o monopólio intelectual sobre a definição do patrimônio cultural e da arte, e, portanto, sobre o processo comodificatório, pertence a uma classe de especialistas.

O processo comodificatório implica a categorização jurídica da arte e do patrimônio cultural. Nesse sentido, e estreitamente ligada com a evolução da noção de "propriedade" para a noção de "patrimônio", está a distinção entre patrimônio material e imaterial. Embora sejam categorias sujeitas a regimes jurídicos distintos (como ver-se-á abaixo), sob o ponto de vista de estudos culturais e antropologia, a distinção não é tão clara. Pelo contrário, argumenta-se que o que distingue a arte e o patrimônio cultural em geral dos seus elementos materiais (tinta, tela, pedra ou qualquer outro material) é precisamente o aspecto da imaterialidade. Nesse sentido, todo patrimônio cultural é imaterial.[11] O imaterial se materializa através do material, mas o material só tem significado através do imaterial. No entanto, essa dicotomização é perpetuada nos regimes jurídicos atuais, justamente pela necessidade de preservar os elementos físicos que possibilitam a existência do patrimônio cultural e da arte.

Essa dicotomia chama a atenção para os valores que se atribuem ao patrimônio cultural. Conforme indiquei acima, o DAPC é responsável por determinar os motivos pelos quais a arte e o patrimônio cultural são protegidos. Nesse processo, a arte e o patrimônio cultural viram objetivos por si próprios, e surge a ideia de que o patrimônio cultural possui valor intrínseco. No entanto, eu discordo dessa ideia, e defendo que o patrimônio cultural e a arte possuem valor somente extrinsecamente, porque é a relação entre o patrimônio cultural e a arte e o observador, artista ou comunidade de origem que elevam a arte e o patrimônio cultural para além do seu meio físico.[12] Ainda, no caso do patrimônio cultu-

---

law and culture. New York: New York University Press, p. 137, p. 146-148, 2005.

[9] RADIN, Margareth Jane; SUNDER, Madhavi. Introduction: the subject and object of commodification. In: ERTMAN, Martha M.; WILLIAMS, Joan C. (Ed.). **Rethinking commodification**: cases and readings in law and culture. New York: New York University Press, p. 8, p. 10-11, 2005.

[10] APPADURAI, Arjun. Introduction: commodities and the politics of value. In: APPADURAI, Arjun (Ed.). **The social life of things**: commodities in cultural perspective. Cambridge: Cambridge University Press, p. 3, p. 7, 1986.

[11] Veja-se SMITH, op. cit. p. 56.

[12] HARDING, Sarah. Value, obligation and cultural heritage. **Arizona State Law Journal**, v. 31, p. 291, 1999.

ral, eu sugiro que o valor estético é secundário, e que o valor cultural deve ter primazia sobre os atributos estéticos.[13]

A atribuição de valores intrínsecos, no entanto, é característica do DAPC, e leva à prevalência do paradigma conservacionista. Segundo esse paradigma, o patrimônio cultural deve ser conservado a todo custo, e protegido na forma mais próxima possível do seu original histórico. Embora possa verificar-se um certo mérito na proposta, na prática ela acaba congelando o patrimônio cultural no tempo, e alienando as comunidades que efetivamente praticam e interagem com esse patrimônio, já que ele não pode mais evoluir, deve sempre conservar-se de determinada forma. Nesse sentido, o patrimônio é mumificado. O paradigma conservacionista talvez seja adequado a objetos artísticos específicos, mas também é inadequado à arte de forma mais geral, já que impede a evolução da expressão artística, e acaba por suprimir novas formas artísticas que sejam controversas ou subversivas.

O patrimônio cultural e a arte podem ser protegidos por muitas razões, tais como a preservação de identidade nacional,[14] a proteção de certa comunidade política (minoritária ou majoritária),[15] a descoberta dos valores, práticas sociais e regras jurídicas de certo grupo (nesse sentido o patrimônio e a arte sendo instrumentos da antropologia e arqueologia),[16] o fortalecimento de agendas políticas,[17] inclusão social, [18] educação,[19] ou mesmo a promoção turística.[20]

---

[13] GILLMAN, Derek. **The idea of cultural heritage**. Genebra: Institute for Art and Law, 2006. p. 12.

[14] Um caso interessante é a declaração de esculturas religiosas em Macau como patrimônio cultural imaterial. Esse tipo de esculturas cria figuras religiosas relacionadas à herança chinesa, e a sua promoção através de uma exposição no Museu Nacional de Macau pode ser entendida como a promoção de um patrimônio imaterial perene que sobrevive ao domínio português de Macau. Agora que Macau foi reincorporada à China obviamente há interesse em promover essa identidade nacional que pode conectar Macau com o resto da China. Veja-se MUSEU DE MACAU. **Trabalhos com engenho**: escultura de ídolos sagrados de Macau. Macau: Museu de Macau, 2008.

[15] Sobre a importância do patrimônio cultural para a proteção de minorias, veja-se LOWENTHAL, David. **The heritage crusade and the spoils of history**. Cambridge: Cambridge University Press, 1998. p. 81-87.

[16] Para exemplos de como práticas culturais e folclore podem ser usados como meios de determinar práticas jurídicas, veja-se RENTEL, Alison Dundes; DUNDES, Alan (Ed.). **Folk law**: essays on the theory and practice of *lex non scripta*. Madison: University of Wisconsin Press, 1995.

[17] Nesse sentido, David Lowenthal conta a história da famosa carta do Chefe Seattl, "Irmão Céu, Irmã Águia" ("*Brother Eagle, Sister Sky*"), que serviu de documento fundador do movimento ambientalista nos EUA, ao anunciar a conexão entre o indígena e a natureza. Essa carta foi na verdade escrita por um roteirista de Hollywood. Veja-se LOWENTHAL, op. cit., p. 150-151.

[18] GOLDING, Viv. *Inspiration Africa!* Using tangible and intangible heritage to promote social inclusion amongst young people with disabilities. **International Journal of Intangible Heritage**, v. 1, p. 84, 2006.

[19] VLACHAKI, Maria. Crossing cultures through the intangible heritage: an education programme about migration in Greece. **International Journal of Intangible Heritage**, v. 2, p. 94, 2007.

[20] GILLMAN, op. cit., p. 1.

No tocante à promoção turística, é importante notar a seguinte tensão: de um lado, a valorização econômica da arte e do patrimônio cultural, bem como as possibilidades de exploração econômica em favor de comunidades em geral; de outro, o risco de comodificação excessiva, de transformação do patrimônio cultural e da arte em eventos apenas para turistas, sem renovar os processos sociais e culturais dentro das comunidades, ou importar-se com eles. Nesse sentido, a arte e, em particular, o patrimônio cultural viram espetáculos para terceiros, ao invés de genuínas práticas culturais. E a pressão para esse tipo de comodificação é intensa, dado o modelo de turismo cultural predominante, que é conhecido como "turismo do tapete vermelho" ("*red carpet tourism*") ou "turismo *fast food*", ou a noção de que turistas dedicarão apenas algumas horas ou mesmo minutos para determinada atração cultural, e querem ver apenas aquilo que fica bonito em fotografias, ou que rende uma história interessante e fácil. É uma presunção de que o turista médio não está interessado em efetivamente aprender sobre a cultura do local visitado, e quer apenas tirar algumas fotos, comprar um *souvenir* que se adeque facilmente ao seu modo de vida (por exemplo, um item de vestuário semelhante a algo que o turista já conheça, mesmo que não pertencente à cultura original daquela comunidade, ao invés de um item único e de maior relevância cultural e autenticidade).[21]

Muitas das tensões associadas ao turismo surgem através da internacionalização da atividade turística, já que é o turista internacional que tem mais dificuldades em compreender a cultura local, porque maior a distância entre si e o outro sendo observado. E essa internacionalização é responsável por uma das tensões mais importantes para o direito da arte e do patrimônio cultural, aquela relativa ao contraste entre interesses nacionalistas e internacionalistas na proteção da arte e do patrimônio.

Uma das vozes mais importantes no debate entre nacionalismo e internacionalismo em temas culturais é John Merryman, que defende a prevalência do interesse internacionalista (de inspiração cosmopolita/kantiana).[22]

Em seu estudo sobre os mármores do Partenon (em Atenas, Grécia),[23] Merryman defende que pensar em arte e patrimônio cultural como interesses essencialmente nacionais ou locais cria uma divisão desnecessária entre pontos de origem e pontos de destino de arte e patrimônio cultural (mais uma vez, um exemplo de como certas visões sobre o direito da arte e do patrimônio cultural alienam atores).[24] Merryman ainda menciona três fatores que devem ser levados em consideração na decisão sobre a custódia local ou internacional de arte ou patrimônio cultural: preservação, integridade e distribuição.[25]

---

[21] ROBERTSON, Margaret Hart. The difficulties of interpreting *mediterranean voices*: exhibiting intangibles using new technologies. **International Journal of Intangible Heritage**, v. 1, p. 26, 2006.

[22] MERRYMAN, John Henry. Two ways of thinking about cultural property. **American Journal of International Law**, v. 80, p. 831, 1986.

[23] MERRYMAN, John Henry. Thinking about the Elgin marbles. **Michigan Law Review**, v. 83, p. 1881, 1984-1985.

[24] GILLMAN, op. cit., p. 28-29.

[25] MERRYMAN, John Henry. Thinking about the Elgin marbles. Op. cit., p. 1917-1921.

A preservação refere-se à possibilidade de perpetuar uma certa forma de arte ou patrimônio cultural para que ela possa ser desfrutada no futuro. Merryman defende que esse interesse é prioritário, e deve ser considerado mesmo antes do contexto cultural, já que a conexão com o contexto é irrelevante se o patrimônio ou obra de arte desaparece por falta de preservação.[26] Dentro do paradigma preservacionista, essa lógica funciona, e, considerando que uma das funções da proteção da arte e do patrimônio cultural, além de proteger culturas vivas, é preservá-las para gerações futuras, esse argumento faz sentido. Eu discordo, no entanto, da ideia de que esse argumento é prioritário, e defendo que a lógica preservacionista deve ser secundária, na maioria dos casos, à efetiva conexão cultural e artística.

O segundo argumento de Merryman, integridade, aplica-se somente a itens que possam ser divididos ou desmontados,[27] o que é o caso com os mármores do Partenon. No entanto, ressoa também com a ideia de contexto, e nesse sentido a preservação da integridade parece favorecer o nacionalismo cultural.

Por fim, o terceiro argumento de Merryman, distribuição, claramente favorece o internacionalismo cultural, já que permite a disseminação do conhecimento e apreciação da arte e do patrimônio cultural por um número maior de pessoas e povos, ao invés de restringir-se à comunidade de origem.[28] Mesmo países que adotam posturas eminentemente nacionalistas com relação à sua arte e patrimônio cultural, como a Itália, devem admitir que grande parte do valor atribuído à arte italiana tem a ver com ela ser tão conhecida ao redor do mundo, o que não seria possível se ela não pudesse sair do país de origem. Dos três argumentos defendidos por Merryman, portanto, esse parece ser o mais forte a favor da postura internacionalista.

O nacionalismo cultural, por outro lado, foca-se nos significados da arte e do patrimônio para comunidades locais, e defende, com razão, que essa conexão é o motivo que justifica a prevalência do argumento nacionalista. Práticas culturais locais são um elemento importante na formação de identidade, e controle local sobre arte e patrimônio cultural é um instrumento essencial para esse processo formativo.[29] Defensores da postura internacionalista rejeitam esse argumento, criticando a concessão excessiva a soberania estatal,[30] e citam a destruição dos Budas de Bamiyan (Afeganistão, 2001) como argumento a favor de maior internacionalismo cultural.[31]

---

[26] Idem, at 1917.
[27] Idem, at 1918.
[28] Idem, at 1919-1921.
[29] SLJIVIC, Ana. Why do you think it's yours? An exposition of the jurisprudence underlying the debate between cultural nationalism and cultural internationalism. **George Washington Journal of International Law and Economics**, v. 31, p. 393, p. 401-402, 1997-1998.
[30] GILLMAN, op. cit., p. 34.
[31] O'KEEFE, Roger. World cultural heritage obligations to the international community as a whole? **International and Comparative Law Quarterly**, v. 53, p. 189, 2004; FRANCIONI, Francesco; LEN-

Logicamente, pode-se criticar a lógica internacionalista por seu uso para permitir que museus de países ricos mantenham-se na posse de objetos de alto valor artístico e/ou cultural que foram roubados ou retirados ilegalmente dos seus países de origem (como os mármores do Partenon). Para além desses debates, no entanto, está o interesse legítimo na preservação do patrimônio cultural e da arte para toda a humanidade.[32]

Portanto, embora o internacionalismo ou cosmopolitanismo cultural possa de fato ser uma ferramenta para eliminar aspirações de autonomia de comunidades locais e países mais pobres, é também uma contraparte importante para evitar abusos de poder por Estados soberanos, que podem usar dessa soberania para oprimir comunidades minoritárias.[33] Nesse sentido, a internacionalização cultural é uma ferramenta através da qual comunidades ganham uma voz contra os seus próprios Estados, da mesma forma que o direito internacional dos direitos humanos é uma ferramenta para dar voz ao indivíduo contra o Estado.[34]

Essa tensão entre nacionalismo e internacionalismo, aliada à noção de DAPC, leva à seguinte questão: a arte e o patrimônio cultural devem ser protegidos para quem? Muitos atores estão envolvidos em questões sobre arte e patrimônio cultural, entre arqueólogos, comunidades, artistas, marchantes, museus, Estados e organizações internacionais. A próxima seção dedica-se a analisar como essas relações ocorrem (ou quem é excluído / incluído nessas relações), sob o ponto de vista dos regimes internacionais estabelecidos sob a égide da UNESCO.

3 OS REGIMES APLICÁVEIS

3.1 Patrimônio cultural em tempos de guerra

A proteção internacional da arte e do patrimônio cultural surge primeiramente com relação aos riscos impostos por situações de conflito armado. Práticas como pilhagem eram comuns durante conflitos armados, e consideradas mesmo um direito dos Estados vitoriosos. Além disso, a destruição de templos e outros prédios de valor cultural eram estratégias militares válidas para a desmoralização do inimigo.[35]

ZERINI, Federico. The destruction of the Buddhas of Bamiyan and International Law. **European Journal of International Law**, v. 14, n. 4, p. 619, 2003.

[32] SLJIVIC, op. cit, p. 415-416.

[33] KEARNEY, Amanda. Intangible cultural heritage: global awareness and local interest. In: SMITH, Laurajane; AKAGAWA, Natsuko. **Intangible heritage**. Londres: Routledge, p. 209, p. 222, 2009.

[34] MERRYMAN, John Henry. Cultural property, international trade and human rights. **Cardoso Arts & Entertainment Law Journal**, v. 19, p. 51, 2001.

[35] Veja-se FORREST, Craig. **International law and the protection of cultural heritage**. London: Routledge, 2010. p. 64-65.

A arte e o patrimônio cultural estão envolvidos em todas as fases de um conflito, especialmente considerando-se a importância da arte e do patrimônio cultural na formação e polarização de identidades. Na fase pré-conflitual, a arte e o patrimônio cultural tendem a ser reinterpretados de forma a diminuir a importância relativa da identidade cultural do inimigo, e de elevar a própria. A contestação e reavaliação da arte e do patrimônio cultural ajudam a criar as divisões necessárias para a criação do "outro", do "inimigo", que pode ser desumanizado. Essa contestação pode ocorrer também durante e depois do conflito, como uma forma de redefinir identidades, e mesmo criar novas.

Sob o ponto de vista jurídico, o principal instrumento internacional nessa matéria é a Convenção para a Proteção de Bens Culturais em caso de conflito armado (Haia, 1954),[36] e seus dois Protocolos (1954 e 1999, respectivamente).[37] A Convenção de Haia refere-se à proteção de certos prédios, monumentos ou conjuntos de prédios durante guerras, de forma a evitar a sua destruição. A Convenção proíbe em geral a destruição de propriedade cultural "de grande importância para todos os povos, tais como monumentos de arquitetura, arte ou história, sejam eles religiosos ou seculares, áreas arqueológicas, grupos de edifícios que, tomados em conjunto, são de interesse histórico ou artístico; obras de arte, manuscritos, livros e outros objetos de interesse artístico, histórico ou arqueológico; bem como coleções científicas e coleções importantes de livros ou arquivos ou reproduções da propriedade mencionada acima". Acresce-se a essa definição os prédios que armazenam esses itens.[38]

Para que essa proteção seja estendida, é necessário que a propriedade tenha "grande importância para todos os povos", um conceito aberto e que não foi definido pela própria Convenção. Mas a obrigação de proteger inclui a proibição do uso de qualquer um desses prédios para fins militares, ou outros usos que podem expor esses prédios a destruição e dano. No entanto, esse regime de proteção não é absoluto, e deve sempre preferir à necessidade militar.[39]

Para facilitar a identificação de prédios protegidos, pode-se colocar um emblema nos prédios.[40] E, além disso, a Convenção cria um sistema de Proteção Especial, pelo qual certos refúgios para proteger bens móveis (tais como obras de arte e monumentos) são inatacáveis durante um conflito, desde que eles estejam suficientemente longe de centros industriais ou alvos militares importantes, e não sejam utilizados para fins militares. Essa

---

[36] Promulgada no Brasil através do Decreto nº 44.851, de 11 de novembro de 1958. Número de Estados-partes em março de 2012: 124.

[37] O Primeiro Protocolo foi promulgado no Brasil através do Decreto nº 44.851, de 11 de novembro de 1958. Número de Estados-partes em março de 2012: 100. O Segundo Protocolo foi promulgado no Brasil através do Decreto nº 5.760, de 24 de abril de 2006. Número de Estados-partes em março de 2012: 61.

[38] Convenção da Haia (1954), Artigo 1.

[39] Idem, Artigo 4.

[40] Idem, Artigos 6 e 16.

proteção especial é ativada através da inscrição no "Registro Internacional de Propriedade Cultural sob Proteção Especial", nos termos da Convenção de Haia.[41]

O primeiro Protocolo refere-se à proibição de pilhagem e exportação de bens culturais e artísticos durante conflitos, e a obrigação de restituição de bens exportados durante conflitos.[42] E o segundo Protocolo cria o sistema de Proteção Reforçada ("*Enhanced Protection*").[43] Esse sistema se implementa através de uma lista, da mesma forma que o Registro Internacional da Convenção original. O sistema de Proteção Reforçada é apenas mais claro com relação às regras de implementação, e, por isso, substitui o sistema da Convenção original para os Estados que forem partes do segundo Protocolo.[44]

O sistema é bastante criticado por não impedir danos a propriedade cultural durante conflitos armados (veja-se o ocorrido durante a Guerra do Iraque em 2003, por exemplo, em que o Museu Nacional do Iraque, contendo relíquias Mesopotâmicas de valor inestimável, foi pilhado). Aponta-se que uma resposta possível a essa falta de efetividade é simplesmente maior conhecimento sobre a Convenção da Haia, seus protocolos e as obrigações contidas nesses instrumentos.[45]

Outras críticas que podem ser feitas contra esse sistema incluem o uso do termo "propriedade", que é reforçado pelo segundo Protocolo de 1999 (que não oferece uma definição própria de objeto de proteção, apenas referindo-se ao já contido na Convenção de 1954), bem como o efeito do DAPC em situações de conflito, que em geral comodificam a arte e o patrimônio cultural envolvido, ignorando os efeitos da arte e do patrimônio cultural na construção de identidades (apontado no começo desta sessão). Essa alienação do DAPC pode inclusive ajudar a manter o conflito por mais tempo, e ser um obstáculo na fase pós-conflito, já que o DAPC, em virtude do paradigma conservacionista, tende a reforçar as identidades pré-conflito.

Mas o sistema da Convenção de Haia de 1954 e seus Protocolos, com seu escopo relativamente limitado (afinal, aplica-se somente em casos de conflito), não é o instrumento mais importante sob a égide da UNESCO. O sistema mais importante é o da Convenção sobre o Patrimônio Mundial de 1972, objeto da próxima seção.

3.2 O SISTEMA DO PATRIMÔNIO MUNDIAL

A Convenção de 1972 divide o patrimônio cultural em três categorias: (1) monumentos, compreendidos como "obras arquitetônicas, de escultura ou de pintura monumentais, elementos ou estruturas de natureza arqueológica, inscrições, cavernas e grupos de

---

[41] Idem, Artigo 8.
[42] Primeiro Protocolo à Convenção da Haia (1954), Artigo 1.
[43] Segundo Protocolo à Convenção da Haia (1999), Artigos 10-14.
[44] Veja-se FORREST, op. cit., p. 110-111.
[45] Idem, p. 131.

elementos, que tenham um valor universal excepcional do ponto de vista da história, da arte ou da ciência"; (2) conjuntos, consistindo em "grupos de construções isoladas ou reunidas que, em virtude de sua arquitetura, unidade ou integração na paisagem, tenham um valor universal excepcional do ponto de vista da história, da arte ou da ciência"; e (3) lugares notáveis, sendo estes "obras do homem ou obras conjugadas do homem e da natureza, bem como as zonas, inclusive lugares arqueológicos, que tenham valor universal excepcional do ponto de vista histórico, estético, etnológico ou antropológico".[46]

Note-se que todas as três formas de patrimônio protegidas precisam ter "valor universal excepcional" para serem enquadradas no sistema de proteção da Convenção do Patrimônio Mundial. O conceito de "valor universal excepcional" não consta no referido instrumento internacional, mas as Diretivas de Operação ("*Operational Guidelines*") da Convenção apresentam a seguinte definição, em sua versão de novembro de 2011: "Valor excepcional universal quer dizer significância cultural e/ou natural que é tão excepcional que transcenda fronteiras nacionais e seja de importância comum para as gerações presentes e futuras de toda a humanidade. Como tal, a proteção permanente desse patrimônio é da mais alta importância para a comunidade internacional como um todo."[47] Da mesma forma, o preâmbulo da Convenção de 1972 expressa ideias semelhantes. De acordo com Francesco Francioni, o termo "universal" deve ser entendido de forma a abranger a atração universal de toda a humanidade, e exibe sua importância para gerações presentes e futuras.[48]

Não se faz necessário, dessa forma, que o patrimônio represente um conjunto de valores, sendo suficiente que ele apele à nossa humanidade comum, independentemente da forma como o faz, o que pode ser diferente para cada observador. No entanto, o requisito de valor excepcional universal tem sido bastante criticado por muitos autores por não ser suficientemente inclusivo e por atender a uma noção relativamente restrita de monumentalidade que não necessariamente reflete a importância cultural do patrimônio, apenas celebrando a sua imponência e valor estético, medido por olhos, em geral, europeus.[49] As Diretivas de Operação da Convenção, não obstante, evoluíram bastante de forma a incor-

---

[46] Convenção do Patrimônio Mundial, Artigo 1º.

[47] No original: "Outstanding universal value means cultural and/or natural significance which is so exceptional as to transcend national boundaries and to be of common importance for present and future generations of all humanity. As such, the permanent protection of this heritage is of the highest importance to the international community as whole". Esse é o mesmo texto desde a versão de 2005, comentada por BOER, Ben. Article 3 – identification and delineation of world heritage properties. In: FRANCIONI, Francesco; LENZERINI, Federico (Ed.). **The 1972 World Heritage Convention**: a commentary. Oxford: Oxford University Press. p. 85-102, p. 88, 2008.

[48] FRANCIONI, Francesco. The preamble. In: FRANCIONI, Francesco; LENZERINI, Federico (Ed.). **The 1972 World Heritage Convention**: a commentary. Oxford: Oxford University Press, p. 11-22, p. 19, 2008.

[49] Veja-se por exemplo BOER, op. cit., p. 88; FRANCIONI, "The Preamble", cit., p. 19.

porar perspectivas antropológicas que conectam o valor do patrimônio ao seu significado cultural para as comunidades de origem.[50]

Apesar dessa evolução, o DAPC é ainda muito presente na implementação da Convenção, através da visão de monumentalidade, e da influência de especialistas no processo de nomeações para a lista do patrimônio mundial.

A lista do patrimônio mundial da Convenção de 1972 contém 936 itens em 153 países. Esses itens são divididos nas categorias de cultural (725), natural (183), ou mistas (28). O Brasil tem 18 itens na lista do patrimônio mundial, 11 culturais e 7 naturais.[51] Além da lista internacional sob os cuidados da UNESCO, a Convenção de 1972 também exige que um sistema de inventário equivalente exista no âmbito nacional,[52] tanto para facilitar a nomeação de propriedades internacionalmente, quanto para gerar conhecimento sobre a existência e a importância desse patrimônio dentro do país. Um dos principais objetivos da Convenção do Patrimônio Mundial, portanto, é aumentar a visibilidade, conhecimento e valorização do patrimônio cultural dos Estados-partes. Outras obrigações incluem: a adoção de políticas que visem a dar ao patrimônio "uma função na vida da coletividade"; a criação de serviços nacionais de proteção, conservação e valorização do patrimônio cultural; o desenvolvimento de estudos; medidas jurídicas, científicas, técnicas, administrativas e financeiras "para a identificação, proteção, conservação, revalorização e reabilitação desse patrimônio"; e o desenvolvimento de centros nacionais e regionais de proteção e revalorização.[53]

Dentre os itens brasileiros nessa lista, está a cidade de Brasília, cujo *status* perante a UNESCO foi o objeto de uma recente decisão do Superior Tribunal de Justiça (STJ), que merece ser analisada em certo detalhe.

Em setembro de 2010, o STJ julgou o Recurso Especial nº 840.918-DF,[54] e declarou que o *status* de Brasília como patrimônio cultural brasileiro e da humanidade impedia que grades fossem colocadas ao redor de certos blocos residenciais, já que violariam a integridade do plano-piloto e comprometeriam a importância cultural da cidade. Ao emitir esse

---

[50] Veja-se, em geral, FRANCIONI, Francesco; LENZERINI, Federico (Ed.). **The 1972 World Heritage Convention**: a commentary. Oxford: Oxford University Press, 2008, passim.

[51] Os itens culturais são: Centro Histórico de Ouro Preto; Centro Histórico de Olinda; Missões Jesuíticas dos Guaranis; Centro Histórico de Salvador; Santuário de Bom Jesus do Congonhas; Brasília; Parque Nacional da Serra da Capivara; Centro Histórico de São Luís do Maranhão; Centro Histórico de Diamantina; Centro Histórico da Cidade de Goiás; e a Praça de São Francisco na Cidade de São Cristóvão. Os itens naturais são: Parque Nacional do Iguaçu; Reservas de Mata Atlântica da Região Sudeste; Complexo de Conservação da Amazônia Central; Reservas de Mata Atlântica da Costa do Descobrimento; Área de Conservação do Pantanal; Reservas de Fernando de Noronha e Atol das Rocas; Parque Nacional das Emas e Chapada dos Veadeiros (área de conservação do Cerrado).

[52] Convenção do Patrimônio Mundial, Artigo 4.

[53] Convenção do Patrimônio Mundial, Artigo 5.

[54] Recurso Especial (REsp) 840.918-DF (2008/0086011-1), Relatora Ministra Eliana Calmon, *DJe* 10/9/2010.

julgamento, o Ministro Antonio Herman Benjamin utilizou a Convenção do Patrimônio Mundial para interpretar o direito brasileiro relativo ao tema (mais especificamente, o Decreto-lei nº 25/1937, assinado por Getúlio Vargas).

O Recurso Especial nº 840.918-DF relaciona-se a uma Ação Civil Pública contra o Distrito Federal proposta pelo IPHAN. A questão central do caso é a possibilidade jurídica do gradeamento de áreas abertas de pilotis dos edifícios do Cruzeiro Novo, uma região administrativa (ou bairro) do Plano-Piloto de Brasília. O argumento central a favor do gradeamento é o aumento da segurança dos moradores dos conjuntos residenciais. Segundo os proponentes do gradeamento, a instalação de grades não diminui a visibilidade dos edifícios e, portanto, não compromete a arquitetura da região administrativa.

O IPHAN opôs-se ao gradeamento com base em três argumentos principais: (1) que a área que se queria gradear está tombada; (2) que a instalação de grades altera o projeto arquitetônico-urbanístico de Brasília; e (3) que o IPHAN não teve a oportunidade de manifestar-se previamente às tentativas de instalação das grades.

O voto vencido da relatora, Ministra Eliana Calmon, restringe-se exclusivamente ao texto do Decreto-lei nº 25/1937, mais especificamente os artigos 17 e 18 do diploma legislativo. Nas palavras da Ministra, "[a]dvirto que estou a examinar os dispositivos legais prequestionados, dentro dos limites do recurso especial, sem outras considerações fundamentais porque desacompanhadas do chamado prequestionamento explícito, ou seja, indicação de outros dispositivos legais, senão os arts. 17 e 18 do Decreto-lei nº 25/1937. Dentro desses limites, portanto, não merece o acórdão qualquer reparo". A Ministra sugere que o processo determina o resultado do caso, afiliando-se desta forma a uma posição bastante conservadora.[55] Segundo o seu voto, o recurso apresentado pelo IPHAN não teria mérito, e o gradeamento poderia prosseguir, já que o dispositivo do Decreto-lei apenas fala da redução de visibilidade, o que não ocorreria no caso em tela, uma vez que as pessoas poderiam continuar vendo os edifícios através das grades.

O Ministro Antonio Herman Benjamin, no entanto, adotou uma postura menos rígida em relação às normas processuais aplicáveis, e não deu grande peso ao requisito do prequestionamento explícito, em vez disso referindo-se à totalidade do direito aplicável ao caso, o que incluía a Convenção do Patrimônio Mundial de 1972. O seu voto acabou prevalecendo no caso, com o apoio do Ministro Humberto Martins. O Ministro Herman Benjamin usou a Convenção de 1972 para explicar a *raison d*'être da proteção do patrimônio cultural no caso de Brasília, e entendeu que a capital brasileira era protegida não só pelas fachadas e pelos edifícios monumentais, mas também pela totalidade da visão arquitetônica, que inclui a experiência de viver em uma cidade aberta, sem muros ou grades.

Ao utilizar-se da visão urbanística que inclui a expectativa da experiência de vida em Brasília, mais além da monumentalidade da cidade, o Ministro Herman Benjamin concorda com a visão de que a imaterialidade é parte da essência do patrimônio cultural. Ele então

---

[55] Esse voto pode servir de lição a operadores do Direito, para que usem o Direito Internacional incorporado de forma explícita em peças processuais, de forma a sempre produzir o prequestionamento necessário.

utiliza essa visão para reinterpretar os dispositivos do Decreto-lei nº 25/1937, afirmando que a redução de qualidades características, bem como o afastamento da concepção original, acabam por equivaler à noção de "destruir" contida no artigo 17 do Decreto-lei.

Segundo o Ministro Herman Benjamin, Brasília é protegida como uma universalidade de elementos arquitetônicos e urbanístico-paisagísticos. Brasília se protege não só como realidade físico-territorial, mas também como ideal arquitetônico, urbanístico e paisagístico. O fato de que Brasília tenha sido inscrita na Lista do Patrimônio Mundial em 1987 implica que quaisquer intervenções no conjunto arquitetônico-urbanístico devem respeitar também a Convenção do Patrimônio Mundial de 1972. O Ministro nota a influência da Convenção na reavaliação do significado do termo "patrimônio" e na internacionalização do dever da sua proteção (o que acrescenta um elemento intergeracional importante, conforme discutido acima).

O Ministro inova ao afirmar que a Convenção sobre o Patrimônio Mundial é autoexecutável na ordem jurídica brasileira, e baseia essa afirmação em dois argumentos: (1) porque os princípios que embasam a Convenção devem dialogar em harmonia e coerência com os princípios do direito brasileiro; e (2) porque ignorar o tratado implicaria violar o princípio do efeito útil ("*effet utile*"), já que é, nas palavras do Ministro, "inadmissível que o País negocie, assine e ratifique tratados internacionais para em seguida ignorá-los ou só aplicá-los de maneira seletiva ou retórica".

A ideia de diálogo entre direito internacional e direito interno, que o voto do Ministro Herman Benjamin incorpora, não é nova, e há muito vem sido explorada em outros contextos.[56] A noção relaciona-se estreitamente com um ideal de aplicação harmônica do direito que conduz a uma noção pluralista da ordem jurídica, em que direito interno e internacional cooperam para um mesmo resultado, ao invés de entrarem em conflito. É um mecanismo típico da pós-modernidade jurídica, e que tem sido progressivamente aceito pelo judiciário brasileiro. O uso de tratados internacionais para iluminar a aplicação do direito interno no Brasil é amplamente documentado, e ocorre em todas as áreas e níveis do judiciário.[57] O dever de utilizar tratados internacionais no exercício judicial é reforçado pelo próprio Ministro Herman Benjamin em várias partes do seu voto. O Ministro ressalta que

---

[56] Veja-se JAYME, Erik. Identité culturelle et intégration: le droit international privé postmoderne – cours general de droit international privé. **Collected Courses of the Hague Academy of International Law**, Haia, 1995, v. 251; MARQUES, Claudia Lima. Superação de antinomias pelo diálogo das fontes: o modelo brasileiro de coexistência entre o Código de Defesa do Consumidor e o Código Civil de 2002. **Revista da ESMESE**, Aracaju, n. 7, p. 15-54, 2004; MAZZUOLI, Valerio de Oliveira. O monismo internacionalista dialógico. Disponível em: <http://www.lfg.com.br>. Acesso em: 6 de abril de 2009.

[57] Veja-se por todos MARQUES, Claudia Lima; LIXINSKI, Lucas. Treaty enforcement by Brazilian courts: reconciling ambivalences and myths?" **Anuário Brasileiro de Direito Internacional**, Belo Horizonte, v. 4, n. 1, p. 138-169, 2009.

"[n]a proteção do patrimônio histórico-natural, o Poder Judiciário desempenha uma função essencial. A um, porque lhe cabe aplicar e interpretar as normas internacionais e nacionais que incidem na matéria; a dois, por ser uma instituição permanente e independente, alheia às vicissitudes, incertezas e pressões, nem sempre inteiramente legítimas, que cercam o administrador local."

Em relação ao segundo argumento, embora este pareça ser nada mais do que a consequência lógica da ratificação de um tratado e do decorrente compromisso que o país assume de aplicá-lo, tribunais nem sempre se mantêm alheios às vicissitudes, incertezas e pressões que cercam o administrador local. Em junho de 2009, pela segunda vez na história da Convenção do Patrimônio Mundial, uma propriedade foi excluída da lista: o Vale do Elba em Dresden (Alemanha). O vale foi inscrito na lista em 2004, quando já existiam planos para a construção de uma ponte cruzando o Elba, para facilitar o trânsito de veículos em Dresden. No entanto, esse projeto não havia sido notificado ao Comitê do Patrimônio Mundial quando da inscrição, e, quando o Comitê foi informado dos planos de construção, advertiu o governo alemão de que tal empreendimento poderia implicar a perda do *status* perante a UNESCO, caso comprometesse a integridade do centro histórico de Dresden e da paisagem natural ao seu redor. Em 13 de março de 2007, o Tribunal Administrativo da Saxônia determinou que um referendo público (em que 57% da população de Dresden votou a favor da construção da ponte, mesmo que isso implicasse a perda do *status* perante a UNESCO) teria prioridade sobre as obrigações internacionais da Alemanha, e questionou o efeito vinculante da Convenção do Patrimônio Mundial. O Tribunal Constitucional Federal, ao rejeitar o recurso extraordinário, indicou que a Convenção do Patrimônio Mundial não oferecia proteção absoluta contra mudanças ao conjunto urbano.[58]

É interessante notar que o Tribunal Administrativo da Saxônia deu prioridade ao princípio democrático sobre o compromisso assumido mediante ratificação do tratado internacional. No entanto, Anne Peters, analisando o caso em outro contexto, sugeriu que essa preferência pela democracia sobre o Direito internacional como defesa contra o totalitarismo é um tanto irônica, já que é justamente o Direito internacional (em particular, o Direito internacional dos direitos humanos) que impede o ressurgimento de regimes totalitários em muitas partes do mundo.[59] Mais especificamente, é função do Direito internacional (e do Direito em geral) proteger minorias contra a ditadura da maioria. Nesse caso, proteger o patrimônio cultural do povo alemão e da humanidade (um sujeito vulnerável) contra a maioria da população local teria sido a medida correta. Esse é o dever do judiciário notado pelo Ministro Herman Benjamin em seu voto. Note-se, por fim, que, além dos problemas jurídicos causados pela exclusão de Dresden da lista do patrimônio

---

[58] Essa disputa é bem documentada em RINGBECK, Birgitta; ROSSLER, Mechtild. Between international obligations and local politics: the case of the Dresden Elbe Valley under the 1972 World Heritage Convention. **Informationen zur Raumentwicklung**, v. 3, n. 4, p. 205-212, 2011.

[59] PETERS, Anne. Dual democracy. In: KLABBERS, Jan; PETERS, Anne; ULFSTEIN, Geir. **The Constitutionalization of International Law**. Oxford: Oxford University Press, p. 263-341, p. 333-334, 2011.

mundial, a cidade também deixou de receber muitos incentivos econômicos e um grande influxo de turistas desde a exclusão, já que não pode mais receber fundos internacionais e governamentais destinados à preservação de patrimônio cultural.[60]

Outro caso comparável ao de Brasília perante o STJ ocorreu em Adelaide, Austrália. Nesse caso, o Conselho da cidade de Adelaide (*Adelaide City Council*) negou a autorização para a instalação de uma torre de telecomunicações no topo de um prédio protegido por legislação local de patrimônio cultural, porque violava a integridade arquitetônica do prédio. Essa decisão foi revertida pelo Tribunal de Direito Ambiental, Recursos e Desenvolvimento do Estado de *South Australia* ("*Environment, Resources and Development Court of South Australia*"), porque esse Tribunal entendeu que o importante para a preservação do *status* como patrimônio cultural não é a integridade arquitetônica, mas a preservação das experiências sociais e culturais proporcionadas pelo edifício. A instalação de uma torre de telecomunicações não impedia isso, e, muito pelo contrário, facilitava, ao gerar mais recursos para os proprietários do albergue que historicamente serviu (e ainda servia) como instituição de caridade oferecendo moradia a baixos custos para mulheres trabalhadoras e estudantes.[61] Embora essa decisão pareça ser conflitante com a do STJ à primeira vista, o princípio invocado é o mesmo: para fins de preservação do patrimônio cultural, o que importa é a preservação da experiência cultural e social catalisada pelo patrimônio cultural. Impedir o gradeamento de edifícios no Plano-Piloto de Brasília permite, nessa mesma linha, a continuidade dessa experiência.

O caso de Brasília (bem como o de Dresden e o de Adelaide) são emblemáticos do efeito do DAPC sobre a implementação de obrigações internacionais, à medida que comunidades locais são excluídas de processos de consulta sobre a controle do seu próprio patrimônio, bem como outros setores sociais envolvidos (segurança pública, no caso de Brasília). Embora eu pessoalmente concorde com a decisão do STJ, e acredite que, nesse caso, interesses preservacionistas prevaleceram corretamente, entendo que a disputa surgiu em grande medida por causa de processos inadequados no que se refere à administração do patrimônio cultural. Nesse sentido, e talvez por conta do espírito cosmopolita que anima o direito internacional em geral, a decisão no caso de Brasília foi acertada. Mas o processo de exclusão do DAPC com relação a atores externos é mais grave no que se refere a obras de arte e patrimônio cultural móvel, que serão objeto da próxima seção.

3.3 Obras de arte e patrimônio cultural móvel

Como mencionou-se anteriormente, o mercado da arte e do patrimônio cultural móvel é onde se encontra o maior grau de exclusão de atores, ou pelo menos a instância em

---

[60] Veja-se RINGBECK; ROSSLER, op. cit. Elas estimam que a cidade tenha perdido cerca de 150 milhões de Euros nos dois anos desde a exclusão da lista do patrimônio mundial.

[61] *Hutchison 3 Australia Pty Ltd v. Adelaide City Council*, 2002 SAERDC 71 (7 August 2002), analisado em PETRIE, Lesley-Anne. An inherently exclusionary regime: heritage law – the South Australian experience. **Macquarie Law Journal**, Sydney, v. 9, 2005.

que a inclusão tem as consequências negativas mais tangíveis. O tema é regulado por duas Convenções que, em grande medida, excluem a possibilidade de um mercado de arte e patrimônio cultural móvel, levando esse comércio para a ilegalidade, onde ele fica eximido de qualquer regulação jurídica.

O primeiro instrumento nesse tocante é a Convenção sobre as Medidas a serem Adotadas para Proibir e Impedir a Importação, Exportação e Transportação e Transferência de Propriedade Ilícitas dos Bens Culturais, de 1970 (Convenção de 1970).[62] Essa Convenção define como bens culturais "quaisquer bens que, por motivos religiosos ou profanos, tenham sido expressamente designados por cada Estado como de importância para a arqueologia, a pré-história, a história, a literatura, a arte ou a ciência".[63] A Convenção de 1970 determina que quaisquer transações comerciais envolvendo essas obras são ilegais, e devem ser punidas pelos Estados-partes,[64] e promove cooperação internacional como a forma mais eficaz de combater esse tráfico ilícito.[65]

A principal crítica que se faz a essa Convenção é o fato de ela não resolver a questão do possuidor de boa-fé. Enquanto países de *common law* em geral reconhecem a validade do título do possuidor de boa-fé, países da tradição romano-germânica não reconhecem essa propriedade. Devido à impossibilidade de chegar-se a um acordo sobre o tema durante as negociações da Convenção de 1970 (e também a dúvida sobre se o mandato da UNESCO poderia alcançar questões de direito privado), os direitos do possuidor de boa-fé em geral não foram objeto da Convenção.[66]

No entanto, a Convenção do UNIDROIT de 1995 sobre Objetos Culturais Furtados ou Ilicitamente Exportados (Convenção do UNIDROIT)[67] resolve o problema determinando que, embora o possuidor de boa-fé não tenha o direito a permanecer na posse do bem, tem o direito de receber compensação.[68] Nesse tocante, por ser legislação especial, a Convenção do UNIDROIT substitui a norma do artigo 8º da Lei de Introdução às Normas do Direito Brasileiro, no que se refere à lei aplicável sobre propriedade móvel.[69]

---

[62] Promulgada no Brasil pelo Decreto nº 72.312, de 31 de maio de 1973. Número de Estados-partes em março de 2012: 121.

[63] Convenção de 1970, Artigo 1.

[64] Idem, Artigo 3.

[65] Idem, Artigo 9.

[66] FORREST, op. cit., p. 196.

[67] Promulgada no Brasil pelo Decreto 3.166, de 14 de setembro de 1999. Número de Estados-partes em março de 2012: 32.

[68] Convenção do UNIDROIT, Artigo 4.

[69] Esse dispositivo diz o seguinte: "Art. 8º Para qualificar os bens e regular as relações a eles concernentes, aplicar-se-á a lei do país em que estiverem situados. § 1º Aplicar-se-á a lei do país em que for domiciliado o proprietário, quanto aos bens moveis que ele trouxer ou se destinarem a transporte para outros lugares. § 2º O penhor regula-se pela lei do domicílio que tiver a pessoa, em cuja posse se encontre a coisa apenhada."

A Convenção do UNIDROIT representa um avanço em termos de inclusão, já que efetivamente abriga no seu arcabouço jurídico o agente econômico em posse de um objeto cultural, ao invés de simplesmente criminalizar a sua existência. É portanto um passo positivo na inclusão de novos atores, mas um que, infelizmente, não é replicado no instrumento seguinte aprovado pela UNESCO, sobre patrimônio cultural subaquático.

3.4 Patrimônio cultural subaquático

O tema do patrimônio cultural subaquático é regulado pela Convenção da UNESCO de 2001 sobre o Patrimônio Cultural Subaquático (não ratificada pelo Brasil).[70] Essa Convenção aplica-se somente a naufrágios ocorridos mais de 100 anos antes da sua descoberta, para evitar questões de direito privado (direito das sucessões, para ser mais exato). A Convenção de 2001 define patrimônio cultural subaquático como "todos os traços da existência humana de caráter cultural, histórico ou arqueológico que tenham estado parcial ou totalmente debaixo d'água, periodicamente ou continuamente, por pelo menos 100 anos, tais como: (i) sítios, estruturas, prédios, artefatos e restos humanos, juntamente com seu contexto arqueológico e natural; (ii) navios, aeronaves, outros veículos ou quaisquer partes dos mesmos, seus carregamentos ou outro conteúdo, junto com seus contextos arqueológicos e naturais; e (iii) objetos de caráter pré-histórico". Ainda, a Convenção determina que tubulações e cabos no fundo do oceano não serão considerados como patrimônio subaquático, bem como quaisquer outras instalações no fundo do mar ainda em uso.[71]

Entre os objetivos da Convenção de 2001 estão a cooperação internacional para a preservação do patrimônio subaquático; a preservação *in situ* do patrimônio; a vedação da exploração comercial do patrimônio subaquático; e a possibilidade de acesso para observação e documentação científica, bem como outras formas de exploração, desde que o ambiente seja preservado.[72] Tem-se dessa forma a repetição do paradigma conservacionista do DAPC, que só é reforçado pela exclusão de interesses comerciais, e primazia dos interesses arqueológicos na implementação da Convenção de 2001 (explicitada nas regras do Anexo da Convenção de 2001, intitulado "Regras sobre atividades direcionadas ao patrimônio subaquático").

A Convenção de 2001 exclui a totalidade das atividades comerciais para o patrimônio cultural que cai dentro da sua definição, incluindo as atividades de descoberta e resgate submarino de tesouros. No entanto, a própria Convenção de 2001 prevê que essas atividades podem ocorrer se autorizadas por autoridades competentes, e que as atividades de descoberta garantam a proteção do ambiente e das estruturas do patrimônio subaquáti-

---

[70] Número de Estados-partes em março de 2012: 41.
[71] Convenção do Patrimônio Subaquático, Artigo 1.
[72] Idem, Artigo 2.

co.[73] Esse dispositivo responde à prática de caça ao tesouro de naufrágios, que em geral não respeita a integridade física dos naufrágios, destruindo-os se necessário para chegar aos pontos onde estão depositados os itens de maior valor.[74]

Embora seja uma resposta à prática de caça ao tesouro, a Convenção acaba também por alienar esses atores econômicos, e, no processo, aliena também comunidades que podem sentir-se conectadas ao patrimônio subaquático (já que o título sobre o patrimônio é do Estado onde o patrimônio se encontra atualmente, e não do Estado da bandeira do navio naufragado).[75] O foco excessivo na proteção das atividades de arqueólogos e outros especialistas reforça o DAPC, e transforma essa Convenção em um mecanismo de exclusão. No entanto, no instrumento seguinte aprovado pela UNESCO, em 2003, tentou-se resolver muito da crítica contra o DAPC.

3.5 Patrimônio cultural imaterial

Comparada à Convenção do Patrimônio Mundial, a Convenção para a Salvaguarda do Patrimônio Cultural Imaterial de 2003 (Convenção de 2003)[76] inova e supera em certa medida as críticas àquele instrumento, ao excluir a noção de "valor excepcional universal" do seu texto, e, ao invés disso, referir-se à noção de "representatividade". Dessa forma, o patrimônio cultural protegido pela Convenção não é aquele que apela para percepções estéticas, mas aquele que está mais em sintonia com a cultura das comunidades conectadas ao patrimônio.[77]

A definição de patrimônio imaterial contida na Convenção de 2003 é bastante ampla, e merece ser reproduzida:

> "Entende-se por 'patrimônio cultural imaterial' as práticas, representações, expressões, conhecimentos e técnicas – junto com os instrumentos, objetos artefatos e lugares culturais que lhes são associados – que as comunidades, os grupos, e, em alguns casos, os indivíduos reconhecem como parte integrante de seu patrimônio cultural. Este patrimônio cultural imaterial, que se transmite de geração em geração, é constantemente recriado pelas comunidades e grupos em função de seu ambiente, de sua interação com a natureza e de sua história, gerando um sentimento de identidade e continuidade e contribuindo assim para promover o

---

[73] Idem, Artigo 4.

[74] Para essa crítica, veja-se FORREST, op. cit., p. 289-320.

[75] Convenção do Patrimônio Subaquático, Artigo 7.

[76] Promulgada no Brasil pelo Decreto 5.753, de 12 de abril de 2006. Número de Estados-partes em março de 2012: 142.

[77] Veja-se por exemplo HAFSTEIN, Valdimar Tr. Intangible heritage as a list: from masterpieces to representation. In: SMITH, Laurajane; AKAGAWA, Natsuko (Ed.). **Intangible heritage**. Londres: Routledge, 2009. p. 93.

respeito à diversidade cultural e à criatividade humana. Para os fins da presente Convenção, será levado em conta apenas o patrimônio cultural imaterial que seja compatível com os instrumentos internacionais de direitos humanos existentes e com os imperativos de respeito mútuo entre comunidades, grupos e indivíduos, e do desenvolvimento sustentável."[78]

O principal elemento da definição acima é o reconhecimento, pela comunidade, de que uma determinada manifestação cultural faz parte de seu patrimônio. Sendo assim, o que importa efetivamente é a conexão cultural real, e não o valor estético do patrimônio. Esse conceito está muito mais próximo do que se convém chamar de "dimensão humana do patrimônio cultural",[79] e, além de mais recente, é também mais sofisticado e melhor aceito por antropólogos.

Outra característica conceitual importante da Convenção do Patrimônio Imaterial é a escolha do termo "salvaguarda", no lugar de "proteção" (termo adotado pela Convenção de 1972). A escolha do termo "salvaguarda" indica que o patrimônio cultural merece medidas integrais e holísticas que vão muito além de mecanismos clássicos de proteção. Implica, por exemplo, a inclusão de comunidades em todas as etapas do processo de reconhecimento e salvaguarda. De acordo com a Convenção, "[e]ntende-se por 'salvaguarda' as medidas que visam a garantir a viabilidade do patrimônio cultural imaterial, tais como a identificação, a documentação, a investigação, a preservação, a proteção, a promoção, a valorização, a transmissão – essencialmente por meio de educação formal e não formal – e revitalização deste patrimônio em seus diversos aspectos".[80]

Da mesma forma que a Convenção de 1972, a Convenção sobre o Patrimônio Imaterial também estabelece listas,[81] dentre as quais a mais importante é a Lista Representativa do Patrimônio Cultural Imaterial da Humanidade: estabelecida em 2008, ela já contém 213 elementos, dois deles do Brasil.[82] Estes foram incorporados a partir de um sistema de registro anterior de "Obras-Primas do Patrimônio Oral e Imaterial da Humanidade", um programa da UNESCO que precedeu a entrada em vigor da Convenção de 2003.[83]

---

[78] Convenção do Patrimônio Imaterial, Artigo 2.1.
[79] Veja-se FRANCIONI, Francesco. The human dimension of international cultural heritage law: an introduction. **European Journal of International Law**, Florença, v. 22, n. 1, p. 9-16, 2011.
[80] Convenção do Patrimônio Imaterial, Artigo 2.3.
[81] Para uma explicação e crítica desse mecanismo e da Convenção em geral, veja-se LIXINSKI, Lucas. Selecting heritage: the interplay of art, politics and identity. **European Journal of International Law**, Florença, v. 22, n. 1, p. 81-100, 2011.
[82] Esses elementos são: as Expressões Orais e Gráficas dos Wajapi; e o Samba de Roda do Recôncavo da Bahia.
[83] Para mais detalhes dessa evolução, veja-se HAFSTEIN, Valdimar Tr. Intangible heritage as a list: from masterpieces to representation. In: SMITH, Laurajane; AKAGAWA, Natsuko (Ed.). **Intangible heritage**. Londres: Routledge, 2009. p. 93.

Além das listas internacionais, a Convenção também exige dos Estados-partes a criação de inventários internos[84] e a adoção de outras medidas para a salvaguarda do patrimônio imaterial, que incluem: (1) a adoção de políticas "visando promover a função do patrimônio cultural imaterial na sociedade e integrar sua salvaguarda em programas de planejamento"; (2) a criação de organismos competentes para a salvaguarda; (3) o fomento de estudos para a salvaguarda; e (4) medidas jurídicas, técnicas, administrativas e financeiras tanto para a criação ou fortalecimento de instituições de formação em gestão de patrimônio cultural imaterial (para garantir o acesso a esse patrimônio) quanto para a criação de instituições de documentação desse patrimônio.[85] Os Estados-partes, ademais, se comprometem a tomar medidas para educação, conscientização e fortalecimento de capacidades com relação ao patrimônio imaterial.[86] Obrigam-se, por fim, a garantir a participação de comunidades, grupos e indivíduos "que criam, mantêm e transmitem esse patrimônio", bem como a "associá-los ativamente à gestão do mesmo".[87]

Outra característica importante do sistema internacional para a proteção e salvaguarda do patrimônio cultural é o uso do patrimônio cultural como forma de promover o desenvolvimento econômico sustentável. De acordo com a Convenção de 2003, por exemplo, apenas aquele patrimônio imaterial que seja compatível com os requisitos do desenvolvimento sustentável será protegido.[88] Ainda, o fato de que, em ambos os instrumentos, o patrimônio cultural deva ser preservado para proteger o interesse de gerações presentes e futuras indica também um vínculo importante com a ideia de sustentabilidade, através do princípio da equidade intergeracional.[89]

Esse vínculo entre salvaguarda do patrimônio cultural e desenvolvimento sustentável, no entanto, pode ser criticado. Uma ênfase excessiva nos requisitos do desenvolvimento sustentável pode comprometer a viabilidade do patrimônio. Mais especificamente, sob o pretexto de promover o desenvolvimento sustentável e salvaguardar o patrimônio cultural, pode ser negado às comunidades qualquer controle sobre a sua própria cultura e o seu próprio desenvolvimento. Ao ficarem à mercê de políticas que exigem sustentabilidade, em especial quando os interesses de atores econômicos estão em jogo, essas comunidades e suas culturas tornam-se pouco viáveis a longo prazo. Evidentemente, a conexão entre patrimônio cultural e desenvolvimento sustentável é importante, e deve ser buscada, mas em termos que não impossibilitem o controle das comunidades que originaram o patrimônio cultural sobre suas próprias vidas.

---

[84] Convenção do Patrimônio Imaterial, Artigo 12.
[85] Convenção do Patrimônio Imaterial, Artigo 13.
[86] Convenção do Patrimônio Imaterial, Artigo 14.
[87] Convenção do Patrimônio Imaterial, Artigo 15.
[88] Convenção do Patrimônio Imaterial, Artigo 2.1.
[89] Sobre esse princípio, e apresentando uma crítica ao mesmo no Direito Internacional, veja-se BORDIN, Fernando Lusa. Justiça entre gerações e a proteção do meio ambiente: um estudo do conceito de equidade intergeracional em direito internacional ambiental. **Revista de Direito Ambiental**, São Paulo, v. 52, p. 37-61, 2009.

Essa Convenção também peca ao excluir o ator econômico, e os seus mecanismos de inclusão de comunidades locais são de eficácia questionável.[90] No entanto, o Artigo 3 da Convenção menciona explicitamente as possibilidades de relação da Convenção de 2003 com regimes internacionais de propriedade intelectual, e nesse sentido reconhece as possibilidades econômicas do patrimônio imaterial.

O regime de propriedade intelectual aplicável ao patrimônio cultural está atualmente sendo desenvolvido pela Organização Mundial da Propriedade Intelectual (OMPI). A dicotomia entre abordagens holísticas ao patrimônio imaterial e soluções de propriedade intelectual existe há muito tempo.[91]

Desde a década de 1970, a UNESCO e a OMPI vêm cooperando no campo de proteção de patrimônio imaterial. Em 1976, as organizações adotaram conjuntamente a Lei Modelo de Túnis sobre o Uso de Direitos Autorais para a Proteção do Folclore.[92] Em 1982 as organizações adotaram Dispositivos Modelo de Leis Nacionais para a Proteção do Folclore contra a Exploração Ilícita e Outras Ações Prejudiciais,[93] e em 1984 um projeto de tratado internacional foi elaborado, mas nunca foi aprovado, devido a objeções de países desenvolvidos contra a proteção de formas comunitárias de expressões culturais.[94]

Já no final da década de 1990, a OMPI voltou ao tema, e criou o Comitê Intergovernamental sobre Propriedade Intelectual e Recursos Genéticos, Conhecimento Tradicional e Folclore em 2000.[95] Estimava-se que esse comitê concluiria seus trabalhos em 2013, quando aprovaria dispositivos jurídicos para a proteção de patrimônio cultural imaterial através de propriedade intelectual.[96]

Atualmente, os dispositivos sendo negociados dentro da OMPI propõem um sistema de registro de propriedade intelectual sobre patrimônio imaterial, e um dos pontos de disputa é se a proteção deve estender-se a direitos morais e patrimoniais, ou apenas um dos dois.

Uma análise completa das objeções contra o uso de mecanismos de propriedade intelectual à proteção de patrimônio cultural vai além dos propósitos deste capítulo, mas vale a pena ressaltar a objeção central, que é a ideia de propertização da cultura. Embora

---

[90] Para essa crítica, veja-se LIXINSKI, op. cit.

[91] SHERKIN, Samantha. A historical study on the preparation of the *1989 Recommendation on the Safeguarding of Traditional Culture and Folklore*. In: SEITEL, Peter (Ed.). **Safeguarding traditional culture**: a global assessment. Washington: Smithsonian, p. 42, p. 50-51, 2001.

[92] Tunis Model Law on Copyright for Developing Countries (UNESCO/WIPO, 1976). O Artigo 6 refere-se ao folclore. Veja-se BLAKE, Janet. **Commentary on the UNESCO Convention on the Safeguarding of the Intangible Cultural Heritage**. Genebra: Institute for Art and Law, 2006. p. 2.

[93] Model Provisions for National Laws on the Protection of Expressions of Folklore Against Illicit Exploitation and Other Prejudicial Action (UNESCO/WIPO, 1982).

[94] Draft Treaty for the Protection of Expressions of Folklore Against Illicit Exploitation and Other Prejudicial Action (UNESCO/WIPO, 1984). Veja-se BLAKE, **Commentary**..., cit., p. 10.

[95] BLAKE, **Commentary**..., cit., p. 3.

[96] WIPO Intergovernmental Committee on Intellectual Property and Genetic Resources, Traditional Knowledge and Folklore. *Decisions of the Nineteenth Session of the Committee* (July 2011).

o envolvimento de atores econômicos seja uma parte importante dos processos de inclusão nos campos da arte e do patrimônio cultural, a criação de monopólios econômicos sobre expressões culturais é em geral indesejável, já que previne a circulação de ideias que é tão importante para a existência de culturas vivas e vibrantes. Em outras palavras, o uso indiscriminado de mecanismos de propriedade intelectual tem um efeito comodificatório importante, e cria também muitos mecanismos de exclusão. Ao mesmo tempo, no entanto, ele pode proteger certas áreas culturais mais sensíveis, e apropriação por terceiros dessas áreas.

4. CONSIDERAÇÕES FINAIS

O Direito Internacional da Arte e do Patrimônio Cultural é uma arena importante para a mediação de tensões culturais. O Discurso Autorizado do Patrimônio Cultural é responsável por mecanismos de exclusão nesse campo. Ao mesmo tempo, a dimensão humana do patrimônio cultural, adicionada mais marcadamente a partir da Convenção de 2003, traz elementos importantes de combate ao DAPC. O mais importante deles é a inclusão de comunidades locais e outros atores em processos de governança sobre o patrimônio cultural. Embora existam interesses na área que não devem estar sujeitos às vontades políticas do dia, os campos da arte e do patrimônio cultural tampouco podem isolar-se, dada a sua função essencial na construção e promoção de identidade cultural. Sendo assim, mecanismos de inclusão devem sempre ser buscados, negociados e articulados, para a promoção de um Direito Internacional da Arte e do Patrimônio cultural mais humanos, e mais capaz de promover a diversidade cultural e o diálogo entre os povos.

REFERÊNCIAS BIBLIOGRÁFICAS

APPADURAI, Arjun. Introduction: Commodities and the politics of value. In: APPADURAI, Arjun (Ed.). **The social life of things**: commodities in cultural perspective. Cambridge: Cambridge University Press, p. 3, p. 7, 1986.

BLAKE, Janet. On defining the cultural heritage. **International and Comparative Law Quarterly**, v. 49, p. 61, p. 61-62, 2000.

BLAKE, Janet. **Commentary on the UNESCO Convention on the Safeguarding of the Intangible Cultural Heritage**. Genebra: Institute for Art and Law, 2006. p. 2.

BOER, Ben. Article 3 – Identification and Delineation of World Heritage Properties. In: FRANCIONI, Francesco; LENZERINI, Federico (Ed.). **The 1972 World Heritage Convention**: a commentary. Oxford: Oxford University Press, p. 85-102, p. 88, 2008.

BORDIN, Fernando Lusa. Justiça entre gerações e a proteção do meio ambiente: um estudo do conceito de equidade intergeracional em direito internacional ambiental. **Revista de Direito Ambiental**, São Paulo, v. 52, p. 37-61, 2009.

BRODIE, Neil; DOOLE, Jenny; WATSON, Peter. **Stealing history**: the illicit trade in cultural material. McDonald Institute for Archaeological Research, 2000.

BROWN, Colin; MILNER, Catherine. Top auction houses sell looted art, claims howells. **The Telegraph** (Online). Disponível em: <http://www.telegraph.co.uk/news/uknews/1431084/Top-auction-houses-sell-looted-art-claims-Howells.html>. Acesso em: 25 May 2003.

FORREST, Craig. **International law and the protection of cultural heritage**. London: Routledge, 2010. p. 64-65.

FRANCIONI, Francesco. The human dimension of international cultural heritage law: an introduction. **European Journal of International Law**, Florença, v. 22, n. 1, p. 9-16, 2011.

_____. The preamble. In: FRANCIONI, Francesco; LENZERINI, Federico (Ed.). **The 1972 World Heritage Convention**: a commentary. Oxford: Oxford University Press, p. 11-22, p. 19, 2008.

_____; LENZERINI, Federico (Ed.). **The 1972 World Heritage Convention**: a commentary. Oxford: Oxford University Press, 2008.

FRANCIONI, Francesco; e LENZERINI, Federico. The destruction of the Buddhas of Bamiyan and International Law. **European Journal of International Law**, v. 14, n. 4, p. 619, 2003.

GILLMAN, Derek. **The idea of cultural heritage**. Genebra: Institute for Art and Law, 2006. p. 12.

GOLDING, Viv. Inspiration Africa! Using tangible and intangible heritage to promote social inclusion amongst young people with disabilities. **International Journal of Intangible Heritage**, v. 1, p. 84, 2006.

HAFSTEIN, Valdimar Tr. Intangible heritage as a list: from masterpieces to representation. In: SMITH, Laurajane; AKAGAWA, Natsuko (Ed.). **Intangible heritage**. Londres: Routledge, 2009. p. 93.

HARDING, Sarah. Culture, commodification and native american cultural patrimony. In: ERTMAN, Martha M.; WILLIAMS, Joan C. (Ed.). **Rethinking commodification**: cases and readings in law and culture. New York: New York University Press, p. 137, p. 146-148, 2005.

HARDING, Sarah. Value, obligation and cultural heritage. **Arizona State Law Journal**, v. 31, p. 291, 1999.

JAYME, Erik. Identité culturelle et intégration: le droit international privé postmoderne – Cours General de droit international privé. **Collected Courses of the Hague Academy of International Law**, Haia, v. 251, 1995.

KEARNEY, Amanda. Intangible cultural heritage: global awareness and local interest. In: SMITH, Laurajane; AKAGAWA, Natsuko. **Intangible Heritage**. Londres: Routledge, p. 209, p. 222, 2009.

LIXINSKI, Lucas. Selecting heritage: the interplay of art, politics and identity. **European Journal of International Law**, Florença, v. 22, n. 1, p. 81-100, 2011.

LOWENTHAL, David. **The heritage crusade and the spoils of history**. Cambridge: Cambridge University Press, 1998. p. 81-87.

MARQUES, Claudia Lima. Superação de antinomias pelo diálogo das fontes: o modelo brasileiro de coexistência entre o Código de Defesa do Consumidor e o Código Civil de 2002. **Revista da ESMESE**, Aracaju, n. 7, p. 15-54, 2004.

_____; LIXINSKI, Lucas. Treaty enforcement by Brazilian courts: reconciling ambivalences and myths? **Anuário Brasileiro de Direito Internacional**, Belo Horizonte, v. 4, n. 1, p. 138-169, 2009.

MAZZUOLI, Valerio de Oliveira. O monismo internacionalista dialógico. Disponível em: <http://www.lfg.com.br>. Acesso em: 6 de abril de 2009

MERRYMAN, John Henry. Cultural property, international trade and human rights. **Cardoso Arts & Entertainment Law Journal**, v. 19, p. 51, 2001.

_____. Thinking about the Elgin marbles. **Michigan Law Review**, v. 83, p. 1881, 1984-1985.

_____. Two ways of thinking about cultural property. **American Journal of International Law**, v. 80, p. 831, 1986.

MUSEU DE MACAU, **Trabalhos com engenho**: escultura de ídolos sagrados de Macau. Macau: Museu de Macau, 2008.

O'KEEFE, Roger. World cultural heritage obligations to the international community as a whole? **International and Comparative Law Quarterly**, v. 53, p. 189, 2004.

PETERS, Anne. Dual democracy. In: KLABBERS, Jan; PETERS, Anne; ULFSTEIN, Geir. **The constitutionalization of international law**. Oxford: Oxford University Press, p. 263-341, p. 333-334, 2011.

PETRIE, Lesley-Anne. An inherently exclusionary regime: heritage law – the south Australian experience. **Macquarie Law Journal**, Sydney, v. 9, 2005.

PROTT, Lyndel V.; O'KEEFE, Patrick J. "Cultural Heritage" or "Cultural Property"?. **International Journal of Cultural Property**, v. 1, p. 307, p. 309, 1992.

RADIN, Margareth Jane; SUNDER, Madhavi. Introduction: the subject and object of commodification. In: ERTMAN, Martha M.; WILLIAMS, Joan C. (Ed.). **Rethinking commodification**: cases and readings in law and culture. New York: New York University Press, p. 8, 10-11, 2005.

RENTEL, Alison Dundes; DUNDES, Alan (Ed.). **Folk law**: essays on the theory and practice of *lex non scripta*. Madison: University of Wisconsin Press, 1995.

RINGBECK, Birgitta; ROSSLER, Mechtild. Between international obligations and local politics: the case of the Dresden Elbe Valley under the 1972 World Heritage Convention. **Informationen zur Raumentwicklung**, v. 3, n. 4, p. 205-212, 2011.

ROBERTSON, Margaret Hart. The Difficulties of interpreting *Mediterranean boices*: exhibiting intangibles using new technologies. **International Journal of Intangible Heritage**, v. 1, p. 26, 2006.

SAX, Joseph L. **Playing darts with a Rembrandt**: public and private interests in cultural treasures. Ann Arbour: University of Michigan Press, 1999.

SHERKIN, Samantha. A historical study on the preparation of the *1989 Recommendation on the Safeguarding of Traditional Culture and Folklore*. In: SEITEL, Peter (Ed.). **Safeguarding traditional culture**: a global assessment. Washington: Smithsonian, p. 42, p. 50-51, 2001.

SLJIVIC, Ana. Why do you think it's yours? An exposition of the jurisprudence underlying the debate between cultural nationalism and cultural internationalism. **George Washington Journal of International Law and Economics**, v. 31, p. 393, p. 401-402, 1997-1998.

SMITH, Laurajane. **The uses of heritage**. Londres: Routledge, 2006. p. 44.

UNESCO. Information Kit about the 40th Anniversary of the 1970 Convention on the Means of Prohibiting and Preventing the Illicit Import, Export and Transfer of Ownership of Cultural Property, The Fight against the Illicit Traffic of Cultural Property: The 1970 Convention: Past and Future. UN Doc CLT/2011/CONF.207/6 (15-16 March 2011).

VLACHAKI, Maria. Crossing cultures through the intangible heritage: an education programme about migration in Greece. **International Journal of Intangible Heritage**, v. 2, p. 94, 2007.

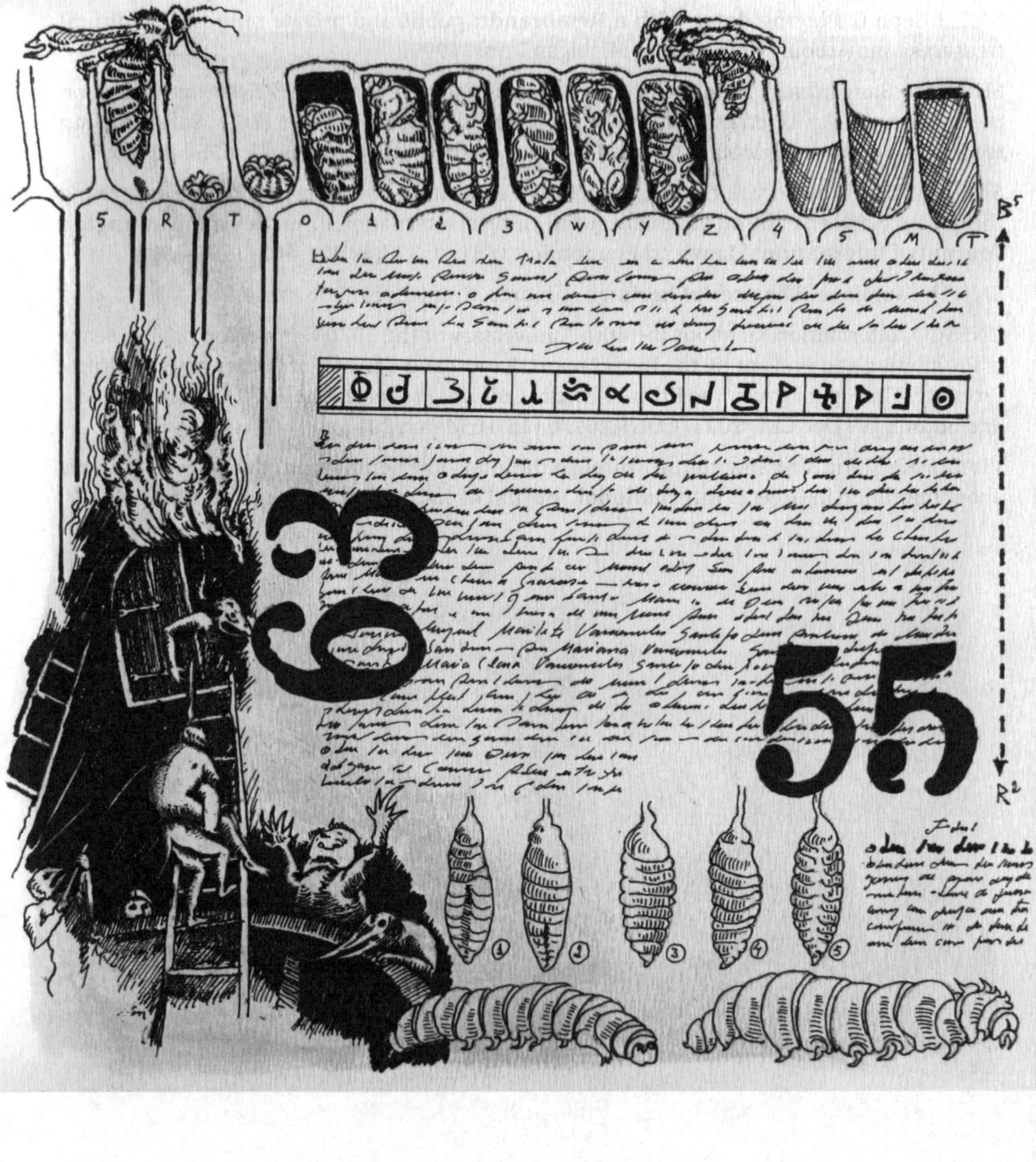

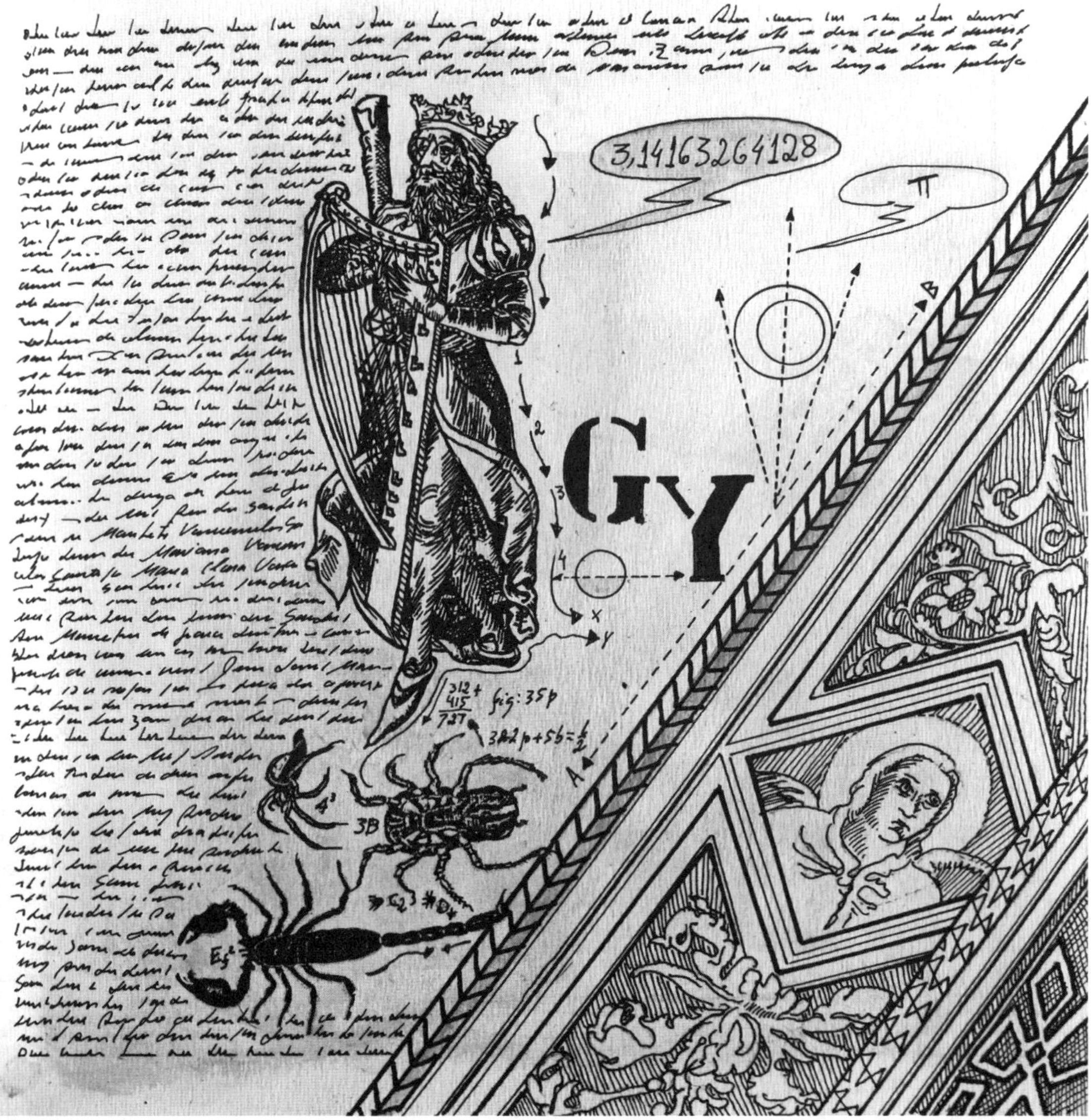
3,14163264128
π
GY
fig: 35p
3A2p+5b=1/2

$$\frac{b59+nc3}{\sqrt{3 \text{z} 6}+\frac{1}{2}a} = x+y$$

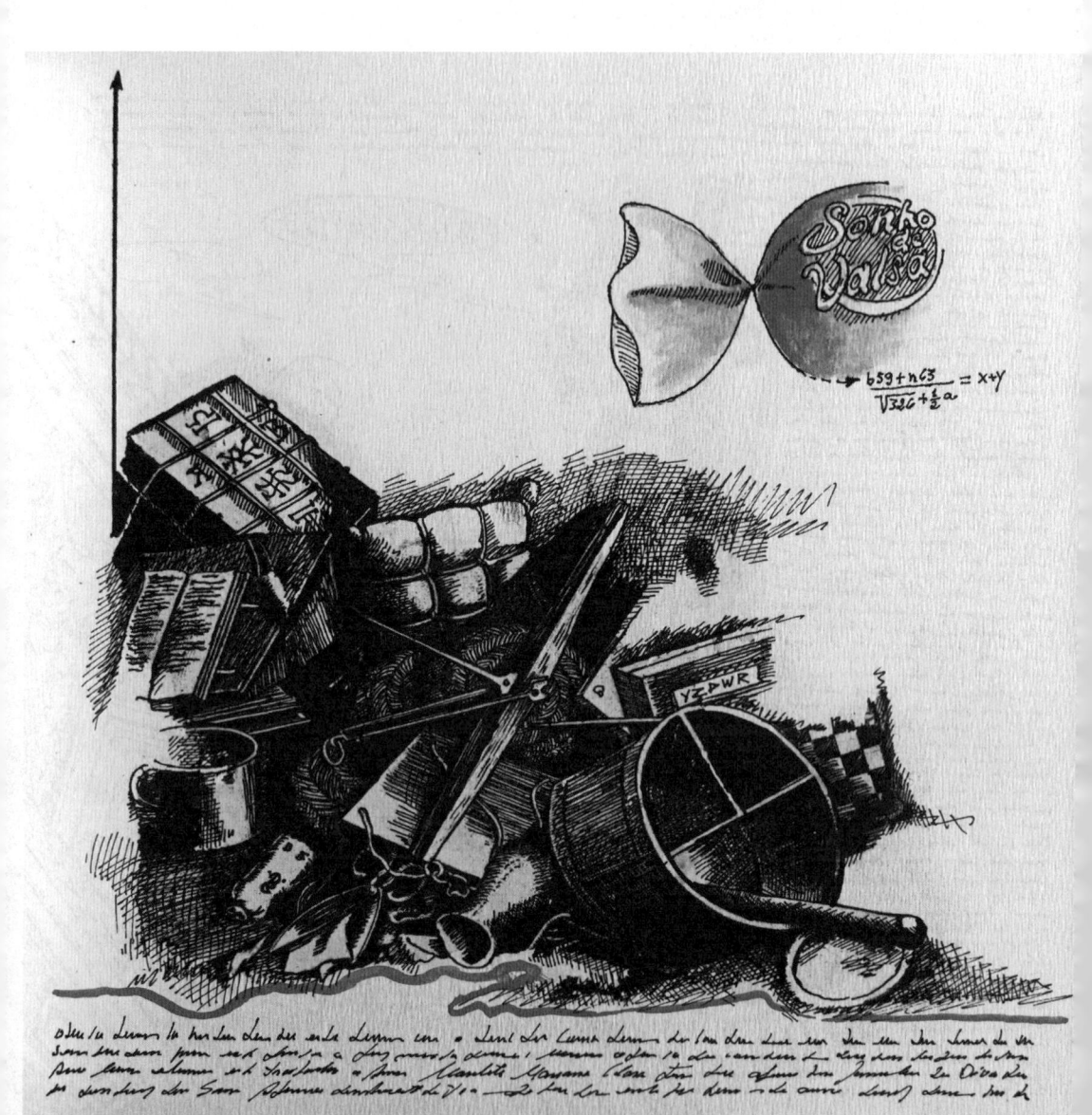

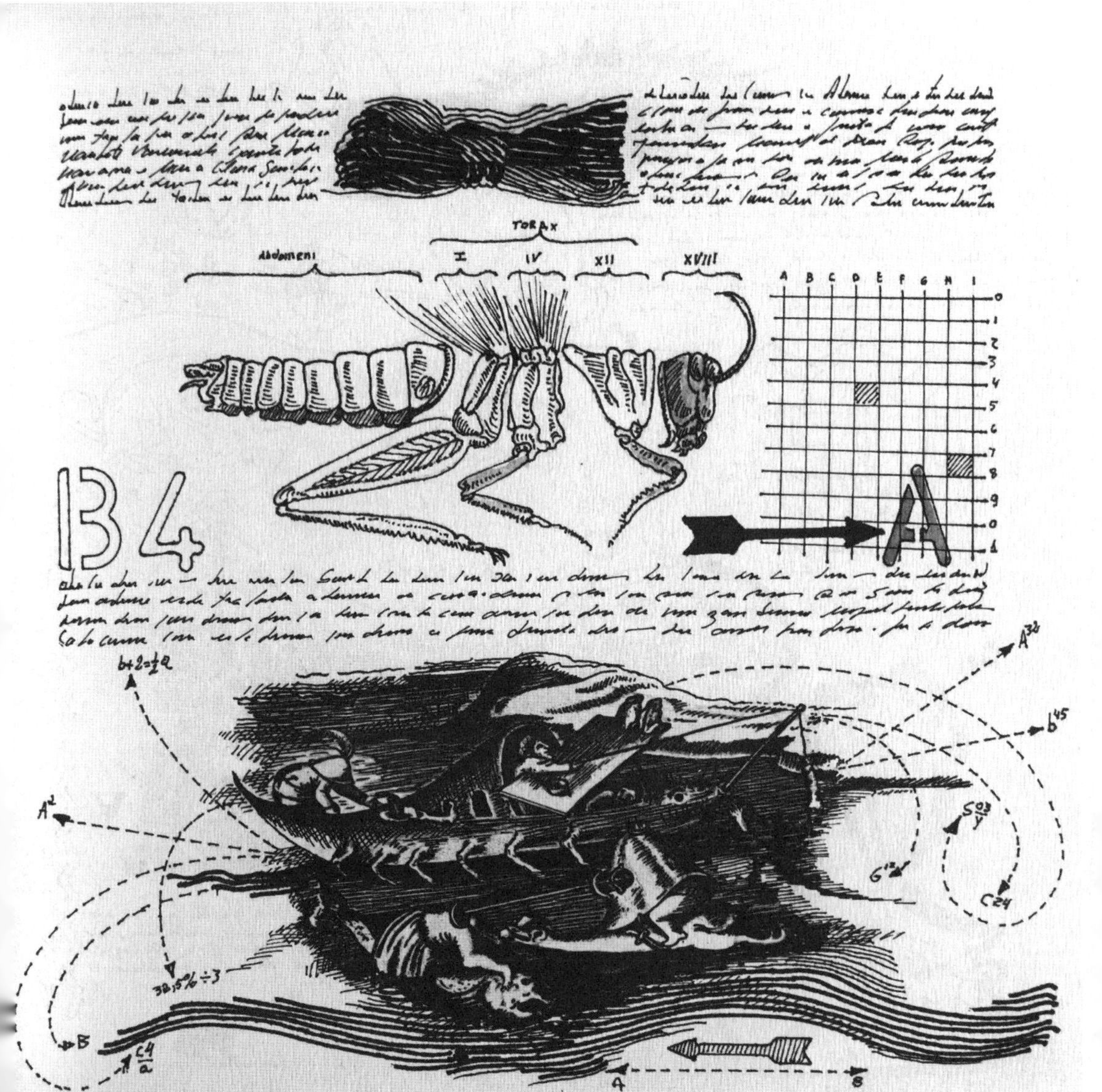
TORAX
I
IV
XII
XVIII

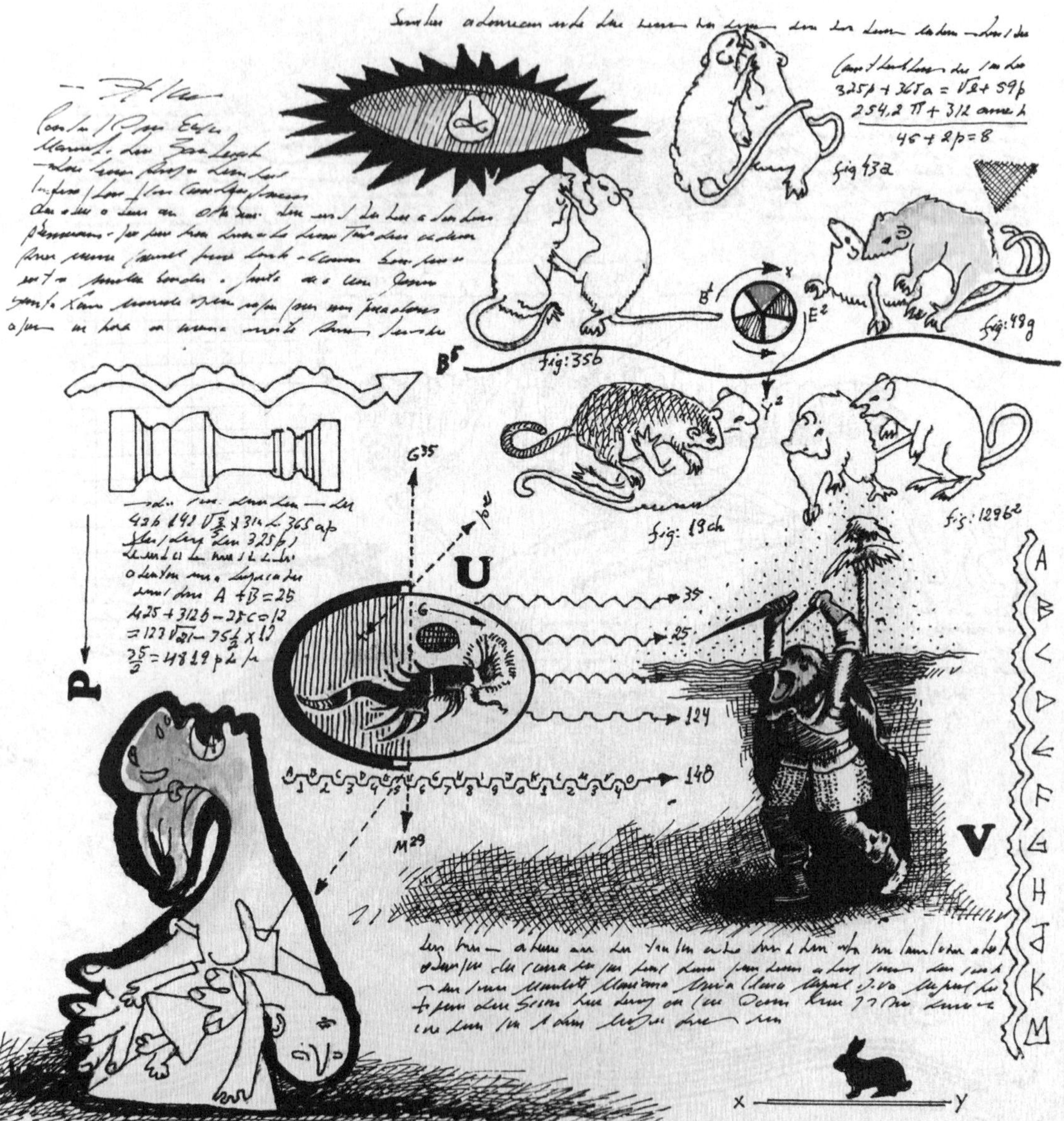
fig 43a
fig: 48g
fig: 356
fig: 13ch
fig: 1296²
U
P
V
A
B
C
D
E
F
G
H
J
K
M
35
25
124
148
x
y

12

Objetos de Arte no Comércio Internacional

Leonardo Correia Lima Macedo[1]

Sumário: Introdução. Panorama mundial. Panorama brasileiro. A identificação de mercadorias no comércio internacional. Objetos de arte, de coleção e antiguidades – SH Cap. 97. 9701 – Quadros feitos inteiramente à mão. 9702 – Gravuras, estampas e litografias originais. 9703 – Originais de arte estatutária ou de escultura. 9704 – Selos. 9705 – Coleções e espécimes para coleções. 9706 – Antiguidades com mais de 100 anos. Processo de consulta para classificação. O valor de uma obra de arte. Importação. Exportação. Tributação. Isenção para museus. Admissão temporária. Exportação temporária. GATT Artigo XX – Exceções Gerais. Comércio ilegal. Conclusão. Referências bibliográficas: livros e artigos, legislação, *sites*.

INTRODUÇÃO

A arte é a melhor representação da necessidade humana de entendimento entre as coisas concretas e abstratas. O simbolismo artístico é necessário para provocar sensações e reações que transformam o homem em um ser humano melhor.

A arte está em todas as partes. A Organização das Nações Unidas (ONU) em Nova York expõe no salão nobre os painéis "Guerra e Paz" do pintor brasileiro Cândido Portinari. E a Organização Mundial do Comércio (OMC) edita um livro com as obras de arte expostas em sua sede, o Centro William Rappard.[2]

---

[1] Auditor-Fiscal da Receita Federal do Brasil (afastado para servir em organismo internacional), *PhD fellow* da Universidade de Maastricht, Faculdade de Direito. As opiniões expressas são de total responsabilidade do autor e não são necessariamente dos locais onde trabalha.

[2] ORGANIZAÇÃO MUNDIAL DO COMÉRCIO (OMC). **The WTO building**: the symbolic artwork of the Centre William Rappard, headquarters of the World Trade Organization. Geneva: World Trade Organization, 2008.

No campo das finanças, a arte constitui uma alternativa estratégica de investimento.[3] O investidor conta com *hedge funds* e índices, tais como o Mei Moses e o Art Market Researchs, para a avaliação de pinturas.[4]

Os compositores Milton Nascimento e Fernando Brant, na música "Nos Bailes da Vida" cantam que "Todo artista tem de ir aonde o povo está". Ao som desta música espero que este artigo possa contribuir para conectar o artista ao público de modo a descobrir: "o caminho que vai dar no sol".

PANORAMA MUNDIAL

As estatísticas da Organização das Nações Unidas indicam que o valor das importações mundiais de obras de arte, peças de colecionadores e antiguidades atingiu 16,7 bilhões de dólares norte-americanos em 2010. E que o valor das exportações atingiu 17,6 bilhões de dólares norte-americanos (Tabela 1).[5]

Os efeitos da crise no mercado de arte podem ser percebidos com a baixa dos volumes negociados em 2009. Mesmo com a recuperação de 2010 o mercado ainda não retornou aos patamares de 2007 e 2008.

Tabela 12.1 – Mundo – importações e exportações de obras de arte, peças de colecionadores e antiguidades – SITC grupo 896 – valores em bilhões de dólares norte-americanos – US$[6]

	2006	2007	2008	2009	2010
Importação	16,3	22,6	20,5	13,1	16,7
Exportação	17,1	20,7	21,2	15,2	17,6

Fonte: Organização das Nações Unidas, Comtrade.

Os Estados Unidos, o Reino Unido e a Suíça lideraram o *ranking* de países importadores com uma participação mundial de 37,6%, 25,4% e 10,0% respectivamente. Ou seja,

---

[3] CAMPBELL, Rachel A. J. Art as a financial investment. 2007. Disponível em: <http://ssrn.com/abstract=978467>. Acesso em: 19 de março de 2012.

[4] Maiores informações sobre o Mei Moses podem ser obtidas em <http://www.artasanasset.com> e sobre o Art Market Researchs em <http://www.artmarketresearch.com>.

[5] Organização das Nações Unidas (ONU). **International Trade Statistics Yearbook**. 2010. v. II – Trade by Commodity.

[6] As estatísticas das Nações Unidas são baseadas no SITC (*Standard International Trade Classification*). O SITC é mais genérico do que o Sistema Harmonizado (SH) agrupando as diversas mercadorias em apenas três dígitos.

esses três países respondem por 73,0% do valor das importações desse grupo de mercadorias (Tabela 12.2). [7]

Tabela 12.2 – Principais países importadores de obras de arte, peças de colecionadores e antiguidades – SITC grupo 896 – valores em milhões de dólares norte-americanos – US$

	Valor	Participação mundial
Mundo	16.650,8	100,0%
Estados Unidos	6.264,3	37,6%
Reino Unido	4.237,6	25,4%
Suíça	1.662,8	10,0%
China, Hong Hong SAR	782,6	4,7%
França	569,2	3,4%
Alemanha	406,8	2,4%
Holanda	292,3	1,8%
Japão	270,8	1,6%
Áustria	196,3	1,2%
Singapura	191,9	1,2%
República da Coreia	186,5	1,1%
Canadá	171,4	1,0%
Grécia	164,9	1,0%
Itália	131,8	0,8%
Bélgica	128,5	0,8%

Fonte: Organização das Nações Unidas, Comtrade.

Estados Unidos, o Reino Unido e a Suíça também ocupam as três primeiras posições na exportação de arte com uma participação mundial de 37%, 29,8% e 7,4%, respectivamente. Assim, na exportação os três países concentram um percentual importante de 74,2% em termos de valor do mercado mundial (Tabela 12.3). [8]

---

[7] Organização das Nações Unidas (ONU). **International Trade Statistics Yearbook**. 2010. v. II – Trade by Commodity.

[8] Organização das Nações Unidas (ONU). **International Trade Statistics Yearbook**. 2010. v. II – Trade by Commodity. 2010.

Tabela 12.3 – Principais países exportadores de obras de arte, peças de colecionadores e antiguidades – SITC grupo 896 – valores em milhões de dólares norte-americanos – US$

	Valor	Participação mundial
Mundo	17.564,5	100,0%
Estados Unidos	6.496,9	37,0%
Reino Unido	5.226,7	29,8%
Suíça	1.304,1	7,4%
França	969,8	5,5%
Alemanha	877,7	5,0%
Canadá	310,8	1,8%
China, Hong Kong SAR	291,3	1,7%
Itália	285,1	1,6%
Índia	219,6	1,3%
Singapura	160,8	0,9%
China	160,5	0,9%
Japão	137,2	0,8%
República da Coreia	136,2	0,8%
Áustria	128,2	0,7%
Holanda	92,1	0,5%

Fonte: Organização das Nações Unidas, Comtrade.

Analisando os dados estatísticos da ONU percebemos a alta concentração do mercado nos Estados Unidos e Europa Ocidental.

Os países do leste asiático, em especial: China, República da Coreia, Hong Kong SAR, Japão e Singapura são vistos como a nova fronteira para o mercado de arte. Tais países devem ganhar uma fatia maior do mercado nas próximas décadas. Os países da América do Sul e da África, devido aos baixos volumes negociados, não aparecem listados na publicação das Nações Unidas.

Robertson (2007, p. 146) resume o panorama mundial da seguinte forma: "As economias da América do Sul fracassaram, por enquanto, em realizar o seu potencial econômico e, com a exceção de poucos nomes de destaque, negociado extensamente em Delta quality arte. As áreas do mundo que demonstram a maior promessa artística estão localizadas nas regiões de rápido desenvolvimento do Sudoeste Asiático, Federação Russa e Leste Europeu (tradução nossa)."

Com sua declaração, Robertson minimiza o potencial artístico da América do Sul. O fato, porém, é que os países dessa região precisam ser mais ativos nesses mercados para constarem das estatísticas mundiais.

Visando à conquista do mercado internacional de arte, alguns governos adotam uma estratégia de internacionalização do setor. A internacionalização passa muitas vezes pela atuação de associações dedicadas ao tema. No Reino Unido, por exemplo, são várias as associações que contribuem para a internacionalização da área: BADA (*British Antique Dealer´s Association*), BAMF (*British Art Market Federation*), LAPADA (*The Association of Art and Antique Dealers*), SLAD (*Society of London Art Dealers*) dentre outras. Nos Estados Unidos, cabe mencionar a ADAA (*Art Dealers Association of America*) e a NADA (New Art Dealers Alliance).

PANORAMA BRASILEIRO

As estatísticas da Organização Mundial do Comércio (OMC) indicam que o Brasil importa obras de arte principalmente da União Europeia e dos Estados Unidos. A China, o Uruguai e as Ilhas Virgens Britânicas apareceram como fornecedoras respectivamente na terceira, quarta e quinta posições (Tabela 12.4).[9]

Tabela 12.4 – Brasil – 2010 – importações – capítulo 97 do Sistema Harmonizado – objetos de arte, de coleção e antiguidades – valores em milhões de dólares norte-americanos – US$

	Valor	Participação nas importações brasileiras
União Europeia	5.077	69,35%
Estados Unidos	1.206	16,47%
China	0.277	3,78%
Uruguai	0.233	3,18%
Ilhas Virgens Britânicas	0.143	1,95%

Fonte: Organização Mundial do Comércio.

A OMC não possui dados relativos às exportações de obras de arte. É muito provável que o destino das exportações sejam os mercados tradicionais dos Estados Unidos e da Europa.

---

[9] Organização Mundial do Comércio (OMC). Análise tarifária on-line (TAO). Parâmetros da pesquisa: OMCAPPLIED | Brazil – 2010 | HS 2007 | All HS. Disponível em: <http://tariffanalysis.wto.org/>.

Já o AliceWeb, sistema da Secretaria de Comércio Exterior (SECEX), do Ministério do Desenvolvimento, Indústria e Comércio Exterior (MDIC), apresenta os valores reproduzidos na Tabela 12.5.[10]

Tabela 12.5 – Brasil – 2010 – importações & exportações – Capítulo 97 do Sistema Harmonizado – objetos de arte, de coleção e antiguidades – valores em milhões de dólares norte-americanos – US$

	Valor	Percentual
Importações	7.484	100,00%
Exportações	19.801	100,00%

Fonte: AliceWeb.

Os números indicam que o Brasil exporta bem mais do que importa. Ou seja, o País é um exportador de arte e apresenta um superávit.

A IDENTIFICAÇÃO DE MERCADORIAS NO COMÉRCIO INTERNACIONAL

No comércio internacional, tanto para quem vende como para quem compra, deve haver a identificação precisa da mercadoria que está sendo comercializada.

Tal identificação é feita por meio da Convenção do Sistema Harmonizado de Designação e de Codificação de Mercadorias, ou simplesmente Sistema Harmonizado (SH).[11] O SH é administrado pela Organização Mundial de Aduanas (OMA) e, atualmente, 99% do comércio internacional utiliza esta linguagem para identificar as mercadorias.[12]

O SH estabelece uma "Nomenclatura de Mercadorias" baseada em uma estrutura de códigos e respectivas descrições. A Nomenclatura do SH é formada por códigos com seis

---

[10] O AliceWeb é atualizado mensalmente com dados obtidos a partir do Sistema Integrado de Comércio Exterior (SISCOMEX). O AliceWeb está disponível no *site*: <http://www.aliceweb2.mdic.gov.br/#>.

[11] A "Convenção Internacional sobre o Sistema Harmonizado de Designação e de Codificação de Mercadorias" foi firmada em junho de 1983, sob os auspícios do Conselho de Cooperação Aduaneira (CCA), tornando-se o Brasil signatário, com reserva de ratificação, em 31 de outubro de 1986. A Convenção do SH foi aprovada no Brasil pelo Decreto Legislativo nº 71, de 11 de outubro de 1988, e, posteriormente, promulgado pelo Decreto nº 97.409, de 23 de dezembro de 1988.

[12] A OMA é um órgão intergovernamental independente cuja missão importa em melhorar a eficácia e a eficiência das administrações aduaneiras. É integrada por 177 países-membros e se consagra como a única organização intergovernamental mundial com competência em assuntos aduaneiros. O *site* oficial da OMA encontra-se disponível em: <http://www.wcoomd.org>.

dígitos organizados em 21 Seções, contendo 97 Capítulos. As mercadorias estão ordenadas sistematicamente de forma progressiva, de acordo com o seu grau de elaboração, principiando pelos animais vivos (Capítulo 1) e terminando com os objetos de arte, de coleção e antiguidades (Capítulo 97).

A Convenção do SH estabelece seis Regras Gerais para a Interpretação do Sistema Harmonizado (RGI), Notas de Seção, de Capítulo e de Subposição. De grande importância para a correta classificação é a primeira regra: "Os títulos das Seções, Capítulos e Subcapítulos têm apenas valor indicativo. Para os efeitos legais, a classificação é determinada pelos textos das Posições e das Notas de Seção e de Capítulo [...]."

Denomina-se posição a chave contendo os quatro primeiros dígitos.

Destaco a importância das explicações constantes das Notas Explicativas do Sistema Harmonizado de Designação e Codificação de Mercadorias (Nesh).[13]

Nas palavras de Dalston: "Vale observar que as Nesh constituem elemento subsidiário de caráter fundamental para a correta interpretação do conteúdo das posições e subposições, bem como das Notas de Seção, Capítulo, posições e subposições da Nomenclatura do Sistema Harmonizado, anexas à Convenção Internacional de mesmo nome."[14]

O SH constitui a base para a elaboração do texto em língua portuguesa da Nomenclatura Comum do Mercosul (NCM). A NCM é baseada no SH com o acréscimo de mais dois dígitos ao final. Assim, a NCM é uma nomenclatura composta por oito dígitos, sendo seis do SH e dois do Mercosul. A associação da NCM com as alíquotas do Imposto de Importação resulta na Tarifa Externa Comum (TEC). Já a associação da NCM com as alíquotas do Imposto sobre Produtos Industrializados resulta na Tabela de Incidência do Imposto sobre Produtos Industrializados (TIPI).[15]

O SH é alimentado nos sistemas de comércio exterior de 206 países, territórios ou uniões aduaneiras/econômicas de todo o mundo e constitui a base para as estatísticas, procedimentos e controles internacionais de mercadorias.[16] Assim, por meio do SH é

---

[13] As Nesh foram internacionalizadas no ordenamento jurídico nacional através do Decreto nº 435, de 27 de janeiro de 1992, com diversas atualizações publicadas por meio de Instruções Normativas da Secretaria da Receita Federal do Brasil (SRFB). Os textos da Nesh encontram-se disponíveis no sítio da Secretaria da Receita Federal: <www.receita.fazenda.gov.br> por meio da Instrução Normativa RFB nº 807, de 11 de janeiro de 2008.

[14] DALSTON, César Olivier. **Classificando alimentos, bebidas, tabaco, minerais e combustíveis na nomenclatura comum do Mercosul**. São Paulo: Lex Editora, 2006.

[15] Decreto nº 7.660, de 23 de dezembro de 2011, *DOU* de 26.12.2011. Aprova a Tabela de Incidência do Imposto sobre Produtos Industrializados – TIPI. Retificado no *DOU* de 23/2/2012, Seção 1, pág. 1. Alterado pelo ADE RFB nº 3, de 2 de março de 2012.

[16] A lista de países, territórios ou uniões aduaneiras/econômicas aplicando o SH (atualizada em outubro de 2011) está disponível no sítio da OMA em: <http://www.wcoomd.org>.

possível descobrir o tratamento administrativo e tributário ao qual uma mercadoria será submetida, seja na importação, seja na exportação, em quase todos os países do mundo.[17]

De forma resumida, todo o comércio internacional é realizado tomando como base os códigos do SH. E toda mercadoria originária ou destinada aos países signatários da Convenção do SH precisa ser classificada.

A classificação da mercadoria dentro do SH/NCM é uma responsabilidade do importador e exportador. A Nomenclatura do SH/NCM encontra-se disponível para consulta no *site* da Secretaria de Comércio Exterior (Secex), do Ministério do Desenvolvimento, Indústria e Comércio Exterior (MDIC), na seção de comércio exterior no item Tarifa Externa Comum (TEC).[18]

Objetos de Arte, de Coleção e Antiguidades – SH Cap. 97

Para os fins deste artigo interessa saber que o mercado de arte utiliza com maior frequência o Capítulo 97 (objetos de arte, de coleção e antiguidades) do SH sobre o qual tecerei comentários.

Antes, porém, faço a ressalva de que outros capítulos podem ser utilizados no mercado de arte como, por exemplo: as fotografias (Capítulo 49, posição 4911); os planos de arquitetura, de engenharia e os desenhos industriais, obtidos em original à mão (Capítulo 49, posição 4906); os desenhos de moda, de joias, de papéis de parede, de tecidos, de tapeçarias, de móveis etc., obtidos em original à mão (Capítulo 49, posição 4906) e as pérolas naturais ou cultivadas (Capítulo 71, posições 7101 a 7103).

O Capítulo 97 do SH abrange o maior número de objetos associados ao mercado de arte. Os objetos de arte, de coleção e antiguidades estão classificados neste capítulo. O Capítulo 97 encontra-se dividido em seis posições: 9701, 9702, 9703, 9704, 9705 e 9706.

---

[17] A tabela, contendo as tarifas do Imposto de Importação, pode receber nomes variados dependendo do idioma ou país. Nos Estados Unidos, por exemplo, utiliza-se o termo *Harmonized Tariff Schedule* (HTS).

[18] Disponível no *site*: <http://www.desenvolvimento.gov.br/>.

Tabela 12.6 – SH/NCM – TEC – Capítulo 97 – objetos de arte, de coleção e antiguidades

Nomenclatura Comum do Mercosul (NCM)	Descrição	Tarifa Externa Comum (TEC) (%)
9701	Quadros, pinturas e desenhos, feitos inteiramente à mão, exceto os desenhos da posição 49.06 e os artigos manufaturados decorados à mão; colagens e quadros decorativos semelhantes.	
9701.10.00	Quadros, pinturas e desenhos.	4
9701.90.00	Outros.	4
9702.00.00	Gravuras, estampas e litografias, originais.	4
9703.00.00	Produções originais de arte estatuária ou de escultura, de quaisquer matérias.	4
9704.00.00	Selos postais, selos fiscais, marcas postais, envelopes de primeiro dia (*first-day covers*), inteiros postais e semelhantes, obliterados, ou não obliterados, exceto os artigos da posição 49.07.	4
9705.00.00	Coleções e espécimes para coleções, de zoologia, botânica, mineralogia, anatomia, ou apresentando interesse histórico, arqueológico, paleontológico, etnográfico ou numismático.	4
9706.00.00	Antiguidades com mais de 100 anos.	4

Fonte: Receita Federal: Instrução Normativa SRF nº 697, de 15 de dezembro de 2006.

A última coluna da tabela indica a alíquota *ad valorem* do Imposto de Importação para as mercadorias provenientes de países de fora do Mercosul, ou seja, a Tarifa Externa Comum (TEC). O Mercosul adota a alíquota de 4% para todas as mercadorias importadas de países externos ao bloco.

A seguir algumas notas extraídas da Nesh sobre as mercadorias abrangidas por cada uma das seis posições do Capítulo 97.

9701 – Quadros feitos inteiramente à mão

A posição 9701 divide-se em duas NCM: 9701.10.00 e 9701.90.00. A primeira abrange quadros, pinturas e desenhos. Já a segunda, abrange todas as outras obras desde que feitas inteiramente à mão.

A posição 9701 compreende os quadros, pinturas e desenhos, feitos inteiramente à mão, isto é, todas as obras antigas ou modernas, de pintores e desenhistas. Estas obras podem ser pinturas a óleo, pinturas a cera, pinturas a têmpera, pinturas acrílicas, aquarelas, guaches, pastéis, miniaturas, iluminuras, desenhos a lápis, carvão ou pena etc., executadas sobre quaisquer matérias.

Para serem incluídas aqui, essas obras devem ter sido executadas inteiramente à mão, o que exclui o emprego de qualquer outro processo que permita suprir no todo ou em parte a mão do artista. As cópias de pinturas feitas inteiramente à mão estão incluídas neste grupo, qualquer que seja seu valor artístico.

A posição 9701 abrange ainda, por exemplo, as colagens e quadros decorativos semelhantes, constituídos por peças e fragmentos de diversas matérias de origem animal, vegetal ou outras, reunidos de maneira a formarem um motivo pictórico ou decorativo e colados ou fixados de outro modo sobre uma base de madeira, papel ou de tecido.

9702 – Gravuras, estampas e litografias originais

A posição 9702 possui uma única NCM: 9702.00.00. Tal NCM cuida das gravuras, estampas e litografias, originais. Consideram-se gravuras, estampas e litografias, originais, as provas tiradas diretamente, em preto e branco ou a cores, de uma ou mais chapas executadas inteiramente à mão pelo artista, qualquer que seja a técnica ou matéria utilizada, exceto qualquer processo mecânico ou fotomecânico.

9703 – Originais de arte estatuária ou de escultura

A posição 9703 possui uma única NCM: 9703.00.00. Tal NCM abarca as produções originais de arte estatuária ou de escultura. Não se incluem neste código as esculturas com caráter comercial (por exemplo, reproduções em série, moldagens e obras artesanais), mesmo quando essas obras tenham sido concebidas ou criadas por artistas.

Trata-se aqui de obras antigas ou modernas, executadas por um artista escultor. Entre essas obras, que podem ser de quaisquer matérias (pedra natural ou reconstituída, terracota, madeira, marfim, metal, cera etc.), distinguem-se as esculturas em redondo (a todo vulto), que podem ser observadas em todo o seu contorno (estátuas, bustos, hermes, figuras, grupos, reproduções de animais etc.) e os alto e baixo-relevos, incluídas as esculturas em relevo para conjuntos arquitetônicos.

Incluem-se, também, nesta posição as cópias obtidas por processo análogo ao descrito acima, mesmo quando elas são executadas por um outro artista que não seja o autor do original.

9704 – SELOS

A posição 9704 possui uma única NCM: 9704.00.00. Tal NCM trata dos selos entendidos como objetos de arte. Os selos postais, selos fiscais, inteiros postais e semelhantes, não obliterados, são classificados da posição 4907.

9705 – COLEÇÕES E ESPÉCIMES PARA COLEÇÕES

A posição 9705 possui um único código: 9705.00.00. Tal código cuida das coleções e espécimes para coleções. Este código compreende os objetos que, apesar de muitas vezes terem um valor intrínseco bastante reduzido, apresentam interesse em virtude da sua raridade, do seu agrupamento ou da sua apresentação. Entre eles, podem citar-se:

a) as coleções e espécimes para coleções de zoologia, botânica, mineralogia ou anatomia;

b) as coleções e espécimes para coleções de interesse histórico, etnográfico, paleontológico ou arqueológico; e

c) as coleções e espécimes para coleções apresentando um interesse numismático.

9706 – ANTIGUIDADES COM MAIS DE 100 ANOS

Finalmente, a posição 9706 possui uma única NCM: 9706.00.00, que deve ser utilizada para as antiguidades com mais de 100 anos. Esta NCM engloba todos os objetos de antiguidade com mais de 100 anos de idade, desde que não estejam incluídos nas posições 9701 a 9705. O interesse desses artigos reside na sua antiguidade e, geralmente, por isso mesmo, na sua raridade. Seu número é considerável.

PROCESSO DE CONSULTA PARA CLASSIFICAÇÃO

A correta classificação exige um entendimento detalhado relativo a mercadoria que está sendo classificada. Em caso de dúvidas quanto à classificação da mercadoria no SH/NCM, recomendo a utilização do processo de consulta sobre a classificação que tem fundamento no artigo 48 da Lei nº 9.430, de 26 de dezembro de 1996 e encontra-se regulamentado pela Instrução Normativa RFB nº 740, de 2 de maio de 2007.[19]

---

[19] Maiores informações sobre o processo de consulta podem ser obtidas no *site* da Receita Federal em: <http://www.receita.fazenda.gov.br/guiacontribuinte/consclassfiscmerc.htm>.

A petição de consulta deve conter todas as informações relevantes a mercadoria e pode ser protocolizada em qualquer unidade da Receita Federal.

Trata-se de processo administrativo fiscal de grande utilidade para a orientação do sujeito passivo. O processo é gratuito e protege o sujeito passivo de eventuais erros de classificação. Tais erros podem resultar na multa de 1% sobre o valor aduaneiro da mercadoria. A multa encontra-se disposta no artigo 84 da Medida Provisória nº 2.158-35, de 24 de agosto de 2001:

> "Art. 84. Aplica-se a multa de um por cento sobre o valor aduaneiro da mercadoria:
>
> I – classificada incorretamente na Nomenclatura Comum do Mercosul, nas nomenclaturas complementares ou em outros detalhamentos instituídos para a identificação da mercadoria; ou
>
> II – quantificada incorretamente na unidade de medida estatística estabelecida pela Secretaria da Receita Federal.
>
> § 1º O valor da multa prevista neste artigo será de R$ 500,00 (quinhentos reais), quando do seu cálculo resultar valor inferior.
>
> § 2º A aplicação da multa prevista neste artigo não prejudica a exigência dos impostos, da multa por declaração inexata prevista no art. 44 da Lei nº 9.430, de 1996, e de outras penalidades administrativas, bem assim dos acréscimos legais cabíveis."

A solução de consulta com a indicação da correta classificação é o resultado final de uma consulta fiscal bem formulada. A solução de consulta resulta em segurança jurídica para o sujeito passivo.

O VALOR DE UMA OBRA DE ARTE

Como determinar o valor de uma obra de arte?

Sobre o assunto o leitor pode refletir sobre o caso da tela "O Mágico", de Beatriz Milhazes, que em 2008, durante um leilão realizado em Nova York, foi arrematado por US$ 1,049 milhão de dólares, o maior valor alcançado por um artista brasileiro vivo. Quem pensaria que a tela produzida em 2001 alcançaria este valor em 2008? Vê-se, desde logo, que o valor destas obras é complexo.

Não obstante tal complexidade, o comércio internacional precisa de um valor para utilizar como base de cálculo dos direitos aduaneiros. Nas operações de importação, tal valor é denominado valor aduaneiro, cujas regras foram definidas no Acordo sobre a Implementação do Artigo VII do Acordo Geral sobre Tarifas Aduaneiras e Comércio (GATT, 1947), comumente denominado de Acordo de Valoração Aduaneira (AVA).[20]

---

[20] O AVA é um acordo resultante de várias negociações efetuadas no âmbito da Rodada Tóquio de Negociações Comerciais Multilaterais (1973-1979) do GATT. Na Rodada Uruguai (1986-1994) do

O AVA rege a apuração da base de cálculo dos direitos aduaneiros na aplicação de alíquota *ad valorem* e contém disposições concernentes, por exemplo, ao pagamento de *royalties*, à conversão de moedas, ao direito de recorrer a uma autoridade judicial, à publicação de leis e regulamentos e ao pronto despacho aduaneiro de mercadorias.

Em linhas gerais o AVA estabelece que o valor aduaneiro da mercadoria importada deve ser determinado mediante a aplicação sucessiva e sequencial, do primeiro ao último, de seis métodos de valoração, conforme a seguir:

> 1º Método – valor da transação, em que o valor aduaneiro é o valor da transação, isto é, o preço efetivamente pago ou a pagar ajustado conforme as disposições do Artigo 8;
>
> 2º Método – valor de transação de mercadorias idênticas;
>
> 3º Método – valor de transação de mercadorias similares;
>
> 4º Método – valor de revenda (ou do valor dedutivo);
>
> 5º Método – custo de produção (valor computado);
>
> 6º Método – último recurso.

Além disso, em conformidade com a legislação brasileira, integram o valor aduaneiro, independentemente do método de valoração utilizado: o custo de transporte, os gastos relativos à carga, descarga e manuseio e o custo do seguro.[21]

A despeito dos seis métodos, cabe ressaltar a primazia do valor de transação. Ou seja, o primeiro método baseado no "valor de transação", isto é, no preço efetivamente pago ou a pagar pela mercadoria importada, tem um favoritismo na aplicação.

Na prática, isso significa que deve-se respeitar o valor de transação declarado, e em caso de dúvidas, consultar o importador. Isso significa que o importador terá o direito de provar o valor aduaneiro declarado. E que a recusa com relação ao valor declarado deve ser fundamentada.

GATT, o Acordo passou por pequenas alterações e tornou-se parte integrante do Acordo Geral sobre Tarifas Aduaneiras e Comércio (GATT 1994). Em 1995, com a criação da Organização Mundial do Comércio (OMC), o Acordo passou a ser obrigatório para todos os 154 países-membros. No Brasil, o Congresso Nacional aprovou, pelo Decreto Legislativo nº 30, de 15 de dezembro de 1994, a Ata Final que Incorpora os Resultados da Rodada Uruguai de Negociações Comerciais Multilaterais do GATT, que contém o Acordo de Valoração Aduaneira constante do Anexo 1A ao Acordo Constitutivo da OMC. O texto atual do AVA foi publicado com o Decreto nº 1.355, de 30 de dezembro de 1994, que promulgou a Ata Final que Incorpora os Resultados da Rodada Uruguai de Negociações Comerciais Multilaterais do GATT, dando-lhe vigência a partir de 1º de janeiro de 1995.

[21] A opção feita pelo Brasil para a inclusão do frete e do seguro no valor aduaneiro encontra-se expressa no Decreto nº 92.930, de 16 de julho de 1986. No Brasil, o valor aduaneiro inclui o custo de transporte das mercadorias importadas até o local de importação; dos gastos relativos ao carregamento, descarregamento e manuseio, associados ao transporte das mercadorias importadas até o porto ou local de importação; e do custo do seguro.

O procedimento encontra respaldo na Decisão sobre casos em que as Administrações Aduaneiras tenham motivos para duvidar da veracidade ou exatidão do valor declarado, aprovada pelo Comitê de Valoração Aduaneira da Organização Mundial do Comércio (OMC) em 12 de maio de 1995.[22] Tal procedimento está inserido no contexto do controle do valor aduaneiro que consiste na verificação do valor aduaneiro declarado pelo importador às regras estabelecidas pelo AVA.

A disputa quanto ao valor declarado pode ocorrer tanto na instância administrativa como na judicial. O importante é que o importador possua provas documentais ou de outra natureza de que o valor declarado representa o montante efetivamente pago ou a pagar pelas mercadorias importadas. E de que o mesmo foi ajustado em conformidade com o Artigo 8 do AVA: frete, seguro, custo de embalagem, *royalties*, dentre outros.

Já no caso da exportação a base de cálculo é o preço normal que a mercadoria, ou sua similar, alcançaria, ao tempo da exportação, em uma venda em condições de livre concorrência no mercado internacional, observadas as normas expedidas pelo Poder Executivo, mediante ato da CAMEX – Câmara de Comércio Exterior.[23]

Na falta de um valor de transação, ou seja, para os casos onde não ocorre compra e venda, deve-se indicar o valor atual do objeto no país de exportação. Sendo impossível indicar o valor atual deve-se indicar o valor estimado com base em critérios razoáveis. Tais casos são frequentes quando da utilização dos regimes aduaneiros de admissão temporária e exportação temporária.

IMPORTAÇÃO

Importação é o ato de trazer ou fazer chegar quaisquer mercadorias ao território aduaneiro.[24] E toda mercadoria procedente do exterior, importada a título definitivo ou não, sujeita ou não ao pagamento do II, deve ser submetida a despacho de importação, que é realizado com base em declaração apresentada à unidade aduaneira sob cujo controle estiver a mercadoria.

No Brasil para preencher e enviar sua declaração o interessado deverá fazer uso do Sistema Integrado de Comércio Exterior (Siscomex), sistema que integra os diversos in-

---

[22] O texto completo da Decisão da OMC está na Instrução Normativa SRF nº 318, de 4 de abril de 2003.

[23] Conforme o artigo 2º do Decreto-lei nº 1.578, de 11 de outubro de 1977 (Redação dada pela Medida Provisória nº 2.158-35, de 2001).

[24] Organização Mundial de Aduanas (OMA). **Glossary of International Customs Terms**. Brussels: World Customs Organization, 2011.

tervenientes no comércio exterior brasileiro. Para utilizar o Siscomex é necessária a habilitação junto à Receita Federal.[25]

O recebimento da declaração de importação dá início ao despacho de importação, procedimento mediante o qual é verificada a exatidão dos dados, documentos e legislação, com vistas ao seu desembaraço aduaneiro.[26]

Pode-se classificar o despacho de importação em duas categorias genéricas: (a) o despacho para consumo; e (b) o despacho para admissão em regime aduaneiro especial ou aplicado em áreas especiais.

O despacho para consumo ocorre quando as mercadorias ingressadas no País forem destinadas ao uso, pelo aparelho produtivo nacional, como insumos, matérias-primas, bens de produção e produtos intermediários, bem como quando forem destinadas ao consumo próprio e à revenda. Visa, portanto, à nacionalização da mercadoria importada e a ele se aplica o regime comum de importação. Este é o caso das obras de arte adquiridas a título definitivo.

Já a segunda categoria, despacho para admissão em regimes aduaneiros especiais (ou aplicados em áreas especiais), tem por objetivo o ingresso no País de mercadorias que devam permanecer por prazo certo e conforme a finalidade para as quais estão destinadas, com tributos suspensos até a extinção do regime. Entre outros casos, aplica-se às obras de arte admitidas temporariamente para exposições.

Além da habilitação no Siscomex, antes de iniciar uma operação de importação, o interessado deve verificar se a mercadoria a ser importada está sujeita a controle administrativo, pois, em regra, esse controle deve ser efetuado anteriormente ao embarque da mercadoria no exterior. O controle administrativo encontra-se sob a responsabilidade da Secretaria de Comércio Exterior (Secex) do Ministério do Desenvolvimento, Indústria e Comércio Exterior (MDIC).

EXPORTAÇÃO

Exportação é o ato de levar para fora ou causar que quaisquer mercadorias sejam levadas para fora do território aduaneiro.[27] E toda mercadoria destinada ao exterior, inclusive a reexportada, está sujeita a despacho de exportação, com as exceções previstas na legislação, exemplo: mala diplomática ou consular.

---

[25] A Instrução Normativa da SRF nº 650/06 e o Ato Declaratório Executivo Coana nº 03/06 estabelecem os procedimentos de habilitação para operação no Siscomex e credenciamento de representantes de pessoas físicas e jurídicas para a prática de atividades relacionadas ao despacho aduaneiro.

[26] A atividade é disciplinada basicamente pelas Instruções Normativas (IN) SRF nº 680, de 2/10/2006, e nº 611, de 18/1/2006.

[27] Organização Mundial de Aduanas (OMA). **Glossary of International Customs Terms**. Brussels: World Customs Organization, 2011.

Em geral, o despacho de exportação é processado por meio de Declaração de Exportação (DE), registrada no Siscomex. Existem, ainda, despachos que podem ser processados por Declaração Simplificada de Exportação (DSE) e despachos sem registro no Siscomex.

Tal como na importação, o interessado deverá estar habilitado no Siscomex e verificar se a mercadoria está sujeita a controle administrativo.

Os seguintes documentos deverão instruir a declaração de exportação, conforme o caso:

a) primeira via da nota fiscal;

b) via original do conhecimento e do manifesto internacional de carga, nas exportações por via terrestre, fluvial ou lacustre; e

c) outros, indicados em legislação específica, como, por exemplo, em nosso caso, a Guia de Liberação do Instituto do Patrimônio Histórico, Artístico Nacional (IPHAN) para objetos de interesse arqueológico ou pré-histórico.

A exigência da Guia de Liberação do IPHAN para os objetos que apresentem interesse arqueológico ou pré-histórico, numismático ou artístico encontra respaldo no artigo 20 da Lei nº 3.924, de 26 de julho de 1961, que dispõe sobre os monumentos arqueológicos e pré-históricos:

> "Art. 20. Nenhum objeto que apresente interesse arqueológico ou pré-histórico, numismático ou artístico poderá ser transferido para o exterior, sem licença expressa da Diretoria do Patrimônio Histórico e Artístico Nacional, constante de uma 'guia' de liberação na qual serão devidamente especificados os objetos a serem transferidos."

A penalidade pela inobservância do dispositivo está prevista no artigo 21 da Lei nº 3.924, de 1961:

> "Art. 21. A inobservância da prescrição do artigo anterior implicará na apreensão sumária do objeto a ser transferido, sem prejuízo das demais cominações legais a que estiver sujeito o responsável."

> "Parágrafo único. O objeto apreendido, razão deste artigo, será entregue à Diretoria do Patrimônio Histórico e Artístico Nacional."

Telles comenta sobre o sistema normativo de proteção ao patrimônio cultural brasileiro e que a Lei nº 4.845, de 19 de setembro de 1965, buscou conferir uma proteção mais eficiente aos bens culturais:

> "Destarte, nesse contexto, percebia-se que, antes de 1965, os bens culturais que não fossem bens arqueológicos (art. 20 da Lei nº 3.924/61) ou bens tombados (art. 14 do Decreto-lei 25/37) poderiam ser transferidos livremente para o exterior.

Assim, em 19 de novembro de 1965, foi editada a Lei nº 4.845/65, que buscava conferir uma proteção mais eficiente aos bens culturais, mormente às obras de artes e ofícios produzidas no Brasil até o fim do período monárquico."[28]

Assim, a Lei nº 4.845 de 1965 proibiu a saída do País, ressalvados os casos de autorização excepcional pelo Ministério da Cultura, de diversas obras relacionadas ao período monárquico.

A tentativa de exportação de quaisquer destas obras será punida com a apreensão dos bens pela autoridade aduaneira, em nome da União. A destinação dos bens apreendidos será feita em proveito de museus no País.

TRIBUTAÇÃO

Na importação, sobre o valor aduaneiro de uma obra de arte, incidem na esfera federal o Imposto de Importação, o Imposto sobre Produtos Industrializados vinculado à importação (IPI vinculado), o PIS-importação e a COFINS-importação. Na esfera estadual incidirá ainda o Imposto sobre Operações Relativas à Circulação de Mercadorias e Prestação de Serviços de Transporte Interestadual e Intermunicipal e de Comunicação vinculado à importação (ICMS vinculado).

A alíquota do Imposto de Importação depende da classificação da mercadoria no SH/NCM, sendo que no Mercosul a alíquota da tarifa externa comum (TEC) para todas as mercadorias classificadas no Capítulo 97 está em 4%. A alíquota do IPI-vinculado também depende da classificação, sendo que a Tabela de Incidência do Imposto sobre Produtos Industrializados (TIPI) indica as situações Não Tributado (NT) ou 0% para todas as mercadorias classificadas no Capítulo 97. [29]

A alíquota do PIS-importação é de 1,65% e a do COFINS-importação é 7,6%.[30] O PIS e COFINS-importação são calculados mediante a aplicação de uma fórmula.[31] Já a alíquota do ICMS é, regra geral, de 17% nas importações.

---

[28] TELLES, Mário Ferreira de Pragmácio. Saída de obras de artes do País: análise da proteção conferida pela Lei nº 4.845/65. VI Enecult – Encontro de Estudos Multidisciplinares em Cultura de 25 a 17 de maio de 2010, Salvador, Brasil.

[29] Decreto nº 7.660, de 23 de dezembro de 2011, *DOU* de 26.12.2011, aprova a Tabela de Incidência do Imposto sobre Produtos Industrializados – TIPI. Retificado no *DOU* de 23/2/2012, Seção 1, p. 1. Alterado pelo ADE RFB nº 3, de 2 de março de 2012.

[30] O PIS/COFINS – importação surgiram com a reforma constitucional promovida pela Emenda Constitucional nº 42, em 19 de dezembro de 2003, mediante o acréscimo do inciso IV ao artigo 195, permitindo a instituição de contribuições sociais incidentes sobre a importação de bens e serviços. Posteriormente, o Poder Executivo editou a Medida Provisória nº 164/04, sendo convertida em 30 de abril de 2004 na Lei nº 10.865/04, criando o PIS/COFINS-Importação.

[31] Sobre a fórmula para cálculo do PIS e COFINS na importação ver Instrução Normativa SRF nº 572, de 22 de novembro de 2005. *DOU* de 24.11.2005. Dispõe sobre o cálculo da Contribuição para

Para ilustrar utilizei o Simulador do Tratamento Tributário e Administrativo disponível no *site* da Receita Federal.[32] Assim, supondo a importação de uma obra de arte da NCM 9701.10.00 e com valor CIF[33] de USD 1.000,00 (hum mil dólares norte-americanos), obtive o seguinte resultado:

Tabela 12.7 – Simulação do tratamento tributário e administrativo das importações

Código NCM	9701.10.00	
Descrição NCM	QUADROS, PINTURAS E DESENHOS	
Taxa de Câmbio do Dia 14/3/2012	R$ 1,8157	
Valor Aduaneiro Convertido	R$ 1.815,70	
Alíquota II (4,0%)	Tributo II	R$ 72,63
Alíquota IPI (0,0%)	Tributo IPI	R$ 0,00
Alíquota PIS (1,65%)	Tributo PIS	R$ 40,04
Alíquota COFINS (7,6%)	Tributo COFINS	R$ 184,45
Alíquota ICMS (17,0%)	Tributo Estadual	R$ 359,18

Na simulação da importação da obra de arte o total de tributos foi de R$ 656,30, ou seja, aproximadamente 36% do valor aduaneiro. O importador deve ainda saber que existem outros custos, tais como: a taxa do Siscomex, o Adicional ao Frete para Renovação da Marinha Mercante (AFRMM), a armazenagem, os serviços portuários, o despachante aduaneiro, o transporte interno, dentre outros.

Na exportação, sobre o valor normal de uma obra de arte, incidirá o Imposto de Exportação (IE). Até o momento não existe IE para as mercadorias classificadas no Capítulo 97.

---

o PIS/PASEP-Importação e da COFINS-Importação.

[32] Maiores informações sobre o Simulador do Tratamento Tributário e Administrativo podem ser obtidas no *site* da Receita Federal em: <http://www.receita.fazenda.gov.br/Aplicacoes/ATRJO/SimuladorImportacao/default.htm>.

[33] Para o cálculo do valor aduaneiro é importante conhecer o *Incoterm* ou *International Commercial Term* no qual a mercadoria foi negociada. Os *Incoterms* são termos de vendas internacionais, publicados pela Câmara Internacional de Comércio (CCI) e utilizados para dividir os custos e a responsabilidade no transporte entre a figura do comprador e do vendedor. Maiores informações podem ser obtidas diretamente no *site* da CCI em: <http://www.iccwbo.org/>.

ISENÇÃO PARA MUSEUS

O Brasil na esfera federal optou por isentar do Imposto de Importação os objetos de arte recebidos em doação por museus. A isenção está prevista na Lei nº 8.961, de 23 de dezembro de 1994, e somente beneficia aqueles classificados nas posições 9701, 9702, 9703 e 9706 da NCM. Os museus devem ser instituídos e mantidos pelo poder público ou por outras entidades culturais reconhecidas como de utilidade pública.

A isenção é condicionada em dois aspectos: museus e doações. Ou seja, o museu que pretende adquirir uma obra de arte no exterior está sujeito ao pagamento do Imposto de Importação.

Observo que nos Estados Unidos a isenção do Imposto de Importação é incondicional para as mercadorias classificadas como objetos de arte. Tal política favorece as transações internacionais dessa classe de objetos, seja para museus, empresas ou particulares.[34] A isenção também serve para desestimular a prática do subfaturamento quando da declaração do valor na importação.

Na esfera estadual, as isenções dependem de cada Estado. Sobre o assunto menciono a isenção do ICMS concedida pelo Estado de São Paulo para a comercialização de obras de arte durante a Feira Internacional de Arte de São Paulo – SP Arte/2012. O benefício foi concedido por meio do Decreto nº 57.955, de 5 de abril de 2012, do Governador do Estado de São Paulo e contou com a autorização do Conselho Nacional de Política Fazendária (Confaz).

ADMISSÃO TEMPORÁRIA

Admissão temporária é o regime em que mercadorias podem ingressar em um território aduaneiro com a suspensão dos tributos. O regime requer que as mercadorias sejam importadas para um fim específico e, posteriormente, em prazo determinado, destinadas à reexportação. As mercadorias acobertadas pelo procedimento não devem sofrer qualquer alteração, com exceção da depreciação normal resultante da sua utilização.

O regime é utilizado internacionalmente para o ingresso de objetos de arte destinados a feiras e exposições.[35]

A admissão temporária é simplificada para o caso de objetos de projetos ou eventos culturais para os países do Mercosul. Neste caso, o procedimento deve ser aprovado pelo

---

[34] U.S. Customs and Border Protection (CBP). **What every member of the trade community should know about**: works of art, collector's pieces, antiques, and other cultural property. First Issued February 2001, Revised May 2006.

[35] No Brasil esse regime está regulamentado pelo Decreto nº 6.759 de 2009 e legislações complementares. Sobre o assunto ver a Instrução Normativa SRF nº 285, de 14 de janeiro de 2003, e a Instrução Normativa SRF nº 611, de 18 de janeiro de 2006.

Ministério da Cultura (MinC) e é realizado com base na Declaração Aduaneira de Bens de Caráter Cultural, constante do Anexo Único da Instrução Normativa SRF nº 29 de 1998.

Para os objetos originários de outros países o despacho de importação ocorre por meio da Declaração Simplificada de Importação (DSI).[36]

A mais recente regulamentação com relação ao regime de admissão temporária foi a adesão do Brasil à Convenção Relativa à Admissão Temporária, conhecida como Convenção de Istambul. A Convenção de Istambul trata, em especial, do sistema Carnê ATA, que resulta de uma parceria entre a Organização Mundial de Aduanas (OMA) e a Câmara de Comércio Internacional (CCI).[37]

O Carnê ATA é, em linhas gerais, um passaporte para as mercadorias aceito em mais de 70 países. Entre as mercadorias acobertadas pelo Carnê estão as obras de arte para a apresentação em feiras e exposições. A adesão ao sistema significa um grande avanço para a internacionalização do mercado de arte. Significa que ficará mais fácil incluir o Brasil no roteiro das exposições internacionais.

EXPORTAÇÃO TEMPORÁRIA

Exportação Temporária é o regime que permite a saída de mercadorias de um território aduaneiro, com suspensão do pagamento do Imposto de Exportação, condicionada ao seu retorno em prazo determinado, no mesmo estado em que foram exportadas.[38]

O regime é internacionalmente utilizado pelo mercado de arte quando da saída de objetos para participação em eventos de natureza cultural e artística, tais como feiras e exposições.

Assim como na admissão temporária, o procedimento de exportação temporária é simplificado para o caso de objetos de projetos ou eventos culturais para os países do Mercosul. Aqui também utiliza-se a Declaração Aduaneira de Bens de Caráter Cultural com a aprovação do Ministério da Cultura (MinC).

---

[36] BRASIL. Instrução Normativa RFB nº 611, de 18 de janeiro de 2006. Dispõe sobre a utilização de declaração simplificada na importação e na exportação. Secretaria da Receita Federal. Disponível em: <http://www.receita.fazenda.gov.br/legislacao/Ins/2006/in6112006.htm>. Acesso em: 19 de março de 2012.

[37] A Convenção de Istambul foi aprovada pelo Decreto Legislativo nº 563, de 6 de agosto de 2010, e o Poder Executivo promulgou a referida Convenção por meio do Decreto nº 7.545, de 2 de agosto de 2011.

[38] No Brasil esse regime está regulamentado pelo Decreto nº 6.759 de 2009 e legislações complementares.

A exportação temporária de objetos para outros países é realizada com base na Declaração Simplificada de Exportação (DSE).³⁹

GATT ARTIGO XX – EXCEÇÕES GERAIS

O Acordo Geral sobre Tarifas e Comércio 1994 (GATT 1994) prevê, em seu Artigo XX (f), que medidas excepcionais podem ser adotadas por um país para a proteção de tesouros nacionais de valor artístico, histórico ou arqueológico. ⁴⁰

> "GATT 1994
>
> ARTIGO XX
>
> Exceções Gerais
>
> Desde que essas medidas não sejam aplicadas de forma a constituir quer um meio de discriminação arbitrária, ou injustificada, entre os países onde existem as mesmas condições, quer uma restrição disfarçada ao comércio internacional, disposição alguma do presente capítulo será interpretada como impedindo a adoção ou aplicação, por qualquer Parte Contratante, das medidas:
>
> f) impostas para a proteção de tesouros nacionais de valor artístico, histórico ou arqueológico;"

O Artigo XX cuida de alcançar o equilíbrio entre as preocupações com o comércio internacional e as preocupações internas dos países. O Artigo XX tem sido utilizado com certa frequência em disputas comerciais no contexto das alegações de proteção à saúde e ao meio ambiente. Alguns exemplos de casos envolvendo o Artigo XX são: DS135 (Amianto), DS332 (Pneus recauchutados) e DS161-DS169 (Diversas Medidas sobre Carne), dentre outros.⁴¹

A lógica do Artigo exige que o país que alega prove que as medidas restritivas ao comércio visam à proteção de tesouros nacionais de valor artístico, histórico ou arqueológico. E que tais medidas não são discriminatórias. Até o momento não há registro de disputas na OMC envolvendo o Artigo XX (f) para os objetos de arte.

---

³⁹ BRASIL. Instrução Normativa RFB nº 611, de 18 de janeiro de 2006. Dispõe sobre a utilização de declaração simplificada na importação e na exportação. Secretaria da Receita Federal. Disponível em: <http://www.receita.fazenda.gov.br/legislacao/Ins/2006/in6112006.htm>. Acesso em: 19 de março de 2012.

⁴⁰ BRASIL. Decreto nº 313, de 30 de julho de 1948.

⁴¹ As informações sobre as disputas comerciais estão disponíveis no sítio da OMC em: <http://www.wto.org/english/tratop_e/dispu_e/dispu_e.htm>.

COMÉRCIO ILEGAL

De acordo com Fisman, o contrabando de antiguidades e objetos culturais é visto como um grande negócio.[42] Vários países impõem algum tipo de restrição a exportação de mercadorias classificadas na posição 9706 do SH (antiguidades com mais de 100 anos). E para evitar tais restrições, as exportações ocorrem normalmente de maneira ilegal associadas, muitas vezes, a práticas de corrupção.

As fronteiras, portos e aeroportos são locais de passagem e que precisam ser monitorados para combater este tipo de crime. Para tanto é essencial o intercâmbio de informações entre países e instituições.

Nesse sentido, a Organização Mundial de Aduanas (OMA) e o Conselho Internacional de Museus (ICOM) assinaram em 2000 um Acordo de Cooperação com a Organização Internacional de Polícia Criminal (INTERPOL). O Acordo tem por finalidade combater a prática do comércio ilegal, em especial das mercadorias provenientes de roubos de museus e de sítios arqueológicos.

A título de exemplo, em 2006, mais de 600 artefatos pré-colombianos originários do Equador, que haviam sido roubados e exportados para os Estados Unidos, foram apreendidos e restituídos graças a cooperação internacional.[43]

A INTERPOL administra um banco de dados com o registro de objetos de arte e outros objetos culturais que tenham sido roubados. A organização possui uma página web dedicada ao tema que pode ser consultada *on-line*.[44]

A preocupação com o tráfico ilícito de bens culturais encontra suporte na "Convenção relativa às Medidas a Serem Adotadas para Proibir e Impedir a Importação, Exportação e Transferência de Propriedade Ilícitas dos Bens Culturais" de 1970 da Organização das Nações Unidas para a Educação, a Ciência e a Cultura (UNESCO).[45]

---

[42] FISMAN, Raymond J.; WEI, Shang-Jin. The smuggling of art, and the art of smuggling: uncovering the illicit trade in cultural property and antiques. **American Economic Journal: Applied Economics**, v. 1, nº 3, p. 82-96, July 2009. Disponível em: <http://ssrn.com/abstract=1946998>. Acesso em: 19 de março de 2012.

[43] Maiores informações sobre o trabalho de cooperação internacional para combater o comércio ilícito desse tipo de mercadoria podem ser obtidas no site do ICOM: <http://icom.museum/what-we-do/programmes/fighting-illicit-traffic/international-cooperation.html>.

[44] Organização Internacional de Polícia Criminal (INTERPOL). Works of art. Disponível em: <http://www.interpol.int/en/Crime-areas/Works-of-art/Works-of-art>. Acesso em: 15 de março de 2012.

[45] Título original: "Convention on the Means of Prohibiting and Preventing the Illicit Import, Export and Transfer of Ownership of Cultural Property, Paris, 12-14 Nov. 1970." Disponível em: <http://portal.unesco.org/en/ev.php-URL_ID=13039&URL_DO=DO_TOPIC&URL_SECTION=201.html>. Tradução oficial do Senado Federal por meio da promulgação do Decreto Legislativo nº 71, de 1972, que aprova, em 28 de novembro de 1972, nos termos do art. 44, inciso I, da Constituição, o texto da Convenção, aprovada pela XVI Sessão da Conferência Geral da Organização das Nações

Bator faz um relato do comércio ilegal de objetos de arte. O artigo é útil para o entendimento da matéria, bem como o contexto histórico dos trabalhos que resultaram na Convenção da UNESCO de 1970.[46]

O problema mais grave está na legalização por parte do país de importação de objetos de arte exportados ilegalmente. Os objetos provenientes de escavações arqueológicas são especialmente vulneráveis. No caso do Brasil cabe mencionar a vulnerabilidade dos objetos de arte sacra.

Em 2005, conforme previsto no Artigo 6 da referida Convenção, a UNESCO e a OMA desenvolveram um Modelo de Certificado para a Exportação de Objetos Culturais cuja finalidade é harmonizar os diferentes modelos de certificados culturais em existência no mundo. Além de padronizar os procedimentos, o objetivo final é facilitar a identificação de certificados falsos.[47]

Recentemente, em razão da chamada "Primavera Árabe" que começou no final de 2010, a preocupação internacional voltou-se para o patrimônio cultural dos países árabes. A saída ilegal de objetos de arte desses países representa um risco para as futuras gerações.

Em casos de risco, o procedimento aduaneiro internacional é a emissão de um alerta para todas as administrações responsáveis pelo controle de mercadorias em portos, aeroportos e pontos de fronteira. O alerta é emitido por meio da Rede de Cumprimento Global (Central Enforcement Network – CEN) da OMA. A CEN constitui a principal ferramenta para operações de controle, vigilância e repressão no comércio internacional.

CONCLUSÃO

Em um mundo onde artista e público precisam ampliar os seus horizontes, o caminho internacional é natural. As estatísticas do comércio internacional indicam que ainda há muito trabalho a ser feito até que os países da América do Sul revelem volumes e valores significativos no mercado de arte.

As regras para a negociação de arte no comércio internacional estão relacionadas à classificação das mercadorias, à determinação da base de cálculo e à tributação. A importação, exportação, admissão temporária e exportação temporária são os procedimentos mais comuns na área.

Unidas para a Educação, a Ciência e a Cultura (UNESCO), realizada em Paris, de 12 de outubro a 14 de novembro de 1970.

[46] BATOR, Paul M. An essay on the international trade in art. **Stanford Law Review**, v. 34, nº 2, p. 275-384, Stanford, Jan. 1982. Acesso em: 19 de março de 2012. Disponível em: <http://www.jstor.org/stable/1228349>.

[47] O modelo de Certificado para Exportação de Objetos Culturais encontra-se disponível no *site* da UNESCO em: <http://portal.unesco.org/culture/en/ev.php-URL_ID=27288&URL_DO=DO_TOPIC&URL_SECTION=201.html>.

O primeiro passo em qualquer procedimento deve ser o de encontrar a classificação do objeto no SH/NCM. Tal classificação é que determinará o tratamento administrativo e tributário da mercadoria. Na importação o valor aduaneiro, base de cálculo do imposto, obedece às regras do Acordo de Valoração Aduaneira da OMC. Dentre os seis métodos do Acordo, prevalece o do valor de transação.

Em geral, o Brasil tributa as obras de arte na importação. A isenção do Imposto de Importação é apenas para os objetos de arte recebidos em doação por museus. A ampliação da isenção deveria ser analisada, pois poderia contribuir para o desenvolvimento do mercado no País.

O comércio ilegal de obras de arte merece destaque. A Organização das Nações Unidas para a Educação, a Ciência e a Cultura (UNESCO), a Organização Mundial de Aduanas (OMA), o Conselho Internacional de Museus (ICOM) e a Organização Internacional de Polícia Criminal (INTERPOL) buscam coordenar esforços para coibir os ilícitos na área.

REFERÊNCIAS BIBLIOGRÁFICAS

Livros e artigos

BATOR, Paul M. An essay on the international trade in art. **Stanford Law Review**, Stanford, v. 34, nº 2, p. 275-384, Jan. 1982. Acesso em: 19 de março de 2012. Disponível em: <http://www.jstor.org/stable/1228349>.

CAMPBELL, Rachel A. J. **Art as a financial investment**. 2007. Disponível em: <http://ssrn.com/abstract=978467>. Acesso em: 19 de março de 2012.

DALSTON, César Olivier. **Classificando alimentos, bebidas, tabaco, minerais e combustíveis na nomenclatura comum do Mercosul**. São Paulo: Lex Editora, 2006.

FISMAN, Raymond J.; WEI, Shang-Jin. The smuggling of art, and the art of smuggling: uncovering the illicit trade in cultural property and antiques. **American Economic Journal: Applied Economics**, v. 1, nº 3, p. 82-96, July 2009. Disponível em: <http://ssrn.com/abstract=1946998>. Acesso em: 19 de março de 2012.

Organização das Nações Unidas (ONU). **International trade statistics yearbook**, 2010. v. II – Trade by Commodity.

Organização Mundial de Aduanas (OMA). **Glossary of international customs terms**. Brussels: World Customs Organization, 2011.

Organização Mundial do Comércio (OMC). **The WTO Building**: the symbolic artwork of the Centre William Rappard, headquarters of the World Trade Organization. Geneva: World Trade Organization, 2008.

Organização das Nações Unidas para a Educação, a Ciência e a Cultura (UNESCO). Convention on the Means of Prohibiting and Preventing the Illicit Import, Export and Transfer of Ownership of Cultural Property, Paris, 12-14 Nov. 1970. Disponível em: <http://portal.unesco.org/en/ev.php-URL_ID=13039&URL_DO=DO_TOPIC&URL_SECTION=201.html>. Tradução oficial do Senado Federal por meio da promulgação do Decreto Legislativo nº. 71, de 1972. Acesso em: 19 de março de 2012.

ROBERTSON, Iain. **The emerging art markets for contemporary art in East Asia**. Understanding international art markets and management. New York: Routledge, 2007. p. 146.

TELLES, Mário Ferreira de Pragmácio. Saída de obras de artes do país: análise da proteção conferida pela Lei nº 4.845/65. VI ENECULT – ENCONTRO DE ESTUDOS MULTIDISCIPLINARES EM CULTURA, de 25 a 17 de maio de 2010, Salvador, Brasil.

U.S. Customs and Border Protection (CBP). **What every member of the trade community should know about**: works of art, collector's pieces, antiques, and other cultural property. First Issued February 2001, Revised May 2006.

Legislação

BRASIL. República Federativa do Brasil. **Constituição da República Federativa do Brasil**: texto promulgado em 5 de outubro de 1988, com as alterações adotadas pelas emendas constitucionais nºs 1/92 a 52/2006. Brasília: Senado, 2006.

BRASIL. **Lei nº 3.924, de 26 de julho de 1961**. Dispõe sobre os monumentos arqueológicos e pré-históricos. Disponível em: <http://www.iphan.gov.br>. Acesso em: 15 março de 2012.

BRASIL. **Lei nº 4.845, de 19 de novembro de 1965**. Proíbe a saída, para o exterior, de obras de arte e ofícios produzidos no País, até o fim do período monárquico. Disponível em: <http://www.iphan.gov.br>. Acesso em: 15 março de 2012.

BRASIL. **Lei nº 8.961, de 23 de dezembro de 1994**. Disponível em: <http://www.receita.fazenda.gov.br/legislacao/leis/ant2001/lei896194.htm>. Acesso em: 15 março de 2012.

BRASIL. **Lei nº 9.605, de 12 de fevereiro de 1998**. Dispõe sobre as sanções penais e administrativas derivadas de condutas e atividades lesivas ao meio ambiente. Disponível em: <www.planalto.gov.br>. Acesso em: 2 março de 2012.

BRASIL. **Decreto-lei nº 25, de 30 de novembro de 1937**. Organiza a proteção do patrimônio histórico e artístico nacional. Disponível em: <www.cultura.gov.br>. Acesso em: 3 março de 2012.

BRASIL. **Decreto nº 313, de 30 de julho de 1948**. Autoriza o Poder Executivo a aplicar, provisòriamente, o Acôrdo Geral sôbre Tarifas Aduaneiras e Comércio; reajusta a Tarifa das Alfândegas, e dá outras providências. Disponível em: <http://www2.mre.gov.br/dai/m_313_1948.htm>. Acesso em: 3 março de 2012.

BRASIL. **Decreto nº 7.545, de 2 de agosto de 2011**. Promulga a Convenção Relativa à Admissão Temporária, conhecida como Convenção de Istambul, celebrada em 26 de junho de 1990, sob os auspícios da Organização Mundial de Aduanas, o texto de seu Anexo A, com reserva, e de seus Anexos B.1, B.2, B.5 e B.6. Disponível em: <www.planalto.gov.br>. Acesso em: 3 março de 2012.

BRASIL. **Decreto nº 6.759, de 5 de fevereiro de 2009**. Regulamenta a administração das atividades aduaneiras, e a fiscalização, o controle e a tributação das operações de comércio exterior. Disponível em: <http://www.receita.fazenda.gov.br/>. Acesso em: 19 de março de 2012.

BRASIL. **Decreto nº 7.660, de 23 de dezembro de 2011**. Aprova a Tabela de Incidência do Imposto sobre Produtos Industrializados – TIPI. Retificado no DOU de 23/02/2012, Seção 1, pág. 01. Alterado pelo ADE RFB nº 3, de 2 de março de 2012. Disponível em: <http://www.receita.fazenda.gov.br/>. Acesso em: 19 de março de 2012.

BRASIL. **Portaria nº 262, de 14 de agosto de 1992**. Veda a saída do país de obras de arte e outros bens tombados sem a prévia autorização do IBPC. Disponível em: <http://www.iphan.gov.br>. Acesso em: 10 março 2012.

BRASIL. **Instrução Normativa RFB nº 285, de 14 de janeiro de 2003**. Dispõe sobre a aplicação do regime aduaneiro especial de admissão temporária. Secretaria da Receita Federal. Disponível em: <http://www.receita.fazenda.gov.br/legislacao/Ins/2003/in2852003.htm>. Acesso em: 19 de março de 2012.

BRASIL. **Instrução Normativa RFB nº 611, de 18 de janeiro de 2006**. Dispõe sobre a utilização de declaração simplificada na importação e na exportação. Secretaria da Receita Federal. Disponível em: <http://www.receita.fazenda.gov.br/legislacao/Ins/2006/in6112006.htm>. Acesso em: 19 de março de 2012.

BRASIL. **Instrução Normativa RFB nº 807, de 11 de janeiro de 2008**. Aprova o texto consolidado das Notas Explicativas do Sistema Harmonizado de Designação e de Codificação de

Mercadorias. Secretaria da Receita Federal. Disponível em: <http://www.receita.fazenda.gov.br/legislacao/Ins/2008/in8072008.htm>. Acesso em: 19 de março de 2012.

GOVERNO DO ESTADO DE SÃO PAULO. **Decreto nº 57.955, de 5 de abril de 2012**. Isenta do Imposto sobre Operações Relativas à Circulação de Mercadorias e sobre Prestações de Serviços de Transporte Interestadual e Intermunicipal e de Comunicação – ICMS as operações com obras de arte comercializadas na Feira Internacional de Arte de São Paulo – SP Arte/2012. Disponível em: <http://www.jusbrasil.com.br/legislacao/1031561/decreto-57955-12-sao--paulo-sp>. Acesso em: 10 de janeiro de 2013.

SITES

Organização Internacional de Polícia Criminal (INTERPOL). **Works of art**. Disponível em: <http://www.interpol.int/en/Crime-areas/Works-of-art/Works-of-art>. Acesso em: 15 março de 2012.

Organização Mundial do Comércio (OMC). Análise tarifária *on-line* (TAO). Parâmetros da pesquisa: OMCAPPLIED | Brazil – 2010 | HS 2007 | All HS. Disponível em: <http://tariffanalysis.wto.org/>.

Parte 5

Direito da Arte e Direito Privado

13

O Regime Jurídico dos Criadores de Obras de Artes Plásticas e os seus Titulares

Hildebrando Pontes[1]

Sumário: Introdução. 2. O direito de reprodução. 3. O direito de distribuição. 4. O direito de comunicação pública. 5. As diferentes formas de comunicação pública. 6. O direito de transformação das obras. 7. O direito de sequência. 8. As limitações do Direito Autoral. 9. Transmissão dos direitos autorais. 10. Contratos nas relações autorais. 11. Plágio. 12. A obra de arte na era digital. 13. *Creative commons*. Referências bibliográficas.

1 INTRODUÇÃO

É preciso que aqueles que trabalham vinculados ao fazer cultural, não só os artistas, mas também todos aqueles que fazem uso das obras concebidas, compreendam que resultam do exercício dessa atividade essencial direitos e deveres que alcançam a criação artística, imprescindíveis e essenciais para a formação e o desenvolvimento do processo cultural do nosso país, motivo pelo qual não podem e não devem ser ignorados, ao contrário, devem ser preservados e respeitados.

Portanto, neste breve estudo, serão referenciados alguns institutos jurídicos, cuja construção e aperfeiçoamento vêm sendo desenvolvidos no curso do tempo, voltados para assegurar as relações que se travam entre os autores de obras artísticas e os que de-

---

[1] Mestre em Direito de Empresa pela FDMC. Membro da Associação Brasileira de Direito Autoral (Vice-Presidente). Membro do Instituto dos Advogados de Minas Gerais. Professor de Propriedade Intelectual.

las fazem uso. Importa, pois, compreendê-los, quando se sabe que o avanço constante das tecnologias traz modificações sensíveis a envolver as relações culturais que se travam no contexto social.

Não é sem razão, portanto, que coube ao Direito Autoral esse papel, qual seja, o de harmonizar e proteger a prática das relações entre criadores e usuários de obras artísticas.

Posta a questão nestes termos, o Direito Autoral pode ser descrito como um conjunto de prerrogativas de ordem moral e patrimonial destinadas a promover a defesa, proteção e exploração comercial das obras literárias, artísticas e científicas.

Cumpre destacar que um grande número de autores nacionais e usuários desconhece que a obra, fruto do talento, goza de proteção pelo só fato de ter sido criada, sem necessidade do cumprimento de qualquer ato formal.

Portanto, fica a certeza de que não são todas as criações intelectuais que ingressam na proteção do Direito Autoral.

Para que se estenda sobre as obras o manto da proteção jurídica, importa que as obras ao serem concebidas, venham expressas sob uma determinada forma, dotadas de caráter estético, e que sejam, ainda, marcadas pela inconfundível chancela da originalidade, que acaba por se confundir com a manifestação da individualidade do criador no ato de criação de sua própria obra. Depreende-se, pois, que a conjugação desses elementos formadores é indispensável para a caracterização das obras de criação artísticas, literárias e científicas.

Com essa configuração, e somente através dela, as obras se credenciam à proteção do direito autoral no conjunto de seus institutos e regras.

Enquanto o autor é reconhecido como o sujeito da criação, portanto o sujeito desse direito, a obra criada é o seu objeto. Prevalece, pois, o binômio autor e obra, razão fundamental de toda a construção conceitual do Direito Autoral.

Apenas como registro, e de passagem, próximos ao Direito Autoral se encontram os direitos conexos. De acordo com a sua regulamentação, esses direitos recepcionam, no que couber, os pressupostos jurídicos autorais.

Contudo, dizem respeito tão somente aos direitos dos artistas – intérpretes ou executantes –, dos produtores fonográficos e das empresas de radiodifusão.

Por serem específicos, não se confundem com os direitos consagrados aos autores. Cuidam da interpretação e da execução artística no seu mais amplo sentido, além de conceder previsão legal para os direitos dos produtores fonográficos e das empresas de radiodifusão.

Feito de passagem este registro, não se pode perder de vista que a obra concebida pelos criadores tende a cumprir a sua finalidade, a seguir o seu próprio destino na esteira das relações sociais. É por isso que no curso dessa trajetória assiste-se à evolução dos diferentes institutos jurídicos autorais, moldados pelos doutrinadores do Direito que procuram melhor compreender e adequar esses institutos às novas realidades sociais.

As obras para cumprirem a sua finalidade, para alcançarem o seu próprio destino, não podem prescindir do livre comando dos seus criadores. A eles cabem, com exclusividade, decidir pela reprodução ou não de suas obras, de que maneira serão distribuídas por terceiros interessados, e, por fim, a forma de sua comunicação junto ao público consumidor. Este direito exclusivo encontra-se garantido pela Constituição Federal de 1988 e por norma infraconstitucional, a Lei 9.610, de 19 de fevereiro de 1998, a submetermo-nos ao seu cumprimento. Cumpre compreender os direitos conexos.

2 O DIREITO DE REPRODUÇÃO

O direito de reprodução é um dos pontos nucleares dos direitos dos autores, a exigir atenção dos colecionadores, marchantes, curadores, galeristas, leiloeiros e investidores. Não é sem razão, pois, que os tratadistas, de uma maneira geral, estabelecem uma distinção entre o direito de reprodução e a possibilidade de exploração da obra.

O direito de reprodução se traduz em uma faculdade, qual seja, a de que dispõe o autor de decidir livremente pela exploração ou não de sua obra, por quaisquer dos meios existentes, tanto na sua forma original ou até mesmo depois de vê-la transformada.

Do ponto de vista da exploração da obra, configurada estará sempre essa condição, tanto mais quando se der a multiplicação da obra em exemplares.

O conceito dos direitos exclusivos de reprodução, na lição de Lipszyc, foi resumido por Ricardo Antequera (tradução nossa):[2]

> "1. Se estende sobre o todo e cada parte ou fragmento da obra; 2. Se aplica sobre todas as formas de reprodução, sejam diretas (impressos por fotocópias, gravação em discos ou cassetes, etc.), ou indiretas (transcrição de uma obra literária para a sua incorporação na memória de um computador, etc.); 3. Não importam nem a finalidade da reprodução (comercial, cultural, beneficente, investigação ou docência), nem no âmbito em que se utilize (publico ou privado); 4. Cada reprodução deve ser expressamente autorizada pelo autor ou titular do direito; 5. Protege-se o autor contra o mero fato de fazer cópias das obras, independente da quantidade ou que sejam ou não distribuídas ou postas em circulação; 6. A falta de menção em lei de determinado meio técnico não pode interpretar-se com ex-

---

[2] PARILLI, Ricardo Antequera. **El nuevo régimen del derecho de autor em Venezuela.** Caracas: Venezolana, 1994, p. 238.1. Tradução de: "Se extiende sobre el todo y cada parte o fragmento de la obra. 2. Se aplica sobre todas las formas de reproducción, sean directas (fotocopias de impresos, grabación en disco o cassete etc), o bien indirectas (v. gr.: transcripción de una obra literaria para su incorporación en la memoria de un computador etc.). 3. No importan ni la finalidad de la reproducción (comercial, cultural, benéfica, de investigación o docencia), ni el ámbito en que se utilice (público o privado) 4. Cada reproducción debe ser expresamente autorizada por el autor o titular del derecho. 5. Se protege al autor contra el mero hecho de hacer copias de las obras, con independencia de La cantidad y de que sean o no distribuidas o puestas en circulación. 6. La falta de mención en la ley de determinado medio técnico no puede interpretarse como excluido de la protección, toda vez que el derecho de reproducción concedido al autor tiene un carácter genérico."

cluída a proteção, toda vez que o direito de reprodução concedido ao autor tenha um caráter genérico."

A nossa lei autoral define a reprodução como "a cópia de um ou vários exemplares de uma obra literária, artística ou científica ou de um fonograma, de qualquer forma tangível, incluindo qualquer armazenamento permanente ou temporário por meios eletrônicos ou qualquer outro meio de fixação que venha a ser desenvolvido" (inciso VI, do art. 5º, da Lei 9.610, de 19 de fevereiro, de 1998).

A definição de reprodução adotada é confusa. O inciso utiliza a palavra *cópia* para sugerir que a reprodução consiste na multiplicação de cópias da obra. Contudo, menciona expressamente a "cópia de um ou vários exemplares". Assim considerada a reprodução pelo texto da lei, pouca importância terá a pluralidade de cópias, visto que a reprodução de um só exemplar configura a reprodução da obra.

Pode-se ler, ainda, na parte final do inciso: "qualquer armazenamento permanente ou temporário por meios eletrônicos ou qualquer outro meio de fixação que venha a ser desenvolvido". Depreende-se que a reprodução alcança a fixação, quando se sabe que copiar e fixar são coisas distintas. O inciso elege a forma tangível quando se sabe que o armazenamento eletrônico é intangível.

Está configurada uma redação imprópria, que deixa a transparecer que a criação utilizada nas esteiras eletrônicas não se coaduna com o direito de reprodução, a gerar interpretação equivocada.

Todavia, o autor goza de um direito exclusivo de utilização, fruição e de disposição de sua obra, que leva à convicção de que a utilização da obra por computador permanece abrangida pela condição da exclusividade. Equivale dizer que, pela Lei 9.610/98, só o autor pode autorizar o armazenamento de sua obra em computador.

3   O DIREITO DE DISTRIBUIÇÃO

O direito de distribuição encontra-se previsto no inciso IV, do art. 5º, da Lei 9.610/98:

> "[...] a colocação à disposição do público do original ou cópia de obras literárias, artísticas ou científicas, interpretações ou execuções fixadas e fonogramas, mediante a venda, locação ou qualquer outra forma de transferência de propriedade ou posse".

Cumpre pontuar que o direito de distribuição é compreendido como uma decorrência natural do direito de reprodução. Até porque, quem pode mais pode menos. Como o autor detém a faculdade de permitir que sua obra seja reproduzida em cópias, também goza do direito de decidir em que condições os exemplares da obra serão distribuídos ao público. A definição acima transcrita não deixa dúvida de que a distribuição é tangível, uma distribuição de exemplares.

Entretanto, há que se fazer remissão ao inciso VII do art. 29 da Lei 9.610/98:

"[...] a distribuição para oferta de obras ou produções mediante cabo, fibra ótica, satélite, ondas, ou qualquer outro sistema que permita o usuário realizar a seleção da obra ou produção para percebê-la em um tempo e lugar previamente determinado por quem formula a demanda, e nos casos em que o acesso às obras ou produções se faça por qualquer sistema que importe em pagamento pelo usuário."

Quando se examina o texto acima, depreende-se que a distribuição não alcança uma transmissão física de exemplares, até porque não estão em poder do distribuidor. O conceito pode ser assimilado como sendo o da distribuição eletrônica, visto que o exemplar é produzido pela via eletrônica, o que já é uma realidade.

Em face dos efeitos da distribuição pode o autor, por vontade própria, circunscrever os limites territoriais dos efeitos jurídicos dos contratos de cessão de direitos autorais, de concessão ou licença, que acaso venha celebrar, exceto no campo virtual.

Contudo, penso que carecem os autores de mecanismos efetivos de controle de suas obras nas chamadas vias eletrônicas de conhecimento na Internet, o que será mais adiante demonstrado.

4   O DIREITO DE COMUNICAÇÃO PÚBLICA

Delia Lipszyc chama atenção para o fato de que algumas leis, como a francesa, "denominam o direito de comunicação pública, genericamente, um direito de representação" (tradução nossa).[3] Contudo, considera impróprio utilizar "esta expressão para cobrir toda uma gama de prestações diferentes pela sua natureza a de um espetáculo dramático" (tradução nossa).[4]

De fato, a expressão "direito de representação", como sinônimo de direito de comunicação pública, não pode prosperar. Grande parte da doutrina a considera inadequada. A rigor, a representação constitui-se em um espetáculo ao vivo, que não afasta a participação de intérpretes, e muito menos dispensa a presença do público que a ele assiste. Importa frisar que a comunicação pública é definida como o ato pelo qual as pessoas têm acesso à obra sem a distribuição de exemplares. Irrelevante, pois, se a comunicação pública abrange uma parte ou o todo da obra, a sua forma original ou mesmo a sua forma adaptada.

Portanto, o conceito de comunicação pública exclui a distribuição das obras em exemplares.

---

[3] LIPSZYC, Delia. **Derecho de autor y derechos conexos.** Regional Centre for Book Development in Latin America and the Cariban (Colombia). Paris: UNESCO; Bogotá: CERLALC; Buenos Aires: Zavalía, 1993. p. 183. Tradução de: "Algunas leyes denominan al derecho de comunicación pública, genéricamente, derecho de representación."

[4] LIPSZYC, Delia. Op. cit. p. 183. Tradução de: "esta expresión para cubrir toda una gama de prestaciones diferentes por sua naturaleza a la de un espectáculo dramático".

Poderá ocorrer, ainda, que a obra venha alcançar um público diferente daquele originariamente contratado para recepcioná-la. Este ato caracteriza uma nova comunicação pública, a ensejar a necessidade de uma autorização renovada, bem como o pagamento dos direitos daí provenientes.

A Lei 9.610/98 adotou a expressão "comunicação ao público", definindo-a no inciso V, do seu artigo 5º, como sendo o "ato mediante o qual a obra é colocada ao alcance do público, por qualquer meio ou procedimento e que não consista na distribuição de exemplares".

Não se vê, de forma específica, na atual lei autoral brasileira, uma clara previsão para o direito de colocação da obra à disposição do público no espaço virtual.

Contudo, o preceito de que o autor tem o direito de gozar, dispor e fruir de sua obra com exclusividade leva ao entendimento de que a disponibilização da obra na rede permanece amparada pela regra da exclusividade, ou seja, ninguém pode fazê-lo sem a prévia e expressa autorização do autor.

5   AS DIFERENTES FORMAS DE COMUNICAÇÃO PÚBLICA

Delia Lipszyc descreve as formas mais usuais de comunicação pública. A sua diretriz sobre o tema toma por guia o Convênio de Berna (artigos 11, 2; 11 ter; e 11 bis 1). Destaca de início a exposição de obras artísticas ou de suas reproduções, dizendo que (tradução nossa):[5]

> "A comunicação das obras expostas se realiza para um público que se encontra presente. Compreende a apresentação em forma direta do exemplar único da obra ou de um dos exemplares originais quando são múltiplos (por exemplo, gravados) ou bem em forma indireta, por meio de películas, diapositivos, imagens de televisão ou outras formas de apresentação nas telas."

Ao examinar a representação e a execução públicas, a autora as divide em diretas e indiretas. No rol das primeiras, aloja (tradução nossa):[6]

---

[5]   LIPSZYC, Delia. **Derecho de autor y derechos conexos.** Regional Centre for Book Development in Latin America and the Cariban (Colombia). Paris: UNESCO; Bogotá: CERLALC; Buenos Aires: Zavalía, 1993, p. 185. Tradução de: "La comunicación de las obras expuestas se realiza a un público que se encuentra presente. Comprende la presentación en forma directa del ejemplar único dela obra o de uno de los ejemplares originales cuando son múltiples (por ejemplo grabados) o bien en forma indirecta, por medio de películas, diapositivas, imágenes de televisión u otras formas de presentación en pantallas."

[6]   LIPSZYC, Delia. Op. cit., p. 185. Tradução de: "las representaciones escénicas de obras dramáticas, dramático-musicales, coreográficas, pantomímicas y cualquier otra obra destinada a ser representada, así como las adaptaciones para el teatro de obras de gêneros diversos (novela, cuento, etcétera)."

"[...] as representações cênicas de obras dramáticas, dramático-musicais, coreográficas, pantomímicas e qualquer outra obra destinada a ser representada, assim como as adaptações para o teatro de obras de gêneros diversos (novela, conto etc.)."

Nos dá conta, ainda, das recitações e leituras de obras literárias; as dissertações, conferências, alocuções e sermões, ensinamentos ministrados em salas de aulas ou mesmo explicações pedagógicas; e por fim, as execuções de obras musicais não dramáticas, com ou sem letras.

Não se pode esquecer que a representação e a execução públicas, meios usuais de comunicação das obras, se dão com a participação de intérpretes e executantes, em espetáculos "ao vivo", com a presença de público.

Para Delia, a comunicação ao público é indireta "quando se efetua por meio de uma fixação sobre um suporte material ou mediante intermediação de um organismo de radiodifusão ou empresa de distribuição por cabo. Portanto, configuram a comunicação indireta: o suporte material ou um '*agente de difusão*', bem como 'pela simultaneidade com que essas comunicações públicas podem se realizar'" (tradução nossa).[7]

A projeção ou exibição pública das obras audiovisuais é outra modalidade de comunicação. Segundo Lipszyc, em sua obra aqui referenciada, tanto pode compreender a forma tradicional de comunicar ao público as obras audiovisuais, ou seja, pela projeção sobre uma tela em uma sala de cinema, ou exibi-las em outro lugar, como por exemplo, uma casa de boliche, ou mesmo um restaurante ou um bar.

A caracterização indireta da comunicação advém do fato de que ela se realiza mediante cópia da obra ou de um organismo de radiodifusão ou uma empresa de distribuição por cabo, voltadas para um determinado público presente.

As chamadas transmissões "ao vivo" se dão no momento da emissão, sem prévia fixação da obra, interpretação ou execução. Delia Lipszyc considera que a comunicação pública pela radiodifusão é indireta, porquanto o público não recepciona diretamente o objeto da transmissão. Necessitará sempre de um agente intermediário, um órgão difusor qualquer que a promoverá em tempo real. De outro norte, o público, que assiste ao programa nos estúdios de uma rádio ou de uma emissora de televisão a receberá de uma forma direta.

É do conteúdo do direito de comunicação pela radiodifusão que a transmissão da obra não ocorra sem a prévia e expressa autorização do autor, bem como a sua retransmissão, pouco importando se por meio de ondas hertzianas ou por cabo. Não se pode perder de vista que é da essência do direito patrimonial que cada utilização da obra é independente entre si.

---

7 LIPSZYC, Delia. **Derecho de autor y derechos conexos.** Regional Centre for Book Development in Latin America and the Cariban (Colombia). Paris: UNESCO; Bogotá: CERLALC; Buenos Aires: Zavalía, 1993. p. 186. Tradução de: "por la simultaneidad con que esas comunicacionnes públicas pueden realizar-se".

Por último, a comunicação pública realizada por meio de satélite. Essa modalidade de comunicação se inclui no campo da radiodifusão, por disposição do artigo 11 bis, 1§, 1º, da Convenção de Berna:

"[...] a radiodifusão incluirá a realizada por um satélite, tanto na etapa ascendente como na etapa descendente da transmissão, até que a obra se comunique ao público (colocando-se ao seu alcance, ainda que não seja, necessariamente, recebida por ele)".

Sem dúvida que essa modalidade de transmissão veio alterar o cenário dos direitos autorais e conexos. É cediço que quanto mais a tecnologia avança mais distante do controle das obras e das suas interpretações ficam os seus titulares. Os programas artísticos são difundidos internacionalmente por meio desses sinais transmitidos pelos satélites.

Essas transmissões podem desrespeitar o direito moral e patrimonial dos autores e intérpretes, quando a exploração e a distribuição dos programas são realizadas por aqueles que não detêm os direitos sobre os sinais.

Essa atuação clandestina é conhecida como "pirataria de sinais", a prejudicar os interesses dos autores e intérpretes, tendo em vista que desnaturam as obras e suprimem a remuneração pelas sucessivas e incontáveis explorações desses sinais, realizadas por distribuidores que não estão autorizados a transmiti-los.

6   O DIREITO DE TRANSFORMAÇÃO DAS OBRAS

O conceito de transformação é de suma importância para as relações que decorrem da prática dos usuários de obras artísticas. O artigo 7, da Lei 9.610/98, ao consignar proteção às obras originais, cuidou expressamente no seu inciso XI de estender igual proteção para "as adaptações, traduções e outras transformações de obras originais, apresentadas como criação intelectual nova". O conceito de transformação é próximo do conceito de derivação: um é o gênero, do qual a derivação é espécie.

Como visto, o Direito Autoral protege a obra de criação artística pelo só fato de ter sido criada. A obra passa a existir em virtude do seu conteúdo de originalidade, de sua forma de expressão, e pelo seu comprometimento com o domínio literário, artístico e científico. Com essas características, assume a condição de obra originária.

Todavia, as obras originárias podem ser submetidas a diferentes modalidades de transformação. Quando se modificam, tomam por base as obras preexistentes, de onde, rigorosamente, nascem. Por isto, o autor da obra originária tem o direito exclusivo de autorizar ou não as transformações, adaptações, arranjos, traduções, orquestrações, versões, colagens, ou qualquer outra modificação sobre sua obra.

Uma vez permitida a transformação pelo autor, a obra que derivar da sua, como qualquer obra protegida, gozará de direitos morais e patrimoniais, a restar preservados na sua integralidade todos os direitos do autor da obra original.

A proteção estendida às obras transformadas não se confunde com a tutela consagrada em favor das obras originais. O autor originário não pode ser confundido com o autor derivado. A transformação de qualquer obra preexistente só será lícita se houver uma prévia autorização do titular originário em favor do titular derivado. A ausência de autorização configurará. sempre, flagrante violação aos direitos do autor da obra original. Autorizada a modificação da obra por seu criador, o autor derivado passa à condição de autor exclusivo da obra que veio a transformar. Com a transformação, pois, nasce uma nova obra, outro autor.

7 O DIREITO DE SEQUÊNCIA

De tudo visto até aqui, não resta dúvida de que a reprodução e a comunicação pública das obras representam as formas mais expressivas de sua exploração econômica.

Ingressa nesse campo por influência da legislação francesa o "*droit de suite*" com previsão no artigo 14 do Convênio de Berna. Este instituto jurídico interessa de perto a todos aqueles que se vinculam às artes plásticas:

> "No que concerne às obras de arte originais e aos manuscritos originais de escritores e compositores, o autor ou, depois de sua morte, as pessoas ou instituições a quem a legislação nacional conferir direitos gozarão do direito inalienável de obter uma participação com as vendas da obra posteriormente a primeira cessão operada pelo autor."

O Convênio permitiu, ainda, que as legislações nacionais determinassem as modalidades de percepção e o montante do valor a ser percebido em caso de sua realização.

Entre nós, o direito de sequência foi adotado pela antiga Lei 5.988/73 e pelo artigo 38, § único, da atual Lei 9.610/98. Pela nova lei, os autores passaram a deter o direito de perceber, no mínimo, cinco por cento sobre o aumento do preço verificado em cada revenda da obra de arte ou manuscrito alienado. Entretanto, o texto legal só se aplica às obras originais. E como forma de exercer o controle da revenda efetivada, o legislador tornou o vendedor e o leiloeiro depositários da quantia devida ao autor por conta da operação realizada.

Conhecido também como direito à mais valia, o direito de sequência permite que os artistas plásticos participem da comercialização de suas obras, a acompanhar a sua evolução econômica, a obterem uma remuneração suplementar pelas alienações sucessivas que as suas obras possam propiciar. Por certo, esse direito funciona como uma forma de compensação, a colocar num plano de igualdade os autores, os donos de galerias e os "*marchands de tableaux*", os olheiros das artes.

Trata-se de um instituto polêmico desde o seu nascimento, tanto para os artistas quanto para os seus usuários, uma vez que as regras estabelecidas interferem, diretamente, na comercialização das obras de artes plásticas, a gerar reflexos de natureza fiscal que decorrem da realização do próprio negócio, usualmente desprezados pelas partes envolvidas. É sabido que ninguém divulga ser proprietário de um quadro de Volpi ou de Salvador Dali, muito menos que deseja negociá-lo ou que o tenha vendido por um determinado preço.

Quando o negócio se realiza, ele se dá quase sempre de modo silencioso, vindo a ser formalizado mediante o pagamento do preço pelo adquirente e a entrega da obra pelo próprio artista, ou por quem detém a titularidade desses direitos. Entre nós, quem assume os ônus impostos pela lei são os proprietários de galerias e os leiloeiros, os responsáveis pela prestação de contas dos "direitos de sequência". O instituto veio contemplado na lei autoral como uma maneira de proteger artistas, e de minimizar o exercício da sonegação fiscal.

Mesmo que se discuta tratar-se de um direito de autor ou de um direito de mera remuneração, esse fato não afasta os motivos de ordem social que o instituíram. O direito de sequência é incompatível com a renúncia e a cessão de direitos. Admiti-las se traduz na sua supressão, razão pela qual os direitos de sequência são considerados irrenunciáveis e inalienáveis.

8 AS LIMITAÇÕES DO DIREITO AUTORAL

As limitações impostas aos direitos de autor, mesmo em caráter excepcional, representam uma restrição ao direito exclusivo do criador de permitir ou não a exploração econômica de sua obra. Os reflexos advindos das limitações aos direitos dos autores são sempre expressivos, porquanto estão a envolver o destino das obras, os seus reflexos patrimoniais, e, por via indireta, os interesses dos autores.

De uma maneira geral, a reflexão empreendida pelos juristas em torno das limitações aos direitos autorais tem por escopo uma política social. É preciso assegurar ao conjunto da sociedade o acesso às obras de criação literária, artísticas e científicas, como meio eficaz de difusão da informação e do conhecimento. Portanto, as limitações que os ordenamentos autorais de uma maneira geral impõem equivalem a um conjunto de exceções prescritas em lei (*numerus clausus*), e não afetam o direito moral do autor, porém restringem os seus direitos patrimoniais, suas faculdades de exploração exclusiva da obra.

Delgado Porras, citado por Lipszcy, ensina que as limitações só se aplicam (tradução nossa):[8]

> "[...] depois da primeira publicação da obra realizada com autorização do autor (vale dizer, logo que este haja exercido o seu direito moral de divulgação) se deve mencionar o nome do autor e a fonte e não se podem introduzir modificações".

---

[8] LIPSZYC, Delia. **Derecho de autor y derechos conexos.** Regional Centre for Book Development in Latin America and the Caribbean (Colombia). Paris: UNESCO; Bogotá: CERLALC; Buenos Aires: Zavalía, 1993. p. 219. Tradução de: "después de la primera publicación de la obra realizada con autorización del autor (es decir, luego que este ha ejercido su derecho moral de divulgación), se debe mencionar el nombre del autor y la fuente y no se pueden introducir modificaciones".

Esse é o motivo pelo qual as limitações se aplicam restritivamente.

Lipszyc as descreve como sendo de dois tipos: "as que autorizam a utilização livre e gratuita e as que estão sujeitas a remuneração; estas últimas constituem licenças não voluntárias (licenças legais e licenças obrigatórias)" (tradução nossa).[9]

Classifica-as com relação à sua extensão, motivação e os limites em que se efetua a sua utilização. As licenças extensas são marcadas pela utilização livre e gratuita da obra, a independer da prévia autorização do autor. As licenças não voluntárias estão submetidas a uma remuneração, contudo, resta limitado o direito exclusivo do autor.

Com relação às licenças legais, a utilização da obra é livre e a retribuição para a sua utilização é estabelecida por "norma legal ou por autoridade competente" (tradução nossa).[10] No que tange às licenças obrigatórias, o uso da obra é livre, podendo o autor negociar as condições de utilização da obra, "geralmente através da gestão coletiva da categoria de direitos de que se trate" (tradução nossa).[11] Em caso de divergência entre partes, a remuneração será fixada por autoridade judicial ou administrativa.

A sua motivação se dá por razões de ordem educacional, cultural, ou de informação, sempre tendo em vista as políticas sociais. No que diz respeito aos limites de sua utilização, podem circunscrever-se ao "uso pessoal" ou ao "uso público".

Os artigos 46 a 48 da Lei 9.610/98 enumeram as limitações aos direitos autorais. Cumpre destacar o inciso VIII, do artigo 46, da Lei 9.610/98, que permite a reprodução, em quaisquer obras, de criações de diferentes gêneros artísticos.

Todavia, determina a obrigatoriedade da reprodução integral para todas as obras de artes plásticas que venham a ser reproduzidas. A lei autoral veda que se reproduza qualquer obra de artes plásticas pela metade ou mesmo parcialmente.

Além disso, obriga que a reprodução em si mesma não constitua "o objetivo principal da obra nova". Por certo, inexistem dificuldades para se avaliar se uma reprodução qualquer representa ou não o objetivo principal da obra nova. Dificilmente, pequenos trechos de obras alheias comprometeriam o objetivo principal da obra final.

De acordo com o artigo 48 da Lei 9.610/98, as obras situadas "permanentemente em logradouros públicos podem ser representadas livremente, por meio de pinturas, desenhos, fotografias e procedimentos audiovisuais".

Luiz Fernando Gama Pellegrini vale-se da definição de De Plácido e Silva para conceituar logradouro público: "Na terminologia nativa, é mais propriamente tido como o

---

[9] LIPSZYC, Delia. Op. cit. p. 219. Tradução de: "las que autorizan la utilización libre y gratuita y las que están sujetas a remuneración; estas últimas constituyen licencias no voluntarias (licencias legales e licencias obligatorias)".

[10] LIPSZYC, Delia. Op. cit. p. 220. Tradução de: "norma legal o por la autoridad competente".

[11] LIPSZYC, Delia. Op. cit. p. 220. Tradução de: "generalmente a través de la entidad de gestión colectiva de la categoría de derechos de que se trate".

local, ameno e agradável, como praças, jardins, hortas, passeios, mantidos pelos poderes públicos, para desfrute e gozo dos habitantes da localidade."[12]

Registre-se que houve uma mudança significativa do texto da lei anterior para o da atual. A letra "e" do artigo 49 da Lei 5.988/73 autorizava a reprodução "de obras existentes em logradouros públicos." O seu pressuposto era que as obras expostas em lugares públicos poderiam ser reproduzidas sem qualquer restrição. Entretanto, a lei vigente, ao introduzir a expressão "representação", modificou substancialmente o comando legal. Veda que uma escultura situada em praça pública possa ser reproduzida como originalmente concebida. Esta compreensão não alcança, por óbvio, as obras caídas em domínio público.

Pellegrini, ao comentar o novo texto, afirma que "o legislador ordinário, ao utilizar-se do verbo **representar**, assim o fez conscientemente, evitando o verbo **reproduzir** que, como se sabe, implica "[...] *em cópias de exemplares da obra artística* [...]*(art. 5º, VI)*".[13]

Entre representar e reproduzir existe uma grande diferença: a representação só se materializa no plano bidimensional. Uma escultura, qualquer que seja, será sempre tridimensional na sua configuração definitiva. Com a inclusão apenas da representação, o legislador reservou ao artista plástico, com absoluta exclusividade, o direito de reproduzir a obra em exemplares, e, por via de consequência, sua exploração econômica.

9 TRANSMISSÃO DOS DIREITOS AUTORAIS

A aquisição derivada dos direitos autorais se dá por contrato, ou pelo falecimento do autor. Com a sua morte, opera-se a transmissão dos direitos econômicos de sua produção intelectual aos herdeiros e sucessores, se houver. Caso inexistam, a obra cairá, automaticamente, em domínio público. Portanto, a transmissão só poderá ocorrer enquanto a obra estiver protegida.

O direito dos autores para explorar as obras de sua criação perdura por toda a existência. Com o evento morte, serão acrescidos mais 70 (setenta) anos de exclusividade para a utilização das obras, contados de 1º de janeiro do ano subsequente ao de seu falecimento. Nessa oportunidade, os herdeiros ingressam no exercício desse prazo nos termos da ordem sucessória estabelecida pelo artigo 1.829 do Código Civil vigente: descendentes e cônjuge sobreviventes, ascendente e cônjuge, e, por último, cônjuge sobrevivente na ausência de descendentes e colaterais.

Em caso de indivisibilidade da obra e pluralidade de autores, conta-se o prazo de 1º de janeiro do ano subsequente da morte do último coautor vivo. Na hipótese da morte do coautor sem sucessores, os seus direitos não desaparecem com o seu falecimento. Ao contrário, estendem-se aos coautores vivos, sem, contudo, beneficiar os seus herdeiros.

---

12   PELLEGRINI, Luiz Fernando Gama. **Direito autoral do artista plástico**. São Paulo: Oliveira Mendes, 1998. p. 95.

13   PELLEGRINI, Luiz Fernando Gama. Op. cit. p. 101.

Quanto aos autores de obras audiovisuais, de obras fotográficas, o prazo desses direitos passa a ser contado da data de sua divulgação e será também de 70 (setenta) anos. Esses direitos não alcançam os sucessores.

De igual modo, será de 70 (setenta) anos, contados a partir de 1º de janeiro do ano subsequente ao da publicação da obra, o prazo para as obras anônimas ou pseudônimas. Nessa circunstância, a proteção se volta diretamente para a obra, independentemente de quem a criou. Quando o autor se der a conhecer, ingressará no exercício desse direito, até então conduzido por quem realizou a publicação da obra. As hipóteses descritas têm previsão nos artigos 41/44 da Lei 9.610/98.

O prazo dos direitos morais prevalece até o cumprimento do prazo de duração dos direitos patrimoniais, mesmo depois da morte do autor. Como são direitos personalíssimos, permanecem na órbita da individualidade do autor durante a sua existência, salvo previsão em contrário expressa em lei.

Os direitos conexos têm prazo de duração semelhante aos dos autores, ou seja, de 70 (setenta) anos a contar de 1º de janeiro. Todavia, esses prazos estão sujeitos a variações em relação aos artistas: iniciam-se a partir da execução ou da representação pública efetivada; para as empresas de radiodifusão, a contar da realização da primeira emissão do programa; quanto aos fonogramas, a partir da data em que são fixados. Este é o conteúdo do artigo 96 da Lei 9.610/98.

Os direitos patrimoniais de autor são transferidos mediante contratos escritos, comutativos e onerosos. Como os negócios jurídicos autorais impõem interpretação restritiva, por esse só fato ela também se estende aos contratos: o que não for estabelecido por expresso pelas partes contratantes considera-se não convencionado.

10 CONTRATOS NAS RELAÇÕES AUTORAIS

Com relação ao princípio da boa-fé, esse estará circunscrito ao que as partes manifestaram em contrato. Isso se deve ao fato de que os negócios jurídicos em matéria autoral serão interpretados restritivamente (artigo 4º da Lei 9.610/98). Este conteúdo de interpretação restritiva não representa uma novidade, porquanto foi instituído quando entrou em vigência a Lei 5.988, de 14 de dezembro, de 1973.

Pelo princípio da força obrigatória, a regra é que o contrato uma vez firmado torna-se, em princípio, irretratável, em que pese à possibilidade de disposição em contrário do que nele se estabeleceu. Entretanto, a regra é que o contrato de natureza autoral será sempre retratável, porquanto ancorado no direito de arrependimento, um direito personalíssimo, por isso mesmo irrenunciável e inalienável.

Para a validade e eficácia dos contratos autorais, dispensa-se o cumprimento de qualquer formalidade, exceto relativamente à cessão de direitos autorais, que se fará sempre por escrito. Porém, do ponto de vista da validade dos seus efeitos, os contratos de cessão de direitos serão objeto de registro em Cartórios de Títulos e Documentos, desde que a obra não esteja registrada. Contudo, efetivado o seu registro, o contrato deverá ser objeto de averbação à margem do registro da obra, para obter validade perante terceiros. Isso se deve, porquanto a cessão de direitos autorais é meio de disposição de direitos patrimoniais de autor (artigo 50 da Lei 9.610/98).

A nossa atual lei autoral indica as modalidades de contratação das obras de criação artística: "licenciamento, concessão, cessão ou por outros meios admitidos em Direito" (artigo 49). Em especial, no artigo 53, no Título IV, Capítulo I, prescreve as regras atinentes aos contratos de edição. Os contratos autorais, em última análise, são espécies do "gênero contrato de reprodução",[14] na feliz expressão de Fábio Maria de Mattia.

De acordo com os ensinamentos de Eduardo Vieira Manso, "o contrato de cessão de direitos autorais é típico, no direito brasileiro, representando, a cessão, um autônomo negócio jurídico, gerador de direitos e de obrigações patrimoniais específicos do Direito Autoral, em que se opera a substituição subjetiva do titular de tais direitos".[15] Esse era o regime jurídico previsto na Lei 5.988, de 14 de dezembro de 1973, igualmente encampado pela Lei 9.610, de 19 de fevereiro de 1998.

Observa Vieira Manso que a cessão de direitos para o sistema geral das obrigações, em si mesma, não é considerada um negócio jurídico. Constitui-se tão somente modalidade de cumprimento de determinadas obrigações. Para ele, contudo, "a cessão de direitos, por si mesma, configura negócio jurídico típico".[16] Assim, a cessão de direitos autorais existe por si mesma como "causa e objeto de um encontro de vontades".[17]

Há que se examinarem os contratos de cessão de direitos e os seus efeitos, em especial os que dizem respeito aos autores e àqueles que utilizam de suas obras. Doutrinadores, como Walter Morais, Vieira Manso, Antônio Chaves, consideram os seus efeitos muito semelhantes aos efeitos dos contratos de compra e venda, a causar uma "verdadeira espoliação do patrimônio do autor-cedente, que se esvazia enquanto o do cessionário o recebe, aumentando-se".[18] Demais disso, celebrado o contrato de cessão de direitos, desaparece dessa relação jurídica a figura do cedente, passando a subsistir a figura do cessionário, detentor exclusivo de todos os direitos cedidos.

Vieira Manso recomenda que, quando se faz uma analogia entre o contrato de cessão de direitos autorais e o de compra e venda, é preciso também estabelecer um "tratamento analógico de sua retribuição pecuniária".[19] Isso porque, no instituto da compra e venda,

---

[14] DE MATTIA, Fábio Maria. Contratos de reprodução. **Revista Interamericana de Direito Intelectual**, São Paulo: RIDE, p. 128, jul./dez. 1978.

[15] MANSO, Eduardo Vieira. **Contratos de direito autoral**. São Paulo: Revista dos Tribunais, 1989. p. 22.

[16] MANSO, Eduardo Vieira. Op. cit. p. 22.

[17] MANSO, Eduardo Vieira. Op. cit. p. 99.

[18] MANSO, Eduardo Vieira. Op. cit. p. 99.

[19] MANSO, Eduardo Vieira. **Contratos de direito autoral**. São Paulo: Revista dos Tribunais, 1989. p. 99.

"um dos contratantes se obriga a transferir o domínio de certa coisa, e o outro, a pagar-lhe certo preço em dinheiro". Essa era a regra estabelecida pelo artigo 1.122 do Código Civil de 1916. O artigo 481 do Código Civil de 2002 reproduz o mesmo conteúdo existente no ordenamento pretérito. Acresceu, ainda, no artigo 482, a regra segundo a qual a compra e venda será considerada perfeita, desde que os contratantes estiverem de acordo com o objeto e o preço contratado.

Para Vieira Manso, em que pese necessidade de se ajustar um pagamento, não se deveria falar em preço, mas sim em remuneração. A rigor, o cessionário não adquire os direitos do autor, ele apenas ingressa no exercício desses direitos, definitivamente. Todavia, nada impede que o cedente possa vir a arrepender-se da cessão firmada e derrogar os direitos que veio a transferir.

A Lei 5.988, de 14 de dezembro de 1973, ao eleger como modalidade única de contratação a cessão de direitos autorais, no § 2º do artigo 53, exigiu que em casos de cessão a título oneroso haveria a obrigatoriedade de se fixar o preço ou a retribuição.

No mesmo sentido, a Lei 9.610, de 19 de fevereiro de 1998, cuja novidade foi ampliar o leque das modalidades de contratação no § 2º do artigo 50, mantendo, dentre os elementos de validade dos contratos de cessão, a figura do preço. Certo que o preço traduz-se em quantia certa e irreajustável, à imagem e semelhança da compra e venda. Ao cotejar o instituto da compra e venda e da cessão de direitos, a ênfase da análise suscitada por Vieira Manso recai sobre o pagamento do preço para a aquisição dos direitos autorais. Segundo sua visão, é no preço, e não no instituto da cessão de direitos em si mesma, que reside todo o seu mal.

Afirma que o mal "é muito maior quando se trata de autor novo, isto é, de autor que ainda não tenha publicado nenhuma obra, ou que tenha obra, ou que tenha tido poucas obras publicadas (quando estas, por sua natureza, são de pequena extensão, como poemas, as letras de canções, as telas etc.)".[20]

Ressalta a figura do autor novo, pelo só fato de faltar-lhe experiência e condições próprias para negociar com independência os contratos de cessão de direitos autorais. Em virtude disso, acaba por obter valores inexpressivos, "e, não raros ridículos, para terem a oportunidade de se verem lançados ao público, o que é, mesmo, a mais impulsiva das razões por que o autor aliena os seus direitos autorais: todo autor novo é, quase que por princípio, um amador".[21]

Em que pese Vieira Manso realçar a figura do autor novo, não devem ser excluídos dessa análise os criadores de uma maneira geral, pouco importando se autores novos ou mais maduros na condução dos seus interesses patrimoniais. Por certo, os autores mais antigos, com honrosas exceções, também não têm conhecimento e muito menos experiência para entabular os negócios jurídicos representados por quaisquer contratos, em especial

---

[20] MANSO, Eduardo Vieira. **Contratos de direito autoral**. São Paulo: Revista dos Tribunais, 1989. p. 100.

[21] MANSO, Eduardo Vieira. Op. cit. p. 100.

os de cessão de direitos. Os autores mais experientes só conseguem um melhor preço na negociação dos seus direitos autorais quando já galgaram renome artístico, em virtude do reconhecimento de suas obras junto ao público consumidor. Por conta disso, adquirem condições de reivindicações e exigências que costumam ser acolhidas pela parte que deseja explorar comercialmente as obras. Essa tem sido a regra de mercado, a determinar e conduzir as contratações envolvendo os titulares dos direitos autorais.

Com os contratos de licença o raciocínio é outro. O autor, ao licenciar a sua obra, firma o preço e condições que irão integrar o licenciamento, mas que permitirão ao licenciado apenas e tão somente o uso de sua criação, nas condições estabelecidas no contrato de licença. Ressalte-se que a licença não caracterizará em hipótese alguma uma venda da obra, a sua alienação definitiva. Isto porque, mediante esta modalidade de contratação, o autor manterá sempre, no seu acervo pessoal, a obra licenciada.

No campo das artes plásticas, em especial, as transações operadas, ocorrem comumente através da tradição. Pago o preço pelo adquirente da obra, o autor, promove, no mesmo ato a sua entrega, a encerrar em definitivo o negócio jurídico, a transformá-lo num ato jurídico perfeito e acabado.

11 O PLÁGIO

A compreensão do plágio não poderá ficar distante de todos aqueles que vivenciam o mundo das artes plásticas. Em face das diferentes manifestações doutrinárias, pode-se afirmar que a sua configuração se dá com a manifestação dos seguintes elementos a seguir descritos: em primeiro lugar, trata-se de uma apropriação ilícita; em segundo lugar, o plagiário assume a condição do criador da obra em substituição ao verdadeiro autor; em terceiro lugar, o plagiário copia a obra, tal como ela foi concebida, parcial ou totalmente; por último, o plagiário promove na estrutura da obra modificações e transformações em condições de afetar a sua forma de expressão originária.

O plágio é ainda destacado pela doutrina sob uma dupla forma: servil e elaborada.

Quando se trata de plágio servil, quer parcial ou totalmente, a cópia intentada reproduz a obra tal como concebida pelo seu autor. Com relação ao chamado "plágio burro", o plagiário usa de ardil, de artifício para apresentar a obra como sendo de criação própria. A sua ação tem por escopo atacar o núcleo fundamental da criação, que é a obra.

Assim, o plagiador volta-se contra a obra, sendo certo que essa ofensa vai atingir ao autor por via reflexa. Afinal, o objeto de proteção do direito autoral é a obra, e não o seu autor.

Todavia, mais uma distinção aqui se impõe com relação à figura do plágio: quando se está diante das chamadas obras derivadas e compostas, a resultar do direito de transformação já acima visto. Como são figuras próximas, vizinhas, o direito de transformação não pode ser confundido com o plágio. As obras derivadas ou compostas dependem sempre das obras originárias para se transformarem em obras de criação intelectual nova. Ainda que muito próximas, as regras são distintas. A obra derivada ou composta só será obra nova se o autor derivado tiver obtido expressa e previamente a autorização do titular originário.

Na opinião de vários doutrinadores que trataram do tema, para que o plágio passe a existir, ou seja, para que ele se materialize a gerar reflexos de natureza civil e criminal, é preciso que a obra plagiada seja submetida a uma ampla divulgação, seguida de uma efetiva exploração comercial. Essas condições haverão de configurar o plágio de maneira inequívoca. Se em certa medida se exige o requisito da divulgação da obra plagiada, contudo, essa consideração não afasta a possibilidade da ocorrência do plágio sem a comercialização da obra copiada, bastando para sua consumação a simples divulgação da obra plagiada.

O plágio, cabe ressaltar, representa acima de tudo uma infração contra o direito moral do autor, desde que a obra seja afetada em sua forma de expressão original, e que o plagiário substitua o verdadeiro autor da obra.

Com esse nível de afronta, essa forma de violação agride faculdades de ordem moral e patrimonial.

O plágio, em face à nossa legislação, pode ser considerado o gênero, do qual a contrafação é a espécie. A contrafação definida na lei autoral brasileira constitui-se na reprodução desautorizada da obra, compreendida em amplo sentido. A contrafação, pois, alcança as obras no seu mais amplo sentido: literárias, artísticas e científicas. Por óbvio que as obras de artes plásticas podem ser objeto de contrafação. A figura mais encontrada é certamente da falsificação de obras artísticas, a complicar a vida de autores, colecionadores, marchants, curadores, galeristas, leiloeiros e investidores.

12 A OBRA DE ARTE NA ERA DIGITAL

As tecnologias que aí estão permitem que as obras de arte possam ser apropriadas e utilizadas diferentemente da forma tradicional. Todavia, não significa dizer que possam ser utilizadas sem um mínimo controle, e mais, que os seus autores perderam por completo o destino de suas produções intelectuais, e que os seus direitos não devam ser respeitados.

Equivale dizer que a proliferação constante de novas tecnologias impõe novos desafios, além de dificultar o exercício da proteção autoral. Contudo, não impede que, ainda assim, se promova a defesa da obra de arte em face dos seus expropriadores.

Por certo que a reprodução técnica da obra de arte continuará ocorrendo sem a prévia e expressa autorização dos titulares de direitos, sendo certo que os institutos jurídicos existentes, quando acionados, permitirão a restauração dos direitos dos criadores artísticos, desconstituídos à revelia dos pressupostos que sustentam o direito autoral brasileiro.

A Lei 9.610, de 19 de fevereiro de 1998, estabelece, no artigo 77, que salvo convenção em contrário, o autor de obra de arte plástica, ao alienar o objeto em que ela se materializa, transmite o direito de expô-la, mas não transmite ao adquirente o direito de reproduzi-la. Esse conteúdo legal vai de encontro às utilizações ilícitas das obras de artes plásticas no espaço virtual, ou seja, na Internet, induvidosamente o meio virtual mais democrático de comunicação e de negócios até então criado. Contudo, não se pode esquecer que a Internet é apenas um meio, e não um fim em se mesma.

Portanto, qualquer que seja a reprodução de obras artísticas no espaço virtual, sem a prévia autorização do autor ou titular desse direito, ensejará ao titular do direito a possibilidade de defesa da obra.

De outro norte, cumpre destacar que a lei autoral brasileira protege bancos de dados de forma genérica, razão pela qual se incluem nesse campo de proteção os bancos de dados de obras de arte. A proteção está prevista no artigo 87 da Lei 9.610/98. O titular do banco de dados terá direitos patrimoniais e direitos exclusivos sobre o banco de dados que veio a constituir, ficando compreendido que o que se protege não é o conteúdo da criação que integra a plataforma de dados edificada, mas, tão somente, a forma de expressão da estrutura da referida base. As obras de arte colacionadas no banco de dados por si sós já se encontram protegidas. Afinal, o banco de dados é construído com obras artísticas preexistentes.

13   CREATIVE COMMONS

O movimento *Creative Commons* é um movimento externo, divorciado de nossa tradição jurídica, compreendendo um conjunto de licenças virtuais para a utilização das obras de criação artística no espaço virtual, que vem sendo entendido como meio de assegurar a contratação das obras artísticas na Internet. Entretanto, este sistema de licenciamento virtual está muito mais preocupado em transformar as obras em "conteúdos", colocá-las no campo do domínio público virtual, com a finalidade de permitir utilização das obras (conteúdos) pelos grandes conglomerados econômicos, a prejudicar os interesses dos autores nacionais. Surpreende o fato de que esse conjunto de licenças virtuais não esteja sendo estudado à luz dos pressupostos doutrinários que informam o Direito Autoral entre nós.

Do ponto de vista das licenças virtuais *"Creative Commons"*, conclui-se tratar de um sistema de modelos contratuais colocados à disposição dos autores e titulares de direitos autorais, tendo por fundamento princípios filosóficos e jurídicos que estão à margem dos pressupostos doutrinários que informam o Direito Autoral vigente, em especial os direitos morais e patrimoniais dos autores nacionais.

Os princípios filosóficos que embasam o sistema *"Creative Commons"* tentam fragilizar as instituições jurídicas autorais, na medida em que são elas que tornam efetiva a possibilidade de proteção das obras, garantem os direitos exclusivos de sua exploração patrimonial em favor dos criadores, promovem a sua limitação no tempo, permitem a sua transmissão por ato entre vivos, em consonância com a evolução natural do processo criativo.

Os seus defensores propugnam, sem disfarces, que as obras sejam disponibilizadas à semelhança do domínio público, com a colaboração e aquiescência dos próprios autores.

Pregam a necessidade de uma "cultura livre" que será construída unicamente pelos autores, sem a presença de intermediários, com a mais ampla liberdade de criação.

Apregoam e acreditam ser a tecnologia digital a única fonte benéfica do processo criativo, razão pela qual a obra cede lugar para criações de "conteúdo", e o autor se despe da condição de autor para assumir a condição de "produtor de conteúdos".

A adoção do sistema "*Creative Commons*", como incentivado, reforça a falsa ideia de que os autores não devem se submeter à legislação autoral que os protege ou permanecerem vinculados àquelas empresas que, por vezes, fazem um uso comercialmente injusto de suas obras.

Integra parte considerável do discurso oficial que a legislação autoral representa um grande entrave a impedir a formação e o desenvolvimento do processo cultural do país.

As declarações de Lawrence Lessig, mentor do sistema, em entrevista dada ao **Jornal do Brasil** de 14 de junho de 2004, no Fórum Internacional de Software Livre, em Porto Alegre, apontam nessa direção: "A tecnologia permite o uso da criatividade para encontrar pessoas. Mas a lei não deixa você conhecer o trabalho dos outros e produzir a partir dele. Por isso, decidimos remover barreiras que impedem a criação e a mistura de culturas. Muitos ignoram os limites, mas nós construímos uma tecnologia que possibilita aos artistas a liberação de suas obras para o mundo. A intenção do *Creative Commons* é a globalização do trabalho artístico."[22]

A mesma matéria jornalística traz uma foto em que Lessig encontra-se ao lado de William Fisher, professor da Escola de Direito de Harvard e mentor do projeto "*Alternative Compensation System*", que, "ao responder a pergunta: 'Qual a sua opinião sobre o *Creative Commons*?', revela um total desprezo pela lei autoral: É o primeiro passo para um projeto maior, como o *Alternative Compensation System*. O CC permite que sons, imagens e códigos sejam vistos, utilizados e reinventados, mas deve encorajar artistas a desafiar a lei de direito autoral".[23]

Entre nós, o movimento "*Creative Commons*", além de ampliar o número de adeptos, encarna na pessoa de Ronaldo Lemos, reconhecido professor da Fundação Getulio Vargas, um dos seus principais defensores.

Ressalta em sua obra que: "o sistema '*Creative Commons*' cria instrumentos jurídicos para que um autor, um criador ou uma entidade diga, de modo claro e preciso para as pessoas em geral, que uma determinada obra intelectual sua é livre para distribuição, cópia e utilização. Essas licenças criam uma alternativa ao direito de propriedade intelectual tradicional, fundada de baixo para cima, isto é, em vez criadas por lei, elas se fundamentam no exercício de prerrogativas que cada indivíduo tem, como autor, de permitir o acesso às suas obras e a seus trabalhos, autorizando que outros possam utilizá-los e criar sobre eles".[24]

---

[22] EBOLI, João Carlos de Camargo. **Pequeno mosaico do direito autoral**. São Paulo: Irmãos Vitale, 2005. p. 101-102.
[23] EBOLI, João Carlos de Camargo. Op. cit. p. 102.
[24] LEMOS, Ronaldo. **Direito, tecnologia e cultura**. Rio de Janeiro: FGV, 2005. p. 83.

Além de defensor do sistema de licenças virtuais, Lemos tem sido um crítico constante do "direito autoral clássico", que sob a sua ótica funciona como "um grande NÃO!".[25]

Em que pesem as opiniões de Lawrence Lessig, William Fisher e Ronaldo Lemos, ninguém mais desconhece que, se um autor quiser liberar a utilização de sua obra na Internet, não necessitará assinar qualquer espécie de autorização, ou mesmo um contrato. Pode fazê-lo tanto no espaço virtual quanto fora dele, independentemente dos reflexos negativos ou positivos que possam advir dessa liberação.

Isso porque o nosso ordenamento jurídico consagrou o princípio segundo o qual os autores detêm um direito exclusivo sobre as suas obras, podendo utilizá-las da melhor maneira que desejarem.

É preciso compreender também que o chamado "direito de propriedade intelectual tradicional", criado por lei, não pode ser compreendido como um diploma a cercar os direitos dos autores nacionais, como se eles não tivessem sido alcançados por um conjunto de regras a permitir-lhes o uso de suas obras e assegurar-lhes a defesa de seus direitos.

Em que pese a sua curta vigência, a Lei 9.610, de 19 de fevereiro de 1988, representa um salto qualitativo para a regência das relações autorais. Sintetiza um apanhado de contribuições dos mais variados segmentos de criação artística do país, expressadas livre e democraticamente junto ao Congresso Nacional, no curso de sua discussão e elaboração.

Por isso mesmo, o sistema "*Creative Commons*" não pode ser considerado inédito ou quiçá mesmo renovador. A oferta de prerrogativas já incorporadas pela vontade dos autores brasileiros nasceu do exercício permanente e contínuo das relações autorais vivenciadas no curso de uma longa trajetória. O ordenamento jurídico outorga aos nossos criadores ampla disponibilidade sobre suas obras, permitindo-lhes dar a elas o destino que elegerem. "reforma agrária autoral", como vem sendo vaticinada pelo Ministro de Estado da Cultura, o autor Gilberto Gil.

Qualquer que seja a posição que se venha adotar, por certo que não poderão ser desprezados os pressupostos que informam o direito autoral brasileiro, todos eles fundados no sistema jurídico do direito continental, ao qual nos filiamos.

Como não poderia deixar de ser, a nossa tradição jurídica não encampou o sistema do *copyright*, próprio dos países que se submetem ao sistema legal da *Cammon Law*. Entretanto, nem sempre os princípios que integram esses dois sistemas jurídicos permitem a sua harmonização voltada para facilitar uma melhor compreensão e adequação jurídica entre os que criam e aqueles que usam o resultado dessas criações, as obras artísticas.

A redação das licenças "*Creative Commons*" segue com fidelidade os textos norte-americanos concebidos no marco da lei nacional dos Estados Unidos, que, pela sua tradição legislativa, desconhece por completo a distinção jurídica de alguns conceitos doutrinários como os concebemos, como por exemplo, a compreensão entre uma obra audiovisual e uma gravação audiovisual de uma interpretação ou mesmo execução de uma obra musical, dentre outros.

---

[25] LEMOS, Ronaldo. Op. cit. p. 83.

A parte isso, o direito autoral brasileiro trata os bens imateriais como sendo bens móveis. Sob essa condição ingressam no campo do direito de propriedade, cabendo, pois, ao autor o direito exclusivo de autorizar ou não a utilização de sua obra.

Portanto, a autorização prévia, além de constituir-se em uma decorrência obrigatória para o exercício desse direito, é condição essencial para a sua utilização.

A importância econômica dos bens imateriais com a disseminação das novas tecnologias é um fato. As obras utilizadas por intermédio dos meios digitais têm provocado a dessacralização do seu corpo mecânico, e com isso transformado os modos de produção, reprodução, distribuição e comercialização das obras artísticas.

Diante das dificuldades do controle da utilização das obras no espaço digital, os seguidores do movimento "*Creative Commons*" pretendem tornar irrestrita a circulação das obras, transformá-las em meros *conteúdos* virtuais, "flexibilizar" os conceitos autorais consolidados, políticas consideradas essenciais para o desenvolvimento do processo de formação cultural do país.

Corre-se o risco de se criar com essa visão unilateral um falso problema: direito de autor em oposição ao processo cultural brasileiro, como se fossem campos antagônicos, cuja convivência de valores é incompossível.

Em conclusão, pode-se afirmar que inexiste incompatibilidade entre as regras que protegem as obras artísticas e a construção do processo cultural brasileiro. Os bens imateriais culturais, pelo fato de agregarem valores específicos, não devem ser considerados como mercadorias comprometidas com as políticas de consumo de larga escala. A produção cultural não é regida por regras comerciais usuais, razão pela qual é considerada uma exceção, cujos comandos são forjados fora do campo usual do comércio.

As licenças "*Creative Commons*" encampam uma construção doutrinária que não se coaduna com a nossa, a convalidar conceitos distorcidos e incongruentes. Essa inadequação doutrinária afeta, acima de tudo, o conceito de autor, o conceito de obra, de obra coletiva e obra derivada, que são tratados pelo nosso direito à imagem e semelhança dos postulados herdados do Direito Continental que nos vincula.

As licenças virtuais "*Creative Commons*" constituem-se em meros contratos de adesão, a subtrair das partes contratantes a manifestação do livre debate em torno das cláusulas contratuais a serem celebradas, tendo em vista que um dos contratantes aceita tacitamente as condições previamente estabelecidas pelo outro.

Como são laborados exclusivamente pela Instituição "*Creative Commons*", a adesão acaba se dando em relação ao autor da obra de criação artística e qualquer interessado que queira fazer dela uso. As cláusulas estipuladas nas licenças não poderão ser modificadas por qualquer das partes. Com isso, os contratantes aderem ao contrato elaborado unicamente pela Instituição, em todos os seus termos.

Sabe-se que o autor tem todo o direito de autorizar a utilização de sua obra pelos meios disponíveis, inclusive o virtual. Sabe-se também que a Internet é caótica, na justa medida em que configura a expressão da liberdade total, a promover a ruptura do princípio da territorialidade.

Tem-se, pois, que os contratos virtuais, depois de concluídos, não garantem às partes que os celebraram que as suas cláusulas serão cumpridas, independentemente da modalidade da licença escolhida.

Com efeito, cumpre ao autor, ou mesmo ao titular dos direitos autorais, informar-se e ser informado, antes de assinar uma das licenças virtuais "*Creative Commons*", de que forma se dará o cumprimento dos seus direitos licenciados e os reflexos jurídicos que poderão advir.

É sabido que as obras artísticas, mesmo que digitalizadas, não podem ser reproduzidas, distribuídas e transformadas nas infovias eletrônicas, sem prévia e expressa autorização dos seus criadores. As obras não podem ser utilizadas no espaço virtual sem que os autores sejam remunerados por essa utilização.

Por tudo visto, as diferentes modalidades de licenças "*Creative Commons*" não garantem que as obras licenciadas sejam respeitadas por terceiros nas condições estabelecidas no corpo das próprias licenças. Em razão disso, o sistema de licenças "*Creative Commons*", pela sua própria fragilidade, em vez de constituir-se em meio seguro de contratação, contribui para a desconstituição dos direitos autorais no mundo virtual.

REFERÊNCIAS BIBLIOGRÁFICAS

ABRÃO, Eliane Y. **Direitos de autor e direitos conexos**. São Paulo: Editora do Brasil, 2002. p. 150.

AFONSO, Otávio. **A agenda para o desenvolvimento**. 2007. Disponível em: <http://www.ocmasr.blogspot.com>. Acesso em: 4 mar. 2008.

ANDRADE, Marcus Vinicius de. **Produção cultural e propriedade intelectual**. In: SEMINÁRIO PROMOVIDO PELA FUNDAÇÃO JOAQUIM NABUCO. 2005, Recife.

BITTAR, Carlos Alberto. **Direito de autor na obra feita sob encomenda**. São Paulo: Revista dos Tribunais, 1977.

BRASIL. Anteprojeto de Lei Seção I, p. 20711/13, p. 9. Sobre Direito de Autor. **Diário Oficial da União**, Brasília, 25 de out. 1988.

CALDAS, Luiz. Prodemge – Companhia de Tecnologia da Informação do Estado de Minas Gerais. Licenciamento de software livre: questões técnicas e legais. **Revista Fonte**, Belo Horizonte, 2005, v. 2, n. 2.

CARBONI, Gulherme. **Função social do direito de autor**. Curitiba: Juruá, 2006.

CHAVES, Antonio. **Criador da obra intelectual**. São Paulo: LTr, 1995.

_____. **Direito de autor**. Rio de Janeiro: Forense, 1987.

COSTA NETTO, José Carlos. In: BICUDO, Hélio (Coord.). **Direito autoral no Brasil**. São Paulo: FTD, 1998. (Coleção juristas da atualidade.)

_____. **Direitos autorais**. Estudos em homenagem a Otávio Afonso dos Santos. São Paulo: Revista dos Tribunais, 2007.

DE MATTIA, Fábio Maria. Contratos de reprodução. **Revista Interamericana de Direito Intelectual**, São Paulo: RIDE p. 128 jul./dez. 1978.

DOCK, Marie Claude. **Derechos intelectuales**. Étude sur le droit de l'auter. Paris, 1963, cit, por: JESSEN, Henry. Traduccion de Luiz Grez Zuloaga. Santiago: Jurídica de Chile, 1970.

EBOLI, João Carlos de Camargo. **Pequeno mosaico do direito autoral**. São Paulo: Irmãos Vitale, 2005.

ESTADOS UNIDOS. ORGANIZAÇÃO NACIONAL DAS NAÇÕES UNIDAS, Assembleia-Geral das Nações Unidas. Declaração Universal de Direitos Humanos em 10 de dez. 1948. New York, 1948.

FERNANDES, Milton. O Direito de autor e a nova legislação brasileira. **Revista Jurídica Leme**, nº 101, 1-22. abr. 1976.

FOLHA DE S. PAULO. São Paulo. Ilustrada E9 de 14 de set. 2007.

FOLHA DE S. PAULO. São Paulo, 9 jan. 2008. Primeira página.

HOUAISS, Antônio. **Dicionário da língua portuguesa**. Rio de Janeiro: Objetiva, 2001.

JESSEN, Henry. O autor e a obra autoral. **Revista Interamericana de Direito Intelectual**, São Paulo: Revista dos Tribunais, v. 1, nº 2, jul./dez. 1978.

_____. **Direitos intelectuais**. Rio de Janeiro: Edições Itaipu, 1967.

LANCHESTER, John. **Jornal O Estado de S. Paulo**. 6 maio 2007, São Paulo.

LEMOS, Ronaldo. **Direito, tecnologia e cultura**. Rio de Janeiro: FGV, 2005.

LIPSZYC, Delia. **Derecho de autor y derechos conexos**. Regional Centre for Book Development in Latin America and the Cariban (Colombia). Paris: UNESCO; Bogotá: CERLALC; Buenos Aires: Zavalía, 1993.

MANSO, Eduardo Vieira. **Contratos de direito autoral**. São Paulo: Revista dos Tribunais, 1989.

MARANDOLA, Marco. **Un nuevo derecho de autor?** Introducción al copyleft, acceso abierto y creative commons. Barcelona: Derecho de Autor, 2005.

MORAES, Walter. Direito patrimonial do autor. **Revista Interamericana de Direito Intelectual**, São Paulo: Revista dos Tribunais, v. 1, nº 2, jul./dez. 1998.

OLSSON, Henry. **La importancia económica e cultural del derecho de autor**. Lisboa: 1994. Trabalho publicado no II Congresso Ibero-Americano de Direito de Autor e Direitos Conexos, em Lisboa.

PARILLI, Ricardo Antequera. **Derecho de autor**. 2. ed. Caracas: Editorial Venezolana, 1988.

_____. **El nuevo régimem del derecho de autor em Venezuela**. Caracas: Venezolana,1994.

PELLEGRINI, Luiz Fernando Gama. **Direito autoral do artista plástico**. São Paulo: Oliveira Mendes, 1998.

PIMENTA, Eduarto Salles. **Princípios de direitos autorais**. Um século de proteção autoral no Brasil – 1898-998. Rio de Janeiro: Lumen Juris, 2004.

ROHRMANN, Carlos Alberto. **Curso de direito virtual**. Belo Horizonte: Del Rey, 2005.

SIMPLÍCIO, Carinna, Gonçalves; PONTES NETO, Hildebrando; MENTA, Patrícia Duarte Costa; ROHRMANN, Carlos Alberto. Obras derivadas sob a ótica da licença pública "*Creative Commons*" – CCPL. **Revista da Faculdade de Direito Milton Campos**, Belo Horizonte: Mandamentos, v. 12, 2002.

14

REQUISITOS FUNDAMENTAIS PARA A PROTEÇÃO AUTORAL DE OBRAS LITERÁRIAS, ARTÍSTICAS E CIENTÍFICAS. PECULIARIDADES DA OBRA DE ARTES PLÁSTICAS

Silmara Juny de Abreu Chinellato[1]

Sumário: I. Tutela do Direito de autor: relevância da criatividade, da originalidade e da individualidade. II. Exclusão das ideias. III. Criatividade, individualidade e substância da obra: critérios definidores do plágio. IV. Direito de autor como direito intelectual. Inaplicação do direito de propriedade. V. Peculiaridades da tutela autoral de obras de artes plásticas. O *droit de suite*. Referências bibliográficas.

I TUTELA DO DIREITO DE AUTOR: RELEVÂNCIA DA CRIATIVIDADE, DA ORIGINALIDADE E DA INDIVIDUALIDADE

A tutela do direito de autor funda-se em pressupostos imprescindíveis e inafastáveis de grande relevância: a criatividade, a originalidade e a individualidade.

---

[1] Professora Titular da Faculdade de Direito da Universidade de São Paulo. Regente das disciplinas Direito Civil e Direito de Autor na Graduação e na Pós-Graduação da Faculdade de Direito da Universidade de São Paulo. Titular, Livre-docente e Doutora pela Faculdade de Direito da Universidade de São Paulo. Presidente da Comissão de Propriedade Intelectual do Instituto dos Advogados de São Paulo (IASP). Membro da Comissão de Direito Autoral e da Comissão de Direito do Entretenimento da OAB-SP. Membro do Conselho Consultivo da Associação Brasileira de Direito Autoral (ABDA). Membro do Instituto Interamericano de Direito Autoral (IIDA). Membro da Associação Portuguesa de Direito Intelectual (APDI).

José de Oliveira Ascensão, com a propriedade de sempre, enfatiza a *criação* como pressuposto basilar da proteção autoral. É um dos primeiros a refutar procedimentos meramente descritivos e não criativos, como se colhe na lição lapidar:

> "Assim, um texto contendo a mera descrição de um processo não tem o caráter criativo que se exige, como não o tem a locução de um jogo de futebol ou outro acontecimento. Quer dizer, quando se passa da criação para a descrição, quando há descoberta e não inovação, quando é o objeto que comanda em vez de o papel predominante ser o da visão do autor – saímos do âmbito da tutela. A presunção de qualidade criativa cessa quando se demonstrar que foi o objeto que se impôs ao autor, que afinal nada criou."[2]

Acrescenta que "na exigência de criatividade, está implícita a da individualidade, como marca pessoal dum autor".[3]

O conceito de Direito de Autor considera sempre a criação como requisito fundamental, a qual pressupõe originalidade e individualidade.

Invoquem-se, por exemplo, os conceitos dos respeitáveis autoralistas Carlos Alberto Bittar, Professor Titular da Faculdade de Direito da Universidade de São Paulo, e Antonio Chaves, Professor Catedrático da mesma Faculdade.

Para Carlos Alberto Bittar, que esclarece abranger as obras que se destinam a transmitir sensibilização ou conhecimento, é:

> "o ramo do Direito Privado que regula as relações jurídicas advindas da criação e da utilização econômica de obras intelectuais estéticas, compreendidas na literatura, nas artes e nas ciências".[4]

Segundo Antonio Chaves, Direito de Autor é:

> "conjunto de prerrogativas que a lei reconhece a todo criador intelectual sobre suas produções literárias, artísticas ou científicas, de alguma originalidade; de ordem extrapecuniária, em princípio sem limitação de tempo; e de ordem patrimonial, ao autor, durante toda sua vida, com o acréscimo para os sucessores indicados na lei no prazo nela fixado".[5]

Pedimos vênia para citar nosso conceito de Direito de Autor:

---

[2] ASCENSÃO, José de Oliveira. **Direito autoral**. 2. ed. Rio de Janeiro: Renovar, 1997. p. 50.
[3] Op. cit., p. 53.
[4] **Direito de autor**. 4. ed. Rio de Janeiro: Forense Universitária, 2003. A citação encontra-se na página 8.
[5] **Direito de autor**: princípios fundamentais. Rio de Janeiro: Forense, 1987. A citação está na página 17.

"É o ramo do Direito privado, com autonomia científica, que tutela as criações intelectuais, dotadas de certa originalidade e individualidade, exteriorizadas em suporte tangível ou intangível, compreendidas na literatura, nas artes e nas ciências, abrangendo direitos morais, ligados à personalidade do autor, e direitos patrimoniais relativos à exploração econômica da obra."[6]

Todo doutrinador enfatizará sempre serem imprescindíveis a criatividade, a originalidade e a individualidade para que uma obra mereça a tutela do Direito de autor, cujo objetivo é estético ou de transmissão de conhecimentos, desprendido de funcionalidade e independentemente de registro.

A propriedade industrial, de modo diferente, baseia-se na finalidade utilitária, apresentada como novidade e exige o registro perante o Instituto Nacional de Propriedade Industrial (NPI), pressuposto da proteção, conforme estabelece a Lei nº 9.279, de 14 de maio de 1996.

Em frase concisa, Ascensão define uma das mais importantes diferenças entre direito de autor e propriedade industrial: "Em todo caso, a obra literária é uma criação, a invenção é uma descoberta."[7]

O elenco de obras protegidas pelo Direito de Autor é apenas exemplificativo, bastando que a criação intelectual artística, literária ou científica tenha originalidade, ainda que relativa, e esteja plasmada em suporte tangível ou intangível (*corpus mechanicum*) como, por exemplo, na forma escrita, em áudio, em audiovisual, na forma digital, ressalvando-se sempre a originalidade.

Conforme o **Novo dicionário da língua portuguesa**, de Aurélio Buarque de Hollanda, *original* vem do latim *originale* e significa: "1. relativo a origem. 2. Que provém da origem; inicial, primordial, primitivo, originário. 3. Que não ocorreu nem existiu antes; inédito, novo. 4. Que foi feito pela primeira vez, em primeiro lugar, sem ser cópia de nenhum modelo 5. Que tem caráter próprio; que não procura imitar nem seguir ninguém; novo."[8]

O **Dicionário Houaiss de Sinônimos e Antônimos** consigna:

"originalidade – s.f. 1. excentricidade; bizarria, esquisitice, extravagância, singularidade."

Como conceito contrário, menciona naturalidade, normalidade.

"2. novidade; criação, ineditismo, inovação (a o. de uma obra). "Como conceito contrário, imitação, plágio. "3. personalidade; caráter, individualidade, particu-

---

[6] **Direito de autor e direitos da personalidade**: reflexões à luz do Código Civil. Tese (Professor Titular de Direito Civil) – Faculdade de Direito da Universidade de São Paulo, São Paulo, 2008. p. 25. No prelo (Editora Manole).

[7] Op. cit., p. 21.

[8] **Novo dicionário da língua portuguesa**. 1. ed. 5. impr. Rio de Janeiro: Nova Fronteira, 1975.

laridade, tipicidade (interpretação marcada pela o.); 4. singularidade; característica, particularidade, propriedade, tipicidade (o. dos costumes indígenas)."[9]

No **Grande Dicionário Larousse Cultural da Língua Portuguesa** lê-se:

"Original – adj. (Do lat. Originalis) 1. Relativo à origem; que remonta à origem; primitivo – 2. Que parece produzir-se pela primeira vez; não copiado, não imitado – 3. Que tem caráter próprio, que tem cunho novo e pessoal que não segue modelo – 4. Extraordinário, singular – 5. Extravagante, excêntrico, singular – 6. Material preparado por um autor antes da edição."[10]

Vê-se que a tônica do significado de *originalidade* é *singularidade, individualidade*, e nesse sentido é que deve ser entendida a obra para gozar da proteção do Direito de Autor.

Cumpre acrescentar que a premissa maior para que se perquira se há plágio, contrafação ou qualquer violação de direito de autor é a tutela da obra pela lei especial, pois nem toda obra é protegida, conforme analisamos no artigo *Notas sobre plágio e autoplágio*.[11]

Pressuposto fundamental é a *originalidade* que a lei considera intrínseca e implicitamente em toda e qualquer obra a ser protegida. Por tal razão, não é taxativo o rol de obras excluídas da proteção autoral pelo artigo 8º da Lei nº 9.610/98, reputado exemplificativo.

Assim, todas as obras ali elencadas, *a priori*, não gozam da tutela da lei, mas qualquer outra obra que não tenha originalidade também não o será, circunstância a ser apurada em cada caso concreto.

O direito de autor é fundado na criação da obra de engenho ou obra intelectual, denominada criação do espírito, na qual ele projeta muito de sua personalidade, razão de haver duas vertentes na composição desse direito: direitos morais – direitos da personalidade – e direitos patrimoniais.

São próprios apenas e tão só ao criador da obra e nele se incluem os direitos patrimoniais relativos à exploração econômica, cuja utilização e destinação integram-lhe o patrimônio como direito exclusivo, conforme o reconhece o artigo 5º, XXVII, da Constituição da República, na esteira das Constituições anteriores, desde a de 1891.

Como toda a tutela do direito de autor baseia-se na criação, na originalidade, ainda que relativa, mas sempre com a tônica da individualidade, não são taxativos nem o rol do artigo 7º, que contempla as obras protegidas, nem o do artigo 8º que apresenta o elenco de obras não protegidas, sobre as quais *não incide o direito de autor*.

---

[9] **Dicionário Houaiss de sinônimos e antônimos da língua portuguesa**. 1. ed. Rio de Janeiro: Objetiva, 2003.

[10] **Grande Dicionário Larousse cultural da língua portuguesa**. Regras ortográficas e gramaticais. 1. ed. São Paulo: Nova Cultural, 1999.

[11] Notas sobre plágio e autoplágio. **Revista do Instituto dos Advogados de São Paulo**, RIASP, nova série, ano 15, nº 29, p. 305-330, jan./jun. 2012.

A obra é protegida, no elenco exemplificativo do artigo 7º, desde que tenha criatividade e originalidade, dignas de tutela; as obras mencionadas no artigo 8º, que exclui a incidência do direito de autor e se aplica a toda e qualquer obra de tal natureza, independentemente de quem seja o usuário, e também não é taxativo, porque obras sem criatividade e originalidade, igualmente não são protegidas.

Não se discute, por exemplo, que desenhos, em tese, gozem da tutela autoral, os quais constam expressamente no inciso VIII do artigo 7º da Lei nº 9.610/98. O que se pode analisar é se determinados desenhos são protegidos, no caso concreto.

Em que pese o respeito ao trabalho de quem os elaborou, há desenhos que são comuns, sem nenhuma originalidade, nem individualidade, com representação óbvia de locais, serviços ou avisos.

Não são protegidos pelo Direito de Autor sinais e desenhos de caráter genérico, necessário, comum, vulgar ou simplesmente descritivo, com plena relação com o produto ou serviço que pretendem apontar, como ocorre nas seguintes hipóteses: placas internas de lanchonete que registrem palavras óbvias, necessárias, simplesmente informadoras de "saída", " caixa", "lanchonete", restaurante "minimercado", "sanitário"; desenhos que apontem os sanitários, utilizando figura de homem e de mulher pertencentes ao domínio público, desenhados por qualquer criança, qualquer pessoa, mesmo sem pendor artístico; desenhos de domínio público, óbvios, e ao alcance de qualquer um que pretenda desenhar uma cuia de chimarrão ou uma xícara de café; placas indicativas de "água gelada", "depósito", "vestiário", e outros locais, as quais utilizam objetivamente palavras de dicionários da língua portuguesa, sem nenhuma contribuição criativa, com relação direta com o produto ou serviço que pretendem apontar.

Deve-se ressalvar a importância da perícia, em alguns casos concretos, mas pode ser que, sem nenhum esforço, à simples visualização dos desenhos, bem como do formato das placas indicativas, seja possível a conclusão, *ictu oculi*, da falta de criatividade, de originalidade, de individualidade e, por consequência, da proteção pelo Direito de Autor.

A exclusão da tutela autoral a obras sem criatividade, originalidade e individualidade, bem como o pressuposto fundamental de tais qualidades para a incidência do Direito de Autor, provocarem a arguta reflexão de José de Oliveira Ascensão quanto ao denominado "mérito da obra". Opina o autor acerca da necessidade de sua avaliação pelo juiz, quando as leis não o exijam, como a lei italiana que "toma posição mais prudente, à luz da qual se conclui que a obra deve 'ter sempre algum mérito, mesmo que modesto'".

Acrescenta Ascensão que mesmo na França, cuja lei exclui a valoração do mérito, as sentenças judiciais acabam por exigi-lo mais ou menos abertamente.[12]

A lei brasileira – nº 9.610/98 – não faz referência expressa ao mérito da obra, mas, na prática de avaliação de uma obra, o Poder Judiciário o faz, pois somente é protegida a que contenha criatividade, essência do Direito de Autor, sendo oportunas as considera-

---

[12] Apoia-se Ascensão na obra de De Sanctis – **Diritto di autore**, p. 383, bem como em Caroline Carreau, **Mèrite**, p. 29, 233, 276, 317, 232-324. **Direito autoral**, cit.

ções de Ascensão ao aludir à necessidade de conciliar a exigência do caráter criativo com a exclusão do mérito:

> "Mas por outro lado, a obra é essencialmente uma criação. E se só há criação quando se sai do que está ao alcance de toda a gente para chegar a algo de novo, a obra há-de-ter sempre aquele mérito que é inerente à criação, embora não tenha mais nenhum; o mérito de trazer algo que não é meramente banal." [13]

Em outra passagem da obra, enfatiza seu entendimento:

> "Podemos concluir assim que o Direito de Autor não tutela o valor da obra, mas a criação. Na exigência de criatividade está implícita a da individualidade, como marca pessoal dum autor."[14]

Ascensão invoca a monografia relevante, clássica para o estudo do Direito de Autor, de Mario Are: **L'oggetto del diritto di autore**[15] também referida várias vezes por Zara Algardi[16] na obra ímpar sobre plágio, para apresentar a teoria da valoração da obra, ou "teoria do juízo de valor sobre o aporte criativo" de obra supostamente plagiada, requisito para configuração de plágio.

Mesmo para os autores que não aceitam essa teoria, há a concordância no sentido de que a criação deve ser personalizada, individualizada. Conclui José de Oliveira Ascensão, de maneira ponderada:

> "Justamente porque é necessário que haja um mínimo de criatividade, não se pode prescindir de um juízo de valor. A proteção é a contrapartida de se ter contribuído para a vida cultural com algo que não estava até então ao alcance da comunidade.
>
> Terá de haver assim sempre critérios de valoração[17] para determinar a fronteira entre a obra literária ou artística e a atividade não criativa. Porque a alternativa seria ter de se afirmar que é uma pintura tudo o que está envolto num caixilho e é apresentado como tal pelo autor – mesmo que se reduza a um risco no meio de uma tela."[18]

Também a Lei de Propriedade Industrial (Lei nº 9.279, de 14 de maio de 1996), no artigo 124, VI, impede o registro de "sinal de caráter genérico, necessário, comum, vulgar

---

[13] ASCENSÃO, José de Oliveira. **Direito autoral**, cit., p. 59 in fine e p. 60.

[14] Op. cit., p. 53.

[15] Mário Are. *L'oggetto del diritto di autore*, Giuffrè, 1963.

[16] Na obra **Il plagio litterario e il carattere creativo dell'opera**, Milano, Giuffrè, 1966, a autora remete várias vezes à teoria de Mário Are, para quem há de haver sempre um juízo de valor.

[17] Na nota 66, Ascensão faz remissão à obra de Mário Are, escrevendo: *"Veja-se a elaboração que destes faz Are, L'oggetto, n. 28 e segs."* **Direito autoral**, cit., p. 52.

[18] **Direito autoral**, cit., p. 52.

ou simplesmente descritivo, quando tiver relação com o produto ou serviço a distinguir ou aquele empregado comumente para designar uma característica do produto ou serviço, quanto à natureza, nacionalidade, peso, valor, qualidade e época de produção ou prestação do serviço, salvo quando revestidos de suficiente forma distintiva." [19]

Reprova, assim, expressamente o que é comum, genérico, necessário, vulgar ou simplesmente descritivo.

Se a propriedade industrial, que é utilitária e se preocupa só secundariamente, em regra, com a esteticidade, não considera registrável sinal que tenha as características apontadas, o Direito de Autor, que enfatiza a criatividade, originalidade e individualidade, centralizando-se na estética e na transmissão de conhecimento, por maior razão não tutela obras sem tais características.

A proteção como desenho industrial depende expressamente de registro no INPI (Instituto Nacional de Propriedade Industrial) e deve ter vários requisitos (artigos 95 a 98 da Lei nº 9.279, de 14 de maio de 1996).[20]

Conforme leciona Bruno Jorge Hammes, com a concisão própria dos que muito conhecem a matéria, "o desenho industrial é a disposição ou conjunto novo de linhas ou cores aplicáveis à ornamentação de um produto", enfatizando a necessidade de serem uma nova forma ou nova disposição introduzidas em um objeto.[21]

Acresça-se, ainda, que para ser considerado desenho industrial há necessidade de ser novo, o que significa "quando não compreendido no estado da técnica," conforme expressamente estabelece o artigo 96 da Lei de Propriedade Industrial.

O artigo 97 da Lei nº 9.279, de 14 de maio de 1996, enfatiza que o desenho industrial é considerado original "quando dele resulte uma configuração visual distintiva, em relação a outros objetos anteriores".

Por isso, a Doutrina, em uníssono, frisa ser necessária a novidade para a proteção do desenho industrial, entendendo-se como novidade, em sentido objetivo, um novo conhecimento para toda a coletividade, o que ainda não existia no mundo.[22]

A novidade – diferentemente de originalidade, requisito para a proteção pelo Direito de Autor – é condição de validade para a concessão do privilégio, no âmbito da proprie-

---

[19] Esclareça-se que o registro é necessário para a proteção pela Lei de Propriedade industrial, ao contrário do que ocorre para a tutela da obra abrangida pelo Direito de Autor, cujo registro é meramente facultativo (artigos 18 e 19 da Lei nº 9610/98), embora desejável. O registro é declaratório e não constitutivo.

[20] Deve-se verificar, no caso concreto, se a hipótese é de: "forma plástica ornamental de um objeto ou o conjunto ornamental de linhas e cores que possa ser aplicado a um produto, proporcionando resultado visual novo e original na sua configuração externa e que possa servir de tipo de fabricação industrial" (art. 95).

[21] **O direito de propriedade intelectual**. 3. ed. São Leopoldo: Ed. Unisinos, 2002. p. 290-291.

[22] Nesse sentido, Silveira, Newton. **Propriedade intelectual**: propriedade industrial, direito de autor, *software*, cultivares, nome empresarial. 4. ed. Barueri: Manole, 2011. p. 9.

dade industrial, aplicável também ao desenho que pretenda ter tal natureza. Anota Henri Desbois, a propósito, que novidade, em sentido objetivo, é representada por um "objeto que não tenha sido feito no passado, ou seja, leva-se em conta a anterioridade".[23]

II EXCLUSÃO DAS IDEIAS

Algumas obras que pretendem ser protegidas melhor se encaixam no plano de ideias, tal sua obviedade, generalidade, característica comum, aproveitamento de fontes comuns e de domínio público, feito sem nenhuma individualidade nem singularidade.

É importante enfatizar mais alguns conceitos basilares para a compreensão do Direito de Autor que não protege a ideia em si, mas a forma de explaná-la, bem como a composição da forma. Deve-se considerar, ainda, a denominada intercontextualidade, o aproveitamento de fontes comuns, do acervo cultural da humanidade.[24]

Mário Quintana, no pensamento-poesia sobre a ideia, afirmou, com a genialidade de sempre:

> "XLVIII. DAS IDEIAS
> Qualquer ideia que te agrade,
> Por isso mesmo... é tua.
> O autor nada mais fez que vestir a verdade
> Que dentro em ti se achava inteiramente nua [...]"[25]

A ideia pertence ao acervo cultural da humanidade, é de todos e de cada um que a externar, mas o Direito de Autor só protegerá a forma como ela se "veste", como se apresenta, com a criatividade singular de cada pessoa.

No exemplo do poeta, a ideia nua não é protegida, mas "vestida", sim.

Logo, qualquer interessado pode escrever sobre o que lhe aprouver, pois o tema em si não é protegido, razão de haver no mercado editorial jurídico grande número de obras sobre o mesmo assunto. Tutela-se a forma pela qual a ideia é desenvolvida, bem como seu título, "se original e inconfundível com o de obra do mesmo gênero, divulgada anteriormente por outro autor" (art. 10 da Lei nº 9.510/98).

Em todas as legislações dos povos cultos há obras às quais não se reconhece a tutela do Direito de Autor. O legislador, por razões várias, exclui a obra do alcance da Lei, por política legislativa ou por interesse público.

A matéria está disciplinada no artigo 8º da Lei nº 9.610/98, que exclui de modo expresso

---

[23] **Le droit d'auteur en France**. 3. ed. Paris: Dalloz, 1978. p. 123.
[24] Neste sentido bem enfatiza o R. voto do Relator Desembargador Edson Vasconcellos da. Apelação Cível 0073419-12.2004.8.19000 do Tribunal de Justiça do Rio de Janeiro, julgado em 10.11.2010, v. u.
[25] **Espelho mágico**. Globo, 2005. A obra se compõe de 111 quadras escritas em 1945.

"I – as ideias, procedimentos normativos, sistemas, métodos, projetos ou conceitos matemáticos como tais;

II – os esquemas, planos ou regras para realizar atos mentais, jogos ou negócios;

III – os formulários em branco para serem preenchidos por qualquer tipo de informação, científica ou não, e suas instruções;

IV – os textos de tratados ou convenções, leis, decretos, regulamentos, decisões judiciais e demais atos oficiais;

V – as informações de uso comum tais como calendários, agendas, cadastros ou legendas;

VI – os nomes e títulos isolados;

VII – o aproveitamento industrial ou comercial das ideias contidas nas obras."

A Lei vigente aperfeiçoou a anterior – Lei nº 5.988, de 14 de dezembro de 1973 – para incluir expressamente as obras não protegidas, entre as quais, no item I, do artigo 8º, constam as ideias. [26]

Relembre-se o pensamento de José de Oliveira Ascensão já citado supra, no sentido de que não são tutelados os procedimentos meramente descritivos e não criativos, *"quando há descoberta e não inovação, quando é o objeto que comanda em vez de o papel predominante ser o da visão do autor"*.

Enfatiza o autor: "A presunção de qualidade criativa cessa quando se demonstrar que foi o objeto que se impôs ao autor, que afinal nada criou."[27]

O Colendo Superior Tribunal de Justiça já examinou a questão, em vários precedentes, afastando a proteção autoral à ideia.

Cite-se o acórdão proferido no Recurso Especial nº 906.269-BA (2006/0248923-0), Terceira Turma, Relator Ministro Humberto Gomes de Barros, julgado em 16 de outubro de 2007, por votação unânime (*DJ* de 29.10.2007). O v. acórdão invoca os incisos I – que exclui a ideia e II – que exclui esquemas, planos ou regras para realizar atos mentais, jogos ou negócios – ambos da Lei nº 9. 610/98, para afastar da proteção autoral estilos, métodos ou técnicas.

O v. acórdão prolatado no Recurso Especial nº 661.022-RJ (2004/0097417-1), Terceira Turma, cujo Relator é o Ministro Castro Filho, julgado por votação unânime em 12 de setembro de 2006 (*DJ* de 23.10.2006) afastou a incidência do direito de autor por aproveitamento de ideias. Eis a ementa:

---

[26] Consulte-se a dissertação de Mestrado, sob nossa orientação, de Ivana Có Galdino Crivelli, Direito de autor: exceções, com ênfase em normas técnicas. Faculdade de Direito da Universidade de São Paulo, 2012 (em fase de publicação). Sobre normas técnicas, consulte-se nosso artigo Norma técnica, direito de autor e direito do consumidor. In: **20 anos do Código de Defesa do Consumidor**. Estudos em homenagem ao Professor José Geraldo Brito Filomeno. São Paulo: Atlas, 2010. p. 34-50.

[27] **Direito autoral**, cit., p. 50.

"Embargos infringentes. Direito autoral. Uso de ideias. Pedido de indenização.

Embora sejam criações do espírito, as ideias não ensejam direitos de propriedade ou de exclusividade. Em consequência, o fato de alguém utilizar ideia desenvolvida por outrem, por si só, não constituindo violação às regras de direito autoral, não configura ato ilícito, que dá origem ao direito de indenização. Recurso provido, para que prevaleça a sentença que desacolheu o pedido."

Enfatize-se o artigo 8º inciso VII:

"Não são objeto de proteção como direitos autorais de que trata esta lei:

VII – o aproveitamento industrial ou comercial das ideias contidas nas obras."

Nossos Tribunais têm dado adequada interpretação à norma.[28]

A exclusão da lei é geral, genérica e irrestrita. Trata-se de hipóteses de não incidência absoluta de Direito de Autor, que não se confunde com as limitações, previstas no artigo 46, que excepciona a tutela autoral de obras protegidas, *naquelas* hipóteses.

A intenção do legislador é a de consignar, de modo expresso, rol de obras não protegidas, independentemente de quem seja o usuário delas.

Conforme já se enfatizou, por razões de política legislativa e/ou por interesse público, em todas as legislações dos povos cultos há obras às quais não se reconhece a tutela do Direito de Autor, sem distinguir o usuário delas.

Se não há tutela autoral, não há contrafação – reprodução indevida de obra protegida – que pressuponha essa tutela.

Voltamos, destarte, ao início deste artigo, no qual se enfatizaram a criatividade e a originalidade para definir tanto a tutela positiva como a negativa às obras literárias, artísticas e científicas.

---

[28] É representativo da aplicação do inciso VII do artigo 8º da Lei nº 9.610/98 o v. acórdão prolatado pelo E. Tribunal de Justiça de São Paulo na Apelação nº 235.807.4/7-00, Relator Desembargador Ariovaldo Santini Teodoro, julgado em 6 de março de 2007, por votação unânime. Decidiu-se pela não incidência de direito autoral do apelante, autor de monografia cujas ideias teriam sido aproveitadas pela agência publicitária na campanha "Mamíferos", para promover produtos da Parmalat. Aplicou-se ao caso concreto o inciso VII do artigo 8º da Lei nº 9.610/98. Eis a ementa: "Direito autoral. Suposta violação por aproveitamento de monografia de conclusão de curso. Descabimento. Comprovação, pela agência de publicidade ré, da autoria e da titularidade da campanha publicitária sem qualquer vínculo com a monografia do autor.

Desenvolvimento da linha de produtos voltados ao público infantil. Aproveitamento de ideia de obra não goza de proteção autoral (art. 8º, VII, da Lei 9.610/98). Inexistência de relação direta com o objeto da monografia (marketing esportivo). Ausência de originalidade. Ônus da Impugnação especificada (art. 302 do CPC). Presunção relativa da veracidade. Argumentos e provas dos autos suficientes a contrariar a pretensão do autor. Ação improcedente. Recurso desprovido."

III CRIATIVIDADE, INDIVIDUALIDADE E SUBSTÂNCIA DA OBRA: CRITÉRIOS DEFINIDORES DE PLÁGIO

Criatividade, originalidade, identidade representam critério que repercutirá, com grande relevância, no exame de plágio – irresponsavelmente invocado – que se refere à apropriação da identidade ou substância de obra alheia.[29]

Embora a caracterização de plágio seja polêmica na Doutrina e evitada pelas leis, sustenta a maioria dos autoralistas que ele se configura quando se omite propositadamente a paternidade da obra (direito moral de autor, classificado como direito da personalidade) e há apropriação da essência ou substância de obra alheia.

Neste sentido, Salvatore Messina manifesta-se em duas obras, seguindo a mesma tese defendida por Piola Caselli, considerado autor clássico da literatura especializada: **Plagio Letterario e Le plagiat littéraire et artistique dans la doctrine, la législation comparée et la jurisprudence internationale.**[30]

Se a apropriação não se referir à essência ou substância da obra plagiada, não há plágio.

A proteção é sobre a totalidade da obra e às suas partes orgânicas, que formam a individualidade. *Não caracteriza plágio a hipótese em que a reprodução é de fragmentos nos quais não se pode reconhecer a unidade orgânica, os denominados "fragmentos inorgânicos".*

A doutrina da substância ou de partes orgânicas da obra, sustentada por Piolla Caselli[31] e desenvolvida por Salvatore Messina que, em vez do termo "individualidade" prefere "originalidade" e, de modo mais específico, "originalidade orgânica", foi amplamente acolhida na jurisprudência italiana, referência para países da *Civil Law*, que adotam sistema da Convenção de Berna, entre os quais o Brasil e a quase totalidade dos países. Anote-se a grande influência das bases da Doutrina autoral italiana e da francesa no Direito brasileiro.

Sobre a importância da substância da obra para caracterização de plágio, assim leciona Antonio Chaves, a quem se deve a introdução do Direito de Autor, na grade curricular da Faculdade de Direito da Universidade de São Paulo, como disciplina autônoma:

> "Pode ocorrer, com efeito, que o plagiário não tenha tomado senão um pequeno número de passagens, mas que estas, principalmente se se trata de uma obra filosófica ou científica, sejam exatamente aquelas que dão à obra seu caráter de originalidade própria, que são como a *medula*. Ora, neste caso pouco importaria

---

[29] Consulte-se, de nossa autoria. Notas sobre plágio e autoplágio. **Revista do Instituto dos Advogados de São Paulo**, RIASP, nova série, ano 15, nº 29, p. 305-330, jan./jun. 2012.

[30] **Dizionario pratico del diritto privato**, de Vittorio Scialoja, v. 5, pt. 2, p. 92-101. Le plagiat littéraire et artistique dans la doctrine, la législation comparée et la jurisprudence internationale. Recueil des Cours. Paris: Recueil Sirey, 1935, II, p. 443-582. t. 52.

[31] **Codice del diritto di autore**, Torino, 1943.

a quantidade dos empréstimos; é a sua *qualidade*, a sua natureza, que precisa ser levado em conta."[32]

Baseia-se na obra de Pouillet: **Traité téorique et pratique de la proprieté litteraire et artistique et du droit de représentation**. 3. ed., Paris: Librairie Générale, 1908, p. 490-733.[33]

Conforme adverte Carlos Alberto Bittar:

" A configuração do plágio ocorre com a absorção do núcleo da representatividade da obra, ou seja, daquilo que a individualiza e corresponde à emanação do intelecto do autor. Diz-se então que, com a imitação dos elementos elaborativos, é que uma obra se identifica com outra, frente a identidade de *traços essenciais* e característicos (quanto ao tema, a fatos, a comentários, a estilo, a forma, a método, a arte, a expressão, na denominada 'substantial identity'), encontrando-se aí o fundamento para a existência do delito.

Não se admite a absorção do complexo de elementos que conferem a sua individualidade, cabendo, por meio de confronto direto, fazer-se a verificação, pois inexistem parâmetros fixos e certa zona de tolerância quanto a aproveitamento de obra alheia e que permite e justifica, inclusive, as derivações, na cessão do direito de elaboração desde que dotada de autonomia a nova forma."[34] (grifos nossos)

Para a construção do conceito, necessário balizar seus requisitos que a seguir extraímos de nossa análise.

No nosso modo de ver eles são cumulativos:

a) proteção inequívoca da obra supostamente plagiada, pelo Direito de Autor, por meio do exame do mérito, ligado à criatividade, à originalidade e à individualidade;

b) intuito de usurpação da obra alheia, por meio de "mascaramento" ou ocultação do aproveitamento da obra original, seja pela não indicação da fonte, seja pela excessiva indicação da fonte, em notas;

c) prejuízo material e/ou moral para a obra supostamente plagiada;

d) aproveitamento da essência da obra supostamente plagiada, de seu cerne ou espinha dorsal;

---

[32] CHAVES, Antonio. Violações do direito de autor. **Revista Forense**, nº 281, p. 153-168, jan./fev./mar. 1983. p. 160.

[33] Consulte-se, ainda, de Eugene Pouillet, **Propriété littéraire et artistique et du droit de représentation**. 2. ed. Paris: Imprimerie et Librairie Générale de Jurisprudence; Marchant et Billard, 1894.

[34] **Direito de autor**. 2. ed. Forense Universitária. p. 150-151.

e) insubsistência e falta de individualidade da obra à qual se imputa o suposto plágio, expurgados os trechos aproveitados da obra supostamente plagiada, mesmo citada em notas;

f) em sentido contrário ao requisito do item *e*, subsistência e individualidade da obra supostamente plagiária, expurgados os trechos aproveitados da obra original, a demonstrar sua irrelevância para a obra à qual se imputa o plágio.

Importante frisar a hipótese não rara de excessiva citação da obra plagiada, em notas de rodapé ou ao fim do capítulo, o que pareceria, em princípio, afastar a caracterização de plágio.

Tanto o mascara a não citação como o excesso dela.

O julgador deve investigar se os trechos da obra alheia, citados ou não citados, são de tal alcance que, se expurgados, retirem a substância da obra plagiária.[35]

Não havendo tais requisitos, não se poderá imputar plágio, no sentido técnico, o que não significa afirmar não haja violação de direito autoral.

As sanções, porém, são diferentes. Caracterizado o plágio, a obra plagiária deve ser retirada de circulação e o autor deve ser indenizado por ofensa a danos patrimoniais e morais. Entre os últimos, o principal deles é o de paternidade.

A Lei nº 9.610, de 19 de fevereiro de 1998, traz sanções específicas nos artigos 102 e ss, no capítulo dedicado às sanções civis, para as várias hipóteses de violação ali previstas, o que não afasta a indenização cabível.

IV DIREITO DE AUTOR COMO DIREITO INTELECTUAL. INAPLICAÇÃO DO DIREITO DE PROPRIEDADE

Considerem-se, primeiramente, algumas das dualidades do Direito de Autor, que repercutem sempre na análise de direitos em espécie.

A primeira dualidade, principal característica do Direito de Autor, é ser composto por direitos morais – cuja natureza jurídica é a de direitos da personalidade – por nós enfatizada em obra monográfica[36] – e direitos patrimoniais. A eles se aplicam as regras próprias a cada uma das vertentes: enquanto direitos morais são inalienáveis, incessíveis, imprescritíveis, impenhoráveis, intransmissíveis, os direitos patrimoniais, ao contrário, são alienáveis, cessíveis, prescritíveis, penhoráveis, transmissíveis. Por isso, considera-se que o Direito de Autor é híbrido.

---

[35] Frise-se, ainda, que não há plágio em citação sequencial ou não sequencial de trechos de obras diversas, não se vislumbrando originalidade em escolha de obras para fundamentar a pesquisa, que é livre.

[36] Direito de autor e direitos da personalidade: reflexões à luz do Código Civil. Tese (Professor Titular de Direito Civil) – Faculdade de Direito da Universidade de São Paulo, São Paulo, 2008. No prelo.

Outra relevante dualidade é a necessária distinção entre *corpus mechanicum* (corpo mecânico ou suporte físico da obra) e *corpus mysticum* (a criação).

A natureza jurídica híbrida, com predominância de direitos da personalidade, do Direito de Autor como direito especial, *sui generis*, que não tem e nunca teve a natureza de direito de propriedade, terá como consequência não serem aplicáveis regras da propriedade quando a ele se referirem, nas múltiplas considerações das relações jurídicas. A esse tema nos dedicamos em obra própria.[37] A natureza jurídica do direito de autor é a de direito intelectual, na terminologia pioneira de Edmond Picard.[38,39]

Em resumo de nossa obra monográfica citada, apontamos as seguintes características que afastam e contestam a pretensa natureza jurídica de propriedade:

a) distinção entre corpo mecânico e corpo místico, sendo apenas o primeiro suscetível de propriedade e posse, com as restrições do Direito de Autor;

b) aquisição da titularidade do Direito de Autor apenas por meio da criação;

c) prazo de duração limitado para direitos patrimoniais e ilimitado para direitos morais;

d) não cabe usucapião quanto a nenhum dos direitos morais, aplicando-se, em tese, ao corpo mecânico, com restrições;

e) perda do direito patrimonial depois de certo prazo, quando a obra cai em domínio público;

f) inalienabilidade de direitos morais;

g) ubiquidade da criação intelectual, ao contrário do direito de propriedade, que concede privatividade ao proprietário;

h) diferente tratamento no regime de bens no casamento, entre a propriedade, e o Direito de Autor;

i) diferentes regimes para a desapropriação de Direito de Autor, aos quais se aplicam outras normas que não as da propriedade;

j) diferentes prazos de prescrição;

k) interpretação restritiva em favor do autor;

l) inaplicabilidade da tutela processual possessória.[40]

---

[37] Direito de autor e direitos da personalidade, cit.

[38] **Le droit pur**. Paris: Flammarion, 1920, p. 92 e ss.

[39] Não sem motivo é a denominação adequada da APDI – Associação Portuguesa de Direito Intelectual – liderada por muitos anos por José de Oliveira Ascensão, com reconhecida competência.

[40] A propósito, cite-se a Súmula 228 do Superior Tribunal de Justiça: "É inadmissível o interdito proibitório para a proteção do direito autoral."

Cumpre salientar que a denominação de Códigos de Propriedade Intelectual de diversos países, bem como da Organização Mundial da Propriedade Intelectual (OMPI), não indicam um compromisso com a natureza jurídica do Direito de Autor.

Conforme observa Ascensão, a qualificação como propriedade teve na origem o que denomina "emergência histórica", pois foi aproveitada uma fonte ideológica no mau sentido por que se qualifica não para atender à verdadeira natureza, mas para obter resultados que interessam.[41]

É oportuna a observação do autor no sentido de que essa natureza ideológica continua a justificar a qualificação nos dias de hoje, não expressando a verdadeira natureza jurídica do direito de autor.

Em regra, não cabe desapropriação de direito autoral, diante da inalienabilidade dos direitos morais, que poderá ser arguida na via ordinária.

A Constituição da República prevê hipóteses restritas, excepcionais, de desapropriação no § 1º do artigo 216, cujo *caput* indica quais obras podem ser desapropriadas, ou seja, as portadoras de "referência à identidade, à ação, à memória dos diferentes grupos formadores da sociedade brasileira".

O Decreto Expropriatório – DL nº 3.365, de 21 de junho de 1941, anterior, portanto à Lei de Direito Autoral – Lei nº 9.610/98 –, que consagra a hibridez da composição do Direito de Autor que abrange direitos morais e patrimoniais, qualificando os primeiros como inalienáveis e irrenunciáveis, prevê no artigo 5º, alínea *o*, como casos de utilidade pública, passíveis de desapropriação: "a reedição ou divulgação de obra ou invento de natureza científica, artística ou literária". Abrangeria, assim, a obra inédita que, nos termos do art. 5º, *d*, da Lei nº 9610/98, é a obra ainda não publicada. Há contrariedade entre o Decreto nº 3.365/41 e essa Lei, posterior e abrangente de toda a matéria, razão por que entendemos que a Lei autoral deve prevalecer.

Quanto à obra já publicada, a desapropriação afrontaria o direito de arrependimento, se assim entender o autor.

Concordamos com Antonio Chaves no sentido de que a norma não poderia ser aplicada, mesmo na vigência do Código Civil de 1916 – quando manifestou seu pensamento –[42] e também sob a vigência da Lei que o revogou, quanto à impropriamente denominada "propriedade literária, artística e científica" – Lei nº 5.988, de dezembro de 1973 –, pois a terminologia não se compromete com a natureza jurídica do Direito de Autor, porque não se trata de propriedade.[43]

---

[41] *A pretensa "propriedade intelectual"*. **Revista do IASP**, Instituto dos Advogados de São Paulo, Nova série, ano 10, nº 20, julho/dezembro 2007. p. 243 – 261. Consulte-se p. 249.

[42] **Proteção internacional do direito autoral de radiodifusão**. São Paulo: Revista dos Tribunais, 1952. p. 444.

[43] O tema desapropriação de direito de autor foi por nós analisado em obra própria, com maior profundidade: Direito de autor e direitos da personalidade, cit. No prelo.

É possível invocar-se a função social dos institutos jurídicos para, em caso concreto, analisar-se pontualmente a prevalência do interesse público, como ocorre com obras inéditas de autor prematuramente morto, que não tenha manifestado intenção contrária. O ímpar escritor Guimarães Rosa, que, ao longo de sua breve vida, publicou inúmeras obras, era e é o mestre das palavras, deixou algumas inéditas destinadas à publicação, o que não ocorreu, pois colhido em morte repentina. Nesse caso, havendo – como há – embate entre sucessores com interesses antagônicos, o interesse público avaliza a publicação, anotando-se que o escritor não se manifestou por qualquer modo quanto a não publicação, intenção que não se presume para aquele que sempre escreveu para ser lido.[44]

Dada a complexidade do tema "desapropriação de direito de autor" a envolver direitos da personalidade, e considerando-se a natureza jurídica de direito intelectual e não direito de propriedade, conclui-se que não se aplicam regras de direitos reais.

V PECULIARIDADES DA TUTELA AUTORAL DE OBRAS DE ARTES PLÁSTICAS. O *DROIT DE SUITE*

Não obstante a Lei de Direito Autoral contenha normas de proteção às obras literárias, artísticas e científicas, em geral, ao assegurar direitos morais e patrimoniais, há normas especiais, aplicáveis a determinado gênero, como as que incidem sobre as fotografias e as obras de artes gráficas e plásticas, cujo conjunto é atualmente denominado "artes visuais".

Nesse sentido, é oportuno mencionar a atuação de gestão coletiva, nesse âmbito, da AUTVIS – Associação dos Direitos de Autores Visuais, sendo oportuno lembrar a importância da ADAGP (*Association pour la Diffusion des Arts Graphiques et Plastiques*), na França.

A tutela da fotografia contém especificidades, como a proteção do objeto[45] e da pessoa fotografada, essa como titular de direito à imagem, amparado tanto pela Constituição da República (artigo 10, incisos X e XXVIII), como pelo Código Civil e, antes, pela Doutrina e Jurisprudência, como formas de expressão do Direito.[46] A proteção à imagem de pessoa está tradicionalmente assegurada entre as limitações aos direitos autorais (hoje, no artigo 46, I, c da lei vigente).

A tutela autoral se estende em prazo menor, pois 70 anos são contados a partir da divulgação e não da morte do autor (art. 44 da Lei nº 9.610/98). Essas são algumas das especificidades.

---

[44] O caso concreto quanto à divergência entre os sucessores será decidido pelo E. TJRJ.

[45] Quanto a esse, invoque-se, por exemplo, o art. 79 da Lei nº 9.610/98, que ressalva o reconhecimento dos direitos do autor sobre a obra fotografada, se de artes plásticas.

[46] Para visão concisa do Capítulo de direitos da personalidade, consulte-se nossa análise em **Código Civil Interpretado artigo por artigo, parágrafo por parágrafo**. Artigos 11 a 21. Costa Machado, organizador e Silmara Juny Chinellato, coordenadora. 7. ed. São Paulo: Manole, 2014.

Não se podendo esgotar as especificidades da tutela da obra de artes plásticas, pode-se mencionar a característica de estar a criação intelectual plasmada e indissociável do corpo mecânico, em verdadeira simbiose, o que acarreta repercussões na proteção da obra.

Esse aspecto diferencia as obras de artes plásticas nas quais são indissociáveis o corpo mecânico e o corpo místico. Os direitos patrimoniais do adquirente da obra referem-se tão só ao suporte físico e são limitados quanto à criação intelectual – o corpo místico. A distinção vem amplamente consagrada pelo artigo 37 da Lei nº 9.610, de 19 de fevereiro 1998, que segue a mesma diretriz do artigo 38 da lei anterior, nº 5.988, de 14 de dezembro de 1973.

Segundo o artigo 37 da Lei vigente:

> "A aquisição do original de uma obra, ou de exemplar, não confere ao adquirente qualquer dos direitos patrimoniais do autor, salvo convenção em contrário entre as partes e os casos previstos nesta Lei."

Cumpre salientar que eventual convenção em contrário deverá ser expressa, diante da tutela genérica abrangente e basilar do artigo 4º, segundo o qual a interpretação dos negócios jurídicos sobre os direitos autorais é restritiva.

Conforme enfatizam André Lucas e Henri-Jacques Lucas,[47] é necessário fazer-se a distinção entre suporte físico da obra e a criação intelectual. Apenas ao primeiro aplica-se o direito de propriedade móvel, no que couber, e com as restrições advindas da tutela autoral à criação intelectual. Essa distinção, que é fundamental, está bem explicitada no artigo L.111-3, alínea I.er do *Code de Propriété Intellectuelle* francês.

No mesmo sentido, quanto à necessidade de se fazer a indispensável distinção entre corpo mecânico ou suporte material e corpo místico, manifesta-se José de Oliveira Ascensão.

> *"A obra é pois uma realidade incorpórea; a exteriorização que ela representa ainda pode ser imaterial, bastando que se revele aos sentidos. Por isso, o direito de autor sobre a obra como coisa incorpórea é independente do direito de propriedade sobre as coisas materiais que sirvam de suporte à sua fixação ou comunicação."*[48]

Concordamos inteiramente com o autor quando afirma, com muita oportunidade:

> *"I. Se repudiamos a tentação idealística e distinguimos a obra da ideia, devemos repudiar também a tentação materialística, não confundindo a obra com suporte material que a encerra."*[49]

---

[47] **Traité de la propriété littéraire et artistique**. 2. ed. Paris: Litec, 2006. p. 135.
[48] **Direito autoral**. 2. ed. Rio de Janeiro, 1997. p. 31.
[49] **Direito autoral**, cit. p. 31.

O desconhecimento da necessária distinção entre corpo mecânico e corpo místico pode levar a conclusões equivocadas fundamentadas nos direitos reais. Como se explanou, apenas o suporte físico pode se sujeitar às regras da propriedade, mas sempre de modo limitado e restrito, uma vez que ele se sujeita à tutela do corpo místico, a criação intelectual com sua dupla vertente: direitos patrimoniais e direitos morais.

A cópia de obra de arte plástica feita pelo próprio autor goza da mesma proteção conferida ao original, segundo o artigo 9º da Lei nº 9.610/98, mas o contrato celebrado com o adquirente – notadamente se for o de obra sob encomenda – pode restringir a elaboração de cópias. Admite-se, ainda, limitar a quantidade delas que, se em grande número, podem banalizar a obra, reduzindo a expressão única e especial do original.

A obra de arte gráfica ou plástica tem como característica especial principal o denominado *droit de suite*, ou direito de sequência, oriundo da França para proteção dos pintores que, mortos, enriqueciam os *marchands*, enquanto os sucessores não desfrutavam da exploração de direitos patrimoniais. Esse direito nasce com a criação e não com a venda, como bem observa Frédéric Pollaud-Dulian.[50]

Os comentadores do *Code de Propriété Intellectuelle* da França, Pierre Sirinelli, Sylviane Durrande e Antoine Latreille, considerando vários acórdãos e anotações de Colombet e Edelman, na análise do art. L. nº 122-8,[51] informam que o *droit de suite* tem como objetivo associar o artista a um benefício de eventual mais-valia de sua obra e, assim, compensar o baixo preço pelo qual foi vendida em época na qual não gozava de notoriedade.

Conforme anota Frédéric Pollaud-Dulian, o caráter do *droit de suite* é alimentar, ainda que esta não seja sua única qualificação, destinado a proteger o autor e sucessores, razão de ter sido classificado como inalienável pela lei de 20 de maio de 1920, qualidade avalizada pela Lei de 11 de março de 1957, que determina, ainda, não poder ser objeto de legado.[52]

A Diretiva da União Europeia, de 27 de setembro de 2001, dispõe no mesmo sentido da inalienabilidade e de não ser passível de renúncia. A impossibilidade de figurar como objeto de legado é fortemente criticada pelo autor, com apoio de André e Henri-Jacques Lucas.[53]

Atualmente o *droit de suite* é regulado no longo e muito esclarecedor artigo L. 122-8 do Code de Propriété Intellectuelle, com a redação da reforma de 1º de outubro de 2006.

Direito híbrido, moral e patrimonial, é a característica que diferencia de modo contundente as obras de artes gráficas e plásticas. Denominado no artigo 39 da Lei anterior

---

[50] **Le Droit d'auteur**. Corpus Droit Privé, dirigé para Nicolas Molfessis. Paris: Economica, 2005. p. 562.

[51] O artigo, bastante extenso e didático, consagra expressamente o *droit de suite* e sua inalienabilidade. Consulte-se **Code de Propriété Intellectuelle comenté**. 8. ed. Pierre Sirinelli, Sylviane Durrande, Antoine Latreille. Paris: Dalloz, 2008.

[52] **Le Droit d'auteur**, cit. p. 560 e ss.

[53] Op. cit.

(n° 5.988, de 14 de dezembro de 1973) como "mais-valia", assim está normatizado no artigo 38 na Lei vigente:

> "Art. 38. O autor tem o direito, irrenunciável e inalienável, de perceber, no mínimo, cinco por cento sobre o aumento do preço eventualmente verificável em cada revenda de obra de arte ou manuscrito, sendo originais, que houver alienado.
>
> Parágrafo único. Caso o autor não perceba o seu direito de sequência no ato da revenda, o vendedor é considerado depositário da quantia a ele devida, salvo se a operação for realizada por leiloeiro, quando será este o depositário."

Parece-nos adequada a denominação de "mais-valia" que constava na Lei anterior, elaborada por José Carlos Moreira Alves, inspirada no Anteprojeto Barbosa-Chaves. A expressão é, no entanto, oriunda do Direito francês.

Quem adquire obra de arte ou manuscrito, se original, pagará cinco por cento sobre o aumento do preço apurado em cada revenda, porcentagem hoje reduzida em confronto com os 20% da Lei anterior, de 1973.

A apuração do aumento do preço entre a aquisição e a revenda é tarefa não fácil, a depender de prova bastante quanto ao aumento do preço.

Melhor caminho é a incidência de porcentagem sobre cada alienação, sem se cogitar do aumento de preço. Essa é a opção do Anteprojeto de Lei de reforma da Lei Autoral, proposto pelo Ministério da Cultura, após consulta pública, em 2010.[54]

O direito de sequência, por ser híbrido, pode ser considerado moral e patrimonial. É direito moral pelas características de irrenunciabilidade e inalienabilidade. Patrimonial por representar valor pecuniário a ser devido ao autor ou sucessores, objetivo contemplado pela norma, no nascedouro. A natureza de direito moral importa, ainda, em imprescritibilidade, tese plenamente aceitável diante da omissão da lei brasileira.

A proteção autoral à obra de artes plásticas é pouco estudada na Doutrina, merecendo maior atenção, o que não ocorreu em Manuais e Cursos de Direito Autoral, lacuna que deve ser preenchida.

Como obra monográfica, merece ser citada a de Luiz Fernando Gama Pellegrini.[55]

Tema já bastante debatido na Doutrina e no âmbito administrativo do extinto CNDA (Conselho Nacional de Direito Autoral), na vigência da Lei n° 5.988/73 (artigo 80),[56] era a indagação a respeito da possibilidade ou impossibilidade de o adquirente da obra de artes

---

[54] "Art. 38. O autor tem o direito, irrenunciável e inalienável, de perceber, no mínimo, três por cento sobre o preço em cada revenda de obra de arte ou manuscrito, sendo originais, que houver alienado." Não se conhece, ainda, o texto que estaria na Casa Civil, aguardando encaminhamento ao Congresso Nacional.

[55] **Direito autoral e o artista plástico**. São Paulo, Oliveira Mendes, 1998.

[56] "Salvo convenção em contrário, o autor de obra de arte plástica, ao alienar o objeto em que ela se materializa, transmite ao adquirente o direito de reproduzi-la ou de expô-la ao público."

plásticas poder reproduzi-la, em descompasso com a proteção específica para cada forma de utilização, bem como com o artigo 38, que tem o mesmo conteúdo do vigente artigo 37.

Segundo ambos, a aquisição do original de uma obra, ou de exemplar de seu instrumento ou veículo material de utilização, não confere ao adquirente qualquer dos direitos patrimoniais do autor.

A melhor interpretação era no sentido de considerar-se um "não" antes de "transmite", com a qual concordamos apenas quanto à reprodução. Nesse sentido, Antonio Chaves.[57]

Segundo o autor, o artigo 80 da Lei nº 5988/73 deveria assim ser interpretado:

> "Salvo convenção em contrário, o autor de obra de arte plástica, ao alienar o objeto em que ela se materializa, não transmite ao adquirente o direito de reproduzi-la ou de expô-la ao público." (grifo nosso)

Luiz Fernando Gama Pellegrini enfatiza, em sua obra, a exposição de obras de arte plástica, discutindo a necessidade ou dispensa de autorização do autor para a exposição à luz da lei então vigente – Lei nº 5988/73. Relata o caso concreto em que figura como parte Galeria Grossmam Obra de Arte Ltda., como demandada e, como demandantes, o pintor Mario Gruber Correia e Mário Schamberg, crítico de arte. Questionam os demandantes, entre outros pontos, a falta de autorização para exposição de obras do pintor e reprodução incompleta e desautorizada da análise feita pelo crítico de arte. A ação foi julgada procedente em primeiro e, por unanimidade, no segundo grau pelo E. Tribunal de Justiça de São Paulo (Acórdão nº 93.985-1, relatado por Luís de Macedo, registrado em 1.12.1987), com apoio no Parecer de Antonio Chaves. O Superior Tribunal de Justiça confirmou o acórdão, também por unanimidade, no RESP 7.550, in *DJU* de 2.12.1991, Salvio de Figueiredo, Relator.

Foi tão criticado o artigo 80 que a lei atual expressamente colocou a negativa quanto à reprodução da obra, no artigo 77.

> "Art. 77. Salvo convenção em contrário, o autor de obra de arte plástica, ao alienar o objeto em que ela se materializa, transmite o direito de expô-la, mas não transmite ao adquirente o direito de reproduzi-la."

Gama Pellegrini atualiza sua análise, em artigo recente[58] no qual o tema é considerado à luz da Lei nº 9.610/98. Frisa o autor que ela eliminou os "vícios existentes" na lei anterior, por meio da redação do artigo 29, VIII, alínea *j*, que é complementado pelo artigo 77:

> "Art. 29. Depende de autorização prévia e expressa do autor a utilização da obra, por quaisquer modalidades, tais como:

---

[57] **Nova lei brasileira de direito de autor**. São Paulo: Revista dos Tribunais, 1975. p. 5-51.

[58] Utilização de obras de arte plástica. Restrições. Direitos autorais e de nome. In: **Propriedade Intelectual**. Estudos em homenagem ao Min. Carlos Fernando Mathias de Souza. São Paulo: Letras Jurídicas, 2009. p. 359-371. Consulte-se p. 365.

VIII – a utilização, direta ou indireta, da obra literária, artística ou científica, mediante:

j) exposição de obras de artes plásticas e figurativas;"

A dúvida que poderia ocorrer quanto à aparente contradição entre o primeiro e o segundo artigos, é afastada de pronto, pois a permissão para expor a obra, pelo adquirente, refere-se à exposição privada e não ao público. Apoia essa tese Plinio Cabral e nesse rol também nos incluímos.

Será mais prudente haver a convenção em contrário para que ela possa ser exposta. Lembre-se que, mesmo na vigência da Lei nº 5988/73, defendia-se que deveria prevalecer a interpretação sistemática, em favor da necessidade da autorização, e não a literal prevista no artigo 80.[59]

No caso de museus, parece-nos que excepcionalmente ela possa ser implícita porque se refere à própria finalidade do contrato. Incide, ainda, o interesse público no acesso ao conhecimento.

Outro ponto a merecer análise, como especificidade das obras de artes plásticas, é quanto às situadas em logradouros públicos, conforme artigo 48 da Lei nº 9610/98, encartado nas limitações aos direitos do autor.

A melhor interpretação distingue "reprodução" de "representação". Enquanto a Lei anterior – nº 5.988/73 – consagrava que não constitui ofensa aos direitos de autor a reprodução de obras de artes existentes em logradouros públicos (art. 49, I, *e*), a vigente estatui, no artigo 48, também entre as limitações aos direitos autorais:

> "as obras situadas permanentemente em logradouros públicos podem ser representadas livremente por meio de pinturas, desenhos, fotografias e procedimentos audiovisuais".

Segundo a própria definição da Lei nº 9.610/98, no artigo 5º, inciso VI:

> "reprodução é a cópia de um ou vários exemplares de uma obra literária, artística ou científica ou de um fonograma, de qualquer forma tangível, incluindo qualquer armazenamento permanente ou temporário por meios eletrônicos ou qualquer outro meio de fixação que venha a ser desenvolvido".

A distinção entre "reprodução" e "representação" é o ponto central da ação movida no Fórum Central de SP pela AUTVIS como representante da ADGP francesa, no interesse dos sucessores de Paul Landowski, escultor francês que esculpiu as mãos e cabeça da

---

[59] No sentido da necessidade de autorização, citamos opinião de Carlos Alberto Bittar, nas várias preleções na Faculdade de Direito da Universidade de São Paulo.

estátua do Cristo Redentor, além da elaboração da maquete, do Rio de Janeiro, contra H. Stern Comércio e Indústria S.A. [60]

O v. acórdão considerou como parte ilegítima os sucessores do escultor, que teria cedido os direitos à Mitra Arquiepiscopal do Rio de Janeiro. Embora tenha decretado a extinção da demanda sem julgamento de mérito, antecipou o entendimento no sentido de que se aplicaria a *supressio* pela inércia dos demandantes diante de reiteradas reproduções.

Pendente de julgamento perante o Superior Tribunal de Justiça, vê-se que o acórdão não chegou a analisar a questão principal: a diferença entre reprodução e representação.

Considerando que a lei não contém palavras inúteis, segundo regra de interpretação, que reprodução e representação são finalidades diferentes e, considerando, ainda, que a interpretação sistemática é favorável ao autor, notadamente em decorrência das regras gerais contidas nos artigos 4º (interpretação em favor do autor), 29 (cada modalidade depende de autorização específica), parece-nos acertada a tese no sentido de que a limitação dos direitos de autor é apenas quanto à representação, não alcançando a licença para reprodução.

Para finalizar este artigo, mas não o estudo contínuo do tema apaixonante relativo à proteção autoral às obras de artes plásticas, há elogio à lei brasileira quanto à consideração como depositário conforme parágrafo único do artigo 38, cujo *caput* consagra o direito de sequência:

> "Art. 38. O autor tem o direito, irrenunciável e inalienável, de perceber, no mínimo, cinco por cento sobre o aumento do preço eventualmente verificável em cada revenda de obra de arte ou manuscrito, sendo originais, que houver alienado.
>
> Parágrafo único. Caso o autor não perceba o seu direito de sequência no ato da revenda, o vendedor é considerado depositário da quantia a ele devida, salvo se a operação for realizada por leiloeiro, quando será este o depositário."

Parece-nos que a lei nacional é mais evoluída que a da França, em que pese ser ela fonte inspiradora de nossas leis que tutelam o Direito de Autor. Ao considerar como depositário quem revende obra de arte ou manuscrito original, favorece o autor, uma vez que o depositário infiel submete-se à prisão civil conforme artigo 5º, inciso LXVIII, acolhido dentre os direitos e garantias fundamentais:

> " não haverá prisão civil por dívida, salvo a do responsável pelo inadimplemento voluntário e inescusável de obrigação alimentícia e a do depositário infiel".

É mister divulgar a autores e sucessores, a *marchands*, a intermediários de compra e venda de obras de artes plásticas, bem como a leiloeiros, a plena vigência desse artigo.

---

[60] Apelação Cível nº 0103897-94.2007.8.26.0100, Vito Gugliemi Relator, julgado em 15 de março de 2012, v. u.

Não desconhecemos o debate a respeito da não vigência da prisão do depositário infiel, não consagrada pelo Pacto de São José da Costa Rica (Convenção Americana de Direitos Humanos), ao qual o Brasil aderiu. Ele admite apenas a prisão do devedor de alimentos.[61] O tema ainda é bastante polêmico, o que aconselha o pagamento do que é devido ao autor ou a seus sucessores, além do dever ético em fazê-lo.

Nossa palavra final é em favor de autores e criadores, por nós considerados trabalhadores intelectuais, razão de termos insistido na expressão trabalhador-autor,[62] incidindo um dos fundamentos da Constituição da República, conforme inciso IV do artigo 1º: o valor social do trabalho.

---

[61] "Ninguém deve ser detido por dívidas. Este princípio não limita os mandados de autoridade judiciária competente expedidos em virtude de inadimplemento de obrigação alimentar."

[62] Sobre o tema, consulte-se nosso artigo O autor como trabalhador. In: CHINELLATO, Silmara J. A.; SILVA, Walküre Lopes (Coord.). **Proteção do trabalho intelectual dos titulares de direito autoral**: uma visão interdisciplinar. Seminário Interdisciplinar de Pesquisa. Caderno de palestras. Comissão de Pesquisa da Faculdade de Direito da Universidade de São Paulo, setembro de 2011. p. 13-21.

REFERÊNCIAS BIBLIOGRÁFICAS

ALGARDI, Zara. **Il plagio litterario e il carattere creativo dell'opera**. Milano: Giuffrè, 1966.

ASCENSÃO, José de Oliveira. **Direito autoral**. 2. ed. Rio de Janeiro: Renovar, 1997.

_____. A pretensa "propriedade intelectual". **Revista do IASP**, Instituto dos Advogados de São Paulo, Nova série, ano 10, nº 20, p. 243 – 261, julho/dezembro 2007.

BITTAR, Carlos Alberto. **Direito de autor**. 4. ed. Rio de Janeiro: Forense Universitária, 2003.

_____. **Direito de autor na obra publicitária**. São Paulo: Revista dos Tribunais, 1981.

CHAVES, Antonio. **Direito de autor**: princípios fundamentais. Rio de Janeiro: Forense, 1987.

_____. **Violações do direito de autor**. Revista Forense, nº 281, p. 153-168, jan./fev./mar. 1983. p. 160.

_____. **Nova lei brasileira de Direito de autor**. São Paulo: Revista dos Tribunais, 1975.

CHINELLATO, Silmara Juny de Abreu. **Direito de autor e direitos da personalidade**: reflexões à luz do Código Civil. 2008. Tese (Professor Titular de Direito Civil) – Faculdade de Direito da Universidade de São Paulo, São Paulo, no prelo.

_____. Norma técnica, direito de autor e direito do consumidor. In: MORATO, Antonio Carlos; NERI, Paulo de Tarso (Org.). **20 anos do Código de Defesa do Consumidor**. Estudos em homenagem ao Professor José Geraldo Brito Filomeno. São Paulo: Atlas, 2010. p. 34-50.

_____. Notas sobre plágio e autoplágio. **Revista do Instituto dos Advogados de São Paulo, RIASP**, nova série, ano 15, nº 29, p. 305-330, jan./jun. 2012.

_____. O autor como trabalhador. In: CHINELLATO, Silmara J. A.; SILVA, Walküre Lopes (Coord.). **Proteção do trabalho intelectual dos titulares de direito autoral**: uma visão interdisciplinar. Seminário Interdisciplinar de Pesquisa. Caderno de palestras. Comissão de Pesquisa da Faculdade de Direito da Universidade de São Paulo, setembro de 2011.

_____. **Código Civil Interpretado artigo por artigo, parágrafo por parágrafo**. Artigos 11 a 21. Costa Machado, organizador e Silmara Juny Chinellato, coordenadora. 7. ed. São Paulo: Manole, 2014.

CRIVELLI, Ivana Có Galdino. **Direito de autor**: exceções, com ênfase em normas técnicas. Faculdade de Direito da Universidade de São Paulo, 2012 (em fase de publicação).

DESBOIS, Henri. **Le droit d'auteur en France**. 3. ed. Paris: Dalloz, 1978.

HAMMES, Bruno Jorge. **O direito de propriedade intelectual**. 3. ed. São Leopoldo: Ed. Unisinos, 2002.

LUCAS, André; LUCAS, Henri-Jacques. **Traité de la propriété littéraire et artistique**. 2. ed. Paris: Litec, 2006.

QUINTANA, Mário. **Espelho mágico**. Globo, 2005.

SILVEIRA, Newton. **Propriedade intelectual**: propriedade industrial, direito de autor, software, cultivares, nome empresarial. 4. ed. Barueri: Manole, 2011.

PELLEGRINI, Luiz Fernando Gama. **Direito autoral e o artista plástico**. São Paulo: Oliveira Mendes, 1998.

PELLEGRINI, Luiz Fernando Gama. Utilização de obras de arte plástica. Restrições. Direitos autorais e de nome. In: **Propriedade Intelectual**. Estudos em homenagem ao Min. Carlos Fernando Mathias de Souza. São Paulo: Letras Jurídicas, 2009. p. 359-371.

PICARD, Edmond. **Le droit pur**. Paris: Flammarion, 1920, p. 92 e ss.

POLLAUD-DULIAN, Frédéric. **Le droit d'auteur**. *Corpus droit privé*. Dirigé para Nicolas Molfessis. Paris: Economica, 2005.

POUILLET, Eugene. **Propriété littéraire et artistique et du droit de représentation**. 2. ed. Paris: Imprimerie et Librairie Générale de Jurisprudence; Marchant et Billard, 1894.

SIRINELLI, Pierre; DURRANDE Sylviane; LATREILLE, Antoine. **Code de propriété intellectuelle comenté**. 8. ed. Paris: Dalloz, 2008.

Dicionários

Grande dicionário Larousse cultura da língua portuguesa. Regras ortográficas e gramaticais. 1. ed. São Paulo: Nova Cultural, 1999.

HOLLANDA, Aurélio Buarque de. **Novo dicionário da língua portuguesa**. 1. ed. 5. impr. Rio de Janeiro: Nova Fronteira, 1975.

HOUAISS, Antônio. **Dicionário Houaiss de sinônimos e antônimos da língua portuguesa**. 1. ed. Rio de Janeiro: Objetiva, 2003.

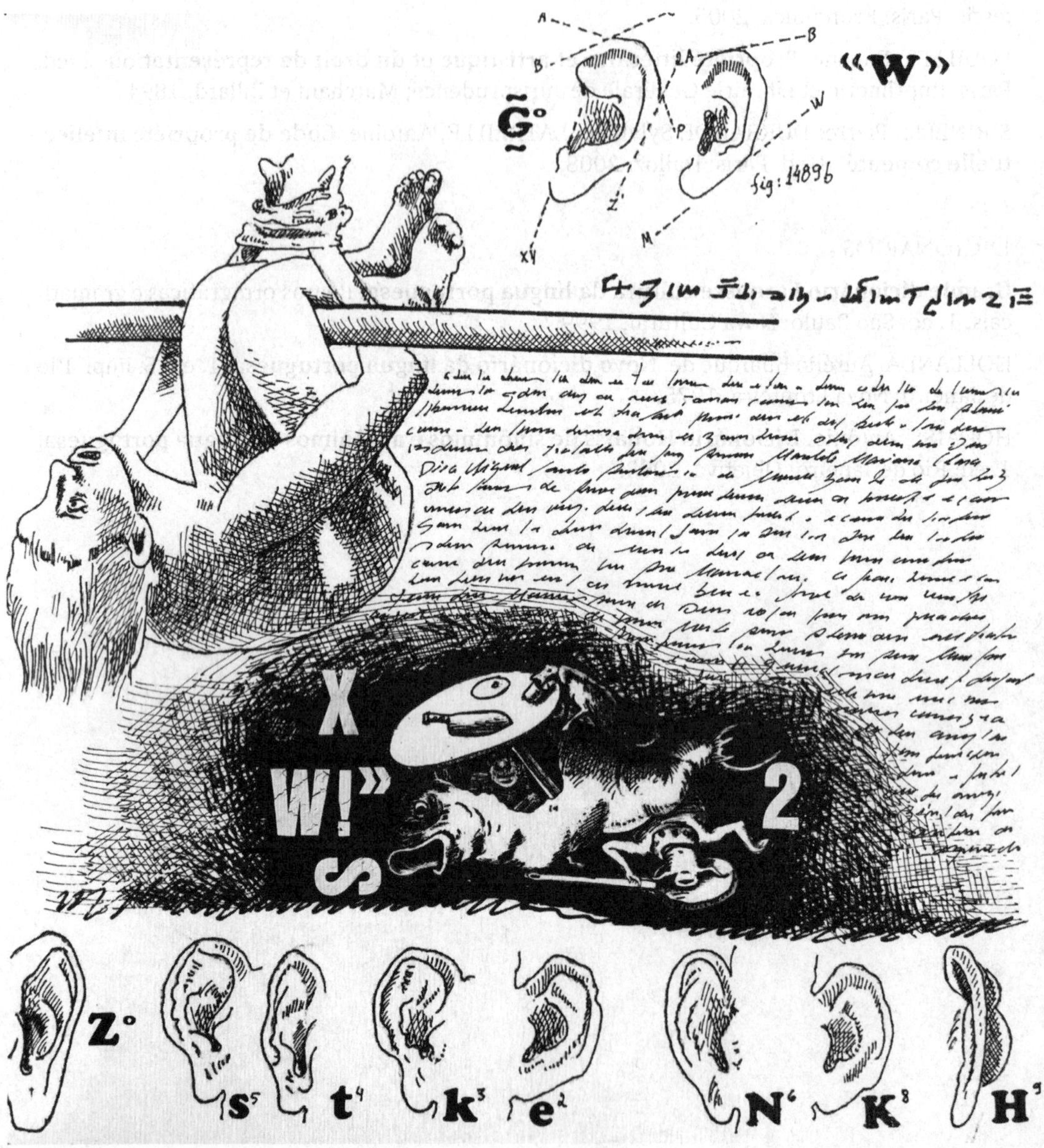
«W»
G°
fig: 1489b
X
W!»
S
2
Z°

Requisitos Fundamentais para a Proteção Autoral de Obras Literárias, Artísticas e Científicas. Peculiaridades da Obra   321

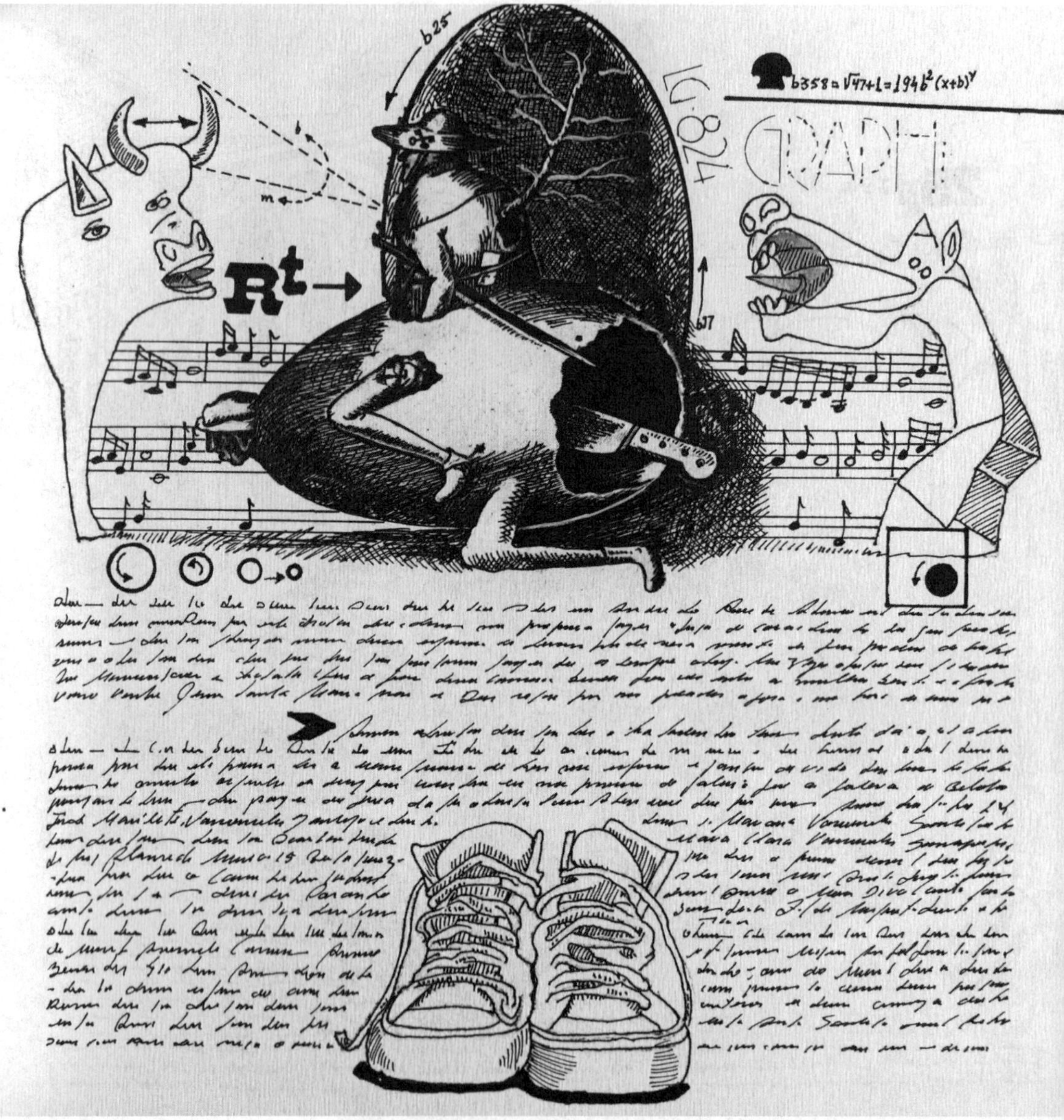
b25
LG-824
b358 = √47+1 = 194b²(x+b)ʸ
GRAPH
Rt

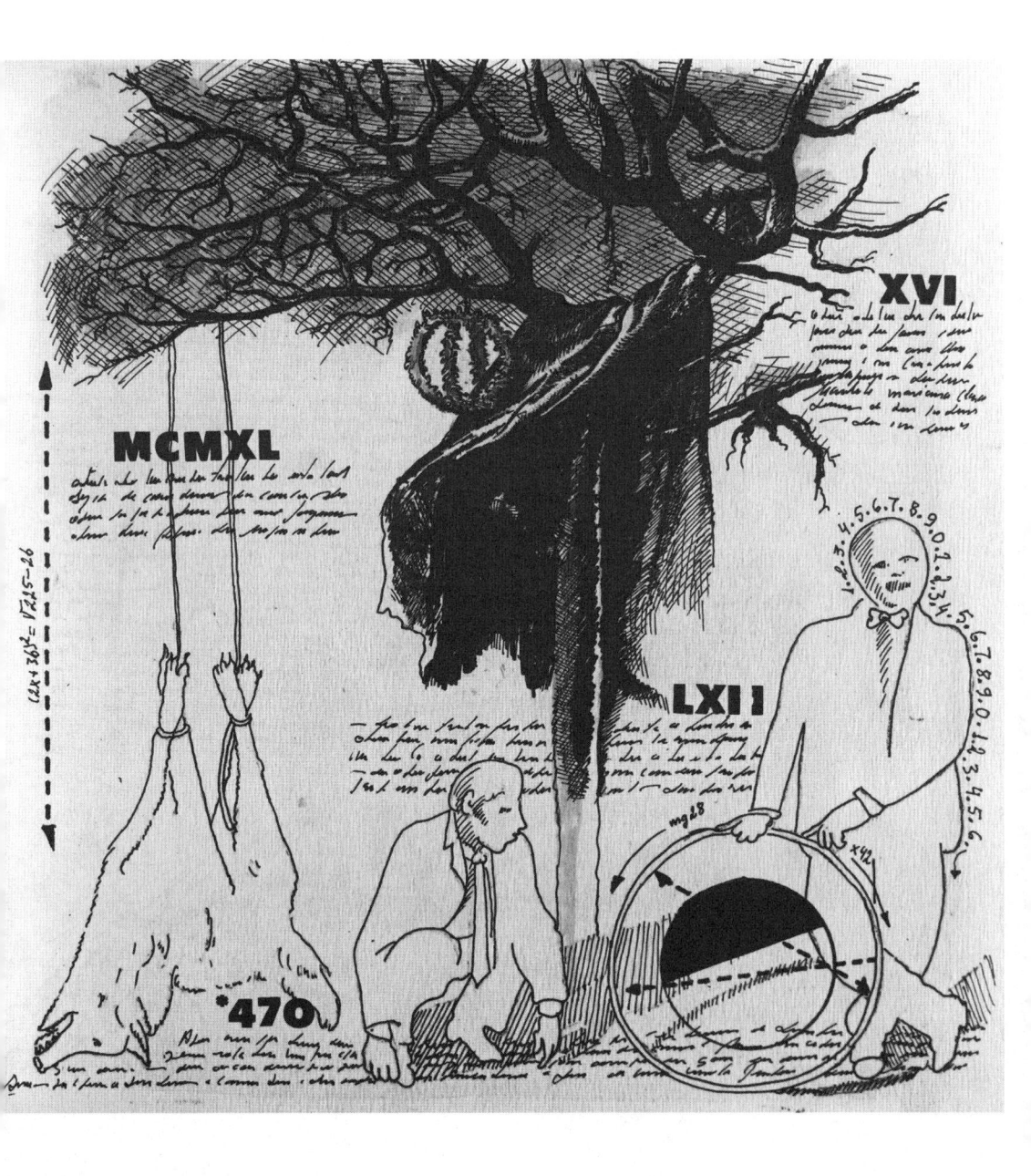

Requisitos Fundamentais para a Proteção Autoral de Obras Literárias, Artísticas e Científicas. Peculiaridades da Obra   323

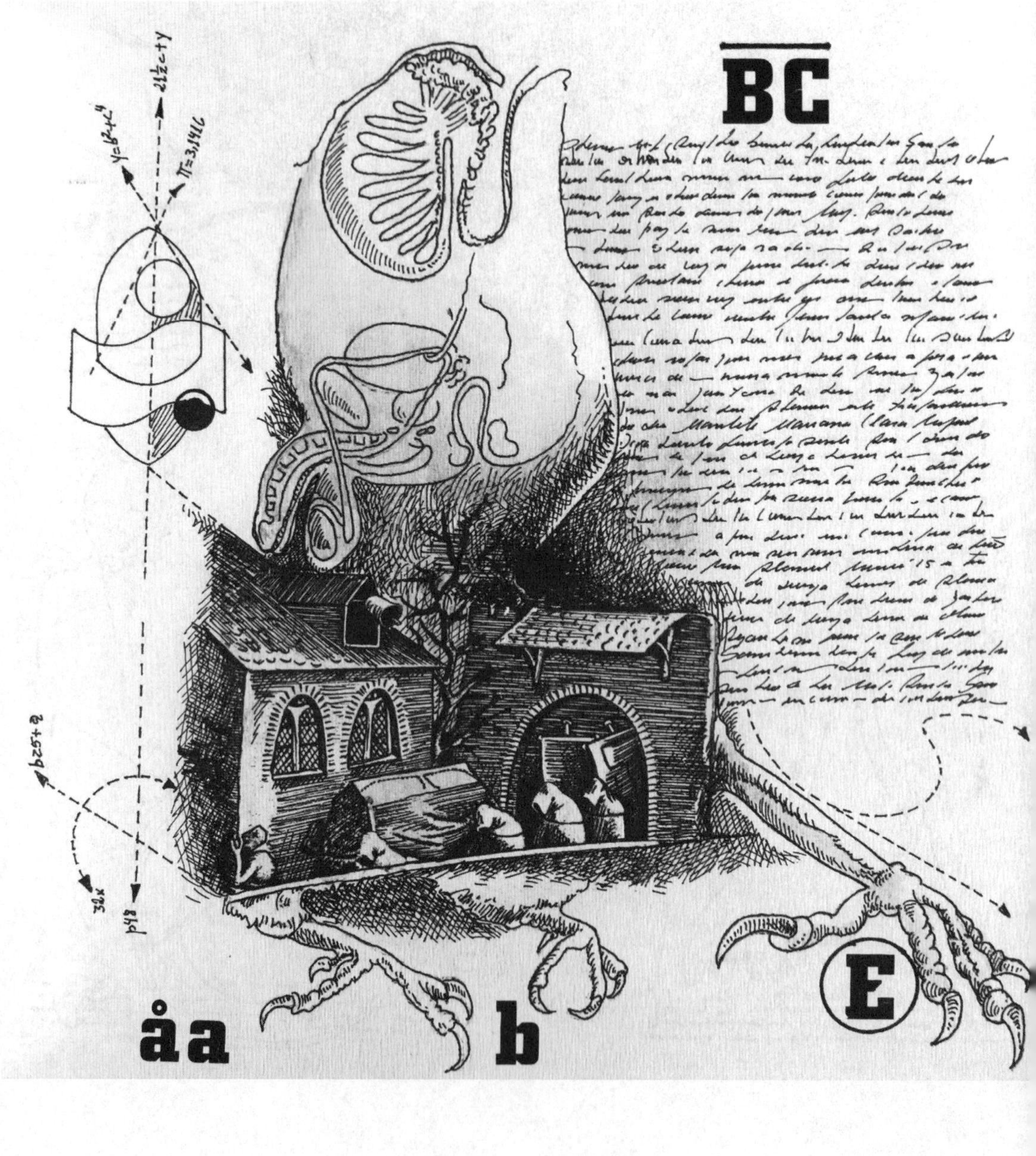
BC
åa
b
E

15

Aquisição e Propriedade de Obras de Arte

Carlos Alberto Dabus Maluf[1]
Adriana Caldas do Rego Freitas Dabus Maluf[2]

Sumário: 1. Introdução. 2. Definição e contextualização da obra de arte. 3. Proteção do autor e das obras de arte. 4. Aquisição de obra de arte: compra e apossamento legítimo de *res derelicta*. 5. Aquisição por meio de contrato estimatório. 6. A posse e propriedade das obras de arte. 7. A venda da obra de arte. 8. O direito sucessório e a obra de arte – duração dos direitos patrimoniais. 9. Destruição. Referências bibliográficas.

1 INTRODUÇÃO

O direito de autor vem tomando expressiva importância no decorrer dos tempos. Da mesma forma, o mercado de artes mobiliza cada vez mais autores e capitais. Em face disso, primaz se faz proceder a uma análise a respeito da legislação atinente ao tema, explorando para tanto um pouco desse fascinante ambiente, tendo em vista o equilíbrio da relação artista/*marchand*/público consumidor.

---

[1] Mestre, Doutor e Livre-Docente em Direito Civil pela FADUSP. Professor Titular de Direito Civil da FADUSP. Conselheiro do IASP. Advogado.

[2] Mestre e Doutora em Direito Civil pelas FADUSP. Professora Doutora de Direito Civil e Biodireito do Centro Universitário UniFMU. Membro Efetivo do IASP. Membro Efetivo da Comissão de Biotecnologia e estudos da vida da OAB/SP. Advogada.

2 DEFINIÇÃO E CONTEXTUALIZAÇÃO DA OBRA DE ARTE

Pode-se entender por obra toda a produção intelectual ou material realizada pelo homem.³

Já a obra de arte pode ser definida como uma criação humana que apresenta um objetivo simbólico de beleza ou de representação de um conceito determinado. Como exemplos de obras de arte, podemos citar: esculturas, pinturas, poemas, recursos arquitetônicos, filmes, músicas, artefatos decorativos, entre outros.⁴

Nesse sentido, uma obra de arte difere de um objeto comum. Enquanto este possui apenas uma função prática e útil na sociedade e, geralmente, é produzido em série por indústrias, as obras de arte se apresentam como objetos únicos, especialíssimos, embora não lhes seja subtraída, necessariamente, a utilidade prática.⁵

---

³ BITTAR, Carlos Alberto. Verbete "Obra". In: **Enciclopédia Saraiva do Direito**, v. 55, p. 215.

⁴ APELAÇÃO CIVEL, DIREITO DE AUTOR. Utilização comercial de desenho sem autorização da autora. Obra que se trata de modelo industrial para pavimentação de calçadas e outros pisos, não tendo natureza artística. Caducidade da patente registrada pela autora não lhe confere direito de receber indenização com base distinta de violação de direito de autor. Sentença mantida. Recurso não provido. TJSP, Des. Rel. Francisco Loureiro, 6ª Câm. Dir. Priv., j. 12.1.12, Ap. Civ. nº 0132439-69.2006.8.26.0000."

⁵ "AGRAVO DE INSTRUMENTO. MEDIDA CAUTELAR DE ARROLAMENTO DE BENS. Apelação Cível. Responsabilidade Civil. Apelação. Ação de Reparação de Danos. Empréstimo de obra de arte para sua exposição em evento promovido pela Secretaria de Cultura e Turismo da Prefeitura Municipal. Dano verificado na tela após a exposição. Pretensão de ressarcimento. Dever de guarda e incolumidade. Ação julgada parcialmente procedente para condenar a ré a pagar o valor do restauro. Decisão mantida. Recurso não provido. TJSP, Des rel. Rui Stocco, 4ª Câm. Dir. Publ. j. 9.11.09, Ap. Civ. 9076909.28.2003.8.26.0000"; "Direito autoral – Ação indenizatória, com fundamento em reprodução desautorizada de imagem de obra artística – Improcedência – Inconformismo – Desacolhimento – Violação a direito do autor não caracterizada – Limitação aos direitos autorais, conforme exceção prevista no art. 46, VIII, da Lei nº 9.610/98 – Ilustração de texto literário, com imagem de uma das obras do insigne artista plástico Victor Brecheret, com intuito cultural, sem fins lucrativos, na divulgação da vida e da obra do artista – Sentença mantida – Recurso desprovido. TJSP, Des. Rel. Grava Brazil, 9ª Câm. Dir. Priv. j. 25.8.09, nº 9174291-79.2007.8.26.0000."
"ALIENAÇÃO DE OBRAS EM LEILÃO DA BOLSA DE ARTE DO RIO DE JANEIRO. Os bens objeto do pedido de venda são objetos de arte valiosos e que não devem ser alienados em qualquer mercado. É necessário que se lhes tire o maior proveito mercadológico possível, e nada melhor do que o usual leilão de artes e num mercado economicamente promissor, como o de São Paulo. Ao que se informa, ocorre apenas um leilão por semestre realizado pela Bolsa de Arte do Rio de Janeiro. Quanto à necessidade da venda, embora haja ação discutindo a necessidade de certas despesas do Sr. Felix Urquiza, pessoa idosa, é razoável que se tenha recursos livres para sua manutenção. Assim, razoável que se aproveita o leilão para alienar os quadros, mas deve o produto da venda ficar depositado judicialmente, sendo sua liberação condicionada à autorização judicial, com avaliação das necessidades. Recurso provido parcialmente. Enunciado nº 65 do Aviso TJ nº 29 de 7/4/2011" (Des. Ricardo Rodrigues Cardozo – J. 27/6/2011, 15ª Câm. Civ.).

É válido ressaltar, entretanto, que a consideração de uma obra de arte enquanto tal depende do contexto histórico e cultural em que está inserida, e que define o próprio significado de arte.

Tendo em vista a evolução histórica da humanidade, a obra de arte apresenta um caráter único condicionado pela relevância que cada obra, na medida em que é única, impõe ao observador; sendo assim, a manifestação concreta de valores em face da época e do círculo cultural onde está inserida.[6]

Tal como aduz Maristela Basso, existe um caráter eminentemente internacional da proteção dos direitos da produção intelectual, ou seja, da produção artística em suas diversas vertentes, com base em Edmond Picard, que leciona: "a produção do espírito, objeto do direito intelectual, destina-se naturalmente a expandir-se para todos os lugares onde vai a civilização".[7]

Nas sociedades tradicionais ou pré-modernas, vinha inicialmente associada ao ritual ou à experiência religiosa; e posteriormente, com o advento da sociedade moderna burguesa, pelo seu valor de distinção social, contribuindo para colocar num plano à parte aqueles que podem aceder à obra "autêntica". A esse sentido que emana da obra de arte Walter Benjamin denominou de "aura".[8]

O aparecimento e desenvolvimento de outras formas de arte, começando pela fotografia, em que deixa de fazer sentido distinguir entre original e cópia, traduz-se em sua

---

[6] "Apelação – Violação de direito autoral – Venda de DVDs de jogos falsificados – Condenações – Recursos defensivos – Atipicidade da conduta – 'Abolitio Criminis' – Inocorrência – O fato de o aludido dispositivo legal não mencionar, expressamente, a palavra videofonograma não retira a ilicitude da exposição à locação de jogos de vídeo game 'piratas' – O conceito de 'obra intelectual', constante da Lei nº 9.610/98, inclui tais obras – Prática da ação descrita no tipo penal configurada. Absolvição – Improcedência – Materialidade e autoria devidamente comprovadas? Réus que confessaram a prática do delito na delegacia e negaram em juízo – Testemunho dos policiais que realizaram a apreensão, asseverando que os discos estavam exposto à locação no estabelecimento dos acusados – Depoimentos de testemunhas de defesa que não podem prevalecer, devido à incoerência de suas declarações – Desnecessária a oitiva dos autores da obra falsificadas, para comprovar a inexistência de autorização – Prova da falsificação atestada por laudo pericial e corroborada pelas provas orais – Os réus não mencionaram possuírem qualquer autorização por parte dos autores – Não é razoável que os apelantes, possuindo a autorização dos produtores ou criadores para lucrar com os discos, não a apresente, mesmo diante de uma condenação criminal – Prova acusatória produzida – Ônus de demonstrar fato excludente da responsabilidade que cabe à defesa – Condenações de rigor – Sentença mantida – Recursos improvido. TJSP, Des. Rel. Salles Abreu, 4ª Câm. Dir. Priv. j. 12.5.09, Ap. Civ. nº 0000370-83.2008.8.26.0588."

[7] BASSO, Maristela – **Direito internacional da propriedade intelectual**. Porto Alegre: Livraria do Advogado Editora, 2000. p. 19; PICARD, Edmond. Études **sur la propriété en France et en Angleterre**. Paris, 1858. p. 86, apud BASSO, Maristela – **Direito internacional da propriedade intelectual**, op. cit., p. 19.

[8] BENJAMIN, Walter. A obra de arte na época de suas técnicas de reprodução. Disponível em: <http:// antivalor. vilabol.uol.com.br/textos/frankfurt/benjamin/benjamin_06.htm>.

concepção para o fim dessa "aura", destituindo a obra de arte de seu carater de raridade, uma vez que libera a arte para novas possibilidades, tornando o seu acesso mais democrático e permitindo que esta contribua para uma "politização da estética" que contrarie a "estetização da política" típica dos movimentos fascistas e totalitários dominantes em determinada época.[9]

Seu pensamento, entretanto, distingue-se do de Theodor Adorno e Max Horkheimer no tocante à visão da reprodução técnica; pois, enquanto estes entendem que toda reprodução contribui para a perda de identidade da originalidade e está à disposição de uma elite que manipula aqueles que não possuem acesso aos originais, através de cópias feitas em série, conferindo a todas as cópias uma característica mercadológica, portanto, massificante, Walter Benjamin acredita que esse fato, desde que observadas as técnicas, gera uma politização capaz de moldar o senso crítico daquele que observa.

Em sua concepção, "a partir do momento em que a obra fica excluída da atmosfera aristocrática e religiosa, que fazem dela uma coisa para poucos e um objeto de culto, a dissolução da aura atinge dimensões sociais. Essas dimensões seriam resultantes da estreita relação existente entre as transformações técnicas da sociedade e as modificações da percepção estética".

Nesse sentido a análise de Benjamin mostra que as técnicas de reprodução das obras de arte, provocando a queda da aura, promovem a liquidação do elemento tradicional da herança cultural; mas, por outro lado, esse processo contém um germe positivo, na medida em que possibilita um outro relacionamento das massas com a arte, dotando-as de um instrumento eficaz de renovação das estruturas sociais.[10]

Concebe Eliane Y Abrão que "os direitos autorais, nasceram fruto de duas vertentes distintas: a tecnológica e a ideológica, fundada a primeira no surgimento das máquinas que propiciaram a reprodução em série das diversas obras, e a segunda nos princípios individualistas que culminaram com a globalização da economia".[11]

---

[9] "RESPONSABILIDADE CIVIL Indenização Danos materiais e morais. Apelo contra sentença de Improcedência. Danificação de obra de arte, quadro pintado pela autora? Deixado para fotografar, caindo ao solo e experimentando um rasgão. Reparação levada a cabo pela própria autora, em restaurador profissional, que demanda indenização. Desvalorização, outrossim, inequivocamente causada à obra em consequência do reparo. Apelo provido em parte, para condenar a sentença nos importes relativos aos valores daí decorrentes, nos termos do corpo do voto. Reconhecida reciprocidade de sucumbimentos, também nos termos do acórdão. TJSP, Des. Rel. Luiz Ambra, Comarca de Jundiaí, 8ª Câm. Dir. Priv. j. 23.11.11."

[10] Trata-se, sob determinada ótica, de uma postura otimista, que foi objeto de reflexão crítica por parte de Theodor Adorno; BENJAMIN, Walter – A obra de arte na época de suas técnicas de reprodução. Disponível em: <http:// antivalor. vilabol.uol.com.br/textos/frankfurt/benjamin/benjamin_06.htm>.

[11] ABRÃO, Eliane Y. **Direitos de autor e direitos conexos**. São Paulo: Editora do Brasil, 2002. p. 15.

O valor de uma obra de arte depende primeiramente de sua função na sociedade, ou seja, do homem que a apreende, do *apreciador*, do consumidor. Por função entendo como a capacidade de ser eficaz, de uma determinada forma, dentro de um dado contexto.

A compreensão de uma obra de arte, no entanto, só é possível quando esta puder ser entendida por um *apreciador* com sensibilidade artística e estética. A sensibilidade no campo da arte depende, por sua vez, da inteligência, do ambiente sociocultural, da língua, da tradição, da cultura, da educação e de outros fatores similares.[12]

Assim sendo, pode-se entender que a arte é, acima de tudo, uma forma de comunicação, um veículo para a transmissão de ideias e pensamentos, daquilo que foi pesquisado e descoberto ou inventado pelo artista, sendo um importante veículo para a tomada da consciência "do novo", ou seja do alargamento da consciência de seu papel na sociedade.

Na concepção de Carlos Alberto Bittar e Carlos Alberto Bittar Filho a obra deverá apresentar originalidade, e esta deverá se manifestar tanto interna quanto externamente, "revestindo-se de traços ou caracteres identificadores, diversos dos outros já componentes da realidade fática".[13]

> "Em cada fase de nossa cultura, a arte contribui para construir a consciência do homem. Influencia o comportamento do consumidor com relação a um determinado tipo de manifestação social e cultural e, consequentemente, com relação a seu comportamento nas condições sociais existentes, seja divulgando algo novo, desconhecido ou pouco conhecido."[14]

---

[12] KOELLREUTER, H. J. Sobre o valor e o desvalor da obra de arte. Estudos Avançados, São Paulo, v. 13, nº 37, set./dez. 1999. Disponível em: <http://www.scielo.br/scielo.php?pid=SO103>.

[13] BITTAR, Carlos Alberto; BITTAR Filho, Carlos Alberto. Tutela dos direitos da personalidade e dos direitos autorais nas atividades empresariais. 2. ed. São Paulo: Revista dos Tribunais, 2002. p. 98; "CIVIL. RESPONSABILIDADE CIVIL. DIREITO AUTORAL. REPRODUÇÃO DE **OBRA** DE **ARTE** SEM AUTORIZAÇÃO. DANO MORAL. DANO MATERIAL. Ação indenizatória cumulada com obrigação de fazer porque sem estar autorizada a Ré reproduziu **obra** de **arte** da Autora em painéis de pastilhas de cerâmica e vidro. A reprodução de **obra** plástica se presume onerosa e depende de prévia autorização do titular. No caso, a Ré admite a colocação no sítio de vendas pela internet da **obra** de **arte** da Autora, mas somente com a intenção de esclarecer os clientes quanto à combinação de cores, sem pretender reproduzir a **arte** nos painéis que vende. Mas a prova dos autos demonstra o objetivo da Ré em vender painéis com a criação da Autora, até porque a peça constava de seu mostruário. Dano moral configurado em decorrência de ofensa à honra da Autora. Reparação fixada pela sentença com atenção à capacidade das partes, às condições do evento, do dano e sua repercussão. A indenização do dano material deve considerar o caráter punitivo, de modo a desestimular as práticas ofensivas ao direito autoral, e também o indenizatório pelo uso indevido da **obra**, mas sem servir de enriquecimento injusto do titular. Apuração relegada para liquidação da sentença. Recurso provido em parte. DES. HENRIQUE DE ANDRADE FIGUEIRA – Julgamento: 11/5/2011 – DÉCIMA SÉTIMA CÂMARA CÍVEL."

[14] KOELLREUTER, H. J. Sobre o valor e o desvalor da obra de arte. Estudos Avançados, São Paulo, v. 13, nº 37, set./dez. 1999. Disponível em: <http://www.scielo.br/scielo.php?pid=SO103>.

No que tange à essência das obras de arte, mudam também os critérios de valor, tendo em vista a época em que foram produzidas, seu conteúdo, a técnica empregada, a consequente *manifestação* artística que consignam. Fatores que servem para alargar e enriquecer o nível de consciência do apreciador.

Assim,

"o critério mais objetivo e mais convincente do valor e desvalor da obra de arte, e da atividade artística em geral, é o *estilo pessoal*, de cunho próprio do artista. Porque através dele, através da obra ou da respectiva atividade artística, a experiência de novos conteúdos é forçosamente transmitida ao *apreciador*; desperta nele sentimentos e pensamentos que transcendem o âmbito exterior da obra de arte ou da ação artística. Assim sendo, a obra de arte dotada de uma personalidade artística forte não perde seu valor, nem mesmo quando a realização técnica, artesanal, aparentemente deixa a desejar".

Aduz, ainda, H. J. Koellreutter que, em matéria de obra de arte,

"personalidade significa comunicação de algo novo. Porque personalidades podem ser parecidas, mas nunca idênticas. Portanto, são sempre novas, incomuns e forçosamente raras. Raridade, porém, é valor, é valor de raridade, em *todas* as culturas, até mesmo nas chamadas primitivas, que ainda hoje existem entre nós. Já o estilo, é a mensagem pessoal do artista, medida de valor, critério e juízo valorativo, consignado pela vivência pessoal do conteúdo de informação de sua arte, representando, outrossim a função social da representação artística".[15]

Representa, de forma sintética, a marca da personalidade do artista, aliada ao conteúdo que transmite, demonstrando a vivência íntima do autor da obra.

Inconteste é, portanto, o valor da obra de arte para o conhecimento do homem e da sociedade, uma vez que esta integra o racional, o espiritual e o intelectual humano, colocando o homem, mais uma vez, no centro do pensamento dada a sua essencialidade.

Nesse sentido, vê-se que a criação estabelece pontos de contato entre a obra do autor, a invenção e a interpretação artística, pois em todas elas pode-se encontrar uma individualidade interposta pelo autor da obra ou seu executor, evidenciando ainda a "elaboração pessoal no desempenho da obra em decorrência da produção intelectual", sendo, pois, uma manifestação personalíssima do seu autor ou executor.[16]

Pode nesse sentido a personalidade ser entendida como as manifestações da alma humana que se projeta para o mundo exterior com todas as suas emanações e prolongamentos.

---

[15] KOELLREUTTER, H. J. Sobre o valor e o desvalor da obra de arte. Estudos Avançados, v. 13, nº 37, São Paulo, set./dez. 1999. Disponível em: <http://www.scielo.br/scielo.php?pid=SO103>.

[16] MORAES, Walter. **Artistas, intérpretes e executantes**. São Paulo: Revista dos Tribunais, 1976. p. 47; MORATO, Antonio Carlos. **Direito de autor em obra coletiva**. São Paulo: Saraiva, 2007. p. 45.

Protege, assim, o Código Civil, os direitos da personalidade, que a seu turno são entendidos como direitos subjetivos inerentes ao ser humano, que abrangem todas as manifestações de sua existência, ou seja, são concernentes à integridade física e moral do ser humano.[17]

Abrangendo, ainda, na concepção de Limongi França a relação exterior do homem com os bens patrimoniais, advindos também de sua produção intelectual.[18]

Na síntese de Luiz Fernando Gama Pelegrini, "uma obra de arte, pelo ser visual harmônico, ou quem sabe mesmo harmonicamente contrastante, encerra sempre uma delicada e importantíssima *mensagem*, como obra de comunicação social".[19]

3 PROTEÇÃO DO AUTOR E DAS OBRAS DE ARTE

A obra de arte encontra proteção no âmbito do direito autoral. Como leciona José Carlos Costa Netto, "a Carta Constitucional de 1988, elenca entre os direitos e garantias fundamentais –, em seu art. 6º, j, o direito exclusivo dos autores quanto à utilização de suas obras; em seu art. 5º, k, a proteção às participações individuais em obras coletivas e à reprodução da imagem e da voz humanas, inclusive nas atividades desportivas; em seu art. 5º, l, o privilégio dos autores de inventos industriais, à proteção das marcas e dos nomes de empresas e outros signos distintivos". Pode-se, assim, concluir, à luz de sua exposição, que o direito de propriedade, material e imaterial, vem erigido à categoria de direitos fundamentais pela Constituição Federal.[20]

Consta do art. 27 da Declaração Universal dos Direitos Humanos a proteção da criação intelectual: "todo homem tem direito à proteção dos interesses morais e materiais decorrentes de qualquer produção científica, literária ou artística da qual seja autor".

Dois direitos se inter-relacionam nesse caso: o direito do acesso à cultura, de um lado, e a proteção do direito de autor, de outro. A consagração da função social da propriedade de um lado amparada nos direitos sociais, de um lado, e a proteção dos direitos individuais, personalíssimos, de outro.

---

[17] MONTEIRO, Washington de Barros; PINTO, Ana Cristina de Barros Monteiro França. **Curso de direito civil**. 42. ed. São Paulo: Saraiva, 2009. v. 1, p. 98 e 99.

[18] FRANÇA, Rubens Limongi. Direitos da personalidade: coordenadas fundamentais. **Revista do Advogado**, São Paulo, v. 38, p. 5 a 13, dez. 1992.

[19] PELEGRINI, Luiz Fernando Gama. Utilização de obras de arte plástica. Restrições. Direitos autorais e de nome. **Revista Jus Vigilantibus**, ago. 2008. Disponível em: <http://jusvi.com/artigos/35326/2>. Acesso em: 22 jan. 2012.

[20] COSTA NETTO, José Carlos. **Direito autoral no Brasil**. 2. ed. São Paulo: FTD, 2008. p. 17 e 18.

Concebe ainda José Carlos Costa Netto que "o autor é merecedor de respeito a seus direitos, que são direitos fundamentais, e desta forma a cultura estará aumentando diretamente a célula embrionária de toda atividade cultural: o criador intelectual".[21]

Na lição de Washington de Barros Monteiro e Carlos Alberto Dabus Maluf, "a orientação do legislador pátrio, sob a alegação do que a moderna concepção do direito de propriedade inclui novas relações jurídicas, entre elas a propriedade literária, científica e artística".[22]

Nesse âmbito, salientam-se as produções artísticas de diversas naturezas, passando pela pintura, pela escultura, pela música, pelo *design* arquitetônico, pela literatura, entre outros.

Assim sendo, a obra de arte, dado o seu valor especialíssimo recebe proteção no universo do direito de autor; representando, outrossim, um direito personalíssimo de quem o executa, uma extensão de sua alma, como vimos.

O Código Civil de 1916 preferiu conceituar o direito autoral como propriedade imaterial e, dessa forma, inseriu-o entre o direito das coisas.

Vê-se assim que coexiste na criação artística e intelectual um direito de cunho inseparável da personalidade do autor, e outro elemento de cunho eminentemente patrimonial.

O Código Civil de 2002 não disciplinou o direito da propriedade literária científica e artística entre o direito das coisas, deixando, por outro lado, que uma lei especial tratasse desse direito, alinhando-se à doutrina clássica. Nesse sentido, estão revogadas expressamente as disposições contidas no Código Civil anterior, que cuidavam da matéria, como prevê o art. 2.045.

A matéria vem na atualidade regulada pela Lei nº 9.610/98; que a seu turno altera, atualiza e consolida a legislação sobre direitos autorais e dá outras providências.[23]

Entretanto, "o objeto do direito de autor, é a criação ou obra intelectual, qualquer que seja seu gênero, a forma de expressão, o mérito ou a destinação, e deverá a seu turno preencher os requisitos de pertencer ao universo das ciências, ter originalidade e achar-se no período de proteção fixado pela lei".[24]

O mercado de arte é um mercado muito valorizado na atualidade. Assim sendo, representa para a maioria dos colecionadores uma forma de diversificar seus investimentos.[25]

---

[21] COSTA NETTO, José Carlos. **Direito autoral no Brasil**, op. cit., p. 27.

[22] MONTEIRO, Washington de Barros; MALUF, Carlos Alberto Dabus. **Curso de direito civil**. 40. ed. São Paulo: Saraiva, 2010. v. 3, p. 535.

[23] MONTEIRO, Washington de Barros; MALUF, Carlos Alberto Dabus. **Curso de direito civil**, op. cit., p. 535 a 537. A referida lei autoral encontra-se em consonância no plano internacional com a Convenção de Berna, que em seu art. 6º reconhece que o ato da criação artística compreende os direitos morais além dos patrimoniais.

[24] COSTA NETTO, José Carlos. **Direito autoral no Brasil**, op. cit., p. 89.

[25] Como exemplo, podemos citar o fato de a maioria das obras de arte serem cotadas em dólar, o que as torna um grande investimento em tempos de câmbio flutuante, uma ótima opção de proteção patrimonial, além da maior de todas as vantagens: ficar sob seu poder e lhe proporcionar

A avaliação de obras de arte é um processo que envolve inúmeras variáveis, não podendo ser descrito com fórmulas ou padrões preestabelecidos. Tal como vimos, cada obra de arte é única, apresenta sua personalidade própria, e por isso algumas características podem apreciar ou depreciar seu real valor.

Entre estas, destacam-se: **a autoria** – o artista –, ou seja, o fator determinante do valor de uma obra é a autoria da mesma, sendo que artistas da mesma época, escola e técnica podem atingir cotações distintas; **a assinatura**, sendo que a falta desta pode tornar uma obra autêntica em "atribuída a", depreciando seu valor; **a técnica utilizada; o tamanho**, este também pode influenciar o valor da obra (lembrando-se de que o conceito de quanto maior mais caro observa exceções); **outros**, existem outros fatores que podem influenciar o valor de uma obra de arte, como fase do artista, o tema escolhido, o estado de conservação, o histórico, a origem da compra, a participação em exposições, o cenário econômico mundial, além das oscilações e flutuação do câmbio.[26]

São estas também protegidas pela Lei nº 9.610/98, que trata dos direitos autorais.

Podemos perceber que, no que tange à obra de arte, duas propriedades coexistem em seu entorno: a propriedade imaterial, ligada aos direitos da personalidade, recebendo proteção à luz dos direitos morais de autor; e a propriedade material, de cunho econômico, que pertence ao seu proprietário, podendo fruir de todos os atributos da propriedade, observadas as intrínsecas limitações presentes no caso.

À luz da Lei nº 9.610/98, a obra de arte possui proteção no âmbito dos direitos morais e patrimoniais, incluídos no rol dos direitos da personalidade.

---

prazer. Apesar disso, quando há a decisão de se comprar uma obra de arte, não se deve ter como única preocupação o retorno do investimento, mas também o valor que a obra agregará à coleção, o que no futuro oferecerá retorno. Para que isso ocorra, devemos respeitar algumas regras, sendo a principal delas a seleção do artista. Como este mercado tem pouca liquidez, a determinação do momento da venda também é outro fator muito importante.

[26] Para se determinar o valor real de uma obra, é necessária a análise de um profissional com conhecimento técnico e experiência. As avaliações podem conter várias finalidades: compra ou venda de uma obra, seguro, transações judiciais e perícias. Uma obra do mesmo artista pode valer dez vezes menos que outra em virtude da técnica utilizada. As obras mais valorizadas são as que são elaboradas em óleo sobre tela ou madeira e acrílico sobre tela ou madeira. Outras técnicas como guache, têmpera, aquarela, pastel sobre cartão ou papel são menos valorizadas que os óleos. Há ainda os desenhos e as gravuras, técnicas que diminuem o valor. Disponível em: <http://www.escritoriodearte.com/serviços.asp>; "LIQUIDAÇÃO POR ARBITRAMENTO DE OBRA DE ARTE EXTRAVIADA POR AGENTES DO ESTADO. PERÍCIA QUE BEM ATENDEU AOS RECLAMOS DE FIXAR O VALOR DA PINTURA, BUSCANDO CRITÉRIO OBJETIVO DE DEFINIÇÃO DO 'QUANTUM', MAS ATENTA A INDIVIDUALIDADE DO ARTISTA. ANTECIPAÇÃO DAS DESPESAS PROCESSUAIS E SENTENÇA. UMA VEZ JULGADO O FEITO, NÃO HÁ MAIS SENTIDO EM PERSISTIR NA IMPOSIÇÃO À PARTE VITORIOSA DO DEVER DE ANTECIPAR DESPESAS PROCESSUAIS" (Apelação Cível nº 597164706, Primeira Câmara Cível, Tribunal de Justiça do RS, Relator: Armínio José Abreu Lima da Rosa, julgado em 28/10/1998).

À luz de seu art. 1º: "Esta Lei regula os direitos autorais, entendendo-se sob esta denominação os direitos de autor e os que lhes são conexos"; art. 2º: "Os estrangeiros domiciliados no exterior gozarão da proteção assegurada nos acordos, convenções e tratados em vigor no Brasil". Parágrafo único: "Aplica-se o disposto nesta Lei aos nacionais ou pessoas domiciliadas em país que assegure aos brasileiros ou pessoas domiciliadas no Brasil a reciprocidade na proteção aos direitos autorais ou equivalentes."

À luz de seu art. 3º: "Os direitos autorais reputam-se, para os efeitos legais, bens móveis", e art. 4º: "Interpretam-se restritivamente os negócios jurídicos sobre os direitos autorais"; entendendo-se ainda, como dispõe o art. 5º, VII, que reputa-se contrafação a reprodução não autorizada da obra de arte; da mesma forma que à luz do art. 6º: "Não serão de domínio da União, dos Estados, do Distrito Federal ou dos Municípios as obras por eles simplesmente subvencionadas."

Protege dessa forma a Lei nº 9.610/98 o direito moral de autor, fazendo mesmo subsistir na propriedade da obra de arte duas propriedades conexas, como no condomínio, a propriedade material do adquirente da obra e a propriedade imaterial, que, sendo direito personalíssimo, não se extingue nem mesmo com a morte do autor, salvo, com o passar do tempo, fixado em setenta anos, para que a obra caia em domínio público.

Dispõe o art. 7º da referida Lei nº 9.610/98 sobre as obras protegidas: "São obras intelectuais protegidas as criações do espírito, expressas por qualquer meio ou fixadas em qualquer suporte, tangível ou intangível, conhecido ou que se invente no futuro, tais como: I – os textos de obras literárias, artísticas ou científicas; II – as conferências, alocuções, sermões e outras obras da mesma natureza; III – as obras dramáticas e dramático-musicais; IV – as obras coreográficas e pantomímicas, cuja execução cênica se fixe por escrito ou por outra qualquer forma; V – as composições musicais, tenham ou não letra; VI – as obras audiovisuais, sonorizadas ou não, inclusive as cinematográficas; VII – as obras fotográficas e as produzidas por qualquer processo análogo ao da fotografia; VIII – as obras de desenho, pintura, gravura, escultura, litografia e arte cinética; IX – as ilustrações, cartas geográficas e outras obras da mesma natureza; X – os projetos, esboços e obras plásticas concernentes à geografia, engenharia, topografia, arquitetura, paisagismo, cenografia e ciência; XI – as adaptações, traduções e outras transformações de obras originais, apresentadas como criação intelectual nova; XII – os programas de computador; XIII – as coletâneas ou compilações, antologias, enciclopédias, dicionários, bases de dados e outras obras, que, por sua seleção, organização ou disposição de seu conteúdo, constituam uma criação intelectual"; sendo ainda disposto que, à luz do art. 9º, "À cópia de obra de arte plástica feita pelo próprio autor é assegurada a mesma proteção de que goza o original".[27]

---

[27] "AGRAVO INOMINADO – TRANSPORTE AÉREO DE MERCADORIAS – RELAÇÃO DE CONSUMO – O AUTOR COMPROU UMA **OBRA** DE **ARTE** VENCEDORA DE UM CONCURSO REALIZADO PELA PREFEITURA DE JOÃO PESSOA – CONTRATOU COM A RÉ O TRANSPORTE AÉREO DA MERCADORIA PARA O DESTINO NO RIO DE JANEIRO – OCORRE QUE, A **OBRA** DE **ARTE** CHEGOU AO DESTINO PARTIDA, EM VÁRIOS PEDAÇOS E COM A EMBALAGEM DANIFICADA – O DANO MATERIAL FOI RECONHECIDO PELA RÉ, QUE DEPOSITOU O PREÇO NA CONTA DO AUTOR – QUANTO À FIXAÇÃO DE ASTREINTE PARA A HIPÓTESE DE DESCUMPRIMENTO DA OBRIGAÇÃO DE FAZER,

No que tange à autoria das obras intelectuais, dispõe a Lei nº 9.610/98 em seu art. 11 que "autor é a pessoa física criadora de obra literária, artística ou científica. Parágrafo único. A proteção concedida ao autor poderá aplicar-se às pessoas jurídicas nos casos previstos nesta Lei". À luz do art. 12: "Para se identificar como autor, poderá o criador da obra literária, artística ou científica usar de seu nome civil, completo ou abreviado até por suas iniciais, de pseudônimo ou qualquer outro sinal convencional;" e tal como regula o art. 13: "Considera-se autor da obra intelectual, não havendo prova em contrário, aquele que, por uma das modalidades de identificação referidas no artigo anterior, tiver, em conformidade com o uso, indicada ou anunciada essa qualidade na sua utilização."

Quanto ao registro das obras intelectuais, este vem regulado pelos artigos 18 a 21 da Lei nº 9.610/98. À luz do art. 18: "A proteção aos direitos de que trata esta Lei independe de registro"; dispõe o art. 19 que "É facultado ao autor registrar a sua obra no órgão público definido no *caput* e no § 1º do art. 17 da Lei nº 5.988, de 14 de dezembro de 1973", e à luz do art. 20: "Para os serviços de registro previstos nesta Lei será cobrada retribuição, cujo valor e processo de recolhimento serão estabelecidos por ato do titular do órgão da administração pública federal a que estiver vinculado o registro das obras intelectuais"; dispõe ainda o art. 21 da referida lei que "Os serviços de registro de que trata esta Lei serão organizados conforme preceitua o § 2º do art. 17 da Lei nº 5.988, de 14 de dezembro de 1973."

Quanto aos direitos do autor, regulam-nos os arts. 22: "Pertencem ao autor os direitos morais e patrimoniais sobre a obra que criou" e art. 23: "Os coautores da obra intelectual exercerão, de comum acordo, os seus direitos, salvo convenção em contrário."

Já no que tange aos direitos morais de autor, estes vêm regulados pelos arts. 24 e seguintes. À luz do disposto no art. 24,

> "são direitos morais de autor: I – o de reivindicar, a qualquer tempo, a autoria da obra; II – o de ter seu nome, pseudônimo ou sinal convencional indicado ou anunciado, como sendo o do autor, na utilização de sua obra; III – o de conservar a obra inédita; IV – o de assegurar a integridade da obra, opondo-se a quaisquer modificações ou à prática de atos que, de qualquer forma, possam prejudicá-la ou atingi-lo, como autor, em sua reputação ou honra; V – o de modificar a obra, antes ou depois de utilizada; VI – o de retirar de circulação a obra ou de suspender qualquer forma de utilização já autorizada, quando a circulação ou utilização implicarem afronta à sua reputação e imagem; VII – o de ter acesso a exemplar único e raro da obra, quando se encontre legitimamente em poder de outrem, para o fim de, por meio de processo fotográfico ou assemelhado, ou audiovisual,

---

CONSTATA-SE QUE O DISPOSITIVO DA SENTENÇA, MANTIDO NA DECISÃO MONOCRÁTICA DESTA RELATORIA, ESTÁ CLARO AO ESTABELECER MULTA DE R$ 1.000,00, NÃO HAVENDO NADA A REPARAR – RESPONSABILIDADE OBJETIVA DO FORNECEDOR DE SERVIÇOS, COM BASE NO ART. 14 DO CDC DANO MORAL *IN RE IPSA* – VALOR ARBITRADO EM R$ 5.000,00, MONTANTE QUE SE MOSTRA RAZOÁVEL E PROPORCIONAL – RAZÕES DO AGRAVANTE QUE NÃO MODIFICAM O JULGADO. TJRJ. Des Rel. Carlos Azeredo de Araújo, j. 19/10/2011, 8ª Câm. Civ."

preservar sua memória, de forma que cause o menor inconveniente possível a seu detentor, que, em todo caso, será indenizado de qualquer dano ou prejuízo que lhe seja causado".

Dispõe o art. 25 da Lei nº 9.610/98 que "Cabe exclusivamente ao diretor o exercício dos direitos morais sobre a obra audiovisual"; dispõe o art. 26 que "O autor poderá repudiar a autoria de projeto arquitetônico alterado sem o seu consentimento durante a execução ou após a conclusão da construção. Parágrafo único. O proprietário da construção responde pelos danos que causar ao autor sempre que, após o repúdio, der como sendo daquele a autoria do projeto repudiado"; dispõe o art. 27 que "Os direitos morais do autor são inalienáveis e irrenunciáveis."

Quanto aos direitos patrimoniais do autor, dispõe o art. 29 da Lei nº 9.610/98:

> "Cabe ao autor o direito exclusivo de utilizar, fruir e dispor da obra literária, artística ou científica"; dispõe o art. 29 da mesma lei que "Depende de autorização prévia e expressa do autor a utilização da obra, por quaisquer modalidades, tais como: I – a reprodução parcial ou integral; II – a edição; III – a adaptação, o arranjo musical e quaisquer outras transformações; IV – a tradução para qualquer idioma; V – a inclusão em fonograma ou produção audiovisual; VI – a distribuição, quando não intrínseca ao contrato firmado pelo autor com terceiros para uso ou exploração da obra; VII – a distribuição para oferta de obras ou produções mediante cabo, fibra ótica, satélite, ondas ou qualquer outro sistema que permita ao usuário realizar a seleção da obra ou produção para percebê-la em um tempo e lugar previamente determinados por quem formula a demanda, e nos casos em que o acesso às obras ou produções se faça por qualquer sistema que importe em pagamento pelo usuário; VIII – a utilização, direta ou indireta, da obra literária, artística ou científica".

A esse respeito, dispõe Luiz Fernando Gama Pelegrini que

> "o artigo 29 e seus incisos VIII, alínea 'j' e X preveem que depende de autorização prévia e expressa do autor – aí entenda-se também os sucessores – a utilização da obra, por quais modalidades, como a *exposição de obras de artes plásticas*, disposições essas que devem ser interpretadas em face do artigo 77 da mesma lei"; e além disso, à luz do art. 31 da Lei nº 9.610/98, "*as diversas modalidades de utilização das obras de arte plástica são independentes entre si*, e a autorização concedida não se estende a quaisquer das demais, estabelecendo ainda o art. 33 que *ninguém* pode reproduzir obra que não pertença ao domínio público sem a permissão do autor – ou do titular do direito".[28]

---

[28] PELEGRINI, Luiz Fernando Gama. Utilização de obras de arte plástica. Restrições. Direitos autorais e de nome. **Revista Jus Vigilantibus**, Ago. 2008. Disponível em: <http://jusvi.com/artigos/35326/2>. Acesso em: 22 jan. 2012.

Pode-se assim perceber que são protegidos os direitos moral e patrimonial de autor quanto à utilização da obra de arte, mesmo após a sua morte.

Impõe ainda a Lei nº 9.610/98 sanções civis aos infratores dos direitos autorais. Assim, à luz do art. 102, "O titular cuja obra seja fraudulentamente reproduzida, divulgada ou de qualquer forma utilizada poderá requerer a apreensão dos exemplares reproduzidos ou a suspensão da divulgação, sem prejuízo da indenização cabível"; dispõe o art. 103:

> "Quem editar obra literária, artística ou científica, sem autorização do titular, perderá para este os exemplares que se apreenderem e pagar-lhe-á o preço dos que tiver vendido. Parágrafo único. Não se conhecendo o número de exemplares que constituem a edição fraudulenta, pagará o transgressor o valor de três mil exemplares, além dos apreendidos"; dispõe o art. 108: "Quem, na utilização, por qualquer modalidade, de obra intelectual, deixar de indicar ou de anunciar, como tal, o nome, pseudônimo ou sinal convencional do autor e do intérprete, além de responder por danos morais, está obrigado a divulgar-lhes a identidade" e à luz do art. 110: "Pela violação de direitos autorais nos espetáculos e audições públicas, realizados nos locais ou estabelecimentos a que alude o art. 68, seus proprietários, diretores, gerentes, empresários e arrendatários respondem solidariamente com os organizadores dos espetáculos."

Tal como preconiza o art. 112 da referida Lei, "Se uma obra, em consequência de ter expirado o prazo de proteção que lhe era anteriormente reconhecido pelo § 2º do art. 42 da Lei nº 5.988, de 14 de dezembro de 1973, caiu no domínio público, não terá o prazo de proteção dos direitos patrimoniais ampliado por força do art. 41 desta Lei."

À luz do exposto, em síntese, podemos aduzir que na dúvida se <u>o proprietário de obra de artes plásticas pode expô-la independentemente de autorização do autor, ou precisa obter a permissão deste para exibi-la em público</u>, temos que, tal como preconiza a Lei nº 9.610/98, em seu art. 7º, define quais são as obras protegidas de modo genérico, e não *numerus clausus*; seu art. 28 concede o direito de fruição da obra ao seu autor; o art. 29 prevê que o direito de utilização da obra de arte pode ser executado por terceiros, sendo necessária a autorização expressa do autor, ou de seus herdeiros, uma vez que só podem ser transferidos os direitos patrimoniais de autor. À luz do art. 37, "A aquisição do original de uma obra, ou de exemplar, não confere ao adquirente qualquer dos direitos patrimoniais do autor, salvo convenção em contrário entre as partes e os casos previstos nesta Lei", o que leva a concluir que a aquisição de um original não permite que o adquirente possa, dentre outros direitos patrimoniais, reproduzir a obra que ingressou em seu patrimônio. Assim sendo, tal como dispõe o artigo em tela, não poderá fazer gravuras do quadro, nem réplicas da escultura, tampouco reproduzir o livro ou distribuir as músicas do CD. Entretanto, o artigo ressalva duas exceções: a convenção em contrário entre as partes e os casos previstos em lei, o que não torna essa regra absoluta.

Ainda, à luz do art. 49, "Os direitos de autor poderão ser total ou parcialmente transferidos a terceiros, por ele ou por seus sucessores, a título universal ou singular, pessoalmente ou por meio de representantes com poderes especiais, por meio de licenciamento, concessão, cessão ou por outros meios admitidos em Direito, obedecidas as seguintes limitações: I – a transmissão total compreende todos os direitos de autor, salvo os de natureza moral e os expressamente excluídos por lei", o autor transferir os direitos sobre suas criações, de forma total, respeitados os excluídos por lei. Entretanto, os direitos morais de autor, por serem direitos da personalidade, são inalienáveis, imprescritíveis e irrenunciáveis.

À luz do art. 77 da referida Lei, "Salvo convenção em contrário, o autor de obra de arte plástica, ao alienar o objeto em que ela se materializa, transmite o direito de expô-la, mas não transmite ao adquirente o direito de reproduzi-la". Assim sendo, o adquirente pode exibir a obra, mas não pode fazer cópias da mesma, mesmo com a finalidade precípua de exibi-las.

Uma limitação ao direito de reprodução da obra de arte, pode ocorrer no caso da reprodução em catálogo. Para Gustavo Martins de Almeida,

> "na eventualidade de se presenciar uma retrospectiva de determinado artista, na qual se acompanham a evolução do traço ou do tema, a mutação de técnicas, o contraste de enfoques e quaisquer manifestação crítica sobre a obra, sobre como de apreende a criação do artista; pode-se entender que com a finalidade exclusiva de produção de catálogo específico de uma exposição (inclusive para leilão) ou de coleção, é dispensada a autorização do artista para a reprodução de suas obras. A finalidade do catálogo é registrar um conjunto reunido de forma especial, singular, de obras de artistas ligados por tema específico de curador, ou ainda das de um mesmo artista em conjunto peculiar, conforme a ótica que norteou a exposição";

uma vez que o art. 46 da Lei nº 9.610/98 prevê que

> "Não constitui ofensa aos direitos autorais: VIII – a reprodução, em quaisquer obras, de pequenos trechos de obras preexistentes, de qualquer natureza, ou de obra integral, quando de artes plásticas, sempre que a reprodução em si não seja o objetivo principal da obra nova e que não prejudique a exploração normal da obra reproduzida nem cause um prejuízo injustificado aos legítimos interesses dos autores."[29]

> "A leitura lógica que se faz desse dispositivo é a de que pode ser reproduzida integralmente obra de artes plásticas respeitadas as condições acima, num catálogo. Geralmente de tiragem restrita em número de exemplares, e em período de venda (geralmente só o da exposição), um catálogo contendo a reprodução gráfica de várias obras de artes plásticas não constitui obra nova, sendo mero registro da exposição ou coleção, e não prejudica os interesses dos autores."

Da mesma forma, o art. 77 da Lei nº 9.610/98 "comporta a imposição de limitações ao uso da obra, como realizar uma exposição, por parte do seu autor, desde que expressas no

---

[29] ALMEIDA, Guilherme Martins de. Arte e direito. Disponível em: <www.mamrio.org.br/index.php?option=com_content&task=view.id=234$itemid=79>. Acesso em: 22 jan. 2012.

ato da aquisição, o que certamente influenciará no preço da obra. Assim, um autor pode vender uma obra contando que esta não seja alienada para o exterior, ou não seja exibida mediante pagamento de ingresso, e assim por diante".

Diverso é entretanto, o pensamento de Luiz Fernando Gama Pelegrini, cujo posicionamento encontra-se supracitado; e que ilustra posicionamento do Superior Tribunal de Justiça no REsp 7.550-SP (91.0001018-9), "tendo como relator o Ministro Sálvio de Figueiredo, em *decisão unânime* publicada no *DJU* de 2.12.1991, reconheceu na oportunidade, levando-se em conta inclusive o erudito parecer de Antonio Chaves, para quem a *exposição de obras de arte plástica constitui violação de direito moral, e como tal depende necessariamente da concordância expressa do titular do direito*".[30]

Nesse sentido, pode-se concluir com Pelegrini que "uma exposição e o título que se lhe dá não podem ser organizados sem conhecimento e sem consentimento do interessado, sem conceder-lhe uma oportunidade para concordar ou apresentar sugestões. A própria sequência das pinturas, sua colocação na parede ou em cavaletes, tem que obedecer a algum critério, de continuidade ou não, que conserve certa harmonia".[31]

4 AQUISIÇÃO DE OBRA DE ARTE: COMPRA E APOSSAMENTO LEGÍTIMO DE *RES DERELICTA*

No que tange à aquisição de uma obra de arte, diversos critérios devem ser observados quando de sua compra, como o nome do artista, a obra em si, tendo em vista suas características e técnicas empregadas, sua historiografia, o estado de conservação, a fase do artista, entre outros.[32]

---

[30] PELEGRINI, Luiz Fernando Gama. Utilização de obras de arte plástica. Restrições. Direitos autorais e de nome. **Revista Jus Vigilantibus**, ago. 2008. Disponível em: <http://jusvi.com/artigos/35326/2>. Acesso em: 22 jan. 2012.

[31] PELEGRINI, Luiz Fernando Gama. Utilização de obras de arte plástica. Restrições. Direitos autorais e de nome. **Revista Jus Vigilantibus**, ago. 2008. Disponível em: <http://jusvi.com/artigos/35326/2>. Acesso em: 22. jan. 2012.

[32] "CUMPRIMENTO DE SENTENÇA. CONVERSÃO DA OBRIGAÇÃO DE FAZER EM OBRIGAÇÃO DE PAGAR. 1. Sendo incontroverso o crédito da autora em decorrência da partilha de bens oriunda da dissolução da união estável e buscando ela o cumprimento da obrigação há longo tempo, e revelando-se inviável o adimplemento na forma ajustada, é cabível a conversão da obrigação de fazer em obrigação de pagar, pois assegura à credora o recebimento dos valores que efetivamente lhe são devidos. 2. Não sendo ajustado que o devedor deveria pagar à credora o saldo do valor da obra de arte que ambos venderam, tal valor não pode ser exigido, quando há afirmação de que ele não recebeu o saldo do preço, estando a credora legitimada a promover ação de cobrança, onde a questão deverá ser debatida de forma ampla. Recurso provido em parte (Agravo de Instrumento nº 70033656620, Sétima Câmara Cível, Tribunal de Justiça do RS, Relator: Sérgio Fernando de Vasconcellos Chaves, Julgado em 26/05/2010)"; "AÇÃO DIRETA DE INCONSTITUCIONALIDADE. LEI COMPLEMENTAR Nº 343, DE 20.3.95, DO MUNICÍPIO DE PORTO ALEGRE. PRETENDIDA PROTEÇÃO AOS ARTIS-

Representa, outrossim, uma alternativa de investimento, que trabalha com cenários futuros num mundo dinâmico, globalizado e marcado pela instabilidade econômica, geopolítica e de flutuação cambial.

Entretanto, também é sabido que nas decisões atinentes ao investimento em obras de arte, entram em jogo fatores de natureza pessoal, subjetivos; biológicos, que apontam para o estilo e temperamento do adquirente; psicológicos; culturais e outros. Dessa forma, como aduz Diva Benevides Pinho, "cada investidor obedece a um padrão de comportamento muito particular em suas escolhas", sendo que o ganho do investidor em arte depende, em grande parte, de sua criteriosa escolha dos objetos de arte, além de sua visão global e habilidade para negociar, pois envolve, como vimos, a conjuntura econômica mundial.[33]

Além da oportunidade de compra de objetos de arte, analisaremos a questão do apossamento da denominada *res derelicta*.

Utiliza-se o termo *coisa* para designar todo e qualquer objeto do nosso pensamento, seja no mundo das ideias ou no da realidade sensível. Nesse sentido, a coisa, *res*, é o objeto de relações jurídicas que tenham valor econômico.

Na lição de Washington de Barros Monteiro e Carlos Alberto Dabus Maluf, "segundo a definição de Clovis Bevilaqua, direito das coisas é o complexo das normas reguladoras das relações jurídicas referentes à coisas suscetíveis de apropriação pelo homem", sejam elas móveis ou imóveis. "Existe, nesse ponto, sincronização perfeita entre a ciência jurídica e a ciência econômica."[34]

Quanto à aquisição e perda da propriedade móvel, continuam, tem-se que "a ocupação é modo originário de adquirir e pelo qual alguém se apropria de coisa sem dono. Foi o primeiro e mais importante dos modos de adquirir o domínio. Atualmente, porém, mostra-se bastante restrita a sua aplicação, porque extraordinariamente limitado é o número de coisas sem dono".

Isso se dá porque apresenta como pressuposto o abandono da coisa, sendo a primeira questão a ser analisada, quanto ao momento exato em que se consuma: no instante em que ocorresse o apossamento da coisa abandonada e não no momento da derrelição, como no

---

TAS PLÁSTICOS, MEDIANTE A EXIGÊNCIA DE OBRAS DE ARTE, EM EDIFICAÇÕES COM 1000 OU MAIS M². INCOMPETÊNCIA DO MUNICÍPIO PARA LEGISLAR A RESPEITO. AÇÃO JULGADA PROCEDENTE (Ação Direta de Inconstitucionalidade nº 596003061, Tribunal Pleno, Tribunal de Justiça do RS, Relator: José Maria Rosa Tesheiner, julgado em 27/5/1996)."

[33] PINHO, Diva Benevides. Arte – investimento de risco e de longo prazo. In: **Informações Fipe**, nº 330, mar. 2008, p. 16 e 17. Acesso em: 22 jan. 2012. Ainda segundo a concepção da autora, "a última TEFAF – The Europeian Fine Arts Fair, realizada em 2009, reconheceu que as vendas do mercado foram pouco afetadas pela crise econômica mundial, principalmente em relação aos consagrados artistas, antigos e modernos". Globalização do mercado de arte *versus* desglobalização das economias nacionais. In: **Informações Fipe**, nº 344, mar. 2009, p. 19. Acesso em: 25 jan. 2012.

[34] MONTEIRO, Washington de Barros; MALUF, Carlos Alberto Dabus. **Curso de direito civil**, v. 3, op. cit., p. 13; BEVILAQUA, Clovis. **Direito das coisas**. 5. ed. Rio de Janeiro: Forense, atualizada por José de Aguiar Dias, p. 11.

direito romano, previam os proculeanos, ou, ao contrário, como preferiam os sabinianos, perdia-se a propriedade no momento da derrelição, sendo que o ocupante só a adquiria no instante da ocupação. "Nesse meio termo a coisa era *res nullius*, ou seja, coisa de ninguém. Na atualidade a controvérsia apresenta mero valor histórico."[35]

Assim sendo, as coisas *extra patrimonium* são aquelas que não se encontram no patrimônio de ninguém. Essas coisas podem ser divididas em: *Res Derelictae*: coisas abandonadas, que já pertenceram a alguém mas foram renunciadas; *Res Nullius*: são as coisas de ninguém, ou seja, sem dono; *Res Extra Commercium*: são aquelas excluídas do comércio, não podem ser objetos de relação jurídica; podendo ser subdivididas em *divini iuris* e *humani iuris*, sendo que as primeiras podem ser entendidas como as coisas que se excluíam do comércio por direito divino, por estarem consagradas aos deuses, e as segundas podiam ser entendidas como as coisas que se excluíam do comércio por direito humano, aqui encontrando-se as *Res Communes Omnium*: coisas que são de todos (ar, água, mar etc.) e a *Res Publica*: os bens que pertencem ao povo, a coisa pública, sendo gerida pelo estado e a ele pertencentes.[36]

Quanto à natureza jurídica da derrelição, entendem uns de que se trata de uma forma de tradição, pois quem abandona a coisa põe-na à disposição do ocupante para outros, trata-se de ato jurídico autônomo, através do qual o proprietário priva-se deliberadamente da coisa.

Dispõe o art. 1.263 do Código Civil que "quem se assenhorear de coisa sem dono para logo lhe adquire a propriedade, não sendo essa ocupação defesa por lei".

Nesse dispositivo encontra-se prevista a ocupação das *res derelictae*, coisas abandonadas ou renunciadas, e das *res nullius*, coisas sem dono, jamais apropriadas por quem quer que seja.

Observa-se entretanto, tal como lecionam Washington de Barros Monteiro e Carlos Alberto Dabus Maluf, "que o abandono não se presume, devendo resultar claramente da vontade do proprietário de se despojar do que lhe pertence. Isto posto, não existe abandono quando, em virtude de mau tempo, alija-se a carga de um navio, e esta vem a ser recolhida por outra embarcação, assiste ao proprietário o direito de reclamar-lhe a entrega".

Lecionam, ainda, que voltam a não ter dono as coisas móveis quando o seu dono as abandona, com intenção de renunciá-las. Também prevê o abandono o Dec.-lei nº 466/38 em seu art. 57, § único, quando refere que a mercadoria é considerada abandonada quando não foi reclamada em 90 dias por quem de direito depois de findo o processo.[37]

---

[35] MONTEIRO, Washington de Barros; MALUF, Carlos Alberto Dabus. **Curso de direito civil**, v. 3, op. cit., p. 223.

[36] Enquanto a *res derelictae* pode ser entendida como a coisa abandonada volitivamente por seu titular, a *res desperdita*, ou a coisa perdida involuntariamente que continua abstratamente a pertencer ao patrimônio de seu titular, e a *res nullius* é aquela que não pertence a patrimônio nenhum.

[37] MONTEIRO, Washington de Barros; MALUF, Carlos Alberto Dabus. **Curso de direito civil**, v. 3, op. cit., p. 225.

No magistério de Orlando Gomes,

"ocupação é modo originário de aquisição de propriedade. Assenhorear-se de coisa sem dono, ou porque nunca foram apropriadas, ou porque foram abandonadas por seu dono. Aquele que se apropria de uma dessas coisas com a intenção de se tornar seu proprietário, adquire-lhe o domínio, necessitando para isso a ocorrência de três requisitos: o *animus* de adquirir a propriedade, que o objeto seja *res nullius* ou *res derelicta*, e que o ato de apreensão seja reconhecido como forma adequada de aquisição de propriedade da coisa, isto é, que a ocupação não seja defesa por lei".[38]

O que, conforme o exposto, não se aplica às obras de arte.

As coisas denominadas *Res In Patrimonio* são aquelas que podem ser apropriadas por particulares, podendo, a seu turno, serem corpóreas ou incorpóreas; móveis ou imóveis – conforme existir ou não a possibilidade de deslocamento das mesmas, sem destruição ou alteração de sua substância e sem alteração de seu valor econômico.

As coisas podem ainda ser **fungíveis** ou **infungíveis**, sendo as primeiras coisas substituíveis por outras do mesmo gênero, qualidade e quantidade, aquilo que é facilmente substituído, e as segundas, coisas especificamente consideradas, cujas características individuais impedem que sejam substituídas por outras do mesmo gênero, posto que apresentam características próprias; **consumíveis** e **inconsumíveis**, sendo a primeira a coisa que com o uso comum perde a sua função econômico-social, e a segunda, por outro lado, aquela que o uso comum não faz com que perca sua função principal.

Interessante se faz notar que se a coisa é consumível, mas foi emprestada em *Comodatum Ad Pompam Vel Ostentationem*, com finalidade de exposição ela se torna inconsumível, pois deve ser devolvida intacta ao seu proprietário.

Podem ser, ainda, **divisíveis e indivisíveis**, conforme aceitem ou não divisão sem a perda do valor proporcional e sua função social; **simples, compostas, coletivas ou universais**, em face de sua formação natural ou artificial; **principais e acessórias**, conforme tenham existência autônoma, ou existam em função de outra coisa, da coisa principal. Dentre as coisas acessórias, estas podem ser: pertenças, quando a coisa acessória tem uma certa autonomia em relação à coisa principal e existe mais para finalidade de aformoseamento, ou como um utensílio; frutos, que são as vantagens que a coisa produz periodicamente e que se subdividem em naturais, quando produzidos pela própria força orgânica da coisa de forma natural; civis, que surgem a partir da utilização da coisa, geralmente emprestando ou alugando a coisa, ou industriais, quando produzidos a partir da intervenção do ser humano.[39]

---

[38] GOMES, Orlando. **Direitos reais**. 14. ed. Rio de Janeiro: Forense, 2002. p. 175 a 178 – atualizado por Humberto Theodoro Jr.

[39] MONTEIRO, Washington de Barros; PINTO, Ana Cristina de Barros Monteiro França. **Curso de direito civil**, op. cit., p. 189 a 196.

Outra questão pode ainda ser suscitada. É quanto à descoberta, que vem definida no art. 1233 do Código Civil: "quem quer que ache coisa alheia perdida há de restituí-la ao dono ou legitimo possuidor. § único: não o conhecendo, o descobridor fará por encontrá--lo, e, se não o encontrar, entregará a coisa achada à autoridade competente".

Pode-se assim depreender que a descoberta, ou seja, achar, encontrar algo, não gera em principio direito à coisa, apenas uma recompensa por devolvê-la. Na hipótese de o descobridor não conhecer nem conseguir achar o dono da coisa descoberta, deve entregar o bem à autoridade competente, que, por via de regra, é a autoridade policial. "Tem ainda, a obrigação de tudo fazer para encontrar o dono da coisa, inclusive proceder à publicação de jornais e outros meios de comunicação. Assim, se apossar-se da coisa descoberta, poderá o descobridor incorrer no crime de apropriação indébita de coisa achada, previsto ano art. 169, § único, II, do Código Penal."[40]

Dispõe o art. 1.234 do Código Civil: "aquele que restituir a coisa achada, nos termos do artigo antecedente, terá direito a uma recompensa não inferior a 5% do seu valor, e à indenização pelas despesas que houver feito com a conservação e transporte da coisa, se o dono não preferir abandoná-la"; por outro lado, tal como prevê o art. 1.235 do mesmo Diploma Legal, "o descobridor responde pelos prejuízos causados ao proprietário ou possuidor legítimo, quando tiver procedido com dolo". Prevê, por conseguinte, o art. 1.237 do Código Civil que a coisa achada será vendida em hasta pública se em 60 dias após a divulgação da notícia pela imprensa não se apresentar o proprietário da coisa, comprovando devidamente a sua propriedade, e deduzidas as despesas além da recompensa do descobridor, pertencerá o restante ao Município. De acordo ainda com expressa disposição contida em seu § único: "sendo de diminuto valor, poderá o Município abandonar a coisa em favor de quem a achou".

Assim sendo, no que tange às obras de arte, à luz do art. 40 da Lei nº 9.610/98, "Tratando-se de obra anônima ou pseudônima, caberá a quem publicá-la o exercício dos direitos patrimoniais do autor. Parágrafo único. O autor que se der a conhecer assumirá o exercício dos direitos patrimoniais, ressalvados os direitos adquiridos por terceiros."

Quanto à duração do direito autoral, dispõe o art. 41 da mesma Lei que "Os direitos patrimoniais do autor perduram por setenta anos contados de 1º de janeiro do ano subsequente ao de seu falecimento, obedecida a ordem sucessória da lei civil. Parágrafo único. Aplica-se às obras póstumas o prazo de proteção a que alude o *caput* deste artigo."

Prevê a Lei nº 9.610/98 em seu art. 42 que

"quando a obra literária, artística ou científica realizada em coautoria for indivisível, o prazo previsto no artigo anterior será contado da morte do último dos coautores sobreviventes. Parágrafo único. Acrescer-se-ão aos dos sobreviventes os direitos do coautor que falecer sem sucessores"; em seu art. 43, que "Será de setenta anos o prazo de proteção aos direitos patrimoniais sobre as obras anônimas ou pseudônimas, contado de 1º de janeiro do ano imediatamente posterior ao

---

[40] MALUF, Carlos Alberto Dabus. **Código Civil comentado**. 8. ed. São Paulo: Saraiva, p. 1340.

da primeira publicação. Parágrafo único. Aplicar-se-á o disposto no art. 41 e seu parágrafo único, sempre que o autor se der a conhecer antes do termo do prazo previsto no *caput* deste artigo."

Dispõe ainda o art. 44 que

"o prazo de proteção aos direitos patrimoniais sobre obras audiovisuais e fotográficas será de setenta anos, a contar de 1º de janeiro do ano subsequente ao de sua divulgação", e o seu art. 45 que "além das obras em relação às quais decorreu o prazo de proteção aos direitos patrimoniais, pertencem ao domínio público: I – as de autores falecidos que não tenham deixado sucessores; II – as de autor desconhecido, ressalvada a proteção legal aos conhecimentos étnicos e tradicionais".

E o art. 52 da referida Lei nº 9.610/98 prevê: "a omissão do nome do autor, ou de coautor, na divulgação da obra não presume o anonimato ou a cessão de seus direitos".

Embora adstrito a uma temporalidade quanto ao direito autoral, não se questiona sobre a autenticidade da obra, a autoria, nem quanto ao exercício do direito de propriedade da mesma.

Nesse sentido, conforme o magistério de Cunha Gonçalves, "existem na propriedade literária, científica e artística duas relações distintas: a paternidade da obra e a exploração econômica exclusiva, aquela perpétua, e esta temporária", perdurando, pois, perenemente o direito moral de autor.[41]

5 AQUISIÇÃO POR MEIO DE CONTRATO ESTIMATÓRIO

O contrato estimatório, ou contrato de vendas em consignação, tem expressiva importância nos negócios mercantis. Tem por objeto coisas móveis, entregues ao consignatário para serem vendidas a terceiros, em prazo determinado, quando então deve ser feito o pagamento ao consignante do preço ajustado, ou devolvida a coisa consignada.

Na consignação, a tradição da coisa móvel não opera a transferência do domínio, mantendo o consignante a propriedade sobre o bem e respondendo o consignado como depositário da coisa dada em consignação.

Ter a venda autorizada não é essencial para a noção desse contrato, pois resguarda-se ao consignatário a faculdade de adquirir a coisa para si ou simplesmente restituí-la ao consignante. Não há qualquer consequência jurídica pela não venda da coisa.

Pelo contrato estimatório, há a possibilidade de o mero possuidor transferir a posse da coisa consignada, ainda que não seja titular de direito real.

---

[41] CUNHA GONÇALVES. **Tratado de direito civil**, v. 11, p. 184.

Vale ressaltar que a figura do consignante nem sempre se caracteriza em empresas ou na figura do empresário, podendo ser um particular, sem qualquer prejuízo da tutela legal. Apesar de ser bastante apropriado às relações mercantis e ter sua roupagem voltada a tal, o contrato estimatório poderá ser efetuado entre particulares.[42]

Como prevê Tânia da Silva Pereira, o contrato estimatório pode ser visto hoje em vários exemplos, tanto entre empresas/empresários e particulares, quanto entre particulares.

> "Um pintor de quadros normalmente não costuma comercializar suas obras diretamente. Esta atividade em geral é exercida pelas galerias de arte que têm meios de melhor acesso ao público comprador. Estas galerias, em princípio, não dispõem de capital de giro que lhes permita adquirir todo um acervo de um pintor para vendê-lo. Daí a eficiência desta forma de contrato que, em linha geral, se caracteriza pela entrega de coisas móveis a outra pessoa com autorização de alienar, mas com a obrigação de restituí-las ao consignante, ou então pagar-lhe o preço estipulado dentro de um certo prazo. Da mesma forma, o comércio de joias e pedras preciosas utiliza-se desta modalidade contratual, o que permite chegar ao público objetos de alto valor sem precisar o vendedor desembolsar grandes quantias para adquiri-los para venda."[43]

A coisa pode ser especifica, singular ou genérica, não há qualquer impedimento de que se trate de bem fungível, porém os bens imateriais – direitos autorais – não são objetos do contrato em questão. Assim sendo, para que possa ser objeto de contrato estimatório, é necessário que o bem seja passível de alienação.

São obrigações do consignante e do consignatário: no que tange ao consignante, garantir ao consignatário a disponibilidade da coisa entregue; abster-se de qualquer ato que possa dificultar de alguma forma que o consignatário possa dispor do bem; responder pelos vícios da coisa, dos riscos de evicção perante o adquirente; não interferir nos procedimentos adotados pelo consignatário. Quanto às obrigações do consignatário, este deverá, dentro do prazo avençado, pagar ou restituir a coisa e, uma vez passado o prazo estipulado, pagar a coisa tendo ou não vendido a mesma, como prevê a regra do art. 535 do Código Civil; será ainda responsável pela coisa enquanto estiver em sua posse; indenizar o consignante se restituir a coisa com dano e pagar por esta em caso de perda. Ao terceiro adquirente, não é possível recusar ou modificar as condições ajustadas.[44]

---

[42] MONTEIRO, Washington de Barros; MALUF, Carlos Alberto Dabus. **Curso de direito civil**. 37. ed. São Paulo: Saraiva, 2010. v. 5, p. 158 a 160.

[43] PEREIRA, Tania da Silva. Contrato estimatório: autonomia no direito moderno. In: **Estudos em homenagem ao Professor Caio Mário da Silva Pereira**. Rio de Janeiro: Forense, 1984. p. 592.

[44] "AÇÃO ORDINÁRIA PARA REPARAÇÃO DE DANOS MATERIAIS E MORAIS. CONTRATO DE DEPÓSITO ONEROSO. OBRAS DE ARTE. INCÊNDIO. CASO FORTUITO. DANOS MATERIAIS E EXTRAPATRIMONIAIS. CONFISSÃO FICTA. Não há como aplicar-se a confissão ficta à ré, quando a pessoa que indicou como preposto é aquela que se apresenta como tal em todas as audiências em que figure a empresa como parte na demanda. PRELIMINAR DESACOLHIDA. CONTRATO DE DE-

Quanto à duração, o contrato estimatório é sempre feito a termo, ou seja, com prazo determinado, sendo que o consignatário só possui a posse da coisa durante o tempo estipulado. Findo o prazo, não havendo pagamento do preço ou restituição da coisa consignada, o domínio é transferido ao consignatário, que ficará obrigado a pagar o preço estimado. O não pagamento nesses termos constitui-se em inadimplemento, sendo passível de consequências jurídicas. Não considera-se inadimplente, entretanto, o consignatário que dentro do prazo se recusar a vender a coisa, não podendo o consignante obrigá-lo.[45]

6   A POSSE E PROPRIEDADE DAS OBRAS DE ARTE

Tal como vimos, múltiplas são as formas de aquisição de obras de arte, levando o adquirente à sua propriedade, embora observadas intrínsecas limitações.

PÓSITO. CÓDIGO DE DEFESA DO CONSUMIDOR. INAPLICABILIDADE. Em se tratando de matéria de cunho nitidamente obrigacional, inaplicáveis os dispositivos da legislação consumeirista, sendo incidentes os dispositivos do Código Civil e regras do art. 333 do Código de Processo Civil no tocante à distribuição da prova. INCÊNDIO. CASO FORTUITO. Não se flagra o caso fortuito quando a ré, a quem tocava o *munus* do depósito, conduziu os bens a local diverso das suas dependências, posteriormente incendiado, quando mais que não demonstrou, a contento, tratar-se de acontecimento não querido nem previsto, ou previsto mas inevitável, tendo adotado, em qualquer hipótese, a atenção ordinária que sua função de depositária de bens alheios (a título oneroso) estava a recomendar. DEVER DE INDENIZAR. DANOS MATERIAIS E MORAIS. Não tendo o autor reunido provas capazes de demonstrar a natureza dos objetos depositados, bem como o valor do acervo contratado, sugerindo ter adotado cautela aquém daquela esperada do homem médio em hipóteses semelhantes, dada a delicada natureza dos bens ditos transportados e posteriormente depositados telas, gravuras antigas, esculturas, coleção de selos raros, diploma e outros bens valiosos, não se concebe indenização fixada a partir do que seria razoável e equânime para atender a devida reparação. É do autor o ônus da prova. Disso não se desincumbindo, seja porque, no momento devido, não buscou resguardar-se como deveria, seja porque não logrou reunir elementos capazes de respaldar suas assertivas, a indenização deverá ser estabelecida a partir do único dado objetivo constante dos autos, fornecido pelo próprio autor. DANOS MORAIS. HIPÓTESE QUE NÃO CONTEMPLA A FIGURA DO DANO MORAL PURO. DENEGAÇÃO. PARCIAL PROVIMENTO DO APELO DA RÉ E DESPROVIMENTO DA APELAÇÃO DO AUTOR. (Apelação Cível Nº 70009370719, Décima Câmara Cível, Tribunal de Justiça do RS, Relator: Ana Lúcia Carvalho Pinto Vieira Rebout, Julgado em 02/12/2004); INDENIZAÇÃO. RESPONSABILIDADE DO ESTADO PELO DESAPARECIMENTO DE OBRA QUE ESTAVA SOB SUA GUARDA. DANO MORAL EVIDENTE. RESPONDE O ESTADO PELO DESAPARECIMENTO DE OBRA ARTÍSTICA QUE ESTAVA SOB SUA GUARDA. AGIU O ENTE ESTATAL COM CULPA 'IN VIGILANDO', POIS TINHA O DEVER DE ZELO E GUARDA DA OBRA. DANO MORAL QUE NÃO SE CONFUNDE COM DANO MATERIAL E NÃO TEM CONTEÚDO ECONÔMICO AFERÍVEL ATRAVÉS DA PERÍCIA. VALOR MANTIDO NO CASO CONCRETO. APELO IMPROVIDO. SENTENÇA MANTIDA EM REEXAME (Apelação e Reexame Necessário Nº 70000436808, Quinta Câmara Cível, Tribunal de Justiça do RS, Relator: Marco Aurélio dos Santos Caminha, Julgado em 8/6/2000)."

[45] MONTEIRO, Washington de Barros; MALUF, Carlos Alberto Dabus. **Curso de direito civil**. 37. ed. São Paulo: Saraiva, 2010. v. 5, p. 158 a 160; ALVES, Jones Figueiredo. **Código Civil comentado**. 8. ed. São Paulo: Saraiva, 2012, p. 578 e 579. Coordenação de Regina Beatriz Tavares da Silva.

O **direito de propriedade** é o mais importante e sólido de todos os direitos subjetivos, representa a pedra angular do direito privado. Recai sobre coisas corpóreas e incorpóreas. Entre as características principais da propriedade, encontram-se o seu caráter absoluto, exclusivo e perpétuo que se tem sobre a mesma, representado pelo fato desse direito ser oponível *erga omnes*.

Contempla a propriedade o art. 1.228 do Código Civil, disciplinando as formas dos múltiplos usos que a propriedade observa na atualidade.

Como elementos constitutivos da propriedade salientam-se os jus *fruendi, utendi* e *abutendi* (direito de usar, gozar e fruir) que, autônomos, não se confundem uns com os outros.[46]

---

[46] MONTEIRO, Washington de Barros; MALUF, Carlos Alberto Dabus. **Curso de direito civil**. 40. ed. São Paulo: Saraiva, 2010, p. 96 a 103; SAN TIAGO DANTAS, Francisco Clementino – Programa de direito civil. 2. ed. Rio de Janeiro: Ed Rio, 1981. v. 3, p. 119 e 120. "MANDADO DE SEGURANÇA. CONDOMÍNIO VERTICAL COM PARTE DA FACHADA COBERTA POR PAINEL DO TIPO MOSAICO TOMBADO PELO MUNICÍPIO EM CARÁTER PROVISÓRIO, SENDO A PUBLICIDADE FEITA ATRAVÉS DA IMPRENSA OFICIAL. EMBARGO DE **OBRAS** DE IMPERMEABILIZAÇÃO INICIADAS SEM AUTORIZAÇÃO DO ENTE PÚBLICO CONTINUIDADE DE **OBRA** QUE IMPORTA NA SUPRESSÃO DA **OBRA** DE **ARTE** E ALTERAÇÃO DA FACHADA. IMPETRANTE QUE POSTERIORMENTE BUSCA OBTER AUTORIZAÇÃO ADMINISTRATIVA PARA REALIZAR A **OBRA**. AUSÊNCIA DE PROVA PRÉ-CONSTITUÍDA QUANTO À IMPRESCINDIBILIDADE DA DEMOLIÇÃO DO MOSAICO COMO ÚNICA FORMA DE REALIZAR OS REPAROS PRETENDIDOS. MANDAMUS EXTINTO. TJRJ, Des. Inês da Trindade, j. 1.11.11, 9ª Câm. Cív.; AGRAVO DE INSTRUMENTO. INVENTÁRIO. PEDIDO DE COLAÇÃO DE BENS DOADOS PELO AUTOR DA HERANÇA, EM VIDA, OBSERVADOS OS LIMITES LEGAIS. BENS QUE GUARNECEM A RESIDÊNCIA. Joias da viúva. Não prospera o pedido de colação de bens doados em observância com os preceitos legais. O pedido de que as joias da viúva e os móveis que guarnecem a residência onde vivia o morto, e ainda vive a viúva, integrem o inventário afronta o bom senso, na medida em que sequer há alegação de que existem obras de arte ou que as joias tenham sido mais do que regalos de uma vida. AGRAVO NÃO PROVIDO. (Agravo de Instrumento nº 70044278307, Oitava Câmara Cível, Tribunal de Justiça do RS, Relator: Alzir Felippe Schmitz, Julgado em 27/10/2011)"; "INVENTÁRIO – BENS SONEGADOS OBRAS DE ARTE – (BENS) LIVROS – (BENS) 1. DIREITO CIVIL. SUCESSÕES. 2. PARTILHA. SONEGAÇÃO DE BENS. SOBREPARTILHA. INVENTÁRIO. BENS SONEGADOS. HAVENDO BENS SONEGADOS, MESMO QUE SURJAM ANTES DA PARTILHA, E DE LEI QUE SEJAM SUBMETIDOS A SOBREPARTILHA, MORMENTE QUANDO SE PRESTAM AO LITÍGIO E A INDEFINIÇÃO (Agravo de Instrumento nº 592055008, Oitava Câmara Cível, Tribunal de Justiça do RS, Relator: João Andrades Carvalho, Julgado em 13/08/1992);" "AÇÃO DE SONEGADOS. LIQUIDAÇÃO DE SENTENÇA. DEFINIDO NO ACÓRDÃO ACERCA DO PERDIMENTO DO HERDEIRO AO VALOR DE DETERMINADAS OBRAS DE ARTE, SONEGADAS DO INVENTÁRIO, JÁ NÃO MAIS SE ADMITE DISCUTIR A PROPÓSITO DA EXISTÊNCIA DAQUELAS OBRAS, SENÃO QUE APENAS QUANTIFICAR O SEU VALOR. TRATANDO-SE A LIQUIDAÇÃO POR ARBITRAMENTO DE PROCEDIMENTO COMPLEMENTAR À SENTENÇA, NÃO ENSEJA A FIXAÇÃO DE NOVA VERBA HONORÁRIA ADVOCATÍCIA. A TENTATIVA DE REAVIVAR A DISCUSSÃO ACERCA DOS BENS RECONHECIDAMENTE SONEGADOS, INCLUSIVE POR DECISÃO DESTA CORTE, ENSEJA O RECONHECIMENTO DA LITIGÂNCIA DE MÁ-FÉ. AGRAVO RETIDO DESPROVIDO E APELAÇÃO PROVIDA, EM PARTE, COM AVERBAÇÃO DA PENA DE LITIGÂNCIA DE

Quanto à **posse,** leciona San Tiago Dantas: "o direito real sujeita a coisa à pessoa, e essa sujeição pode ser de fato ou de direito. Posse representa uma situação de fato, tais são as consequências jurídicas que suscita que pode na atualidade ser considerada um direito".[47]

E, nesse âmbito, da posse das obras de artes, cumpre destacar, para sua concepção, de um lado, a teoria de Savigny, para quem "posse é o poder que tem a pessoa de dispor fisicamente de uma coisa, com intenção de tê-la para si e de defendê-la contra a intervenção de outrem". Ou seja, envolve o poder físico sobre a coisa, e o fato material de tê-la a sua disposição.[48]

Sob a concepção de Ihering, para constituir a posse basta o *corpus*, mitigando-se pois a necessidade do *animus*.[49]

Para Washington de Barros Monteiro e Carlos Alberto Dabus Maluf, "a posse, constitui o sinal exterior da propriedade, o direito de possuir, pelo qual o proprietário afirma seu poder sobre aquilo que lhe pertence".[50]

Leciona Clovis Bevilaqua que "enquanto estado de fato, a posse antecedeu à propriedade, na apreensão e utilização das coisas do mundo externo, para a satisfação das necessidades do homem". Posse vem a ser em sua concepção a manifestação externa da propriedade, "é o *jus possidendi* pelo qual o proprietário, de um modo geral, afirma seu poder sobre o que é dele, é o modo pelo qual se exerce o direito de propriedade, sendo pois um dos elementos constitutivos desse direito".[51]

No mundo das artes, também a **especificação** pode influir na aquisição da propriedade de obra de arte. A especificação, por sua vez, pode ser entendida como o modo de adquirir a propriedade mediante a transformação da coisa móvel em espécie nova, em virtude de trabalho ou indústria do especificador, desde que não seja permitido reduzi-la a sua forma primitiva.

MÁ-FÉ AO APELADO (Apelação Cível nº 70012849485, Sétima Câmara Cível, Tribunal de Justiça do RS, Relator: Ricardo Raupp Ruschel, julgado em 12/04/2006)."

[47] SAN TIAGO DANTAS, Francisco Clementino de. **Programa de direito civil**. 2. ed. Rio de Janeiro: Ed Rio, 1981. v. 3, p. 25.

[48] SAVIGNY. **Traité de la possession**, p. 98, apud MONTEIRO, Washington de Barros; MALUF, Carlos Alberto Dabus. **Direito civil**. 40. ed. São Paulo: Saraiva, 2010. p. 28.

[49] IHERING. **Du role de la volonté dans la possession**, p. 6, apud MONTEIRO, Washington de Barros; MALUF, Carlos Alberto Dabus. **Direito civil**. 40. ed. São Paulo: Saraiva, 2010. p. 30.

[50] MONTEIRO, Washington de Barros; MALUF, Carlos Alberto Dabus. **Curso de direito civil**. 40. ed. São Paulo: Saraiva, 2010. p. 31. "AGRAVO DE INSTRUMENTO – Ação de busca e apreensão – Decisão que indeferiu o pedido de retirada de obra de arte de leilão já designado – Inconformismo do autor – Não acolhimento – Decisão recorrida bem fundamentada – Ausência de verossimilhança das alegações do agravante – Decisão mantida – Negado provimento ao recurso. TJSP, Des. Rel. Viviani Nicoular, j. 24.8.10, 9ª Câm. Dir. Priv. nº 0205699-42.2010.8.26.0000."

[51] BEVILAQUA, Clovis. **Direito das coisas**. 5. ed. Rio de Janeiro: Forense, v. I, p. 17 e 38 – atualizada por José de Aguiar Dias.

Representa a união da matéria e do trabalho. "O escultor, por exemplo, é especificador porquanto da pedra informe ele cria a estátua." O mesmo ocorre com os artesãos e artistas em geral, que, com o seu trabalho e técnica, trabalham a matéria-prima criando coisa nova em espécie e valor.

Passa a interessar ao universo do Direito quando o especificador lança mão de matéria-prima alheia. A quem pertencerá o produto de sua atividade, ao próprio especificador ou ao dono dos materiais?

À luz do art. 1.269 do Código Civil, "aquele que, trabalhando em matéria-prima em parte alheia, obtiver espécie nova, desta será proprietário, se não se puder restituir à forma anterior". Sendo, pois, como concebe Carlos Alberto Dabus Maluf, "modo particular de adquirir a propriedade de bem móvel que não pode voltar ao *status quo ante*".[52]

Como leciona Caio Mario da Silva Pereira, "Não corresponde pois a especificação a transformação meramente acidental ou que respeite a forma antiga, exige um ato real do homem, não um ato jurídico ou declaração de vontade."[53]

Ademais, tal como dispõe o art. 1.270 do Código Civil, se a utilização do material de terceiros se der de boa-fé, será do especificador a espécie nova; por outro lado, no § 1º do mesmo artigo se a espécie nova se obtiver de má-fé, pertencerá ao dono da matéria-prima. Tal como dispõe o § 2º do mesmo artigo, a espécie nova será do especificador se o seu valor exceder consideravelmente o da matéria-prima, como no caso de obra de arte realizada em matéria-prima alheia, tendo em vista o interesse social, relevante, na preservação da obra de arte.

Dispõe ainda o art. 1.271 do Código Civil: "aos prejudicados nas hipóteses dos arts. 1.269 e 1.270, se ressarcirá o dano que sofrerem, menos ao especificador de má-fé, no caso do § 1º do artigo antecedente, quando irredutível a especificação".

Nesse caso, como leciona Carlos Alberto Dabus Maluf, "mesmo havendo na especificação o trabalho de um e o material de outro, estes não se tornarão condôminos, deve ser sempre indenizado o especificador, salvo em caso de má-fé".[54]

Pode ainda ocorrer a aquisição da propriedade através do **usucapião**. Assim é a previsão do art. 1.260 do Código Civil: "aquele que possuir coisa móvel como sua, contínua e incontestadamente durante três anos, com justo título e boa-fé, adquirir-lhe-á a propriedade"; e também o art. 1.261 do mesmo diploma legal, que dispõe: "se a posse da coisa móvel se prolongar por cinco anos, produzirá usucapião independentemente de título ou boa-fé".

---

[52] MALUF, Carlos Alberto Dabus. **Código Civil comentado**, op. cit., p. 1378.
[53] PEREIRA, Caio Mario da Silva. **Instituições de direito civil**. 18. ed. Rio de Janeiro: Forense, 2004. p. 166-168 – atualizada por Carlos Edison do Rego Monteiro.
[54] MALUF, Carlos Alberto Dabus. **Código Civil comentado**, op. cit., p. 1379.

Exige-se aqui somente a posse constante sem oposição, dispensando-se o justo título e a boa-fé, sendo que também é permitido que se acrescente à sua posse a de seus antecessores, como prevê a regra do art. 1.243 do Código Civil.[55]

Na prática do comércio das obras de arte, o certificado de garantia que é fornecido pelo autor deve conter os dados da pintura, os seus dados pessoais como autor, além da referência à autenticidade da peça e respectivo valor.

Inicialmente, a assinatura do autor deve vir reconhecida no Tabelionato de Notas. Posteriormente, o Certificado de Autenticidade (título do formulário de venda) deve ser registrado no Cartório de Títulos e Documentos a fim de garantir ao comprador não só a autenticidade da obra, como também a de propriedade, uma vez que a obra de arte autêntica representa dinheiro corrente e sem o respectivo registro é dono o portador da mesma.

À luz dos arts. 18 a 21 da Lei nº 9.610/98, que tratam do registro da obra, viu-se que ele era dispensável, tendo em vista a proteção dos direitos autorais.

Para Eliane Y. Abrão, "o registro é ato facultativo, meramente declaratório de direito, e ilidível em qualquer prova em contrário. O direito em tela nasce com o ato de criação da obra".

> "Teria a finalidade principal o registro funcionar como um meio documental de prova, de anterioridade quanto ao gênero da obra. Serve ainda para provar, mediante certidão de inteiro teor, a autenticidade da obra, são excelentes meios de prova, uma vez que gozam de fé pública."

Além disso, tem também o registro da obra o escopo de dar publicidade a referida obra.[56]

Entretanto, a Lei nº 9.610/98 prevê em seu art. 29, VIII, que a aquisição de uma obra de arte não confere ao adquirente quaisquer direitos patrimoniais do autor ou do titular do direito, salvo convenção em contrário, mesmo porque a autorização para reproduzir obra de arte plástica, sob qualquer forma ou pretexto, depende de forma, ou seja, escrita e presume-se onerosa.

É bem de ver que, nessas condições, uma exposição e o título que se lhe dá não podem ser organizados sem conhecimento e sem consentimento do interessado, sem conceder-lhe uma oportunidade para concordar ou apresentar sugestões. A própria sequência das pinturas, sua colocação na parede ou em cavaletes tem que obedecer a algum critério, de continuidade ou não, que conserve certa harmonia.

---

55 MONTEIRO, Washington de Barros; MALUF, Carlos Alberto Dabus. **Curso de direito civil**, op. cit., p. 236 e 237; MALUF, Carlos Alberto Dabus. **Código Civil comentado**, op. cit., p. 1370 a 1372.
56 ABRÃO, Eliane Y. **Direitos de autor e direitos conexos**, op. cit., p. 170 e 171.

Reconhece-se, sim, ao comprador o direito de expor, com o consentimento do artista, mas não expor o conjunto das obras de um único artista, dando-lhe um título e uma apresentação arbitrários.[57]

A **desapropriação**, forma originária de aquisição da propriedade, trata-se da maior limitação ao direito de propriedade existente, chegando-se à efetiva perda da mesma, também representa uma forma de aquisição de obras de arte.[58]

Na lição de Carlos Alberto Dabus Maluf, "a desapropriação é um poder do Estado, inerente a sua própria natureza, para restringir o direito de propriedade dos particulares".[59]

É o ato pelo qual o Estado, necessitando de um bem particular, para fins de interesse público, obriga o proprietário a transferir-lhe a propriedade deste mediante prévia e justa indenização.

Elenca o Código Civil em seu artigo 1.275, V, a desapropriação como uma das formas previstas em lei de perda da propriedade (representa este artigo a junção das disposições dos arts. 589 e 590 do Código Civil de 1916).

No direito pátrio possui escopo constitucional no artigo 5º, XXIV, da Carta Magna, que dispõe: "a lei estabelecerá o procedimento para a desapropriação por necessidade ou utilidade pública, ou por interesse social, mediante justa e prévia indenização em dinheiro, ressalvados os casos previstos nesta Constituição".

Assim, os requisitos constitucionais exigidos para a desapropriação resumem-se na ocorrência de necessidade ou utilidade pública ou de interesse social no bem a ser desapropriado e no pagamento de justa e prévia indenização em dinheiro.[60]

O interesse social determina muitas vezes uma limitação à propriedade individual, que pode chegar à sua supressão ou transferência forçada, pois, como se sabe, não vigora mais nos dias atuais a concepção absoluta dessa propriedade, que deve conciliar-se aos interesses da coletividade.

---

[57] PELEGINI, Luiz Fernando Gama. Utilização de obras de arte plástica. Restrições. Direitos autorais e de nome. **Revista Jus Vigilantibus**, ago. 2008. Disponível em: <http://jusvi.com/artigos/35326/2>. Acesso em: 22 jan. 2012.

[58] MALUF, Carlos Alberto Dabus. **Limitações ao direito de propriedade**. 3. ed. São Paulo: Revista dos Tribunais, 2011. p. 192.

[59] MALUF, Carlos Alberto Dabus. **Teoria e prática de desapropriação**. 2. ed. São Paulo: Saraiva, 1999. p. 1.

[60] A Constituição de 1988 no artigo 5º, XXIV dispõe que a lei estabelecerá o procedimento para as três espécies de desapropriações. Por sua vez, o § 3º do art. 184 comete à lei complementar a instituição de procedimento sumário para desapropriação por interesse social, para fins de reforma agrária. Numa retrospectiva histórica tem-se que desde a Constituição Imperial de 25.3.1824, previa-se a possibilidade de destinar o bem privado ao interesse público (desapropriação) mediante indenização. ROCHA, Olavo Acyr de Lima. **A desapropriação no direito agrário**. São Paulo: Atlas, 1992. p. 52.

Para San Tiago Dantas nenhuma dúvida parece lógica quanto ao momento em que se transfere o domínio do expropriado. A melhor doutrina civil é a que considera o expropriado senhor e possuidor do bem até a indenização.[61]

O objeto da desapropriação pode, por sua vez, ser qualquer coisa necessária para se atingir um fim de interesse público, e aqui incluem-se as obras de arte. Para que se verifique essa necessidade, é preciso que não haja outro meio de se obter o fim almejado, por ser a desapropriação o meio mais violento de que dispõe o Poder Público.

Por conseguinte, todos os bens podem ser objeto de desapropriação, compreendendo-se a palavra "bens" em sua mais ampla acepção, incluindo-se não somente os imóveis como também os móveis, qualquer que seja a sua natureza.

7 A VENDA DA OBRA DE ARTE

No que tange à venda das obras de arte, dispõe a Lei nº 9.610/98 em seu art. 37: "A aquisição do original de uma obra, ou de exemplar, não confere ao adquirente qualquer dos direitos patrimoniais do autor, salvo convenção em contrário entre as partes e os casos previstos nesta Lei."

À luz do seu art. 38:

> "O autor tem o direito, irrenunciável e inalienável, de perceber, no mínimo, cinco por cento sobre o aumento do preço eventualmente verificável em cada revenda de obra de arte ou manuscrito, sendo originais, que houver alienado. Parágrafo único. Caso o autor não perceba o seu direito de sequência no ato da revenda, o vendedor é considerado depositário da quantia a ele devida, salvo se a operação for realizada por leiloeiro, quando será este o depositário."

Dispõe ainda o art. 39 do mesmo diploma legal que "Os direitos patrimoniais do autor, excetuados os rendimentos resultantes de sua exploração, não se comunicam, salvo pacto antenupcial em contrário."

Entretanto, quanto à utilização da obra de arte plástica, reza o art. 77 da lei autoral: "Salvo convenção em contrário, o autor de obra de arte plástica, ao alienar o objeto em que ela se materializa, transmite o direito de expô-la, mas não transmite ao adquirente o direito de reproduzi-la."

E nesse sentido, à luz do art. 78 da mesma lei "a autorização para reproduzir obra de arte plástica, por qualquer processo, deve se fazer por escrito e se presume onerosa".

Concebe Silmara June de A. Chinellatto que

---

[61] SAN TIAGO DANTAS, Francisco Clementino. A desapropriação por utilidade pública e seu efeito sobre a promessa de venda e compra. In: **Problemas de direito positivo**. Rio de Janeiro: Forense, 1953. p. 194.

"é preciso conscientizar a população no sentido de que o autor é um trabalhador e que a obra é seu trabalho. Não existe trabalho sem remuneração, o que é assegurado pela Constituição da República, lembrando que o mecenato não existe há séculos. Se deve haver o acesso à cultura, às obras em geral; só falta esclarecer quem pagará por esse acesso ao trabalho do autor. O desafio do direito de autor na atualidade é conseguir equilibrar o acesso à cultura e o respeito ao trabalhador-autor. Temo que, no futuro, se o autor não for remunerado, voltaremos à época em que o criador deverá ter outra atividade profissional remunerada, retirando-nos o privilégio de desfrutar de seu trabalho artístico. Não haverá autor, criador ou intérprete que possa dedicar-se inteiramente às artes, ao menos em nosso país. Nós todos perderemos. Nós e o mundo".[62]

8 O DIREITO SUCESSÓRIO E A OBRA DE ARTE – DURAÇÃO DOS DIREITOS PATRIMONIAIS

Num sentido amplo, suceder significa *tomar o lugar de outrem* numa relação jurídica, "investindo-se a qualquer título, no todo ou em parte, nos direitos que lhe competiam".[63]

Existem basicamente duas modalidades de sucessão: a legítima e a testamentária. Como leciona San Tiago Dantas: "é testamentária quando se dá pela própria vontade do de cujus, expressa num ato solene de última vontade; e é legítima, quando a lei assegurar a forma pela qual o acesso aos bens deva ser deferido".[64]

O art. 1.786 do Código Civil assim dispõe: "a sucessão se dá por lei ou por disposição de última vontade".

O art. 1.829 do Código Civil institui a ordem de vocação hereditária, indicando a ordem em que devem ser os herdeiros chamados a suceder:

> "A sucessão legítima defere-se na ordem seguinte: I – os descendentes, em concorrência com o cônjuge sobrevivente, salvo se casado este com o falecido no regime da comunhão universal, ou no da separação obrigatória de bens (art. 1.640, § único); ou se, no regime da comunhão parcial, o autor da herança não tiver deixado bens particulares; II – aos ascendentes, em concorrência com o cônjuge; III – ao cônjuge sobrevivente; IV – aos colaterais",

---

[62] CHINELLATTO, Silmara June de A. Entrevista concedida pela autora e publicada em 9.3.10. Disponível em: <http://rodrigomaoraes.adv.br/entrevistas>. Acesso em: 27 jan. 2012.
[63] MONTEIRO, Washington de Barros; PINTO, Ana Cristina de Barros Monteiro França. **Curso de direito civil**. 37. ed. São Paulo: Saraiva, 2009. v. 6, p. 1.
[64] SAN TIAGO DANTAS, Francisco Clementino. **Direito das famílias e das sucessões**. Rio de Janeiro: Forense, 1991. p. 479 – atualizada por José Gomes Bezerra Câmara e Jair Barros.

estabelecendo o seu art. 1.839, para fins de herança, que são chamados a suceder os colaterais até o quarto grau.

Aduz Zeno Veloso: "além do quarto grau não há vocação dos colaterais, pois entende o legislador que já se encontram esgarçados os vínculos familiares e logo, atenuados os vínculos afetivos que estão na base do chamamento à herança".[65]

Em relação à herança do companheiro/a, esta vem regulada pelo art. 1.790 do Código Civil:

"A companheira/o participará da sucessão do outro, quanto aos bens adquiridos onerosamente na vigência da união estável, nas seguintes condições: I – se concorrer com filhos comuns, terá direito a uma quota equivalente à que por lei for atribuída ao filho; II – se concorrer com descendentes só do autor da herança, tocar-lhe-á a metade do que couber a cada um daqueles; III – se concorrer com outros parentes sucessíveis, terá direito a um terço da herança; IV – não havendo parentes sucessíveis, terá direito à totalidade da herança."

Por força de lei pode-se perceber que estes ficam numa situação de inferioridade em relação ao cônjuge, uma vez que a herança cabível ao companheiro/a é aquela adquirida onerosamente na vigência da união estável, o que representa uma grande limitação.[66]

Na atualidade novas modalidades de família têm reconhecimento legal e são formadas em virtude do afeto e do exercício das preferências valorativas individuais, tendo em vista a valorização da dignidade da pessoa humana. Assim, a diferenciação no que tange ao direito à sucessão ofenderia inclusive a preceitos constitucionais.[67]

No conceber de San Tiago Dantas, "existe íntima relação entre a família e o patrimônio. Este, embora criado pelo homem pelo seu esforço e merecimento, é por ele destinado ao sustento da família, sendo pois justo permitir que ele vá para depois de sua morte, ter às mãos da própria família que ele criou".[68]

---

[65] VELOSO, Zeno. **Código Civil comentado**. 8. ed. São Paulo: Saraiva, 2012. p. 2073.

[66] VELOSO, Zeno. **Código Civil comentado**, op. cit., p. 2008.

[67] MALUF, Adriana Caldas do Rego Freitas Dabus. **Novas modalidades de família na pós-modernidade**. São Paulo: Atlas, 2010. p. 25; MALUF, Adriana Caldas do Rego Freitas Dabus. **Direito das famílias**: amor e bioética. Rio de Janeiro: Campus/Elsevier, 2012. p. 277; VELOSO, Zeno. **Código Civil comentado**, op. cit., p. 2008.

[68] SAN TIAGO DANTAS, F. C. **Direito das famílias e das sucessões**, op. cit., p. 481; "AGRAVO DE INSTRUMENTO – Bem de família – Constrição ordenada – Preliminar rejeitada? Equipamentos que guarnecem a residência dos executados – Impenhorabilidade – Exclusão dos veículos de transporte, adornos suntuosos e obras de artes – Bens desnecessários à sobrevivência ou dignidade da família – Inteligência dos artigos 1º, parágrafo único, da Lei nº 8.009/90 e 649, II, do Código de Processo Civil – Agravo provido em parte – Maioria de votos. TJSP, 20 Câm. Civ., j. 23.11.09, Agr nº 0007622-24.2009.8.26.0000."

Entretanto, à luz do art. 1.819 do Código Civil: "falecendo alguém sem deixar testamento nem herdeiro legítimo notoriamente conhecido, os bens da herança, depois de arrecadados, ficarão sob a guarda e administração de um curador, até a sua entrega ao sucessor devidamente habilitado ou à declaração de sua vacância".

Quanto à sucessão testamentária, esta observa regras próprias, sendo o testamento um negócio jurídico unilateral e gratuito, de natureza solene essencialmente revogável, através do qual o autor da herança disporá seus bens para depois de sua morte, não podendo, entretanto, influir na legítima dos herdeiros necessários.

Regula o Código Civil a sucessão testamentária nos artigos 1.857 e seguintes, sendo válido ressaltar que deve o testador estar em gozo de suas faculdades mentais e possuir legitimação para praticar tal ato. Pode ainda o testamento conter disposições relativas aos bens do testador no todo ou em parte, como prevê seu art. 1.857 suprarreferido.

No âmbito das sucessões podem coexistir herdeiros e legatários, sendo importante frisar que "o herdeiro nomeado ou instituído não se confunde com o legatário, nem tampouco legado se confunde com herança"; isto deve-se ao fato de o legado recair sobre coisa determinada e precisa, porção concreta do acervo hereditário, como por exemplo uma obra de arte; ao passo que o herdeiro aufere direitos hereditários em cima do montante da herança, sem que haja discriminação de valor ou do objeto, mas o estabelecimento de um *quantum*.[69]

---

[69] "AGRAVO DE INSTRUMENTO. INVENTÁRIO. PEDIDO DE COLAÇÃO DE BENS DOADOS PELO AUTOR DA HERANÇA, EM VIDA, OBSERVADOS OS LIMITES LEGAIS. BENS QUE GUARNECEM A RESIDÊNCIA. JOIAS DA VIÚVA. Não prospera o pedido de colação de bens doados em observância com os preceitos legais. O pedido de que as joias da viúva e os móveis que guarnecem a residência onde vivia o morto, e ainda vive a viúva, integrem o inventário afronta o bom senso, na medida em que sequer há alegação de que existem obras de arte ou que as joias tenham sido mais do que regalos de uma vida. AGRAVO NÃO PROVIDO. (Agravo de Instrumento nº 70044278307, Oitava Câmara Cível, Tribunal de Justiça do RS, Relator: Alzir Felippe Schmitz, Julgado em 27/10/2011)"; "INVENTÁRIO – BENS SONEGADOS OBRAS DE ARTE – (BENS) LIVROS – (BENS) 1. DIREITO CIVIL. SUCESSÕES. 2. PARTILHA. SONEGAÇÃO DE BENS. SOBREPARTILHA. INVENTÁRIO. BENS SONEGADOS. HAVENDO BENS SONEGADOS, MESMO QUE SURJAM ANTES DA PARTILHA, É DE LEI QUE SEJAM SUBMETIDOS A SOBREPARTILHA, MORMENTE QUANDO SE PRESTAM AO LITÍGIO E A INDEFINIÇÃO. (Agravo de Instrumento nº 592055008, Oitava Câmara Cível, Tribunal de Justiça do RS, Relator: João Andrades Carvalho, Julgado em 13/08/1992.)"; "AÇÃO DE SONEGADOS. LIQUIDAÇÃO DE SENTENÇA. DEFINIDO NO ACÓRDÃO ACERCA DO PERDIMENTO DO HERDEIRO AO VALOR DE DETERMINADAS OBRAS DE ARTE, SONEGADAS DO INVENTÁRIO, JÁ NÃO MAIS SE ADMITE DISCUTIR A PROPÓSITO DA EXISTÊNCIA DAQUELAS OBRAS, SENÃO QUE APENAS QUANTIFICAR O SEU VALOR. TRATANDO-SE A LIQUIDAÇÃO POR ARBITRAMENTO DE PROCEDIMENTO COMPLEMENTAR À SENTENÇA, NÃO ENSEJA A FIXAÇÃO DE NOVA VERBA HONORÁRIA ADVOCATÍCIA. A TENTATIVA DE REAVIVAR A DISCUSSÃO ACERCA DOS BENS RECONHECIDAMENTE SONEGADOS, INCLUSIVE POR DECISÃO DESTA CORTE, ENSEJA O RECONHECIMENTO DA LITIGÂNCIA DE MÁ-FÉ. AGRAVO RETIDO DESPROVIDO E APELAÇÃO PROVIDA, EM PARTE, COM AVERBAÇÃO DA PENA DE LITIGÂNCIA DE MÁ-FÉ AO APELADO. (Apelação Cível nº 70012849485, Sétima Câmara Cível, Tribunal de Justiça do RS, Relator: Ricardo Raupp Ruschel, Julgado em 12/04/2006.)"

Assim, nesse sentido, em face do caráter especialíssimo que recebe a obra de arte, é mister que se lhe faça a correta avaliação para que possa ser instituída como legado a herdeiro testamentário, ou mesmo que integre o *quantum* divisível da herança a ser auferida na sucessão legitima.

É válido ressaltar que o legado pode ser instituído em favor de qualquer pessoa, parente ou não, natural ou jurídica, civil ou comercial, devendo necessariamente recair sobre bem que está no comércio. Vem regulado no Código Civil nos arts. 1.912 e seguintes. Se atribuído a herdeiro legítimo, recebe a denominação de prelegado ou legado precípuo.[70]

Pode, entretanto, caducar o legado. À luz do art. 1.939 do Código Civil, caducará o legado: I – se, depois do testamento, o testador modificar a coisa legada, ao ponto de já não ter a forma nem lhe caber a denominação que possuía; II – se o testador, por qualquer título, alienar no todo ou em parte a coisa legada; III – se a coisa perecer ou for evicta; IV – se o legatário for excluído da sucessão ou se este falecer antes do testador, como prevê o inciso V.

Vê-se aqui a íntima relação que observa com a obra de arte, no sentido de o autor poder modificar, alterar a obra a seu bel-prazer, uma vez que é detentor dos direitos morais e patrimoniais sobre a mesma, e só valerá o legado para depois de sua morte.[71]

Outra questão a ser observada é quanto à substituição fideicomissária. Nesse mister, permite o Código Civil que sejam nomeados substitutos aos sucessores designados em testamento. As substituições, a seu turno, representam emanações do direito de propriedade, que visam melhor assegurar o efeito das disposições de última vontade. Representa a indicação de certa pessoa para recolher sua herança ou legado, na falta ou depois de outra, nomeada em primeiro lugar. O substituto será, pois, herdeiro ou legatário, nomeado pelo testador para suceder o substituído.

Várias são, ainda, as modalidades de substituição: **a vulgar**, estabelecida para os casos em que o beneficiário não queira ou não possa recolher a herança ou legado, prevista nos arts. 1947 e seguintes do Código Civil; **a fideicomissária**, onde se verifica uma dupla disposição, sucessivamente quanto à liberalidade, possibilitando, por seu intermédio, legar bens a pessoas ainda não concebidas ao tempo da morte do testador. Está prevista nos arts. 1.951 e seguintes do Código Civil.

À luz do disposto nos artigos 1.951 e 1.952 do Código civil, são requisitos para a substituição fideicomissária: a dupla vocação, a ordem sucessiva, a admissibilidade apenas para os não concebidos ao tempo da morte do testador e a obrigação de conservar a coisa para depois restituí-la.

E também **a substituição compendiosa**, pois que abrange várias substituições de naturezas diferentes, representando, outrossim, um misto de substituição vulgar e fideicomissária.[72]

---

[70] MONTEIRO, Washington de Barros; PINTO, Ana Cristina de Barros Monteiro França. **Curso de direito civil**, v. 6, op. cit., p. 189 e 190.

[71] No caso de obra de arte tombada, incidem limitações quanto ao direito de propriedade do autor.

[72] MONTEIRO, Washington de Barros; PINTO, Ana Cristina de Barros Monteiro França. **Curso de direito civil**, v. 6, op. cit. p. 239 e ss.

Transmitem-se, assim, alguns direitos de autor, morais e patrimoniais, aos herdeiros do autor de obra de arte protegida, em virtude do disposto na lei autoral, Lei nº 9.610/98.

Entretanto, os direitos patrimoniais ou pecuniários do autor são "móveis, cessíveis, divisíveis, transferíveis e temporários ao contrário dos direitos morais de autor que são inalienáveis, imprescritíveis e perpétuos. Tendo em vista sua transmissão, seja por ato *inter vivos*, seja *causa mortis*".[73] Isto porque, como vimos, são direitos personalíssimos.

A Lei nº 9.610/98 regula a transmissão dos direitos de autor em face da morte do autor de obra de arte.

À luz do art. 24 da lei autoral:

> "§ 1º Por morte do autor, transmitem-se a seus sucessores os direitos a que se referem os incisos I a IV", a saber, o direito de: "I – reivindicar, a qualquer tempo, a autoria da obra, II – o de ter seu nome, pseudônimo ou sinal convencional indicado ou anunciado, como sendo o do autor, na utilização de sua obra; III – o de conservar a obra inédita; IV – o de assegurar a integridade da obra, opondo-se a quaisquer modificações ou à prática de atos que, de qualquer forma, possam prejudicá-la ou atingi-lo, como autor, em sua reputação ou honra. § 2º Compete ao Estado a defesa da integridade e autoria da obra caída em domínio público; § 3º Nos casos dos incisos V e VI, ressalvam-se as prévias indenizações a terceiros, quando couberem."[74]

Dispõe, ainda, o art. 35 da Lei nº 9.610/98: "Quando o autor, em virtude de revisão, tiver dado à obra versão definitiva, não poderão seus sucessores reproduzir versões anteriores"; instituindo pois uma limitação ao direito de propriedade dos herdeiros, a saber a conservação da coisa.

De acordo com a regra do art. 42 do mesmo diploma legal, "quando a obra literária, artística ou científica realizada em coautoria for indivisível, o prazo previsto no artigo anterior será contado da morte do último dos coautores sobreviventes. Parágrafo único. Acrescer-se-ão aos dos sobreviventes os direitos do coautor que falecer sem sucessores"; ou seja, 70 anos.

Prevê o art. 41 da lei autoral: "Os direitos patrimoniais do autor perduram por setenta anos contados de 1º de janeiro do ano subsequente ao de seu falecimento, obedecida a ordem sucessória da lei civil. Parágrafo único. Aplica-se às obras póstumas o prazo de proteção a que alude o *caput* deste artigo."

---

[73] PELLEGRINI, Luiz Fernando Gama. **Direito de autor e as obras de arte plástica**, op. cit., p. 39.

[74] "Responsabilidade civil – Indenização – Ação movida por herdeira de escultor visando à indenização por exposição de obras de seu pai sem sua autorização – Sentença de improcedência – Sua anulação em grau de apelação para que sejam colhidas provas – Presença de questões que podem ser esclarecidas por provas, notadamente perícia – Ausência de preclusão para o juiz – Embargos infringentes conhecidos em parte e não providos. Des. Rel. Mauricio Vidigal, 10º Câm. Dir. Priv. j. 28.7.09, nº 9196238-92.2007.8.26.0000."

Assim sendo, em relação à transferência dos Direitos de Autor, dispõe o art. 49 da Lei nº 9.610/98:

> "Os direitos de autor poderão ser total ou parcialmente transferidos a terceiros, por ele ou por seus sucessores, a título universal ou singular, pessoalmente ou por meio de representantes com poderes especiais, por meio de licenciamento, concessão, cessão ou por outros meios admitidos em direito, obedecidas as seguintes limitações: I – a transmissão total compreende todos os direitos de autor, salvo os de natureza moral e os expressamente excluídos por lei; II – somente se admitirá transmissão total e definitiva dos direitos mediante estipulação contratual escrita; III – na hipótese de não haver estipulação contratual escrita, o prazo máximo será de cinco anos; IV – a cessão será válida unicamente para o país em que se firmou o contrato, salvo estipulação em contrário; V – a cessão só se operará para modalidades de utilização já existentes à data do contrato; VI – não havendo especificações quanto à modalidade de utilização, o contrato será interpretado restritivamente, entendendo-se como limitada apenas a uma que seja aquela indispensável ao cumprimento da finalidade do contrato."

De acordo com a regra contida no art. 50 da mesma lei,

> "A cessão total ou parcial dos direitos de autor, que se fará sempre por escrito, presume-se onerosa. § 1º Poderá a cessão ser averbada à margem do registro a que se refere o art. 19 desta Lei, ou, não estando a obra registrada, poderá o instrumento ser registrado em Cartório de Títulos e Documentos. § 2º Constarão do instrumento de cessão como elementos essenciais seu objeto e as condições de exercício do direito quanto a tempo, lugar e preço."

À luz do art. 45 da lei autoral, "Além das obras em relação às quais decorreu o prazo de proteção aos direitos patrimoniais, pertencem ao domínio público: I – as de autores falecidos que não tenham deixado sucessores."

9 DESTRUIÇÃO

A destruição da obra, sob a ótica do direito de autor, ataca os direitos morais de autor, e nesse sentido, ocorre quando afeta a paternidade, a integridade ou a publicação da obra.[75]

Tal como vimos, por morte do autor da obra de arte, os direitos morais se transmitem a seus herdeiros por força do art. 24, I a IV da Lei autoral, devendo, assim, ao passarem a ter o exercício dos direitos morais, em virtude da sucessão *causa mortis*, preservar a obra mantendo sua integridade.

---

[75] PELLEGRINI, Luiz Fernando Gama. **Direito de autor e as obras de arte plástica**. São Paulo: Revista dos Tribunais, 1975. p. 17.

À luz do art. 6º da Convenção de Berna, "independentemente dos direitos patrimoniais do autor, e mesmo após a cessão desses direitos, o autor conserva o direito de conservar a paternidade da obra e de se opor a qualquer deformação, mutilação ou modificação dessa obra ou a qualquer atentado à mesma obra, que possam prejudicar a sua honra e a sua reputação".

À luz do art. 24 da Lei 9.610/98: "São direitos morais do autor: IV – o de assegurar a integridade da obra, opondo-se a quaisquer modificações ou à prática de atos que, de qualquer forma, possam prejudicá-la ou atingi-lo, como autor, em sua reputação ou honra; V – o de modificar a obra, antes ou depois de utilizada."[76]

Além desses, dependendo da envergadura da obra em questão, pode sobrevir uma outra questão: a da importância da obra para a identidade nacional. Nestes casos, o Dec.-lei 25, de 30.11.1937, que organiza a proteção do patrimônio histórico e artístico nacional, impõe algumas limitações.

À luz do art. 1º do Dec.-lei 25/37, "Constitui o patrimônio histórico e artístico nacional o conjunto dos bens móveis e imóveis existentes no país e cuja conservação seja de interesse público, quer por sua vinculação a fatos memoráveis da história do Brasil, quer por seu excepcional valor arqueológico ou etnográfico, bibliográfico ou artístico."

O Tombamento representa uma importante limitação ao direito de propriedade, é uma forma de intervenção do Estado na propriedade privada, que tem por objetivo a proteção do patrimônio histórico e artístico nacional considerado, pela legislação ordinária, o Decreto-lei 25, de 30 de novembro de 1937, como o conjunto dos bens móveis e imóveis existentes no país e cuja conservação seja de interesse público, quer por sua vinculação a fatos memoráveis da história do Brasil, quer por seu excepcional valor arqueológico ou etnográfico, bibliográfico ou artístico, que no seu art. 5º permite alargar a conceituação, abrangendo também os bens pertencentes à União, Estados e Municípios e não apenas a propriedade privada no conceito de patrimônio cultural.[77]

Na definição de Hely Lopes Meirelles, tombamento "é a declaração pelo Poder Público do valor histórico, paisagístico, turístico, cultural ou científico de coisas ou locais que por essas razões devem ser preservados, de acordo com a sua inscrição no livro próprio".[78]

Para Maria Sylvia Zanella Di Pietro,

---

[76] "INDENIZAÇÃO POR ATO ILÍCITO. SOMENTE HAVENDO PROVA DE CAUSA E EFEITO ENTRE O ATO E ALEGADOS PREJUÍZOS, É POSSÍVEL O DEFERIMENTO DE RESSARCIMENTO. AUTOR QUE NÃO LOGROU PROVAR, MESMO ATRAVÉS DE TESTEMUNHAS IDÔNEAS QUE O DESTELHAMENTO DE UMA PEÇA TENHA OCASIONADO DANOS OU ESTRAGOS EM PEÇAS ARTÍSTICAS DE SUA PROPRIEDADE. SENTENÇA REFORMADA (Apelação Cível nº 36038, Terceira Câmara Cível, Tribunal de Justiça do RS, Relator: Antônio Vilela Amaral Braga, Julgado em 21/08/1980)."

[77] MALUF, Carlos Alberto Dabus. **Limitações ao direito de propriedade**. 3. ed. São Paulo: Revista dos Tribunais, 2011. p. 133; MALUF, Adriana Caldas do Rego Freitas Dabus. **Limitações urbanas ao direito de propriedade**. São Paulo: Atlas, 2010. p. 182

[78] MEIRELLES, Hely Lopes. **Direito administrativo brasileiro**. 13. ed. São Paulo: Revista dos Tribunais, 1987. p. 481.

"o Tombamento pode ser definido como o procedimento administrativo pelo qual o Poder Público sujeita a restrições parciais os bens de qualquer natureza cuja conservação seja de interesse público, por sua vinculação a fatos memoráveis da história ou por seu excepcional valor arqueológico, etimológico, biográfico ou artístico".

É um instituto que tem por objeto a tutela do patrimônio histórico e artístico nacional. Representa uma restrição parcial ao direito de propriedade, uma vez que não impede ao particular o exercício dos direitos referentes ao domínio do bem, é procedimento administrativo porque não se realiza em um único ato, mas numa sucessão de atos preparatórios, essenciais à validade do ato final, que é a inscrição no livro do Tombo.[79]

Leciona Odete Medauar que Tombamento designa o ato administrativo declaratório do valor artístico, cultural, paisagístico, arqueológico de determinado bem cuja descrição completa se efetua nos livros do Tombo cujo órgão responsável pelo seu registro pertença (nome, situação do bem, limites dos bens preservados).[80]

A Constituição de 1988, em seu artigo 216, demonstra a preocupação do constituinte com a tutela do patrimônio cultural brasileiro – constituído pelos bens de natureza material e imaterial tomados individualmente ou em conjunto que façam referência à identidade, à ação, à memória dos diferentes grupos formadores da sociedade brasileira os quais se incluem nos incisos de I a IV as formas de expressão, os modos de criar, fazer e viver, as criações científicas, artísticas e tecnológicas, as obras, objetos, documentos, edificações e demais espaços destinados às manifestações artístico-culturais, os conjuntos urbanos e sítios de valor histórico, paisagístico, artístico, arqueológico, palenteológico, ecológico e científico.

Quatro são os livros do Tombo onde o bem em questão sofrerá registro: Livro do Tombo Arqueológico, Etnográfico e Paisagístico; Livro do Tombo Histórico; Livro do Tombo de Belas Artes e Livro do Tombo das Artes Aplicadas, como dispõe o art. 4º do Decreto-lei 25/1937.

O tombamento de coisa pertencente a pessoa natural ou jurídica poderá ser feito voluntária ou compulsoriamente, de acordo com o disposto no art. 6º do Dec.-lei 25/37, sendo que, à luz do art. 8º do mesmo diploma legal, "Proceder-se-á ao tombamento compulsório quando o proprietário se recusar a anuir à inscrição da coisa."

Segundo Maria Sylvia Zanella Di Pietro e Odete Medauar, diversos são os efeitos para os proprietários dos bens tombados e também para terceiros, impondo-lhes inúmeras

---

[79] DI PIETRO, Maria Sylvia Zanella. **Direito administrativo**. 3. ed. São Paulo: Atlas, 1992. p. 105. "A finalidade do Tombamento é conservar a coisa, reputada de valor histórico ou artístico, mas essa preservação não acarreta necessariamente a perda da propriedade, o proprietário não é substituído pelo Estado; apenas se lhe retira uma das faculdades elementares do domínio, o direito de transformar e desnaturar a coisa. Por isso mesmo a coisa não saindo do domínio particular, não se desloca para o domínio do Estado (STF, em RF, v. 98, p. 590)."

[80] MEDAUAR, Odete. **Curso de direito administrativo**. 4. ed. São Paulo: Revista dos Tribunais, 2000. p. 543.

obrigações positivas, de fazer, e negativas, de não fazer, e de suportar, deixar fazer. Impõem ainda obrigações negativas para os proprietários de imóveis vizinhos e ainda para o IPHAN, impõem obrigações de fazer.[81]

A alienabilidade das obras históricas ou artísticas tombadas sofre restrições em face da lei, como prevê o art. 12 do Dec.-lei 25/37.

O artigo 17 do Dec.-lei 25/37 impõe limitações negativas no sentido de que o proprietário não poderá destruir, demolir ou mutilar as coisas tombadas, não podendo nem mesmo pintá-las ou restaurá-las sem prévia autorização especial do SPHAN, sob pena de multa de 50% em relação ao dano causado. Indica, ainda, em seu § único que, em se tratando de bens públicos, a autoridade responsável pela infração do presente artigo incorrerá pessoalmente na multa.

Prevê ainda o art. 26 do referido Dec.-lei 25/37 que "Os negociantes de antiguidades, de obras de arte de qualquer natureza, de manuscritos e livros antigos ou raros são obrigados a um registro especial no Serviço do Patrimônio Histórico e Artístico Nacional, cumprindo-lhes outrossim apresentar semestralmente ao mesmo relações completas das coisas históricas e artísticas que possuírem."

Assim sendo, reza o art. 27 do mesmo diploma legal:

> "Sempre que os agentes de leilões tiverem de vender objetos de natureza idêntica à dos mencionados no artigo anterior, deverão apresentar a respectiva relação ao órgão competente do Serviço do Patrimônio Histórico e Artístico Nacional, sob pena de incidirem na multa de cinquenta por cento sobre o valor dos objetos vendidos", e nesse sentido, conforme disposição contida no art. 28, "Nenhum objeto de natureza idêntica à dos referidos no art. 26 desta lei poderá ser posto à venda pelos comerciantes ou agentes de leilões, sem que tenha sido previamente autenticado pelo Serviço do Patrimônio Histórico e Artístico Nacional, ou por perito em que o mesmo se louvar, sob pena de multa de cinquenta por cento sobre o valor

---

[81] DI PIETRO, Maria Sylvia Zanella. **Direito administrativo**. 3. ed. São Paulo: Atlas, 1992. p. 110 a 113; MEDAUAR, Odete. **Direito administrativo moderno**. 4. ed. São Paulo: Revista dos Tribunais, 2000. p. 404; "Administrativo – Tombamento – Conceito de bem vinculado a 'fatos memoráveis da história pátria' e de 'excepcional valor artístico' – Nulidade, no caso, caracterizada. I – O tombamento e a desapropriação são meios de proteção do patrimônio cultural brasileiro, consistentes em atos administrativos, que traduzem a atuação do Poder Público mediante a imposição de simples restrição ao direito de propriedade ou pela decretação da própria perda desse direito. II – As restrições ou limitações ao direito de propriedade, tendo em conta sua feição social, entre as quais se insere o tombamento, decorre do poder de polícia inerente ao estado, em que há de ser exercitado com estrita observância ao princípio da legalidade e sujeição ao controle do poder do judiciário. Cabe a este dizer, a vista do caso concreto, se trata-se de simples limitação administrativa ou de interdição ou supressa do direito de propriedade, hipótese esta que só pode ser alcançada por meio de desapropriação. III – CF art. 5, XXII, XXIII, XXIV e 216, § 1º, Dec. 25/37, arts. 1º, 7º e 19. Dec. 3365/41 art. 5º, k, l. IV – Recurso especial não conhecido (STJ – 2ª T. – Resp 30.519/RJ – Rel. Min. Antonio Torreão Braz – j. 25.5.94 – *DJ* 20.6.1994, 16077)."

atribuído ao objeto. Parágrafo único. A autenticação do mencionado objeto será feita mediante o pagamento de uma taxa de peritagem de cinco por cento sobre o valor da coisa, se este for inferior ou equivalente a um conto de réis, e de mais cinco mil réis por conto de réis ou fração, que exceder."

Em síntese conclusiva vemos que importantes são as limitações impostas pelo tombamento ao comércio de obras de arte.

REFERÊNCIAS BIBLIOGRÁFICAS

ABRÃO, Eliane Y. **Direitos de autor e direitos conexos**. São Paulo: Editora do Brasil, 2002.

ALMEIDA, Guilherme Martins de. Arte e direito. Disponível em: <www.mamrio.org.br/index.php?option=com_content&task=view.id=234$itemid=79>. Acesso em: 22 jan. 2012.

ALVES, Jones Figueiredo. **Código Civil comentado**. 8. ed. São Paulo: Saraiva, 2012. Coord. Regina Beatriz Tavares da Silva.

BASSO, Maristela. **Direito internacional da propriedade intelectual**. Porto Alegre: Livraria do Advogado Editora, 2000.

BENJAMIN, Walter. **A obra de arte na época de suas técnicas de reprodução**. Disponível em: <http:// antivalor. vilabol.uol.com.br/textos/frankfurt/benjamin/benjamin_06.htm>.

BEVILAQUA, Clovis. **Direito das coisas**. 5. ed. Rio de Janeiro: Forense, 1956. Atualizada por José de Aguiar Dias.

BITTAR, Carlos Alberto. Verbete "Obra". **Enciclopédia Saraiva do Direito**, v. 55.

_____; BITTAR Filho, Carlos Alberto. **Tutela dos direitos da personalidade e dos direitos autorais nas atividades empresariais**. 2. ed. São Paulo: Revista dos Tribunais, 2002.

CHINELLATTO, Silmara June de A. Entrevista concedida pela autora e publicada em 9.3.10. Disponível em: <http://rodrigomaoraes.adv.br/entrevistas>. Acesso em: 27 jan. 2012.

COSTA NETTO, José Carlos. **Direito autoral no Brasil**. 2. ed. São Paulo: FTD, 2008.

DI PIETRO, Maria Sylvia Zanella. **Direito administrativo**. 3. ed. São Paulo: Atlas, 1992.

FRANÇA, Rubens Limongi. Direitos da personalidade: coordenadas fundamentais. **Revista do Advogado**, São Paulo, v. 38, dez. 1992.

GOMES, Orlando. **Direitos reais**. 14. ed. Rio de Janeiro: Forense, 2002. Atualizado por Humberto Theodoro Jr.

KOELLREUTTER, H. J. Sobre o valor e o desvalor da obra de arte. **Estudos Avançados**, São Paulo, v. 13, nº 37, Set./Dez. 1999. Disponível em: <http://www.scielo.br/scielo.php?pid=-SO103>. Acesso em: 22 jan. 2012.

MALUF, Adriana Caldas do Rego Freitas Dabus. **Novas modalidades de família na pós-modernidade**. São Paulo: Atlas, 2010.

_____. **Direito das famílias**: amor e bioética. Rio de Janeiro: Campus/Elsevier, 2012.

_____. **Limitações urbanas ao direito de propriedade**. São Paulo: Atlas, 2010.

MALUF, Carlos Alberto Dabus. **Código Civil comentado**. 8. ed. São Paulo: Saraiva, 2012. Coord. Regina Beatriz Tavares da Silva.

_____. **Limitações ao direito de propriedade**. 2. ed. São Paulo: Revista dos Tribunais, 2005.

_____; MALUF, Carlos Alberto Dabus. **Teoria e prática de desapropriação**. 2. ed. São Paulo: Saraiva, 1999.

MEDAUAR, Odete. **Direito administrativo moderno**. 4. ed. São Paulo: Revista dos Tribunais, 2000.

MEIRELLES, Hely Lopes. **Direito administrativo brasileiro**. 13. ed. São Paulo: Revista dos Tribunais, 1987.

MORAES, Walter. **Artistas, intérpretes e executantes**. São Paulo: Revista dos Tribunais, 1976.

MORATO, Antonio Carlos. **Direito de autor em obra coletiva**. São Paulo: Saraiva, 2007.

MONTEIRO, Washington de Barros; PINTO, Ana Cristina de Barros Monteiro França. **Curso de direito civil**. 42. ed. São Paulo: Saraiva, 2009. v. 1.

_____; _____. **Curso de direito civil**. 37. ed. São Paulo: Saraiva, 2009. v. 6.

_____; MALUF, Carlos Alberto Dabus. **Curso de direito civil**. 40. ed. São Paulo: Saraiva, 2010. v. 3.

_____; _____. **Curso de direito civil**. 36. ed. São Paulo: Saraiva, 2010. v. 4.

_____; _____. **Curso de direito civil**. 37. ed. São Paulo: Saraiva, 2010. v. 5.

PELLEGRINI, Luiz Fernando Gama. Utilização de obras de arte plástica. Restrições. Direitos autorais e de nome. **Revista Jus Vigilantibus**, Ago. 2008. Disponível em: <http://jusvi.com/artigos/35326/2>. Acesso em: 22 jan. 2012.

_____. **Direito de autor e as obras de arte plástica**. São Paulo: Revista dos Tribunais, 1975.

PINHO, Diva Benevides. Arte. Investimento de risco e de longo prazo. **Informações Fipe**, nº 330, mar. 2008, p. 16 e 17. Acesso em: 22 jan. 2012.

_____. Globalização do mercado de arte *versus* desglobalização das economias nacionais. **Informações Fipe**, nº 344, mar. 2009, p. 19. Acesso em: 25 jan. 2012.

ROCHA, Olavo Acyr de Lima. **A desapropriação no direito agrário**. São Paulo: Atlas, 1992.

SAN TIAGO DANTAS, Francisco Clementino. A desapropriação por utilidade pública e seu efeito sobre a promessa de venda e compra. **Problemas de direito positivo**. Rio de Janeiro: Forense, 1953.

_____. **Direito das famílias e das sucessões**. Rio de Janeiro: Forense, 1991. Atualizada por José Gomes Bezerra Câmara e Jair Barros.

_____. **Programa de direito civil**. 2. ed. Rio de Janeiro: Ed Rio, 1981. v. 3. Atualizada por Jose Câmara de Bezerra Gomes.

VELOSO, Zeno. **Código Civil comentado**. 8. ed. São Paulo: Saraiva, 2012. Coord. Regina Beatriz Tavares da Silva.

16

Obrigações de Fazer e a Obra sob Encomenda

Sílvio de Salvo Venosa[1]

Sumário: 1. Modalidades das obrigações. 2. Obrigações de fazer e de não fazer. 2.1 Obrigação de fazer. 2.2 Obrigação de dar e de fazer. 2.3 Obrigações de fazer fungíveis e não fungíveis. 2.4 Descumprimento das obrigações de fazer. 2.5 Obrigações de não fazer. 2.6 Modo de cumprir e execução forçada da obrigação de não fazer.

1 MODALIDADES DAS OBRIGAÇÕES

São muitas as situações em que se produzem obras intelectuais ou materiais para outrem, nas mais variadas modalidades, com ou sem vínculos empregatícios. Atualmente, com amplas fronteiras tecnológicas, novas modalidades de informação, entre outros aspectos, a questão da titularidade e do exercício de direitos autorais assume feição de muita importância. A situação que mais preocupa diz respeito a obras de arte, mais ou menos sofisticadas, mas há princípios gerais que se aplicam a obras de qualquer natureza.

Para compreensão exata do tema, é importante que se volte às origens históricas do conceito de obrigação. Classificar uma obrigação, por outro lado, numa ou noutra categoria é importante na prática, porque, de acordo com a classificação, decorrerão efeitos próprios, afetos tão só a determinadas relações jurídicas.

---

[1] Juiz aposentado do Primeiro Tribunal de Alçada Civil de São Paulo. Foi professor em várias faculdades de Direito no Estado de São Paulo. Professor convidado e palestrante em instituições docentes e profissionais em todo o País. Membro da Academia Paulista de Magistrados.

O Direito Romano tomou por base o objeto da obrigação para a classificação. O objeto da obrigação é a *prestação*. Para os romanos, a prestação podia consistir num *dare, facere* ou *praestare*.

A obrigação de dar (*dare*) indica o dever de transferir ao credor alguma coisa ou alguma quantia, como no caso da compra e venda. Na obrigação de dar, havia a noção de transmitir um direito real. Entretanto, a obrigação de dar, e seu cumprimento, por si sós não geravam o direito real, pois havia necessidade da tradição, da entrega da coisa.

A obrigação de *fazer* (*facere*) é aquela na qual o devedor deve praticar ou não determinado ato em favor do credor. Abrange, portanto, também, o *não fazer* (*non facere*). São exemplos dessa modalidade a locação de serviços, na qual o credor exige do devedor determinada atividade, e o mandato, no qual o devedor compromete-se a praticar determinados atos jurídicos em proveito e em nome do credor. O *fazer* é entendido no sentido mais amplo, para designar tal atividade de qualquer natureza.

A obrigação de *prestar* (*praestare*) deu margem a sérias divergências. Para Correia e Sciascia (**Manual de direito romano**. 2. ed. São Paulo: Saraiva, 1953. v. 1, p. 229), *praestare* é termo geral que abrange qualquer objeto da obrigação, de dar ou fazer. Daí decorre o termo *prestação*. Mas, em princípio, *praestare* importa num conceito de garantia (*praes stare*, isto é, ser garante) e, em sentido estrito, indica uma prestação acessória e derivada. Para outros autores, a obrigação de prestar referia-se às situações que não se amoldavam ao *dare*, nem ao *facere*.

Tanto o Código Civil de 1916 como o de 2002 ativeram-se, sem dúvida, a essa classificação romana, tendo distribuído as obrigações igualmente em três categorias: obrigações de dar (coisa certa ou coisa incerta), obrigações de fazer e obrigações de não fazer. Assim, afastou-se o Código somente das obrigações de "prestar", termo que era ambíguo. Essa estrutura é mantida integralmente no estatuto vigente.

Com sua costumeira acuidade, Washington de Barros Monteiro (**Curso de direito civil**: direito das obrigações. São Paulo: Saraiva, 1979, v. 4, p. 48) tacha de ambígua essa classificação, porque sua tripartição não se apresenta como compartimentos estanques. Lembra o citado mestre que

> "rigorosamente, toda obrigação de dar mistura-se e complica-se com uma obrigação de fazer, ou de não fazer. Muitas vezes elas andam juntas. Assim, na compra e venda, o vendedor tem obrigação de entregar a coisa vendida (dar) e de responder pela evicção e vícios redibitórios (fazer)".

Também as obrigações de fazer e não fazer podem baralhar-se, bem como a obrigação de dar. Daí por que legislações mais modernas abandonaram essa divisão, o que deveria ter feito o vigente Código, que, no entanto, preferiu não alterar a estrutura original arquitetada por Clóvis Beviláqua.

As obrigações de dar e fazer são denominadas obrigações *positivas*. As obrigações de não fazer, que implicam abstenção por parte do devedor, são as obrigações *negativas*.

Embora essa divisão tripartida sofra com a crítica apontada, é inelutável que toda relação obrigacional implicará um dar, fazer ou não fazer, isolada ou conjuntamente.

Também quanto ao objeto, as obrigações poderão ser *simples* e *conjuntas*. Serão simples quando a prestação importar em um único ato ou numa só coisa, singular ou coletiva (art. 89). Será, portanto, simples a obrigação de dar uma casa, por exemplo. As obrigações conjuntas serão aquelas cuja prestação comporta mais de um ato ou mais de uma coisa, devendo todos ser cumpridos. É o caso, por exemplo, da empreitada pela qual o empreiteiro compromete-se a construir o prédio e a fornecer materiais.

Existem obrigações que se exaurem num só ato. São as obrigações *instantâneas*: obrigo-me a entregar um objeto. Há, no entanto, obrigações que, por questão de lógica, por sua própria natureza, só podem ser cumpridas dentro de espaço de tempo mais ou menos longo: determinados contratos têm essa natureza, como a locação, por exemplo. Essas são obrigações *periódicas*.

Quanto ao sujeito, note que podem coexistir vários credores ou vários devedores, tendo em vista um só credor, um só devedor, ou mais de um credor e mais de um devedor. Havendo um só credor e um só devedor, a obrigação é *única*. Será *múltipla* se houver mais de um credor, ou mais de um devedor.

De acordo com as várias hipóteses, as obrigações múltiplas ou plúrimas podem ser conjuntas e solidárias.

São *conjuntas* aquelas *"em que cada titular só responde, ou só tem direito à respectiva quota-parte na prestação"* (Monteiro, ob. cit., p. 52). Já nas obrigações solidárias, cada credor pode exigir a dívida por inteiro, enquanto cada devedor pode ser obrigado a efetuar o pagamento por inteiro. Examinaremos em breve com profundidade essa modalidade de obrigação.

Ao lado das obrigações solidárias, colocam-se as obrigações *divisíveis* e *indivisíveis*. A divisibilidade ou indivisibilidade nessa situação é observada sob o ponto de vista do objeto da prestação: se o objeto permite o parcelamento, a obrigação é divisível. Assim, se devo 100 quilos de milho a cinco credores, cada um poderá receber 20 quilos. As obrigações indivisíveis são aquelas cujo objeto não permite divisão: se devo pagar, por exemplo, um cavalo a dois credores, não há possibilidade de divisão e devem ser operadas regras próprias para essa modalidade de obrigação, como veremos mais à frente.

Observe, já em primeiro enfoque, que na solidariedade existe sempre indivisibilidade, quer o objeto seja, quer não seja, divisível, uma vez que, como veremos, a solidariedade decorre da vontade das partes, ou da imposição ou vontade da lei.

Quanto ao modo de execução, as obrigações podem ser *simples, conjuntivas, alternativas* e *facultativas*. Serão simples quando aparecem sem qualquer cláusula restritiva. Serão conjuntivas quando ligadas pela aditiva *e*: pagarei um cavalo *e* um boi, devendo, portanto, o devedor atender com o cumprimento dos dois objetos. Serão alternativas as obrigações quando ligadas pela partícula *ou*: pagarei um boi *ou* um cavalo. O devedor cumprirá a obrigação, entregando ou um ou outro dos objetos. Estudaremos no local próprio a quem cabe a respectiva escolha nessa modalidade.

As obrigações facultativas são aquelas em que o objeto da prestação é um só: pagarei a entrega de um cavalo. Todavia, faculta-se ao devedor cumprir a obrigação, substituindo o objeto, podendo entregar um boi, em vez do cavalo.

Muitas outras divisões são apresentadas pelos autores, mas aqui elencamos as principais.

2 OBRIGAÇÕES DE FAZER E DE NÃO FAZER

2.1 Obrigação de fazer

A obrigação de fazer, por se estampar numa atividade do devedor, do obrigado, é a que traz maiores transtornos ao credor, quando se defronta com inadimplemento. O conteúdo da obrigação de fazer constitui uma "atividade" ou conduta do devedor, no sentido mais amplo: tanto pode ser a prestação de uma atividade física ou material (como, por exemplo, fazer um reparo em máquina, pintar casa, levantar muro), como uma atividade intelectual, artística ou científica (como, por exemplo, escrever obra literária, pintar um retrato, escrever partitura musical, ou realizar experiência científica). Ademais, o conteúdo da atividade do devedor, na obrigação de fazer, a qual denominamos, ainda que impropriamente, "atividade" do devedor, no sentido o mais amplo possível, pode constituir-se numa atividade que pouco aparece externamente, mas cujo conteúdo é essencialmente jurídico, como a obrigação de locar ou emprestar imóvel, de realizar outro contrato etc.

Note que a obrigação de fazer pode resultar de um contrato, verbal ou escrito, precipuamente para uma determinada obra de acentuado cunho intelectual ou artístico, sem vínculo trabalhista com o encomendante.

Quando há vínculo laboral entre as partes é necessário que se examine a natureza da obra e se a hipótese consta do contrato de trabalho, o que fará que, em princípio, o resultado pertença ao empregador, se o contrário não foi acordado. Esses princípios são distendidos em nossa legislação no art. 4º da Lei nº 9.609/98 (Lei do *Software*) e nos arts. 88, 90 e 91 da Lei nº 9.279/96 (Lei de Marcas e Patentes). O resultado material da obra, por exemplo, a peça de escultura, não se confunde com o direito autoral, a titularidade da obra que pesa sobre ela. É nisto que deve repousar a interpretação. A nossa Lei de Direitos Autorais é lacunosa a esse respeito (Lei nº 9.610/98).

Autor da obra, em qualquer caso, sob o prisma moral, é a pessoa natural que a executou e o fato de a obra ter sido encomendada, com ou sem subordinação hierárquica, não lhe muda a natureza. Os direitos patrimoniais estão em outro nível de discussão. Assim, obras produzidas durante o expediente do horário de trabalho, mas fora do escopo da prestação de serviços, pertencerão, em princípio, ao empregado, diferente do que ocorre nas obras que são objeto da contratação.

A obrigação de fazer, que, ao lado da obrigação de dar, pertence à classe das obrigações positivas, pode ser contraída, tendo em vista a figura do devedor. Não é raro que a obrigação de fazer surja ao lado de outra de não fazer, obrigação negativa, como, por exemplo, pintar determinado quadro unicamente para o credor, com exclusividade, não podendo fazê-lo para outrem.

O credor pode escolher determinado devedor para prestar a obrigação, não admitindo substituição. Isso em razão de o devedor ser um técnico especializado, um artista ou porque simplesmente o credor veja no obrigado qualidades essenciais para cumprir a obrigação. É o caso do exemplo clássico da contratação de um pintor para executar um retrato, de um cantor para uma apresentação etc. Desse modo, como estava exposto no art. 878 do velho Código, *"na obrigação de fazer, o credor não é obrigado a aceitar de terceiro a prestação, quando for convencionado que o devedor a faça pessoalmente"*.

O Código de 2002 preferiu definir imediatamente, na abertura do capítulo, a obrigação de indenizar nas obrigações de fazer no art. 247: *"Incorre na obrigação de indenizar perdas e danos o devedor que recusar a prestação a ele só imposta, ou só por ele exequível."* Cuida-se, aqui, portanto, das chamadas *obrigações de fazer de natureza infungível, intuitu personae*, quando a pessoa do devedor não admite substituição. É de notar, contudo, que a infungibilidade que ora tratada pode decorrer da própria natureza da obrigação (como é o caso da pintura de retrato, ou da exibição de orquestra, ou de corpo de baile, por exemplo), ou do contrato, isto é, embora existam muitas pessoas tecnicamente capacitadas para cumprir a obrigação, o credor não admite a substituição (como é o caso, por exemplo, da contratação de advogado para fazer defesa no Tribunal do Júri, ou de engenheiro para acompanhar a realização de uma construção). Aqui, surge um aspecto que deve ser analisado: por vezes, as partes não estipulam expressamente a infungibilidade da obrigação de fazer, mas esta decorre das *circunstâncias* de cada caso. Isso é importante para as consequências do inadimplemento. Tanto que o atual Código Civil não mais repete a dicção do antigo art. 878. Assim, dependerá, na vigente lei, do exame de cada caso concreto verificar se a figura do devedor pode ser substituída ou não, tendo em vista a natureza e as circunstâncias da obrigação, mercê do disposto anteriormente no art. 880, repetido no art. 247 do novel diploma.

2.2 Obrigação de dar e de fazer

Para a compreensão plena das obrigações de fazer, é necessário que se tenha conhecimento da estrutura das obrigações em geral. Nem sempre, e esta é a crítica costumeiramente feita, existe distinção entre as obrigações de dar e de fazer. Ambas as espécies constituem-se nas *obrigações positivas*, em contraposição às obrigações negativas, as obrigações de não fazer.

Na compra e venda, por exemplo, o vendedor contrai a obrigação de entregar a coisa (um *dar*, portanto), bem como de responder pela evicção e vícios redibitórios (um *fazer*). Na empreitada, o empreiteiro contrai a obrigação de fornecer a "mão de obra" (fazer) e de entregar os materiais necessários (dar). Preocupam-se, daí, os doutrinadores em estabelecer critérios diferenciadores das duas espécies de obrigações.

Washington de Barros Monteiro (ob. cit., p. 87), com a habitual propriedade, esclarece que o ponto crucial da diferenciação está em verificar

> "se o dar ou entregar é ou não consequência do fazer. Assim, se o devedor tem de dar ou de entregar alguma coisa, não tendo, porém, de fazê-la previamente, a obrigação é de dar; todavia, se, primeiramente, tem ele de confeccionar a coisa para depois entregá-la, tendo de realizar algum ato, do qual será mero corolário o de dar, tecnicamente a obrigação é de fazer".

Maria Helena Diniz (**Curso de direito civil brasileiro**: direito das obrigações. São Paulo: Saraiva, 1983, v. 2, p. 87) ainda acrescenta que, na obrigação de dar, a *tradição* é imprescindível, o que não ocorre na obrigação de fazer. Ademais, na grande maioria das obrigações de fazer, é costume enfatizar que a pessoa do devedor é preponderante no cumprimento da obrigação, o que não ocorre nas obrigações de dar.

Acentuamos, no entanto, que vezes haverá nas quais inelutavelmente, numa mesma avença, coexistirão as duas espécies. A importância maior ocorrerá no momento da execução. As obrigações de dar autorizam, em geral, a execução coativa. As obrigações de fazer possuem apenas meios indiretos de execução coativa, por não permitirem a intervenção direta na esfera de atuação da pessoa do devedor, como examinaremos.

2.3 Obrigações de fazer fungíveis e não fungíveis

Vejamos esses exemplos de obrigação de fazer: contrato pintor para restaurar a pintura de uma residência; contrato pintor para recuperar um famoso quadro do Renascimento; contrato pedreiro para levantar um muro; contrato equipe esportiva para realizar uma exibição. Vemos, de plano, que, embora todas essas obrigações sejam de fazer, há uma diferença na sua natureza: há obrigações de fazer para as quais existe um número indeterminado de pessoas hábeis a completá-las; há outras obrigações de fazer que são contraídas exclusivamente pela fama ou habilidades técnicas ou próprias da pessoa do obrigado.

Pois bem, quando a pessoa do devedor é facilmente substituível, como é o caso do pintor de paredes ou do pedreiro, dizemos que a obrigação é *fungível*. Quando a obrigação é contraída tendo em mira exclusivamente a pessoa do devedor, como é o caso do artista contratado para restaurar uma obra de arte ou da equipe esportiva contratada para uma peleja, a obrigação é *intuitu personae*, porque levam-se em conta as qualidades pessoais do obrigado.

Tendo em mira essa situação, o atual Código traz solução no art. 249:

> *"Se o fato puder ser executado por terceiro, será livre ao credor mandá-lo executar à custa do devedor, havendo recusa ou mora deste, sem prejuízo da indenização cabível."*
>
> *Parágrafo único. "Em caso de urgência, pode o credor, independentemente de autorização judicial, executar ou mandar executar o fato, sendo depois ressarcido."*

É interessante notar que, no parágrafo, a novel lei introduz a possibilidade de procedimento de justiça de mão própria, no que andou muito bem. Imagine-se a hipótese da contratação de empresa para fazer a laje de concreto de um prédio, procedimento que requer tempo e época precisos. Caracterizadas a recusa e a mora, bem como a urgência, aguardar uma decisão judicial, ainda que liminar, no caso concreto, poderá causar prejuízo de difícil reparação.

Poderá então o credor contratar terceiro para a tarefa, sem qualquer ingerência judicial, requerendo posteriormente a devida indenização. Para a caracterização da recusa ou mora do devedor, sob pena de frustrar-se o posterior pedido de indenização, deverá o credor resguardar-se com a documentação e prova necessárias e possíveis no caso concreto, tais como notificações, constatação do fato por declarações de testemunhas, fotografias, filmes etc. Nada impede, porém, antes se aconselha, que, se houver tempo razoável, seja obtida a autorização judicial, nos moldes do que comentamos no tópico seguinte.

Essa solução, como é evidente, não poderá ocorrer quando se tratar de obrigação infungível (quando, por exemplo, contrato um artista plástico ou um ator para um trabalho específico).

Nada impede, porém, como antes afirmamos, que uma obrigação de fazer, ordinariamente fungível, torne-se infungível por vontade do credor, ou pelas próprias circunstâncias do caso concreto.

2.4 DESCUMPRIMENTO DAS OBRIGAÇÕES DE FAZER

Pacta sunt servanda: as obrigações devem ser cumpridas. Contudo, por três classes de razões, as obrigações de fazer podem ser descumpridas, sob o prisma da teoria tradicional: porque a prestação tornou-se impossível por culpa do devedor ou sem culpa do devedor; ou então porque o devedor manifestamente se recusa ao seu cumprimento.

O enfoque comparativamente com as obrigações de dar é diverso, porque neste último tipo de obrigação (dar) o devedor pode ser coagido a entregar a coisa, ou, sob outro aspecto, a coisa poderá chegar coercitivamente às mãos do credor, embora nem sempre isso seja possível, resumindo-se, aí, a obrigação em perdas e danos.

No entanto, o aspecto é outro nas obrigações de fazer, porque não é possível, tendo em vista a liberdade individual, exigir coercitivamente a prestação de fazer do devedor. Imaginemos, sendo desnecessário qualquer outro comentário, que a sentença determine que um artista faça uma escultura ou uma pintura, ou que determinado pugilista adentre um ringue, se essas pessoas manifestamente demonstraram seu desejo de não fazê-lo.

Logo, é importante examinar cada uma das hipóteses de descumprimento da obrigação de fazer.

Na sistemática do CPC de 1939, estava presente a ação cominatória prescrita no art. 302. O autor, credor de uma obrigação de fazer, pedia a citação do réu para prestar o fato, sob pena de pagar a multa contratual, ou aquela pedida pelo autor, se nenhuma cláusula penal tivesse sido avençada. A função da cominação da multa era constranger o devedor a cumprir a obrigação, quer em espécie, quer em seu substitutivo, ou seja, um pagamento em dinheiro.

O atual CPC aboliu esse procedimento da ação cominatória, talvez porque na sistemática anterior, na prática, a ação não tenha surtido bons efeitos.

O cumprimento coativo das obrigações de fazer e de não fazer está disciplinado nos arts. 632 ss do CPC. A execução das obrigações de fazer possui instrumentos processuais efetivos, inclusive com tutelas antecipatórias, mercê das últimas alterações efetuadas no estatuto processual (arts. 273 e 461). A redação original do estatuto processual não era suficientemente clara a respeito desse processo, o que dava margem a dificuldades na prática, pois os dispositivos dos artigos citados deveriam ser adaptados ao processo de conhecimento.

Os atuais arts. 461 e 461-A do CPC, com as novas redações trazidas pela Lei nº 8.952, de 13-12-1994, e pela Lei nº 10.444, de 7-5-2002, para a qual remetemos o leitor, vieram aclarar a situação, com os contornos ora modernizados da antiga ação cominatória. Outorga-se amplo poder discricionário ao juiz no sentido de que a obrigação seja efetivamente adimplida. O juiz poderá, de ofício ou a requerimento das partes, para obter o resultado específico, determinar a imposição de multa, busca e apreensão, remoção de pessoas e coisas etc. Essa nova redação presente no CPC é aproximada reprodução do que já consta do Código de Defesa do Consumidor (art. 84). Desse modo, uma disposição inicialmente voltada para as relações de consumo passou a regular de forma ampla a tutela das obrigações específicas.

A execução coativa das obrigações de fazer é campo fértil para a ingerência e criatividade do magistrado, embora no sistema pátrio longe estamos ainda das chamadas *injunctions* do direito norte-americano. *Injunctions* são ordens judiciais a exigir que o réu faça ou deixe de fazer determinada ação ou atividade, sob ameaça de pagamento de multas ou prisão, e são emitidas quando a compensação monetária não for suficiente para proteger os danos sofridos pelo autor (Desirê Bauermann, **Cumprimento das obrigações de fazer ou não fazer**. Porto Alegre: Sergio Fabris Editor, 2012, p. 27). O juiz saxão tem ampla autonomia nessa imposição de penalidades, o que não ocorre com as *astreintes* do nosso sistema, embora haja tendência de aproximação de ambos os direitos. A matéria tem a ver com o *comtempt of court*, isto é, um desrespeito à decisão do magistrado, em livre tradução.

É na esfera das obrigações de fazer (e nas de não fazer) que se encontra campo para essas denominadas *astreintes*, multa cominatória diária, de índole pecuniária, por dia de atraso no cumprimento da obrigação. A orientação do artigo 461 do CPC é permitir a imposição dessa multa tanto na tutela liminar, como na sentença, independentemente de requerimento da parte. No entanto, seu valor reverterá sempre para o autor. O princípio já constava do art. 644 do CPC, quando se trata de execução de obrigações de fazer e de não fazer. A multa deve ser de montante tal que constranja o devedor a cumprir a obrigação. Nada impede que as partes, contratualmente, já estipulem a multa e seu valor, mas caberá sempre ao juiz colocá-la em seus devidos parâmetros. Essa multa deverá ter um limite temporal, embora a lei não o diga, sob pena de transformar-se em obrigação perpétua. Decorrido o prazo mínimo de imposição diária, essa constrição perderá seu sentido, devendo a situação resolver-se em perdas e danos para se colocar um fim à demanda.

Lembremo-nos, também, de que o campo de maior atuação da multa diária ou periódica é o das obrigações infungíveis. Nas obrigações fungíveis, embora não seja excluída a imposição diária, o credor pode obter seu cumprimento por meio de terceiro (art. 634 do CPC).

Nessa seara, é de se ter em mente que, tanto no sistema do *contempt of court* ou no nosso sistema de *astreintes*, não há um cunho indenizatório, mas uma punição pelo não cumprimento de uma ordem ou decisão. No nosso sistema, a pena de prisão não está contemplada em lei nessas hipóteses, embora alguns já defendam sua possibilidade constitucional. As multas, por seu lado, devem seguir determinados critérios de fixação, para que não se tornem uma obrigação perpétua e desvirtuem sua finalidade. Nem sempre os juízes brasileiros atentam para essa particularidade nos casos concretos. De qualquer forma, há que se ter em mente que a imposição de multa diária é instrumento importantíssimo para que as obrigações sejam cumpridas, para a própria credibilidade do poder estatal, cabendo aos magistrados esse *ativismo judicial*, que deve ser exercido com moderação e perspicácia. É o caso concreto que vai orientar a decisão do juiz, que exige bom senso acima de tudo. De qualquer modo, não há que se afastar da conclusão que a decisão do juiz, ao determinar a execução coativa de uma obrigação de fazer, possuirá sempre um alto grau de subjetividade. Assim, por exemplo, se houve a interrupção da construção de um hospital que toda uma comunidade necessita, o magistrado deve impor a conduta ou solução coercitiva que mais rapidamente faça concluir a obra, como nomear administrador, permitir nova construtora, novos financiamentos etc. O caso concreto, como enfatizamos, deverá dar a melhor solução. Essa posição é a que se coaduna com o espírito do Código Civil de 2002, com os conceitos de cláusulas abertas, também presentes no estatuto processual. Sob essa epígrafe, Desirê Bauermann conclui *"que inúmeros argumentos advogam pela possibilidade de o juiz brasileiro adotar os mais variados meios processuais executórios para tutelar de forma específica as obrigações de fazer e de não fazer"* (ob. cit., p. 119). Desse modo, nos afastamos do positivismo cego do passado. O juiz deve dar vida aos valores de sua época. Para isso necessitamos que os juízes sejam cultos e antenados com sua realidade social, algo que nem sempre é alcançado.

Interessante relembrar que entre nós o contrato tradicionalmente não tem o condão de transferir a propriedade. A sentença, por si só, não a transfere. No entanto, tendo em vista a extensão do art. 461 do CPC, os efeitos dessa ação obrigacional podem atingir extensão que permite concluir pela transferência da coisa, mormente do bem móvel, fazendo desaparecer a tênue fronteira entre os direitos reais e os direitos pessoais.

A propósito, deve ser lembrada a ação de *obrigação de prestar declaração de vontade*. Ocorre quando existe um contrato preliminar e o devedor compromete-se a outorgar contrato definitivo. Nesse caso, existe uma obrigação de fazer que possui como conteúdo uma declaração de vontade. O art. 466-B do CPC, com modificação introduzida pela Lei nº 11.232/2005, mantém em síntese a dicção do revogado art. 639, permitindo que a sentença produza o mesmo efeito do contrato a ser firmado:

> "Se aquele que se comprometeu a concluir um contrato não cumprir a obrigação, a outra parte, sendo isso possível e não excluído pelo título, poderá obter uma sentença que produza o mesmo efeito do contrato a ser firmado."

Lembremo-nos, no entanto, de que, como por nosso sistema o contrato simplesmente não tem o condão de transferir a propriedade, a sentença, consequentemente, nessas premissas, também, por si só, não a transfere. Não se confunde, destarte, a ação que visa aos efeitos de emissão de vontade com a ação de adjudicação compulsória, emergente do art. 22 do Decreto-lei nº 58/37, cujos efeitos são mais amplos, no caso de procedência, pois adjudicará o imóvel ao compromissário, *valendo como título para a transcrição* (§ 2º do art. 16 do Decreto-lei nº 58/37, com redação dada pela Lei nº 6.014, de 27-12-1973).

A sentença procedente no pedido de declaração de vontade não representa nem maior nem menor garantia no tocante à possibilidade de transferir o domínio:

> "*Registro de Imóveis – Título judicial – Impossibilidade de registro – Violação ao princípio da continuidade – Sentença obtida em execução de obrigação de fazer – Sujeição ao princípio do Direito Registrário – Dúvida procedente.*
>
> *A sentença obtida na execução de obrigação de fazer equivale tal qual uma escritura pública, a um título (art. 221 da Lei nº 6.015/73), que se sujeita, como qualquer outro, à observância dos princípios básicos que regem o Direito Registrário, entre os quais o da continuidade, consubstanciado no art. 195 da Lei nº 6.015/73*" (Julgado do Tribunal de Justiça de São Paulo, RT 582/89).

As disposições processuais acerca da obrigação de fazer são complemento do que dispõem os arts. 247 a 249.

Notemos, ainda, que no caso de o cumprimento da obrigação ser impossibilitado, se não houver culpa do devedor, resolve-se a obrigação; se houver culpa do devedor, só restará o recurso a perdas e danos. Tal situação será verdadeira sempre que o cumprimento da obrigação de fazer não for mais útil para o credor. Assim, por exemplo, contratada uma orquestra para um evento e não se apresentando na data designada, de nada adianta essa orquestra comprometer-se a comparecer em outra data, pois o dano é irreversível.

A solução de pedir perdas e danos também é a única quando de antemão já sabemos que o devedor não deseja, ou não pode cumprir a obrigação (art. 247). Sempre, porém, que houver dúvida acerca da recusa por parte do devedor e ainda houver possibilidade de a prestação ser útil para o credor, deve ser aplicado o princípio da execução específica do art. 461 do CPC.

Um aspecto que não pode ser descurado e deve preocupar o credor é o fato de que o devedor obrigado a cumprir a obrigação dentro de um processo judicial pode, em razão disso, cumpri-la deficientemente. Cabe ao juiz, em qualquer caso, decidir se a obrigação deve ser considerada cumprida ou não. Os princípios presentes nos dispositivos processuais da obrigação de fazer devem ser aplicados. Para tal, existe a dicção do art. 636 do CPC:

"Se o contratante não prestar o fato no prazo, ou se o praticar de modo incompleto ou defeituoso, poderá o credor requerer ao juiz, no prazo de dez dias, que o autorize a concluí-lo, ou a repará-lo, por conta do contratante." Parágrafo único. "Ouvido o contratante no prazo de cinco dias, o juiz mandará avaliar o custo das despesas necessárias e condenará o contratante a pagá-lo."

2.5 Obrigações de não fazer

As obrigações de *dar* e *fazer* são as obrigações *positivas*. As obrigações de *não fazer* são as obrigações *negativas*.

Enquanto nas obrigações de dar e fazer o devedor compromete-se a realizar algo, nas obrigações de não fazer o devedor compromete-se a uma abstenção. Assim, por exemplo, são obrigações de não fazer a obrigação do locador de não perturbar o locatário na utilização da coisa locada; a obrigação contraída pelo locatário de não sublocar a coisa; a obrigação do artista de não atuar senão para determinado empresário, ou para determinada empresa; a obrigação do alienante de estabelecimento comercial em não se estabelecer no mesmo ramo dentro de determinada região etc.

A imposição de uma obrigação negativa determina ao devedor uma abstenção que pode ou não ser limitada no tempo. A obrigação de não fazer ora se apresenta como pura e simples abstenção, como no caso do alienante de estabelecimento comercial que se compromete a não se estabelecer num mesmo ramo de negócios, em determinada zona de influência, ora como um dever de abstenção ligado a uma obrigação positiva, como é o caso do artista que se compromete a exibir-se só para determinada empresa. Também a obrigação de não fazer pode surgir como simples dever de tolerância, como o não realizar atos que possam obstar ou perturbar o direito de uma das partes ou de terceiros, como é o caso do locador que se compromete a não obstar o uso pleno da coisa locada.

Na realidade, nessa espécie de obrigação, o devedor compromete-se a não realizar algo que normalmente, estando ausente a proibição, poderia fazer. O cumprimento ou adimplemento dessa obrigação dá-se de forma toda especial, ou seja, pela abstenção mais ou menos prolongada de um fato ou de um ato jurídico. Por tais razões, nem todas as regras de cumprimento das demais obrigações podem ser carreadas às obrigações de não fazer.

Toda obrigação deve revestir-se de objeto lícito, negócio jurídico que é. Na obrigação de não fazer, tal licitude reveste-se de um especial aspecto, pois

"será lícita sempre que não envolva restrição sensível à liberdade individual. Assim, é ilícita a obrigação de não casar, ou a de não trabalhar, ou a de não cultuar determinada religião, porque o Estado repugna prestigiar um vínculo obrigatório que tem por escopo alcançar resultado que colide com os fins da sociedade. Daí por serem imorais ou antissociais tais tipos de obrigação, o Direito não lhes empresta a forma coercitiva" (Sílvio Rodrigues, **Direito civil**: direito das obrigações. São Paulo: Saraiva, 1981, v. 2, p. 44).

De qualquer forma, é o caso concreto que trará a solução ao juiz: se, por exemplo, a obrigação de não casar em geral é inválida, não será, no entanto, a obrigação de não casar com determinada pessoa, se houver justificativa para tal.

Pelo que vemos, o objeto das obrigações de não fazer caracteriza-se por uma *omissão* autônoma, ou ligada a outra obrigação positiva.

2.6 Modo de cumprir e execução forçada da obrigação de não fazer

A obrigação negativa cumpre-se pela abstenção, isto é, o devedor cumpre a obrigação todas as vezes em que poderia praticar o ato e deixa de fazê-lo. Há uma continuidade ou sucessividade em seu cumprimento. A abstenção pode ser limitada ou ilimitada no tempo, sempre levando-se em conta a licitude, no campo da moral e dos bons costumes.

Como dispõe o art. 250 do Código Civil, *"extingue-se a obrigação de não fazer, desde que, sem culpa do devedor, se lhe torne impossível abster-se do fato, que se obrigou a não praticar"*. Embora possa parecer estranho à primeira vista, às vezes a abstenção prometida pelo devedor torna-se impossível ou extremamente gravosa. O exemplo clássico é do devedor que se compromete a não levantar muro, para não tolher a visão do vizinho, e vem a ser intimado pelo Poder Público a fazê-lo. Na dicção do Código, extingue-se a obrigação. A imposição da municipalidade tem o condão de fazer desaparecer a obrigação de *non facere*. Se a impossibilidade de se abster, porém, ocorreu por culpa do devedor, deve ele indenizar o credor.

Se, por outro lado, o devedor pratica o ato sobre o qual se abstivera, fora da hipótese do art. 250, diz o art. 251 que o credor pode exigir dele que o desfaça, sob pena de se desfazer a sua custa, ressarcindo o culpado das perdas e danos.

O art. 461 do CPC, com a mais recente redação, cuida também da tutela específica das obrigações de não fazer. Da mesma forma, são possíveis a antecipação de tutela, bem como a imposição de multa diária quando viável o desfazimento. Quando impossível voltar-se ao estado anterior, a obrigação converter-se-á em perdas e danos (§ 1º). No tocante à execução dessas obrigações negativas, em mandamento similar ao do processo de conhecimento, o estatuto processual, no art. 642, dispõe que o juiz assinará prazo ao devedor para desfazer o ato. Completa o art. 643:

> *"havendo recusa ou mora do devedor, o credor requererá ao juiz que mande desfazer o ato à sua custa, respondendo o devedor por perdas e danos. Parágrafo único. Não sendo possível desfazer-se o ato, a obrigação resolve-se em perdas e danos".*

As hipóteses de impossibilidade de desfazimento do ato em geral são bastante nítidas: por exemplo, alguém se compromete a não revelar um segredo industrial e o faz; não há outra forma de reparar a situação senão por indenização de perdas e danos.

Em determinadas circunstâncias, porém, o cumprimento forçado da obrigação de não fazer implica violência intolerável à pessoa do devedor, ou um dano ainda maior. Imagine-se, por exemplo, a obrigação de não edificar. O devedor descumpre o *non facere* e ergue custosa construção plenamente utilizável. É de toda conveniência, em face da repercussão social, que a obra não seja desfeita, resumindo-se o descumprimento em perdas e danos. Outro exemplo é o de ator que se comprometeu a apresentar-se com exclusividade para uma empresa. Se descumpre esse dever de abstenção, obrigá-lo a não fazer pode representar uma violência contra sua liberdade individual e o direito de exercer profissão. A indenização poderá ser o desaguadouro desse descumprimento.

17

Arte em Crise: Breves notas sobre o Regime Jurídico Aplicável às Obras de Arte na Recuperação Judicial de Empresas e na Falência

Newton de Lucca[1]
Leonardo Netto Parentoni[2]

Sumário: 1. Introdução. 2. Recuperação judicial de empresas e falência: notas conceituais. 3. Enquadramento legal do artista: a arte é uma empresa? 4. Proteção jurídica às obras de arte. 5. Casos excepcionais de impenhorabilidade das obras de arte. 6. Arrecadação de obras de arte na recuperação judicial de empresas e na falência. 7. Conclusão. Referências bibliográficas.

1 INTRODUÇÃO

Ius est ars boni et aequi (o direito é a arte do bom e do justo). Essa clássica frase de Celso, citada por Ulpiano no *Digesto* e proferida há séculos, já fazia referência ao Direito como uma espécie de Arte. No entanto, causa surpresa o fato de que até hoje são escassos os estudos dedicados especificamente à relação entre Arte e Direito, a primeira consagrada como uma das mais elevadas manifestações do intelecto humano e a outra sistematizada como ciência. Tal relação não ganha destaque no currículo dos cursos de graduação, não costuma ser exigida em avaliações de concurso público nem tampouco é lembrada na generalidade das obras de doutrina. Não obstante, sua importância permanece intacta ao

---

[1] Doutor e Mestre em Direito Comercial pela USP. Desembargador Federal. Atual Presidente do TRF da 3ª Região. Professor Titular de Direito Comercial da USP.

[2] Doutor em Direito Comercial pela USP. Mestre em Direito Empresarial pela UFMG. Especialista em Direito Processual Civil pela UnB. Ex-membro de Grupos de Trabalho do CNJ e do CJF. Procurador Federal. Professor.

longo dos séculos, quer pelo trabalho diuturno de artistas, colecionadores, marchantes, curadores, galeristas e leiloeiros, que buscam na arte o seu ofício e o seu sustento; quer pela ação de todos aqueles que a apreciam e se esmeram em fazer com que ela seja parte de suas vidas, contribuindo para a sobrevivência desse milenar ramo de mercado, mesmo em meio ao ritmo atribulado e por vezes opressor da rotina contemporânea.

Percebendo essa lacuna editorial, os Drs. Gladston Mamede, Marcílio Toscano Franca Filho e Otavio Luiz Rodrigues Junior se lançaram na ousada empreitada de coordenarem uma obra dedicada especificamente ao tema, tendo nos honrado com o convite para participarmos com um capítulo sobre o regime jurídico aplicável às obras de arte na recuperação judicial de empresas e na falência, o qual apresentamos nas linhas seguintes, com a esperança de que seja útil a todos os que lidam profissionalmente com obras de arte, ou que de alguma maneira se interessam pelo tema.

2 RECUPERAÇÃO JUDICIAL DE EMPRESAS E FALÊNCIA: NOTAS CONCEITUAIS

Os procedimentos executivos de constrição direcionados ao patrimônio do devedor, a fim de satisfazer a pretensão do credor, podem ser classificados em dois grandes grupos: (i) as execuções singulares ou individuais; e (ii) as execuções concursais ou coletivas.

Por *execução singular* – a despeito da confusão possivelmente sugerida por essa tradicional nomenclatura – não se entende aquela movida por um único credor contra um único devedor. Ao contrário, pode ser movida por um grupo de credores, simultaneamente, contra mais de um devedor. O que a caracteriza, na realidade, é o fato de que *se processa independentemente* de outras ações ajuizadas contra o mesmo devedor ou conjunto de devedores. Assim, se um devedor é condenado em várias ações diferentes, terão seu crédito satisfeito em primeiro lugar os autores das demandas em que primeiro forem efetivados os atos de constrição patrimonial. Ou seja, receberá primeiro aquele cujo processo tenha tramitado mais rápido, independentemente da natureza ou da importância social de seu crédito. A isso se denomina *prior in tempore potior in iure* (quem primeiro promover a constrição sobre os bens do devedor terá seu crédito satisfeito em primeiro lugar).

Inversamente, há casos em que a ordem jurídica impõe que todos – ou ao menos os principais – credores de um determinado devedor sejam reunidos em *um único processo, num único Juízo*, a fim de que o pagamento não seja feito aleatoriamente, à medida que forem sendo efetivados os atos de constrição patrimonial, mas segundo uma *ordem legal de preferência*, cuja hierarquia dá origem a um *quadro geral de credores*, construído a fim de evitar que alguns créditos sejam satisfeitos em primeiro lugar, em detrimento de outros, dotados de maior importância econômica ou social. Busca-se evitar, por exemplo, que credores mais ágeis – e normalmente de maior porte econômico, como as instituições financeiras – recebam o que lhes é devido enquanto credores vulneráveis, como os trabalhadores, cuja verba é necessária à própria subsistência, sejam preteridos. Esse tipo de procedimento denomina-se *execução concursal ou coletiva* e rege-se pelo princípio da *par conditio creditorum* (tratar igualmente os titulares de crédito da mesma natureza).[3]

Há ainda sistemas intermediários, que mesclam características das execuções singulares e concursais, porém sua análise escapa ao objeto deste estudo.[4]

Em termos históricos, nas cidades italianas da Idade Média desenvolveu-se uma espécie de execução concursal incidente exclusivamente sobre os comerciantes, denominada de falência, quebra ou bancarrota, diversa do procedimento aplicável aos demais devedores. Ao longo do tempo, alguns países *eliminaram essa dicotomia*, fazendo com que houvesse um único procedimento de execução concursal, quer o devedor fosse ou não empresário. Assim ocorreu, por exemplo, nos Estados Unidos da América em que o instituto do *bankruptcy* alcança indistintamente todos os devedores.[5] Outros, porém, mantiveram-se fiéis à subdivisão histórica, como é o caso do Brasil. Aqui, o tema chegou a ser discutido no Congresso Nacional quando tramitava o projeto que deu origem à atual Lei de Recuperação de Empresas e Falências – LREF (Lei nº 11.101, de 9 de fevereiro de 2005).

---

[3] GRAZIANI, Alessandro; MINERVINI, Gustavo. **Manuale di diritto commerciale**. Napoli: Morano, 1979. p. 461. "Vale a dire: la procedura esecutiva singolare, con la quali in singolo creditore aggredisce il singolo bene del suo debitore, viene sostituita da una procedura esecutiva *generale e collettiva* (o, come suol dirsi, *concursale*), nella quale *tutti i creditori concorrono su tutti i beni del debitore*."
Sobre as origens romanas da execução concursal: TALAMANCA, Mario. **Istituzioni di diritto romano**. Milano: Giuffrè, 1990. p. 357-358. "Prevale, dunque, l'esecuzione patrimoniale nella forma della *bonorum venditio*. Per tutto il periodo classico, essa è un'esecuzione a carattere generale, in quanto, in seguito ad essa e qualsiasi sia il credito per cui si procede, il debitore viene a perdere tutto il patrimonio, il che ha per conseguenza che, nel procedimento debbono trovare soddisfacimento tutti i creditori."
Igualmente: VALVERDE, Trajano de Miranda. **Comentários à Lei de Falências**. 4. ed. Atualização: PENALVA SANTOS, J. A; PENALVA SANTOS, Paulo. Rio de Janeiro: Forense, 2001. p. 2.

[4] Para uma breve menção a esses sistemas mistos, consulte-se: TARZIA, Giuseppe. Il giusto processo di esecuzione. **Rivista di Diritto Processuale**. Padova: CEDAM, anno LVII, nº 2, p. 329-350, p. 346, apr./giu. 2002. "Sono giunto così al *caput controversum* forse più importante anche nell'ambito europeo: al modo, cioè, di garantire la parità di trattamento fra i creditori concorrenti. Appare naturale il confronto tra la regola della *par conditio creditorum*, che pone tutti i creditori – pignorante e intervenuti – sullo stesso piano nella fase della distribuzione (salve le cause di prelazione, e salve talora le distinzioni fra creditori intervenuti tempestivi e tardivi) e l'opposto principio *prior tempore potior jure* (o *Präventionsprinzip*) che domina in altri Paesi ed assicura un diritto di preferenza al creditore pignorante. Né mancano sistemi intermedi, come la raccolta dei creditori in gruppi secondo i tempi delle loro iniziative esecutive, o combinano le due regole, come in Francia: dove al concorso eguale dei creditori nella *saisie-vente* dei beni mobili si contrappone la preferenza assoluta per il primo pignorante nella saisie-attribution, nell'assegnazione immediata dei crediti di danaro pignorati."

[5] O Capítulo 7 do Título 11 do *US Code*, também conhecido como *Bankruptcy Code*, faculta sua utilização tanto por empresários quanto por não empresários: "Definitions. [...] (13) The term 'debtor' means person or municipality concerning which a case under this title has been commenced." Disponível em: <http://uscode.house.gov/download/pls/11C7.txt>. Acesso em: 13 fev. 2012.

Com efeito, desde suas origens, o projeto de lei que se converteria no atual estatuto falimentar pretendeu restringir seu alcance apenas ao empresário e à sociedade empresária, mantendo a tradição que vigorava desde o Decreto-lei nº 7.661/1945. Contudo, a redação original conferida pela Câmara dos Deputados apresentava-se dúbia.[6] Em face disto, chegou-se a cogitar que o legislador objetivava implantar no país regime de execução concursal único, aplicável a qualquer devedor que exercesse atividade econômica, fosse ou não empresário. Seria a adoção de sistema semelhante ao norte-americano, com a consequente extinção da insolvência civil.

Contudo, a dúvida foi desfeita quando o Senado Federal expressamente restringiu o alcance da nova lei aos empresários:

> "Vê-se, portanto, que, muito embora o art. 1º do PLC nº 71, de 2003, preveja a aplicação do regime de falência e de recuperação para as sociedades simples, seu parágrafo único exclui a grande maioria delas, especialmente quando menciona os profissionais liberais e suas sociedades. Dessa forma, parece mais adequado, a fim de evitar interpretações equivocadas, aproveitar a definição do Código Civil, que é mais precisa, para restringir os regimes disciplinados na lei aos empresários e às sociedades empresárias."[7]

Das razões apresentadas pelo Senado Federal fica claro, portanto, que a Lei nº 11.101/2005 alcança apenas o *devedor empresário*, continuando a insolvência civil aplicável aos demais.[8]

---

[6] Comentando o artigo 1º do Projeto de Lei nº 4.376, de 1993, Manoel Justino Bezerra Filho afirmou: BEZERRA FILHO, Manoel Justino. **Lei de Falências Comentada**. São Paulo: Revista dos Tribunais, 2001. p. 64, afirmou: "Embora tal artigo possa vir a sofrer inúmeras modificações nessa fase de discussão parlamentar, ainda assim demonstra a intenção do legislador de estender o instituto da falência (liquidação) também para pessoas físicas, o que será grande inovação em nosso sistema."

Presume-se que o autor referia-se às pessoas físicas não comerciantes, pois o regime da falência, mesmo na vigência do Decreto-lei nº 7.661, de 21 de junho de 1945, abrangia os comerciantes individuais. De qualquer forma, a manifestação demonstra a dúvida suscitada pelo projeto da Câmara dos Deputados.

[7] Parecer da Comissão de Assuntos Econômicos do Senado Federal sobre o Projeto de Lei nº 71/2003, originário da Câmara dos Deputados. Parecer relatado pelo Senador Ramez Tebet.

[8] PACHECO, José da Silva. **Processo de falência e concordata**. Rio de Janeiro: Borsoi, 1970. v. 1. p. 105. "A falência, em nosso país, se restringe ao comerciante (art. 1º do Dec.-lei 7.661 de 1945), como ocorre na França, Bélgica, Itália, Egito, Grécia, Polônia e outros países americanos.

Legislações há que têm um sistema de concurso creditório para os comerciantes e para os não comerciantes, não obstante os procedimentos diversos, como ocorre na Espanha, Noruega, Dinamarca, Finlândia e União Soviética.

Há, ainda, legislações que têm um processo comum tanto para os comerciantes como para não comerciantes, como ocorre na Áustria, Checoslováquia, Chile, Inglaterra, Alemanha, Japão, Holanda, Turquia, Suécia e Iugoslávia.

Em suma, *tem-se hoje no Brasil um sistema bipartido*, em que a execução concursal dos empresários e sociedades empresárias rege-se por lei própria (Lei nº 11.101/2005), enquanto que para os demais devedores se aplica o regime geral previsto no Código de Processo Civil, arts. 748 a 786-A, sob o nome de insolvência civil. Ainda que a finalidade dos mencionados regimes seja a mesma (assegurar a *par conditio creditorum*), há diferenças marcantes entre eles. Por exemplo, o fato de que o devedor se libera da insolvência civil mediante pagamento de 100% dos credores quirografários,[9] ao passo que para extinguir a falência é preciso quitar apenas 50% do mesmo crédito,[10] o que torna a execução concursal do empresário, neste ponto, mais favorável que a dos demais devedores.

A falência assenta-se na ideia de que o devedor se encontre em *situação de insolvência*, contabilmente caracterizada quando o passivo exigível é igual ou superior ao ativo disponível. Em outras palavras, quando há mais dívidas para serem pagas do que patrimônio disponível para quitá-las no curto prazo. Apenas nestes casos se faz necessário reunir todos os credores do devedor em um único processo, a fim de evitar que o pagamento de um deles se dê em prejuízo dos demais, pois não restariam recursos suficientes no patrimônio do devedor para adimplir todas as suas obrigações. Portanto, em situação de insolvência é a reunião das pretensões de cobrança no Juízo universal que permite realizar o pagamento respeitando a ordem legal de preferência dos créditos.

Ocorre que a lei brasileira, ao contrário do que se passa em alguns outros países, *não exige que se demonstre contabilmente o estado de insolvência ao formular o pedido falimentar*.[11] Ao invés disso, ela menciona pressupostos que fazem presumir (presunção *iuris tantum*) a existência desse estado. Neste contexto, tem-se como *primeiro pressuposto* a

---

O nosso sistema é o denominado latino-francês, que tem a falência como abrangente apenas do comerciante [...]."

[9] BRASIL. Congresso Nacional. Código de Processo Civil. Brasília: 11.1.1973. "Art. 774. Liquidada a massa sem que tenha sido efetuado o pagamento integral a todos os credores, o devedor insolvente continua obrigado pelo saldo."

[10] BRASIL. Congresso Nacional. Lei nº 11.101. Brasília: 9.2.2005. "Art. 158. Extingue as obrigações do falido:
[...]
II – o pagamento, depois de realizado todo o ativo, de mais de 50% (cinquenta por cento) dos créditos quirografários, sendo facultado ao falido o depósito da quantia necessária para atingir essa porcentagem se para tanto não bastou a integral liquidação do ativo."

[11] COELHO, Fábio Ulhoa. **Comentários à nova lei de falências e de recuperação de empresas**. São Paulo: Saraiva, 2005. p. 254. "Para que o devedor empresário se submeta à execução concursal falimentar, é rigorosamente indiferente a prova da inferioridade do ativo em relação ao passivo. Não é necessário ao requerente da quebra demonstrar o estado patrimonial de insolvência do requerido para que se instaure a execução concursal falimentar, nem, por outro lado, se livra da execução concursal o empresário que lograr demonstrar eventual superioridade do ativo em relação ao passivo."
Para um aprofundamento, consulte-se: PARENTONI, Leonardo Netto; GUIMARÃES, Rafael Couto. In: CORRÊA-LIMA, Osmar Brina; CORRÊA-LIMA, Sérgio Mourão (Coord.). **Comentários à nova lei de falência e recuperação de empresas**. Rio de Janeiro: Forense, 2009. p. 647-648; 651-666.

chamada impontualidade injustificada,[12] ocorrida quando o executado "sem relevante razão de direito, não paga, no vencimento, obrigação líquida materializada em título ou títulos executivos protestados cuja soma ultrapasse o equivalente a 40 (quarenta) salários-mínimos", ou quando, independentemente do valor da quantia cobrada, o executado "não paga, não deposita e não nomeia à penhora bens suficientes dentro do prazo legal".[13] Por sua vez, o *segundo pressuposto* está descrito no art. 94, III, da Lei nº 11.101/2005, o qual arrola determinadas condutas (denominadas de "atos de falência") que, se praticadas pelo devedor, direta ou indiretamente, fazem presumir que ele esteja em situação de insolvência.[14]

Portanto, no Direito brasileiro o que se leva em conta para a decretação da quebra não é a real situação econômica do devedor, provada pelo critério contábil, mas sim a demonstração alternativa de um dos pressupostos legais, ou seja, da impontualidade injus-

---

[12] ABRÃO, Nelson. **Curso de direito falimentar**. São Paulo: Saraiva, 1978. p. 22. "É, tradicionalmente, a impontualidade o traço marcante da falência no direito brasileiro. Remonta ao Decreto n. 917, de 24 de outubro de 1890, calcado em projeto de Carlos de Carvalho, derrogatório de toda a parte 3ª do Código Comercial, e respectivo regulamento expedido pelo Decreto n. 738, de 25 de novembro de 1850, que adotava a cessação de pagamentos do direito francês."

FERREIRA, Waldemar. **Tratado de direito comercial**. São Paulo: Saraiva, 1965. v. 14. p. 216-217. "A impontualidade é o característico predominante da falência. Está dito isso no art. 1º do Decreto-lei nº 7.661 em termos preclaros. Reputa o texto falido o comerciante que, sem relevante razão de direito, não paga, no vencimento, obrigação líquida constante de título que legitime a ação executiva [...]."

[13] BRASIL. Congresso Nacional. Lei nº 11.101. Brasília: 9.2.2005. Art. 94, I e II.

[14] BRASIL. Congresso Nacional. Lei nº 11.101. Brasília: 9.2.2005. "Art. 94. Será decretada a falência do devedor que:

[...]

III – pratica qualquer dos seguintes atos, exceto se fizer parte de plano de recuperação judicial:

a) procede à liquidação precipitada de seus ativos ou lança mão de meio ruinoso ou fraudulento para realizar pagamentos;

b) realiza ou, por atos inequívocos, tenta realizar, com o objetivo de retardar pagamentos ou fraudar credores, negócio simulado ou alienação de parte ou da totalidade de seu ativo a terceiro, credor ou não;

c) transfere estabelecimento a terceiro, credor ou não, sem o consentimento de todos os credores e sem ficar com bens suficientes para solver seu passivo;

d) simula a transferência de seu principal estabelecimento com o objetivo de burlar a legislação ou a fiscalização ou para prejudicar credor;

e) dá ou reforça garantia a credor por dívida contraída anteriormente sem ficar com bens livres e desembaraçados suficientes para saldar seu passivo;

f) ausenta-se sem deixar representante habilitado e com recursos suficientes para pagar os credores, abandona estabelecimento ou tenta ocultar-se de seu domicílio, do local de sua sede ou de seu principal estabelecimento;

g) deixa de cumprir, no prazo estabelecido, obrigação assumida no plano de recuperação judicial."

tificada (que alguns subdividem em impontualidade injustificada *stricto sensu* e execução frustrada – respectivamente, incisos I e II do art. 94) *ou* dos atos de falência (art. 94, III).

É preciso notar, ainda, que tanto a falência quanto a insolvência civil têm em comum o fato de serem destinadas a *encerrar a atividade econômica do devedor* submetido a tais procedimentos, ainda que nenhuma delas acarrete, necessariamente, a extinção da personalidade jurídica. Elas são cabíveis, por exemplo, quando, em virtude do desenvolvimento tecnológico, deixou de existir o ramo de mercado no qual anteriormente atuava o devedor, de maneira que ele definitivamente não terá condições de se reerguer. Excelente exemplo é o *caso Iridium*.[15] Determinada sociedade empresária pretendia explorar um empreendimento denominado Iridium, consistente na utilização de uma rede de satélites a ser colocada na órbita da Terra, ao custo aproximado de cinco bilhões de dólares, para permitir a realização de chamadas telefônicas em localidades ainda não cobertas pela telefonia celular. Por se tratar de um serviço exclusivo, esperava-se que os consumidores estivessem dispostos a pagar mais caro por ele. Ocorre que, durante o tempo de instalação dessa rede de satélites, houve evolução tão grande e rápida da telefonia celular que esta passou a abarcar a maior parte – senão a quase totalidade – das áreas em que o Iridium pretendia atuar com exclusividade. Além disso, a telefonia celular apresentava diversas vantagens, como aparelhos menores e menor custo do minuto de conversação. Com isso, o Iridium tornou-se tão obsoleto que os satélites foram queimados em plena órbita, já que isto seria mais barato do que trazê-los de volta a Terra. Ou seja, há situações em que é natural o encerramento de certas atividades econômicas, pela própria evolução do mercado.

Têm-se, ainda, situações nas quais o esforço para manter certos bens sobre o controle do empresário em crise é de tal forma desproporcional aos custos incorridos nesse procedimento que a melhor opção é realizar o processo de falência a fim de realocar esses bens em outros empresários que possam mais eficientemente aproveitá-los, como sugere a legislação brasileira.[16] Para estes casos extremos aplicam-se a falência e a insolvência civil.

Por outro lado, quando a atividade empresária for *passível de recuperação*, por atravessar um período de adversidade apenas *momentânea*, devem ser-lhe disponibilizados mecanismos que permitam a sua continuidade, em atenção aos princípios da função social e da preservação da empresa, pois essa atividade desempenha importantes funções[17] tanto

---

[15] Exemplo proveniente do seguinte artigo: BAIRD, Douglas G.; RASMUSSEN, Robert K. The end of bankruptcy. **Stanford Law Review**, n. 55, p. 751-788, 2002. p. 769.

[16] BRASIL. Congresso Nacional. Lei nº 11.101. Brasília: 9.2.2005. "Art. 75. A falência, ao promover o afastamento do devedor de suas atividades, visa a preservar e otimizar a utilização produtiva dos bens, ativos e recursos produtivos, inclusive os intangíveis, da empresa."

[17] LAMY FILHO, Alfredo. A empresa – formação e evolução – responsabilidade social. In: SANTOS, Theophilo de Azeredo (Coord.). **Novos estudos de direito comercial em homenagem a Celso Barbi Filho**. Rio de Janeiro: Forense, 2003. p. 13. "O fenômeno da empresa é recente na história econômica e social da atividade humana. E, no entanto, o mundo de hoje seria incompreensível sem a onipresença da empresa que ocupa, praticamente, todos os espaços na vida do homem moderno. Com efeito, dependemos da empresa para o nosso trabalho, e nosso lazer, para nos transportarmos e nos comunicarmos, para a produção de alimentos ou de mobiliário, e vestuário, para a defesa de

do ponto de vista microeconômico (geração de empregos, geração de renda, arrecadação tributária etc.) quanto macroeconômico (elevação do PIB, abastecimento de mercados, estabilização da economia etc.). A fim de possibilitar o soerguimento da empresa em momentos de crise transitória a Lei nº 11.101/2005 introduziu o instituto da *recuperação de empresas*.[18] O mandamento legal é claramente no sentido de *primeiro* tentar-se recuperar a atividade empresarial, ainda que através de medidas drásticas, como a troca do empresário que a conduz ou a alienação de estabelecimentos empresariais e, *somente quando não for viável a recuperação*, instalar-se a falência.

Importante atentar para este último aspecto: a viabilidade da recuperação judicial. Com efeito, os princípios que a fundamentam, tais como a função social e a preservação da empresa, *não são absolutos*. Devem, portanto, ceder em determinadas circunstâncias, quando em confronto com outros valores. Assim, não se justifica buscar a recuperação "a qualquer custo", quando a falência se mostrar a medida mais razoável e proporcional no caso concreto.[19] Em resumo, a recuperação judicial deve ser a *primeira*, mas não a **única** opção.

3   ENQUADRAMENTO LEGAL DO ARTISTA: A ARTE É UMA EMPRESA?

Como visto, o Brasil adota um sistema de execução concursal bipartido, em que os empresários e sociedades empresárias se sujeitam à recuperação de empresas e falência, regidas por lei específica, enquanto os demais devedores se submetem à insolvência civil disciplinada no Código de Processo Civil. O traço distintivo que permite identificar qual desses regimes se aplica ao caso concreto é a natureza jurídica do devedor, se empresário ou não empresário. Portanto, é preciso tratar, ainda que brevemente, da teoria da empresa,

---

nossa saúde, para a habitação, para a produção de toda essa parafernália de utilidades empregadas no dia a dia do homem moderno. Numa palavra, para o progresso econômico e a conquista do bem-estar social."

[18]   BRASIL. Congresso Nacional. Lei nº 11.101. Brasília: 9.2.2005. "Art. 47. A recuperação judicial tem por objetivo viabilizar a superação da situação de crise econômico-financeira do devedor, a fim de permitir a manutenção da fonte produtora, do emprego dos trabalhadores e dos interesses dos credores, promovendo, assim, a preservação da empresa, sua função social e o estímulo à atividade econômica."

Vide também: DE LUCCA, Newton; SIMÃO FILHO, Adalberto. **Comentários à nova lei de recuperação de empresas**: comentários artigo por artigo da Lei 11.101/2005. São Paulo: Quartier Latin, 2005.

[19]   Nesse sentido: NUNES, Marcelo Guedes. Intervenção judicial liminar na administração de sociedades. In: CASTRO, Rodrigo R. Monteiro de; AZEVEDO, Luís André N. de Moura (Coord.). **Poder de controle e outros temas de direito societário e mercado de capitais**. São Paulo: Quartier Latin, 2010. p. 100-101; 132.

um dos mais intrincados e importantes temas do Direito Comercial,[20] a fim de identificar se o artista enquadra-se no conceito de empresário.

Atualmente, o art. 966 do Código Civil Brasileiro[21] refere-se aos conceitos de empresa e de empresário.[22] Longa e rica construção histórica precedeu a chegada a esse ponto.[23] Abordá-la, porém, fugiria ao escopo deste trabalho, já que as referências à teoria da empresa aqui feitas limitam-se ao estritamente necessário para analisar a atividade econômica do artista.

---

[20] Veja-se a advertência de Jorge Lobo: LOBO, Jorge. A empresa: novo instituto jurídico. **Revista de Direito Mercantil, Industrial, Econômico e Financeiro**, São Paulo: Malheiros, ano XLI, nº 125, p. 29-40, jan./mar. 2002. p. 30. "[...] qualquer estudo, por mais despretensioso que seja, da teoria, da noção, do conceito jurídico de empresa obriga a uma torrente de citações, que se repetem, às vezes; anulam-se, com frequência; pouco acrescentam, ao final."

[21] BRASIL. Congresso Nacional. Código Civil. Brasília: 10.1.2002. "Art. 966. Considera-se empresário quem exerce profissionalmente atividade econômica organizada para a produção ou a circulação de bens ou de serviços.

Parágrafo único. Não se considera empresário quem exerce profissão intelectual, de natureza científica, literária ou artística, ainda com o concurso de auxiliares ou colaboradores, salvo se o exercício da profissão constituir elemento de empresa."

[22] RIPERT, Georges. **Aspectos jurídicos do capitalismo moderno**. Campinas: Red, 2002. p. 291-292. "As palavras empresa e empresário pertencem à língua corrente. O uso lhes deu sentido diferente. A primeira é usada para designar toda atividade orientada para certo fim; a segunda para qualificar o homem que, profissionalmente, executa certos trabalhos."

A maior parte da doutrina afirma que o art. 966 do Código Civil traz o conceito de empresário, não o de empresa. Ousa-se discordar, pelas seguintes razões, melhor detalhadas em artigo anterior: PARENTONI, Leonardo Netto. O Conceito de Empresa no Código Civil de 2002. **Revista Forense**, Rio de Janeiro: Forense, v. 388, p. 133-151, nov./dez. 2006. p. 145. "Renomados doutrinadores entendem que o *caput* do artigo 966 do Código Civil define o empresário, o sujeito de direitos que exerce a atividade empresarial. Apenas indiretamente haveria referência ao conceito de empresa (atividade).

Entretanto, não parece ser esse o melhor entendimento. O artigo 966 utiliza apenas uma expressão para se referir ao empresário: 'profissionalmente'. Os demais termos contidos no *caput* não se referem ao sujeito de direitos que explora a atividade, mas a esta. Assim, expressões como 'econômic*a*' e 'organizad*a*' qualificam o termo '*atividade*' (que nada mais é do que a empresa). A própria gramática denota isto. Caso se referissem ao empresário, tais expressões deveriam ser grafadas como econômico e organizado (no masculino). Destarte, ousa-se discordar do posicionamento clássico para afirmar que o *caput* do art. 966 define o conceito de empresa e não o de empresário. Este dispositivo qualifica a atividade que, se desenvolvida habitualmente por um sujeito de direito (pessoa física ou jurídica), torna-o empresário. Tem-se, portanto, uma definição do objeto do Direito Empresarial."

[23] A quem desejar aprofundar no tema, recomenda-se consultar: WIEACKER, Franz. **História do direito privado moderno**. 2. ed. Tradução: A. M Botelho Hespanha. Lisboa: Fundação Calouste Gulbenkian, 1967.

Igualmente: FORGIONI, Paula Andrea. **A evolução do direito comercial brasileiro**: da mercancia ao mercado. São Paulo: Revista dos Tribunais, 2009.

Assim, em apertada síntese, é *empresarial* a atividade econômica (com o escopo de distribuir lucros a quem a desempenha) exercida profissionalmente (ou seja, com habitualidade, constância), de maneira organizada (conjugando fatores de produção, independentemente do porte da empresa ou da contratação de mão de obra de terceiros), com a finalidade de produzir ou circular bens ou serviços.

Estão *excluídas do conceito de empresa* aquelas atividades às quais falte algum dos componentes mencionados anteriormente, bem como aquelas em que, a despeito da presença concomitante dos referidos componentes, sejam intelectuais e de natureza exclusivamente científica, literária ou artística.

Perceba-se, portanto, que *atividades intelectuais exclusivamente artísticas não são consideradas empresariais*.[24] É o caso do artista que produz e vende ele próprio as suas obras, quer o faça diretamente, como pessoa física, quer indiretamente por meio de uma sociedade da qual é sócio ou através de uma EIRELI.[25] Neste caso, o engajamento pessoal do artista na comercialização de suas obras afasta o caráter empresarial da atividade. Em caso de insucesso, deverá submeter-se à insolvência civil.

Por outro lado, quando se constitui uma organização dedicada especificamente a coletar[26] obras de arte para transferência a terceiros, com escopo de lucro e sem vinculação imediata com os artistas, tem-se uma atividade empresária, passível de ser exercida diretamente por uma pessoa física ou mediante o uso de uma organização em separado, como

---

[24] PARENTONI, Leonardo Netto. O conceito de empresa no Código Civil de 2002. **Revista Forense**, Rio de Janeiro: Forense, v. 388, p. 133-151, nov./dez. 2006.
O entendimento exposto no mencionado artigo foi aprovado pela III Jornada de Direito Civil como Enunciado nº 193 ao Código Civil: BRASIL. Conselho da Justiça Federal – CJF, III Jornada de Direito Civil. Brasília: 2004. Disponível em: <http://daleth.cjf.jus.br/revista/enunciados/IIIJornada.pdf>. Acesso em: 14 fev. 2012. "Art. 966: O exercício das atividades de natureza exclusivamente intelectual está excluído do conceito de empresa."

[25] Como a EIRELI ainda é bastante recente no Brasil, e para não deixar dúvidas sobre o afirmado no texto, basta destacar que o § 5º do art. 980-A do Código Civil afirma claramente a possibilidade de constituição de EIRELI para o exercício de atividades próprias da sociedade simples.
BRASIL. Congresso Nacional. Código Civil. Brasília: 10.1.2002. "Art. 980-A. A empresa individual de responsabilidade limitada será constituída por uma única pessoa titular da totalidade do capital social, devidamente integralizado, que não será inferior a 100 (cem) vezes o maior salário-mínimo vigente no País.
[...]
§ 5º Poderá ser atribuída à empresa individual de responsabilidade limitada constituída para a prestação de serviços de qualquer natureza a remuneração decorrente da cessão de direitos patrimoniais de autor ou de imagem, nome, marca ou voz de que seja detentor o titular da pessoa jurídica, vinculados à atividade profissional."

[26] A coleta da obra de arte pode se operar basicamente de duas formas: (i) pela compra, mediante o pagamento de um preço ao artista, da mesma maneira que se paga qualquer fornecedor, seguida de revenda a terceiros; ou (ii) pela consignação da obra para exposição e venda, mediante comissão paga ao artista caso se concretize a venda, sendo esta a modalidade mais comum na prática.

uma sociedade ou EIRELI. Aqui, o caráter empresarial da atividade se evidencia porque a natureza artística do objeto comercializado é absorvida por uma estrutura maior, sem vínculo com a atividade intelectual de criação da obra, tornando-se mero elemento de empresa. Exemplo seria das galerias de arte, cujo escopo é manter uma organização destinada a comercializar obras. Essas galerias se sujeitam, portanto, à recuperação judicial ou falência.

Evidentemente a prática revela questões tormentosas, nas quais o enquadramento da atividade artística é bem mais complexo e delicado, por vezes situando-se numa zona cinzenta localizada entre os mencionados extremos. Para esses *hard cases* não é possível oferecer uma resposta *a priori*,[27] mas apenas analisando-se minuciosamente as circunstâncias do caso concreto, a fim de se concluir pelo caráter empresarial ou não empresário de determinada atividade artística.

Por força do número máximo de laudas sugerido pelos organizadores da obra, doravante este estudo se concentrará apenas nos aspectos atinentes à recuperação judicial de empresas e à falência.

4 PROTEÇÃO JURÍDICA ÀS OBRAS DE ARTE[28]

Definir *arte* ou mesmo *obra de arte* é tarefa das mais árduas, dada a multiplicidade de sentidos e a riqueza de conteúdo presente nessas expressões. Para bem fazê-lo seria necessário dedicar uma obra inteira ao tema, como já o fizeram renomados pensadores. Assim, por exemplo, o clássico de Cesare Brandi,[29] que aborda o restauro de monumentos históricos como uma espécie de ofício artístico, a obra de Aloïs Riegl,[30] que trata do "valor de arte" desses monumentos, o livro de Giulio Argan,[31] que relaciona as fases históricas da arte ou mesmo a revolução propagada por Marcel Duchamp,[32] que ao criticar a subordinação de estilos e parâmetros aos princípios da ordem clássica, contribuiu decisivamente para a liberdade de expressão artística.

Ciente dessa dificuldade, o presente texto buscou apenas uma singela aproximação desses conceitos, suficiente para contextualizá-los dentro do escopo maior do artigo.

---

[27] Como já sugerira Dworkin: DWORKIN, Ronald. Hard cases. **Harvard Law Review**, Boston: Harvard University Press, v. 88, nº 6, p. 1057-1109, Apr. 1975.

[28] Agradecemos a Raquel Diniz Oliveira que, a partir de seus estudos de História da Arte na Itália, forneceu inestimável contribuição aos conceitos sucintamente abordados neste tópico.

[29] BRANDI, Cesare. **Teoria del restauro**. Torino: Einaudi, 1977.

[30] RIEGL, Aloïs. **O culto moderno dos monumentos**: sua essência e sua gênese. Tradução: Elane Ribeiro Peixoto; Albertina Vicentini. Goiânia: UCG, 2006.

[31] ARGAN, Giulio Carlo. **Arte moderna**: do Iluminismo aos movimentos contemporâneos. Tradução: Federico Carotti; Denise Bottmann. São Paulo: Companhia das Letras, 1992.

[32] CABANNE, Pierre. **Marcel Duchamp**: engenheiro do tempo perdido. 3. ed. Tradução: Paulo José Amaral. São Paulo: Perspectiva, 2008.

Com efeito, no latim a palavra arte (*ars*) tinha uma acepção ampla, sendo utilizada para referir-se a atividades ligadas à técnica, à habilidade e ao *savoir faire*, como, por exemplo, a expressão *ars curandi*: arte da cura ou simplesmente Medicina. Morris Weitz, já na década de 50 do século passado, foi um dos primeiros filósofos de formação analítica a sistematizar a definição da arte no artigo intitulado "O papel da teoria na estética".[33]

Nos dias de hoje, é assente que o reconhecimento de uma obra de arte está diretamente relacionado à conscientização acerca do valor que se tem impregnado nela, seja pelo aspecto material ou estético, seja pela notoriedade do autor ou, ainda, pela técnica utilizada. A imagem de uma obra de arte não depende, exclusivamente, do *corpus*, da substância material que a compõe. Ao contrário, uma mesma substância pode apresentar-se ora como obra de arte ora como simples matéria-prima, dependendo de sua trajetória histórica. Uma pedra de mármore não trabalhada tem valor distinto do de uma escultura, porque a esta se agregam valores culturais e históricos que a tornam maior do que simples matéria. Tem-se, assim, que a matéria atua mais como um *veículo de transmissão* da imagem do que como um condicionante desta.[34]

Curioso é que nas diversas obras citadas, algumas bastante extensas, os mencionados autores discorrem sobre os mais diversos aspectos da obra de arte, porém não cumprem o passo inicial e mais importante, que é defini-la de maneira objetiva. Assim, à míngua de precisa conceituação técnico-analítica, cumpre buscar no dicionário seu conceito gramatical:

> "*Obra de Arte: 1. Obra em que a utilização da técnica e o uso dos materiais estão a serviço de comunicar a visão pessoal do artista e de suscitar uma emoção estética no receptor.*
>
> *2. Obra primorosa, delineada com gosto, executada com esmero e bem-acabada.*"[35]

Inegavelmente, a obra de arte é um bem a merecer especial proteção jurídica, não apenas pelo seu conteúdo patrimonial, mas principalmente pelo valor metaindividual de algumas delas. Como criação do intelecto humano, insuscetível de reprodução mecanizada e em série, ela se inclui na categoria dos *direitos autorais*, cuja lei traz a seguinte definição, seguida de um rol *exemplificativo* das espécies de obras protegidas:

---

[33] WEITZ, Morris. O papel da teoria em estética. In: D'OREY, C. (Coord.). **O que é arte?** Lisboa: Dinalivro, 2007. p. 61-78. Texto publicado originalmente em **The Journal of Aesthetics and Art Criticism**, v. 15, nº I, p. 27-35.

[34] OLIVEIRA, Raquel Diniz. Teoria e prática da restauração. **Revista Patrimônio: Lazer & Turismo**, Santos: UNISANTOS, v. 6, p. 75-91, 2009.
No mesmo sentido: BRANDI, Cesare. **Teoria del restauro**. Torino: Einaudi, 1977. p. 4-6. "Si rivelerà subito allora che lo speciale prodotto dell'attività umana a cui si dà il nome di opera d'arte, lo è per il fatto di un singolare riconoscimento che avviene nella coscienza: riconoscimento doppiamente singolare, sia per il fatto di dovere essere compiuto ogni volta da un singolo individuo, sia perché non altrimenti si può motivare che per il riconoscimento che il singolo individuo ne fa."

[35] Dicionário Eletrônico Houaiss. Locução "obra de arte".

"Art. 7º São obras intelectuais protegidas as criações do espírito, expressas por qualquer meio ou fixadas em qualquer suporte, tangível ou intangível, conhecido ou que se invente no futuro, tais como:

I – os textos de obras literárias, artísticas ou científicas;

II – as conferências, alocuções, sermões e outras obras da mesma natureza;

III – as obras dramáticas e dramático-musicais;

IV – as obras coreográficas e pantomímicas, cuja execução cênica se fixe por escrito ou por outra qualquer forma;

V – as composições musicais, tenham ou não letra;

VI – as obras audiovisuais, sonorizadas ou não, inclusive as cinematográficas;

VII – as obras fotográficas e as produzidas por qualquer processo análogo ao da fotografia;

VIII – as obras de desenho, pintura, gravura, escultura, litografia e arte cinética;

IX – as ilustrações, cartas geográficas e outras obras da mesma natureza;

X – os projetos, esboços e obras plásticas concernentes à geografia, engenharia, topografia, arquitetura, paisagismo, cenografia e ciência;

XI – as adaptações, traduções e outras transformações de obras originais, apresentadas como criação intelectual nova;

XII – os programas de computador;

XIII – as coletâneas ou compilações, antologias, enciclopédias, dicionários, bases de dados e outras obras, que, por sua seleção, organização ou disposição de seu conteúdo, constituam uma criação intelectual."[36]

Importante destacar que a proteção conferida pelos direitos autorais *independe de qualquer registro* em órgãos públicos.[37] Não obstante, para *facilitar a prova da autoria* da obra em eventual litígio, quando um terceiro alega ser seu legítimo criador, é recomendável ao artista registrá-la. O local de registro varia conforme a natureza da obra a ser protegida. Em se tratando de textos, podem ser incluídos nos arquivos da Biblioteca Nacional. Para partições, letras musicais ou melodias a norma legal determina que se busque a Escola de Música, apesar de que o registro dessas criações vem sendo feito também pela Biblioteca Nacional. No caso de pinturas, esculturas, fotos e imagens de qualquer tipo, o órgão de registro é a Escola de Belas Artes da Universidade Federal do Rio de Janeiro, ao passo que as produções audiovisuais registram-se no Instituto Nacional do Cinema. Por fim, projetos, esboços e obras plásticas concernentes à geografia, engenharia, topografia, arquitetura,

---

[36] BRASIL. Congresso Nacional. Lei nº 9.610. Brasília: 19.2.1998.
[37] BRASIL. Congresso Nacional. Lei nº 9.610. Brasília: 19.2.1998. Art. 18.

paisagismo, cenografia e ciência podem ser registrados no Conselho Federal de Engenharia, Arquitetura e Agronomia,[38] como prescreve a norma em vigor.[39]

O enquadramento da obra de arte dentro da proteção conferida pelos direitos autorais concede ao artista que a criou basicamente dois direitos, chamados, respectivamente, de direito moral e patrimonial de autor.[40] *Direito moral de autor* é a faculdade exclusiva da pessoa física[41] do artista que lhe permite exigir, de quem quer que utilize as suas obras, a observância aos seguintes aspectos:[42] (i) menção ao nome do artista como criador da obra, em todas as circunstâncias em que ela for divulgada; (ii) direito de manter a criação inédita; (iii) direito de mantê-la íntegra e intacta, inclusive vetando eventuais modificações; e (iv) direito de modificá-la ou mesmo retirá-la de circulação.[43]

O direito moral de autor é considerado direito da personalidade, sendo, portanto, imprescritível, inalienável e irrenunciável.[44] Ele não se extingue mesmo após o óbito do artista, visto que os descendentes possuem legitimidade para exigir sua observância, evitando que terceiros reivindiquem a autoria da obra.[45]

Por sua vez, o *direito patrimonial de autor* é a faculdade de explorar economicamente a criação, o que pode ser feito diretamente pelo próprio artista, ou por terceiros, median-

---

[38] Note-se que com a criação do CAU – Conselho de Arquitetura e Urbanismo, pela Lei nº 12.378/2010, retirando essas profissões do âmbito do CREA, que passou a tratar exclusivamente da Engenharia e Agronomia, é de se esperar que o registro de projetos arquitetônicos, para fins de proteção sob o âmbito dos direitos autorais, passe a ser feito exclusivamente no CAU.

[39] BRASIL. Congresso Nacional. Lei nº 5.988. Brasília: 14.12.1973. "Art. 17. Para segurança de seus direitos, o autor da obra intelectual poderá registrá-la, conforme sua natureza, na Biblioteca Nacional, na Escola de Música, na Escola de Belas Artes da Universidade Federal do Rio de Janeiro, no Instituto Nacional do Cinema, ou no Conselho Federal de Engenharia, Arquitetura e Agronomia. § 1º Se a obra for de natureza que comporte registro em mais de um desses órgãos, deverá ser registrada naquele com que tiver maior afinidade."

[40] BRASIL. Congresso Nacional. Lei nº 9.610. Brasília: 19.2.1998. Art. 22.

[41] BRASIL. Congresso Nacional. Lei nº 9.610. Brasília: 19.2.1998. Art. 11.

[42] ASCENSÃO, José de Oliveira. **Direito autoral**. 2. ed. São Paulo: Renovar, 2007.

[43] BRASIL. Congresso Nacional. Lei nº 9.610. Brasília: 19.2.1998. Art. 24.

[44] O Ministro Maurício Corrêa chegou a afirmar que um direito individual indisponível mais se assemelha a um dever do que a um autêntico direito: BRASIL. Supremo Tribunal Federal. Plenário, RE. nº 248.869/SP, j. 7.8.2003, Rel. Ministro Maurício Corrêa. Trecho do voto do Relator: "Direito individual indisponível é aquele que a sociedade, por meio de seus representantes, reputa como essencial à consecução da paz social, segundo os anseios da comunidade, transmudando, por lei, sua natureza primária marcadamente pessoal. A partir de então dele não pode dispor seu titular, em favor do bem comum maior a proteger, pois gravado de ordem pública sobrejacente, ou no dizer de Ruggiero 'pela utilidade universal da comunidade'."

[45] BRASIL. Congresso Nacional. Lei nº 9.610. Brasília: 19.2.1998. Art. 24, § 1º.

te transferência total ou parcial dos direitos patrimoniais, feita por tempo determinado (licenciamento) ou em definitivo (cessão).[46]

Quanto ao *prazo*, os direitos patrimoniais de autor perduram por 70 anos, contados de 1º de janeiro do ano subsequente ao de seu falecimento.[47] Após esse período, caem naquilo que se denomina *domínio público*. Ou seja, as criações podem ser utilizadas ou exploradas economicamente por qualquer pessoa, sem necessidade de autorização dos sucessores do autor. Exceto para os bens corpóreos que, por sua própria natureza, sejam de utilização exclusiva.[48] Por exemplo, quem compra um quadro ou uma escultura se torna seu legítimo proprietário, único autorizado a utilizá-los. Assim, *o conceito de domínio público melhor se aplica aos bens incorpóreos*, como melodias e contos, os quais podem ser usufruídos simultaneamente por mais de uma pessoa, sem exclusividade e em locais diferentes. Lembrando ainda que os direitos morais não prescrevem, de modo que devem ser respeitados mesmo quando a obra está em domínio público.

Por fim, cumpre tratar da diferença entre *domínio público* e a simples *fixação da obra em logradouro público*. Isso será feito a partir de um julgamento interessante do Superior Tribunal de Justiça. O contexto era o seguinte: em uma determinada cidade do país, as esculturas de certo autor foram permanentemente fixadas em logradouros públicos, como ruas e praças. Ocorre que a empresa de telefonia que atuava na região decidiu utilizar as imagens dessas esculturas para estampar os cartões telefônicos que comercializava, sem obter a prévia autorização do artista, sem pagar-lhe qualquer quantia e sem sequer mencionar seu nome como sendo o autor das obras. Indignado com esta atitude, o escultor ingressou em Juízo com pedido de indenização por danos materiais e morais.

Em sua defesa, a empresa alegou que a imagem das esculturas poderia ser reproduzida por qualquer um, sem necessidade de autorização ou de pagamento ao autor, porque elas estavam fixadas em *local público*.[49] Aduziu, ainda, que sua atitude era benéfica para a coletividade, pois a veiculação das imagens serviria para divulgar a cidade e atrair turistas.

Em apertada síntese, o Superior Tribunal de Justiça decidiu que o fato de uma obra *situar-se em logradouro público* não significa que ela tenha caído em *domínio público*, pois os conceitos são absolutamente distintos. Em outras palavras, o artista conserva normalmente seus direitos patrimoniais sobre a obra mesmo quando ela se encontra fixada em via pública. Consequentemente, a reprodução *com fins comerciais* depende de prévia e expressa autorização do artista, que pode condicioná-la ao pagamento de valores, até o

---

[46] BRASIL. Congresso Nacional. Lei nº 9.610. Brasília: 19.2.1998. Art. 49 a 52.

[47] BRASIL. Congresso Nacional. Lei nº 9.610. Brasília: 19.2.1998. Art. 41.

[48] O conceito de utilização exclusiva provém da economia, como decorrência do princípio da escassez dos bens: NUSDEO, Fábio. **Curso de economia**: introdução ao direito econômico. 6. ed. São Paulo: Revista dos Tribunais, 2010. p. 39. "Bens exclusivos são aqueles aptos a atenderem, a cada momento, à necessidade um único indivíduo, como os alimentos e o vestuário."

[49] BRASIL. Congresso Nacional. Lei nº 9.610. Brasília: 19.2.1998. "Art. 48. As obras situadas permanentemente em logradouros públicos podem ser representadas livremente, por meio de pinturas, desenhos, fotografias e procedimentos audiovisuais."

momento em que a obra cair em domínio público (ou seja, passados 70 anos do falecimento de seu criador).

Enquanto a obra ainda não estiver em domínio público, apenas as representações *sem fins comerciais* podem ser feitas independentemente de autorização do titular dos direitos patrimoniais e sem pagamento de qualquer quantia, como ocorre, por exemplo, com as fotos feitas por turistas para simples recordação.

No caso concreto, como as imagens eram estampadas em cartões telefônicos comercializados em série pela empresa Ré, com intuito de lucro, o Superior Tribunal de Justiça constatou haver violação aos direitos autorais do escultor e determinou que lhe fosse paga a devida indenização.[50]

5 CASOS EXCEPCIONAIS DE IMPENHORABILIDADE DAS OBRAS DE ARTE

Por expressa disposição legal, alguns bens do devedor ficam imunes aos atos de constrição patrimonial, ou seja, não podem ser arrecadados e alienados para que, com o resultado de sua venda, seja satisfeito o direito do credor. A isso se denomina *impenhorabilidade*.

Há duas espécies de impenhorabilidade. São *absolutamente* impenhoráveis os bens que o legislador considera indispensáveis à subsistência e à dignidade do devedor, tais como móveis e eletrodomésticos de natureza simples, como cama, geladeira e fogão. Estes não podem, em hipótese alguma, sofrer constrição patrimonial, pois o processo executivo, numa sociedade civilizada, não deve acarretar a humilhação do devedor. Por outro lado, a impenhorabilidade *relativa* alcança os bens que, num primeiro momento, ficam a salvo da expropriação executiva. Porém, caso o devedor não possua outros passíveis de serem executados, os relativamente impenhoráveis podem ser atingidos. É, portanto, uma proteção que não os blinda por completo, mas que os torna atingíveis apenas em caráter subsidiário.

---

[50] BRASIL. Superior Tribunal de Justiça. 4ª Turma, REsp. nº 951.521/MA, j. 22.3.2011, Rel. Ministro Aldir Passarinho Junior. Trecho do voto do Relator: "Destarte, no momento em que a foto serve à ilustração de produto comercializado por terceiro para obtenção de lucro e sem a devida autorização, passa-se a ofender o direito autoral do artista, agravado, na espécie, pelo fato de não ter havido sequer alusão ao seu nome.

Anoto que ainda poderia haver tolerância em relação a certas situações, como veiculação de propaganda turística, cultural e, outras do gênero, posto que inerente à atividade essencial à reprodução de paisagens, logradouros e outros bens públicos. Mas não são esses o caso dos autos.

Importante, ainda, para a elucidação da presente demanda a distinção entre 'logradouro público' e 'domínio público', isto porque as referidas condições não resultam em igualdade de tratamento. A obra de arte colocada em logradouro público, embora seja um patrimônio público, gera direitos morais e materiais para o seu autor."

Observe-se que *as obras de arte não fazem parte* do rol dos bens impenhoráveis do Código de Processo Civil.[51] Estas são mencionadas expressamente apenas na lei que trata da impenhorabilidade do bem de família, porém, não com o intuito de incluí-las nessa proteção, mas sim para deixar claro que *as obras de arte podem ser penhoradas normalmente*.[52] Os tribunais interpretam esta disposição no sentido de que a intenção da lei do bem de família é a de tornar impenhoráveis apenas aqueles bens essenciais à dignidade da pessoa humana[53] e à fruição de direitos fundamentais, como moradia, informação e lazer.[54] Por outro lado, automóveis, obras de arte e adornos suntuosos não seriam indispensáveis a esta finalidade, mas apenas trariam deleite e *status* a seu proprietário. Ou seja, a opção legal foi claramente no sentido de *excluir* as obras de arte do rol de bens *essenciais* a uma vida digna e com qualidade, tratando-as como bens supérfluos.[55] Se, por um lado, televisores, aparelhos de som e DVD ou mesmo computadores ficam imunes à constrição, por outro, quadros, esculturas e adornos podem ser normalmente penhorados ou arrecadados em processo de falência.

Exceção apenas para os casos em que a obra de arte esteja de tal forma *aderida a um imóvel beneficiado pela impenhorabilidade* que não seria possível retirar aquela sem causar prejuízos à estrutura deste. Por exemplo, no caso de pinturas feitas por renomado artista diretamente em parede estrutural de um apartamento. Neste contexto, ante a impossibilidade de separar a obra de arte do restante imóvel, aquela também se torna impenhorável.[56]

Especificamente nas execuções fiscais, é *comum que a Fazenda Pública recuse as obras de arte oferecidas à penhora pelo próprio devedor*, preferindo que a constrição recaia sobre valores depositados em instituição financeira ou mesmo sobre outros bens. O argumento recorrente – e que vem sendo acatado pelos tribunais – é o de que obras de arte possuem

---

[51] BRASIL. Congresso Nacional. Código de Processo Civil. Brasília: 11.1.1973. Arts. 649 e 650.
[52] BRASIL. Congresso Nacional. Lei nº 8.009. Brasília: 29.3.1990. "Art. 2º Excluem-se da impenhorabilidade os veículos de transporte, obras de arte e adornos suntuosos."
[53] BRASIL. Superior Tribunal de Justiça. 3ª Turma, REsp. nº 450.989/RJ, j. 13.4.2004, Rel. Ministro Humberto Gomes de Barros.
[54] BRASIL. Superior Tribunal de Justiça. 4ª Turma, REsp. nº 831.157/SP, j. 3.5.2007, Rel. Ministro Aldir Passarinho Junior.
[55] BRASIL. Tribunal de Justiça de Minas Gerais. 9ª Câmara Cível, Ap. Civ. nº 1.0024.06.057354-0/001, j. 30.1.2007, Rel. Desembargador Pedro Bernardes. Trecho da Ementa: "Em relação aos bens móveis objeto de arresto que guarnecem a residência da devedora e que não sejam considerados objetos de arte, adornos suntuosos, e, supérfluos, assegura-se a impenhorabilidade prevista na Lei 8.009/90."
[56] CZAJKOWSKI, Rainer. **A impenhorabilidade do bem de família**: comentários à Lei 8.009/1990. 4. ed. Curitiba: Juruá, 2001. p. 106. "[...] quando obras de arte desta natureza são concebidas a partir da própria construção e estejam intimamente associadas a ela, ou são elaboradas de modo a não permitir a sua remoção, salvo se destruídas; aí, além de obras de arte serão benfeitorias voluptuárias, impenhoráveis juntamente com o imóvel residencial por força de invencível acessoriedade. É o caso, por exemplo, de um mural, pintado por artista famoso sobre parede ou sobre azulejos já aplicados".

liquidez reduzida, normalmente atrasando muito o processo, pois dificilmente são arrematadas logo nos primeiros leilões.[57]

6 ARRECADAÇÃO DE OBRAS DE ARTE NA RECUPERAÇÃO JUDICIAL DE EMPRESAS E NA FALÊNCIA

Como visto, a *recuperação judicial* é uma *solução conciliatória*[58] para empresas em dificuldade momentânea, consistente na negociação entre o devedor empresário e seus credores, a fim de superar um momento de crise. Nela, o empresário permanece no comando da empresa[59] e não perde o poder de dispor do patrimônio empresarial, porém tem reduzida sua autonomia, na medida em que não está mais plenamente livre para decidir sobre os rumos do negócio, pois se presume que a ele cabe senão toda, ao menos uma parcela da culpa pelo estado de crise do empreendimento. Assim, distribuído o pedido de recuperação judicial o empresário deve administrar a empresa de acordo com o que estiver pactuado neste plano, além de observar algumas restrições legais complementares.

---

[57] BRASIL. Tribunal de Justiça de São Paulo. 18ª Câmara de Direito Público, AI. nº 0419674-50.2010.8.26.0000, j. 16.12.2010, Rel. Desembargador Carlos de Carvalho. Trecho do voto do Relator: "Cuida-se de execução fiscal, ajuizada em setembro/2007, pela Municipalidade de São Paulo em face de [nome propositadamente suprimido], objetivando a cobrança de valores devidos a título de IPTU [...].

Citado, o agravante ofereceu à penhora um óleo sobre tela (pintura), medindo 64 × 54, de autoria da pintora brasileira Collete Pujol, avaliado em R$ 1.300,00 (fls. 12/13).

Diante da recusa pela Municipalidade, a MM. Juíza indeferiu a nomeação do bem e determinou o integral cumprimento do mandado de penhora (fls. 14).

Inconformado, o executado interpôs o presente agravo de instrumento.

[...] diante da discordância da exequente, a nomeação é realmente ineficaz.

Outrossim, na maioria das vezes, bens como o indicado, não despertam interesse, resultando, eventualmente, em leilões negativos, eternizando ainda mais a execução em detrimento da Fazenda, além de provocar demora injustificada no andamento do processo."

No mesmo sentido: BRASIL. Tribunal de Justiça de São Paulo. 18ª Câmara de Direito Público, AI. nº 9058350-47.2008.8.26.0000, j. 11.9.2008, Rel. Desembargador Carlos Giarusso Santos.

[58] LAZZARINI, Alexandre Alves. Reflexões sobre a recuperação judicial de empresas. In: LUCCA, Newton de; DOMINGUES, Alessandra de Azevedo (Coord.). **Direito recuperacional**. São Paulo: Quartier Latin, 2009. p. 124. "[...] a recuperação da empresa, antes de ser um *processo judicial* é um *processo negocial-empresarial*, pois o seu sucesso dependerá primordialmente não da tutela judicial, mas da capacidade da empresa em crise em negociar com seus credores, mostrando a eles a existência da possibilidade de superar a referida crise".

[59] BRASIL. Congresso Nacional. Lei nº 11.101. Brasília: 9.2.2005. "Art. 64. Durante o procedimento de recuperação judicial, o devedor ou seus administradores serão mantidos na condução da atividade empresarial, sob fiscalização do Comitê, se houver, e do administrador judicial, salvo se qualquer deles: [...]."

No que diz respeito ao objeto deste estudo, a restrição legal que mais importa é aquela que proíbe o empresário em recuperação de "alienar ou onerar bens ou direitos de seu ativo permanente", salvo com autorização judicial ou se a venda estiver prevista no plano de recuperação.[60]

A lei anterior trazia dispositivo com conteúdo semelhante (art. 167 do Decreto-lei nº 7.661/1945), porém mais restritivo. Essa revogada norma, ao tratar da concordata, proibia o devedor de alienar ou gravar de ônus real os *imóveis*. Note-se que a lei atual *ampliou essa restrição*, na medida em que não mais se refere exclusivamente aos imóveis, mas sim a *todos os bens ou direitos do ativo permanente*. Neste contexto, indaga-se: as obras de arte de uma galeria, por exemplo, fazem parte do ativo permanente? Se a galeria ingressar com pedido de recuperação judicial fica proibida de vendê-las até que o plano seja homologado pelo juiz?

Ao contrário do que possa parecer à primeira vista, a resposta a essa indagação não é tão simples. Verificam-se na doutrina especializada dois posicionamentos antagônicos. Em primeiro lugar, estão os que analisam o dispositivo em sua literalidade, a partir dos conceitos contábeis de ativo permanente e ativo circulante. Fugindo ao jargão da Contabilidade para se adotar uma linguagem propositadamente mais clara, pode-se dizer que os bens *usualmente comercializados* pela empresa se inserem no *ativo circulante*, ao passo que os não direcionados à circulação corriqueira integram o ativo permanente. Por exemplo, numa mercearia os alimentos fazem parte do ativo circulante, ao passo que os computadores, veículos que entregam os produtos em domicílio ou os imóveis dessa mesma empresa pertenceriam ao ativo permanente.

Para essa primeira linha de pensamento, a galeria de arte do exemplo acima poderia continuar alienando normalmente suas obras, independentemente de autorização judicial, mesmo se esse aspecto da atividade empresarial não estivesse previsto no plano de recuperação,[61] uma vez que as obras de arte fariam parte do ativo circulante, e não do permanente.

Em sentido oposto estão os que sustentam que a interpretação meramente literal poderia esvaziar o sentido prático da lei, abrindo brecha para a prática de fraudes por parte do devedor em recuperação. Para estes, a oneração de bens do ativo circulante também poderia comprometer seriamente a estabilidade econômica da empresa em recuperação,

---

[60] BRASIL. Congresso Nacional. Lei nº 11.101. Brasília: 9.2.2005. Art. 66.
[61] Nesse sentido: FONSECA, Humberto Lucena Pereira da. In: CORRÊA-LIMA, Osmar Brina; CORRÊA-LIMA, Sérgio Mourão (Coord.). **Comentários à nova Lei de Falência e Recuperação de Empresas**. Rio de Janeiro: Forense, 2009. p. 451. "[...] a Lei colocou a salvo desse procedimento – claramente mais burocrático [que exige autorização judicial para a oneração ou venda de bens] – as vendas decorrentes do cumprimento do objeto da empresa. Com efeito, seria impensável que, para proceder a suas vendas normais, o devedor em recuperação necessitasse autorização judicial, pois exigência como essa prejudicaria a agilidade de seus negócios e diminuiria suas chances efetivas de soerguimento".

merecendo ser igualmente vigiada pelos credores, pelo administrador judicial e, obviamente, pelo juiz.⁶²

Nesse embate, a razão parece estar com o último posicionamento. Porém, algumas considerações críticas devem ser feitas. Com efeito, não se pode estender a proibição legal a bens que não pertençam, formalmente, ao ativo permanente, pois *normas restritivas de direito não podem ser interpretadas extensivamente*. Assim, *não se presume depender de autorização judicial ou de previsão expressa no plano de recuperação a alienação ou oneração de obras de arte feitas por empresário em recuperação*, como a galeria anteriormente citada no exemplo, ou também por marchantes, curadores etc. Por outro lado, também não se pode fechar os olhos para a realidade, no sentido de que em certos casos os bens situados fora do ativo permanente são tão ou mais importantes do que estes para o soerguimento da empresa em crise. *Nestes casos, ainda que não haja determinação legal que exija prévia submissão ao crivo do juiz para dispor de tais bens, é recomendável que isso seja feito, a fim de evitar a futura anulação do ato, não com base na literalidade do citado dispositivo, mas sim numa interpretação sistêmica da lei.*

Por sua vez, a falência é uma providência subsidiária, cabível quando inviável ou desproporcional o esforço para soerguimento da empresa, ou, ainda, em caso de descumprimento do plano de recuperação judicial. Como visto, ela trabalha com a ideia de igualdade entre os credores da mesma classe (*par conditio creditorum*), de forma que os bens do devedor devem ser arrecadados e alienados para, com o produto dessa alienação, ir paulatinamente pagando os credores de acordo com a ordem legal de preferência. Por exemplo, primeiro são pagos os créditos derivados da legislação do trabalho, até 150 sa-

---

⁶² MUNHOZ, Eduardo Secchi. In: SOUZA JUNIOR, Francisco Satiro; PITOMBO, Antônio Sérgio A. de Moraes (Coord.). **Comentários à Lei de Recuperação de Empresas e Falência**. São Paulo: Revista dos Tribunais, 2005. p. 309-310. "Há de se observar, ainda no que respeita aos aspectos gerais do dispositivo, que nada justifica a limitação de seu campo de aplicação aos bens ou direitos integrantes do ativo permanente. É que, na realidade econômica contemporânea, a depender da natureza e da situação econômica da empresa, a alienação ou oneração de bens ou direitos que não integram o ativo permanente pode ser tão ou mais lesiva ao interesse dos credores do que a alienação ou oneração dos que o integram. A título ilustrativo, pode-se figurar a hipótese de uma empresa de serviços, cujo ativo permanente tem valor extremamente reduzido, oferecer em penhor os seus recebíveis (direitos creditórios) dos próximos 12 meses em garantia de um empréstimo concedido após a distribuição do pedido de recuperação. Obviamente, embora não tenha onerado bens do ativo permanente, um ato assim praticado pelo devedor deveria depender da autorização judicial, após ouvido o comitê de credores, por possuir um elevado potencial de causar lesão aos credores anteriores; o risco de lesão aos credores decorrentes dessa oneração de direito não integrante do ativo permanente seria muito superior, v. g., ao que decorreria da eventual oneração dos computadores da empresa.

A Lei, portanto, ao referir-se apenas aos bens ou direitos integrantes do ativo permanente, sem estabelecer nenhum critério para estender a necessidade de autorização judicial para outras hipóteses, deixou de oferecer proteção, na amplitude necessária, aos interesses dos credores."

lários-mínimos por credor, em seguida os créditos com garantia real, como as hipotecas, depois o Fisco etc.[63]

Uma vez decretada a falência – ao contrário do que ocorre na recuperação – o devedor perde o comando da empresa e o direito de administrar o patrimônio empresarial, inclusive eventuais obras de arte.[64] Por isso, deve o juiz nomear um sujeito, denominado de *administrador judicial*,[65] a quem competirá, como o próprio nome sugere, administrar o patrimônio do falido durante o processo de execução concursal. Conforme previsão expressa da lei,[66] este profissional de confiança do Juízo pode ser tanto uma pessoa física, preferencialmente advogado, economista, administrador de empresas ou contador, quanto uma pessoa jurídica, como uma sociedade empresária especializada neste tipo de atividade, o que é mais recomendável caso a empresa falida seja de grande porte, o que dificultaria sua administração, isoladamente, por um único sujeito.

Ato contínuo a sua nomeação, o administrador judicial deve *arrecadar os bens do falido*.[67] Por arrecadação se entende o ato por meio do qual o administrador judicial reúne todos os bens do falido, inclusive os que estejam em poder de terceiros, a fim de avaliar seu estado de conservação e valor, formando uma visão global sobre o patrimônio disponível para ser repartido entre os credores.[68]

Nesse ponto, há uma importantíssima questão a ser destacada. Somente podem ser arrecadados os bens de *propriedade do falido*, ou seja, aqueles que ele houver adquirido em definitivo. E *desde que não sejam absolutamente impenhoráveis*.[69] Por exemplo, as obras de arte compradas por uma galeria diretamente do artista ou de terceiros, para serem posteriormente revendidas, passam a ser propriedade da galeria e podem ser arrecadadas.

---

[63] BRASIL. Congresso Nacional. Lei nº 11.101. Brasília: 9.2.2005. Art. 83.

[64] BRASIL. Congresso Nacional. Lei nº 11.101. Brasília: 9.2.2005. Art. 75.

[65] PIMENTA, Eduardo Goulart. Atribuições e perfil do administrador judicial, gestor judicial e comitê de credores no contexto da Lei nº 11.101/05. In: CASTRO, Moema Augusta Soares; CARVALHO, William Eustáquio de (Coord.). **Direito falimentar contemporâneo**. Porto Alegre: Sergio Antônio Fabris, 2008. p. 11. "O administrador judicial é um órgão instituído para ser o principal auxiliar do juízo na condução do processo de falência ou recuperação de empresas tendo em vista a impossibilidade material e técnica de se atribuir exclusivamente ao Poder Judiciário o ônus de dirigir tais processos tanto sob o aspecto de sua legalidade quanto de sua viabilidade e correção econômica, contábil e administrativa."

[66] BRASIL. Congresso Nacional. Lei nº 11.101. Brasília: 9.2.2005. Art. 21.

[67] BRASIL. Congresso Nacional. Lei nº 11.101. Brasília: 9.2.2005. Art. 108.

[68] BERTOLDI, Marcelo. In: CORRÊA-LIMA, Osmar Brina; CORRÊA-LIMA, Sérgio Mourão (Coord.). **Comentários à Nova Lei de Falência e Recuperação de Empresas**. Rio de Janeiro: Forense, 2009. p. 814. "A realidade demonstra que, com a declaração da quebra, se não forem tomadas medidas para resguardar o patrimônio do falido, rapidamente esse patrimônio se deteriora em decorrência, muitas vezes, de seu abandono ou até mesmo por atividade ilícita praticada por credores, falido ou terceiros. Sendo assim, com a arrecadação é que se torna plenamente conhecido o patrimônio do devedor, cabendo ao administrador sua guarda e conservação."

[69] BRASIL. Congresso Nacional. Lei nº 11.101. Brasília: 9.2.2005. Art. 108, § 4º.

Ainda assim, com algumas ressalvas.[70] Por exemplo, imagine-se a situação em que um cliente procura uma galeria de arte, que habitualmente revende com exclusividade os quadros de determinado artista, a fim de encomendar um quadro com características específicas. A galeria, então, entra em contato com o artista e confirma sua disponibilidade para produzir a obra, bem como o preço. Estando de acordo, o cliente assume pagar o preço ajustado além da comissão devida à galeria. Há, neste caso, duas relações jurídicas distintas, porém interdependentes: uma a da galeria que compra a obra do artista, já tendo assumido o compromisso de revendê-la; outra firmada entre a galeria e o cliente, destinatário final do quadro. Suponha-se que já concluído o quadro e estando este em trânsito sobrevenha a decretação de falência da galeria. Pode o artista suspender a entrega do produto, com medo de não receber os valores devidos, em razão da quebra da galeria? Pode o administrador judicial arrecadar esse bem no processo de falência?

Nesta hipótese, a lei falimentar é clara ao assegurar o direito do cliente de receber a obra, pois *os bens que o falido tenha adquirido e revendido de boa-fé e que ainda estejam em trânsito não podem ser arrecadados*, desde que haja prova documental de que foram revendidos antes da decretação da falência.

No mesmo exemplo, se o quadro encomendado *ainda não tiver sido concluído*, a lei assegura ao administrador judicial da galeria a prerrogativa de decidir, unilateralmente, se é mais conveniente cumprir ou não os contratos firmados. *Caso decida pelo cumprimento dos contratos*, por ser isto mais rentável para o processo falimentar, o quadro deverá ser normalmente produzido pelo artista e incumbirá ao cliente pagar à massa falida as prestações, da mesma forma como haviam sido pactuadas. Já o artista deverá habilitar seu crédito na massa falida, na classe dos credores quirografários (que, na prática, estão entre os últimos a serem pagos), a fim de receber os valores devidos. *Caso, porém, o administrador judicial decida pelo não cumprimento dos contratos*, tanto o artista quanto o cliente deverão habilitar seus créditos na falência.[71] O primeiro para receber os valores que porventura já tenha gasto na execução da obra, enquanto o segundo, para reaver as parcelas pagas à galeria.

Como dito, somente podem ser arrecadados os bens de propriedade do falido e que não sejam absolutamente impenhoráveis. Cuidando-se especificamente do mercado de obras

---

[70] No corpo do texto foram descritas e ilustradas apenas algumas destas ressalvas. Para um rol mais amplo, consulte-se: BRASIL. Congresso Nacional. Lei nº 11.101. Brasília: 9.2.2005. Art. 119.

[71] FRONTINI, Paulo Salvador. In: SOUZA JUNIOR, Francisco Satiro; PITOMBO, Antônio Sérgio A. de Moraes (Coord.). **Comentários à Lei de Recuperação de Empresas e Falência**. São Paulo: Revista dos Tribunais, 2005. p. 440. "Neste inciso, a fórmula estabelecida pela revogada Lei de Falências de 1945 foi inteiramente modificada.

No diploma revogado, ocorrendo a hipótese (*coisa móvel vendida a prestações e não entregue*), deliberando o síndico não cumprir o contrato, a massa deveria restituir ao comprador o valor das prestações já recebidas pelo falido (Dec.-lei 7.661/1945, art. 44, III).

O legislador de 2005 adotou solução oposta. Se o administrador judicial deliberar não cumprir o contrato, ao comprador (que já pagou prestações) restará habilitar seu crédito."

de arte, há outra observação a ser feita. É muito comum que o artista crie suas obras e as entregue a uma galeria, para serem posteriormente revendidas por esta, por meio de um *contrato de comissão*[72] (vulgarmente chamado de "consignação"). Nesse caso, a galeria não adquire a propriedade da obra tão logo a recebe do artista, o que lhe é favorável, pois não acarreta o custo de ter que pagar pelo bem sem antes saber em quanto tempo conseguirá vendê-lo. Por sua vez, a sistemática é também muito cômoda para o próprio artista, que em regra não precisa pagar à galeria, antecipadamente, pela exposição de sua obra. Nesse contexto, a galeria atua como uma "vitrine", divulgando a obra ao público até que surja algum interessado em adquiri-la. Quando isso acontecer, ela já estará autorizada, por força do contrato de comissão anteriormente celebrado com o artista, a alienar o bem diretamente ao interessado, sem necessidade de consulta ao artista, mediante posterior pagamento a ele dos valores ajustados no contrato, já deduzido um montante previamente definido (e que costuma ser um percentual sobre o valor total da venda) que visa a remunerar a galeria pelos seus serviços, comumente chamado de comissão.

Havendo contrato de comissão, antes de completada a venda a galeria não será proprietária da obra, pois não a comprou do autor. Ela será meramente possuidora do bem. Sobrevindo a falência da galeria, não seria razoável admitir que o administrador judicial pudesse arrecadar bens de terceiro, que simplesmente estão na posse do falido, mas que de fato não lhe pertencem. Por isso, nesses casos a lei assegura ao artista o direito de reaver as obras, por meio daquilo que se denomina *pedido de restituição*.[73] Sua finalidade é devolver aos legítimos proprietários bens que porventura estejam na posse do falido, em razão de contratos ou quaisquer outras causas, além dos que tenham sido arrecadados de terceiros, evitando, assim, que sejam indevidamente contabilizados como patrimônio a ser repartido entre os credores. Por isso, é recomendável que o pedido de restituição seja feito antes da alienação desses bens pela massa falida, caso em que o próprio objeto deverá ser devolvido ao proprietário. Se, porém, esse pedido for posterior, a solução será pagar

---

[72] Sobre o contrato de comissão, vale transcrever a claríssima e exemplar lição de Humberto Theodoro Júnior: THEODORO JÚNIOR, Humberto. Do Contrato de Comissão no novo Código Civil. **Jornal da Faculdade de Direito da UFMG (O Sino do Samuel)**, Belo Horizonte, ano IX, nº 66, p. 6-7, jun. 2003. p. 6. "A comissão autoriza o não dono a vender a coisa que lhe foi confiada pelo dono. A venda, porém, é feita pelo comissário, sem invocar o nome do comitente. Há, por isso, em seu bojo, um mandato, porque o dono confere poderes a outrem para praticar a alienação. O mandato, contudo, é cumprido, perante o terceiro adquirente, como se o comissário fosse o proprietário, isto é, sem que este o esteja representando. O poder de dispor da coisa alheia o comissário adquire antes do negócio alienatório e por efeito imediato do contrato de comissão. Quando chega o momento de negociar com o pretendente a aquisição, o comissário, sem ser dono, está credenciado a realizar o contrato em nome próprio, sem necessidade de declarar vontade em nome de outrem. Eis porque se diz que se trata de mandatário sem representação."

[73] BRASIL. Congresso Nacional. Lei nº 11.101. Brasília: 9.2.2005. Art. 85.
SALLES, Marcos Paulo de Almeida. In: SOUZA JUNIOR, Francisco Satiro; PITOMBO, Antônio Sérgio A. de Moraes (Coord.). **Comentários à Lei de Recuperação de Empresas e Falência**. São Paulo: Revista dos Tribunais, 2005. p. 374. "[...] o pedido de restituição é autorizado tão somente aos legitimados proprietários dos bens detidos nas mãos do falido ou equivocadamente arrecadados".

ao proprietário o valor do bem, conforme ele houver sido avaliado na falência. Concluindo, *os bens em poder do falido, fruto de contrato de comissão, não podem ser arrecadados pelo administrador judicial*, pois o falido não é proprietário deles. Sobrevindo a quebra, os artistas têm o direito de reaver as obras que estejam em poder do falido por força de um contrato de comissão. A medida adequada para isso é o mencionado pedido de restituição.

7   CONCLUSÃO

Ficam assim entrevistos, ainda que palidamente apenas, os principais aspectos do regime jurídico aplicável às obras de arte na recuperação judicial de empresas e na falência. Não obstante a singeleza do texto, porém – a lembrar a sobriedade de um templo grego –, estamos certos de que ele serve para mostrar a absoluta falta de visão dos que, em nome de um pretenso rigor científico, apregoam a necessidade do divórcio entre o mundo do Direito e o das Artes, até mesmo escarnecendo daqueles que, ao contrário, vislumbram interação mútua entre ambos...

Tais "apedeutas de plantão" ignoram, por certo, que o objeto da tese de doutorado de Hans Kelsen, foi nada mais, nada menos, do que **A divina comédia**, de Dante Alighieri, e que a peça de Shakespeare, **O mercador de Veneza**, foi a referência central de Rudolf von Ihering, em seu clássico **A luta pelo direito**. Ignoram, igualmente, que os bustos que adornam as Arcadas da Faculdade de Direito da Universidade de São Paulo, reconhecidamente a mais importante da América Latina, não são de juristas, mas sim de grandes poetas da literatura brasileira do passado...

Oxalá a presente obra, pioneiramente concebida pelos eminentes Drs. Gladston Mamede, Marcílio Toscano Franca Filho e Otavio Luiz Rodrigues Junior, a quem rendemos nossas mais sinceras homenagens, possa abrir caminho para que, à imagem e semelhança do que ocorre com o movimento denominado *Law and Literature*, no qual despontam os nomes de François Ost e Gunther Teubner, na Bélgica e na Alemanha, respectivamente, e de certo modo, o de Raffaele De Giorgi,[74] na Itália, tenhamos essa mesma inclinação aqui no Brasil também.

---

[74]   Veja-se, já publicado entre nós, o excelente **Direito, tempo e memória**, tradução de Guilherme Leite Gonçalves. São Paulo: Quartier Latin, 2006.

REFERÊNCIAS BIBLIOGRÁFICAS

ABRÃO, Nelson. **Curso de direito falimentar**. São Paulo: Saraiva, 1978.

ARGAN, Giulio Carlo. **Arte moderna**: do Iluminismo aos movimentos contemporâneos. Tradução: Federico Carotti; Denise Bottmann. São Paulo: Companhia das Letras, 1992.

BAIRD, Douglas G.; RASMUSSEN, Robert K. The end of bankruptcy. **Stanford Law Review**, n. 55, p. 751-788, 2002.

BERTOLDI, Marcelo. In: CORRÊA-LIMA, Osmar Brina; CORRÊA-LIMA, Sérgio Mourão (Coord.). **Comentários à Nova Lei de Falência e Recuperação de Empresas**. Rio de Janeiro: Forense, 2009.

BEZERRA FILHO, Manoel Justino. **Lei de Falências comentada**. São Paulo: Revista dos Tribunais, 2001.

BRANDI, Cesare. **Teoria del restauro**. Torino: Einaudi, 1977.

CABANNE, Pierre. **Marcel Duchamp**: engenheiro do tempo perdido. 3. ed. Tradução: Paulo José Amaral. São Paulo: Perspectiva, 2008.

COELHO, Fábio Ulhoa. **Comentários à nova Lei de Falências e de Recuperação de Empresas**. São Paulo: Saraiva, 2005.

CZAJKOWSKI, Rainer. **A impenhorabilidade do bem de família**: Comentários à Lei 8.009/1990. 4. ed. Curitiba: Juruá, 2001.

DE GIORGI, Raffaele. **Direito, tempo e memória**. Tradução: Guilherme Leite Gonçalves, São Paulo: Quartier Latin, 2006.

DE LUCCA, Newton; SIMÃO FILHO, Adalberto. **Comentários à nova Lei de Recuperação de Empresas**: comentários artigo por artigo da Lei 11.101/2005. São Paulo: Quartier Latin, 2005.

DWORKIN, Ronald. Hard cases. **Harvard Law Review**, Boston: Harvard University Press, v. 88, nº 6, p. 1057-1109, Apr. 1975.

FERREIRA, Waldemar. **Tratado de direito comercial**. São Paulo: Saraiva, 1965. v. 14.

FONSECA, Humberto Lucena Pereira da. In: CORRÊA-LIMA, Osmar Brina; CORRÊA-LIMA, Sérgio Mourão (Coord.). **Comentários à nova Lei de Falência e Recuperação de Empresas**. Rio de Janeiro: Forense, 2009.

FORGIONI, Paula Andrea. **A evolução do direito comercial brasileiro**: da mercancia ao mercado. São Paulo: Revista dos Tribunais, 2009.

FRONTINI, Paulo Salvador. In: SOUZA JUNIOR, Francisco Satiro; PITOMBO, Antônio Sérgio A. de Moraes (Coord.). **Comentários à Lei de Recuperação de Empresas e Falência**. São Paulo: Revista dos Tribunais, 2005.

GRAZIANI, Alessandro; MINERVINI, Gustavo. **Manuale di diritto commerciale**. Napoli: Morano, 1979.

LAMY FILHO, Alfredo. A empresa – formação e evolução – responsabilidade social. In: SANTOS, Theophilo de Azeredo (Coord.). **Novos estudos de direito comercial em homenagem a Celso Barbi Filho**. Rio de Janeiro: Forense, 2003.

LAZZARINI, Alexandre Alves. Reflexões sobre a recuperação judicial de empresas. In: LUCCA, Newton de; DOMINGUES, Alessandra de Azevedo (Coord.). **Direito recuperacional**. São Paulo: Quartier Latin, 2009.

LOBO, Jorge. A empresa: novo instituto jurídico. **Revista de Direito Mercantil, Industrial, Econômico e Financeiro**. São Paulo: Malheiros, ano XLI, nº 125, p. 29-40, jan./mar. 2002.

MUNHOZ, Eduardo Secchi. In: SOUZA JUNIOR, Francisco Satiro; PITOMBO, Antônio Sérgio A. de Moraes (Coord.). **Comentários à Lei de Recuperação de Empresas e Falência**. São Paulo: Revista dos Tribunais, 2005.

NUNES, Marcelo Guedes. Intervenção judicial liminar na administração de sociedades. In: CASTRO, Rodrigo R. Monteiro de; AZEVEDO, Luís André N. de Moura (Coord.). **Poder de controle e outros temas de direito societário e mercado de capitais**. São Paulo: Quartier Latin, 2010.

NUSDEO, Fábio. **Curso de economia**: introdução ao direito econômico. 6. ed. São Paulo: Revista dos Tribunais, 2010.

OLIVEIRA, Raquel Diniz. Teoria e prática da restauração. **Revista Patrimônio: Lazer & Turismo**, Santos: UNISANTOS, v. 6, p. 75-91, 2009.

PACHECO, José da Silva. **Processo de falência e concordata**. Rio de Janeiro: Borsoi, 1970. v. 1.

PARENTONI, Leonardo Netto; GUIMARÃES, Rafael Couto. In: CORRÊA-LIMA, Osmar Brina; CORRÊA-LIMA, Sérgio Mourão (Coord.). **Comentários à nova Lei de Falência e Recuperação de Empresas**. Rio de Janeiro: Forense, 2009.

_____. O conceito de empresa no Código Civil de 2002. **Revista Forense**, Rio de Janeiro: Forense, v. 388, p. 133-151, nov./dez. 2006.

PIMENTA, Eduardo Goulart. Atribuições e perfil do administrador judicial, gestor judicial e comitê de credores no contexto da Lei nº 11.101/05. In: CASTRO, Moema Augusta Soares; CARVALHO, William Eustáquio de (Coord.). **Direito falimentar contemporâneo**. Porto Alegre: Sergio Antônio Fabris, 2008.

RIEGL, Aloïs. **O culto moderno dos monumentos**: sua essência e sua gênese. Tradução: Elane Ribeiro Peixoto; Albertina Vicentini. Goiânia: UCG, 2006.

RIPERT, Georges. **Aspectos jurídicos do capitalismo moderno**. Campinas: Red, 2002.

SALLES, Marcos Paulo de Almeida. In: SOUZA JUNIOR, Francisco Satiro; PITOMBO, Antônio Sérgio A. de Moraes (Coord.). **Comentários à Lei de Recuperação de Empresas e Falência**. São Paulo: Revista dos Tribunais, 2005.

TALAMANCA, Mario. **Istituzioni di diritto romano**. Milano: Giuffrè, 1990.

TARZIA, Giuseppe. Il giusto processo di esecuzione. **Rivista di Diritto Processuale**, Padova: CEDAM, anno LVII, nº 2, p. 329-350, apr./giu. 2002.

THEODORO JÚNIOR, Humberto. Do contrato de comissão no novo Código Civil. **Jornal da Faculdade de Direito da UFMG (O Sino do Samuel)**, Belo Horizonte, ano IX, nº 66, p. 6-7, jun. 2003.

VALVERDE, Trajano de Miranda. **Comentários à Lei de Falências**. 4. ed. Atualização: PENALVA SANTOS, J. A; PENALVA SANTOS, Paulo. Rio de Janeiro: Forense, 2001.

WEITZ, Morris. O papel da teoria em estética. In: D'Orey, C. (Coord.). **O que é Arte?** Lisboa: Dinalivro, 2007. p. 61-78. Texto publicado originalmente em **The Journal of Aesthetics and Art Criticism**, v. 15, nº I, p. 27-35.

WIEACKER, Franz. **História do direito privado moderno.** 2. ed. Tradução: A. M. Botelho Hespanha. Lisboa: Fundação Calouste Gulbenkian, 1967.

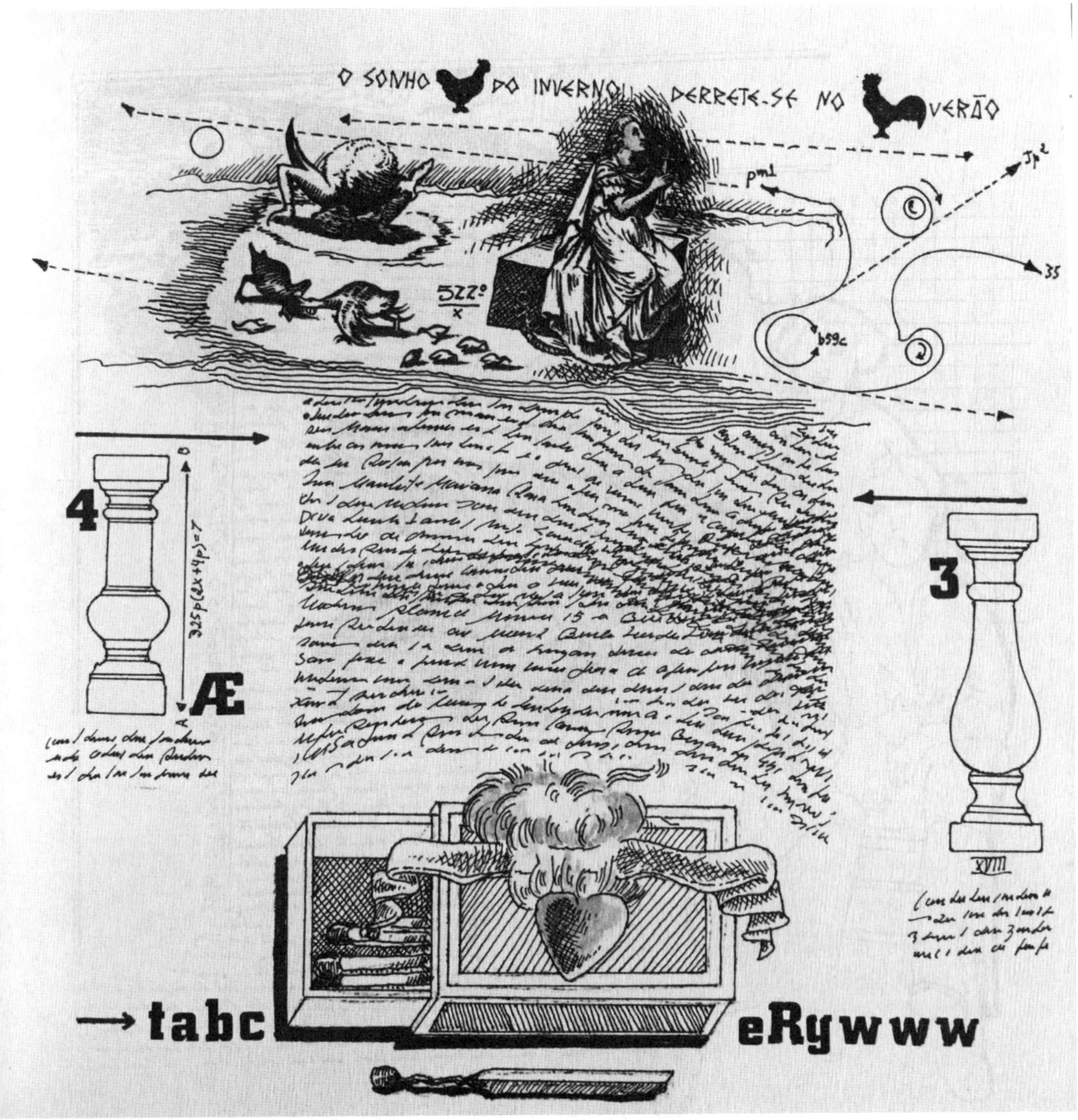
O SONHO DO INVERNO DERRETE-SE NO VERÃO
522º
x
b59c
35
4
Æ
3
XVIII
tabc
eRywww

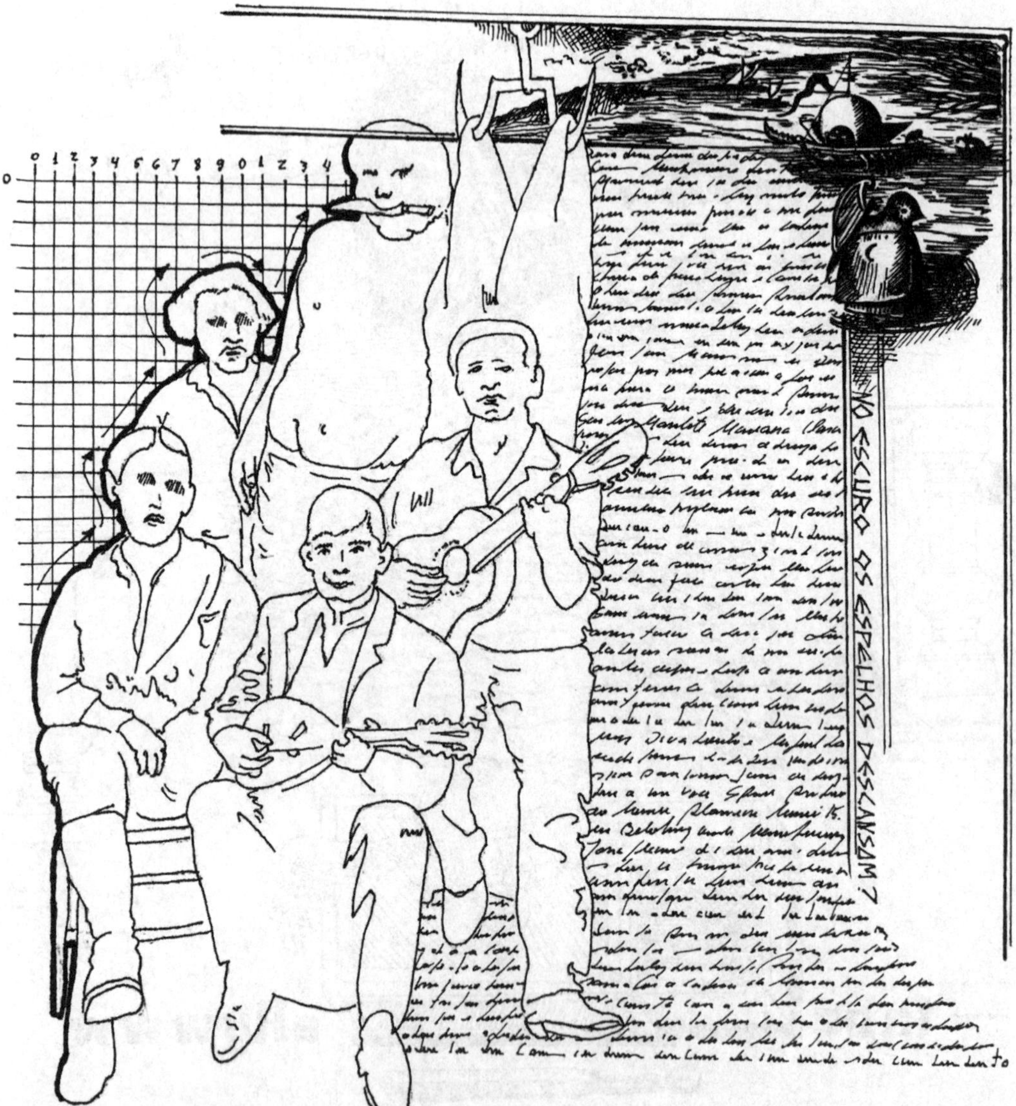
NO ESCURO OS ESPELHOS DESCANSAM

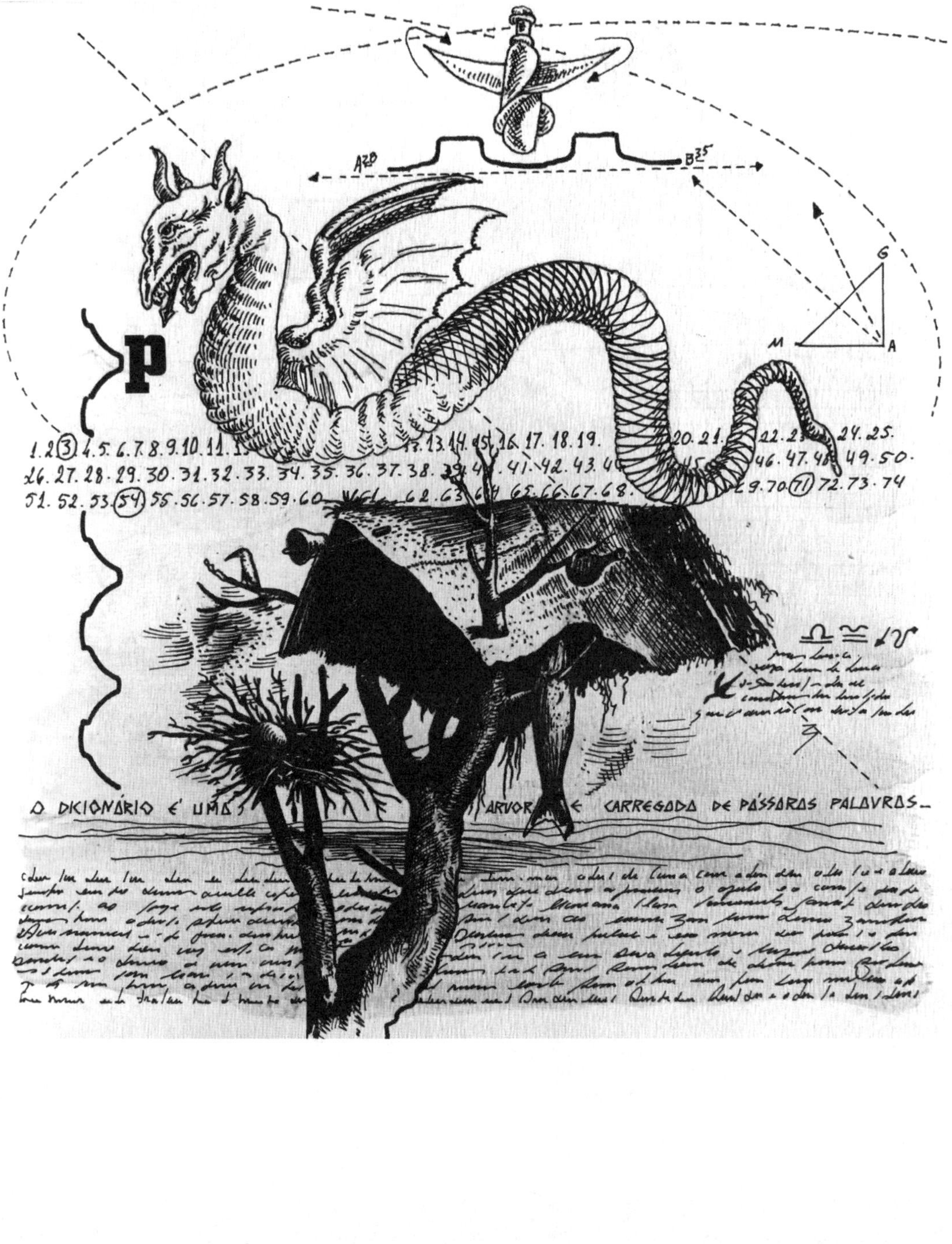
p
O DICIONÁRIO É UMA
ARVOR
E CARREGADA DE PÁSSAROS PALAVRAS

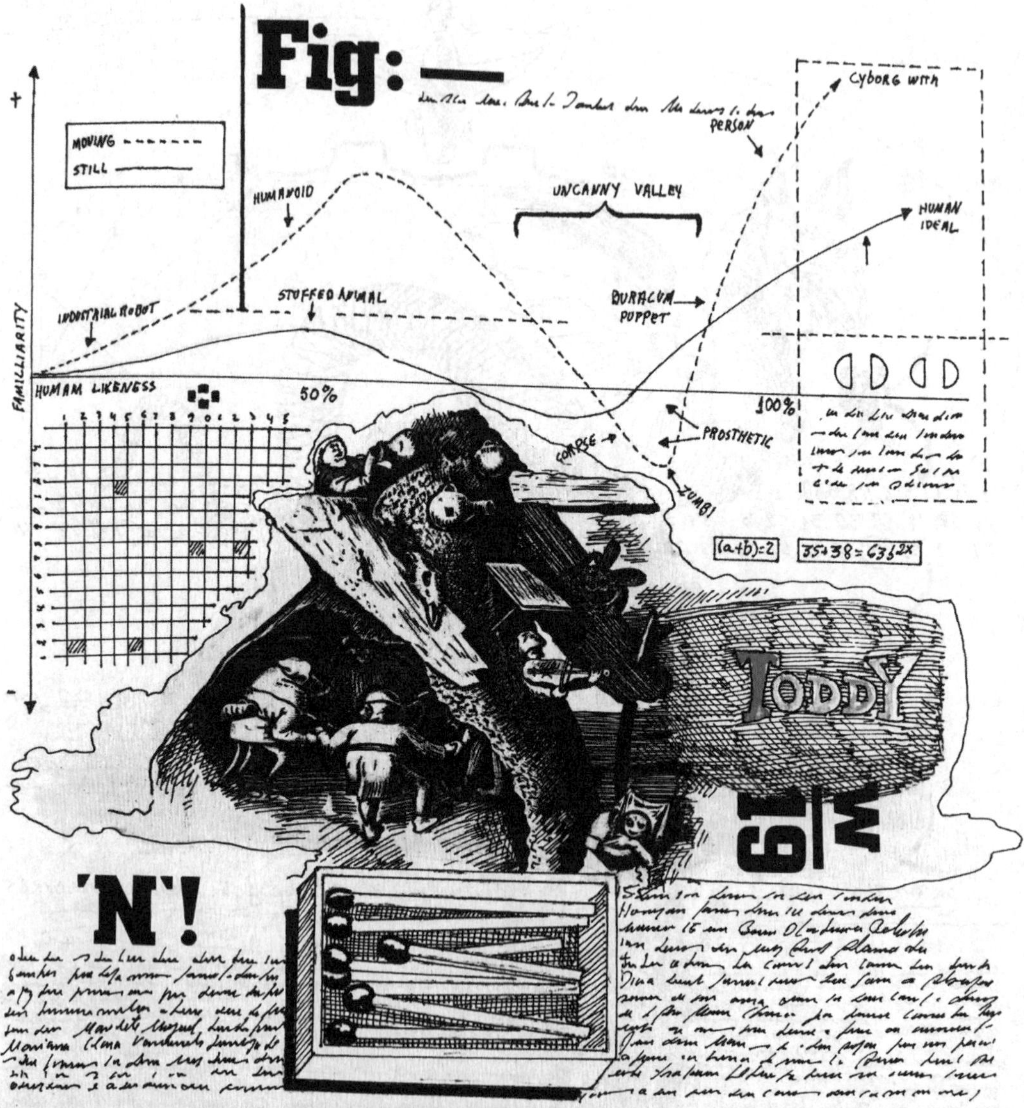
Fig: —
CYBORG WITH
PERSON
MOVING
STILL
HUMANOID
UNCANNY VALLEY
HUMAN IDEAL
INDUSTRIAL ROBOT
STUFFED ANIMAL
PUPPET
FAMILIARITY
HUMAN LIKENESS
50%
100%
CORPSE
PROSTHETIC
ZUMBI
(a+b)=2
TODDY
'N'!

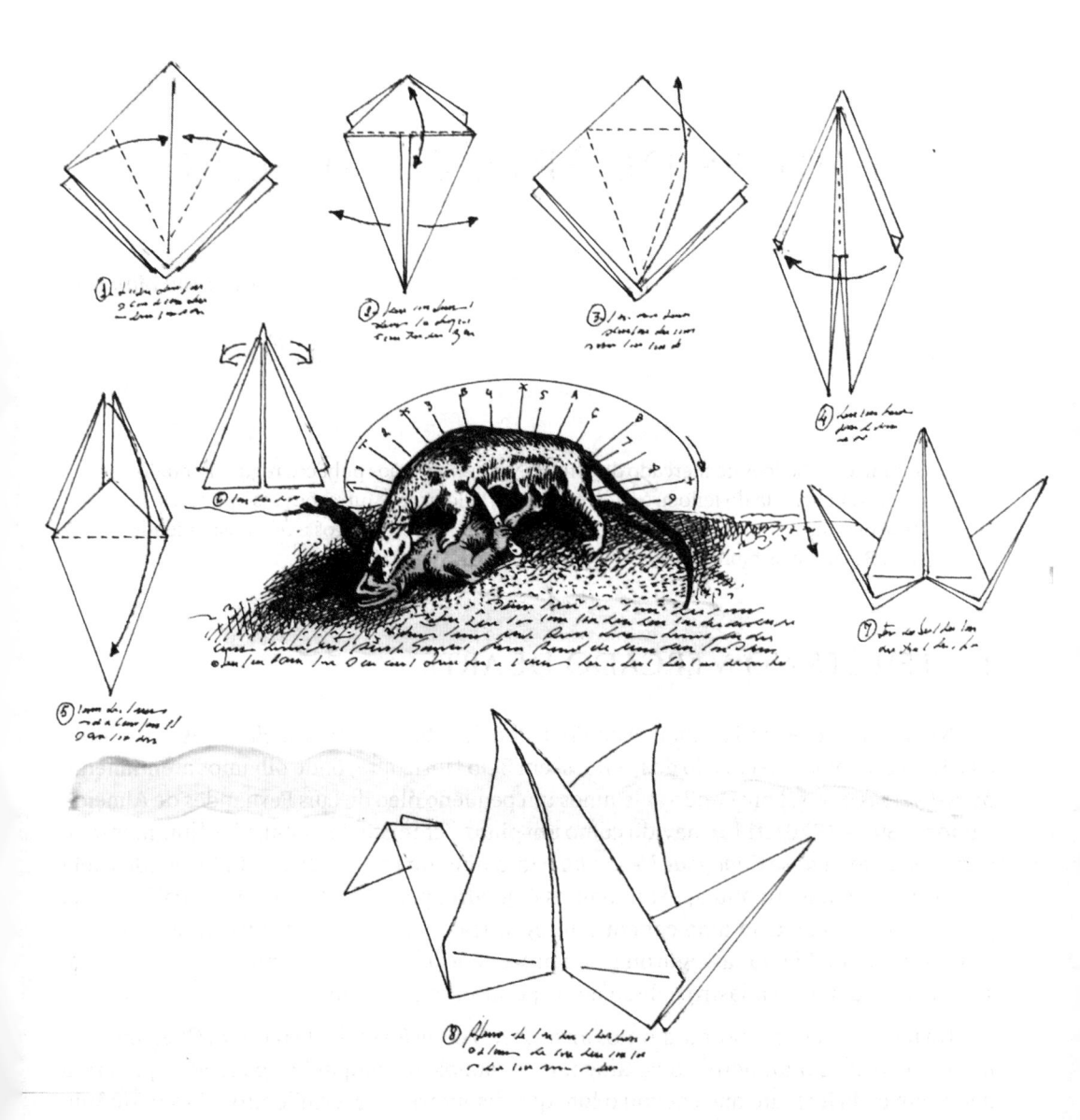

Arte em Crise: Breves notas sobre o Regime Jurídico Aplicável às Obras de Arte na Recuperação Judicial de Empresas

18

Leilões de Arte e Leiloeiros

Gladston Mamede[1]

Sumário: 1. Leilões no mercado de arte. 2. Normas e órgãos públicos regulamentadores. 3. A matrícula do leiloeiro. 4. A função de leiloeiro. 5. Infrações disciplinares. 6. Relações entre comitente e leiloeiro. 7. Leilões. 8. Deveres éticos e responsabilidade civil. Referências bibliográficas.

1 LEILÕES NO MERCADO DE ARTE

Nunca me esquecerei de meu primeiro leilão de arte. Bem no princípio dos anos 2000, eu e Eduarda fomos ao Palácio dos Leilões, em Belo Horizonte, onde olhamos atentamente para diversas obras. Foi quando avistamos um pequeno óleo de Luís Fernandes de Almeida Júnior (1894 – 1970), tido e havido como um pintor/cronista dos subúrbios fluminenses e cariocas. Chamava-se *Cabeça de Negrinho* e fora pintado na década de 30. Recebidos pela galerista, Lucienne Amantea, examinamos o quadro, percebendo no verso a caligrafia já gasta do autor que, com uma caneta esferográfica, não só assinara a peça, mas deixara seu título e data. Ela nos assegurou a boa procedência da obra e, diante de nosso interesse, preencheu nosso cadastro e disse nos esperar para o certame.

Na noite do leilão, aprontamo-nos ansiosos. O coração batia disparado. Chegamos na hora, recebemos o número e o catálogo, e passamos a acompanhar os lanços que eram dados em cada lote, até que chegou o lote que disputaríamos. O leiloeiro, Marco Antônio

---

[1] Doutor em Direito pela Universidade Federal de Minas Gerais. Membro do Instituto Histórico e Geográfico de Minas Gerais.

Ferreira, apresentou o quadro e descreveu suas principais características, tomando o cuidado de alertar os incautos para o fato de que não se tratava de José Ferraz de Almeida Júnior (1850-1899), pintor paulista cujas obras têm maior valor de mercado. Colocou a peça em disputa. O lanço inicial era de R$ 2.900,00 que, neófitos, ofertamos de pronto. Fomos batidos em R$ 3.000,00. Seguiu-se uma disputa não muito rápida, já que nós e nosso adversário hesitamos nalguns instantes, mas que terminou em R$ 3.500,00. Vencemos!

Nossa coleção de obras de arte e antiguidades foi essencialmente composta a partir de aquisições feitas em leilões. Aliás, recorremos a casas leiloeiras não apenas para adquirir peças como, igualmente, para vendermos obras que, por qualquer motivo, resolvemos nos desfazer. Por exemplo, a evolução de nosso pequeno acervo justificou, a certa altura, uma guinada de estilos e, com ela, a alienação do pequeno óleo sobre tela de Almeida Júnior, o que também se fez por meio de um certame.

A grande vantagem oferecida pelos leilões é justamente seu mecanismo de formação de preços: parte-se de um *valor de base*, não raro um pouco abaixo do que o *valor de mercado*, permitindo que os interessados definam o preço da obra a partir de uma disputa entre si. Dessa maneira, tais certames acabam por redefinir o *valor de mercado* das obras: pode-se comprar peças abaixo da *tabela do artista*, ou seja, (1) o preço que habitualmente o artista, ele próprio, cobra daqueles que vão a seu estúdio, ou (2) o *valor formado* pelo marchante, a partir de seu trabalho mercadológico que realiza, ou (3) o valor pedido pelos galeristas. Pelo ângulo oposto, os leilões têm igualmente a capacidade de revelar que o mercado dá à obra de determinado artista valor superior ao considerado pelo mercado, definindo, a partir do mecanismo da disputa, preços que, *vira e mexe*, surpreendem a todos.

2 NORMAS E ÓRGÃOS PÚBLICOS REGULAMENTADORES

A atividade de leiloeiro oficial é regulamentada pelo Decreto 21.981/32. A edição da Lei 8.934/94, que disciplinou o Registro Mercantil, não revogou o Decreto 21.981, já que "sequer tratou de especificação e regulamentação da carreira de leiloeiro público", como reconheceu a Primeira Turma do Superior Tribunal de Justiça, quando julgou o Recurso Especial 840.535/DF.

À sombra da Lei 8.934/94 e do Decreto 21.981/32, o Departamento Nacional de Registro do Comércio, órgão ligado ao Ministério do Desenvolvimento, Indústria e Comércio Exterior, editou a Instrução Normativa 113/2010, que regulamenta o exercício da função de leiloeiro no país. Os leilões efetuados via Internet ou por meio de difusão televisiva também devem obedecer a essas normas; o mesmo acontecerá com outros meios de realização de leilões que possam existir.

A teoria jurídica compreende leiloeiro como um *agente auxiliar do comércio*, um conjunto de atividades profissionais que suplementam a atividade mercantil, a exemplo de tradutores públicos e intérpretes comerciais, administradores de armazéns-gerais e trapicheiros.

Nos termos da Lei 8.934/94 (norma que regula o registro público de empresas mercantis e atividades afins), as Juntas Comerciais são responsáveis pelos agentes auxiliares do mercado empresarial, cabendo-lhes cuidar da matrícula de leiloeiros e de seu eventual cancelamento, expedir as carteiras de exercício profissional.

A inserção da matrícula dos leiloeiros no âmbito do Registro Público de Empresas Mercantis e Atividades Afins, por força da Lei 8.934/94, demonstra a importância que o Estado atribui à função. O registro público preserva informações importantes em repartições oficiais, além de dar-lhes publicidade para a segurança dos envolvidos e de terceiros. Cuida-se de atividade exercida por órgãos federais e estaduais em todo o território nacional, de forma sistêmica. Esses órgãos atuam de maneira uniforme, harmônica e interdependente, compondo o Sistema Nacional de Registro de Empresas Mercantis (SINREM), cujo órgão central é o Departamento Nacional de Registro do Comércio (DNRC), a quem a lei atribuiu funções supervisora, orientadora, coordenadora e normativa, no plano técnico; supletivamente, possui função administrativa. Nas Unidades da Federação, têm-se as Juntas Comerciais, com funções executora e administradora dos serviços de Registro Público de Empresas Mercantis e Atividades Afins.

Ao Departamento Nacional do Registro do Comércio (DNRC) cabe o gerenciamento nacional dos serviços de registro de empresas, os quais coordena e supervisiona, no alusivo aos aspectos técnicos de sua execução. É de sua competência o estabelecimento de normas e diretrizes nacionais para as atividades de registro, bem como o poder de solucionar as dúvidas que eventualmente ocorram na interpretação das leis, regulamentos e demais normas relacionadas com os serviços de registro, o que inclui as atividades dos leiloeiros. Para tanto, pode baixar instruções, a serem seguidas pelas Juntas Comerciais, devendo orientá-las na solução de seus problemas, respondendo a consultas que formulem, garantindo que respeitem tanto as leis, quanto os regulamentos do registro empresarial. Some-se o poder de fiscalizar todos os órgãos do registro empresarial, podendo representar junto às autoridades administrativas contra abusos ou infrações.

Já as Juntas Comerciais são órgãos existentes nos Estados e Distrito Federal, com jurisdição no respectivo território, e sede na capital. No plano técnico, estão submetidas ao Departamento Nacional de Registro do Comércio (DNRC); todavia, compõem a estrutura administrativa dos Estados, submetendo-se aos seus governos, com exceção da Junta Comercial do Distrito Federal, subordinada administrativa e tecnicamente ao Departamento Nacional de Registro do Comércio. Nos Estados, é possível que os serviços das Juntas sejam desconcentrados por meio do estabelecimento de convênios com órgãos da Administração direta, autarquias e fundações públicas e entidades privadas sem fins lucrativos, sempre respeitadas as instruções normativas do Departamento Nacional de Registro do Comércio sobre o tema.

A matrícula dos leiloeiros – e, eventualmente, o seu cancelamento – compete às Juntas Comerciais, assim como é sua função autenticar os instrumentos de escrituração dos agentes auxiliares do comércio. Como visto acima, esses atos são exercidos por delegação federal; assim, sua impugnação judicial será da competência da Justiça Federal, respeitado o artigo 109, VIII, da Constituição da República.

Compete ao Setor de Fiscalização de Leiloeiros das Juntas Comerciais (1) manter cadastro atualizado dos leiloeiros habilitados e de seus prepostos; (2) preparar os respectivos termos de compromisso, certificados de matrícula e carteiras de exercício profissional; (3) fiscalizar as atividades dos leiloeiros e de seus prepostos, na forma da lei, comunicando à autoridade competente as irregularidades eventualmente verificadas; (4) orientar os profissionais, em caráter preventivo, para o bom e fiel cumprimento de suas obrigações; (5) publicar, até o último dia do mês de março de cada ano, no *Diário Oficial do Estado* e, no caso da Junta Comercial do Distrito Federal, no *Diário Oficial da União*, a lista dos leiloeiros, classificada por antiguidade; (6) requerer, uma vez cancelada a matrícula, a devolução dos livros para autenticação dos termos de encerramento, bem como a devolução da Carteira de Exercício Profissional, mediante o pagamento do preço devido, pelo leiloeiro; e (7) manter, à disposição dos entes públicos e demais interessados, relação dos leiloeiros, onde constarão o número da matrícula e outras informações que julgar indispensáveis.

3   A MATRÍCULA DO LEILOEIRO

Como visto, na forma do artigo 1º do Regulamento do Decreto 21.981/32,[2] a profissão de leiloeiro é exercida mediante matrícula concedida pelas Juntas Comerciais. Esse decreto foi editado por Getúlio Vargas, na condição de *Chefe do Governo Provisório da República dos Estados Unidos do Brasil*, na conformidade do artigo 1º do Decreto 19.398/30, ou seja, na sombra dos atos resultantes da Revolução de 1930. Portanto, é norma que tem eficácia de lei.

Para ser leiloeiro, exige o artigo 2º, é necessário provar: (a) ser cidadão brasileiro e estar no gozo dos direitos civis e políticos; (b) ser maior de vinte e cinco anos; (c) ser domiciliado no lugar em que pretenda exercer a profissão, há mais de cinco anos; (d) ter idoneidade, comprovada com apresentação de caderneta de identidade e de certidões negativas dos distribuidores da Justiça Federal e das Varas Criminais da Justiça local. Apresentará, também, o candidato, certidão negativa de ações ou execuções movidas contra ele no foro civil federal e local, correspondente ao seu domicílio e relativo ao último quinquênio.

Não podem ser leiloeiros, diz o artigo 3º, (a) os que não podem ser comerciantes; (b) os que tiverem sido destituídos anteriormente dessa profissão, salvo se o houverem sido a pedido; (c) os falidos não reabilitados e os reabilitados, quando a falência tiver sido qualificada como culposa ou fraudulenta. Some-se o artigo 13 da Instrução Normativa 113/2010 do Departamento Nacional de Registro no Comércio (DNRC), a dizer estarem impedidos de exercer a profissão de leiloeiro: (I) aquele que vier a ser condenado por crime, cuja pena vede o exercício da atividade mercantil; (II) aquele que vier a exercer atividade empresária, ou participar da administração e/ou de fiscalização em sociedade de qual-

---

[2] Cuida-se de Decreto com artigo único (sob tal rubrica: *artigo único* [sic]) que aprova o regulamento anexo, esse sim, com artigos numerados. Por isso, muitos desprezam o *artigo único* e se referem aos artigos como referindo-se ao decreto e não ao seu regulamento.

quer espécie, no seu ou em alheio nome; (III) aquele a quem tiver sido aplicada sanção de destituição; e (IV) aquele que tiver sido suspenso, enquanto durarem os efeitos da sanção.

No que diz respeito aos *que não podem ser comerciantes*, o vigente Código Civil, no artigo 972, refere-se aos que não estejam *legalmente impedidos*. Esses impedimentos para empresariar decorrem obrigatoriamente de *lei*, em sentido estrito, já que são previsões que cerceiam o exercício de uma faculdade jurídica: explorar atividade negocial mercantil e, no caso focado, desempenhar função de *auxiliar do comércio*. As hipóteses são as seguintes:

(1) *Magistrados* – o artigo 36, I e II, da Lei Complementar 35/79 (Lei Orgânica da Magistratura Nacional – LOMAN) veda aos magistrados exercer a empresa.

(2) *Membros do Ministério Público* – o artigo 44, III, da Lei 8.625/93 (Lei Orgânica do Ministério Público – LOMP) repete a norma, vedando a inscrição como empresário (firma individual).

(3) *Funcionários públicos* – o artigo 117, X, da Lei 8.112/1990 (Regime Jurídico Único dos Servidores Públicos Federais) proíbe o servidor público *exercer o comércio*;

(4) *Militares* – o artigo 29 da Lei 6.880/1980 (Estatuto dos Militares) veda aos militares da ativa *comerciar*.

(5) *Falido inabilitado* – o artigo 102 da Lei 11.101/05 prevê que o falido fica inabilitado para exercer qualquer atividade empresarial a partir da decretação da falência e até a sentença que extingue suas obrigações. O seu artigo 181 prevê ser efeito da condenação por crime nela previsto a inabilitação para o exercício de atividade empresarial e, até, o impedimento para o exercício de cargo ou função em conselho de administração, diretoria ou gerência das sociedades sujeitas àquela mesma lei, desde que tal condenação seja motivadamente declarada na sentença; esse efeito perdurará por até cinco anos após a extinção da punibilidade, podendo, contudo, cessar antes pela reabilitação penal.[3]

(6) O *moralmente inidôneo* – de acordo com o artigo 1.011, § 1º, do Código Civil,

> "não podem ser administradores [*de sociedades empresárias*], além das pessoas impedidas por lei especial, os condenados a pena que vede, ainda que temporariamente, o acesso a cargos públicos; ou por crime falimentar, de prevaricação, peita ou suborno, concussão, peculato; ou contra a economia popular, contra o sistema financeiro nacional, contra as normas de defesa da concorrência, contra as relações de consumo, a fé pública ou a propriedade, enquanto perdurarem os efeitos da condenação".[4]

---

[3] Conferir: MAMEDE, Gladston. **Direito empresarial brasileiro**: falência e recuperação de empresas. 4. ed. São Paulo: Atlas, 2010. v. 4.

[4] Conferir: MAMEDE, Gladston. **Direito empresarial brasileiro**: direito societário: sociedades simples e empresárias. 5. ed. São Paulo: Atlas, 2011. v. 2, capítulo 5, seção 3 (Constituição de Administrador).

(7) *Estrangeiros com visto temporário* – O artigo 99 do Estatuto do Estrangeiro (Lei 6.815/1980) dispõe: "Ao estrangeiro titular de visto temporário e ao que se encontre no Brasil na condição do art. 21, § 1º, é vedado estabelecer-se com firma individual, ou exercer cargo ou função de administrador, gerente ou diretor de sociedade comercial"; o artigo 21, § 1º, refere-se ao natural de país limítrofe, domiciliado em cidade contígua ao território nacional, que porte documento especial que o identifique e caracterize a sua condição, permitindo-lhe exercer atividade remunerada nos Municípios fronteiriços a seu respectivo país.

Tais requisitos, previstos no Regulamento do Decreto 21.981/32, foram completados pelo artigo 3º da Instrução Normativa 113/2010/DNRC, segundo o qual a concessão da matrícula, após o pagamento do preço público, a requerimento do interessado, dependerá da comprovação dos seguintes requisitos: (I) idade mínima de 25 anos completos; (II) ser cidadão brasileiro; (III) encontrar-se no pleno exercício dos seus direitos civis e políticos; (IV) estar reabilitado, se falido ou condenado por crime falimentar; (V) não estar condenado por crime, cuja pena vede o exercício da atividade mercantil; (VI) não integrar sociedade de qualquer espécie ou denominação; (VII) não exercer o comércio, direta ou indiretamente, no seu ou alheio nome; (VIII) não ter sido punido com pena de destituição da profissão de leiloeiro; (IX) ser domiciliado, há mais de cinco anos, na unidade federativa onde pretenda exercer a profissão, comprovado por meio da apresentação de certidão emitida pelo Tribunal Regional Eleitoral, ou por certidão de domicílio fiscal emitida pela Receita Federal do Brasil; (X) não ser matriculado em outra unidade da federação; e (XI) ter idoneidade comprovada mediante a apresentação de identidade e certidões negativas expedidas pelas Justiças Federal, Estadual e do Distrito Federal, no foro cível e criminal, correspondentes à circunscrição em que o candidato tiver o seu domicílio, relativas ao último quinquênio.

Deferido o pedido de matrícula, o interessado terá 20 dias úteis para prestar caução e assinar o termo de compromisso (artigo 4º da Instrução Normativa 113/2010/DNRC). Essa caução tem seu valor a ser arbitrado pela Junta Comercial e pode ser prestada nas seguintes formas: (I) em dinheiro; (2) fiança bancária; e (3) seguro garantia. Em se tratando de dinheiro, será depositada na Caixa Econômica Federal, ou outro banco oficial, em conta poupança à disposição da Junta Comercial e o seu levantamento será efetuado, sempre, a requerimento da Junta Comercial que houver matriculado o leiloeiro. O valor dessa caução poderá ser revisto, a qualquer tempo, pela Junta Comercial, hipótese em que o leiloeiro matriculado deverá complementar o seu valor nominal, a fim de que o seu montante atenda às finalidades legais de garantia. O mesmo poderá ocorrer com o valor da fiança bancária e do seguro garantia que, ademais, deverão ser renovados ou atualizados anualmente (artigo 5º da Instrução Normativa 113/2010/DNRC).

A caução subsistirá até 120 dias, após o leiloeiro haver deixado o exercício da profissão, por exoneração voluntária, destituição ou falecimento. Somente depois de satisfeitas por dedução do valor da caução, todas as dívidas e responsabilidades, será entregue a quem de direito o saldo porventura restante. Findo o prazo mencionado, não se apurando qualquer alcance por dívidas ou multa oriundas da profissão, ou não tendo havido reclamação alguma fundada na falta de liquidação definitiva de atos praticados pelo leiloeiro no exercício de suas funções, expedirá a Junta Certidão de Quitação, com que ficará exonerada e livre a caução para o seu levantamento (artigo 6º da Instrução Normativa 113/2010/DNRC).

Aprovada a caução e assinado o termo de compromisso, a Junta Comercial, por portaria de seu Presidente, procederá à matrícula do requerente e expedirá a Carteira de Exercício Profissional. O leiloeiro só poderá entrar no exercício da profissão depois de aprovada a fiança oferecida e de ter assinado o respectivo compromisso perante a Junta Comercial (artigo 8º do Regulamento do Decreto 21.981/32).[5]

4 A FUNÇÃO DE LEILOEIRO

A função do leiloeiro é promover *vendas públicas*, sob a forma de concurso entre compradores interessados, buscando definir o melhor preço para o bem. Nesse sentido, a Instrução Normativa 113/2010/DNRC afirma, em seu artigo 1º, parágrafo único, que "Compete aos leiloeiros, pessoal e privativamente, a venda em hasta pública ou público pregão, dentro de suas próprias casas ou fora delas, inclusive por meio de rede mundial de computadores, de tudo que, por autorização de seus donos ou por autorização judicial, forem encarregados, tais como imóveis, móveis, mercadorias, utensílios, semoventes e mais efeitos, e a de bens móveis e imóveis pertencentes às massas falidas, liquidações judiciais, penhores de qualquer natureza, inclusive de joias e *warrants* de armazéns gerais, e o mais que a lei mande, com fé de oficiais públicos." A previsão está em harmonia com o artigo 19 do Regulamento do Decreto 21.981/32.

A presença de um leiloeiro nas hastas públicas ou privadas, inclusive no interesse de particulares, é obrigatória, limitada, exclusivamente, à unidade federativa de circunscrição da Junta Comercial que o matriculou, por força do artigo 2º da Instrução Normativa 113/2010/DNRC. Excluem-se apenas as praças judiciais, que podem ser realizadas por oficiais de justiça, a mando do Juízo, vendas de mercadorias apreendidas e certames be-

---

[5] São livros obrigatórios do leiloeiro (1) *Diário de entrada*, destinado à escrituração diária de todas as mercadorias, móveis, objetos e mais efeitos remetidos para venda em leilão no armazém, escriturado em ordem cronológica, sem entrelinhas, emendas ou rasuras; (2) *Diário de saída*, destinado à escrituração das mercadorias efetivamente vendidas ou saídas do armazém com a menção da data do leilão, nomes dos vendedores e compradores, preços obtidos por lotes e o total das vendas de cada leilão, extraído do Diário de leilões. (3) *Livro de contas correntes*, destinado aos lançamentos de todos os produtos líquidos apurados para cada comitente e dos sinais recebidos pelas vendas de Imóveis. O balanço entre os livros – Diário de entrada a Diário de saída – determinará a existência dos bens conservados no armazém do leiloeiro. Os leiloeiros ainda devem ter um *protocolo*, para registrar as entregas das contas de venda e de cartas dirigidas aos comitentes, um *diário de leilões* com a indicação da data de leilão, nome de quem o autorizou, números dos lotes, nomes dos compradores, prego de venda de cada lote, e a soma total do produto bruto do leilão, devendo a escrituração desse livro conferir exatamente com a descrição dos lotes e os preços declarados na conta de venda fornecida ao comitente, além de um livro talão, para extração das faturas destinadas aos arrematantes de lotes, com indicação do nome por inteiro de cada um e seu endereço.

neficentes, quando não haja remuneração de qualquer espécie (artigo 45 do Regulamento do Decreto 21.981/32). É a licença para que os leilões judiciais sejam conduzidos por oficiais de Justiça, seguindo mandado expedido pela autoridade judiciária.

Segundo os artigos 11 a 14 do Regulamento do Decreto 21.981/32, a função de leiloeiro é personalíssima; apenas com a matrícula na Junta Comercial a pessoa natural está autorizada a conduzir uma hasta pública, excetuados os casos acima listados. Aliás, o citado artigo é taxativo: o leiloeiro exercerá pessoalmente suas funções, não podendo delegá-las, senão por moléstia ou impedimento ocasional em seu preposto. Aliás, segundo o artigo 37 do Regulamento, quando o leiloeiro precisar ausentar-se do exercício do cargo para tratamento de saúde, requererá licença às Juntas Comerciais, juntando atestado médico e indicando preposto, ou declarando, no requerimento, desde que data entrou em exercício esse seu substituto legal, se o tiver. Emenda o parágrafo único: "O afastamento do leiloeiro do exercício da profissão, por qualquer outro motivo, será sempre justificado à Junta Comercial."

Dessa maneira, não se pode interpretar a matrícula de leiloeiro em moldes análogos à inscrição do empresário (artigo 967 do Código Civil), que não implica um dever de exercício pessoal da atividade negocial que, assim, pode ser concretizada por meio de preposto(s). Ao contrário, o leiloeiro está obrigado a exercer pessoalmente suas funções, não podendo delegá-las a preposto habilitado, senão por moléstia ou impedimento ocasional.

No mesmo sentido aponta o artigo 7º da Instrução Normativa 113/2010/DNRC, em cujas letras se lê ser pessoal o exercício das funções de leiloeiro, que não poderá exercê-las por intermédio de pessoa jurídica e nem delegá-las, senão por moléstia ou impedimento ocasional, a seu preposto, cabendo ao leiloeiro comunicar o fato à Junta Comercial. Esse preposto, diz o artigo seguinte, 8º, deverá atender aos requisitos para a concessão da matrícula (artigo 3º), como idade mínima de 25 anos, ser cidadão brasileiro e outros, vistos acima. O preposto é considerado mandatário legal do preponente para o efeito de substituí-lo e de praticar, sob a responsabilidade daquele, os atos que lhe forem inerentes. De outra face, prevê o 9º, a dispensa do preposto dar-se-á mediante simples comunicação do leiloeiro à Junta Comercial, acompanhada da indicação do respectivo substituto, se for o caso, ou a pedido do preposto. A mesma previsão consta do artigo 12, parágrafo único, do Regulamento do Decreto 21.981/32.

As normas inscritas nos artigos 7º a 9º da Instrução Normativa 113/2010/DNRC chamam a atenção por seu alcance e, mais do que isso, por divorciarem-se do que se tornou habitual nos *leilões de arte*, nos quais é comum assistir-se à constituição informal de prepostos, em completo desrespeito à regulamentação vigente. Isso conduz à nulidade do certame, segundo o artigo 36 do Regulamento do Decreto 21.981/32: *não poderão os leiloeiros, sob pena de nulidade de todos os seus atos, delegar a terceiros os pregões*.

A transferência do comando da hasta para o preposto só é admitida em hipóteses excepcionalíssimas (*moléstia ou impedimento ocasional*). Mais do que isso, ainda que nessas hipóteses, a constituição de preposto não é ato informal; ao contrário, ela se faz e se desfaz por meio da Junta Comercial. Isso, aliás, fica claro quando se atenta para o artigo 12 do Regulamento do Decreto 21.981/32, norma que tem valor de lei, vez editada por um

Governo Provisório. O dispositivo estabelece que o preposto indicado pelo leiloeiro prestará as mesmas provas de habilitação exigidas do próprio leiloeiro (previstas no artigo 2º do Regulamento, visto acima), sendo considerado mandatário legal do proponente para o efeito de substituí-lo e de praticar, sob a sua responsabilidade, os atos que lhe forem inerentes. A norma, ademais, veda que o preposto funcione juntamente com o leiloeiro, sob pena de destituição e tornar-se o leiloeiro incurso em multa aplicada pela Junta Comercial.

Quando o leiloeiro não tiver preposto habilitado, poderá, nos leilões já anunciados, ser substituído por outro leiloeiro de sua escolha, mediante prévia comunicação à Junta Comercial, ou adiar os respectivos pregões, se, em qualquer dos casos, nisso convierem os comitentes por declaração escrita, que será conservada pelo leiloeiro no seu próprio arquivo. Os leilões efetuados com desrespeito dessas regras serão nulos, sujeitando-se o leiloeiro à satisfação de perdas e danos que lhe for exigida pelos prejudicados. É uma obrigação, de leiloeiros e prepostos, exibir, ao iniciar os leilões, quando isso lhes for exigido, a prova de se acharem no exercício de suas funções (artigo 13 do Regulamento do Decreto 21.981/32).

Apesar dessa previsão, o recurso a *prepostos informais* é praxe comum nos leilões de arte, reitero e lamento. Isso é assustador, pois desrespeita também o artigo 14 do Regulamento, a dispor que os leiloeiros, *ou os prepostos*, são obrigados a exibir ao iniciar os leilões, quando isso lhes for exigido, a prova de se acharem no exercício de suas funções, apresentando a carteira de identidade profissional ou o seu título de nomeação, documentos que são expedidos pela Junta Comercial, sob pena de nulidade do certame, além de imposição de multa ao leiloeiro.

Os leiloeiros estão obrigados a atender às obrigações e responsabilidades definidas em disposições legais e, igualmente, àquelas que constam do artigo 11 da Instrução Normativa 113/2010/DNRC, quais sejam: (I) submeter a registro e autenticação, pagando o preço público devido à Junta Comercial, os seguintes livros mercantis ou de fiscalização, que poderão ser escriturados ou digitados: (a) diário de entrada; (b) diário de saída; (c) contas correntes; (d) protocolo; (e) diário de leilões; (f) livro-talão, que poderá ser apresentado em formulário contínuo; e (g) documentos fiscais exigidos pela legislação tributária; (II) manter, sem emendas ou rasuras tais livros, que terão número de ordem, devendo submetê-los à fiscalização da Junta Comercial a que estiver matriculado, quando esta julgar conveniente, ou, necessariamente, para o efeito de encerramento; (III) cumprir as instruções ou ordens declaradas pelo comitente; (IV) requerer, ao comitente, caso este não o tenha feito, a estipulação dos preços mínimos pelos quais os efeitos deverão ser leiloados; (V) responsabilizar-se pela indenização correspondente ao dano, no caso de incêndio, quebras ou extravios.

A listagem prossegue: (VI) comunicar ao comitente, por meio de documento protocolizado ou sob registro postal, o recebimento dos efeitos que lhe tiverem sido confiados para venda ou constarem da carta ou relação mencionados no diário de entrada; (VII) observar o limite das despesas autorizadas por escrito pelo comitente, relativas a publicações e outras que se tornarem indispensáveis; (VIII) anunciar o leilão, ressalvadas as hipóteses previstas em legislação especial, pelo menos três vezes em jornal de grande circulação, devendo a última discriminar, pormenorizadamente, os bens que serão leiloados, enunciar os gravames e eventuais ônus que recaiam sobre eles, e informar o horário e local para visitação e exame; (IX) comunicar à Junta Comercial, em até 5 (cinco) dias úteis após a realização do leilão, por meio convencional ou eletrônico, que procedeu às publicações referidas no inciso anterior, anexando cópia da última publicação; (X) exibir, sempre, ao se iniciar o leilão, a carteira de exercício profissional ou o título de habilitação, fornecidos pela Junta Comercial; (XI) fazer conhecidas, antes de começarem o ato do leilão, as condições da venda, a forma do pagamento e da entrega dos objetos que vão ser apregoados, o estado e qualidade desses objetos, principalmente quando há ônus sobre o bem que, pela simples intuição, não puderem ser conhecidos facilmente, e bem assim o seu peso, medida ou quantidade, quando o respectivo valor estiver adstrito a essas indicações, sob pena de incorrerem na responsabilidade que no caso couber por fraude, dolo, simulação ou omissão culposa.

Não é só. Ainda seguindo o artigo 11 da Instrução Normativa 113/2010/DNRC, os leiloeiros estão obrigados a: (XII) prestar contas ao comitente, na forma e no prazo regulamentares; (XIII) adotar as medidas legais cabíveis, na hipótese de o arrematante não efetuar o pagamento no prazo marcado; (XIV) colocar, à disposição do juízo competente, ou representantes legais, no prazo de dez dias, se outro não for determinado pelo juízo, as importâncias obtidas nos leilões judiciais, de massas falidas e de liquidações; (XV) colocar, à disposição dos comitentes, no prazo de até dez dias, as importâncias obtidas nos leilões extrajudiciais realizados; (XVI) comunicar, por escrito, à Junta Comercial, os impedimentos e os afastamentos para tratamento de saúde, anexando atestado médico; (XVII) fornecer às autoridades judiciais ou administrativas as informações que requisitarem; (XVIII) assumir a posição de consignatário ou mandatário, na ausência do dono dos efeitos que tiverem que ser vendidos; (XIX) arquivar, na Junta Comercial, dentro dos 15 dias seguintes aos dos respectivos vencimentos, os documentos comprobatórios do pagamento dos impostos incidentes sobre a atividade; (XX) exigir, dos proprietários, nos leilões de estabelecimentos comerciais ou industriais, salvo os judiciais, de massas falidas ou de liquidações, a comprovação de quitação dos tributos incidentes sobre os efeitos a serem leiloados; e (XXI) apresentar, anualmente, cópia do extrato da conta de poupança relativa à caução, ou dos contratos de renovação da fiança bancária ou do seguro garantia devidamente autenticados.

É proibido ao leiloeiro, segundo o artigo 12 da Instrução Normativa 113/2010/DNRC:

> (1) sob pena de destituição e consequente cancelamento de sua matrícula: (a) integrar sociedade de qualquer espécie ou denominação; (b) exercer o comércio, direta ou indiretamente, no seu ou alheio nome; (c) encarregar-se de cobranças ou pagamentos comerciais; e (d) exercer a sua profissão fora da unidade federativa de circunscrição da Junta Comercial que o matriculou;

> (2) sob pena de suspensão: (a) cobrar do arrematante comissão diversa da estipulada pelo Decreto 21.981/32 (segundo o artigo 24, parágrafo único, os compradores pagarão obrigatoriamente cinco por cento sobre quaisquer bens arrematados); e (b) cobrar do arrematante quaisquer valores relativos a reembolsos de despesas

havidas com o leilão, sem expressa previsão no edital e a devida autorização do comitente ou autoridade judicial;

(3) sob pena de multa: (a) adquirir, para si ou para pessoas de sua família, coisa de cuja venda tenha sido incumbido em leilão público, ainda que a pretexto de se destinar a seu consumo particular;

(4) sob pena de nulidade do leilão após o devido processo administrativo onde haja a notificação do interessado ou terceiro: (a) delegar a terceiros os pregões; e (b) realizar mais de dois leilões no mesmo dia em locais distantes entre si, exceto quando se trate de imóveis juntos ou de prédios e móveis existentes no mesmo prédio, considerando-se, nestes casos, como um só leilão os respectivos pregões.

5 INFRAÇÕES DISCIPLINARES

Os leiloeiros estão submetidos ao poder disciplinar das Juntas Comerciais, podendo sofrer penalidade de (1) multa; (2) suspensão; e (3) destituição. Tais sanções, uma vez aplicadas, devem constar do assentamento do inscrito, o que ocorrerá quando houver decisão definitiva, contra a qual não caiba mais recurso administrativo (artigo 17 da Instrução Normativa 113/2010/DNRC).[6] Julgando o Recurso Especial 840.535/DF, a Primeira Turma do Superior Tribunal de Justiça afirmou que a competência sancionatória da Junta Comercial resulta da vigência do Decreto 21.981/32, atendendo ao princípio da legalidade. "Assim, prevalece a competência das Juntas Comerciais para impor multas e destituir o cargo de leiloeiro ou preposto, estando os recursos sujeitos à apreciação do Ministério da Indústria, Comércio e Turismo, consoante previsão do artigo 16 do Decreto 21.981/32."

As Juntas Comerciais são competentes para suspender, destituir e multar os leiloeiros, sendo que todos os atos de cominação de punição aos leiloeiros e seus prepostos far-se-ão públicos por edital. No entanto, das condenações cabe recurso ao Ministro do Desenvolvimento, Indústria e Comércio Exterior, embora essa competência não afaste o poder que o Judiciário tem para julgar seus atos, nomeadamente as pretensões de que indenizem os prejuízos que venham a causar no exercício da função (artigos 16 e 17, § 1º, do Regulamento do Decreto 21.981/32).

A multa é aplicável nos casos em que o leiloeiro descumpra as obrigações anotadas nos incisos I a XXI do artigo 11 da Instrução Normativa 113/2010/DNRC, já transcritos acima. Também serão passíveis de multa aqueles deveres que, no mesmo artigo, estão inscritos nos incisos XIV, XVII, XIX e XX. Também será multado aquele leiloeiro que incorrer em qualquer das seguintes infrações, previstas no artigo 16 da mesma Instrução Normativa: estabelecer entendimento com a parte adquirente sem autorização ou ciência do comitente; prejudicar, por culpa grave, interesse confiado ao leiloeiro; abandonar o leilão sem

---

[6] O dispositivo, equivocadamente, usa a frase *após o trânsito em julgado da decisão*; contudo, só haverá falar em *trânsito em julgado* em relação às decisões judiciárias ou, de forma análoga, às decisões arbitrais.

justo motivo ou antes de comunicar à Junta Comercial sua renúncia; deixar de cumprir, no prazo estabelecido, determinação emanada pelo comitente ou mandatário em matéria da competência deste, depois de regularmente cientificado; solicitar ou receber de comitente ou mandatário qualquer importância para atuação ilícita ou desonesta; deixar de pagar as contribuições, multas e preços de serviços devidos à Junta Comercial, depois de regularmente cientificado a fazê-lo; e manter conduta incompatível com a função de leiloeiro.

A multa será variável entre o mínimo de 5% e o máximo de 20% do valor correspondente à caução, em decisão fundamentada, inclusive, quanto ao percentual que venha a ser definido, nomeadamente quando seja superado o patamar mínimo. O valor da sanção deverá ser recolhido, por meio de documento próprio de ingresso de receita, junto à Secretaria da Fazenda do Estado, ou, em caso de autarquia, na conta de recursos próprios da Junta Comercial. Será assinado prazo, não superior a 10 (dez) dias, para que o leiloeiro comprove o depósito da multa estipulada em decorrência de eventual infração praticada no exercício de sua profissão (artigo 18 da Instrução Normativa 113/2010/DNRC). Note-se que, por força do artigo 17 do Regulamento do Decreto 21.981/32, a imposição da pena de multa, depois de confirmada pela decisão do recurso, se o houver, importa concomitantemente na suspensão dos leiloeiros até que satisfaçam o pagamento das respectivas importâncias (§ 2º).

A pena de suspensão é aplicável, para além das hipóteses anotadas no artigo 12, transcrito acima, bem como nos casos em que o leiloeiro deixar de cumprir as obrigações definidas nos incisos XI (no caso de reincidência), XVI e XXI, do artigo 11, da Instrução Normativa 113/2010/DNRC, também já transcritos acima. Suspensão, ainda, se deixar registrar nas Juntas Comerciais, dentro de 15 dias após a cobrança, os documentos comprobatórios do pagamento dos impostos federais e estaduais relativos à sua profissão (artigo 9º do Regulamento do Decreto 21.981/32). Também são hipóteses de suspensão: exercer a função de leiloeiro contra literal disposição de lei; acarretar, conscientemente, por ato próprio, a anulação ou a nulidade do leilão em que funcione; receber valores do adquirente ou de terceiro, relacionados com o objeto do mandato, sem expressa autorização do comitente ou mandatário; locupletar-se à custa do comitente ou mandatário ou do adquirente, por si ou interposta pessoa; e recusar-se, injustificadamente, a prestar contas, ao comitente ou mandatário, das quantias recebidas em decorrência do leilão realizado.

A suspensão, que não poderá exceder a 90 dias, implicará na perda, neste período, dos direitos decorrentes do exercício da profissão, inclusive na realização dos leilões já marcados e suas comissões; ademais, suspenso o leiloeiro, também o estará seu preposto (artigo 19 da Instrução Normativa 113/2010/DNRC; artigo 17, § 3º, do Regulamento do Decreto 21.981/32).

A destituição e o consequente cancelamento da matrícula do leiloeiro é aplicável nos seguintes casos:[7] quando ele tiver sido suspenso por três vezes (artigo 20 da Instrução

---

[7] Para a aplicação da sanção disciplinar de destituição e consequente cancelamento da matrícula, é necessária a manifestação favorável da maioria dos membros do Colégio de Vogais da Junta Comercial, em sessão plenária (artigo 20 da Instrução Normativa 113/2010/DNRC).

Normativa 113/2010/DNRC); se, decorridos seis meses, não tiver cumprido a obrigação de registrar nas Juntas Comerciais os documentos comprobatórios do pagamento dos impostos federais e estaduais relativos à sua profissão (artigo 9º, parágrafo único, do Regulamento do Decreto 21.981/32); exercer o comércio direta ou indiretamente no seu ou alheio nome, constituir sociedade de qualquer espécie ou denominação ou encarregar-se de cobranças ou pagamentos comerciais (artigo 36, "a", do Regulamento do Decreto 21.981/32). Também será destituído, segundo o artigo 16 da Instrução Normativa 113/2010/DNRC, o leiloeiro que exercer a profissão quando impedido de fazê-lo ou facilitar, por qualquer meio, o seu exercício aos não inscritos, proibidos ou impedidos; manter sociedade empresária; incidir, reiteradamente, em erros que evidenciem inépcia profissional; e tornar-se inidôneo para o exercício da função de leiloeiro.

A instauração do processo e punição do leiloeiro pode ser feita a partir de denúncia dos prejudicados ou, mesmo, de ofício, por iniciativa da própria Junta Comercial (artigo 17 do Regulamento do Decreto 21.981/32). A denúncia sobre irregularidade praticada pelo leiloeiro no exercício de sua profissão será dirigida ao Presidente da Junta Comercial, devidamente formalizada por escrito e assinada pelo denunciante, com sua qualificação completa, acompanhada das provas necessárias à formação do processo. O Presidente encaminhará a petição à Secretaria-Geral para exame preliminar dos documentos e provas juntados; se o fato narrado e as provas juntadas forem insuficientes para configurar possível infração profissional, a denúncia será arquivada (cabe recurso, no prazo de 10 dias). Se a denúncia for aceita, instaura-se o processo administrativo, sendo o leiloeiro intimado para defender-se (prazo de 10 dias), inclusive apresentando provas para tanto (artigos 24 a 27 da Instrução Normativa 113/2010/DNRC).

Na aplicação das sanções disciplinares são consideradas, para fins de atenuação, as seguintes circunstâncias, entre outras: (1) falta cometida na defesa de prerrogativa profissional; (2) ausência de punição disciplinar anterior; (3) exercício assíduo e proficiente da profissão; e (4) prestação de relevantes serviços à causa pública. Os antecedentes profissionais do leiloeiro, as atenuantes, a culpa por ele revelada, as circunstâncias e as consequências da infração são considerados para o fim de decidir sobre o tempo de suspensão e o valor da multa aplicável.

Segundo o artigo 22 da Instrução Normativa 113/2010/DNRC, extingue-se a punibilidade pela prescrição da falta sujeita à multa ou suspensão, em 3 anos, e, da falta sujeita à destituição, em 5 anos. A prescrição começa a correr do dia em que a falta for cometida; no entanto, a instauração do processo administrativo de apuração da irregularidade interrompe a prescrição. Mais do que isso, a prescrição não corre enquanto sobrestado o processo administrativo para aguardar decisão judicial, sobrestamento esse que, diz a norma, perdurará pelo prazo máximo de três anos. Uma vez extinta a punibilidade pela prescrição, a autoridade julgadora determinará o registro do fato nos assentamentos individuais do leiloeiro. A decisão que reconhecer a existência de prescrição deverá desde logo determinar, quando for o caso, as providências necessárias à apuração da responsabilidade pela sua ocorrência.

A prescrição da infração disciplinar não prejudica os efeitos civis e penais do mesmo ato, se existentes. São ordens normativas diversas, administrativa (disciplinar), civil (responsabilidade contratual e extracontratual) e penal, cada qual submetida a um regime específico, inclusive no que se refere à decadência e à prescrição.[8]

6 RELAÇÕES ENTRE COMITENTE E LEILOEIRO

Cabe ao interessado na alienação de um ou mais bens, por meio de hasta pública, procurar um leiloeiro que tenha competência para atuar na circunscrição de sua unidade da Federação. Afora tal limitação, resultado do que se lê no artigo 2º da Instrução Normativa 113/2010/DNRC, outra não há, razão pela qual todos os leiloeiros, com competência para atuar na mesma unidade federativa, competem entre si. Afinal, nas alienações judiciais e de bens particulares, a escolha dos leiloeiros será de exclusiva confiança dos interessados. Se o interessado não conhece nenhum leiloeiro e solicita uma indicação da Junta Comercial, ela deverá informar a relação completa dos leiloeiros oficiais devidamente matriculados (artigo 10, *caput*, da Instrução Normativa 113/2010/DNRC), fornecida com finalidade meramente informativa do contingente de profissionais matriculados na Junta Comercial.

A forma de contratação do leiloeiro, seja por meio de procedimento licitatório ou outro critério, caberá aos entes interessados, sendo que, nas alienações judiciais e de bens particulares, a escolha dos leiloeiros será de exclusiva confiança dos interessados (§§ 2º e 3º do artigo 10 da Instrução Normativa 113/2010/DNRC). Nesse sentido, aponta o artigo 43 do Regulamento do Decreto 21.981/32, estabelecendo que, nas vendas judiciais, de bens de massas falidas e de propriedades particulares, os leiloeiros serão da exclusiva escolha e confiança dos interessados, síndicos, liquidatários ou comitentes, aos quais prestarão contas de acordo com as disposições legais.

De qualquer sorte, seguindo a sistemática do Decreto 21.981/32, o procedimento licitatório dos leilões principia com a consignação dos bens, ou seja, com a sua entrega ao leiloeiro. Os leiloeiros não poderão vender em leilão, em suas casas e fora delas, quaisquer efeitos senão mediante autorização por carta ou relação, em que o comitente os especifique, declarando as ordens ou instruções que julgar convenientes e fixando, se assim o entender, o mínimo dos preços pelos quais os mesmos efeitos deverão ser negociados, sob pena de multa na importância correspondente à quinta parte da fiança e, pela reincidência, na de destituição (artigo 20 do Regulamento do Decreto 21.981/32).

Ao receber os bens, o leiloeiro deve dar recibo, com uma avaliação que julgue razoável para o bem, valor que será levado em conta para eventual indenização; se o comitente não concorda com a avaliação, deverá retirar os objetos (artigo 21 do Regulamento do Decreto 21.981/32). Não é só: leiloeiro e comitente deverão acordar sobre o valor míni-

---

[8] Sobre a distinção das ordens administrativa (disciplinar), civil e penal, conferir MAMEDE, Gladston. **A advocacia e a Ordem dos Advogados do Brasil**. 4. ed. São Paulo: Atlas, 2011. Capítulo 11, seção 1 (Poder disciplinar).

mo da venda (*preço ou valor de base* ou *preço de leilão*), sobre o limite das despesas,[9] bem como sobre a forma de casamento. Os leiloeiros não podem vender a crédito ou a prazo, sem autorização por escrito dos comitentes, segundo o artigo 26 do Regulamento do Decreto 21.981/32.

Os leiloeiros, quando exercem o seu ofício dentro de suas casas e fora delas, não se achando presentes os donos dos bens que tiverem de ser vendidos, serão reputados verdadeiros consignatários ou mandatários, competindo-lhes nesta qualidade (artigo 22 do Regulamento do Decreto 21.981/32):

(a) cumprir fielmente as instruções que receberem dos comitentes;

(b) zelar pela boa guarda e conservação dos efeitos consignados e de que são responsáveis, salvo caso fortuito ou de força maior, ou de provir a deterioração de vício inerente à natureza da causa;

(c) avisar as comitentes, com a possível brevidade, de qualquer dano que sofrerem os efeitos em seu poder, e verificar, em forma legal, a verdadeira origem do dano, devendo praticar iguais diligências todas as vezes que, ao receber os efeitos, notarem avaria, diminuição ou estado diverso daquele que constar das guias de remessa, sob pena de responderem, para com as comitentes, pelos mesmos efeitos nos termos designados nessas guias, sem que se lhes admita outra defesa que não seja a prova de terem praticado tais diligências;

(d) declarar, ao aviso e conta que remeterem ao comitente nos casos de vendas a pagamento, o nome e domicílio dos compradores e os prazos estipuladores; presumindo-se a venda efetuada a dinheiro de contado, sem admissão de prova em contrário, quando não fizerem tais declarações;

(e) responder, perante os respectivos donos, seus comitentes, pela perda ou extravio de fundos em dinheiro, metais ou pedras preciosas, existentes em seu poder, ainda mesmo que o dano provenha de caso fortuito ou de força maior, salvo a prova de que na sua guarda empregaram a diligência que em casos semelhantes empregam os comerciantes acautelados, e bem assim pelos riscos supervenientes na devolução de fundos em seu poder para as mãos dos comitentes, se se desviarem das ordens e instruções recebidas por escrito, ou, na ausência delas, dos meios usados no lugar da remessa;

(f) exigir dos comitentes uma comissão pelo seu trabalho, de conformidade com o que dispõe este regulamento, e a indenização da importância despendida no desempenho de suas funções, acrescida dos grupos legais, pelo tempo que demorar o seu reembolso, e, quando os efeitos a ser vendidos ficarem em depósito litigioso, por determinação judicial, as comissões devidas e o aluguel da parte do

---

[9] O comitente, no ato de contratar o leilão, dará por escrito uma declaração assinada do máximo das despesas que autoriza a fazer com publicações, carretos e outras que se tornarem indispensáveis, não podendo o leiloeiro reclamar a indenização de maior quantia porventura despendida sob esse título (artigo 21 do Regulamento do Decreto 21.981/32).

armazém que os mesmos ocuparem, calculado na proporção da área geral e do preço de aluguel pago por esse armazém.

Note-se que o legislador poderia ter falado em *depósito*, mas, em oposição, fala em *comissão* e em *comitente*, o que remete ao contrato estimatório (artigos 534 a 537 do Código Civil).[10] Como se não bastasse, diz o artigo 22 do Regulamento do Decreto 21.981/32 que o leiloeiro atua como mandatário para a guarda e venda dos bens, sendo responsável pela guarda e conservação, com responsabilidade civil por extravio ou perdas e danos. Isso não quer dizer, contudo, que se lhe atribuiu uma responsabilidade menor. De acordo com o artigo 15 do mesmo Regulamento, os leiloeiros respondem como fiéis depositários para com seus comitentes, sob as penas da lei, o que remete para o regime específico do contrato de depósito (artigos 627 a 652 do Código Civil).

Portanto, o contrato havido entre comitente e leiloeiro assenta-se sobre o Regulamento do Decreto 21.981/32, sobre a Instrução Normativa 113/2010/DNRC, bem como, supletivamente, sobre as regras que, no Código Civil, cuidam do contrato estimatório (artigos 534 a 537), do contrato de depósito (artigos 627 a 652) e do contrato de mandato (artigos 653 a 691).

Segundo o artigo 24 do Regulamento do Decreto 21.981/32, a taxa da comissão dos leiloeiros será regulada por convenção escrita que estabelecerem com os comitentes, sobre todos ou alguns dos efeitos a vender. Não havendo estipulação prévia, regulará a taxa de cinco por cento sobre moveis, semoventes, mercadorias, joias e outros efeitos e a de três por cento sobre bens imóveis de qualquer natureza. Como se não bastasse, os compradores pagarão obrigatoriamente cinco por cento sobre quaisquer bens arrematados, diz o parágrafo único do dispositivo.

A *conta de venda* dos leilões será fornecida até cinco dias úteis depois da realização dos respectivos pregões, da entrega dos objetos vendidos ou assinatura da escritura de venda, e o seu pagamento efetuado no decurso dos cinco dias seguintes. As *contas de venda*, devidamente autenticadas pelos leiloeiros, demonstrarão os preços alcançados nos pregões de cada lote e serão entregues aos comitentes mediante remessa pelo protocolo ou por meio de carta registrada; aliás, essas contas devem conferir com os livros e assentamentos do leiloeiro, sob pena de incorrerem nas sanções disciplinares. Se o comitente não procurar receber a importância do seu crédito, proveniente da conta de venda recebida, vencido o prazo acima, o leiloeiro deverá depositá-la na Caixa Econômica ou agência do Banco do Brasil, em nome de seu possuidor, salvo se tiver ordem, por escrito, do comitente para não fazer o depósito. Havendo mora por parte do leiloeiro, poderá o credor, exibindo a respectiva conta de venda, requerer ao juízo competente a intimação dele, para pagar dentro de 24 horas, em cartório, o produto do leilão, sem dedução da comissão que lhe cabia, sob pena de prisão, como depositário remisso, até que realize o pagamento (artigo 27 do Regulamento do Decreto 21.981/32).

---

[10] Sobre o contrato estimatório, conferir RODRIGUES JUNIOR, Otavio Luiz. **Código Civil comentado**: compra e venda, troca, contrato estimatório: artigos 481 a 537. São Paulo: Atlas, 2008. v. VI, t. I.

Já nos leilões judiciais, de massas falidas e de liquidações, os leiloeiros são obrigados a pôr à disposição do juízo competente, ou representantes legais, as importâncias dos respectivos produtos, dentro dos prazos acima listados (artigo 28).

Não é só. Segundo o artigo 40 do Regulamento do Decreto 21.981/32, o contrato que se estabelece entre o leiloeiro e a pessoa, ou autoridade judicial, que autorizar a sua intervenção ou efetuar a sua nomeação para realizar leilões, é de mandato ou comissão e dá ao leiloeiro o direito de cobrar judicialmente e sua comissão e as quantias que tiver desembolsado com anúncios, guarda e conservação do que lhe for entregue para vender, instruindo a ação com os documentos comprobatórios dos pagamentos que houver efetuado, por conta dos comitentes e podendo reter em seu poder algum objeto, que pertença ao devedor, até o seu efetivo embolso.

7 LEILÕES

Essencialmente, o leilão é uma forma de alienação de bens de qualquer natureza: materiais ou imateriais, móveis ou imóveis, individuais ou coletivos (*universitas*), públicos ou privados etc. A palavra provém do árabe *al ilam*, que se traduz por *anúncio*,[11] *convocação* ou *chamado*, no sentido de *pregão* ou *apregoamento*. Tal etimologia aponta para um dos elementos centrais dos leiloamentos, qual seja, o seu caráter de ato jurídico público ou, mais precisamente, de alienação pública de bens. A ideia central é fazer um chamamento para que todos aqueles que estejam interessados compareçam para, disputando o bem, viabilizem a formação o *melhor valor* para o negócio. Daí falar-se, igualmente, em *certame*, ou seja, em disputa, contenda, combate, assim como é possível falar-se em *concurso*, vale dizer, em evento para o qual *concorrem* diversas pessoas, diversos interessados.

Nesse sentido, por ser também chamado de *venda em público* ou de *venda mediante pregão*, como o faz Theophilo de Azeredo Santos que, ademais, destaca ser uso mercantil muito antigo, principalmente em Roma, onde eram frequentes.[12]

Note-se, no entanto, que essa característica de *alienação pública* não é descaracterizada quando as condições do certame definam requisitos objetivos para qualificar os interessados em participar da concorrência, o que, contudo, não é muito comum em leilões de objeto de arte. Em oposição, as concorrências havidas no âmbito do setor público, para finalidades diversas, são habitualmente precedidas de uma fase qualificadora, sendo que apenas aqueles que preencham os requisitos exigidos em lei e no edital estarão aptos a participar da disputa pela vantagem apregoada.

---

[11] HOUAISS, Antônio; VILLAR, Mauro Salles. **Dicionário Houaiss da língua portuguesa**. Rio de Janeiro: Objetiva, 2001. p. 1738

[12] SANTOS, Theophilo de Azeredo. Leilão. In: SANTOS, J. M. de Carvalho. **Repertório enciclopédico do direito brasileiro**. Rio de Janeiro: Borsoi, [s. d.]. v. 31, p. 157.

Consequentemente, não é necessário obter um convite para participar de um leilão. O leilão é uma oferta pública e, assim, qualquer interessado pode comparecer ao lugar do certame para simplesmente assistir a disputa ou para disputar, enunciando seus lanços, embora seja lícito estipular – de forma não abusiva (ilícita, nos termos do artigo 187 do Código Civil) – condições para os participantes, como prévia aprovação de cadastro, entre outras, desde que legais, proporcionais e razoáveis.

De qualquer sorte, é indispensável que, havendo definição de condições pessoais para que se tome parte no certame, sejam elas objetivas, razoáveis e proporcionais, não sendo lícito estabelecer discriminações arbitrárias nem, muito menos, distinções vedadas em lei (preconceitos diversos). Não me passa despercebido ser lícito ao proprietário de um bem convidar determinadas pessoas, por si escolhidas, para oferecer-lhes – apenas a elas – certo bem, pelo melhor preço que se defina a partir da disputa entre elas. No entanto, não se terá um leilão, em sentido estrito, nesse ato, não se aplicando a disciplina do Decreto 21.981/32, que se estudará adiante.

Segundo o artigo 38 do Regulamento do Decreto 21.981/32, nenhum leilão poderá ser realizado sem que haja, pelo menos, três publicações no mesmo jornal, devendo a última ser bem pormenorizada, sob pena de multa. Todos os anúncios de leilões deverão ser claros nas discrições dos respectivos efeitos, principalmente quando se tratar de bens imóveis ou de objetos que se caracterizem pelos nomes dos autores e fabricantes, tipos e números, sob pena de nulidade e de responsabilidade do leiloeiro.

Os leilões podem ocorrer no próprio estabelecimento do leiloeiro ou no estabelecimento de terceiros. Mas, em qualquer hipótese, deverá cuidar-se de local público ou, no mínimo, ao qual se dê acesso ao público em geral. Portanto, qualquer pessoa pode participar do leilão, não sendo necessário convite, embora devendo satisfazer requisitos formais, como prévio preenchimento de cadastro etc. Neste sentido, mesmo quando se realizam os chamados *leilões residenciais*, muito apreciados quando se cuida de espólios de colecionadores de arte. Nessas circunstâncias específicas, para a realização da hasta, o ambiente privado (a residência) tem abertura ao público (os interessados em licitar), embora esse acesso esteja limitado ao ambiente da disputa e segundo as regras e as necessidades desta.

Antes de começarem o ato do leilão, os leiloeiros farão conhecidos as condições da venda, a forma do pagamento e da entrega dos objetos que vão ser apregoados, o estado e qualidade desses objetos, principalmente quando, pela simples intuição, não puderem ser conhecidos facilmente, e bem assim o seu peso, medida ou quantidade, quando o respectivo valor estiver adstrito a essas indicações, sob pena de incorrerem na responsabilidade que no caso couber por fraude, dolo, simulação ou omissão culposa (artigo 23 do Regulamento do Decreto 21.981/32).

As vendas em leilão ocorrem por lotes, apregoados um a um. Um lote é formado por um ou mais bens que são oferecidos para a venda conjunta. Cabe ao comitente e ao leiloeiro formar os lotes, não sendo faculdade dos interessados pretender o agrupamento de lotes ou sua divisão. Uma vez apregoado o lote, os interessados devem enunciar seu interesse por qualquer forma: levantando a mão, afirmando-o oralmente etc. Mas a oferta deve ser inequívoca, inconfundível; não se pode interpretar por oferta aquilo que efetivamente não o foi. Havendo disputa, é lícita a estipulação de patamares mínimos (de R$ 100,00 em R$ 100,00; de R$ 1.000,00 em R$ 1.000,00 etc.) para a sua elevação; esse é um direito do comitente e do leiloeiro, embora tais valores devam constar das condições de leilões.

A sistemática essencial de melhor oferta, em disputa, por um lote, permite compor variantes as mais diversas. Lembro-me, por exemplo, de um leilão realizado por Roberto Haddad, no Rio de Janeiro, onde ele, o leiloeiro, apregoou um valor de base e foi enunciando valores menores, seguindo um padrão (cada pregão era R$ 100,00 menor que o anterior); venceria quem desse o primeiro lanço, evitando, assim, a continuidade da sequência de redução no valor (*método holandês*).

Não é a única variante. Há leilões que só admitem que cada concorrente enuncie uma oferta, fechada, apurando-se o vencedor a partir da abertura dos envelopes com as ofertas veladas. Há sistemas mistos que, após a abertura dos envelopes, permitem que os melhores licitantes prossigam em disputa oral. Encontram-se mesmo leilões, como os que ocorrem nas bolsas de valores, que permitem ofertas concomitantes de compradores e vendedores (*leilão duplo*), atualizáveis momento a momento, ampliando as chances de formação do melhor valor.

Os lanços dados pelos licitantes caracterizam oferta, nos termos do artigo 427 do Código Civil,[13] obrigando o licitante a honrar a contratação, caso seja vencedor. A prática do mercado de arte estabeleceu uma modalidade alternativa de lanço, denominado de *lanço condicional*. Cuida-se de lanço dado em valor abaixo ao preço mínimo enunciado para o lote, hipótese na qual o licitante obriga-se a honrar o valor, sob condição de que o comitente, consultado após o certame, o aceite. Se o lanço é aceito, o licitante está obrigado a honrá-lo.

Não há forma prescrita, nem forma proibida, para a enunciação do lanço. Ele pode ser feito de forma verbal, expressando o seu valor em alto e bom som, assim como se admitem atos que, inequivocamente, deixem claro que o licitante adere ao valor sugerido pelo leiloeiro: levantar a mão ou o crachá com o número do licitante, acenar com a cabeça etc. Mas, insisto, quando não haja enunciação verbal, é indispensável que o ato seja, inequivocamente, um lanço, sendo lícito àquele que se tomou por licitante corrigir o leiloeiro, afirmando não ter lançado. Situação próxima é quando, a partir de um gesto, o leiloeiro acata o lanço e enuncia o valor para o licitante, presumindo o montante ofertado; é lícito ao licitante, de pronto, corrigi-lo, enunciando o valor que efetivamente está ofertando.

Justamente por não haver forma prescrita, nem forma defesa, admitem-se lanços por telefone, lanços por meio eletrônico e, mesmo, lanços antecipados. Entre os lanços antecipados, destacam-se os lanços prévios até certo valor: o licitante que não está presente ao evento leilão deixa autorização para que sejam enunciados, em seu nome e à sua conta, lanços até certo valor máximo. Nessa hipótese, o leiloeiro atua como mandatário do licitante, enunciando lanços em seu nome, à medida que vão sendo vencidos por outros licitantes, até que vença ou até que alcance o valor máximo previamente deixado.

---

[13] Sobre o tema, conferir MAMEDE, Gladston. **Direito empresarial brasileiro** (volume 5): teoria geral dos contratos. São Paulo: Atlas, 2010. Capítulo 6 (Formação dos Contratos).

Acatados os lances sem condições nem reservas, os arrematantes ficam obrigados a entrar com um sinal ou caução que o leiloeiro tem o direito de exigir no ato da compra, a pagar os preços e a receber a coisa vendida, por expressa previsão do artigo 39 do Regulamento do Decreto 21.981/32. Se não se realizar o pagamento no prazo marcado, o leiloeiro ou o proprietário da coisa vendida terá a opção para rescindir a venda, perdendo neste caso o arrematante o sinal dado, do qual serão descontadas pelo leiloeiro a sua comissão e as despesas que houver feito, entregando o saldo a seu dono, dentro de 10 dias – ou para demandar o arrematante pelo preço com os juros de mora, por ação executiva, instruída com certidão do leiloeiro em que se declare não ter sido completado o preço da arrematação no prazo marcado no ato do leilão.

O leiloeiro tem fé pública para emitir essa certidão, ou seja, presume-se que a sua declaração é verdadeira. Justamente por isso, atribui-se à certidão a natureza jurídica de título executivo, hábil a instruir uma ação judicial de execução. No entanto, cuida-se de presunção relativa (*iuris tantum*), ou seja, é lícito ao executado, por meio de embargos à execução, alegar e provar que as informações constantes da certidão não são verdadeiras, no todo ou em parte. Por exemplo, pode provar que não lançou ou que seu lanço não foi o vitorioso, não tendo arrematado o lote, ao contrário do que consta da declaração, hipótese na qual se dará provimento aos embargos, extinguindo-se a execução. Pode, ademais, provar que a certidão não está correta em parte acessória, como valor ou condições de pagamento, hipótese em que o julgamento parcial dos embargos alterará o valor a ser desembolsado pelo devedor.

Se o arrematante não tiver pago, mas também não tiver retirado a peça, é seu direito óbvio exigir que ao pagamento corresponda a entrega do bem arrematado, nas condições da oferta. Aliás, a objeção ao pagamento pode mesmo se fundar na alegação e demonstração de que o bem que foi apresentado ao arrematante não correspondia ao que se ofertou, a exemplo da existência de defeitos não declarados, falsidade etc. Tais argumentos são passíveis de conhecimento e prova nos embargos do devedor, prejudicando o prosseguimento da execução.

8   DEVERES ÉTICOS E RESPONSABILIDADE CIVIL

O leiloeiro está obrigado a manter um comportamento ético que, antes de mais nada, concretiza-se por meio de uma atuação transparente, contribuindo para o prestígio de sua classe (artigo 14 da Instrução Normativa 113/2010/DNRC). Essa *transparência* implica, antes de mais nada, uma obrigação de ação proba e de boa-fé, à altura da competência e do poder que lhe foram investidos para o exercício da função. Mas, para além dessas virtudes profissionais, o *dever de transparência* também exige fornecimento amplo, constante e completo de informações para os envolvidos em suas operações, o que principia pelo comitente, passa por todos os interessados (mesmo que *meramente interessados*, ou seja, ainda que estejam apenas efetuando sondagens com o fito de avaliar se participam ou não do certame), alcançando os concorrentes que participam da disputa e, por fim, o arrematante.

Não é lícito ao leiloeiro ocultar informações que são úteis aos envolvidos e interessados. Mais do que isso, não se lhe admite o comportamento leviano de não se interessar por detalhes da operação e, assim, deixar de tomar conhecimento de aspectos relevantes para, assim, evitar a realização do certame ou, no mínimo, advertir os interessados *dessa ou daquela* particularidade. Justamente por isso, não atendem às balizas jurídicas as *condições* (ou regras) *de leilão* que eximem o leiloeiro de toda e qualquer responsabilidade sobre qualquer aspecto envolvido, fazendo parecer que tudo é um negócio que envolve apenas o comitente (vendedor) e o arrematante (comprador).

Mormente no que diz respeito ao mercado de arte, que é especialíssimo, é seu dever examinar as peças quanto a autenticidade, responsabilizando-se pela mesma, sem prejuízo da responsabilidade solidária dos proprietários comitentes. Essas informações, ademais, devem apresentar-se o mais completas possível na redação do catálogo, com descrição correta do estado das peças, autoria, época, entre outras indicações que sejam úteis para a compreensão do que se vende. Não é lícito ao leiloeiro informar equivocadamente os interessados, sequer quanto à sua responsabilidade pessoal pelo que faz. Não pode, assim, afirmar que as informações do catálogo caracterizam mera opinião, pretendendo isentar-se de responsabilidade por erros de descrição, tipográficos ou por defeitos que obras leiloadas exibam. O dever de transparência implica dever de informação ampla e completa, razão pela qual as Juntas Comerciais deveriam advertir os leiloeiros que, ilicitamente, recorrem a tais *cláusulas de não indenizar*.

Não é só. Também não é lícito ao leiloeiro estipular, por meio do edital e/ou condições do leilão, prazos de prescrição ou decadência para o exercício de direitos, pelo comitente, pelo arrematante ou por terceiro interessado, inferiores aos prazos legais. Tais disposições devem ser compreendidas como não escritas, além de caracterizarem ato ilícito, passível de punição disciplinar pela Junta Comercial.

Embora atue como mandatário do comitente, nos termos acima estudados, o leiloeiro está obrigado a manter independência em qualquer circunstância, segundo o mesmo artigo 14 da Instrução Normativa 113/2010/DNRC. Essa independência profissional traduz-se por meio do poder/dever de atender às normas reguladoras de leiloeiros e leilões, em primeiro lugar, não permitindo que comitentes ou terceiros influenciem o desrespeito a tais balizas. Consequentemente, o leiloeiro é pessoalmente responsável, civil, penal e disciplinarmente por seus atos, não colhendo a alegação de que agiu *assim ou assado* porque seguiu orientações ou ordens de terceiros.

No plano civil, aliás, o leiloeiro é responsável pelos atos que, no exercício de sua profissão, praticar com dolo ou culpa, diz o artigo 15 da Instrução Normativa 113/2010/DNRC. A norma guarda estreitas ligações com os artigos 186 e 187, combinados com o 927 e seguintes do Código Civil, razão pela qual mesmo o abuso de direito, pelo advogado, deve ser compreendido como ato ilícito: exercer um direito, excedendo manifestamente os limites impostos por seu fim econômico ou social, pela boa-fé ou pelos bons costumes. Portanto, a responsabilidade jurídica do leiloeiro não se afirma exclusivamente nos casos de dolo ou com culpa grave, identificada como o ato que apresenta o contorno de um erro inescusável ou, ainda, de um erro grosseiro. Não é preciso tanto, a simples verificação de negligência ou de imprudência (e, como combinação de ambos, a perícia) permite a responsabilização do leiloeiro, devendo reparar os danos que causar, econômicos ou morais, no que se deve incluir mesmo a indenização pela perda de uma chance, se caracterizadas as circunstâncias para tanto.

A responsabilidade profissional do leiloeiro, embora específica, em face do cargo, permite a caracterização de concurso de pessoas, como reconhece o artigo 15, parágrafo único, da Instrução Normativa 113/2010/DNRC. Assim, em caso de leilão fraudulento, o arrematante será solidariamente responsável com o leiloeiro, se com este estiver coligado para lesar o comitente, o que será apurado em processo próprio.

REFERÊNCIAS BIBLIOGRÁFICAS

FERREIRA, Aurélio Buarque de Holanda. **Novo dicionário da língua portuguesa**. 2. ed. (36ª reimpressão). Rio de Janeiro: Nova Fronteira: 1997.

HOUAISS, Antônio; VILLAR, Mauro Salles. **Dicionário Houaiss da língua portuguesa**. Rio de Janeiro: Objetiva, 2001.

MAMEDE, Gladston. **A advocacia e a Ordem dos Advogados do Brasil**. 4. ed. São Paulo: Atlas, 2011.

_____. **Direito empresarial brasileiro**: direito societário: sociedades simples e empresárias. 5. ed. São Paulo: Atlas, 2011. v. 2.

_____. **Direito empresarial brasileiro**: empresa e atuação empresarial. 5. ed. São Paulo: Atlas, 2011. v. 1.

_____. **Direito empresarial brasileiro**: falência e recuperação de empresas. 4. ed. São Paulo: Atlas, 2010. v. 4.

_____. **Direito empresarial brasileiro**: teoria geral dos contratos. São Paulo: Atlas, 2010. v. 5.

RODRIGUES JUNIOR, Otavio Luiz. **Código Civil comentado**: compra e venda, troca, contrato estimatório: artigos 481 a 537. São Paulo: Atlas, 2008. v. VI, t. I. (Coleção coordenada por Álvaro Villaça Azevedo.)

SANTOS, J. M. de Carvalho. **Repertório enciclopédico do direito brasileiro**. Rio de Janeiro: Borsoi, [s. d.].

SARAIVA, F. R. dos Santos. **Dicionário latino-português**. 11. ed. Rio de Janeiro, Belo Horizonte: Garnier, 2000.

19

Perícia Judicial em Obra de Arte

Edson Alvisi Neves[1]
Marisa Machado da Silva[2]

Sumário: 1. Introdução. 2. Perícia em juízo. 3. Prova judicial. 4. Prova pericial em juízo. 5. Indeferimento da perícia. 6. O perito. 7. Honorários periciais. 8. Impugnação do perito. 9. Laudo pericial. 10. Participação das partes na instrução pericial. Referências bibliográficas.

1 INTRODUÇÃO

A perícia se traduz em técnica de apuração de elementos elucidativos sobre aspectos de determinados fatos, circunstâncias, objetos ou pessoas. Caracterizando-se como mecanismo de constituição de provas para a demonstração da verdade. Assim, qualquer que seja a finalidade, a prova só faz sentido se inserida em um mecanismo cognitivo, cujo objetivo seja a busca da versão admitida como verdadeira ou indicador dos parâmetros limites de determinados aspectos, a exemplo da avaliação.

A perícia em obra de arte é atividade em ascensão na atualidade, sendo buscada constantemente por agentes financeiros ou seguradoras a fim de se determinar o valor de obras asseguradas ou ofertadas como caução, bem como a autenticidade e a autoria. Essas perícias ocorrem por meio de contratação, com a oferta e aceitação negociada entre as partes interessadas, onde se incluem as formas, os limites e a remuneração pela atividade.

---

[1] Professor titular e diretor da Faculdade de Direito da Universidade Federal Fluminense. Advogado.
[2] Mestranda em Direito – Universidade Federal Fluminense. Advogada.

Em juízo a perícia insere-se em procedimento cognitivo amplamente regulado e limitado por série de regras, cuja finalidade é a manutenção das garantias coletivas e individuais, especificamente o sistema do devido processo legal, de que o Judiciário é o guardião primeiro.

2 PERÍCIA EM JUÍZO

Nas relações sociais ocorrem situações em que os interesses das partes envolvidas se contrapõem e, não raro, essas partes não logram êxito em chegarem a uma solução autonomamente e recorrem a um terceiro que auxilie no processo de solução. Este terceiro poderá ser um facilitador[3] no dialogo das partes ou alguém que imponha a decisão. Neste caso, quando se trata de direitos dispostos livremente pelos envolvidos, poderá o terceiro ser escolhido pelas partes instalando um procedimento de arbitragem[4] ou ocorrerá a delegação ao Estado para promover a pacificação, por intermédio do exercício de sua função jurisdicional. Qualquer dos procedimentos citados importará na escolha de uma versão dos acontecimentos, que será tida como a verdadeira, portanto, importante que ela esteja amparada em elementos demonstrativos e reforçadores das versões em jogo, permitindo ao condutor do procedimento o convencimento para a escolha.

3 PROVA JUDICIAL

Estabelecida a relação jurídica processual pela demanda do autor,[5] buscando a solução para o conflito instalado com a resistência do réu, será instaurado o processo judicial,[6] que é a ferramenta sob a direção do juiz[7] colocada à disposição dos interessados para a busca da decisão definitiva. De forma que o melhor direito será declarado pela sentença, após ser conhecido pelos elementos inseridos nos autos pelos envolvidos,[8] respeitando-se o sistema de garantias materiais e formais que envolvem a função. A declaração de direito importa

---

[3] A mediação e a conciliação são consideradas meios mais democráticos e eficientes de solução de conflitos, levando vantagens sobre a jurisdição por permitirem a participação ativa das partes e solucionarem a lide também no âmbito social, enquanto a jurisdição só a assegura no plano jurídico.

[4] A Lei de Arbitragem (Lei nº 9.307/1996) permite o seu uso nas questões envolvendo direitos patrimoniais disponíveis e equipara a sentença arbitral à sentença judicial, sendo àquela irrecorrível.

[5] A todo indivíduo é resguardado o exercício do direito de ação (CF 88, art. 5º, inciso XXXV), que compreende requerer vinculativamente uma decisão estatal, por meio de um devido processo legal.

[6] Não abordaremos o processo arbitral, em função da legislação específica não estipular procedimento probatório específico e aplicando-se subsidiariamente o procedimento judicial.

[7] CPC. Art. 125: "O juiz dirigirá o processo conforme as disposições deste Código [...]."

[8] CPC. Art. 128: "O juiz decidirá a lide nos limites em que foi proposta, sendo-lhe defeso conhecer de questões, não suscitadas, a cujo respeito à lei exige a iniciativa da parte."

em atividade cognitiva que leve ao convencimento do julgador, sendo a sentença um ato de vontade, mas uma vontade racional e justificada nos elementos constantes nos autos.[9]

Estabelecida a importância da cognição no procedimento judicial, cumpre ressaltar que ela ocorre por meio das provas, entendidas como as fontes pelas quais se conhecem os elementos do caso sob análise. Portanto, as provas destinam-se ao julgador responsável pela sentença decisória. A legislação não hierarquiza ou estabelece meios de provas,[10] mas não admite as auferidas por meios ilícitos[11] e trata mais detidamente os meios mais usuais, como é o caso da documental, da testemunhal, da inspeção judicial e da pericial, que se deterá nesta exposição.

4 PROVA PERICIAL EM JUÍZO

O julgador conduz a instrução probatória e, destinatário da prova, tem contato com os diversos meios e elementos dos fatos e das circunstâncias envolvendo a disputa, os quais lhe compete analisar, avaliar e pautar a decisão. Entretanto, se esses requerem conhecimentos técnicos distintos do jurídico, fogem da ordinariedade e isso requer que o magistrado tenha um auxílio técnico para a interpretação dessa fonte de prova. Esta necessidade não pode ser suprida pelo magistrado, mesmo que este tenha o conhecimento necessário, porque a prova apresenta-se como uma garantia de exercício do contraditório e da ampla defesa.[12]

A prova pericial serve ao juiz e também aos interessados, permitindo que estes participem da colheita de elementos que contribuem para o deslinde da disputa. Como a atividade probatória do juiz deve ser suplementar à das partes,[13] que têm o ônus de apresentar ao juízo as provas demonstrativas dos fatos por eles alegados,[14] o interessado deverá

---

[9] A liberdade de avaliação é total do magistrado, contrabalanceada pelo dever de motivar toda decisão, independente do conteúdo. A justificativa da decisão permite que a parte tenha como contra-argumentar em grau de recurso e imprime legitimidade ao ato, que sem a motivação amparada em contraditório é um mero ato de força autoritária. Por isso mesmo o dever é uma garantia de amparo constitucional (CF, art. 93, IX). Ainda: CPC. Art. 131: "O juiz apreciará livremente a prova, atendendo aos fatos e circunstâncias constantes dos autos, ainda que não alegados pelas partes; mas deverá indicar, na sentença, os motivos que lhe formaram o convencimento."

[10] CPC, Art. 332: "Todos os meios legais, bem como os moralmente legítimos, ainda que não especificados neste Código, são hábeis para provar a verdade dos fatos, em que se funda a ação ou a defesa."

[11] CF 88, Art. 5º, LVI: "São inadmissíveis, no processo, as provas obtidas por meios ilícitos."

[12] O princípio tem amparo constitucional e não aceita mitigação, sob pena de nulidade da atividade desenvolvida.

[13] CPC. Art. 130: "Caberá ao juiz, de ofício ou a requerimento da parte, determinar as provas necessárias à instrução do processo, indeferindo as diligências inúteis ou meramente protelatórias."

[14] CPC. Art. 333: "O ônus da prova incumbe: I – ao autor, quanto ao fato constitutivo do seu direito; II – ao réu, quanto à existência de fato impeditivo, modificativo ou extintivo do direito do autor."

requerer a perícia ao juiz que decidirá sobre sua necessidade.[15] A prova para ser admitida em juízo deve ser necessária, pertinente e útil. A prova deferida deve direcionar-se à demonstração de fatos que pesem controvérsias sem convencimento formado pelo julgador. Guardar relação direta e intrínseca com o fato a ser demonstrado. Ter utilidade real para a demonstração que se pretende.

Uma questão que chama a atenção é a previsibilidade de utilização das *regras da experiência técnica* pelo juiz,[16] cuja leitura apressada pode visualizar uma colisão com a realização da perícia. Todavia, qualquer colisão é apenas aparente. Pode o juiz sempre que o entender determinar a perícia, que é um instrumento para lhe suprir a falta do conhecimento técnico sobre determinado assunto. Contrariamente, a dispensa do perito deve ocorrer considerando a profundidade e amplitude da noção de matéria técnica a ser considerada na sentença. Se o conhecimento a ser utilizado é profundo, no caso de dispensa do perito, o juiz só o empregaria no momento de sentenciar, privando as partes de participarem e influenciarem na instrução. Dinamarco aponta o deslinde considerando a tênue adequação das *regras de experiência técnica*: "é o acervo de conhecimentos técnicos ou científicos de que é dotado o homem não especializado"[17] e a distinguindo do momento de uso da perícia: "se passa ao campo dos princípios de uma ciência, conceitos avançados, fórmulas, teorias, é indispensável à perícia a ser feita por profissional especializado".[18]

Compete ao juiz garantir a isonomia material entre as partes do processo, assegurando a paridade de armas, o que não pode ser entendido como uma privação à iniciativa probatória do magistrado. Tratando-se de uma controvérsia centrada em direitos disponíveis, possibilidade de atos de renúncia, não imprime liberdade total ao princípio dispositivo para se transigir na instrução. Contrapõe-se o superior dever estatal de pacificação social e de o fazê-lo com decisões que se aproximem o máximo possível da realidade dos fatos, permitindo que a decisão busque sempre tutelar o detentor do direito subjetivo em jogo. Pode a parte transigir, mas não se permite que o Estado-juiz assista a passividade da parte, diante da astúcia ou da superioridade econômica do opositor. Essa situação caracteriza a hipossuficiência e o dever de atuação para equilibrar as forças na atividade processual em busca da melhor verdade, resgatando o processo como instrumento da busca do titular do direito.

A iniciativa probatória do julgador não atinge a imparcialidade, como já se considerou pautando a interpretação dos atos processuais sob os dogmas individualistas do Estado li-

---

[15] CPC. Art. 420: "[...] Parágrafo único. O juiz indeferirá a perícia quando: I – a prova do fato não depender de conhecimento especial de técnico; II – for desnecessária em vista de outras provas produzidas; III – a verificação for impraticável. "

[16] CPCP. Art. 335: "Em falta de normas jurídicas particulares, o juiz aplicará as regras de experiência comum subministradas pela observação do que ordinariamente acontece e ainda as regras da experiência técnica, ressalvado, quanto a esta, o exame pericial."

[17] DINAMARCO, Cândido Rangel. **Instituições de direito processual civil**. São Paulo: Malheiros, 2009. v. III, p. 586.

[18] Loc. cit.

beral. Racionalmente aumentar provas na atividade cognitiva é diretamente proporcional ao fortalecimento dos elementos demonstradores dos fatos reais e, se não ocorre, basta a prova ser desprezada, todas são analisadas em conjunto e em consonância às circunstâncias. De qualquer forma, a iniciativa tomada não sugere que se saiba de antemão o resultado dos possíveis elementos a serem inseridos. O controle na realização das provas de iniciativa do julgador ocorrerá no contraditório amplo que deve ser garantido para as partes. Por argumento final, deve ser visualizado que a distribuição legal do ônus da prova (CPC, art. 333) é subjetiva, só se objetivando como regra de julgamento, na hipótese de se visualizar a ausência de provas suficientes. A prova pertence ao processo.

5 INDEFERIMENTO DA PERÍCIA

A prova requerida poderá ser indeferida quando entender o magistrado pela sua desnecessidade ou inutilidade. A fundamentação está na economia processual e no dever do magistrado de buscar rápida solução do conflito.[19] Importante momento, nem sempre utilizado, para se verificar a pertinência das provas a serem produzidas é a audiência de conciliação,[20] que permite uma análise com racionalidade e com oralidade. Destaque-se que a insistência da parte em realização de diligências inúteis caracteriza-se como litigância de má-fé, passível de punição.[21]

O próprio legislador preocupou-se em apontar três hipóteses em que a prova pericial deve ser indeferida (CPC, art. 420, parágrafo único, incisos I a III), sempre lembrando o grau de subjetividade e que a análise pertence ao julgador, que deve se convencer dos fatos e entender do cabimento ou não de mais provas. A primeira situação lembrada é a circunstância da desnecessidade de conhecimento técnico específico para a prova do fato. Em matéria de obra de arte é difícil a verificação dessa situação, mas não impossível. Exemplo é a alegação que a entrega de determinada obra conhecida e famosa ao assessor de um *marchand* foi realizada no autêntico e não na cópia que foi exposta. Ocorre ser de conhecimento geral que a famosa obra encontra-se de posse de um museu, onde rigorosos métodos periciais garantem a originalidade da peça que lá se expõe. Ainda, a entrega de uma peça que se alegada e tida como autêntica, mas trata-se de uma cópia grosseira, visível a qualquer inspeção leiga, inclusive, apresenta assinatura diversa, cores ou materiais destoantes. A autenticidade da peça não é o ponto central para apurar as responsabilidades nessas hipóteses, o importante será justamente detectar se as pessoas sem conhecimento técnico tinham condições de saber tratar-se de cópias.

---

[19] CPC. Art. 125: "[...] II – velar pela rápida solução do litígio."
[20] CPC. Art. 331: "[...] § 2º Se, por qualquer motivo, não for obtida a conciliação, o juiz fixará os pontos controvertidos, decidirá a as questões processuais pendentes e determinará as provas a serem produzidas, designando audiência de instrução e julgamento, se necessário."
[21] CPC. Art. 17: "Reputa-se litigância de má-fé: [...] IV – opuser resistência injustificada ao andamento do processo e V – proceder de modo temerário em qualquer incidente ou ato do processo."

A segunda hipótese aventada pelo legislador diz respeito à existência de outras provas produzidas e suficientes para demonstrar o fato. Pelo momento processual em que se determina a perícia, a prova suficiente para afastá-la será a documental, considerando que as provas orais ocorrerão em momento posterior, por ocasião da audiência de instrução e julgamento. Não se afasta a hipótese de a inspeção judicial[22] evitar a demorada e onerosa prova pericial, mas neste caso o fato a ser demonstrado não carecia de conhecimento técnico específico. O exemplo é a indicação de prova pericial para se determinar o valor de peça em disputa, quando no processo constem os valores uniformes auferidos em leilões recentes, nos quais se negociou a mesma peça. A hipótese em comento também nos remete às situações de juntada de pareceres técnicos elaborados por assistentes ou à existência de perícia antecipatória, situações que abordaremos oportunamente.

A última hipótese mencionada diz respeito à impossibilidade de realização da perícia, o que pode se dar pela inviabilidade material de sua execução, pela ausência de técnica necessária ou mesmo pela inviabilidade lógica, por questões econômicas por exemplo.

6 O PERITO

O perito trata-se de profissional com pleno conhecimento de causa atuando mediante compromisso, adquirido por nomeação, verifica fatos interessantes à causa e os transmite ao juiz por meio de seu parecer.[23] O experto também poderá funcionar como assistente técnico das partes, neste caso atuará em favor destas destacando os pontos relevantes a seu favor, presentes ou não no laudo do perito e criticando aqueles discordantes tecnicamente e apontando as possíveis falhas na atuação do perito.

Três formas de escolha do perito têm se verificado nas legislações nacionais, na primeira funcionam pessoas escolhidas por possuírem título oficial na arte ou na ciência relacionada à matéria versada na perícia, a exemplo da Argentina e Espanha.[24] Na segunda forma, os peritos são profissionais que preencham determinadas condições e com registros próprios, isso ocorreu em determinados períodos no sistema jurídico francês, italiano[25] e no brasileiro era realidade nos Tribunais do Comércio, as Juntas Comerciais ainda mantêm o sistema de registro dos profissionais específicos que atuam na atividade econômica.[26] A terceira forma, imperante no Código brasileiro, adota a livre escolha pelo

---

[22] CPC. Art. 440: "O juiz, de ofício ou a requerimento da parte, pode, em qualquer fase do processo, inspecionar pessoas ou coisas, a fim de se esclarecer sobre o fato, que interesse à decisão da causa."

[23] SANTOS, Moacyr Amaral. **Comentários ao Código de Processo Civil, Lei nº 5.869, de 11 de janeiro de 1973**. Rio de Janeiro: Forense, 1988. v. IV: arts. 332-475, p. 329-330.

[24] ABUNAHMAN, Sérgio Antônio. **Curso básico de engenharia legal e avaliações**. São Paulo: Pini, 2008. p. 14-15.

[25] Loc. cit.

[26] ALVISI NEVES, Edson. **Tribunal do Comércio**. Rio de Janeiro: FAPERJ/Jurídica, 2008. p. 265-325.

juiz,[27] ao nosso entendimento tem falha por permitir a nomeação de profissionais sem o conhecimento técnico necessário.

Vários doutrinadores frisam que o fundamental é o perito ser uma pessoa da confiança do juiz.[28] Temos tendência a fazer leitura diversa. Os fatores determinantes devem ser observados em equilíbrio proporcional, o fundamento da perícia é justamente a detenção do conhecimento técnico ou cientifico específico, não dominado pelo *homo medium*.[29] Quando o Código refere-se à liberdade de escolha do juiz esta não é absoluta, indicando a preferência pelos técnicos de órgão oficial para as perícias que tenham como objeto a autenticidade ou falsidade documental ou a de natureza médico-legal.[30] A probidade do perito não é motivo determinante da escolha, mas a ser verificada em todos os profissionais que atuam como perito,[31] de maneira que esta qualidade não é verificada em relações diretas com o julgador ou relacionamento extraprofissional, sim estritamente profissional. A probidade do perito deve ser conhecida na condução do seu trabalho técnico, notória no seu meio profissional e grosso modo, a honestidade é regra.

Reuniões entre o julgador e perito sem a presença dos procuradores das partes são desnecessárias e não representam a forma mais participativa de construção da sentença. Em alguns casos, muita proximidade entre os profissionais que atuam na jurisdição pode ser prejudicial. A equidistância é mais patente quando os profissionais desconhecem as convicções pessoais dos colegas. Afinal, embora o perito seja um auxiliar do juízo, não é um conselheiro ou assistente da pessoa do juiz.

Não teve dúvidas neste sentido o legislador ao indicar a necessidade de buscar o profissional de formação e inscrição no órgão de classe,[32] regras que não impedem a atuação

---

[27] ABUNAHMAN, Sérgio Antônio, op. cit.

[28] MARINONI, Luiz Guilherme; ARENHART, Sérgio Cruz. **Prova**. São Paulo: Revista dos Tribunais, 2009. p. 771.

[29] CPC. Art. 145: "Quando a prova do fato depender de conhecimento técnico ou científico, o juiz será assistido por perito, segundo o disposto no art. 421."

[30] CPC. Art. 434: "Quando o exame tiver por objeto a autenticidade ou a falsidade de documento, ou for de natureza médico-legal, o perito será escolhido, de preferência, entre os técnicos dos estabelecimentos oficiais especializados. O juiz autorizará a remessa dos autos, bem como do material sujeito a exame, ao diretor do estabelecimento.

Parágrafo único. Quando o exame tiver por objeto a autenticidade da letra e firma, o perito poderá requisitar, para efeito de comparação, documentos existentes em repartições públicas; na falta destes, poderá requerer ao juiz que a pessoa, a quem se atribuir a autoria do documento, lance em folha de papel, por cópia, ou sob ditado, dizeres diferentes, para fins de comparação."

[31] CPC. Art. 422: "O perito cumprirá escrupulosamente o encargo que lhe foi cometido, independentemente de termo de compromisso. (1ª parte)."

[32] CPC. Art. 145, § 1º: "Os peritos serão escolhidos entre profissionais de nível universitário, devidamente inscritos no órgão de classe competente, respeitado o disposto no capítulo VI, seção VII, deste Código."

de pessoas jurídicas na função de perito,[33] inclusive, estas mantêm inscrição nos órgãos de classe. Também nesse sentido vai a legislação e doutrina estrangeira.[34] A posição da jurisprudência, atenta às novas realidades, também tem seguido essa tendência, que se coaduna perfeitamente com as necessidades do encargo e justifica-se pelo fato da pessoa jurídica ser uma conjugação de recursos e normalmente apresenta-se mais bem aparelhada e com pluralidade de profissionais sob uma direção técnica, passível de ser responsabilizada até criminalmente, se for o caso. Razão de o próprio legislador processual incentivar a atuação de pessoas jurídicas como auxiliares do juízo[35] e determinar o uso de institutos oficiais em algumas situações.

A formação em nível superior e a inscrição em órgão de classe[36] como critérios apontados pelo legislador não atendem a todas as situações, considerando a ainda existência de profissões não regulamentadas e a ausência de profissionais de nível superior em número e qualificação suficiente em determinados rincões.[37] Mas não é crível que isso ocorra em grandes centros. Especificamente, em matéria de artes, como imaginar que no eixo São Paulo – Rio de Janeiro – Belo Horizonte não haja profissionais de nível superior com qualificação para o encargo. Essas localidades apresentam a maior concentração de cursos de belas artes e história das artes, inclusive com diversos programas de pós-graduação *stricto senso*, dentre outros. Sendo repudiável, por exemplo, o reconhecimento da existência de perito para *questões atípicas* ou nomeações para blocos de atividades, onde os nomeados peritos se assessoram de outros profissionais para a realização da atividade.

A ausência de órgãos de classe impede a existência de inscrição e não pode ser suprida por inscrição em associação de peritos ou coisa do gênero. O rol dos inscritos em associações de peritos pode ser uma forma dos magistrados tomarem conhecimento dos profissionais que se predispõem a atuar nessa condição, mas a inscrição não pode se tornar um mecanismo de exclusão ou saída única para o nomeante. Assim o fosse, o encargo de administrar tal listagem deveria recair sobre o próprio tribunal, com critérios objetivos e publicizados.

---

[33] "Não veda o sistema processual vigente que pessoa jurídica possa servir como assistente técnico, sobretudo após a edição da Lei 8.455/1992" (RF 325/155).

[34] "En segundo término, puede ser tanto una persona física como jurídica" (art. 340.2 LEC que se refiere también a "las Academias e Instituciones culturales y científicas que se ocupen del estudio de las materias correspondientes al objeto de la pericia"). Destaca Garciandia Gonzalez: "el acierto del legislador al permitirla realización de la actividad pericial no sólo a organismos oficiales ('Academias, Colegios o Corporaciones') sino también a otro tipo de instituciones culturales o científicas (constituidas incluso con carácter privado) que se ocupen del estudio de determinada matéria" (GARCIANDÍAGONZÁLEZ, P. M. **La peritación como medio de prueba en el proceso civil español**. Pamplona, 1999. p. 360).

[35] Lei 11.101/05. Art. 21: "O administrador judicial será profissional, [...] ou pessoa jurídica especializada."

[36] CPC. Art. 145, § 2º: "Os peritos comprovarão sua especialidade na matéria sobre que deverão opinar, mediante certidão do órgão profissional em que estiverem inscritos."

[37] CPC. Art. 145, § 3º: "Nas localidades onde não houver profissionais qualificados que preencham os requisitos dos parágrafos anteriores, a indicação dos peritos será de livre escolha do juiz."

7 HONORÁRIOS PERICIAIS

Os honorários dos assistentes serão arcados pelas próprias partes e do perito pela parte que requerer a prova,[38] devendo fazê-lo ao fim da perícia, mas podendo o juiz determinar o depósito antecipado verificando a situação de solvabilidade da parte ou a necessidade de antecipar parte do pagamento para cobrir despesas realizadas com as atividades periciais. Vários entendimentos têm aventado o procedimento de fixação de honorários provisórios a serem depositados e o estabelecimento dos honorários definitivos ao fim dos trabalhos, com parâmetros mais objetivos.[39] O fim da perícia compreende o exaurimento do prazo para impugnação do laudo sem a sua ocorrência ou a resposta a tal impugnação, não desconsiderando a necessidade de declaração do especialista em audiência.

Tratando-se de parte beneficiária da gratuidade de justiça (Lei 1.060/1950, art. 3º, V e VI), competirá ao Estado arcar com a remuneração do perito, recomendando-se ao magistrado prioritariamente recorrer a serviço público *expert* vinculado a órgãos públicos com atribuição específica na área da perícia. No âmbito da Justiça Federal, o Conselho Nacional da Justiça Federal[40] estabeleceu a forma e o valor dos honorários para os peritos que atuem em processo com gratuidade de justiça por meio de uma tabela que limita os valores mínimos e máximos,[41] mas permitindo ao juiz estabelecer até o triplo do valor mediante condições específicas como a complexidade, a especialização, distância, dentre outros. Alguns tribunais estaduais também já possuem alguma tabela[42] ou aplicam a tabela da Justiça Federal.[43]

---

[38] CPC. Art. 33: "Cada parte pagará a remuneração do assistente técnico que houver indicado; a do perito será paga pela parte que houver requerido o exame, ou pelo autor, quando requerido por ambas as partes ou determinado de ofício pelo juiz.

Parágrafo único. O juiz poderá determinar que a parte responsável pelo pagamento dos honorários do perito deposite em juízo o valor correspondente a essa remuneração. O numerário, recolhido em depósito bancário à ordem do juízo e com correção monetária, será entregue ao perito após a apresentação do laudo, facultada a sua liberação parcial, quando necessária."

[39] 1º TACSP, AI 726.120-1, Campinas, 12ª Câmara, rel. Des. Roberto Bedaque, 27/02/1997.

[40] Resolução nº 558/2007. Art. 2º: "A fixação dos honorários dos advogados dativos na Tabela I, do Anexo I, observará a complexidade do trabalho, a diligência, o zelo profissional e o tempo de tramitação do processo. Art. 3º, § 1º. Na fixação dos honorários periciais estabelecidos nas Tabelas II e IV do Anexo I será observado, no que couber, o contido no *caput* do art. 2º. Podendo, contudo, o juiz ultrapassar em até 3 (três) vezes o limite máximo, atendendo ao grau de especialização do perito, à complexidade do exame e ao local de sua realização, comunicando ao Corregedor-Geral."

[41] Idem. Anexo I, Tabela II (Varas Federais): perícia na área de engenharia entre R$ 140,88 e R$ 352,20; outras áreas, entre R$ 58,70 a R$ 234,80 e na Tabela IV (Juizados Especiais Federais) o valor máximo é de R$ 176, 10.

[42] TJ-RS, Ato n. 051/2009-P. Disciplina o procedimento administrativo para o pagamento de perícias, de exames e de traduções e versões no âmbito do Poder Judiciário do Estado do Rio Grande do Sul, nos casos de assistência judiciária gratuita.

[43] **Processos com Assistência Judiciária:** recomenda-se que os peritos ofereçam propostas de honorários dentro da razoabilidade (ver tabela da Justiça Federal), uma vez que o pagamento será

A par da existência das tabelas oficiais para os casos de gratuidade de justiça e de tabelas preexistentes dos órgãos de classe,[44] a lei não determina o procedimento para a fixação do valor dos honorários da perícia, a prática tem mostrado a necessidade de estabelecer previamente, antes da nomeação definitiva do perito e da fixação do prazo de entrega do laudo. Primeiro se ouve o provável perito, que após análise da complexidade da prova oferecerá proposta de honorários e as partes serão consultadas a respeito do valor apresentado. Discordando alguma parte, normalmente se desenvolve uma negociação informal entre a parte discordante e o perito indicado, caberá ao juiz decidir controvérsia remanescente, cabendo recurso ao Tribunal da decisão.[45]

De qualquer forma trata-se de antecipação, na medida em que o Código Processual brasileiro segue a orientação do diploma italiano ao adotar o princípio da causalidade, pelo qual compete a despesa a quem deu causa ao procedimento. O responsável deverá indenizar aquele que adiantou as despesas, se não foi o próprio.[46] O entendimento, entretanto, não tem incluído os valores referentes às despesas com os assistentes técnicos.[47]

Também deve ser considerada a previsibilidade de inversão do ônus da prova, medida adotada pelo legislador, especificamente o consumerista, para atender ao princípio da paridade de armas no processo. Reconhecendo as diferenças e os desnivelamentos existentes entre as partes no processo, estando uma parte em algum tipo de hipossuficiência, como a dificuldade de formular provas, cujas informações são detidas pela outra parte, determinam as normas que o julgador poderá deferir a inversão do ônus da prova, atribuindo tal tarefa à parte questionada. Entretanto, a hipossuficiência autorizadora desta inversão não pode ser a econômica, ou seja, não se inverte o ônus para atribuir ao réu o pagamento da perícia,[48] a hipótese é sim de custeio pelo Estado, embora possa o fornecedor sofrer os efeitos da não realização da prova.

---

realizado pelo Estado de Santa Catarina. Disponível em: <http://tjsc5.tjsc.jus.br/perito/honorario.jsp>. Acesso em: 30 maio 2012.

[44] Resolução do Cofecon nº 1.337, de 11/11/73, combinada com a Resolução nº 1.597/92 do Cofecon (Conselho Federal de Economia), Resolução nº 01/05 do Sindicato dos Administradores no Estado de São Paulo.

[45] A fixação dos honorários periciais deve atender ao princípio da razoabilidade às especificidades do caso concreto, mas sem perder de vista a necessidade de remunerar condignamente o profissional nomeado para exercer importante mister nos autos (TJSP, 26ª Câm. D. Priv., AI 1312152220118260000, SP, Rel. Des. Felipe Ferreira, j. 24/8/2011, p. 29/8/2011.) É certo que o laudo não é simples avaliação, mas trabalho bem elaborado, com demonstração de todos os possíveis meios para averiguar o que se pretende provar, contudo, não se pode querer cobrar valor excessivo, nem irrisório a ponto de não bem remunerar o perito, é necessário que haja proporcionalidade (TJSP, 3ª Câm. Dir. Priv., AI 0095293720118260000, Rel. Des. Beretta da Silveira, *DJ*. 16/08/2011.)

[46] 1º TACSP, 12ª Câmara, Ap. 762.842-8, São Paulo, Rel. Des. Roberto Bedaque, j. 24/4/2001.

[47] A indicação do perito assistente é faculdade da parte, a qual deve responder pelos respectivos honorários, ainda que vencedora no objeto da perícia (TST, Res. 121/2003, DJ 19, 20 e 21/11/2003).

[48] STJ, T3, REsp. 661.149/SP, Rel. Min. Nancy Andrighi, j. 17/8/2006, *DJ* 4/9/2006, p. 261.

8   IMPUGNAÇÃO DO PERITO

Nomeado o perito, este não está compelido à realização da atividade, que pode ser considerada facultativa, a par de todos terem o dever de colaboração com a jurisdição, mas deverá apresentar a escusa motivada no prazo legal a partir da intimação pelo escrivão. Diversas motivações podem ser levadas ao juízo, inclusive a falta de qualificação técnica, verificada a complexidade da perícia após o início dos trabalhos e a impossibilidade de conclusão dos trabalhos. Uma vez aceita a perícia, o que ocorrerá tacitamente, deve cumprir rigorosamente os prazos, empenhando-se com diligência.[49]

Não tendo ocorrido a escusa por parte do perito, pode qualquer das partes impugnar a nomeação apresentando as razões. A justificativa mais comum é a falta de conhecimento técnico ou científico para os estritos fins da perícia, desconhecidos pelo nomeante ou a ausência de habilitação profissional formal para atuar na área exigida para o caso concreto. Não é possível inovar com tais alegações em sede de apelação por provocar a supressão de instância, com muito mais razão, isso não é tema para recursos junto aos tribunais superiores se não foi alvo de impugnações anteriores.

Tratando-se das hipóteses de impedimento ou suspeição, o tratamento do procedimento é diverso. Cabe distinção entre os conceitos legais dos dois institutos, o impedimento ocorre no caso em que se apresentam situações objetivas nas quais se torna ilegal a atuação do agente da jurisdição,[50] que se estende aos profissionais que atuam no juízo.[51]

A impugnação ocorrerá por um procedimento específico de exceção, por meio de petição fundamentada e instruída, que será autuada em apartado sem interrupção da causa, mas com a interrupção da perícia. O arguido será ouvido e poderá fazer prova, procedendo ao julgamento em seguida pelo juiz,[52] do qual caberá o recurso de agravo. Reconhecida

---

[49] CPC. Art. 146: "O perito tem o dever de cumprir o ofício, no prazo que lhe assina a lei, empregando toda a sua diligência; pode, todavia, escusar-se do encargo alegando motivo legítimo.
Parágrafo único. A escusa será apresentada dentro de 5 (cinco) dias, contados da intimação ou do impedimento superveniente, sob pena de se reputar renunciado o direito de alegá-la (art. 423)."

[50] CPC. Art. 134: "É defeso ao juiz exercer as suas funções no processo contencioso ou voluntário: I – de que for parte; II – em que interveio como mandatário da parte, oficiou como perito, funcionou como órgão do Ministério Público, ou prestou depoimento como testemunha; III – que conheceu em primeiro grau de jurisdição, tendo-lhe proferido sentença ou decisão; IV – quando nele estiver postulando, como advogado da parte, o seu cônjuge ou qualquer parente seu, consanguíneo ou afim, em linha reta; ou na linha colateral até o segundo grau; V – quando cônjuge, parente, consanguíneo ou afim, de alguma das partes, em linha reta ou, na colateral, até o terceiro grau; VI – quando for órgão de direção ou de administração de pessoa jurídica, parte na causa."

[51] CPC. Art. 138: "Aplicam-se também os motivos de impedimento e de suspeição: III – ao perito; [...]."

[52] CPC. Art. 138: "[...] § 1º A parte interessada deverá arguir o impedimento ou a suspeição, em petição fundamentada e devidamente instruída, na primeira oportunidade em que lhe couber falar nos autos; o juiz mandará processar o incidente em separado e sem suspensão da causa, ouvindo o arguido no prazo de 5 (cinco) dias, facultando a prova quando necessária e julgando o pedido.

a imparcialidade, no mesmo ato será nomeado novo perito. O perito afastado não terá direito a recurso ou qualquer outra modalidade de impugnação, por não ter direito pessoal de prosseguir em qualquer processo e não ter a esfera jurídica pessoal afetada, mas poderá fazê-lo se a substituição acompanhar-se de aplicação de multa.

9 O LAUDO PERICIAL

O laudo apresentado pelo perito não substitui ou vincula a opinião do magistrado, que o avaliará dando a importância que o contexto indique, teoricamente sem hierarquizar as provas. Não restam dúvidas de que alguns temas deixem o juiz mais carente do laudo em razão da especificidade ou atipicidade do assunto. Qualquer disputa envolvendo obras de arte indica esta situação e exige conhecimento técnico específico. Toda obra artística é tema particular e comumente não afeita aos tipos de disputas presentes nos fóruns. Ressaltadas as situações mencionadas acima, serão quase sempre necessárias perícias neste tipo de demanda. Não se afasta a possibilidade do juiz convencer-se com outros elementos ou fatos provados nos autos,[53] como se depreende do próprio princípio da persuasão racional (CPC, art. 131).

Como já se afirmou, a necessidade de auxílio técnico para conclusões de determinados aspectos técnicos não limita o papel do julgador a mero carimbador de laudos,[54] retirando-lhe o papel de intérprete definitivo dos fatos e suas consequências jurídicas. A desconsideração parcial ou total do laudo impõe a necessidade de uma adequada fundamentação, demonstrando o convencimento com outros elementos dos autos, ou mesmo as respostas aos quesitos apresentadas pelos assistentes técnicos.

As partes também podem se insurgir contra o laudo por meio de impugnações, centradas na metodologia, no conteúdo dos procedimentos ou mesmo nas conclusões constantes dos laudos periciais. Compreendendo como atendimento ao contraditório a necessidade de se informar à parte da apresentação do laudo e abrir prazo para manifestação,[55] con-

---

"§ 2º Nos tribunais caberá ao relator processar e julgar o incidente."

[53] CPC. Art. 436: "O juiz não está adstrito ao laudo pericial, podendo formar a sua convicção com outros elementos ou fatos provados nos autos."

[54] "O fato de o mesmo laudo pericial servir para a improcedência do pedido inicial na sentença e para a procedência parcial no acórdão (apelação) não enseja violação aos arts. 1.311 e 4.366 do CPC, pois se trata apenas de interpretação da prova, sob o crivo do livre convencimento que é próprio das instâncias ordinárias, onde o conhecimento fático-probatório é amplo. O julgador não está adstrito às conclusões da perícia que, como meio de prova, serve apenas para elucidar os fatos e nortear o veredicto. De qualquer forma, cuida-se de valoração da prova, prevalecendo, em última análise, a inteligência ministrada pela instância revisora" (REsp. 1.004.078/SE, Rel. Min. Fernando Gonçalves, Quarta Turma, julgado em 17/4/2008, *DJe* 19/5/2008).

[55] "Se o laudo pericial influenciou o julgamento da causa, sua juntada aos autos sem o conhecimento da parte que sucumbiu implica a nulidade do processo – nada importando que o respectivo

siderando a jurisprudência que ocorre preclusão a não impugnação do laudo na oportunidade. Tratando-se o laudo de um trabalho técnico fundamentado e elaborado por profissional habilitado deve ser impugnado por meio de contraprova de igual valor e capaz de modificar a conclusão. Dos pareceres dos assistentes técnicos não cabe impugnação, pois estes sabidamente são parciais e aceitos com as limitações pertinentes.

10 PARTICIPAÇÃO DAS PARTES NA INSTRUÇÃO PERICIAL

Toda prova deve ser produzida em contraditório e na prova pericial a participação das partes inicia após a intimação da nomeação do perito, quando apresentam os quesitos a serem respondidos,[56] também poderão ser apresentados aos assistentes técnicos, quando existirem. As questões colocadas pelas partes, eventualmente pelo juiz,[57] referem-se aos pontos cujo teor gera dúvidas nas versões dos litigantes, delimitando a abordagem a ser dada pelo laudo, direcionando o trabalho do perito para as questões realmente relevantes para as repercussões jurídicas pretendidas. Por isso, os peritos e assistentes técnicos não podem se furtar a responder aos quesitos colocados, podendo fazê-lo legitimamente se este estiver inserido em outras respostas, da mesma forma que não se estenderá para fatos não dependentes da prova técnica ou para as consequências jurídicas do objetivo periciado.

O prazo indicado no dispositivo (CPC, art. 421, § 1º) para a apresentação do quesito é de cinco dias, prazo que a jurisprudência tem se manifestado como não preclusivo. Alguns julgados entendem que os quesitos podem ser apresentados após o prazo estipulado e antes do início da perícia,[58] outros vão além, os admitindo antes da conclusão da perícia. Entendimentos bastante ponderados se considerado que a finalidade da prova é o resgate da versão mais próxima da verdade possível e com a participação dos envolvidos no processo, buscando a cooperação de todos os interessados, garantindo o amplo contraditório e a legitimidade da atividade estatal.

---

assistente técnico dele tivesse ciência, porque só o advogado representa o litigante em juízo" (STJ, REsp. 275.686/PR, 3ª T., Rel. Min. Ari Pargendler, j. 23/10/2001, DJ 4/12/2001, p. 65).

[56] CPC. Art. 421: "[...] § 1º Incumbe às partes, dentro em 5 (cinco) dias, contados da intimação do despacho de nomeação do perito: [...] II – Apresentar quesitos."

[57] CPC. Art. 426: "Compete ao juiz: I – indeferir quesitos impertinentes. II – formular os que entender necessários ao esclarecimento da causa."

[58] "Formulação de quesitos – prazo. I – Consolidado na jurisprudência do STJ o entendimento segundo o qual o prazo estabelecido no art. 421, par. 1. do CPC, não sendo preclusivo, não impede a indicação de assistente técnico ou a formulação de quesitos, a qualquer tempo, pela parte adversa, desde que não iniciados os trabalhos periciais. Orientação que melhor se harmoniza com os princípios do contraditório e de igualdade de tratamento as partes. II – recurso não conhecido" (STJ, REsp 37311/SP, Rel. Ministro Waldemar Zveiter, Terceira Turma, julgado em 19/10/1993, DJ 22/11/1993, p. 24951).

O Código prevê a possibilidade da apresentação de quesitos suplementares,[59] apresentados diretamente ao cartório que de ofício cientificará a parte contrária.[60] Naturalmente que estes quesitos também estão sujeitos ao controle pelo juiz, que será provocado pela parte quando for o caso (CPC, art. 461, I). Como os quesitos a serem apresentados têm um papel determinado a ser cumprido, tanto podem ser indeferidos de plano pelo juiz, quanto o indeferimento poderá ser provocado pelas partes a partir da impugnação de tais quesitos, buscando a eficiência na conclusão do laudo.[61]

Opiniões que limitam a apresentação dos quesitos até o início da perícia também costumam refutar a possibilidade da apresentação de quesitos suplementares pela parte que não fez o inicial. Não admitem os suplementos aos quesitos da outra parte ou do juiz. Permitir a apresentação de quesitos em fase avançada da perícia, abrir novo prazo de impugnação pode significar extensão indevida no tempo já prolongado para a concretização deste tipo de ato processual.[62] A visão do conjunto e da ideia de se buscar a solução mais próxima da verdade real deve sopesar por alguma flexibilidade e não permitir afastamento da percepção de que na sistemática do Código a prova não pertence à parte, que se deve preservar a oportunidade de participação. Entretanto, no caso concreto, deve ser considerada a necessidade de obstar manobras protelatórias.[63]

---

[59] "Apresentados os quesitos (art. 421, § 1º, nº II), estes poderão suscitar outros às partes ou ao juiz, mesmo que seja para dilatar o campo das investigações. Por vezes, esses novos quesitos só se fazem úteis ou mesmo necessários já no decorrer da diligência, à vista do objeto examinando ou do surgimento de circunstâncias que às partes ou ao juiz lícito era ignorar anteriormente" (SANTOS, Moacir Amaral. **Comentários ao Código de Processo Civil**, Lei nº 5.869. Rio de Janeiro: Forense, 1988. v. IV: arts. 332-475, p. 327).

[60] CPC. Art. 425: "Poderão as partes apresentar, durante a diligência, quesitos suplementares. Da juntada dos quesitos aos autos dará o escrivão ciência à parte contrária."

[61] "PERÍCIA – Execução de título extrajudicial – Avaliação do bem penhorado – Indeferimento dos quesitos apresentados pelo devedor – Quesitos impertinentes e inúteis para o fim a que se destina a perícia – Decisão que se mostra acertada – Recurso não provido" (TJ/SP 4463278920108260000, Relator: Sá Duarte, 33ª Câmara de Direito Privado, julgado: 22/11/2010, pub.: 6/12/2010).

[62] Neste sentido: TABOSA PESSOA, Fábio Guidi. In: MARCATO, Antônio Carlos. **Código de Processo Civil interpretado**. 2. ed. São Paulo: Atlas, 2005. p. 1359.

[63] "I – Os honorários periciais relativos a quesitos suplementares que, como no caso dos autos, configuram em realidade uma nova perícia, devem ser adiantados pela parte que os formula.
II – Essa orientação, além de respeitar a real natureza da nova quesitação, ainda impede eventual comportamento processual malicioso.
III – Recurso Especial improvido" (STJ, REsp 842316 MG 2006/0089051-7, Terceira Câmara, Rel. Ministro SIDNEI BENETI, Julgado: 25/5/2010, *DJe* 18/6/2010).
"Agravo de Instrumento. Ação Monitoria. Prova pericial. Agravante que não apresenta assistente técnico. Laudo tido por insuficiente. Apresentação de quesitos suplementares. Esclarecimentos já prestados diversas vezes pelo perito. Instrução encerrada pelo magistrado. Inviabilidade da formulação de novos quesitos suplementares, eternizando o processamento do feito. Recurso desprovido"

Também estão previstos[64] os quesitos esclarecedores para as partes que os julgarem necessários, respeitando os prazos e procedimentos. O perito ou assistente técnico prestarão esclarecimentos orais em audiência se intimados com a antecedência de cinco dias, prazo destinado ao mínimo de preparação para responder aos quesitos apresentados com o pedido de intimação, lembrando sempre que se trata de questões técnicas e complexas, do contrário não se teria deferido essa modalidade de prova. Um dos cuidados a ser tomados é de se evitar a inovação, buscando questões não indagadas anteriormente. Também não se pode permitir a transformação dessa oportunidade em manobras para debates entre perito e assistentes ou em ensejo para que os assistentes tenham palanque para reforçar eventuais críticas ao laudo pericial. A divergência entre as conclusões dos experts deverá ser identificada e os documentos interpretados e avaliados pelo conteúdo no momento do julgamento.

Aplicando-se o procedimento sumário (CPC, art. 275) à causa tem-se um rito diferenciado e os quesitos devem ser apresentados na peça inicial do autor ou na contestação do réu. Não invalidando a possibilidade dos quesitos suplementares ou do esclarecimento.

A possibilidade de interseção da parte na perícia só faz sentido se esta tiver ciência do quando e onde esta vai acontecer. No primeiro Código Processual nacional, o legislador era silente, exigindo apenas o termo de compromisso do perito para o início, falha corrigida na versão de 1973 do atual Código,[65] que incumbia ao juiz a determinação do onde e quando das diligências e cuja reforma desconsidera a necessidade de assinatura do termo de compromisso e assinala a necessidade das partes terem ciência do início da produção da prova.[66] O mais lógico é que o próprio profissional nomeado faça a indicação; este comunicado permite aos assistentes terem acesso inicial aos mesmos dados buscados pelo perito, por meio de acompanhamento do trabalho de campo. Como entendemos que a prova deve ter a participação e intervenção de todos os interessados, embora o dispositivo legal somente mencione o início da prova, seria salutar a informação de todas as diligências às partes e deveria sempre ser feito pelo próprio perito, apenas assentando posteriormente nos autos os comprovantes, atuando de forma transparente em todos os sentidos, colaborando e tendo colaboração para a elucidação dos elementos de convicção do julgador.

(TJSP, AI 2817320118260000, Relator: Des. Pedro Baccarat, 7ª Câmara de Direito Privado, julgado: 16/2/2011, *DOE* 23/2/2011).

[64] CPC. Art. 435: "A parte, que desejar esclarecimento do perito e do assistente técnico, requererá ao juiz que mande intimá-lo a comparecer à audiência, formulando desde logo as perguntas, sob forma de quesitos.

Parágrafo único. O perito e o assistente técnico só estarão obrigados a prestar os esclarecimentos a que se refere este artigo, quando intimados 5 (cinco) dias antes da audiência."

[65] SANTOS, Moacyr Amaral. **Comentários ao Código de Processo Civil, Lei nº 5.869, de 11 de janeiro de 1973.** Rio de Janeiro: Forense, 1988. v. IV: arts. 332-475, p. 329-330.

[66] CPC. Art. 431-A: "As partes terão ciência da data e local designados pelo juiz ou indicados pelo perito para ter início a produção da prova."

A atividade realizada pelo Judiciário busca a pacificação social e configura-se como uma das essenciais atribuídas ao Estado, restando a todos o dever de colaborar na elucidação da verdade.[67] Todos têm o dever de colaboração, muito mais os interessados. Assim, as partes devem se colocar à disposição da instrução não faltando com a verdade e fornecendo todas as informações necessárias ou solicitadas para o desenvolvimento da instrução e não obstando a atividade probatória da parte contrária. Tratando-se de dever do Estado, tem o poder de exigir a conduta e emergindo consequências das omissões dos obrigados,[68] até mesmo podendo caracterizar o delito de desobediência.

---

[67] CPC. Art. 339: "Ninguém se exime do dever de colaborar com o Poder Judiciário para o descobrimento da verdade."

[68] CPC. Art. 14: "São deveres das partes e de todos aqueles que de qualquer forma participam do processo:

I – expor os fatos em juízo conforme a verdade;

II – proceder com lealdade e boa-fé;

III – não formular pretensões, nem alegar defesa, cientes de que são destituídas de fundamento;

IV – não produzir provas, nem praticar atos inúteis ou desnecessários à declaração ou defesa do direito;

V – cumprir com exatidão os provimentos mandamentais e não criar embaraços à efetivação de provimentos judiciais, de natureza antecipatória ou final.

Parágrafo único. Ressalvados os advogados que se sujeitam exclusivamente aos estatutos da OAB, a violação do disposto no inciso V deste artigo constitui ato atentatório ao exercício da jurisdição, podendo o juiz, sem prejuízo das sanções criminais, civis e processuais cabíveis, aplicar ao responsável multa em montante a ser fixado de acordo com a gravidade da conduta e não superior a vinte por cento do valor da causa; não sendo paga no prazo estabelecido, contado do trânsito em julgado da decisão final da causa, a multa será inscrita sempre como dívida ativa da União ou do Estado."

REFERÊNCIAS BIBLIOGRÁFICAS

ABUNAHMAN, Sérgio Antônio. **Curso básico de engenharia legal e avaliações**. São Paulo: Pini, 2008.

ALVISI NEVES, Edson. **Tribunal do Comércio**. Rio de Janeiro: FAPERJ/Jurídica, 2008.

BEDAQUE, José Roberto dos Santos. In: MARCATO, Antônio Carlos. **Código de Processo Civil interpretado**. 2. ed. São Paulo: Atlas, 2005, p. 97-131.

DINAMARCO, Cândido Rangel. **Instituições de direito processual civil**. São Paulo: Malheiros, 2009.

GARCIANDÍA GONZÁLEZ, P. M. **La peritación como medio de prueba en el proceso civil español**. Pamplona, 1999.

MARINONI, Luiz Guilherme; ARENHART, Sérgio Cruz. **Prova**. São Paulo: Revista dos Tribunais, 2009.

NERY JUNIOR, Nelson; NERY, Rosa Maria de Andrade. **Código de Processo Civil comentado**. São Paulo: Revista dos Tribunais, 2010.

SANTOS, Moacyr Amaral. **Comentários ao Código de Processo Civil, Lei nº 5.869, de 11 de janeiro de 1973**. Rio de Janeiro: Forense, 1988. v. IV.

TABOSA PESSOA, Fábio Guidi. In: MARCATO, Antônio Carlos. **Código de Processo Civil interpretado**. 2. ed. São Paulo: Atlas, 2005. p. 1336-1393.

THEODORO JUNIOR, Humberto. **Código de Processo Civil anotado**. Rio de Janeiro: Forense, 2007.

Formato	17 x 24 cm
Tipografia	Charter 11/13
Papel	Alta Alvura 63 g/m² (miolo)
	Supremo 250 g/m² (capa)
Número de páginas	480
Impressão	Geográfica Editora

Sim. Quero fazer parte do banco de dados seletivo da Editora Atlas para receber informações sobre lançamentos na(s) área(s) de meu interesse.

Nome: _____
_____ CPF: _____ Sexo: ○ Masc. ○ Fem.
Data de Nascimento: _____ Est. Civil: ○ Solteiro ○ Casado

End. Residencial: _____
Cidade: _____ CEP: _____
Tel. Res.: _____ Fax: _____ E-mail: _____

End. Comercial: _____
Cidade: _____ CEP: _____
Tel. Com.: _____ Fax: _____ E-mail: _____

De que forma tomou conhecimento deste livro?
☐ Jornal   ☐ Revista   ☐ Internet   ☐ Rádio   ☐ TV   ☐ Mala Direta
☐ Indicação de Professores   ☐ Outros: _____

Remeter correspondência para o endereço: ○ Residencial   ○ Comercial

Indique sua(s) área(s) de interesse:

○ Direito Civil / Processual Civil
○ Direito Penal / Processual Penal
○ Direito do Trabalho / Processual do Trabalho
○ Direito Financeiro Tributário / Processual Tributário
○ Direito Comercial
○ Direito Administrativo
○ Direito Constitucional
○ Direito Difusos e Coletivos
○ Outras Áreas _____

Comentários

_____
_____
_____
_____

ISR-40-2373/83

U.P.A.C Bom Retiro

DR / São Paulo

CARTA - RESPOSTA
Não é necessário selar

O selo será pago por:

atlas

01216-999 - São Paulo - SP

REMETENTE:
ENDEREÇO: